JN040407

ロト7&ロト6&ミニロト ビッグデータ 2024

LOTO 7 LOTO 6 MINI LOTO

3大ロトのデータてんこ盛り！

※本書は当せんを約束するものではありません。

MINI LOTO ミニロト　LOTO 6 ロトシックス　LOTO 7 ロトセブン

本書で使われる専門用語

本書で使用しているロト6とロト7の専門用語を紹介していこう。専門用語といっても、難しいものではないので、しっかりと覚えておこう！

【引っ張り】
引っ張りとは、ある数字が連続して出現することを言う。連続する＝引っ張る、と表現するのだ。ちなみに、ロト6において、ある数字が出現して引っ張る理論上の確率は14.0%。ロト7は、18.9%。ミニロトは、16.1%。

【スライド】
スライドとは、ある数字が出た次回に、その数字の前後の数字が出現することを言う。その数字の前の数字が出た場合は、左スライド。逆に後の数字が出たときは右スライドと呼ぶ。たとえば、「10」が出た次回に「09」が出れば左スライド、「11」が出れば右スライドになる。左右スライドの理論上の確率はロト6が13.6%、ロト7が18.4%。ミニロトは15.6%。なお、本書では「01」の左スライド、「43」(ロト6)と「37」(ロト7)と「31」(ミニロト)の右スライドは定義していない。

【インターバル】
インターバルとは、数字の出現間隔のこと。たとえばロト7で第1回に出た「01」が第3回に再出現した場合、出現間隔は2(第3回―第2回)で、インターバルは2となる(＝INT2)。このように数字ごとにインターバルを調べて、どのタイミングが出やすいのか傾向を見ていく。

【連続数字】
連続数字とは、文字どおり連続する2つの数字のこと。たとえば「01－02」や「33－34」などである。このような連続数字は、理論上ロト6で54.7%、ロト7で74.5%、ミニロトで52.5%の確率で出現する。

【下ヒトケタ共通数字】
下ヒトケタ共通数字とは、数字の下ヒトケタが同じ数字のこと。たとえばロト6の場合、「01」「11」「21」「31」「41」は下ヒトケタが「1」の共通数字。このように下ヒトケタ共通数字が出現する理論上の確率は、ロト6で78.6%、ロト7で89.3%、ミニロトで58.0%と非常に高い。ほぼ毎回出ていると言っても過言ではない。

【セット球】
セット球とは、抽せんで使用される「01」～「43」(ロト6の場合)の球のこと。「01」～「43」の球で1セットとなるが、ロト6にはこのセットがAセット球～Jセット球の10種類用意されている。これは、同じセット球を使用し続けると、出現する数字にある種の片寄りが出てくるためだ。逆に言えば、セット球ごとに出現傾向がある、ということになる。

【ペア数字】
ペア数字とは、同時に出現する2個の数字の組み合わせのこと。たとえば当せん数字が「01　02　03　04　05　06」だとすると、「01」のペア数字は「01－02」「01－03」「01－04」「01－05」「01－06」となる。このようにペア数字の出現回数を調べることによって、どの数字と同時に出現しているかがわかる。

【トリニティ数字】
2個の数字の組み合わせをペア数字というのに対し、3個の数字の組み合わせをトリニティ数字と呼ぶ。ロト6の場合、3個の数字の組み合わせは1万2341通りも存在する。まだ出現していないトリニティ数字が大半だ。しかし、データを集計すると、驚愕の出現回数を示すトリニティ数字も存在する！

【日別出現】
日別とは、抽せん日別に出現傾向を分析して、予想に活用していくもの。

【月別出現】
月別出現は、1月～12月の各月での出現数字を分析したものを言う。

【六曜別出現】
六曜は、大安・赤口・先勝・友引・先負・仏滅の6種類。これを抽せんが行われた六曜ごとにデータを集計し、出現傾向を分析していく。

【九星別出現】
九星とは、各日に決まっている一白水星、二黒土星、三碧木星、四緑木星、五黄土星、六白金星、七赤金星、八白土星、九紫火星の9種類あり、これを抽せんが行われた九星日別にデータを集計し、出現傾向を分析していく。

目次

ロト7の買い方&当せん条件

ロト7とは、01～37の数字のなかから7個の数字を選ぶ数字選択式宝くじ。抽せんされた7個の本数字と、選んだ7個の数字（順番は関係ない）がすべて一致すれば1等当せんとなる。通常、1等は上限4億円だが、キャリーオーバーがあった場合だけ最高10億円となる。

後述するが、キャリーオーバーとは、1等の該当者がいない場合、当せん金が次回に繰り越されるシステムのことだ（12ページ参照）。

なおロト7は、年末年始を除き、毎週金曜日に抽せんが行われている。

7個の数字をマーク！

申込カードでは、1枚で最大5通り（A～E）のロト7を購入することができる。写真のように好きな数字を7個マークしよう。

クイックピックって何？

クイックピックとは、直訳すると「素早く選択」。これは、数字選びに迷ったときに重宝するシステム。数字を選ばずに、ここをマークすると売り場の販売機が自動的に数字をランダムに選んでくれるのだ。意外に、このクイックピックで1等当せんを果たした人も多い。

間違えたら取消を！

数字を間違えたり、多くマークしてしまった場合は、取消をマークしよう。ここで取消をマークした枠は、無効となる。

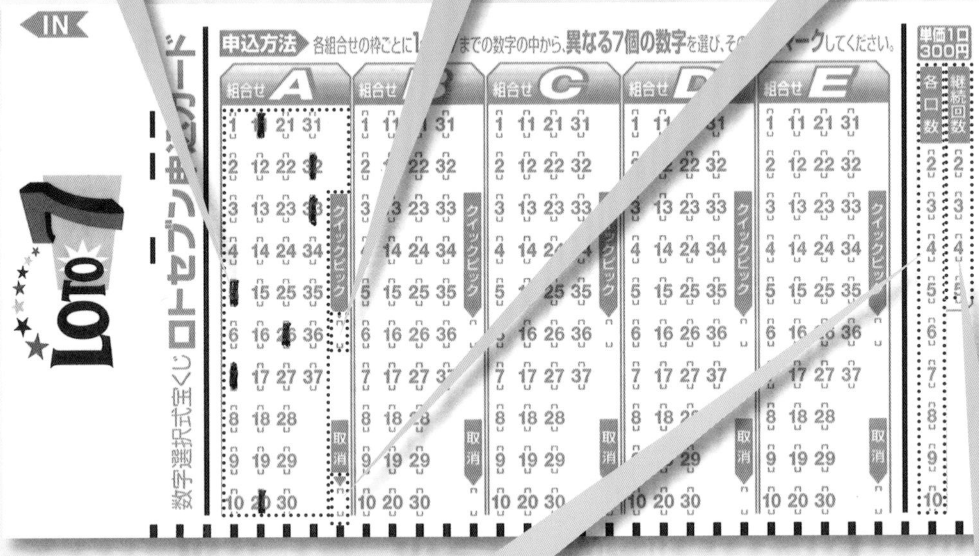

購入口数を増やしたい！

各口数とは、予想した組み合わせの口数。マークしない場合は通常1口だが、これを2口～10口まで増やすことができる機能。2口にすれば、購入金額もそれに応じて加算される。たとえば、1等10億円が当たり、それを2口買っていれば、10億円×2口で20億円になるわけだ。

継続して購入したい！

継続回数は、読んで字のごとく、予想した組み合わせを1回だけでなく、何回か継続して買いたい場合にマークするもの。継続回数は2回～5回を選ぶことができる。もちろん、継続回数を増やした分、購入金額も増える。

当せん例

ロト抽せん機によって7個の本数字と2個のボーナス数字、合計9個を抽せん。選んだ数字が抽せん数字と一致した個数によって1等～6等までの当せんが決定する。ちなみにロト7では、ボーナス数字は、2等と6等だけに関係する。余談だが、ボーナス数字が2個もあるのは、2等の本数を増やすため。

当せん数字は、土曜日の朝刊や宝くじ売り場で確認することができる。

ロト7購入方法

1口＝300円(毎週金曜日抽せん)

数字選択式宝くじが購入できる売り場ならどこでも買うことができる。

申込方法は、左ページのとおり。

◎当せん条件と見込み当せん金額および当せん確率

等級	当せん条件	見込み当せん金額	当せん確率
1等	申込数字が本数字7個とすべて一致	4億円	1029万5472分の1
2等	“申込数字が本数字6個と一致し、さらにボーナス数字2個のうち1個と一致”	約1000万円	1029万5472分の14
3等	申込数字が本数字6個と一致	約100万円	1029万5472分の196
4等	申込数字が本数字5個と一致	約1万2500円	1029万5472分の9135
5等	申込数字が本数字4個と一致	約2000円	1029万5472分の14万2100
6等	“申込数字が本数字3個と一致し、さらにボーナス数字2個のうち1個と一致”	約1000円	1029万5472分の24万2550

LOTO 7
ロトセブン

ロト6の買い方&当せん条件

ロト6とは、01〜43の数字のなかから6個の数字を選ぶ数字選択式宝くじ。抽せんされた6個の本数字と、選んだ6個の数字(順番は関係ない)がすべて一致すれば1等当せんとなる。通常1等は、上限2億円だが、キャリーオーバーがあった場合だけ最高6億円となる。

キャリーオーバーとは、1等の該当者がいない場合、当せん金が次回に繰り越されるシステムのことだ(12ページ参照)。

なお、ロト6は年末年始を除き、毎週月曜日・木曜日に抽せんが行われている。

ロト6購入方法

1口=200円(毎週月曜日・木曜日抽せん)

数字選択式宝くじが購入できる売り場ならどこでも買うことができる。申込方法は、下記のとおり。

6個の数字をマーク!

申込カードでは、1枚で最大5通り(A〜E)のロト6を購入できる。写真のように好きな数字を6個マークしよう。

クイックピック!

数字選びに迷ったときに重宝するのがクイックピック。この部分をマークすると、売り場の販売機が自動で数字をランダムに選んでくれる。これで1等当せんを果たした人も意外と多い!

間違えたときは取消!

数字を間違えたり、多くマークしてしまったときは、取消をマーク。取消をマークした枠は無効となる。

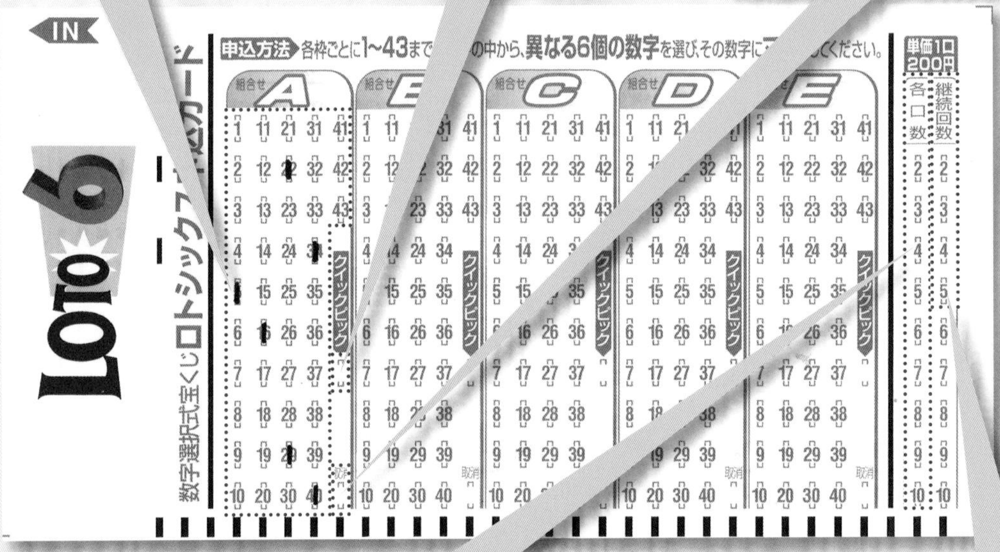

購入口数を増やしたい!

各口数とは、予想した組み合わせの口数を増やす機能。もちろん、購入金額も口数に応じて増えていく。仮に各口数の2をマークして1等2億円が当たった場合、賞金は2口分の4億円となる!! 予想した数字に自信があるときは大勝負してみよう!

予想を継続して買いたい!

予想数字を続けて買いたい場合は、継続回数をマークしよう。2回〜10回まで継続購入することができる。ただし、マークした予想のすべてが継続になるので注意しよう。

当せん例

ロト抽せん機によって6個の本数字と1個のボーナス数字の合計7個を抽せん。選んだ数字が抽せん数字と一致した個数によって1等～5等までの当せんが決定する。ちなみにボーナス数字は、2等だけに関係する数字で、ほかの等級には関係ない数字。

なお、ロト6の当せん数字は、火曜日・金曜日の朝刊や宝くじ売り場で確認することができる。

◎当せん条件と見込み当せん金額および当せん確率

等級	当せん条件	見込み当せん金額	当せん確率
1等	申込数字が本数字6個とすべて一致	約2億円	609万6454分の1
2等	“申込数字が本数字5個と一致し、さらにボーナス数字1個と一致”	約1000万円	609万6454分の6
3等	申込数字が本数字5個と一致	約30万円	609万6454分の216
4等	申込数字が本数字4個と一致	約6800円	609万6454分の9990
5等	申込数字が本数字3個と一致	1000円（原則固定）	609万6454分の15万5400

ロト抽せん機

ロトの抽せんは、電動攪拌式遠心力型抽せん機、通称：夢ロトくん（写真参照）で行う。まず上部に43（ミニロトは31、ロト7は37）個の球（セット球）を入れ、攪拌。下の段に球を移動させ遠心力によって1個ずつ本数字を抽せんする。本数字抽せんが終わった後に、さらに下の段に球を移動させ、ボーナス数字を抽せんしていく。なお、43個の球は「セット球」と言われ、色違いのものが10セット用意され、ランダムに使用される（⇒14ページ参照）。

「宝くじドリーム館」
東京都中央区京橋2-5-7　日土地京橋ビル1F、開館時間：月曜日～金曜日10:00～19:30、土10:00～18:00、日祝休み。ここで月曜日・木曜日の18:45からロト6、火曜日の18:45からミニロト、金曜日の18:45からロト7の抽せんが行われる。
※新型コロナウイルス感染拡大防止のため、休館することもあり

ロト7・ロト6・ミニロトの抽せんで使用される抽せん機。通称：夢ロトくんだ！

ミニロトの買い方&当せん条件

ロト7とは、01～31の数字のなかから5個の数字を選ぶ数字選択式宝くじ。抽せんされた5個の本数字と、選んだ5個の数字（順番は関係ない）がすべて一致すれば1等当せんとなる。

なおミニロトは、年末年始を除き、毎週火曜日に抽せんが行われている。

5個の数字をマーク！

申込カードでは、1枚で最大5通り（A～E）のミニロトを購入することができる。写真のように好きな数字を5個マークしよう。

クイックピックって何？

クイックピックとは、直訳すると「素早く選択」。これは、数字選びに迷ったときに重宝するシステム。数字を選ばずに、ここをマークすると売り場の販売機が自動的に数字をランダムに選んでくれるのだ。意外に、このクイックピックで1等当せんを果たした人も多い。

間違えたら取消を！

数字を間違えたり、多くマークしてしまった場合は、取消をマークしよう。ここで取消をマークした枠は、無効となる。

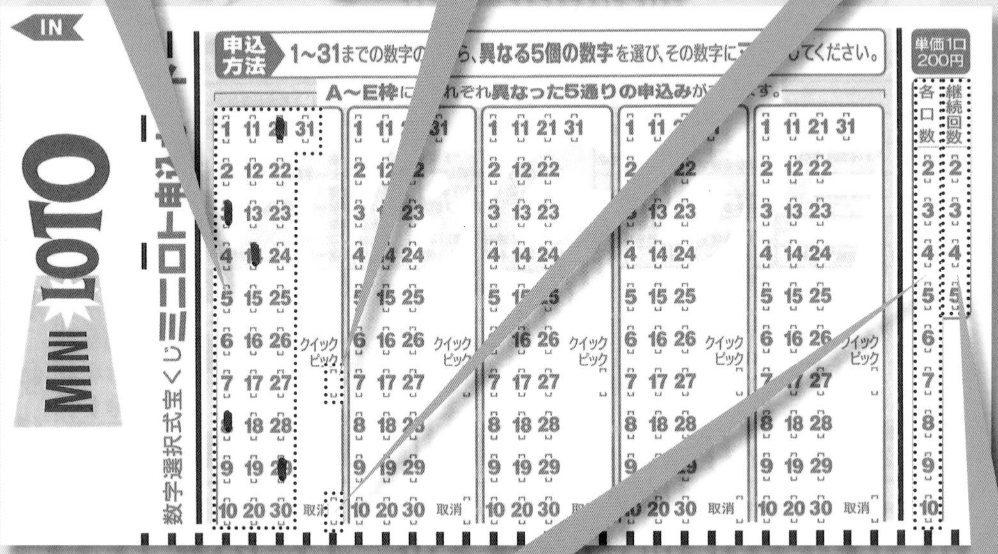

購入口数を増やしたい！

各口数とは、予想した組み合わせの口数。マークしない場合は通常1口だが、これを2口～10口まで増やすことができる機能。2口にすれば、購入金額もそれに応じて加算される。たとえば、1等1000万円が当たり、それを2口買っていれば、1000万×2口で2000万円になるわけだ。

継続して購入したい！

継続回数は、読んで字のごとく、予想した組み合わせを1回だけでなく、何回か継続して買いたい場合にマークするもの。継続回数は2回～5回を選ぶことができる。もちろん、継続回数を増やした分、購入金額も増える。

当せん例

ロト抽せん機によって5個の本数字と1個のボーナス数字、合計6個を抽せん。選んだ数字が抽せん数字と一致した個数によって1等～4等までの当せんが決定する。ちなみにミニロトでは、ボーナス数字は、2等だけに関係する。

当せん数字は、水曜日の朝刊や宝くじ売り場で確認することができる。

ミニロト購入方法

1口＝200円（毎週金曜日抽せん）

数字選択式宝くじが購入できる売り場やインターネットで買うことができる。
申込方法は、左ページのとおり。

◎当せん条件と見込み当せん金額および当せん確率

等級	当せん条件	見込み当せん金額	当せん確率
1等	申込数字が本数字5個とすべて一致	1004万円	16万9911分の1
2等	“申込数字が本数字4個と一致し、さらにボーナス数字1個と一致”	14万4300円	16万9911分の5
3等	申込数字が本数字4個と一致	1万円	16万9911分の125
4等	申込数字が本数字3個と一致	1000円	16万9911分の3250

MINI LOTO
ミニロト

ロト7&ロト6&ミニロト数字別トータル出現実績

◎ロト7

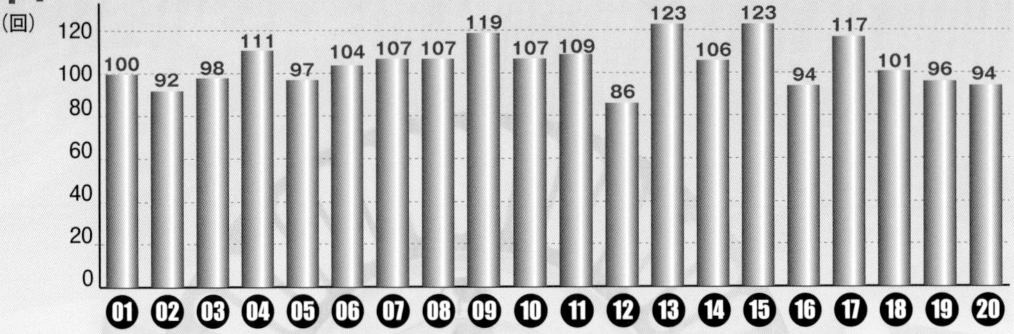

◎ロト6

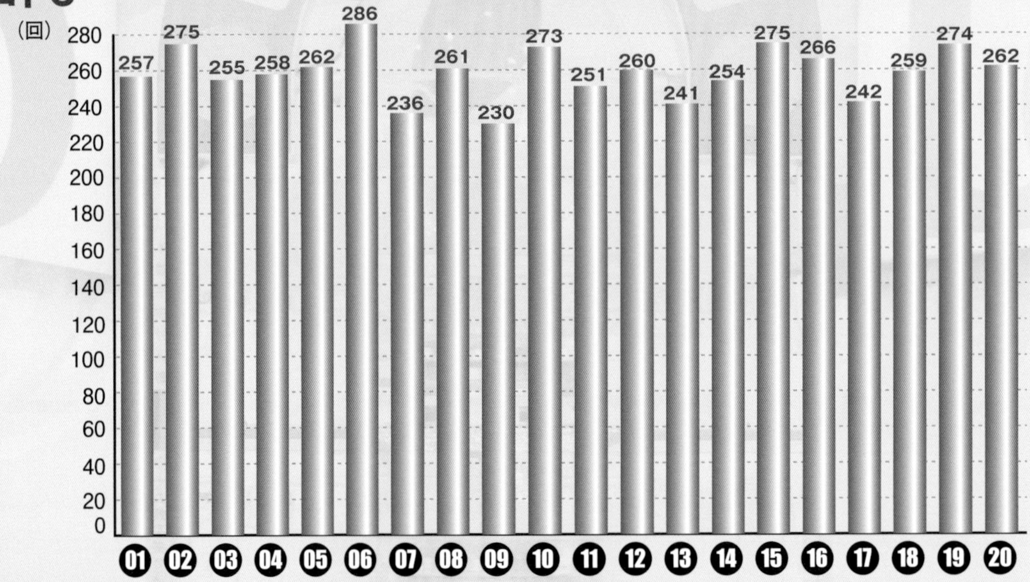

◎ミニロト

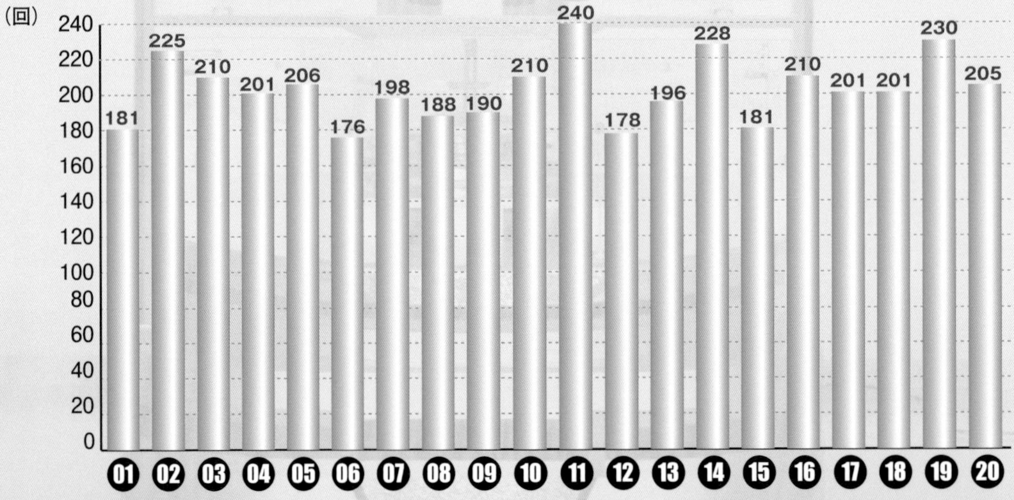

ここではロト7、ロト6、ミニロトの年ごとの各数字の出現実績を棒グラフで紹介していこう。どの数字がよく出ているのか、また出ていないのかチェックしてみよう。なお、各ロトの最多出現には王冠マークを記している。

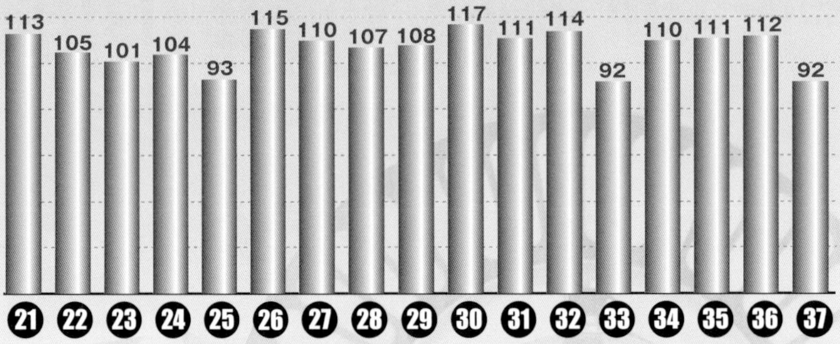

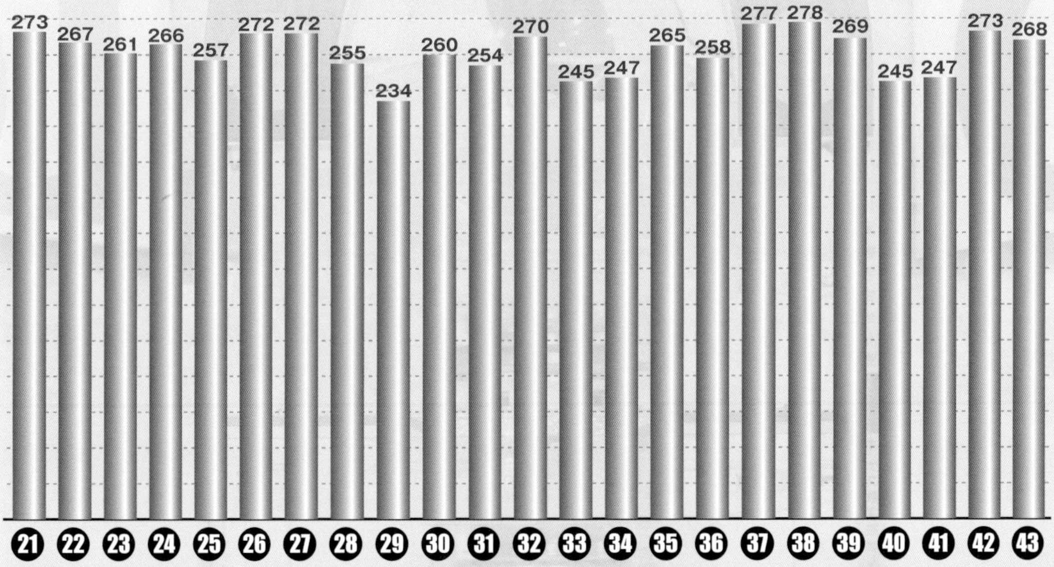

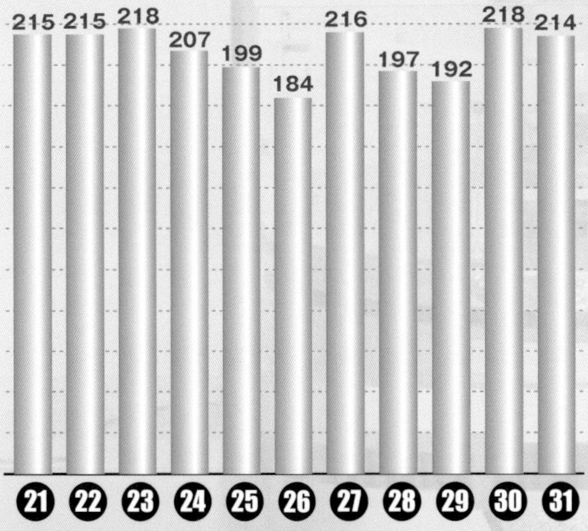

LOTO 6 ロトシックス LOTO 7 ロトセブン

ロト最大の魅力 キャリーオーバーとは?

ロト6なら最高6億円、ロト7なら最高10億円のチャンス!

キャリーオーバー(以下:CO)とは、1等該当なし、もしくは1等に振り分けられた金額以下の当せん額の場合(たとえばロト6の場合、1等最高額2億円が1口だけのとき)に、残った金額が次回に繰り越されるシステムのこと。

このシステムはロト6とロト7だけに適用されている。そして、キャリーオーバーがあった場合は、ロト6では通常1等最高賞金額2億円が最高6億円に。ロト7では通常1等最高賞金額4億円が、なんと最高10億円まで引き上げられるのだ。

実際に集計したところ、ロト6では1866回中774回でキャリーオーバーが発生。全体の約4割でキャリーオーバーが起きていることがわかる。1等当せん金の平均は、キャリーオーバー消化回では2億8144万1947円。これは、トータルでの1等当せん金の平均1億8581万5831円より9000万円以上高い計算になる。

さらにロト7でも同様に集計したところ、558回中388回でキャリーオーバーが発生。約7割はキャリーオーバーということになる。ロト7の1等がどれだけ難しいか見て取れるが、それをクリアすれば1等の平均当せん金はトータルで5億9886万1646円! しかもキャリーオーバー消化回では、7億3826万8437円と約1億以上も高いのだ!!

なお、右ページ表は、ロト7、ロト6それぞれのキャリーオーバー消化回での各数字の出現回数とキャリーオーバー消化回(CO回)出現比率を出したもの。ぜひ、チェックしてみてほしい。

キャリーオーバー発生の仕組み

1

1等該当なし、もしくは1等に割り振られた賞金以下の場合、残った賞金が次回に持ち越される。

2

持ち越されたキャリーオーバーは、この回の売り上げに加算される。そして1等の上限がロト6の場合は、2億円から6億円に! ロト7は上限が4億円から10億円になる!(ここでもキャリーオーバーが発生した場合、前回のキャリーオーバー分は消滅し、この回のキャリーオーバーが次回に持ち越される)

ロト6キャリーオーバー消化回 1等平均当せん金 2億8144万1947円!!

ロト7キャリーオーバー消化回 1等平均当せん金 7億3826万8437円!!

ロト7、ロト6にだけある独自のシステム、それがキャリーオーバーだ。ここでは、その仕組みと魅力、果てはロト7、ロト6それぞれのキャリーオーバー消化回（繰り越し回）の出現実績まで一挙紹介していこう。

◎ロト7

各数字のCO回出現回数と出現比率

	トータル出現(回)	CO回出現(回)	CO回出現比率
01	100	77	77.0%
02	92	57	62.0%
03	98	62	63.3%
04	111	87	78.4%
05	97	64	66.0%
06	104	71	68.3%
07	107	81	75.7%
08	107	74	69.2%
09	119	86	72.3%
10	107	76	71.0%
11	109	75	68.8%
12	86	58	67.4%
13	123	86	69.9%
14	106	75	70.8%
15	123	82	66.7%
16	94	61	64.9%
17	117	85	72.6%
18	101	76	75.2%
19	96	65	67.7%
20	94	66	70.2%
21	113	77	68.1%
22	105	70	66.7%
23	101	63	62.4%
24	104	73	70.2%
25	93	64	68.8%
26	115	73	63.5%
27	110	80	72.7%
28	107	78	72.9%
29	108	79	73.1%
30	117	80	68.4%
31	111	73	65.8%
32	114	84	73.7%
33	92	65	70.7%
34	110	72	65.5%
35	111	77	69.4%
36	112	81	72.3%
37	92	63	68.5%

LOTO 7
ロトセブン

◎ロト6

各数字のCO回出現回数と出現比率

	トータル出現(回)	CO回出現(回)	CO回出現比率
01	257	111	43.2%
02	275	103	37.5%
03	255	104	40.8%
04	258	116	45.0%
05	262	109	41.6%
06	286	117	40.9%
07	236	96	40.7%
08	261	104	39.8%
09	230	102	44.3%
10	273	109	39.9%
11	251	122	48.6%
12	260	101	38.8%
13	241	105	43.6%
14	254	110	43.3%
15	275	126	45.8%
16	266	102	38.3%
17	242	101	41.7%
18	259	97	37.5%
19	274	109	39.8%
20	262	106	40.5%
21	273	117	42.9%
22	267	106	39.7%
23	261	105	40.2%
24	266	107	40.2%
25	257	103	40.1%
26	272	122	44.9%
27	272	102	37.5%
28	255	100	39.2%
29	234	94	40.2%
30	260	98	37.7%
31	254	110	43.3%
32	270	110	40.7%
33	245	100	40.8%
34	247	104	42.1%
35	265	106	40.0%
36	258	115	44.6%
37	277	118	42.6%
38	278	123	44.2%
39	269	117	43.5%
40	245	100	40.8%
41	247	95	38.5%
42	273	131	48.0%
43	268	111	41.4%

抽せんで使用される セット球って何？

ロト7、ロト6の抽せんには、それぞれ37個、43個の球が使用される。これがセット球だ。そして、セット球はぞれぞれ全10種類あり、いわゆる出グセも存在する。

セット球を制する者はロト7、ロト6を制す！

　セット球とは、ロト7、ロト6の抽せんで使用される「01」～「37」、「01」～「43」の球のこと。セット球には、配色を変えた全10種類（Aセット球～Jセット球）のセット球が用意されている（右ページ参照）。

　ここでひとつの疑問が生まれる。なぜ10種類も用意するのか？　答えは簡単。ひとつのセット球を使い続けると、ある種の片寄りが発生してしまうからだ。それを防ぐためにも、10種類を均等に使い回している、というわけだ。

　逆に言えば、セット球ごとにある種の出グセのようなものが存在する、ということ。そして、出グセを研究することで、大当たりも近づくはずだ。各セット球の出現傾向は、
ロト6＝113ページ
ロト7＝161ページ
となっている。

　しかし、セット球を攻略するうえでひとつ問題がある。それは、抽せんで使用されるセット球は、抽せん当日の18時20分前後に、抽せん会場でないとわからない、ということ。前もって、どのセット球が使用される、とわかれば攻略のしようもあるが、抽せん会場に行かなければわからないというのは大きなネックとなる。

　そこで本書で提案したいのは、10種類のセット球で、自分が攻めたいセット球をひとつ決めてしまうこと。セット球は均一に使用されるため、どこかで予想したセット球と合致するためだ。大きな賭けではあるが、出グセが存在する以上、十分に狙ってみる価値のある攻略法になるはずだ。

実際に使用されるセット球。ロト6では43個で1セット球となっていることがわかる。なお、セット球は、立会人が直近のセット球使用状況を見て、どのセット球にするかを決めている

◎ロト7 セット球配色

							セット球									
							A	B	C	D	E	F	G	H	I	J
01	08	15	22	29	36	➡ の色が	●	●	●	●	●	●	●	●	●	●
02	09	16	23	30	37	➡ の色が	●	●	●	●	●	●	●	●	●	●
03	10	17	24	31		➡ の色が	●	●	●	●	●	●	●	●	●	●
04	11	18	25	32		➡ の色が	●	●	●	●	●	●	●	●	●	●
05	12	19	26	33		➡ の色が	●	●	●	●	●	●	●	●	●	●
06	13	20	27	34		➡ の色が	●	●	●	●	●	●	●	●	●	●
07	14	21	28	35		➡ の色が	●	●	●	●	●	●	●	●	●	●

●=赤 ●=黄 ●=橙 ●=緑 ●=青 ●=紺 ●=紫

◎ロト6 セット球配色

								セット球									
								A	B	C	D	E	F	G	H	I	J
01	08	15	22	29	36	43	の色が ➡	●	●	●	●	●	●	●	●	●	●
02	09	16	23	30	37		の色が ➡	●	●	●	●	●	●	●	●	●	●
03	10	17	24	31	38		の色が ➡	●	●	●	●	●	●	●	●	●	●
04	11	18	25	32	39		の色が ➡	●	●	●	●	●	●	●	●	●	●
05	12	19	26	33	40		の色が ➡	●	●	●	●	●	●	●	●	●	●
06	13	20	27	34	41		の色が ➡	●	●	●	●	●	●	●	●	●	●
07	14	21	28	35	42		の色が ➡	●	●	●	●	●	●	●	●	●	●

●=赤 ●=橙 ●=黄 ●=黄緑 ●=青 ●=桃 ●=紫

セット球は、全部で10種類あり、球の色で判別できるようになっている。この表は、そのセット球の配色を示したもの。なお、色は7色あり、数字は7個置きに同じ色になるように設定されている。たとえば、ロト7ではAセット球で、「01」「08」「15」「22」「29」「36」はすべて赤色。Bセット球では、すべて黄色、となっている。2個以上の球の配色を確認すれば、どのセット球かを判別できるようになっている。

マメ知識 球の大きさと重さってどのくらい?

「宝くじドリーム館」に展示されている球の見本。なかは空洞になっていることがわかる

セット球を理解したところで、もうひとつ疑問が。それは、球の大きさと重さ。写真からだけでは、あまりわからない。そこで、球の大きさと重さを調べてみたところ、
大きさ=直径50mm
重さ=14.09g(誤差±1%)

この基準がしっかりと守られているか、毎回抽せんの前に立会人が専用の機械を使い、丹念に調べていく。もちろん、これらの確認作業は、すべて公開されている。興味のある人は、「宝くじドリーム館」(7ページ参照)へ。

LOTO 7

ロトセブン

01

トータル出現

100回

年別出現実績

年	回数	年	回数	年	回数	年	回数
H25	8回	H26	11回	H27	8回	H28	13回
H29	4回	H30	13回	R1	8回	R2	9回
R3	8回	R4	8回	R5	10回	R6	0回

トータル/引っ張り・スライド出現

01

「01」の左スライドにあたる数字はありません

01 16.0%(16回)

02 15.0%(15回)

インターバル実績

インターバル	%	回数
INT1	16.2%	16回
INT2	14.1%	14回
INT3	15.2%	15回
INT4	12.1%	12回
INT5	7.1%	7回
INT6	8.1%	8回
INT7	3.0%	3回
INT8	3.0%	3回
INT9	1.0%	1回
INT10以上	20.2%	20回

01とのペア出現

27.0%(27回)	11	23.0%(23回)	02	16	22.0%(22回)	29	31	21.0%(21回)	05	28	20.0%(20回)	18			
19.0%(19回)	06	08	13	18.0%(18回)	04	21	17.0%(17回)	09	10	15	25	30	35		
16.0%(16回)	03	26	36	15.0%(15回)	14	20	22	14.0%(14回)	17	27	32	34			
12.0%(12回)	07	24	33	37	11%(11回)	23	9.0%(9回)	12	19						

01が出た次の回に出る数字

29.0%(29回)	15	26.0%(26回)	36	25.0%(25回)	27	23.0%(23回)	09	26	22.0%(22回)	22	23	21.0%(21回)	05	13	17	32
20.0%(20回)	06	11	28	34	35	19.0%(19回)	03	19	30	31	18.0%(18回)	14	16	21	25	
17.0%(17回)	08	10	18	20	16.0%(16回)	01	04	15.0%(15回)	02	29	33	14.0%(14回)	07	12	13.0%(13回)	24
12.0%(12回)	37															

02

トータル出現
92回

年別出現実績

年	回数	年	回数	年	回数	年	回数
H25	9回	H26	10回	H27	11回	H28	9回
H29	10回	H30	7回	R1	4回	R2	5回
R3	9回	R4	11回	R5	7回	R6	0回

トータル／引っ張り・スライド出現

02 →

01	02	03
16.3%（15回）	20.7%（19回）	16.3%（15回）

インターバル実績

インターバル	%	回数
INT1	20.9%	19回
INT2	13.2%	12回
INT3	11.0%	10回
INT4	6.6%	6回
INT5	7.7%	7回
INT6	4.4%	4回
INT7	6.6%	6回
INT8	3.3%	3回
INT9	4.4%	4回
INT10以上	22.0%	20回

02とのペア出現

26.1%（24回）	36	25.0%（23回）	01	23.9%（22回）	09	21.7%（20回）	21	20.7%（19回）	18	19.6%（18回）	08	23	37		
18.5%（17回）	17	22	26	17.4%（16回）	11	16	20	34	35	16.3%（15回）	24	31	32		
15.2%（14回）	05	07	14	15	33	14.1%（13回）	03	04	06	13	28	30			
13.0%（12回）	12	19	29	12.0%（11回）	27	10.9%（10回）	25	9.8%（9回）	10						

02が出た次の回に出る数字

27.2%（25回）	21	26.1%（24回）	13	27	25.0%（23回）	11	23.9%（22回）	15	22.8%（21回）	08	22	23				
21.7%（20回）	05	09	18	28	30	31	20.7%（19回）	02	29	36	19.6%（18回）	16	26	34		
18.5%（17回）	06	35	17.4%（16回）	20	25	16.3%（15回）	01	03	04	24	37	15.2%（14回）	17	14.1%（13回）	19	
13.0%（12回）	12	33	12.0%（11回）	07	32	10.9%（10回）	10	8.7%（8回）	14							

03

トータル出現
98回

年別出現実績

年	回数	年	回数	年	回数	年	回数
H25	7回	H26	12回	H27	9回	H28	7回
H29	10回	H30	6回	R1	11回	R2	11回
R3	8回	R4	8回	R5	8回	R6	1回

トータル／引っ張り・スライド出現

03

02	03	04
17.3%（17回）	15.3%（15回）	16.3%（16回）

インターバル実績

インターバル	%	回数
INT1	15.5%	15回
INT2	15.5%	15回
INT3	11.3%	11回
INT4	9.3%	9回
INT5	9.3%	9回
INT6	6.2%	6回
INT7	6.2%	6回
INT8	6.2%	6回
INT9	3.1%	3回
INT10以上	17.5%	17回

03とのペア出現

22.4%（22回）	26	30	34	36	20.4%（20回）	16	17	22	35	19.4%（19回）	06	07	10	29	
18.4%（18回）	08	19	17.3%（17回）	05	15	27	16.3%（16回）	01	09	18					
15.3%（15回）	11	13	28	32	37	14.3%（14回）	04	20	31	13.3%（13回）	02	23	25		
12.2%（12回）	14	21	11.2%（11回）	33	10.2%（10回）	24	8.2%（8回）	12							

03が出た次の回に出る数字

31.6%（31回）	36	25.5%（25回）	21	24.5%（24回）	32	23.5%（23回）	18	22.4%（22回）	08	15	22	28	21.4%（21回）	10	11	30
20.4%（20回）	01	06	19.4%（19回）	12	14	17	18.4%（18回）	05	23	24	34					
17.3%（17回）	02	07	09	16	33	37	16.3%（16回）	04								
15.3%（15回）	03	13	19	20	26	29	31	35	13.3%（13回）	27	12.2%（12回）	25				

04

トータル出現
111回

年別出現実績

年	回数	年	回数	年	回数	年	回数
H25	9回	H26	15回	H27	9回	H28	8回
H29	12回	H30	8回	R1	10回	R2	14回
R3	8回	R4	6回	R5	12回	R6	0回

トータル／引っ張り・スライド出現

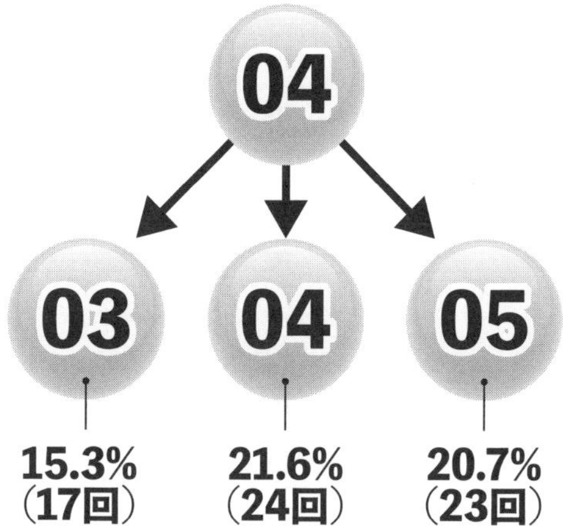

インターバル実績

インターバル	%	回数
INT1	21.8%	24回
INT2	10.9%	12回
INT3	14.5%	16回
INT4	5.5%	6回
INT5	9.1%	10回
INT6	9.1%	10回
INT7	8.2%	9回
INT8	7.3%	8回
INT9	2.7%	3回
INT10以上	10.9%	12回

04とのペア出現

25.2%（28回）	29	20.7%（23回）	27	32	36	19.8%（22回）	15	22	34	18.9%（21回）	10	24	31		
18.0%（20回）	08	09	13	17	17.1%（19回）	06	35	16.2%（18回）	01	07	12	14	23	28	30
15.3%（17回）	20	14.4%（16回）	05	21	26	33	13.5%（15回）	11	18	19	25	12.6%（14回）	03	16	37
11.7%（13回）	02														

04が出た次の回に出る数字

26.1%（29回）	30	25.2%（28回）	15	24.3%（27回）	26	23.4%（26回）	09	28	22.5%（25回）	24	21.6%（24回）	04	17	32		
20.7%（23回）	05	07	18	36	19.8%（22回）	10	19	22	18.9%（21回）	01	06	23	25	27	33	
18.0%（20回）	13	16	17.1%（19回）	02	08	16.2%（18回）	20	29	35	15.3%（17回）	03	14	31	34		
14.4%（16回）	11	37	13.5%（15回）	12	11.7%（13回）	21										

05

トータル出現
97回

年別出現実績

年	回数	年	回数	年	回数	年	回数
H25	8回	H26	10回	H27	7回	H28	7回
H29	7回	H30	9回	R1	8回	R2	8回
R3	11回	R4	13回	R5	8回	R6	1回

トータル／引っ張り・スライド出現

05

04	05	06
17.5%（17回）	16.5%（16回）	17.5%（17回）

インターバル実績

インターバル	%	回数
INT1	16.7%	16回
INT2	13.5%	13回
INT3	11.5%	11回
INT4	12.5%	12回
INT5	11.5%	11回
INT6	3.1%	3回
INT7	2.1%	2回
INT8	1.0%	1回
INT9	5.2%	5回
INT10以上	22.9%	22回

05とのペア出現

25.8%（25回）	32	22.7%（22回）	15	21.6%（21回）	01	08	20.6%（20回）	10	27	30	19.6%（19回）	35			
18.6%（18回）	19	26	36	17.5%（17回）	03	06	13	18	20	16.5%（16回）	04	09	29	33	
15.5%（15回）	07	14	21	24	31	34	14.4%（14回）	02	11	17	13.4%（13回）	16	25	28	
11.3%（11回）	22	10.3%（10回）	12	37	9.3%（9回）	23									

05が出た次の回に出る数字

33.0%（32回）	15	26.8%（26回）	32	23.7%（23回）	09	22	34	22.7%（22回）	26	36	21.6%（21回）	01	28			
20.6%（20回）	07	08	17	29	19.6%（19回）	14	20	21	24	37	18.6%（18回）	13	23	27		
17.5%（17回）	04	06	11	16.5%（16回）	02	05	10	18	30	35	15.5%（15回）	31				
13.4%（13回）	03	12	16	33	12.4%（12回）	19	11.3%（11回）	25								

06

トータル出現
104回

年別出現実績

年	回数	年	回数	年	回数	年	回数
H25	8回	H26	9回	H27	8回	H28	12回
H29	12回	H30	12回	R1	10回	R2	9回
R3	8回	R4	9回	R5	7回	R6	0回

トータル／引っ張り・スライド出現

06

05	06	07
15.4%（16回）	16.3%（17回）	17.3%（18回）

インターバル実績

インターバル	%	回数
INT1	16.5%	17回
INT2	15.5%	16回
INT3	16.5%	17回
INT4	10.7%	11回
INT5	5.8%	6回
INT6	8.7%	9回
INT7	3.9%	4回
INT8	3.9%	4回
INT9	4.9%	5回
INT10以上	13.6%	14回

06とのペア出現

26.0%（27回）	31	23.1%（24回）	27	36	22.1%（23回）	32	20.2%（21回）	28	19.2%（20回）	09	22	23			
18.3%（19回）	01	03	04	11	20	21	30	17.3%（18回）	08	10	14	15	35		
16.3%（17回）	05	07	26	33	15.4%（16回）	13	24	13.5%（14回）	16	17	19	12.5%（13回）	02	25	29
10.6%（11回）	12	34	9.6%（10回）	37	8.7%（9回）	18									

06が出た次の回に出る数字

28.8%（30回）	36	26.0%（27回）	32	25.0%（26回）	31	24.0%（25回）	09	13	18	30	23.1%（24回）	26	22.1%（23回）	21	35	
21.2%（22回）	23	27	20.2%（21回）	22	19.2%（20回）	08	11	15	17	33	18.3%（19回）	02	04	34		
17.3%（18回）	07	10	14	16.3%（17回）	03	06	28	29	15.4%（16回）	05	12	19	14.4%（15回）	20	24	37
13.5%（14回）	01	16	9.6%（10回）	25												

07

トータル出現
107回

年別出現実績

年	回数	年	回数	年	回数	年	回数
H25	8回	H26	9回	H27	10回	H28	11回
H29	11回	H30	7回	R1	10回	R2	10回
R3	7回	R4	15回	R5	8回	R6	1回

トータル／引っ張り・スライド出現

07

06	07	08
22.4%（24回）	15.9%（17回）	11.2%（12回）

インターバル実績

インターバル	%	回数
INT1	16.0%	17回
INT2	13.2%	14回
INT3	15.1%	16回
INT4	10.4%	11回
INT5	8.5%	9回
INT6	10.4%	11回
INT7	6.6%	7回
INT8	3.8%	4回
INT9	2.8%	3回
INT10以上	13.2%	14回

07とのペア出現

29.9%（32回）	15	22.4%（24回）	09	10	30	21.5%（23回）	24	20.6%（22回）	11	23	35	19.6%（21回）	08	12	14
18.7%（20回）	34	17.8%（19回）	03	17	16.8%（18回）	04	19	22	29	15.9%（17回）	06	31			
15.0%（16回）	13	16	25	36	14.0%（15回）	05	33	37	13.1%（14回）	02	26	12.1%（13回）	20	27	32
11.2%（12回）	01	21	28	9.3%（10回）	18										

07が出た次の回に出る数字

26.2%（28回）	13	21	24.3%（26回）	10	23.4%（25回）	15	22.4%（24回）	06	28	29	34	21.5%（23回）	30	33		
20.6%（22回）	01	04	11	20	26	19.6%（21回）	17	25	32	18.7%（20回）	02	05	09	24	31	37
17.8%（19回）	22	23	35	16.8%（18回）	27	15.9%（17回）	07	14	16	15.0%（16回）	03	14.0%（15回）	12	13.1%（14回）	19	
12.1%（13回）	36	11.2%（12回）	08	10.3%（11回）	18											

08

トータル出現
107回

年別出現実績

年	回数	年	回数	年	回数	年	回数
H25	8回	H26	12回	H27	12回	H28	9回
H29	5回	H30	9回	R1	5回	R2	15回
R3	9回	R4	16回	R5	7回	R6	0回

トータル／引っ張り・スライド出現

08 → 07 / 08 / 09

07	08	09
21.5%（23回）	26.2%（28回）	19.6%（21回）

インターバル実績

インターバル	%	回数
INT1	26.4%	28回
INT2	7.5%	8回
INT3	12.3%	13回
INT4	7.5%	8回
INT5	10.4%	11回
INT6	7.5%	8回
INT7	7.5%	8回
INT8	6.6%	7回
INT9	2.8%	3回
INT10以上	11.3%	12回

08とのペア出現

26.2%（28回）	13	24	23.4%（25回）	32	20.6%（22回）	29	30	19.6%（21回）	05	07	23	25	26	27	28
18.7%（20回）	04	14	15	17.8%（19回）	01	16.8%（18回）	02	03	06	31	15.9%（17回）	34	15.0%（16回）	36	
14.0%（15回）	18	21	13.1%（14回）	09	11	12	22	12.1%（13回）	10	16	19	20	35	37	
11.2%（12回）	17	9.3%（10回）	33												

08が出た次の回に出る数字

26.2%（28回）	08	15	25.2%（27回）	36	24.3%（26回）	04	13	23.4%（25回）	32	22.4%（24回）	34	21.5%（23回）	07			
20.6%（22回）	14	17	18	30	19.6%（21回）	03	09	10	16	23	24	26	33			
18.7%（20回）	06	11	27	17.8%（19回）	22	37	16.8%（18回）	05	21	31	15.9%（17回）	02	12	29		
15.0%（16回）	01	25	14.0%（15回）	28	12.1%（13回）	19	35	9.3%（10回）	20							

09

トータル出現
119回

年別出現実績

年	回数	年	回数	年	回数	年	回数
H25	6回	H26	8回	H27	12回	H28	14回
H29	15回	H30	15回	R1	10回	R2	9回
R3	9回	R4	9回	R5	12回	R6	0回

トータル／引っ張り・スライド出現

09

08	09	10
21.0%（25回）	23.5%（28回）	18.5%（22回）

インターバル実績

インターバル	%	回数
INT1	23.7%	28回
INT2	14.4%	17回
INT3	15.3%	18回
INT4	8.5%	10回
INT5	8.5%	10回
INT6	4.2%	5回
INT7	5.9%	7回
INT8	4.2%	5回
INT9	4.2%	5回
INT10以上	11.0%	13回

09とのペア出現

21.8%（26回）	15	21.0%（25回）	13	37	20.2%（24回）	07	14	22	34	19.3%（23回）	28	36	18.5%（22回）	02	18
17.6%（21回）	31	32	33	35	16.8%（20回）	04	06	16	23						
16.0%（19回）	10	11	24	26	27	30	14.3%（17回）	01	21	25	29				
13.4%（16回）	03	05	17	19	20	11.8%（14回）	08	10.1%（12回）	12						

09が出た次の回に出る数字

25.2%（30回）	35	24.4%（29回）	28	23.5%（28回）	09	13	21.8%（26回）	19	26	21.0%（25回）	08	11	24	27		
20.2%（24回）	02	29	30	34	36	19.3%（23回）	01	05	14	25	18.5%（22回）	10	15	17	22	31
17.6%（21回）	18	23	16.8%（20回）	03	06	20	16.0%（19回）	07	37	15.1%（18回）	04	21	32	14.3%（17回）	12	33
13.4%（16回）	16															

10

トータル出現
107回

年別出現実績

年	回数	年	回数	年	回数	年	回数
H25	7回	H26	12回	H27	8回	H28	12回
H29	5回	H30	9回	R1	15回	R2	13回
R3	8回	R4	6回	R5	11回	R6	1回

トータル／引っ張り・スライド出現

10 → 09 / 10 / 11

09: 17.8%（19回）
10: 17.8%（19回）
11: 15.9%（17回）

インターバル実績

インターバル	%	回数
INT1	17.9%	19回
INT2	16.0%	17回
INT3	11.3%	12回
INT4	11.3%	12回
INT5	10.4%	11回
INT6	7.5%	8回
INT7	3.8%	4回
INT8	4.7%	5回
INT9	3.8%	4回
INT10以上	13.2%	14回

10とのペア出現

22.4%（24回）	07	21.5%（23回）	18	28	30	20.6%（22回）	17	19.6%（21回）	04	18.7%（20回）	05	24	27	33	35
17.8%（19回）	03	09	21	34	16.8%（18回）	06	13	16	26	36					
15.9%（17回）	01	12	19	23	29	15.0%（16回）	14	20	22	25	32	14.0%（15回）	15	13.1%（14回）	37
12.1%（13回）	08	31	10.3%（11回）	11	8.4%（9回）	02									

10が出た次の回に出る数字

26.2%（28回）	21	25.2%（27回）	15	24.3%（26回）	27	23.4%（25回）	20	22.4%（24回）	04	17	21.5%（23回）	01	03	14		
20.6%（22回）	05	13	19	28	34	19.6%（21回）	23	26	18.7%（20回）	06	08	16				
17.8%（19回）	09	10	30	31	32	35	37	16.8%（18回）	07	24	36					
15.9%（17回）	11	12	18	29	33	14.0%（15回）	22	25	11.2%（12回）	02						

11

トータル出現
109回

年別出現実績

年	回数	年	回数	年	回数	年	回数
H25	7回	H26	10回	H27	10回	H28	7回
H29	10回	H30	12回	R1	15回	R2	8回
R3	10回	R4	8回	R5	12回	R6	0回

トータル／引っ張り・スライド出現

11 → 10 / 11 / 12

10	11	12
22.9%（25回）	15.6%（17回）	11.0%（12回）

インターバル実績

インターバル	%	回数
INT1	15.7%	17回
INT2	19.4%	21回
INT3	9.3%	10回
INT4	13.9%	15回
INT5	11.1%	12回
INT6	3.7%	4回
INT7	6.5%	7回
INT8	4.6%	5回
INT9	3.7%	4回
INT10以上	12.0%	13回

11とのペア出現

24.8%（27回）	01	22.9%（25回）	18	22.0%（24回）	21	20.2%（22回）	07	26	19.3%（21回）	15	28	36			
18.3%（20回）	14	17	35	17.4%（19回）	06	09	12	30	34						
16.5%（18回）	23	24	25	27	31	37	15.6%（17回）	13	29	32	14.7%（16回）	02	19	20	
13.8%（15回）	03	04	16	12.8%（14回）	05	08	11.9%（13回）	33	11.0%（12回）	22	10.1%（11回）	10			

11が出た次の回に出る数字

29.4%（32回）	13	23.9%（26回）	15	22.9%（25回）	10	22	30	22.0%（24回）	16	17	21.1%（23回）	03	06	19	26	
20.2%（22回）	09	18	24	29	34	19.3%（21回）	08	32	35	36	18.3%（20回）	04	07	20	28	
17.4%（19回）	27	33	16.5%（18回）	14	21	25	15.6%（17回）	01	11	31	37	13.8%（15回）	05	23	12.8%（14回）	02
11.0%（12回）	12															

12

トータル出現
86回

年別出現実績

年	回数	年	回数	年	回数	年	回数
H25	6回	H26	9回	H27	7回	H28	10回
H29	8回	H30	9回	R1	6回	R2	3回
R3	10回	R4	8回	R5	10回	R6	0回

トータル／引っ張り・スライド出現

12 → 11 / 12 / 13

11	12	13
16.3%（14回）	10.5%（9回）	20.9%（18回）

インターバル実績

インターバル	%	回数
INT1	10.6%	9回
INT2	12.9%	11回
INT3	15.3%	13回
INT4	7.1%	6回
INT5	7.1%	6回
INT6	10.6%	9回
INT7	3.5%	3回
INT8	5.9%	5回
INT9	3.5%	3回
INT10以上	23.5%	20回

12とのペア出現

25.6%（22回）	17	24.4%（21回）	07	22.1%（19回）	11	21	29	20.9%（18回）	04	23	36				
19.8%（17回）	10	24	28	34	18.6%（16回）	15	19	35	17.4%（15回）	30	16.3%（14回）	08	14		
15.1%（13回）	13	22	14.0%（12回）	02	09	16	18	25	27	31	32				
12.8%（11回）	06	20	33	37	11.6%（10回）	05	26	10.5%（9回）	01	9.3%（8回）	03				

12が出た次の回に出る数字

26.7%（23回）	08	28	25.6%（22回）	20	24.4%（21回）	16	32	23.3%（20回）	15	31	33	22.1%（19回）	07			
20.9%（18回）	03	13	14	27	19.8%（17回）	05	21	22	30	18.6%（16回）	02	09	17	26	29	
17.4%（15回）	01	04	23	25	35	16.3%（14回）	10	11	37	15.1%（13回）	06	24	14.0%（12回）	34	12.8%（11回）	19
11.6%（10回）	36	10.5%（9回）	12	9.3%（8回）	18											

13

トータル出現
123回

年別出現実績

年	回数	年	回数	年	回数	年	回数
H25	9回	H26	7回	H27	14回	H28	8回
H29	16回	H30	11回	R1	8回	R2	12回
R3	11回	R4	16回	R5	11回	R6	0回

トータル／引っ張り・スライド出現

13 →

12	13	14
13.0%（16回）	18.7%（23回）	22.8%（28回）

インターバル実績

インターバル	%	回数
INT1	18.9%	23回
INT2	17.2%	21回
INT3	13.9%	17回
INT4	13.1%	16回
INT5	8.2%	10回
INT6	4.9%	6回
INT7	6.6%	8回
INT8	2.5%	3回
INT9	4.1%	5回
INT10以上	10.7%	13回

13とのペア出現

22.8%（28回）	08	26	30	21.1%（26回）	21	20.3%（25回）	09	15	16	22	32	19.5%（24回）	14		
18.7%（23回）	18	37	17.9%（22回）	19	24	34	35	17.1%（21回）	17	16.3%（20回）	04	23			
15.4%（19回）	01	25	31	14.6%（18回）	10	20	33	13.8%（17回）	05	11	29	36			
13.0%（16回）	06	07	27	28	12.2%（15回）	03	10.6%（13回）	02	12						

13が出た次の回に出る数字

27.6%（34回）	09	22.8%（28回）	10	14	22.0%（27回）	17	21.1%（26回）	04	06	15	29	32	34			
20.3%（25回）	11	25	30	31	35	19.5%（24回）	21	28	37	18.7%（23回）	01	03	13	18	22	
17.9%（22回）	24	33	36	17.1%（21回）	16	19	26	27	16.3%（20回）	20	15.4%（19回）	08	14.6%（18回）	02	05	07
13.8%（17回）	23	13.0%（16回）	12													

14

トータル出現
106回

年別出現実績

年	回数	年	回数	年	回数	年	回数
H25	7回	H26	7回	H27	11回	H28	13回
H29	6回	H30	8回	R1	10回	R2	13回
R3	8回	R4	11回	R5	12回	R6	0回

トータル／引っ張り・スライド出現

14 →

13	14	15
23.6%（25回）	15.1%（16回）	15.1%（16回）

インターバル実績

インターバル	%	回数
INT1	15.2%	16回
INT2	21.0%	22回
INT3	7.6%	8回
INT4	9.5%	10回
INT5	6.7%	7回
INT6	9.5%	10回
INT7	3.8%	4回
INT8	8.6%	9回
INT9	6.7%	7回
INT10以上	11.4%	12回

14とのペア出現

25.5%（27回）	31	22.6%（24回）	09	13	21.7%（23回）	21	19.8%（21回）	07	23	27					
18.9%（20回）	08	11	17	25	30	17.9%（19回）	22	29	34	17.0%（18回）	04	06	24	16.0%（17回）	20
15.1%（16回）	10	18	35	36	37	14.2%（15回）	01	05	15	19	13.2%（14回）	02	12	16	33
12.3%（13回）	26	28	32	11.3%（12回）	03										

14が出た次の回に出る数字

26.4%（28回）	09	17	25.5%（27回）	26	24.5%（26回）	28	23.6%（25回）	07	13	22.6%（24回）	04	29	32	21.7%（23回）	10	
20.8%（22回）	24	36	19.8%（21回）	02	19	22	33	35	18.9%（20回）	05	11	25				
17.9%（19回）	21	30	34	37	17.0%（18回）	01	23	16.0%（17回）	16	27	15.1%（16回）	14	15			
14.2%（15回）	03	06	20	31	13.2%（14回）	12	18	12.3%（13回）	08							

15

トータル出現

123回

年別出現実績

年	回数	年	回数	年	回数	年	回数
H25	7回	H26	12回	H27	11回	H28	10回
H29	10回	H30	21回	R1	11回	R2	12回
R3	10回	R4	11回	R5	7回	R6	1回

トータル／引っ張り・スライド出現

15

- 14: 22.1%（27回）
- 15: 24.6%（30回）
- 16: 14.8%（18回）

インターバル実績

インターバル	%	回数
INT1	24.6%	30回
INT2	21.3%	26回
INT3	9.0%	11回
INT4	11.5%	14回
INT5	6.6%	8回
INT6	4.9%	6回
INT7	3.3%	4回
INT8	3.3%	4回
INT9	3.3%	4回
INT10以上	12.3%	15回

15とのペア出現

26.0%（32回）	07	24.4%（30回）	25	22.8%（28回）	26	21.1%（26回）	09	29	20.3%（25回）	13	23	19.5%（24回）	35	18.7%（23回）	17
17.9%（22回）	04	05	22	31	36	17.1%（21回）	11	24	27	32	16.3%（20回）	08	16	34	
15.4%（19回）	18	30	37	14.6%（18回）	06	19	13.8%（17回）	01	03	21	13.0%（16回）	12	20		
12.2%（15回）	10	14	11.4%（14回）	02	10.6%（13回）	33	9.8%（12回）	28							

15が出た次の回に出る数字

25.4%（31回）	04	24.6%（30回）	15	23.0%（28回）	26	22.1%（27回）	14	31	21.3%（26回）	09	13	17	24	30	37	
20.5%（25回）	06	25	32	19.7%（24回）	21	34	35	18.9%（23回）	10	20	23	27	29	18.0%（22回）	08	18
17.2%（21回）	02	07	33	16.4%（20回）	01	11	12	22	15.6%（19回）	19	36	14.8%（18回）	05	16	13.9%（17回）	03
12.3%（15回）	28															

16

トータル出現
94回

年別出現実績

年	回数	年	回数	年	回数	年	回数
H25	8回	H26	9回	H27	9回	H28	8回
H29	5回	H30	7回	R1	11回	R2	6回
R3	12	R4	8回	R5	11回	R6	0回

トータル／引っ張り・スライド出現

16

15	16	17
19.1%（18回）	20.2%（19回）	18.1%（17回）

インターバル実績

インターバル	%	回数
INT1	20.4%	19回
INT2	7.5%	7回
INT3	12.9%	12回
INT4	9.7%	9回
INT5	5.4%	5回
INT6	6.5%	6回
INT7	7.5%	7回
INT8	9.7%	9回
INT9	2.2%	2回
INT10以上	18.3%	17回

16とのペア出現

26.6%（25回）	13	25.5%（24回）	34	24.5%（23回）	01	23.4%（22回）	30	21.3%（20回）	03	09	15	20.2%（19回）	35		
19.1%（18回）	10	18	18.1%（17回）	20	17.0%（16回）	02	07	17	27	36	16.0%（15回）	11			
14.9%（14回）	04	06	14	21	26	28	29	32	33	13.8%（13回）	05	08	25	31	
12.8%（12回）	12	19	37	11.7%（11回）	22	23	7.4%（7回）	24							

16が出た次の回に出る数字

28.7%（27回）	13	27.7%（26回）	03	25.5%（24回）	31	36	24.5%（23回）	08	32	23.4%（22回）	04	22.3%（21回）	06			
21.3%（20回）	05	11	18	21	35	37	20.2%（19回）	16	26	19.1%（18回）	15	28	30			
18.1%（17回）	01	07	14	17	22	33	17.0%（16回）	10	16.0%（15回）	19	34	14.9%（14回）	24			
13.8%（13回）	02	23	25	27	11.7%（11回）	09	29	10.6%（10回）	12	20						

17

トータル出現
117回

年別出現実績

年	回数	年	回数	年	回数	年	回数
H25	7回	H26	8回	H27	12回	H28	5回
H29	12回	H30	11回	R1	15回	R2	8回
R3	10回	R4	10回	R5	17回	R6	2回

トータル／引っ張り・スライド出現

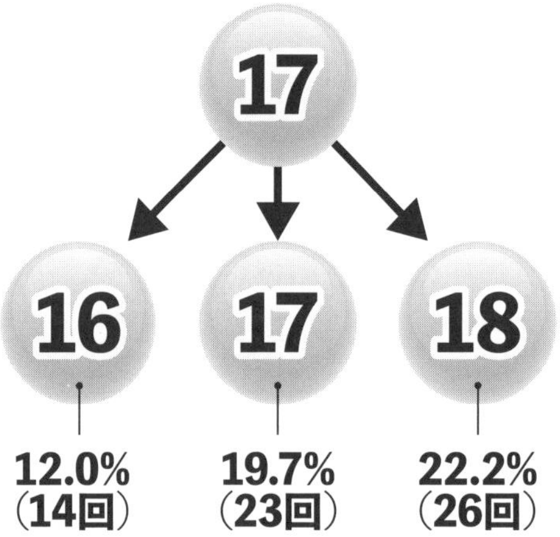

インターバル実績

インターバル	%	回数
INT1	19.8%	23回
INT2	22.4%	26回
INT3	13.8%	16回
INT4	6.9%	8回
INT5	4.3%	5回
INT6	5.2%	6回
INT7	4.3%	5回
INT8	7.8%	9回
INT9	3.4%	4回
INT10以上	12.1%	14回

17とのペア出現

23.1%（27回）	22	21.4%（25回）	21	20.5%（24回）	18	32	19.7%（23回）	15	20	26	29	31			
18.8%（22回）	10	12	28	17.9%（21回）	13	27	35	17.1%（20回）	03	04	11	14	36		
16.2%（19回）	07	24	33	34	15.4%（18回）	30	14.5%（17回）	02	13.7%（16回）	09	16	19			
12.8%（15回）	23	25	37	12.0%（14回）	01	05	06	10.3%（12回）	08						

17が出た次の回に出る数字

28.2%（33回）	07	25.6%（30回）	35	23.9%（28回）	31	23.1%（27回）	09	13	22.2%（26回）	14	18	23	29	36	21.4%（25回）	11
20.5%（24回）	15	24	19.7%（23回）	04	17	20	26	28	18.8%（22回）	10	12	21	27	17.9%（21回）	25	
17.1%（20回）	22	32	34	16.2%（19回）	02	19	37	15.4%（18回）	06	08	30	14.5%（17回）	33	13.7%（16回）	01	
12.8%（15回）	05	12.0%（14回）	03	16												

18

トータル出現
101回

年別出現実績

年	回数	年	回数	年	回数	年	回数
H25	5回	H26	10回	H27	6回	H28	9回
H29	9回	H30	7回	R1	17回	R2	7回
R3	10回	R4	9回	R5	11回	R6	1回

トータル／引っ張り・スライド出現

18

17	18	19
22.8%（23回）	23.8%（24回）	15.8%（16回）

インターバル実績

インターバル	%	回数
INT1	24.0%	24回
INT2	12.0%	12回
INT3	10.0%	10回
INT4	13.0%	13回
INT5	11.0%	11回
INT6	5.0%	5回
INT7	2.0%	2回
INT8	2.0%	2回
INT9	4.0%	4回
INT10以上	17.0%	17回

18とのペア出現

24.8%（25回）	11	23.8%（24回）	17	22.8%（23回）	10	13	21.8%（22回）	09	20.8%（21回）	35	19.8%（20回）	01	21		
18.8%（19回）	02	15	26	27	17.8%（18回）	16	16.8%（17回）	05	20	22	29	31	34		
15.8%（16回）	03	14	32	14.9%（15回）	04	08	23	25	30	36	13.9%（14回）	19	12.9%（13回）	24	
11.9%（12回）	12	28	33	37	9.9%（10回）	07	8.9%（9回）	06							

18が出た次の回に出る数字

27.7%（28回）	29	25.7%（26回）	30	23.8%（24回）	13	18	21	27	34	22.8%（23回）	15	17	21.8%（22回）	11	14	23
20.8%（21回）	01	04	10	35	19.8%（20回）	03	26	28	31	36	18.8%（19回）	06	12	17.8%（18回）	02	
16.8%（17回）	16	24	15.8%（16回）	09	19	20	25	33	14.9%（15回）	22	13.9%（14回）	37	12.9%（13回）	07	9.9%（10回）	05
8.9%（9回）	32	5.9%（6回）	08													

19

トータル出現
96回

年別出現実績

年	回数	年	回数	年	回数	年	回数
H25	10回	H26	3回	H27	7回	H28	10回
H29	9回	H30	9回	R1	8回	R2	9回
R3	8回	R4	11回	R5	12回	R6	0回

トータル／引っ張り・スライド出現

19

18	19	20
17.7%（17回）	14.6%（14回）	20.8%（20回）

インターバル実績

インターバル	%	回数
INT1	14.7%	14回
INT2	10.5%	10回
INT3	9.5%	9回
INT4	16.8%	16回
INT5	8.4%	8回
INT6	6.3%	6回
INT7	6.3%	6回
INT8	5.3%	5回
INT9	5.3%	5回
INT10以上	16.8%	16回

19とのペア出現

24.0%（23回）	30	22.9%（22回）	13	35	21.9%（21回）	20	20.8%（20回）	32	18.8%（18回）	03	05	07	15	21	22
17.7%（17回）	10	36	16.7%（16回）	09	11	12	17	25	26	34	37				
15.6%（15回）	04	14	24	33	14.6%（14回）	06	18	23	29	31	13.5%（13回）	08	28		
12.5%（12回）	02	16	9.4%（9回）	01	27										

19が出た次の回に出る数字

26.0%（25回）	13	32	25.0%（24回）	35	24.0%（23回）	10	22.9%（22回）	17	27	29	21.9%（21回）	04	31			
20.8%（20回）	06	08	11	20	26	34	36	19.8%（19回）	07	22	28	30	18.8%（18回）	05	16	
17.7%（17回）	18	16.7%（16回）	03	15	21	23	25	37	15.6%（15回）	01	14.6%（14回）	19	13.5%（13回）	12	14	24
12.5%（12回）	02	09	10.4%（10回）	33												

20

トータル出現
94回

年別出現実績

年	回数	年	回数	年	回数	年	回数
H25	4回	H26	10回	H27	9回	H28	12回
H29	7回	H30	8回	R1	10回	R2	10回
R3	6回	R4	10回	R5	6回	R6	2回

トータル／引っ張り・スライド出現

20 → 19 / 20 / 21

19	20	21
15.1%（14回）	14.0%（13回）	20.4%（19回）

インターバル実績

インターバル	%	回数
INT1	14.0%	13回
INT2	16.1%	15回
INT3	10.8%	10回
INT4	9.7%	9回
INT5	7.5%	7回
INT6	6.5%	6回
INT7	5.4%	5回
INT8	7.5%	7回
INT9	1.1%	1回
INT10以上	21.5%	20回

20とのペア出現

24.5%（23回）	17	29	22.3%（21回）	19	34	20.2%（19回）	06	33	19.1%（18回）	13	31				
18.1%（17回）	04	05	14	16	18	21	26								
17.0%（16回）	02	09	10	11	15	22	28	30	16.0%（15回）	01	14.9%（14回）	03			
13.8%（13回）	07	08	35	36	12.8%（12回）	27	11.7%（11回）	12	23	32	10.6%（10回）	24	37	9.6%（9回）	25

20が出た次の回に出る数字

30.1%（28回）	30	28.0%（26回）	08	26.9%（25回）	05	25.8%（24回）	13	24.7%（23回）	10	23.7%（22回）	07	09	22	27		
22.6%（21回）	04	15	18	21.5%（20回）	24	32	34	20.4%（19回）	12	14	21	19.4%（18回）	35			
18.3%（17回）	03	29	31	17.2%（16回）	23	28	16.1%（15回）	17	36	15.1%（14回）	06	19	14.0%（13回）	01	20	26
11.8%（11回）	16	25	33	10.8%（10回）	02	8.6%（8回）	11	37								

21

トータル出現
113回

年別出現実績

年	回数	年	回数	年	回数	年	回数
H25	8回	H26	9回	H27	10回	H28	13回
H29	17回	H30	11回	R1	7回	R2	7回
R3	14回	R4	12回	R5	4回	R6	1回

トータル／引っ張り・スライド出現

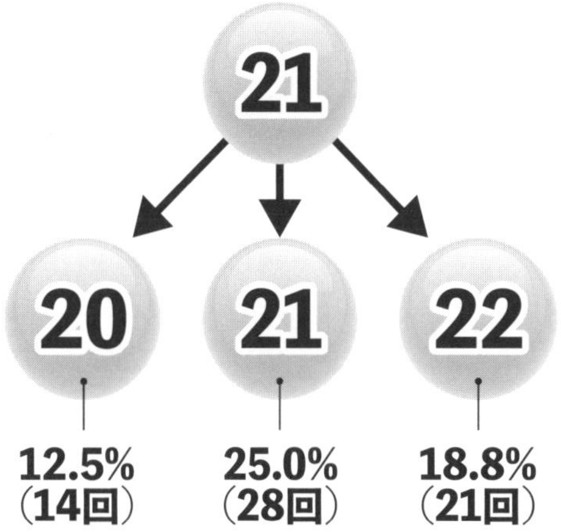

インターバル実績

インターバル	%	回数
INT1	25.0%	28回
INT2	17.0%	19回
INT3	14.3%	16回
INT4	5.4%	6回
INT5	8.9%	10回
INT6	2.7%	3回
INT7	5.4%	6回
INT8	0.9%	1回
INT9	3.6%	4回
INT10以上	17.0%	19回

21とのペア出現

23.0%（26回）	13	26	22.1%（25回）	17	21.2%（24回）	11	23	20.4%（23回）	14	19.5%（22回）	30	37	18.6%（21回）	28	
17.7%（20回）	02	18	24	27	29	31	33	34	16.8%（19回）	06	10	12	36		
15.9%（18回）	01	19	15.0%（17回）	09	15	20	35	14.2%（16回）	04	32	13.3%（15回）	05	08	12.4%（14回）	16
11.5%（13回）	22	10.6%（12回）	03	07	25										

21が出た次の回に出る数字

26.8%（30回）	09	25.0%（28回）	21	24.1%（27回）	31	35	23.2%（26回）	23	27	22.3%（25回）	13	17	24	26	21.4%（24回）	30
20.5%（23回）	32	37	19.6%（22回）	08	12	15	28	33	34	36	18.8%（21回）	22				
17.9%（20回）	02	07	19	29	17.0%（19回）	14	16.1%（18回）	01	03	05	10	15.2%（17回）	04	25	14.3%（16回）	18
12.5%（14回）	11	16	20	10.7%（12回）	06											

22

トータル出現
105回

年別出現実績

年	回数	年	回数	年	回数	年	回数
H25	5回	H26	6回	H27	8回	H28	11回
H29	12回	H30	7回	R1	7回	R2	17回
R3	9回	R4	10回	R5	12回	R6	1回

トータル／引っ張り・スライド出現

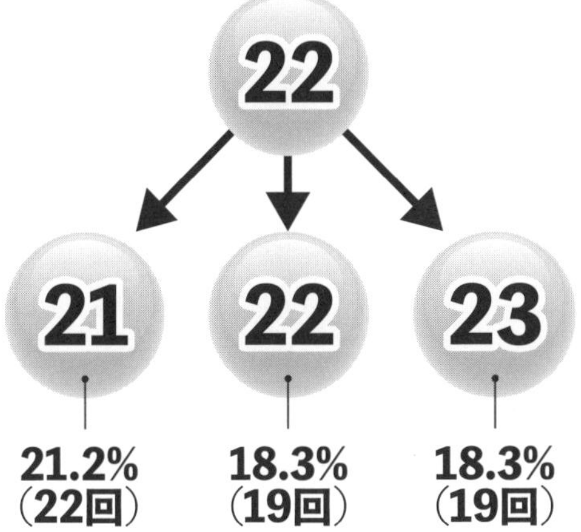

インターバル実績

インターバル	%	回数
INT1	18.3%	19回
INT2	10.6%	11回
INT3	12.5%	13回
INT4	10.6%	11回
INT5	10.6%	11回
INT6	7.7%	8回
INT7	6.7%	7回
INT8	5.8%	6回
INT9	1.9%	2回
INT10以上	15.4%	16回

22とのペア出現

25.7%（27回）	17	23.8%（25回）	13	22.9%（24回）	09	21.9%（23回）	26	21.0%（22回）	04	15	20.0%（21回）	31	32	34	
19.0%（20回）	03	06	37	18.1%（19回）	14	24	35	17.1%（18回）	07	19	16.2%（17回）	02	18	29	
15.2%（16回）	10	20	28	33	36	14.3%（15回）	01	13.3%（14回）	08	23	12.4%（13回）	12	21	30	
11.4%（12回）	11	25	27	10.5%（11回）	05	16									

22が出た次の回に出る数字

24.0%（25回）	09	31	36	22.1%（23回）	15	19	21.2%（22回）	21	25	27	28	20.2%（21回）	13	32	33	34
19.2%（20回）	07	08	10	11	14	29	30	35	18.3%（19回）	04	22	23	26			
17.3%（18回）	03	06	16	17	24	16.3%（17回）	01	18	20	14.4%（15回）	05	37	13.5%（14回）	02	12	

23

トータル出現
101回

年別出現実績

年	回数	年	回数	年	回数	年	回数
H25	12回	H26	13回	H27	7回	H28	14回
H29	6回	H30	15回	R1	6回	R2	11回
R3	7回	R4	6回	R5	3回	R6	1回

トータル／引っ張り・スライド出現

23 → 22：18.0%（18回）

23 → 23：18.0%（18回）

23 → 24：16.0%（16回）

インターバル実績

インターバル	%	回数
INT1	18.0%	18回
INT2	19.0%	19回
INT3	13.0%	13回
INT4	10.0%	10回
INT5	7.0%	7回
INT6	5.0%	5回
INT7	6.0%	6回
INT8	3.0%	3回
INT9	3.0%	3回
INT10以上	16.0%	16回

23とのペア出現

24.8%（25回）	15	23.8%（24回）	21	31	22.8%（23回）	27	21.8%（22回）	07	20.8%（21回）	08	14	28			
19.8%（20回）	06	09	13	25	17.8%（18回）	02	04	11	12	32	16.8%（17回）	10	30	36	
15.8%（16回）	35	14.9%（15回）	17	18	24	26	13.9%（14回）	19	22	34	12.9%（13回）	03	11.9%（12回）	37	
10.9%（11回）	01	16	20	9.9%（10回）	33	8.9%（9回）	05	29							

23が出た次の回に出る数字

29.0%（29回）	06	27.0%（27回）	31	25.0%（25回）	13	23.0%（23回）	11	34	22.0%（22回）	09	15	21.0%（21回）	01	04	33	
20.0%（20回）	10	21	26	19.0%（19回）	05	14	30	32	35	36	37	18.0%（18回）	02	22	23	
17.0%（17回）	07	16	20	25	29	16.0%（16回）	03	08	17	24	28	15.0%（15回）	18	19	13.0%（13回）	27
11.0%（11回）	12															

24

トータル出現
104回

年別出現実績

年	回数	年	回数	年	回数	年	回数
H25	9回	H26	11回	H27	9回	H28	11回
H29	10回	H30	10回	R1	10回	R2	9回
R3	6回	R4	13回	R5	6回	R6	0回

トータル／引っ張り・スライド出現

24 →

- 23: 15.4%（16回）
- 24: 18.3%（19回）
- 25: 22.1%（23回）

インターバル実績

インターバル	%	回数
INT1	18.4%	19回
INT2	14.6%	15回
INT3	5.8%	6回
INT4	14.6%	15回
INT5	10.7%	11回
INT6	5.8%	6回
INT7	4.9%	5回
INT8	1.9%	2回
INT9	3.9%	4回
INT10以上	19.4%	20回

24とのペア出現

26.9%（28回）	08	26.0%（27回）	30	22.1%（23回）	07	21.2%（22回）	13	27	20.2%（21回）	04	15	29	35		
19.2%（20回）	10	21	31	32	18.3%（19回）	09	17	22	28	17.3%（18回）	11	14	36	16.3%（17回）	12
15.4%（16回）	06	14.4%（15回）	02	05	19	23	34	13.5%（14回）	26	12.5%（13回）	18	11.5%（12回）	01	37	
10.6%（11回）	25	33	9.6%（10回）	03	20	6.7%（7回）	16								

24が出た次の回に出る数字

26.9%（28回）	15	32	26.0%（27回）	01	19	25.0%（26回）	26	23.1%（24回）	13	17	22.1%（23回）	09	25	31		
21.2%（22回）	07	22	20.2%（21回）	02	34	19.2%（20回）	16	35	37	18.3%（19回）	04	08	20	24	30	36
17.3%（18回）	03	11	14	21	16.3%（17回）	29	15.4%（16回）	06	23	27	14.4%（15回）	10	12			
11.5%（12回）	05	18	28	33												

25

トータル出現

93回

年別出現実績

年	回数	年	回数	年	回数	年	回数
H25	6回	H26	6回	H27	8回	H28	6回
H29	9回	H30	11回	R1	7回	R2	8回
R3	9回	R4	9回	R5	14回	R6	0回

トータル／引っ張り・スライド出現

25

24	25	26
19.4%（18回）	18.3%（17回）	21.5%（20回）

インターバル実績

インターバル	%	回数
INT1	18.5%	17回
INT2	10.9%	10回
INT3	13.0%	12回
INT4	14.1%	13回
INT5	6.5%	6回
INT6	9.8%	9回
INT7	2.2%	2回
INT8	3.3%	3回
INT9	4.3%	4回
INT10以上	17.4%	16回

25とのペア出現

32.3%（30回）	15	22.6%（21回）	08	21.5%（20回）	14	23	30	20.4%（19回）	13	27	19.4%（18回）	11			
18.3%（17回）	01	09	31	33	17.2%（16回）	07	10	19	26	32	36				
16.1%（15回）	04	17	18	28	15.1%（14回）	35	14.0%（13回）	03	05	06	16	37			
12.9%（12回）	12	21	22	11.8%（11回）	24	29	34	10.8%（10回）	02	9.7%（9回）	20				

25が出た次の回に出る数字

28.0%（26回）	35	26.9%（25回）	09	25.8%（24回）	32	24.7%（23回）	06	15	22.6%（21回）	04	05	11	21.5%（20回）	13	26	
20.4%（19回）	08	10	19.4%（18回）	16	17	19	24	34	36	18.3%（17回）	14	20	21	25	29	31
17.2%（16回）	28	30	16.1%（15回）	01	07	12	33	15.1%（14回）	18	23	27	14.0%（13回）	02	12.9%（12回）	37	
10.8%（10回）	03	22														

26

トータル出現
115回

年別出現実績

年	回数	年	回数	年	回数	年	回数
H25	6回	H26	10回	H27	7回	H28	10回
H29	11回	H30	13回	R1	10回	R2	12回
R3	13回	R4	10回	R5	11回	R6	2回

トータル／引っ張り・スライド出現

26

25	26	27
15.8%（18回）	21.1%（24回）	16.7%（19回）

インターバル実績

インターバル	%	回数
INT1	21.1%	24回
INT2	12.3%	14回
INT3	14.9%	17回
INT4	11.4%	13回
INT5	8.8%	10回
INT6	8.8%	10回
INT7	2.6%	3回
INT8	2.6%	3回
INT9	4.4%	5回
INT10以上	13.2%	15回

26とのペア出現

24.3%（28回）	13	15	23.5%（27回）	34	22.6%（26回）	21	32	20.9%（24回）	27	20.0%（23回）	17	22			
19.1%（22回）	03	11	28	29	30	18.3%（21回）	08	17.4%（20回）	36	16.5%（19回）	09	18			
15.7%（18回）	05	10	33	14.8%（17回）	02	06	20	31	13.9%（16回）	01	04	19	25	37	
13.0%（15回）	23	12.2%（14回）	07	16	24	35	11.3%（13回）	14	8.7%（10回）	12					

26が出た次の回に出る数字

24.6%（28回）	29	23.7%（27回）	14	22.8%（26回）	04	08	11	21	21.9%（25回）	13	15	21.1%（24回）	03	09	26	34
20.2%（23回）	17	18	23	31	36	19.3%（22回）	16	19	35	18.4%（21回）	12	24	30			
17.5%（20回）	05	10	20	37	16.7%（19回）	07	27	15.8%（18回）	01	06	25	14.9%（17回）	02	22	14.0%（16回）	32
13.2%（15回）	33	10.5%（12回）	28													

27

トータル出現
110回

年別出現実績

年	回数	年	回数	年	回数	年	回数
H25	5回	H26	10回	H27	15回	H28	12回
H29	8回	H30	9回	R1	11回	R2	12回
R3	8回	R4	10回	R5	10回	R6	0回

トータル／引っ張り・スライド出現

27 →

- 26　15.5%（17回）
- 27　20.9%（23回）
- 28　23.6%（26回）

インターバル実績

インターバル	%	回数
INT1	21.1%	23回
INT2	12.8%	14回
INT3	15.6%	17回
INT4	9.2%	10回
INT5	8.3%	9回
INT6	9.2%	10回
INT7	4.6%	5回
INT8	4.6%	5回
INT9	0.9%	1回
INT10以上	13.8%	15回

27とのペア出現

21.8%（24回）	06	26	32	20.9%（23回）	04	23	28	30	20.0%（22回）	24					
19.1%（21回）	08	14	15	17	35	18.2%（20回）	05	10	21	33	17.3%（19回）	09	18	25	29
16.4%（18回）	11	31	36	15.5%（17回）	03	14.5%（16回）	13	16	34	12.7%（14回）	01	11.8%（13回）	07		
10.9%（12回）	12	20	22	10.0%（11回）	02	37	8.2%（9回）	19							

27が出た次の回に出る数字

26.4%（29回）	15	24.5%（27回）	01	30	23.6%（26回）	28	32	22.7%（25回）	14	21.8%（24回）	06	31	20.9%（23回）	27		
20.0%（22回）	02	07	13	17	20	24	29	36	19.1%（21回）	03	35	18.2%（20回）	08	19	21	33
17.3%（19回）	05	10	23	34	16.4%（18回）	04	16	22	25	15.5%（17回）	11	26	14.5%（16回）	12	13.6%（15回）	18
12.7%（14回）	09	37														

28

トータル出現
107回

年別出現実績

年	回数	年	回数	年	回数	年	回数
H25	12回	H26	14回	H27	14回	H28	11回
H29	10回	H30	4回	R1	11回	R2	4回
R3	8回	R4	3回	R5	15回	R6	1回

トータル／引っ張り・スライド出現

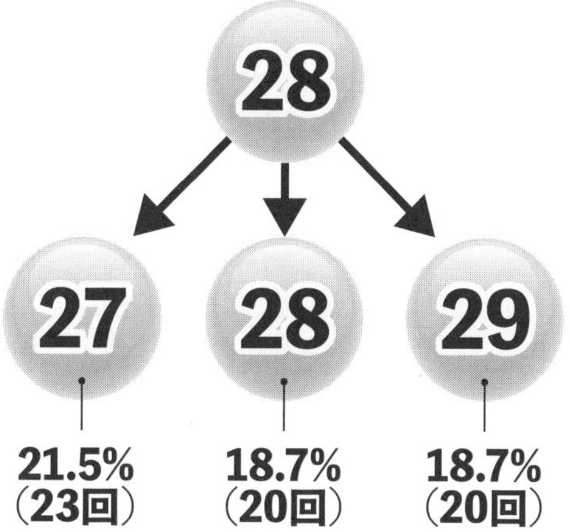

インターバル実績

インターバル	%	回数
INT1	18.9%	20回
INT2	19.8%	21回
INT3	17.9%	19回
INT4	1.9%	2回
INT5	6.6%	7回
INT6	7.5%	8回
INT7	6.6%	7回
INT8	5.7%	6回
INT9	2.8%	3回
INT10以上	12.3%	13回

28とのペア出現

23.4%（25回）	30	21.5%（23回）	09	10	27	20.6%（22回）	17	26							
19.6%（21回）	01	06	08	11	21	23	29	18.7%（20回）	35	37	17.8%（19回）	24			
16.8%（18回）	04	31	32	36	15.9%（17回）	12	15.0%（16回）	13	20	22	14.0%（15回）	03	25	34	
13.1%（14回）	16	33	12.1%（13回）	02	05	14	19	11.2%（12回）	07	15	18				

28が出た次の回に出る数字

26.2%（28回）	30	35	25.2%（27回）	09	24.3%（26回）	04	23.4%（25回）	18	22.4%（24回）	36	21.5%（23回）	03	13	14	17	27
20.6%（22回）	08	19.6%（21回）	10	18.7%（20回）	06	21	28	29	31	32						
17.8%（19回）	07	11	22	25	33	34	16.8%（18回）	02	15	16	19	24	26	15.9%（17回）	01	37
15.0%（16回）	05	14.0%（15回）	20	13.1%（14回）	23	11.2%（12回）	12									

29

トータル出現
108回

年別出現実績

年	回数	年	回数	年	回数	年	回数
H25	10回	H26	10回	H27	5回	H28	6回
H29	9回	H30	15回	R1	9回	R2	7回
R3	14回	R4	9回	R5	13回	R6	1回

トータル／引っ張り・スライド出現

29

28	29	30
18.5%（20回）	15.7%（17回）	27.8%（30回）

インターバル実績

インターバル	%	回数
INT1	15.9%	17回
INT2	17.8%	19回
INT3	11.2%	12回
INT4	14.0%	15回
INT5	8.4%	9回
INT6	5.6%	6回
INT7	3.7%	4回
INT8	2.8%	3回
INT9	7.5%	8回
INT10以上	13.1%	14回

29とのペア出現

25.9%（28回）	04	24.1%（26回）	15	21.3%（23回）	17	20	20.4%（22回）	01	08	26	31	34	19.4%（21回）	24	28
18.5%（20回）	21	17.6%（19回）	03	12	14	27	16.7%（18回）	07	37						
15.7%（17回）	09	10	11	13	18	22	30	14.8%（16回）	05	32	35	13.0%（14回）	16	19	36
12.0%（13回）	06	11.1%（12回）	02	10.2%（11回）	25	9.3%（10回）	33	8.3%（9回）	23						

29が出た次の回に出る数字

27.8%（30回）	30	25.0%（27回）	13	34	24.1%（26回）	14	32	23.1%（25回）	08	36	22.2%（24回）	11	21	26		
21.3%（23回）	05	19	20.4%（22回）	03	25	19.4%（21回）	04	12	16	27	18.5%（20回）	10	28			
17.6%（19回）	15	17	18	35	16.7%（18回）	09	22	24	33	15.7%（17回）	01	07	29			
14.8%（16回）	02	06	23	13.9%（15回）	31	10.2%（11回）	20	37								

30

トータル出現
117回

年別出現実績

年	回数	年	回数	年	回数	年	回数
H25	9回	H26	9回	H27	17回	H28	11回
H29	9回	H30	5回	R1	13回	R2	10回
R3	16回	R4	9回	R5	9回	R6	0回

トータル／引っ張り・スライド出現

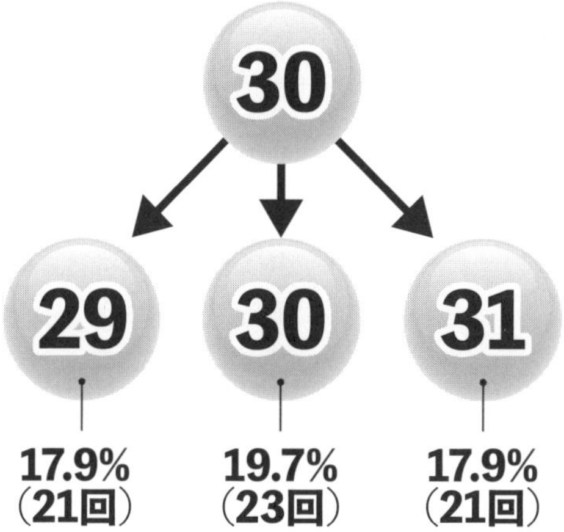

インターバル実績

インターバル	%	回数
INT1	19.8%	23回
INT2	16.4%	19回
INT3	19.8%	23回
INT4	7.8%	9回
INT5	5.2%	6回
INT6	6.9%	8回
INT7	7.8%	9回
INT8	0.9%	1回
INT9	1.7%	2回
INT10以上	13.8%	16回

30とのペア出現

23.9%（28回）	13	23.1%（27回）	24	21.4%（25回）	28	20.5%（24回）	07	19.7%（23回）	10	19	27				
18.8%（22回）	03	08	16	21	26	31	32	17.1%（20回）	05	14	25				
16.2%（19回）	06	09	11	15	35	36	15.4%（18回）	04	17	14.5%（17回）	01	23	29		
13.7%（16回）	20	33	12.8%（15回）	12	18	12.0%（14回）	34	11.1%（13回）	02	22	10.3%（12回）	37			

30が出た次の回に出る数字

28.2%（33回）	09	24.8%（29回）	32	23.9%（28回）	14	15	36	23.1%（27回）	13	26	34	22.2%（26回）	27	21.4%（25回）	03	
20.5%（24回）	08	17	28	19.7%（23回）	04	07	10	30	18.8%（22回）	20	23	35				
17.9%（21回）	21	24	29	31	17.1%（20回）	01	06	15.4%（18回）	02	05	12	16	18	19	14.5%（17回）	11
13.7%（16回）	22	25	33	12.0%（14回）	37											

31

トータル出現
111回

年別出現実績

年	回数	年	回数	年	回数	年	回数
H25	5回	H26	9回	H27	7回	H28	13回
H29	12回	H30	12回	R1	12回	R2	9回
R3	10回	R4	15回	R5	7回	R6	0回

トータル／引っ張り・スライド出現

31
→ 30　20.7%（23回）
→ 31　18.9%（21回）
→ 32　19.8%（22回）

インターバル実績

インターバル	%	回数
INT1	19.1%	21回
INT2	18.2%	20回
INT3	12.7%	14回
INT4	6.4%	7回
INT5	7.3%	8回
INT6	5.5%	6回
INT7	9.1%	10回
INT8	5.5%	6回
INT9	5.5%	6回
INT10以上	10.9%	12回

31とのペア出現

24.3%（27回）	06	14	21.6%（24回）	23	20.7%（23回）	17	19.8%（22回）	01	15	29	30	18.9%（21回）	04	09	22
18.0%（20回）	21	24	35	37	17.1%（19回）	13	32	16.2%（18回）	08	11	20	27	28		
15.3%（17回）	07	18	25	26	13.5%（15回）	02	05	33	36	12.6%（14回）	03	19	11.7%（13回）	10	16
10.8%（12回）	12	34													

31が出た次の回に出る数字

27.0%（30回）	10	26.1%（29回）	09	24.3%（27回）	11	35	23.4%（26回）	07	22.5%（25回）	06	18	24	21.6%（24回）	04		
20.7%（23回）	12	13	15	30	36	19.8%（22回）	14	21	27	32	18.9%（21回）	31	18.0%（20回）	19	22	37
17.1%（19回）	03	25	26	16.2%（18回）	05	28	29	34	15.3%（17回）	02	17	23	33	14.4%（16回）	01	20
12.6%（14回）	08	10.8%（12回）	16													

32

トータル出現
114回

年別出現実績

年	回数	年	回数	年	回数	年	回数
H25	4回	H26	9回	H27	12回	H28	7回
H29	10回	H30	11回	R1	10回	R2	12回
R3	18回	R4	11回	R5	10回	R6	0回

トータル／引っ張り・スライド出現

32 → 31 / 32 / 33

31	32	33
23.7%（27回）	21.9%（25回）	16.7%（19回）

インターバル実績

インターバル	%	回数
INT1	22.1%	25回
INT2	18.6%	21回
INT3	15.0%	17回
INT4	8.8%	10回
INT5	6.2%	7回
INT6	2.7%	3回
INT7	8.0%	9回
INT8	1.8%	2回
INT9	3.5%	4回
INT10以上	13.3%	15回

32とのペア出現

27.2%（31回）	36	22.8%（26回）	26	21.9%（25回）	05	08	13	21.1%（24回）	17	27	20.2%（23回）	04	06	19.3%（22回）	30
18.4%（21回）	09	15	22	17.5%（20回）	19	24	35	16.7%（19回）	31	34	37	15.8%（18回）	23	28	
14.9%（17回）	11	14.0%（16回）	10	18	21	25	29	33	13.2%（15回）	02	03	12.3%（14回）	01	16	
11.4%（13回）	07	14	10 5%（12回）	12	9.6%（11回）	20									

32が出た次の回に出る数字

28.9%（33回）	30	27.2%（31回）	17	25.4%（29回）	26	23.7%（27回）	31	22.8%（26回）	11	16	21.9%（25回）	18	32	37		
21.1%（24回）	12	20	20.2%（23回）	08	21	22	23	19.3%（22回）	01	05	06	19	29			
18.4%（21回）	02	27	28	34	17.5%（20回）	07	16.7%（19回）	10	33	15.8%（18回）	04	09	14	24		
14.9%（17回）	03	13	14.0%（16回）	15	13.2%（15回）	35	11.4%（13回）	36	7.9%（9回）	25						

33

トータル出現
92回

年別出現実績

年	回数	年	回数	年	回数	年	回数
H25	7回	H26	8回	H27	6回	H28	8回
H29	8回	H30	5回	R1	11回	R2	13回
R3	7回	R4	8回	R5	10回	R6	1回

トータル／引っ張り・スライド出現

33

32	33	34
17.4%（16回）	14.1%（13回）	18.5%（17回）

インターバル実績

インターバル	%	回数
INT1	14.3%	13回
INT2	12.1%	11回
INT3	13.2%	12回
INT4	13.2%	12回
INT5	9.9%	9回
INT6	6.6%	6回
INT7	5.5%	5回
INT8	2.2%	2回
INT9	3.3%	3回
INT10以上	19.8%	18回

33とのペア出現

22.8%（21回）	09	34	21.7%（20回）	10	21	27	36	20.7%（19回）	17	20	19.6%（18回）	13	26		
18.5%（17回）	06	25	17.4%（16回）	04	05	22	30	32	37	16.3%（15回）	07	19	31		
15.2%（14回）	02	14	16	28	14.1%（13回）	11	15	13.0%（12回）	01	18	35	12.0%（11回）	03	12	24
10.9%（10回）	08	23	29												

33が出た次の回に出る数字

27.2%（25回）	15	26.1%（24回）	07	08	24	23.9%（22回）	22	29	35	22.8%（21回）	04	21	21.7%（20回）	01	06	
20.7%（19回）	05	17	27	19.6%（18回）	13	23	30	18.5%（17回）	02	10	11	34	36	17.4%（16回）	18	32
16.3%（15回）	31	15.2%（14回）	03	16	25	28	14.1%（13回）	09	12	20	26	33	13.0%（12回）	14	19	
12.0%（11回）	37															

34

トータル出現
110回

年別出現実績

年	回数	年	回数	年	回数	年	回数
H25	8回	H26	10回	H27	8回	H28	11回
H29	10回	H30	10回	R1	15回	R2	9回
R3	9回	R4	7回	R5	12回	R6	1回

トータル／引っ張り・スライド出現

34 → 33 / 34 / 35

33	34	35
21.1%（23回）	19.3%（21回）	20.2%（22回）

インターバル実績

インターバル	%	回数
INT1	19.3%	21回
INT2	16.5%	18回
INT3	11.9%	13回
INT4	8.3%	9回
INT5	9.2%	10回
INT6	7.3%	8回
INT7	5.5%	6回
INT8	3.7%	4回
INT9	4.6%	5回
INT10以上	13.8%	15回

34とのペア出現

24.5%（27回）	26	22.7%（25回）	35	21.8%（24回）	09	16	20.0%（22回）	03	04	13	29	19.1%（21回）	20	22	33
18.2%（20回）	07	15	21	36	17.3%（19回）	10	11	14	17	32	15.5%（17回）	08	12	18	
14.5%（16回）	02	19	27	13.6%（15回）	05	24	28	12.7%（14回）	01	23	30	37	10.9%（12回）	31	
10.0%（11回）	06	25													

34が出た次の回に出る数字

26.6%（29回）	26	24.8%（27回）	09	23.9%（26回）	11	37	22.9%（25回）	07	17	22.0%（24回）	24	30	31			
21.1%（23回）	08	14	21	33	20.2%（22回）	13	15	35	19.3%（21回）	28	34	18.3%（20回）	03			
17.4%（19回）	02	04	16	23	16.5%（18回）	05	20	25	27	29	36					
15.6%（17回）	01	10	18	19	22	32	12.8%（14回）	12	11.9%（13回）	06						

35

トータル出現
111回

年別出現実績

年	回数	年	回数	年	回数	年	回数
H25	6回	H26	12回	H27	15回	H28	6回
H29	12回	H30	12回	R1	11回	R2	10回
R3	9回	R4	10回	R5	6回	R6	2回

トータル／引っ張り・スライド出現

35 → 34 / 35 / 36

34	35	36
19.8%（22回）	18.9%（21回）	15.3%（17回）

インターバル実績

インターバル	%	回数
INT1	19.1%	21回
INT2	17.3%	19回
INT3	10.9%	12回
INT4	10.0%	11回
INT5	8.2%	9回
INT6	6.4%	7回
INT7	8.2%	9回
INT8	3.6%	4回
INT9	3.6%	4回
INT10以上	12.7%	14回

35とのペア出現

22.5%（25回）	34	21.6%（24回）	15	19.8%（22回）	07	13	19	18.9%（21回）	09	17	18	24	27		
18.0%（20回）	03	10	11	28	31	32	36	17.1%（19回）	04	05	16	22	30	16.2%（18回）	06
15.3%（17回）	01	21	14.4%（16回）	02	12	14	23	29	12.6%（14回）	25	26	11.7%（13回）	08	20	37
10.8%（12回）	33														

35が出た次の回に出る数字

27.9%（31回）	11	26.1%（29回）	29	25.2%（28回）	13	24.3%（27回）	07	09	23.4%（26回）	17	22.5%（25回）	15	22	21.6%（24回）	26	
19.8%（22回）	02	03	25	30	32	34	18.9%（21回）	06	18	21	35	18.0%（20回）	04	08	27	
17.1%（19回）	01	20	23	24	31	16.2%（18回）	10	16	15.3%（17回）	05	14	33	36	37		
13.5%（15回）	12	19	11.7%（13回）	28												

36

トータル出現
112回

年別出現実績

年	回数	年	回数	年	回数	年	回数
H25	9回	H26	10回	H27	11回	H28	13回
H29	16回	H30	8回	R1	7回	R2	8回
R3	7回	R4	10回	R5	13回	R6	0回

トータル／引っ張り・スライド出現

36

35	36	37
14.3%（16回）	18.8%（21回）	17.0%（19回）

インターバル実績

インターバル	%	回数
INT1	18.9%	21回
INT2	16.2%	18回
INT3	11.7%	13回
INT4	8.1%	9回
INT5	10.8%	12回
INT6	8.1%	9回
INT7	4.5%	5回
INT8	6.3%	7回
INT9	1.8%	2回
INT10以上	13.5%	15回

36とのペア出現

27.7%（31回）	32	21.4%（24回）	02	06	20.5%（23回）	04	09	19.6%（22回）	03	15	18.8%（21回）	11			
17.9%（20回）	17	26	33	34	35	17.0%（19回）	21	30	16.1%（18回）	05	10	12	24	27	28
15.2%（17回）	13	19	23	14.3%（16回）	01	07	08	14	16	22	25	37	13.4%（15回）	18	31
12.5%（14回）	29	11.6%（13回）	20												

36が出た次の回に出る数字

26.8%（30回）	11	31	25.0%（28回）	17	27	24.1%（27回）	14	22	22.3%（25回）	28	29	21.4%（24回）	01	04	06	09
20.5%（23回）	15	21	23	19.6%（22回）	07	19	18.8%（21回）	26	36	17.9%（20回）	02	08	18			
17.0%（19回）	12	24	30	37	16.1%（18回）	05	20	25	15.2%（17回）	10	13	14.3%（16回）	16	35		
13.4%（15回）	03	32	34	10.7%（12回）	33											

37

トータル出現
92回

年別出現実績

年	回数	年	回数	年	回数	年	回数
H25	4回	H26	8回	H27	8回	H28	7回
H29	12回	H30	8回	R1	5回	R2	8回
R3	13回	R4	9回	R5	10回	R6	0回

トータル／引っ張り・スライド出現

37

36
19.6%
（18回）

37
14.1%
（13回）

「37」の右スライドにあたる数字はありません

インターバル実績

インターバル	%	回数
INT1	14.3%	13回
INT2	13.2%	12回
INT3	13.2%	12回
INT4	14.3%	13回
INT5	5.5%	5回
INT6	9.9%	9回
INT7	3.3%	3回
INT8	1.1%	1回
INT9	3.3%	3回
INT10以上	22.0%	20回

37とのペア出現

27.2%（25回）	09	25.0%（23回）	13	23.9%（22回）	21	21.7%（20回）	22	28	31	20.7%（19回）	15	32			
19.6%（18回）	02	11	29	17.4%（16回）	14	19	26	33	36	16.3%（15回）	03	07	17		
15.2%（14回）	04	10	34	14.1%（13回）	08	25	35	13.0%（12回）	01	16	18	23	24	30	
12.0%（11回）	12	27	10.9%（10回）	05	06	20									

37が出た次の回に出る数字

28.3%（26回）	17	27	26.1%（24回）	21	23.9%（22回）	29	22.8%（21回）	24	26	35	21.7%（20回）	28				
20.7%（19回）	01	03	04	10	13	25	32	19.6%（18回）	09	22	36					
18.5%（17回）	06	07	08	18	20	34	16.3%（15回）	11	15	16	19	15.2%（14回）	30	31	33	
14.1%（13回）	05	12	14	37	12.0%（11回）	02	9.8%（9回）	23								

ロト7数字ごとの1等賞金獲得額 一番高いのはどの数字だ!!

ここではロト7の賞金に関するおもしろネタを紹介していこう。「01」~「37」ごとに、どの数字が出たときに1等賞金が高いのかを算出！　これで高額当せんも夢ではない!?

出ると超高額1等になるのは「25」だった！

右表は、ロト7の「01」~「37」別に出現したときの1等賞金の平均額を算出したもの(1等該当なし時は除外)。

まず出現したときに最も高額になるのは「25」。その平均額、なんと7億187円！　これは2位の「01」に約3000万円以上の差をつけてぶっちぎりの1位！

逆に1等平均額が低いのが「21」＝4億7064万円。実に「25」と2億円以上の差が発生しているのだ。

このランキングを元に1等平均額の高い数字を組み合わせて、夢の予想数字を組み立ててみるのもおもしろいぞ！

◎ロト7　全数字の1等獲得賞金(平均)ランキング

順位	数字	平均賞金額(円)	通算出現数
1	**25**	¥701,879,914	93
2	**01**	¥670,538,364	100
3	**32**	¥658,334,829	114
4	**35**	¥649,322,326	111
5	**07**	¥646,968,317	107
6	**36**	¥646,156,628	112
7	**17**	¥635,233,963	117
8	**04**	¥632,946,731	111
9	**16**	¥632,924,616	94
10	**22**	¥624,303,151	105
11	**33**	¥623,764,991	92
12	**19**	¥622,042,068	96
13	**29**	¥620,701,063	108
14	**12**	¥617,439,428	86
15	**10**	¥616,896,583	107
16	**20**	¥614,972,633	94
17	**08**	¥614,290,352	107
18	**18**	¥611,506,506	101
19	**37**	¥610,872,393	92
20	**05**	¥610,801,971	97
21	**30**	¥604,835,673	117
22	**15**	¥593,493,381	123
23	**09**	¥587,639,020	119
24	**13**	¥583,991,034	123
25	**14**	¥583,027,181	106
26	**24**	¥581,935,298	104
27	**28**	¥580,252,816	107
28	**31**	¥579,961,844	111
29	**02**	¥572,579,493	92
30	**27**	¥563,962,575	110
31	**06**	¥562,731,131	104
32	**34**	¥558,768,719	110
33	**11**	¥545,948,861	109
34	**23**	¥540,285,489	101
35	**03**	¥532,773,539	98
36	**26**	¥489,504,339	115
37	**21**	¥470,640,613	113
平均		**¥598,861,646**	

月別・出現ランキング

ここでは、ロト7の月別(1月~12月)のトータル出現ランキングを掲載。

1月(抽せん:43回)

ランク	出現率	回数	数字				
1位	30.2%	13回	31				
2位	27.9%	12回	08	29			
4位	25.6%	11回	26	30			
6位	23.3%	10回	04	06	35		
9位	20.9%	9回	05	12	15	25	28
14位	18.6%	8回	03	10	17	18	19
			20	21	23	32	36
24位	16.3%	7回	01	02	07	13	14
			34				
30位	14.0%	6回	09	16	22	27	33
35位	11.6%	5回	11	24	37		

2月(抽せん:40回)

ランク	出現率	回数	数字				
1位	35.0%	14回	09				
2位	27.5%	11回	01	14	27	28	
6位	25.0%	10回	17	21	24	31	33
11位	22.5%	9回	30	34			
13位	20.0%	8回	07	10	16		
16位	17.5%	7回	04	05	08	11	13
			15	25	36		
24位	15.0%	6回	02	06	18	19	20
			22	23	26		
32位	12.5%	5回	29	32	37		
35位	10.0%	4回	03	12			
37位	7.5%	3回	35				

3月(抽せん:44回)

ランク	出現率	回数	数字				
1位	29.5%	13回	35				
2位	27.3%	12回	05	11	13	24	27
			37				
8位	25.0%	11回	01	07	15	22	
12位	22.7%	10回	20				
13位	20.5%	9回	16	17	21	26	32
18位	18.2%	8回	04	28	31	36	
22位	15.9%	7回	12	14	23	29	33
			34				
28位	13.6%	6回	03	08	19	25	30
33位	11.4%	5回	06	09			
35位	9.1%	4回	10				
36位	6.8%	3回	02	18			

4月(抽せん:47回)

ランク	出現率	回数	数字				
1位	34.0%	16回	04				
2位	31.9%	15回	22				
3位	27.7%	13回	08	13	16		
6位	23.4%	11回	03	23	34	36	
10位	21.3%	10回	09	14	26	29	32
15位	19.1%	9回	06	10	15	19	
19位	17.0%	8回	02	05	07	12	24
			28	30			
26位	14.9%	7回	11	18	31	33	35
			37				
32位	12.8%	6回	01	17			
34位	10.6%	5回	20	21	27		
37位	8.5%	4回	25				

5月(抽せん:49回)

ランク	出現率	回数	数字				
1位	30.6%	15回	08				
2位	28.6%	14回	27	36			
4位	26.5%	13回	07	30	34		
7位	24.5%	12回	32	33			
9位	22.4%	11回	03	05	15	17	
13位	20.4%	10回	21				
14位	18.4%	9回	06	09	13	24	28
			35				
20位	16.3%	8回	01	04	10	12	16
			19	23	29	31	
29位	14.3%	7回	02	11	14	20	26
34位	12.2%	6回	22	37			
36位	10.2%	5回	18	25			

6月(抽せん:47回)

ランク	出現率	回数	数字				
1位	29.8%	14回	09	15			
3位	25.5%	12回	06	21	26	27	29
			31				
9位	23.4%	11回	04	11	36		
12位	21.3%	10回	01	14	24	35	
16位	19.1%	9回	13	25	28	30	32
21位	17.0%	8回	22	33	37		
24位	14.9%	7回	08	10	17	19	20
			34				
30位	12.8%	6回	02	05	07	16	18
35位	10.6%	5回	03	12	23		

月別・出現ランキング

7月（抽せん：49回）

ランク	出現率	回数	数字				
1位	36.7%	18回	09				
2位	28.6%	14回	13				
3位	26.5%	13回	14	28			
5位	24.5%	12回	02	11	30		
8位	22.4%	11回	01	06	18	25	31
13位	20.4%	10回	23	27	35		
16位	18.4%	9回	03	05	08	10	15
			17	21	24	26	32
			37				
27位	16.3%	8回	36				
28位	14.3%	7回	07	16	19	34	
32位	12.2%	6回	04	33			
34位	10.2%	5回	20	29			
36位	8.2%	4回	22				
37位	6.1%	3回	12				

8月（抽せん：48回）

ランク	出現率	回数	数字				
1位	33.3%	16回	17				
2位	29.2%	14回	20				
3位	25.0%	12回	02	12			
5位	22.9%	11回	09	10	19	21	22
			30				
11位	20.8%	10回	11	13	15	24	36
16位	18.8%	9回	05	23	25	26	31
			32				
22位	16.7%	8回	03	04	07	14	18
			29	34	35	37	
31位	14.6%	7回	06	08	27		
34位	10.4%	5回	01	28	33		
37位	8.3%	4回	16				

9月（抽せん：48回）

ランク	出現率	回数	数字				
1位	33.3%	16回	15				
2位	31.3%	15回	25				
3位	29.2%	14回	35				
4位	27.1%	13回	04				
5位	25.0%	12回	10	13			
7位	22.9%	11回	09	11	18	26	36
12位	20.8%	10回	03	16	23	31	34
17位	18.8%	9回	06	17	28	30	
21位	16.7%	8回	07	08	14	19	21
			22	29	37		
29位	14.6%	7回	01				
30位	12.5%	6回	02	12	24	32	
34位	10.4%	5回	05	27	33		
37位	6.3%	3回	20				

LOTO 7
ロトセブン

10月(抽せん:48回)

ランク	出現率	回数	数字				
1位	31.3%	15回	07				
2位	29.2%	14回	10				
3位	27.1%	13回	23				
4位	25.0%	12回	14	17	18	27	32
9位	22.9%	11回	01	06	21	26	34
14位	20.8%	10回	03	15			
16位	18.8%	9回	13	20	22	24	30
			37				
22位	16.7%	8回	05	11	16	28	35
			36				
28位	14.6%	7回	19	29			
30位	12.5%	6回	02	09	12	25	31
35位	10.4%	5回	08				
36位	8.3%	4回	04	33			

11月(抽せん:47回)

ランク	出現率	回数	数字				
1位	38.3%	18回	29				
2位	27.7%	13回	32				
3位	25.5%	12回	27	30	35		
6位	23.4%	11回	19	26			
8位	21.3%	10回	13	20	24	33	
12位	19.1%	9回	04	08	16	18	22
			28	31	34	37	
21位	17.0%	8回	01	03	06	11	15
			17	21	25		
29位	14.9%	7回	07	10	23	36	
33位	12.8%	6回	09	12			
35位	10.6%	5回	02	05	14		

12月(抽せん:48回)

ランク	出現率	回数	数字				
1位	31.3%	15回	18				
2位	29.2%	14回	02				
3位	25.0%	12回	12	17	21	22	32
			33				
9位	22.9%	11回	04	11	13	34	
13位	20.8%	10回	10	20			
15位	18.8%	9回	07	08	09	15	26
			28	36			
22位	16.7%	8回	03	05	14	19	29
			30	31			
29位	14.6%	7回	06	23	35		
32位	12.5%	6回	16	24	37		
35位	10.4%	5回	01				
36位	8.3%	4回	25	27			

LOTO 7 ロトセブン

日別・出現ランキング

ここでは、ロト7の日別(1日～31日)のトータル出現ランキングを掲載。日ごとにどの数字が出ていて、どの数字が出ていないかチェックしよう。

1日（抽せん：17回）	35.3%	13	26	28	29.4%	17	25	23.5%	08	09	11	12	
	（6回）				（5回）			（4回）	27	29	32	33	
2日（抽せん：16回）	37.5%	10	18	31.3%	12	24	25.0%	01	08	11	14	17	
	（6回）			（5回）	30	31	（4回）	21	23	34	35		
3日（抽せん：18回）	38.9%	03	33.3%	07	11	28	27.8%	05	06	21	22.2%	04	
	（7回）		（6回）				（5回）	22	37		（4回）	24	
4日（抽せん：18回）	33.3%	01	27.8%	07	10	18	22.2%	02	04	05	11	12	
	（6回）		（5回）	22	28		（4回）	17	19	20	24	34	
5日（抽せん：19回）	36.8%	15	31.6%	17	24	27	31	26.3%	09	16	25	21.1%	
	（7回）		（6回）					（5回）	28	30	36	（4回）	
6日（抽せん：19回）	36.8%	11	30	31	31.6%	05	13	26.3%	06	27	21.1%	01	
	（7回）				（6回）			（5回）	28		（4回）	17	
7日（抽せん：18回）	38.9%	28	33.3%	03	10	27.8%	01	06	22	22.2%	02	04	
	（7回）		（6回）	13		（5回）	26	29	34	（4回）	24	30	
8日（抽せん：19回）	42.1%	18	36.8%	35	31.6%	05	08	26.3%	04	06	21.1%	03	
	（8回）		（7回）		（6回）	09		（5回）	14	27	（4回）	30	
									32			36	

19	17.6%	01	02	03	05	16	11.8%	04	06	07	5.9%	14	
36	(3回)	21	22	24	31	37	(2回)	10	15	20	(1回)	18	
								23	34	35		30	

18.8%	03	05	07	12.5%	02	06	6.3%	04	15	22	0.0%	20	
(3回)	09	13	19	(2回)	16	26	(1回)	25	28	33	(0回)		
	27	32	36		29			37					

14	16	18	16.7%	01	17	23	11.1%	02	09	12	5.6%	08	10
31	32	36	(3回)	25	26	27	(2回)	15	19	30	(1回)	13	20
				29	33			34	35				

14	16.7%	06	09	15	16	21	23	11.1%	03	08	25	5.6%	13
35	(3回)	26	27	30	31	36		(2回)	29	32	33	(1回)	37

07	10	11	18	15.8%	03	04	05	10.5%	06	12	14	5.3%	01
20	21	35		(3回)	08	13	19	(2回)	23	29	32	(1回)	02
					26	33	34		37				22

04	08	10	14	15.8%	03	15	16	20	10.5%	02	07	5.3%	09
18	26	29	34	(3回)	22	23	24	32	(2回)	19	21	(1回)	12
					35	36				25	33		37

05	17	21	16.7%	08	11	11.1%	07	16	5.6%	09	15	0.0%	12
32	35		(3回)	14	18	(2回)	19	20	(1回)	23	27	(0回)	
				25	31		33	37		36			

13	20	15.8%	02	07	12	15	10.5%	01	10	5.3%	25	0.0%	23
31	33	(3回)	17	19	21	24	(2回)	11	16	(1回)	26	(0回)	
			28	29	37			22	34				

日別・出現ランキング

9日（抽せん：17回）	35.3%	13	15	20	26	37	29.4%	01	25	23.5%	11	19
	（6回）						（5回）	31		（4回）	32	36
10日（抽せん：20回）	40.0%	34	35.0%	17	21	30.0%	09	22	25.0%	06	10	13
	（8回）		（7回）	37		（6回）	23	26	（5回）	31	32	33
11日（抽せん：18回）	33.3%	13	16	27.8%	15	17	19	22.2%	01	04	07	09
	（6回）			（5回）	21	35	36	（4回）	27	29	31	33
12日（抽せん：19回）	42.1%	04	36.8%	29	31.6%	10	17	18	26.3%	01	02	21.1%
	（8回）		（7回）		（6回）	25	37		（5回）	35		（4回）
13日（抽せん：19回）	36.8%	10	31.6%	16	23	32	34	26.3%	04	07	08	11
	（7回）		（6回）					（5回）	13	15	24	
14日（抽せん：18回）	38.9%	26	33.3%	08	09	11	27.8%	04	10	22.2%	02	18
	（7回）		（6回）	27	35		（5回）	29		（4回）	24	30
											34	36
15日（抽せん：19回）	36.8%	33	31.6%	06	09	15	26.3%	01	08	13	17	21.1%
	（7回）		（6回）	20	29		（5回）	22	28	30		（4回）
16日（抽せん：16回）	41.2%	04	35.3%	27	29.4%	03	06	08	12	23.5%	34	17.6%
	（7回）		（6回）		（5回）	21	23	26	32	（4回）		（3回）

21	17.6%	03	09	14	17	18	11.8%	02	04	05	06	5.9%	07
	(3回)	22	24	33	34		(2回)	10	12	16	23	(1回)	08
								27	28	30	35		29

20.0%	03	11	15.0%	01	02	10.0%	04	05	14	5.0%	18	0.0%	08
(4回)	15	19	(3回)	07	20	(2回)	16	24	25	(1回)		(0回)	12
	30			35	36		27	28	29				

10	14	16.7%	05	11	12	11.1%	06	08	5.6%	02	0.0%	30	
37		(3回)	18	20	22	(2回)	23	24	(1回)	03	(0回)		
			26	32	34		25			28			

05	07	14	19	15.8%	06	09	12	10.5%	03	16	5.3%	08	11
20	22	24	33	(3回)	15	21	23	(2回)	27	31	(1回)	13	26
					30	34	36					28	32

21.1%	09	12	14	15.8%	02	03	19	10.5%	01	05	06	5.3%	17
(4回)	35	36		(3回)	21	22	27	(2回)	18	20	25	(1回)	28
					29	30	33		26	31	37		

23	16.7%	01	06	15	11.1%	05	07	12	5.6%	03	13	0.0%	19
32	(3回)	16	17	21	(2回)	14	22	25	(1回)	20	37	(0回)	
		28	33			31							

05	07	21	15.8%	03	10	18	10.5%	04	11	14	5.3%	02	12
24	36		(3回)	19	31	32	(2回)	16	25	27	(1回)	23	26
				34				35	37				

01	13	15	18	19	20	24	11.8%	02	05	07	11	5.9%	09
25	29	31	35	36	37		(2回)	14	16	17	28	(1回)	10
								30	33				22

日別・出現ランキング

17日（抽せん：17回）	35.0%	27	30.0%	05	08	14	15	17	25.0%	03	09	20.0%
	（7回）		（6回）	20	21	28	33		（5回）	10	23	（4回）

18日（抽せん：18回）	44.4%	12	38.9%	24	35	33.3%	17	27.8%	07	11	15	22.2%
	（8回）		（7回）			（6回）	21	（5回）	19	23		（4回）

19日（抽せん：19回）	36.8%	13	23	31.6%	01	29	26.3%	09	27	21.1%	02	11
	（7回）			（6回）	31		（5回）	28	34	（4回）	21	22

20日（抽せん：19回）	42.1%	14	17	31.6%	22	37	26.3%	18	19	20	21.1%	08
	（8回）			（6回）			（5回）	21	34		（4回）	25

21日（抽せん：18回）	38.9%	29	33.3%	08	26	27.8%	03	04	05	22.2%	01	06
	（7回）		（6回）			（5回）	13	21	34	（4回）	15	27

22日（抽せん：19回）	47.4%	32	36.8%	36	31.6%	06	26.3%	09	11	21.1%	02	04
	（9回）		（7回）		（6回）	13	（5回）	19	31	（4回）	15	22
											29	30

23日（抽せん：17回）	47.1%	15	30	41.2%	12	29.4%	05	07	32	23.5%	09	10
	（8回）			（7回）		（5回）	33	35		（4回）	14	16
											25	26

24日（抽せん：20回）	40.0%	31	35.0%	14	30.0%	04	22	25.0%	24	29	30	20.0%
	（8回）		（7回）	15	（6回）	28		（5回）	36	37		（4回）

02	07	13	19	15.0%	01	16	10.0%	06	11	5.0%	12	0.0%	04
34	36	37		（3回）	24	25	（2回）	18	29	（1回）	22	（0回）	32
					26	30		35			31		

18	26	30	16.7%	03	10	20	11.1%	04	05	06	5.6%	01	02
32	33	36	（3回）	22	25	28	（2回）	08	13	16	（1回）	09	14
				34				27	31			29	37

15	18	15.8%	03	04	05	06	10.5%	08	10	5.3%	37	0.0%	33
26	32	（3回）	07	16	17	19	（2回）	12	14	（1回）		（0回）	
			20	24	30	36		25	35				

09	11	13	24	15.8%	02	04	05	10.5%	01	03	10	5.3%	06
30	32	33		（3回）	07	16	23	（2回）	12	15	27	（1回）	31
					26	29			28	35	36		

11	14	16.7%	02	10	17	11.1%	07	09	12	5.6%	16	25	
31	36	（3回）	18	20	22	（2回）	19	24	28	（1回）	32	35	
			23	30	33		37						

07	14	15.8%	01	12	16	10.5%	05	08	5.3%	03	0.0%	33	
24	28	（3回）	17	18	23	（2回）	10	20	（1回）	37	（0回）		
34			25	26	27		21	35					

13	17.6%	06	11	11.8%	01	02	5.9%	03	04	18	0.0%	28	
17	（3回）	21	29	（2回）	08	19	（1回）	23	24	34	（0回）		
27		31			20	22		36	37				

01	03	09	15.0%	02	05	07	08	10.0%	06	11	18	5.0%	20
10	17	32	（3回）	12	13	16	19	（2回）	23	25	26	（1回）	
35				21	27				33	34			

日別・出現ランキング

25日	44.4%	30	38.9%	02	33.3%	07	27.8%	04	06	13	22.2%	03
（抽せん：18回）	（8回）		（7回）		（6回）		（5回）	20	22	26	（4回）	14
								32				35

26日	38.9%	31	37	33.3%	22	27.8%	03	06	08	09	22.2%	04
（抽せん：18回）	（7回）			（6回）		（5回）	13	29	34		（4回）	20
												30

27日	36.8%	19	36	31.6%	08	25	26.3%	07	09	13	16	21.1%
（抽せん：19回）	（7回）			（6回）			（5回）	33	34	35		（4回）

28日	38.9%	26	33.3%	11	15	22	27.8%	02	09	22.2%	08	10
（抽せん：18回）	（7回）		（6回）	28	36		（5回）	14	21	（4回）	30	34

29日	44.4%	32	38.9%	09	16	33.3%	26	27.8%	01	22.2%	02	07
（抽せん：18回）	（8回）		（7回）	25		（6回）	28	（5回）		（4回）	10	12
							30				35	37

30日	43.8%	13	23	37.5%	15	31.3%	07	20	25.0%	04	09	27
（抽せん：16回）	（7回）			（6回）		（5回）	21		（4回）	29	30	

31日	50.0%	35	40.0%	15	24	30.0%	03	04	06	07	11	20.0%
（抽せん：10回）	（5回）		（4回）			（3回）	16	23	27	36		（2回）

08	09	16.7%	10	12	15	11.1%	11	16	19	5.6%	18	0.0%	01
17	27	（3回）	23	24	31	（2回）	25	28	29	（1回）	21	（0回）	05
36			37				34				33		

14	16.7%	01	02	05	16	11.1%	10	12	21	5.6%	15	0.0%	07
27	（3回）	17	18	19	23	（2回）	24	25	32	（1回）		（0回）	11
35		26	28				33	36					

04	10	11	15.8%	02	05	12	15	10.5%	03	06	14	5.3%	01
23	29		（3回）	17	20	21	26	（2回）	18	22	30	（1回）	24
				27	28	31	32		37				

18	16.7%	01	04	05	06	11.1%	03	12	13	5.6%	17	0.0%	31
	（3回）	07	20	23	25	（2回）	16	19	29	（1回）	24	（0回）	
		33	37				32	35			27		

08	16.7%	06	15	18	11.1%	03	04	13	5.6%	05	11	0.0%	20
27	（3回）	19	31	33	（2回）	17	23	24	（1回）	14	21	（0回）	22
		34	36			29							

18.8%	01	03	05	06	08	12.5%	02	12	6.3%	10	16	0.0%	36
（3回）	11	14	22	24	25	（2回）	17	18	（1回）	19	33	（0回）	
	26	28	32				31	35		34	37		

01	02	08	18	22	10.0%	09	10	12	14	0.0%	05	13	
25	29	31	32	37	（1回）	20	26	28	30	（0回）	17	19	
						33	34				21		

六曜別・出現ランキング

ここでは、ロト7の六曜別（大安・赤口・先勝・友引・先負・仏滅）のトータル出現ランキングを掲載。

大安（抽せん：97回）

ランク	出現率	回数	数字	
1位	28.9%	28回	21	
2位	26.8%	26回	14	
3位	25.8%	25回	26	
4位	23.7%	23回	01	13
			25	
7位	22.7%	22回	06	09
			31	
10位	21.6%	21回	07	15
			16	18
14位	20.6%	20回	11	34
16位	19.6%	19回	10	30
18位	17.5%	17回	04	08
			22	28
22位	16.5%	16回	17	19
			24	32
			33	36
28位	15.5%	15回	03	12
			37	
31位	14.4%	14回	05	20
			23	29
			35	
36位	13.4%	13回	27	
37位	11.3%	11回	02	

赤口（抽せん：89回）

ランク	出現率	回数	数字	
1位	30.3%	27回	29	
2位	28.1%	25回	36	
3位	23.6%	21回	26	
4位	22.5%	20回	09	11
			21	32
			34	
9位	21.3%	19回	13	
10位	20.2%	18回	04	06
			14	23
			31	33
			35	
17位	19.1%	17回	07	12
			17	27
21位	18.0%	16回	03	10
			30	
24位	16.9%	15回	08	16
			22	24
			25	28
			37	
31位	15.7%	14回	15	
32位	14.6%	13回	05	
33位	13.5%	12回	01	02
35位	12.4%	11回	18	19
			20	

先勝（抽せん：89回）

ランク	出現率	回数	数字	
1位	24.7%	22回	28	30
3位	23.6%	21回	23	25
5位	22.5%	20回	04	10
			13	15
			21	22
			32	
12位	21.3%	19回	07	14
			24	
15位	20.2%	18回	05	08
			18	26
19位	19.1%	17回	06	12
			27	31
			37	
24位	18.0%	16回	11	
25位	16.9%	15回	01	29
			36	
28位	15.7%	14回	02	09
			33	35
32位	14.6%	13回	16	
33位	13.5%	12回	03	17
35位	12.4%	11回	34	
36位	10.1%	9回	19	20

友引(抽せん:86回)

ランク	出現率	回数	数字	
1位	29.1%	25回	17	
2位	26.7%	23回	27	
3位	25.6%	22回	15	
4位	24.4%	21回	32	36
6位	23.3%	20回	10	28
			35	
9位	22.1%	19回	06	19
11位	20.9%	18回	03	04
			26	29
15位	19.8%	17回	07	09
17位	18.6%	16回	01	16
			20	21
			30	31
23位	17.4%	15回	05	24
			34	
26位	16.3%	14回	12	13
28位	15.1%	13回	02	08
			22	23
			33	
33位	14.0%	12回	11	
34位	12.8%	11回	14	37
36位	10.5%	9回	18	25

先負(抽せん:99回)

ランク	出現率	回数	数字	
1位	26.3%	26回	09	11
			18	
4位	25.3%	25回	08	
5位	23.2%	23回	17	
6位	22.2%	22回	30	34
8位	21.2%	21回	13	20
			27	
11位	20.2%	20回	01	05
			19	35
15位	19.2%	19回	28	31
			33	37
19位	18.2%	18回	02	06
			07	10
			23	32
25位	17.2%	17回	03	12
			14	36
29位	16.2%	16回	15	22
			24	
32位	15.2%	15回	04	21
			26	
35位	13.1%	13回	16	
36位	12.1%	12回	29	
37位	10.1%	10回	25	

仏滅(抽せん:98回)

ランク	出現率	回数	数字	
1位	30.6%	30回	15	
2位	26.5%	26回	13	
3位	25.5%	25回	35	
4位	24.5%	24回	02	17
			22	
7位	23.5%	23回	04	20
			24	
10位	22.4%	22回	29	30
			34	
13位	21.4%	21回	19	
14位	20.4%	20回	03	09
16位	19.4%	19回	08	27
			31	32
20位	18.4%	18回	26	36
22位	17.3%	17回	05	23
24位	16.3%	16回	16	18
26位	15.3%	15回	07	11
			14	25
			37	
31位	14.3%	14回	01	10
			21	28
35位	12.2%	12回	33	
36位	10.2%	10回	06	
37位	6.1%	6回	12	

九星別・出現ランキング

ここでは、ロト7の九星別(一白水星・二黒土星・三碧木星・四緑木星・五黄土星・六白金星・七赤金星・八白土星・九紫火星)のトータル出現ランキングを掲載。

一白水星(抽せん:63回)

ランク	出現率	回数	数字	
1位	31.7%	20回	04	
2位	27.0%	17回	17	29
4位	25.4%	16回	22	
5位	23.8%	15回	20	30
			32	37
9位	22.2%	14回	19	34
			35	
12位	20.6%	13回	03	07
			15	
15位	19.0%	12回	01	02
			05	10
			14	18
			27	
22位	17.5%	11回	12	16
			23	26
26位	15.9%	10回	06	11
			21	31
30位	14.3%	9回	13	24
			36	
33位	12.7%	8回	08	
34位	11.1%	7回	09	25
			28	
37位	9.5%	6回	33	

二黒土星(抽せん:59回)

ランク	出現率	回数	数字	
1位	32.2%	19回	26	
2位	27.1%	16回	09	28
4位	25.4%	15回	19	29
6位	23.7%	14回	06	11
			21	
9位	22.0%	13回	05	36
11位	20.3%	12回	04	07
			12	15
			31	34
17位	18.6%	11回	01	10
			13	17
			18	30
23位	16.9%	10回	08	20
25位	15.3%	9回	14	22
			23	32
			35	37
31位	13.6%	8回	02	03
			24	33
35位	11.9%	7回	25	27
37位	10.2%	6回	16	

三碧木星(抽せん:63回)

ランク	出現率	回数	数字	
1位	30.2%	19回	32	
2位	28.6%	18回	31	
3位	27.0%	17回	10	
4位	25.4%	16回	21	
5位	23.8%	15回	03	07
			36	
8位	22.2%	14回	06	09
			26	
11位	20.6%	13回	11	14
			15	17
			24	37
17位	19.0%	12回	13	20
			23	25
21位	17.5%	11回	02	27
			29	30
			33	
26位	15.9%	10回	01	04
			16	22
			35	
31位	14.3%	9回	18	19
			28	
34位	12.7%	8回	34	
35位	11.1%	7回	05	
36位	9.5%	6回	08	
37位	7.9%	5回	12	

四緑木星(抽せん:63回)

ランク	出現率	回数	数字	
1位	27.0%	17回	11	
2位	25.4%	16回	13	26
			27	36
6位	23.8%	15回	17	
7位	22.2%	14回	02	07
			24	25
			30	31
13位	20.6%	13回	04	09
			15	16
			21	
18位	19.0%	12回	14	20
			23	35
			37	
23位	17.5%	11回	10	18
			32	33
			34	
28位	15.9%	10回	03	19
30位	14.3%	9回	05	08
			22	28
			29	
35位	11.1%	7回	12	
36位	7.9%	5回	06	
37位	6.3%	4回	01	

五黄土星(抽せん:63回)

ランク	出現率	回数	数字	
1位	27.0%	17回	09	14
			35	
4位	23.8%	15回	16	22
			31	37
8位	22.2%	14回	07	13
			17	26
			34	
13位	20.6%	13回	01	23
			25	
16位	19.0%	12回	21	33
18位	17.5%	11回	03	05
			06	11
			12	15
			28	29
			30	
27位	15.9%	10回	02	18
			20	32
			36	
32位	14.3%	9回	04	24
34位	12.7%	8回	08	10
			27	
37位	9.5%	6回	19	

六白金星(抽せん:59回)

ランク	出現率	回数	数字	
1位	30.5%	18回	08	
2位	28.8%	17回	28	
3位	25.4%	15回	24	
4位	23.7%	14回	01	06
			13	15
			23	27
			30	
11位	22.0%	13回	17	22
			31	
14位	20.3%	12回	29	32
			35	
17位	18.6%	11回	18	21
			26	36
21位	16.9%	10回	11	12
			34	
24位	15.3%	9回	04	10
			14	16
			19	20
30位	13.6%	8回	02	05
			07	09
			25	33
36位	11.9%	7回	03	37

九星別・出現ランキング

七赤金星(抽せん:63回)

ランク	出現率	回数	数字	
1位	28.6%	18回	08	
2位	27.0%	17回	15	
3位	25.4%	16回	29	34
5位	23.8%	15回	01	04
			07	13
			21	22
			30	
12位	22.2%	14回	03	05
			35	
15位	19.0%	12回	09	10
			17	19
19位	17.5%	11回	11	25
			27	28
			33	
24位	15.9%	10回	02	06
			12	18
			24	26
30位	14.3%	9回	31	36
32位	12.7%	8回	16	23
			32	37
36位	11.1%	7回	14	20

八白土星(抽せん:64回)

ランク	出現率	回数	数字	
1位	35.9%	23回	09	
2位	26.6%	17回	10	13
			15	30
			32	
7位	25.0%	16回	27	
8位	23.4%	15回	08	
9位	21.9%	14回	19	28
11位	20.3%	13回	06	16
			18	35
15位	18.8%	12回	05	14
			21	23
19位	17.2%	11回	02	04
			12	31
			33	34
			36	
26位	15.6%	10回	01	17
			22	25
30位	14.1%	9回	03	07
			24	37
34位	12.5%	8回	26	29
36位	10.9%	7回	11	
37位	7.8%	5回	20	

九紫火星(抽せん:61回)

ランク	出現率	回数	数字	
1位	29.5%	18回	36	
2位	27.9%	17回	24	
3位	26.2%	16回	11	
4位	24.6%	15回	08	13
			14	27
8位	23.0%	14回	18	20
			33	34
12位	21.3%	13回	06	15
			28	32
16位	19.7%	12回	04	17
			26	
19位	18.0%	11回	01	03
			05	25
23位	16.4%	10回	10	21
			23	35
27位	14.8%	9回	09	12
			16	29
			30	31
33位	13.1%	8回	02	22
35位	11.5%	7回	07	19
37位	6.6%	4回	37	

ロト7で1等最高賞金が出た『超』幸運の売り場

ロト7の1等最高賞金(キャリーオーバー時)は1等10億円(2017年2月までは8億円)。その最高賞金が出た「超」幸運の売り場を紹介しよう!

1等10億円は全76本! ネットでの10億円も多数!

◎ロト7で1等最高賞金が出た「超」幸運の売り場リスト

回号	売り場名	売り場住所
第7回	観音寺チャンスセンター(2口)	香川県観音寺市
第7回	東村山プラザチャンスセンター	東京都東村山市
第21回	小平ダイエーチャンスセンター	東京都小平市
第28回	四ケ町売場	長崎県佐世保市
第31回	三国チャンスセンター	大阪府大阪市
第36回	七福愛子店	宮城県仙台市
第37回	宇都宮カルナチャンスセンター	栃木県宇都宮市
第46回	内代チャンスセンター	大阪府大阪市
第58回	今池ダイエーチャンスセンター	愛知県名古屋市
第68回	南大沢駅前チャンスセンター	東京都八王子市
第69回	ファミリーマート北谷バンビー店	沖縄県中頭郡
第85回	阿南ビルドチャンスセンター	徳島県阿南市
第86回	吉野ヶ里モリナガチャンスセンター	佐賀県神崎郡
第90回	JAM星が浦チャンスセンター	北海道釧路市
第92回	西神南カインズホームチャンスセンター	兵庫県神戸市
第93回	川越的場ヤオコーチャンスセンター	埼玉県川越市
第93回	四軒屋ヤマナカチャンスセンター	愛知県名古屋市
第97回	北海道銀行室蘭駅前支店ATM	北海道室蘭市
第111回	川本ベイシアチャンスセンター	埼玉県深谷市
第114回	梅屋敷ドリームステーション	東京都大田区
第115回	岩瀬カスミチャンスセンター	茨城県桜川市
第116回	嬉野ピアゴチャンスセンター	三重県松阪市
第119回	高知駅北チャンスセンター	高知県高知市
第121回	喜多方カインズチャンスセンター	福島県喜多方市
第123回	長田沖大前店	沖縄県那覇市
第137回	千日前エスカールチャンスセンター	大阪府大阪市
第138回	みずほ銀行梅田支店	大阪府大阪市
第141回	イオンモール直方店	福岡県直方市
第144回	愛媛銀行ATM	愛媛県松山市
第146回	サンビルチャンスセンター	岩手県盛岡市
第147回	ロヂャース戸田 大黒天宝くじ	埼玉県戸田市
第147回	みずほ銀行インターネット	-
第149回	貢川オギノチャンスセンター	山梨県甲府市
第150回	若松原ヨークベニマルチャンスセンター	栃木県宇都宮市
第152回	ジョイフル本田瑞穂店	東京都西多摩郡
第170回	楽天インターネット	-
第177回	一宮宝くじ売り場	岡山県岡山市
第184回	サンプラザ店	兵庫県神戸市
第187回	元町ヒロセチャンスセンター	大分県大分市
第187回	五反田駅東口店	東京都品川区
第232回	花園道の駅チャンスセンター	埼玉県深谷市
第268回	大東カインズチャンスセンター	静岡県掛川市
第276回	ドリームボックス石部店	滋賀県湖南市
第281回(2本)	楽天銀行(NET)	東京都世田谷区
第282回	山新グランステージ水戸	茨城県水戸市
第288回	谷塚コリーナチャンスセンター	埼玉県草加市
第288回	北島イオンタウンチャンスセンター	徳島県板野郡北島町
第289回	開運堂 ツタヤ佐鳴店	静岡県浜松市
第291回	みずほ銀行東京都神田支店神田駅東口出張所	東京都千代田区
第296回	福井銀行本店営業部(ATM)	福井県福井市
第300回	みずほ銀行福岡支店	福岡県福岡市
第305回	フレスポ長田宝くじ売場	大阪府東大阪市
第307回	七福出雲店	島根県出雲市
	ゆめマート尾道チャンスセンター	広島県尾道市
	楽天銀行 (栃木県) ネット	東京都世田谷区
第337回	修善寺カインズホームチャンスセンター	静岡県伊豆市
第338回	楽天銀行 (滋賀県) ネット	東京都世田谷区
第339回	宝くじ公式サイト (鳥取県)	東京都中央区

回号	売り場名	売り場住所
第340回	宝くじ公式サイト (秋田県)	東京都中央区
第341回	越谷つるかめチャンスセンター	埼玉県越谷市
第345回	北野駅前チャンスセンター	東京都八王子市
第346回	元町ヒロセチャンスセンター	大分県大分市
第349回	横浜ダイヤモンドチャンスセンター	神奈川県横浜市
	ホームセンタームサシ高岡駅南店	富山県高岡市
第351回	笠岡コムプラザチャンスセンター	岡山県笠岡市
第359回	DCMサンワ柏店	青森県つがる市
第359回	DCMサンワ柏店	青森県つがる市
第361回	南国サニーアクシスチャンスセンター	高知県南国市
第371回	三井住友銀行 (NET)	-
第371回	三井住友銀行 (NET)	-
第372回	三菱UFJ銀行 (NET)	-
第374回	みずほ銀行甲府支店	山梨県甲府市
第375回	ビバモール厚木南インターチャンスセンター	神奈川県厚木市
第385回	楽天銀行 (NET)	-
第404回	伊達イオンチャンスセンター	北海道伊達市
第405回	玉戸モールチャンスセンター	茨城県筑西市
第409回	群馬町とりせんチャンスセンター	群馬県高崎市
	(有)寿屋杉本商店	静岡県沼津市
第411回	宝島真美ヶ丘店	奈良県香芝市
第413回	新宿チャンスセンター	東京都新宿区
第414回	阪神尼崎宝くじ売場	兵庫県尼崎市
第426回	湯川イオンチャンスセンター	北海道函館市
第443回	宝くじ公式サイト (神奈川県)	神奈川県川崎市
第445回	第四北越銀行 (ATM)	新潟県新潟市
第446回	横須賀佐原チャンスセンター	神奈川県横須賀市
第448回	幕張イトーヨーカドーチャンスセンター	千葉県千葉市
第463回	岸和田ラパークチャンスセンター	大阪府岸和田市
第476回	ウィング久里浜チャンスセンター	神奈川県横須賀市
第479回	東村山プラザチャンスセンター	東京都東村山市
第482回	つくばトナリエキュートチャンスセンター	茨城県つくば市
第483回	宝くじ駒込センター	東京都豊島区
第484回	中野たばこ店	静岡県浜松市
第484回	宝くじ公式サイト 滋賀県6(NET)	東京都中央区
第486回	イオン大垣チャンスセンター	岐阜県大垣市
第486回	あまがさきキューズモールチャンスセンター	兵庫県尼崎市
第501回	宝くじロトハウス横浜南部市場店	神奈川県横浜市
第504回	宝くじ公式サイト 山口県6(NET)	東京都中央区
第506回	富士吉田オギノチャンスセンター	山梨県富士吉田市
第506回	ロヂャース北本 大黒天宝くじ	埼玉県北本市
第507回	七福愛子店	宮城県仙台市
第508回	楽天銀行(NET)	-
第512回	高槻コノミヤチャンスセンター	大阪府高槻市
第514回	PayPay銀行(NET)	-
第516回	岡南ハピータウンチャンスセンター	岡山県岡山市
	PayPay銀行(NET)	-
第518回	志紀ライフチャンスセンター	大阪府八尾市
第520回	村井チャンスセンター	長野県松本市
第524回	Yタウンやぶ店	兵庫県養父市
第528回	宝くじ公式サイト	-
第530回	久世ゆめタウンチャンスセンター	岡山県真庭市
	みずほ銀行 ATM	神奈川県川崎市
第536回	宝くじ公式サイト	-
第540回	宝くじ公式サイト	-
第546回	天文館チャンスセンター	鹿児島県鹿児島市
第557回	糸島神在チャンスセンター	福岡県糸島市

※売り場名は、1等当せん時のもの、1等が10億円になって以降は、10億円が出た売り場(アミカケ)を掲載している。

連続数字の出現実績

第558回まで

連続数字の出現率は73.5%で理論値超え!

連続数字とは、当せん数字内にある連続する数字のこと。たとえば「02　03」や「26　27」などである。

ちなみに、ロト7における連続数字(3連続数字以上含む)が出現する理論上の確率は、74.5%とかなり高い。実際に集計した558回中410回で出現。出現率は、73.5%で理論値どおり。予想には確実に入れるべき要素であることは言うまでもない。

右ページの表は、558回時点での数字順とランキング順にした連続数字だ。現時点で未出現の連続数字はない。最多出現は「34　35」の25回。

逆に「24　25」は、ここまでの出現わずか11回と出ていない傾向にある。このようにどの連続数字が出ているかチェックしていこう。なお、連続数字は1組決めてしまえば、選ぶ数字が2個決まる。

残り5個の数字を決めるだけなので、うまく活用して予想を効率よく組み立てていこう。

連続数字の出現理論値あれこれ

ロト7における連続数字の出現確率は、理論上74.5%と非常に高いことは上記で紹介したとおりだ。

では、連続数字以上の3連続数字(3つの連続した数字「01-02-03」や「15-16-17」など)の出現確率はどうなのか?

答えは、3連続以上の数字が出る理論上の確率は、26.1%。約4回に1回という計算だ。では4連続以上の数字が出る理論上の確率はどうか?　答えは1.6%。一気に確率が下がるのがわかるだろう。実際に、5連続以上の数字はまだ出ていないのだ。ちなみに、それ以上の理論上の確率を紹介すると、

5連続の数字=0.15%(1万回に15回)

6連続の数字=0.01%(1万回に1回)

7連続の数字=0.0003%(100万回に3回!)

と多くなればなるほど、出る確率は低くなるのだ。

したがって、連続数字は5連続以上の数字に関しては、除外したほうが無難とも考えられる。

◎ロト7・連続数字出現ランキング

出現実績	
01 - 02	23
02 - 03	13
03 - 04	14
04 - 05	16
05 - 06	17
06 - 07	17
07 - 08	21
08 - 09	14
09 - 10	19
10 - 11	11
11 - 12	19
12 - 13	13
13 - 14	24
14 - 15	15
15 - 16	20
16 - 17	16
17 - 18	24
18 - 19	14
19 - 20	21
20 - 21	17
21 - 22	13
22 - 23	14
23 - 24	15
24 - 25	11
25 - 26	16
26 - 27	24
27 - 28	23
28 - 29	21
29 - 30	17
30 - 31	22
31 - 32	19
32 - 33	16
33 - 34	21
34 - 35	25
35 - 36	20
36 - 37	16

ランキング	
34 - 35	25
13 - 14	24
17 - 18	24
26 - 27	24
01 - 02	23
27 - 28	23
30 - 31	22
07 - 08	21
19 - 20	21
28 - 29	21
33 - 34	21
15 - 16	20
35 - 36	20
09 - 10	19
11 - 12	19
31 - 32	19
05 - 06	17
06 - 07	17
20 - 21	17
29 - 30	17
04 - 05	16
16 - 17	16
25 - 26	16
32 - 33	16
36 - 37	16
14 - 15	15
23 - 24	15
03 - 04	14
08 - 09	14
18 - 19	14
22 - 23	14
02 - 03	13
12 - 13	13
21 - 22	13
10 - 11	11
24 - 25	11

※左表「出現実績」を並べ替えたものが「ランキング」です

◎3連続以上の出現実績

3連続以上	出現回数
01 - 02 - 03	1
03 - 04 - 05	1
03 - 04 - 05 - 06	1
04 - 05 - 06	1
06 - 07 - 08	3
07 - 08 - 09	3
08 - 09 - 10	1
09 - 10 - 11	1
10 - 11 - 12	1
11 - 12 - 13	2
12 - 13 - 14	2
13 - 14 - 15	2
13 - 14 - 15 - 16	1
14 - 15 - 16	3
15 - 16 - 17	4
15 - 16 - 17 - 18	1
16 - 17 - 18	2
16 - 17 - 18 - 19 - 20	1
17 - 18 - 19	1
17 - 18 - 19 - 20	2
18 - 19 - 20	2
19 - 20 - 21	3
19 - 20 - 21 - 22	1
20 - 21 - 22	2
20 - 21 - 22 - 23	1
21 - 22 - 23	1
21 - 22 - 23 - 24	1
22 - 23 - 24	3
23 - 24 - 25	1
24 - 25 - 26 - 27	1
25 - 26 - 27	3
26 - 27 - 28	4
26 - 27 - 28 - 29	1
27 - 28 - 29	3
27 - 28 - 29 - 30	1
28 - 29 - 30	5
29 - 30 - 31	2
29 - 30 - 31 - 32	1
30 - 31 - 32	3
31 - 32 - 33	1
32 - 33 - 34	3
33 - 34 - 35	4
34 - 35 - 36	2
34 - 35 - 36 - 37	1
35 - 36 - 37	2

※上記以外は出現していない

下ヒトケタ共通数字の出現実績

LOTO 7 ロトセブン

第558回まで

558回時点での出現率は88.2%　予想にはマストの要素だ!!

下ヒトケタ共通数字の出現とは、当せん数字内に数字の下ヒトケタが同じ数字が2数字以上出ることをいう。たとえば、「10」は下ヒトケタが【0】の数字だが、ほかにも下ヒトケタが【0】の数字は「20」「30」がある。このうち2つ以上が出現すれば、下ヒトケタ共通数字が出現したことになる。

なお、ロト7において下ヒトケタ共通数字が出現する理論上の出現確率は89.3%と非常に高い。むしろ出ないほうが、おかしいレベルの数値だ。実際に、集計した558回で下ヒトケタ共通数字が出たのは492回、出現率にすると88.2%とほぼ理論値どおり出現しているのだ。したがって、予想には確実にいれる要素なのだ。

ちなみに、右ページには、558回までの各下ヒトケタ共通数字の出現実績を示している。現状では、下ヒトケタ【1】が103回と最もよく出ている(下ヒトケタ【1】から【7】は、下ヒトケタ【8】から【0】より数が多いため、必然的に出現も多くなる傾向がある)。その下ヒトケタ【1】のなかでも「01　11」が特によく出ているので、厚めに狙っていきたい。

下ヒトケタ共通数字の出現あれこれ

ロト7における、下ヒトケタ共通数字の理論上の出現率は、89.3%と非常に高いことは上記で紹介したとおり。これは、下ヒトケタ共通数字が1組(たとえば「01」と「11」や、「24」と「34」など)の場合だ。

一方で、下ヒトケタ共通数字が3数字同時に出る確率は、一気に下がって12.7%となる。この場合、たとえば「01」「11」「21」や、「01」「11」「31」というような組合せになる。しかし、ここにひとつの落とし穴がある。それは、下ヒトケタ共通数字が3個ということは、申込カードにマークしたときに横並びの形になってしまうこと。これはコラム5(P214)で紹介するように、当たっても配当が低くなる可能性があるのだ。

したがって、下ヒトケタ共通数字は2数字を1組狙う、という方法で狙っていくことをオススメしたい。

たとえば、「03」「13」「23」「33」の下ヒトケタ【3】がすべて出た場合、写真のように横一列マークされることに。このように規則的なマークになる場合は、低配当になりやすい

下ヒトケタ共通数字出現実績

※各下ヒトケタのトータルはのべ回数

下ヒトケタ【1】

トータル			103
01	-	11	27
01	-	21	18
01	-	31	22
11	-	21	24
11	-	31	18
21	-	31	20

下ヒトケタ【2】

トータル			76
02	-	12	12
02	-	22	17
02	-	32	5
12	-	22	13
12	-	32	12
22	-	32	21

下ヒトケタ【3】

トータル	77
03 - 13	15
03 - 23	13
03 - 33	11
13 - 23	20
13 - 33	18
23 - 33	10

下ヒトケタ【4】

トータル	89
04 - 14	18
04 - 24	21
04 - 34	22
14 - 24	18
14 - 34	19
24 - 34	15

下ヒトケタ【5】

トータル	82
05 - 15	22
05 - 25	13
05 - 35	19
15 - 25	30
15 - 35	24
25 - 35	14

下ヒトケタ【6】

トータル	86
06 - 16	14
06 - 26	17
06 - 36	24
16 - 26	14
16 - 36	16
26 - 36	20

下ヒトケタ【7】

トータル	84
07 - 17	19
07 - 27	13
07 - 37	15
17 - 27	21
17 - 37	15
27 - 37	11

下ヒトケタ【8】

トータル	44
08 - 18	15
08 - 28	21
18 - 28	12

下ヒトケタ【9】

トータル	47
09 - 19	16
09 - 29	17
19 - 29	14

下ヒトケタ【0】

トータル	45
10 - 20	16
10 - 30	23
20 - 30	16

LOTO 7
ロトセブン

トリニティ数字の出現実績 第558回まで

平均出現2回にもかかわらず、すでに10回も出ているトリニティ数字が2組あり！

ロト7においてもトリニティ数字は存在する。ロト7における3つの数字の組み合わせは、全部で7770通り。1回の抽せんで算出するトリニティ数字は35組あるため、558回の抽せんをしているということは、558×35＝1万9530組のトリニティ数字が出たことになる。これを全通りで割ると、トリニティ数字の平均出現回数が算出される。つまり、この場合は、約2.5回(19530÷7770)となる。

平均出現回数が2.3回にもかかわらず、すでに10回も出ているトリニティ数字がある。「08　13　30」「15　26　34」だ(下参照)。よく出ているトリニティ数字は出現傾向が高いので、そのなかから狙ってみるのも一手だ。

トリニティ数字トータル出現数ランキング(第558回まで)

10回
08-13-30　15-26-34

9回
07-15-25　08-24-30　10-18-35
10-27-33　13-16-30　15-21-26
24-27-30

8回	01	11	28
	01	11	35
	02	09	36
	02	09	37
	02	11	36
	03	06	31
	03	16	34
	03	26	30
	04	07	24
	04	13	32
	04	22	31
	04	29	34
	05	15	25
	06	23	27

8回	06	27	28
	06	32	36
	07	09	15
	07	12	15
	07	13	30
	07	15	30
	07	15	31
	07	15	35
	08	15	25
	08	24	32
	08	26	27
	08	32	36
	09	13	22
	09	21	23

8回	10	17	18
	12	17	34
	13	15	21
	13	15	24
	14	17	21
	14	23	31
	15	23	31
	17	21	31
	17	22	28
	17	23	31
	21	26	34
	23	27	32

7回	01	06	31
	01	11	21
	01	13	16
	03	07	15
	03	10	18
	03	32	36
	03	34	35
	04	06	22

7回	04	08	32
	04	17	29
	04	28	30
	05	20	21
	05	24	30
	05	26	32
	06	08	32
	06	09	23

7回	06	09	31
	06	14	28
	06	22	32
	07	08	13
	07	08	24
	07	16	34
	07	24	30
	08	13	14

7回	08	13	23
	08	13	26
	08	15	29
	08	28	30
	08	32	34
	09	13	18
	09	14	37
	09	18	27
	09	28	30
	10	18	28
	11	14	21
	11	21	28
	13	14	16
	13	22	26

7回	13	26	36
	14	20	31
	14	21	31
	15	17	29
	15	24	35
	15	25	35
	15	27	29
	15	34	36
	16	18	35
	17	18	22
	17	18	25
	17	20	26
	17	24	32
	17	26	29

7回	17	30	32
	17	32	36
	18	21	29
	21	26	29
	21	26	30
	23	27	28
	24	29	34
	24	29	35
	24	32	36
	26	27	32
	26	28	32
	26	32	34
	26	33	34
	30	32	36

6回	01	02	17
	01	02	18
	01	02	21
	01	02	29
	01	03	05
	01	04	31
	01	05	29
	01	09	15
	01	09	31
	01	11	16

6回	01	11	25
	01	11	30
	01	13	30
	01	16	25
	01	16	30
	01	18	21
	01	18	29
	02	03	36
	02	18	21
	02	21	33

6回	02	22	36
	02	32	36
	03	04	29
	03	05	08
	03	06	29
	03	06	36
	03	07	30
	03	08	15
	03	10	30
	03	15	29

6回	03	26	28
	04	06	24
	04	08	25
	04	08	27
	04	09	15
	04	09	35
	04	10	27
	04	10	29
	04	10	33
	04	12	23
	04	12	34
	04	12	36
	04	13	16
	04	14	29
	04	15	29
	04	17	36
	04	20	29
	04	22	24
	04	23	27
	04	23	32
	04	25	30
	04	26	32
	04	27	28
	04	27	32
	04	27	36

6回	04	29	31
	04	32	36
	05	08	15
	05	08	36
	05	27	30
	05	32	33
	06	07	36
	06	10	36
	06	13	16
	06	14	27
	06	21	28
	06	22	26
	06	22	31
	06	24	28
	06	26	31
	06	27	35
	06	27	36
	07	08	14
	07	08	23
	07	08	30
	07	09	22
	07	09	28
	07	09	29
	07	11	15
	07	11	19

6回	07	11	35
	07	12	23
	07	14	22
	07	14	31
	07	15	16
	07	15	17
	07	15	24
	07	15	37
	07	22	24
	08	09	24
	08	13	24
	08	13	32
	08	13	37
	08	15	24
	08	15	26
	08	23	25
	08	24	27
	08	24	31
	08	25	27
	08	26	32
	08	28	29
	09	11	14
	09	13	14
	09	13	21
	09	13	26

6回	09	13	33
	09	13	34
	09	14	24
	09	15	16
	09	15	31
	09	15	34
	09	15	37
	09	18	35
	09	20	28
	09	22	24
	09	28	37
	09	32	36
	10	12	28
	10	12	34
	10	18	22
	10	19	30
	10	21	30
	10	25	33
	10	26	30
	10	32	33
	11	12	19
	11	12	21
	11	12	36
	11	15	18
	11	16	18

6回	11	20	32
	11	21	26
	11	21	36
	11	24	27
	11	26	34
	12	17	24
	12	17	26
	12	21	36
	12	30	35
	13	14	31
	13	17	21
	13	17	26
	13	17	28
	13	18	20
	13	18	26
	13	21	34
	13	22	24
	13	22	32
	13	22	36
	13	22	37
	13	24	30
	13	24	35
	13	26	34
	13	28	29
	13	32	34

6回	13	32	37
	13	33	34
	14	17	23
	14	21	23
	14	23	25
	14	27	31
	14	29	31
	15	16	29
	15	17	26
	15	18	25
	15	19	35
	15	20	26
	15	23	25
	15	23	30
	15	25	32
	15	26	29
	15	29	32
	15	34	35
	16	20	33
	16	30	31
	16	34	35
	17	18	20
	17	19	20
	17	20	22
	17	20	29

6回	17	20	33
	17	21	26
	17	22	32
	17	22	34
	17	22	35
	17	27	29
	17	29	31
	17	29	36
	17	33	36
	18	21	33
	19	20	29
	19	21	30
	19	22	37
	19	24	30
	19	25	30
	19	26	30
	19	32	35
	19	35	37
	20	31	34
	21	23	27
	21	23	28
	21	23	37
	21	28	37
	21	29	37
	21	30	36

6回	21	34	35
	22	32	36
	23	24	31
	24	26	27
	24	28	30
	24	30	32

6回	26	27	33
	27	30	33
	28	29	30
	28	31	37
	29	32	36
	32	34	36

月別CO消化回ランキング

1月のキャリーオーバー回出現数字 （抽せん31回）

32.3%	10回	30					29.0%	9回	04	29		
25.8%	8回	12	28									
22.6%	7回	05	06	08	14	18	19	25	26	31	32	
19.4%	6回	01	03	10	17	20	35					
16.1%	5回	07	13	15	16	21	22	23	27	33	36	
12.9%	4回	02	09									
9.7%	3回	11										
6.5%	2回	24	34	37								

2月のキャリーオーバー回出現数字 （抽せん30回）

40.0%	12回	09										
30.0%	9回	21	27	33								
26.7%	8回	01	14	28								
23.3%	7回	07	10	16								
20.0%	6回	04	05	11	17	19	24	31	36			
16.7%	5回	02	06	22	23	26	29	30	34			
13.3%	4回	03	15	18	20	25	32	37				
10.0%	3回	13	35				6.7%	2回	08	12		

3月のキャリーオーバー回出現数字 （抽せん30回）

33.3%	10回	13					30.0%	9回	07	15	37	
26.7%	8回	11	22	27	35							
23.3%	7回	01	05	17	20	21	24	28	31			
20.0%	6回	04	16	26								
16.7%	5回	12	14	25	29	32	33	36				
13.3%	4回	09	10	19	34							
10.0%	3回	06	08	23								
6.7%	2回	03	18	30			3.3%	1回	02			

4月のキャリーオーバー回出現数字 （抽せん23回）

43.5%	10回	08					39.1%	9回	04				
30.4%	7回	16	22	34	36								
26.1%	6回	07	13	14	23	32							
21.7%	5回	01	03	37									
17.4%	4回	02	06	12	24	29	30	31	35				
13.0%	3回	09	10	11	17	18	19	26	33				
8.7%	2回	05	20	21	25	27	28						
4.3%	1回	15											

5月のキャリーオーバー回出現数字 （抽せん32回）

34.4%	11回	08	30										
31.3%	10回	07	27	33	36								
25.0%	8回	03	34										
21.9%	7回	01	05	15	21	24							
18.8%	6回	04	06	09	16	17	19	28	29	32			
15.6%	5回	12	13	23	26	35							
12.5%	4回	02	10	11	20	31							
9.4%	3回	25	37				6.3%	2回	14	18	22		

6月のキャリーオーバー回出現数字 （抽せん33回）

42.4%	14回	09					27.3%	9回	04	29	31		
24.2%	8回	14	15	21	26	27	32	36					
21.2%	7回	01	06	08	11	13	22	24	25	37			
18.2%	6回	07	35										
15.2%	5回	17	18	19	20	30	33						
12.1%	4回	10	23	28	34								
9.1%	3回	02	03	05									
6.1%	2回	12	16										

月別CO消化回ランキング

7月のキャリーオーバー回出現数字　（抽せん35回）

34.3%	12回	28					31.4%	11回	09				
28.6%	10回	27	30										
25.7%	9回	01	08	11	13	18	24	31					
22.9%	8回	02	06	14	15	32	20.0%	7回	05				
17.1%	6回	10	23	25	26	35	37						
14.3%	5回	03	04	07	17	21	29	36					
11.4%	4回	19	33										
8.6%	3回	16	20	34			5.7%	2回	12	22			

8月のキャリーオーバー回出現数字　（抽せん34回）

41.2%	14回	17					29.4%	10回	20				
26.5%	9回	02	12	13	36								
23.5%	8回	09	10	15	21	24							
20.6%	7回	04	11	18	23	25	32						
17.6%	6回	05	14	19	22	29	34	35					
14.7%	5回	06	07	26	30	31							
11.8%	4回	01	03	08	33	37							
8.8%	3回	16	27	28									

9月のキャリーオーバー回出現数字　（抽せん29回）

41.4%	12回	15					34.5%	10回	35				
31.0%	9回	04	09	25									
27.6%	8回	10	13	17	34								
24.1%	7回	18	22	36			20.7%	6回	07	30			
17.2%	5回	03	06	11	16	19	24	26	29	31	37		
13.8%	4回	01	08	14	23	27							
10.3%	3回	12	21	28									
6.9%	2回	02	05	20	32	33							

10月のキャリーオーバー回出現数字 （抽せん39回）

30.8%	12回	07	10				28.2%	11回	14	17	18		
25.6%	10回	27	32	34									
23.1%	9回	01	06	23	26								
20.5%	8回	03	13	15	16	21	24	28	30				
17.9%	7回	11	20	22	35	36							
15.4%	6回	37					12.8%	5回	02	05	08	12	29
10.3%	4回	09	25	33									
7.7%	3回	04	19				5.1%	2回	31				

11月のキャリーオーバー回出現数字 （抽せん36回）

41.7%	15回	29					33.3%	12回	32				
27.8%	10回	19	35										
25.0%	9回	26	27										
22.2%	8回	04	11	28	30								
19.4%	7回	06	13	15	18	20	25	31	34	37			
16.7%	6回	01	03	08	10	16	21	24					
13.9%	5回	07	09	12	17	22	23	33	36				
11.1%	4回	05					8.3%	3回	02	14			

12月のキャリーオーバー回出現数字 （抽せん36回）

33.3%	12回	18					27.8%	10回	04				
25.0%	9回	02	13	17	20	21	22	28	32	33			
22.2%	8回	05	10	11	12	31	34						
19.4%	7回	14	36										
16.7%	6回	03	08	09	19	30	35						
13.9%	5回	01	06	07	15	26	29	37					
11.1%	4回	23	24										
8.3%	3回	16	25				5.6%	2回	27				

第１～第７数字別出現

当せん数字を若い順に第１数字、第２数字…第７数字と集計した特殊なデータ。どの場所にどんな数字がよく出ているのかチェックしてみよう！

第１数字	出現回数
01	100
04	72
03	70
02	69
05	44
07	39
06	37
08	27
09	27
10	17
11	15
13	12
12	9
15	5
14	4
17	4
18	2
19	2
16	1
20	1
21	1

第2数字	出現回数
06	50
09	48
07	44
05	40
08	38
11	38
13	38
10	35
04	33
15	29
03	27
14	27
02	23
12	22
17	17
16	12
19	9
21	8
20	7
24	4
22	3
23	3
18	2
25	1

第3数字	出現回数
10	42
13	42
12	38
17	37
11	36
14	35
15	35
09	32
08	29
16	27
18	26
19	24
07	21
22	19
21	18
20	17
06	15
05	11
26	11
24	10
25	10
23	7
04	6
27	4
28	3
03	1
29	1
31	1

第4数字	出現回数
18	42
17	41
21	39
15	36
19	30
13	29
16	29
23	28
14	27
22	27
24	26
20	24
26	24
27	21
25	19
11	18
12	15
28	14
08	13
09	11
10	11
29	10
30	7
31	5
32	4
07	3
05	2
06	1
33	1
34	1

第5数字	出現回数
23	43
26	42
27	42
28	39
22	34
24	33
21	31
20	29
29	29
25	27
30	26
16	25
19	23
18	22
31	21
32	18
15	17
17	14
33	13
14	12
34	5
35	3
10	2
11	2
12	2
13	2
06	1
09	1

第6数字	出現回数
32	57
30	51
34	46
29	43
31	40
33	40
28	37
27	30
25	29
26	28
24	27
35	27
22	20
23	18
36	16
21	15
20	13
19	8
18	7
17	4
14	1
15	1

第7数字	出現回数
36	96
37	92
35	81
34	58
31	44
33	38
32	35
30	33
29	25
28	14
27	13
26	10
25	7
24	4
20	3
22	2
23	2
21	1

※出現本数字のうち最も小さいものを第1数字、以下第2、～第7数字と定義する。

前回ボーナス数字別

2等にしか関係しないボーナス数字に着目した特殊データ。ボーナス数字ごとに次回に出た本数字を集計している。予想の参考にチェックしてみよう！

ボーナス01が出た次の回に出る数字（抽せん：37回）

ランク	出現率	回数	数字							
1位	29.7%	11回	03	13	15					
4位	27.0%	10回	26							
5位	24.3%	9回	05	08	09	11	21	35		
11位	21.6%	8回	06	14	18	29	33			
16位	18.9%	7回	02	07	17	19	20	31	34	36
24位	16.2%	6回	10	22	32					
27位	13.5%	5回	01	04	24	27	28			
32位	10.8%	4回	12	16	23	30	37			
37位	8.1%	3回	25							

ボーナス02が出た次の回に出る数字（抽せん：24回）

ランク	出現率	回数	数字							
1位	29.2%	7回	01	09	11	15	19	25	28	
8位	25.0%	6回	04	21						
10位	20.8%	5回	06	07	17	18	24	26	27	29
			32	34	35					
21位	16.7%	4回	02	03	05	12	16	20	22	30
29位	12.5%	3回	08	10	13	14	23	31		
35位	4.2%	1回	36	37						
37位	0.0%	0回	33							

ボーナス03が出た次の回に出る数字（抽せん：27回）

ランク	出現率	回数	数字							
1位	33.3%	9回	11							
2位	29.6%	8回	20	31	37					
5位	25.9%	7回	10	15	24	34				
9位	22.2%	6回	01	04	09	13	19	26	28	29
			35							
18位	18.5%	5回	07	17	18	22	25	27	30	
25位	14.8%	4回	03	06	12	36				
29位	11.1%	3回	14	21	23	32	33			
34位	7.4%	2回	02	05	08	16				

ボーナス04が出た次の回に出る数字（抽せん：33回）

ランク	出現率	回数	数字							
1位	33.3%	11回	13	17						
3位	30.3%	10回	08	14						
5位	27.3%	9回	37							
6位	24.2%	8回	12	27	31	35				
10位	21.2%	7回	02	09	21	24	29	30	32	34
18位	18.2%	6回	01	04	07	19	28			
23位	15.2%	5回	05	06	11	18	22	23	33	
30位	12.1%	4回	10	16	20	25	36			
35位	9.1%	3回	03							
36位	6.1%	2回	15	26						

ボーナス05が出た次の回に出る数字（抽せん：25回）

ランク	出現率	回数	数字							
1位	36.0%	9回	21							
2位	32.0%	8回	28							
3位	28.0%	7回	01	05	14	26				
7位	24.0%	6回	04	09	23	27	29	32	36	
14位	20.0%	5回	08	10	11	13	17	30	34	
21位	16.0%	4回	03	12	15	16	19	25	37	
28位	12.0%	3回	20	22	24	31	33	35		
34位	8.0%	2回	02	07	18					
37位	4.0%	1回	06							

ボーナス06が出た次の回に出る数字（抽せん：32回）

ランク	出現率	回数	数字							
1位	40.6%	13回	07							
2位	31.3%	10回	15	27	29					
5位	28.1%	9回	30							
6位	25.0%	8回	02	04	18					
9位	21.9%	7回	05	08	24	31				
13位	18.8%	6回	01	10	17	20	21	26	33	35
			36							
22位	15.6%	5回	06	11	12	14	16	25	28	32
			37							
31位	12.5%	4回	03	09	23					
34位	9.4%	3回	13	19	34					
37位	0.0%	0回	22							

「次に出る数字」

LOTO 7 ロトセブン

ボーナス07が出た次の回に出る数字（抽せん：23回）

ランク	出現率	回数	数字							
1位	39.1%	9回	36							
2位	30.4%	7回	03	04	09	13	31	35		
8位	26.1%	6回	08	14	22					
11位	21.7%	5回	06	07	17	19	21	23	30	32
			37							
20位	17.4%	4回	02	12	15	20	24	25	29	
27位	13.0%	3回	10	11	33	34				
31位	8.7%	2回	01	05	16					
34位	4.3%	1回	28							
35位	0.0%	0回	18	26	27					

ボーナス08が出た次の回に出る数字（抽せん：34回）

ランク	出現率	回数	数字							
1位	38.2%	13回	08							
2位	32.4%	11回	23							
3位	29.4%	10回	07	16						
5位	26.5%	9回	21							
6位	23.5%	8回	02	19	24	26	30			
11位	20.6%	7回	06	15	25	37				
15位	17.6%	6回	01	03	04	09	11	12	14	17
			27	32	34	35	36			
28位	14.7%	5回	18	20	22	29				
32位	11.8%	4回	05	13	31					
35位	8.8%	3回	10							
36位	5.9%	2回	28	33						

ボーナス09が出た次の回に出る数字（抽せん：37回）

ランク	出現率	回数	数字							
1位	29.7%	11回	22							
2位	27.0%	10回	16	21	37					
5位	24.3%	9回	03	14	27	30				
9位	21.6%	8回	04	09	12	17	23	24	29	31
			32	36						
19位	18.9%	7回	02	10	35					
22位	16.2%	6回	08	11	19	25	26	28	34	
29位	13.5%	5回	06	13	15	20	33			
34位	10.8%	4回	07	18						
36位	8.1%	3回	01	05						

ボーナス10が出た次の回に出る数字（抽せん：30回）

ランク	出現率	回数	数字							
1位	36.7%	11回	13							
2位	33.3%	10回	17	30						
4位	30.0%	9回	07							
5位	26.7%	8回	04	27	29	31	33	36		
11位	23.3%	7回	22	25	26	28	35			
16位	20.0%	6回	06	09						
18位	16.7%	5回	03	10	11	15	16	18	24	32
			34							
27位	13.3%	4回	20	21	37					
30位	10.0%	3回	01	02	14					
33位	6.7%	2回	05	08	12	19				
37位	3.3%	1回	23							

ボーナス11が出た次の回に出る数字（抽せん：31回）

ランク	出現率	回数	数字							
1位	35.5%	11回	09	17						
3位	32.3%	10回	35							
4位	29.0%	9回	05							
5位	25.8%	8回	13	15	16	37				
9位	22.6%	7回	01	11	27					
12位	19.4%	6回	02	08	21	28	31			
17位	16.1%	5回	07	19	22	24	25	26	29	30
			32	33	34	36				
29位	12.9%	4回	03	04	06	10	14	18		
35位	9.7%	3回	12	20	23					

ボーナス12が出た次の回に出る数字（抽せん：30回）

ランク	出現率	回数	数字							
1位	40.0%	12回	31							
2位	26.7%	8回	11	18						
4位	23.3%	7回	04	08	09	20	22	27	36	37
12位	20.0%	6回	01	03	06	13	14	26	28	29
			30	33	34					
23位	16.7%	5回	05	07	19	23	24			
28位	13.3%	4回	02	10	15	16	17	21	32	35
36位	6.7%	2回	25							
37位	3.3%	1回	12							

前回ボーナス数字別「次に出る数字」

ボーナス13が出た次の回に出る数字 （抽せん：26回）

ランク	出現率	回数	数字							
1位	38.5%	10回	26	27						
3位	34.6%	9回	13							
4位	30.8%	8回	04							
5位	26.9%	7回	06	22	28	29				
9位	23.1%	6回	03	09	12	21	32			
14位	19.2%	5回	02	14	15	17	18	25	31	
21位	15.4%	4回	01	08	10	11	19	23	33	34
			36							
30位	11.5%	3回	24	37						
32位	7.7%	2回	07	20	30	35				
36位	3.8%	1回	05	16						

ボーナス14が出た次の回に出る数字 （抽せん：37回）

ランク	出現率	回数	数字							
1位	32.4%	12回	21							
2位	29.7%	11回	15							
3位	27.0%	10回	10	12						
5位	24.3%	9回	08	09	23	28	31	33		
11位	21.6%	8回	04	13	16	29	34	37		
17位	18.9%	7回	14	18	20	26	27	30		
23位	16.2%	6回	11	22	32	35	36			
28位	13.5%	5回	01	02	05	06	17	24		
34位	10.8%	4回	03	07						
36位	8.1%	3回	19							
37位	2.7%	1回	25							

ボーナス15が出た次の回に出る数字 （抽せん：33回）

ランク	出現率	回数	数字							
1位	33.3%	11回	36							
2位	30.3%	10回	24	32						
4位	27.3%	9回	05	10	25	29				
8位	24.2%	8回	30	35						
10位	21.2%	7回	06	15	18	19	20	23		
16位	18.2%	6回	07	12	21	26	28	33		
22位	15.2%	5回	01	03	08	09	11	13	14	17
			22	31	34					
33位	12.1%	4回	16	27						
35位	9.1%	3回	02	04						
37位	3.0%	1回	37							

ボーナス16が出た次の回に出る数字 （抽せん：23回）

ランク	出現率	回数	数字							
1位	39.1%	9回	08							
2位	34.8%	8回	30							
3位	30.4%	7回	25	32						
5位	26.1%	6回	04	19	21	26	27	28	36	
12位	21.7%	5回	05	09	15	20	23	31	37	
19位	17.4%	4回	01	14	17	24	29	34		
25位	13.0%	3回	02	10	11	13	18	33		
31位	8.7%	2回	03	16	22	35				
35位	4.3%	1回	06	07	12					

ボーナス17が出た次の回に出る数字 （抽せん：19回）

ランク	出現率	回数	数字							
1位	36.8%	7回	09	16	29					
4位	31.6%	6回	10	12	30					
7位	26.3%	5回	05	07	19	21				
11位	21.1%	4回	02	06	13	17	18	20	22	28
			33	34						
21位	15.8%	3回	08	14	24	26	32	35		
27位	10.5%	2回	01	03	11	23	25	36		
33位	5.3%	1回	15	27	31	37				
37位	0.0%	0回	04							

ボーナス18が出た次の回に出る数字 （抽せん：29回）

ランク	出現率	回数	数字							
1位	34.5%	10回	28							
2位	31.0%	9回	26	32	34					
5位	27.6%	8回	25	30	35					
8位	24.1%	7回	10	15	17	31				
12位	20.7%	6回	13	14	23	24	27			
17位	17.2%	5回	03	05	08	11	12	20	21	22
			36							
26位	13.8%	4回	01	04	06	07	16	18	19	
33位	10.3%	3回	29	37						
35位	6.9%	2回	02	09						
37位	3.4%	1回	33							

ボーナス19が出た次の回に出る数字
（抽せん：33回）

ランク	出現率	回数	数字							
1位	36.4%	12回	26							
2位	27.3%	9回	16	34						
4位	24.2%	8回	02	04	07	09	10	22	24	33
			36							
13位	21.2%	7回	05	06	12	13	15	18	20	27
			35							
22位	18.2%	6回	08	28	32					
25位	15.2%	5回	01	03	14	23	25	30		
31位	12.1%	4回	11	29	31					
34位	9.1%	3回	21							
35位	6.1%	2回	19							
36位	3.0%	1回	37							
37位	0.0%	0回	17							

ボーナス20が出た次の回に出る数字
（抽せん：34回）

ランク	出現率	回数	数字							
1位	35.3%	12回	15	37						
3位	29.4%	10回	09	17	34					
6位	26.5%	9回	02	03	29					
9位	23.5%	8回	08	11	20	31	32	35		
15位	20.6%	7回	13	14	18	27	36			
20位	17.6%	6回	05	21	26	33				
24位	14.7%	5回	01	04	06	07				
28位	11.8%	4回	10	22	28					
31位	8.8%	3回	19	23	24	25	30			
36位	5.9%	2回	12							
37位	2.9%	1回	16							

ボーナス21が出た次の回に出る数字
（抽せん：24回）

ランク	出現率	回数	数字							
1位	45.8%	11回	30							
2位	33.3%	8回	10	21	32					
5位	29.2%	7回	13	36						
7位	25.0%	6回	14	17	19	20				
11位	20.8%	5回	06	12	15	25	26	27	28	
18位	16.7%	4回	01	03	04	16	18	22	23	24
			34							
27位	12.5%	3回	05	07	09					
30位	8.3%	2回	02	08	11	29	31	35	37	
37位	4.2%	1回	33							

ボーナス22が出た次の回に出る数字
（抽せん：20回）

ランク	出現率	回数	数字							
1位	35.0%	7回	13							
2位	30.0%	6回	33							
3位	25.0%	5回	03	05	08	09	20	23	26	28
			35	36						
13位	20.0%	4回	02	04	06	14	15	21	22	25
			27	29	37					
24位	15.0%	3回	01	16	18	19	24	30	32	34
32位	10.0%	2回	10	11	17					
35位	5.0%	1回	07	12	31					

ボーナス23が出た次の回に出る数字
（抽せん：32回）

ランク	出現率	回数	数字							
1位	34.4%	11回	31							
2位	28.1%	9回	20	22	27	36				
6位	25.0%	8回	17	23	26	30	37			
11位	21.9%	7回	03	08	10	13				
15位	18.8%	6回	06	09	18	19	28	32		
21位	15.6%	5回	01	04	07	14	15	16	21	24
			29	33						
31位	12.5%	4回	11	12	25					
34位	9.4%	3回	02	34	35					
37位	6.3%	2回	05							

ボーナス24が出た次の回に出る数字
（抽せん：33回）

ランク	出現率	回数	数字							
1位	33.3%	11回	11	18						
3位	27.3%	9回	28	30	32					
6位	24.2%	8回	10	15	16	35				
10位	21.2%	7回	03	06	12	21	24	26	36	
17位	18.2%	6回	01	02	04	08	13	22	27	31
25位	15.2%	5回	09	19	20	29	34			
30位	12.1%	4回	07	14	17	23	25			
35位	9.1%	3回	05	37						
37位	6.1%	2回	33							
37位	3.3%	1回	33							

前回ボーナス数字別「次に出る数字」

ボーナス25が出た次の回に出る数字（抽せん：31回）

ランク	出現率	回数	数字							
1位	32.3%	10回	32							
2位	29.0%	9回	05	26						
4位	25.8%	8回	01	07	30					
7位	22.6%	7回	02	03	10	14	21	22	28	
14位	19.4%	6回	04	13	15	17	19	27	29	33
			37							
23位	16.1%	5回	06	12	23	31	35	36		
29位	12.9%	4回	09	11	16	18	25	34		
35位	9.7%	3回	08	20						
37位	6.5%	2回	24							

ボーナス26が出た次の回に出る数字（抽せん：40回）

ランク	出現率	回数	数字							
1位	32.5%	13回	15							
2位	30.0%	12回	22	28						
4位	27.5%	11回	13	24	32					
7位	25.0%	10回	01	06	09					
10位	22.5%	9回	04							
11位	20.0%	8回	07	08	10	14	18	30	34	36
19位	17.5%	7回	05	11	12	16	25	33		
25位	15.0%	6回	19	20	27	37				
29位	12.5%	5回	21	23	26	31	35			
34位	10.0%	4回	02	03	17	29				

ボーナス27が出た次の回に出る数字（抽せん：31回）

ランク	出現率	回数	数字							
1位	38.7%	12回	11							
2位	32.3%	10回	01							
3位	29.0%	9回	17	34						
5位	25.8%	8回	02	03	09	18	19	26		
11位	22.6%	7回	06	14	20					
14位	19.4%	6回	07	13	23	24	30	31	35	
21位	16.1%	5回	04	05	10	15	16	28	29	36
29位	12.9%	4回	21	22	32	33				
33位	9.7%	3回	25							
34位	6.5%	2回	08	27	37					
37位	3.2%	1回	12							

ボーナス28が出た次の回に出る数字（抽せん：30回）

ランク	出現率	回数	数字							
1位	46.7%	14回	15							
2位	33.3%	10回	04							
3位	30.0%	9回	31	32	36					
6位	26.7%	8回	08	23	24					
9位	23.3%	7回	11	13	17					
12位	20.0%	6回	01	02	06	09	16	22	29	30
			33							
21位	16.7%	5回	03	05	19	27	35			
26位	13.3%	4回	10	26	34	37				
30位	10.0%	3回	07	21	25	28				
34位	6.7%	2回	14	18	20					
37位	3.3%	1回	12							

ボーナス29が出た次の回に出る数字（抽せん：28回）

ランク	出現率	回数	数字							
1位	50.0%	14回	06							
2位	35.7%	10回	18	24						
4位	28.6%	8回	13	17	21					
7位	25.0%	7回	14	22						
9位	21.4%	6回	01	04	09	16	19	20	31	32
17位	17.9%	5回	05	11	23	25				
21位	14.3%	4回	08	10	12	26	28	29	33	34
			35	36						
31位	10.7%	3回	02	27						
33位	7.1%	2回	03	07	15	30	37			

ボーナス30が出た次の回に出る数字（抽せん：32回）

ランク	出現率	回数	数字							
1位	34.4%	11回	07							
2位	28.1%	9回	17	23	33	35				
6位	25.0%	8回	05	10	12					
9位	21.9%	7回	04	11	18	21	27			
14位	18.8%	6回	09	13	15	16	24	26	29	34
22位	15.6%	5回	03	06	19	20	22	28	30	31
30位	12.5%	4回	01	14	25	32	36	37		
36位	9.4%	3回	02	08						

ボーナス31が出た次の回に出る数字
（抽せん：28回）

ランク	出現率	回数	数字							
1位	35.7%	10回	15	25	30					
4位	28.6%	8回	34							
5位	25.0%	7回	02	13	36					
8位	21.4%	6回	04	05	07	08	17	19	26	28
			29							
17位	17.9%	5回	06	10	12	20	22	23	31	32
			33	37						
27位	14.3%	4回	16	21	24	35				
31位	10.7%	3回	01	03	18	27				
35位	7.1%	2回	09	14						
37位	3.6%	1回	11							

ボーナス32が出た次の回に出る数字
（抽せん：26回）

ランク	出現率	回数	数字							
1位	34.6%	9回	05	06	08	27				
5位	30.8%	8回	07	32						
7位	26.9%	7回	16	30						
9位	23.1%	6回	01	10	15	22				
13位	19.2%	5回	03	11	14	18	29	33	34	36
21位	15.4%	4回	13	17	19	23	25	31	35	
28位	11.5%	3回	04	12	20	21	24			
33位	7.7%	2回	02	09	26	37				
37位	3.8%	1回	28							

ボーナス33が出た次の回に出る数字
（抽せん：36回）

ランク	出現率	回数	数字							
1位	36.1%	13回	34							
2位	30.6%	11回	14	26						
4位	27.8%	10回	01	04	22					
7位	25.0%	9回	07	24						
9位	22.2%	8回	11	21	28	29	35			
14位	19.4%	7回	02	09	10	23	27	31	33	
21位	16.7%	6回	08	18	25					
24位	13.9%	5回	05	13	15	16	17	19	30	32
32位	11.1%	4回	03	12	20	36				
36位	8.3%	3回	06	37						

ボーナス34が出た次の回に出る数字
（抽せん：38回）

ランク	出現率	回数	数字							
1位	28.9%	11回	15	31						
3位	26.3%	10回	11	13	17	25	34	35	37	
10位	23.7%	9回	03	09	22					
13位	21.1%	8回	07	10	23					
16位	18.4%	7回	01	27	29	33				
20位	15.8%	6回	02	04	06	08	16	18	19	28
			36							
29位	13.2%	5回	05	12	14	21	24	30	32	
36位	10.5%	4回	26							
37位	5.3%	2回	20							

ボーナス35が出た次の回に出る数字
（抽せん：28回）

ランク	出現率	回数	数字							
1位	35.7%	10回	11							
2位	32.1%	9回	21							
3位	28.6%	8回	15							
4位	25.0%	7回	09	17	23	26	30	37		
10位	21.4%	6回	01	08	13	14	18	27	31	33
			34							
19位	17.9%	5回	02	07	12	16	19	32		
25位	14.3%	4回	05	06	20	24	25	35		
31位	10.7%	3回	03	04	10	28	36			
36位	7.1%	2回	22	29						

ボーナス36が出た次の回に出る数字
（抽せん：29回）

ランク	出現率	回数	数字							
1位	31.0%	9回	14	18	23	35	36			
6位	27.6%	8回	21							
7位	24.1%	7回	04	09	10	13	29			
12位	20.7%	6回	03	05	16	25	27			
17位	17.2%	5回	02	11	12	17	24	28	32	
24位	13.8%	4回	01	07	08	19	20	26	30	31
			37							
33位	10.3%	3回	06	15	22	34				
37位	6.9%	2回	33							

ボーナス37が出た次の回に出る数字
（抽せん：31回）

ランク	出現率	回数	数字							
1位	32.3%	10回	07							
2位	29.0%	9回	09	17	35					
5位	25.8%	8回	06	14	19	26				
9位	22.6%	7回	03	10	13	20	33	36		
15位	19.4%	6回	04	11	15	22	30	37		
21位	16.1%	5回	02	05	24	27	28	29	32	34
29位	12.9%	4回	01	08	12	21	25	31		
35位	9.7%	3回	16							
36位	6.5%	2回	23							
37位	3.2%	1回	18							

当せん数字番台別パターン

当せん数字を番台別にパターン化する

◎トータル

0番台（01-09）	10番台（10-19）	20番台（20-29）	30番台（30-37）	出現回数
2	2	1	2	34
2	2	2	1	29
1	2	2	2	29
2	3	1	1	23
2	1	2	2	21
1	3	2	1	19
1	3	1	2	18
1	2	3	1	17
3	2	1	1	16
1	1	3	2	16
2	1	3	1	14
1	4	1	1	12
1	2	1	3	12
1	1	2	3	12
3	1	2	1	11
3	1	1	2	11
0	3	2	2	11
1	3	3	0	10
2	3	2	0	9
2	2	3	0	9
2	1	4	0	9
3	2	2	0	8
0	2	3	2	8
3	1	3	0	7
2	3	0	2	7
1	1	4	1	7
0	3	3	1	7
0	2	2	3	7
4	1	1	1	6
4	0	2	1	6
3	2	0	2	6
3	0	3	1	6
2	2	0	3	6
2	1	1	3	6
1	0	3	3	6
0	4	2	1	6
4	1	2	0	5
4	0	1	2	5
2	0	3	2	5
0	4	1	2	5
0	2	4	1	5
0	1	4	2	5

0番台（01-09）	10番台（10-19）	20番台（20-29）	30番台（30-37）	出現回数
3	3	1	0	4
3	3	0	1	4
2	4	0	1	4
2	0	2	3	4
1	2	4	0	4
1	1	1	4	4
0	1	3	3	4
4	2	0	1	3
3	1	0	3	3
3	0	2	2	3
3	0	0	4	3
2	4	1	0	3
2	0	1	4	3
1	5	1	0	3
1	4	2	0	3
1	4	0	2	3
1	0	4	2	3
5	0	1	1	2
3	0	1	3	2
0	4	3	0	2
0	3	1	3	2
0	1	5	1	2
0	1	2	4	2
4	1	0	2	1
4	0	3	0	1
4	0	0	3	1
3	0	4	0	1
2	1	0	4	1
2	0	4	1	1
1	3	0	3	1
1	2	0	4	1
1	1	5	0	1
1	0	2	4	1
0	5	2	0	1
0	4	0	3	1
0	2	5	0	1
0	2	1	4	1
0	1	1	5	1
0	0	4	3	1
0	0	3	4	1

※3回出現未満はスペースの都合上、省略しています

ランキング

LOTO 7 ロトセブン

◎ヒトケタ番台型におけるランキング

0番台（01-09）	10番台（10-19）	20番台（20-29）	30番台（30-37）	出現回数
3	2	1	1	16
3	1	2	1	11
3	1	1	2	11
3	2	2	0	8
3	1	3	0	7
4	1	1	1	6
4	0	2	1	6
3	2	0	2	6
3	0	3	1	6
4	1	2	0	5
4	0	1	2	5
3	3	1	0	4
3	3	0	1	4
4	2	0	1	3
3	1	0	3	3
3	0	2	2	3
3	0	0	4	3
5	0	1	1	2
3	0	1	3	2
4	1	0	2	1
4	0	3	0	1
4	0	0	3	1
3	0	4	0	1

◎10番台型におけるランキング

0番台（01-09）	10番台（10-19）	20番台（20-29）	30番台（30-37）	出現回数
2	3	1	1	23
1	3	2	1	19
1	3	1	2	18
1	4	1	1	12
0	3	2	2	11
1	3	3	0	10
2	3	2	0	9
2	3	0	2	7
0	3	3	1	7
0	4	2	1	6
0	4	1	2	5
3	3	1	0	4
3	3	0	1	4
2	4	0	1	4
2	4	1	0	3
1	5	1	0	3
1	4	2	0	3
1	4	0	2	3
0	4	3	0	2
0	3	1	3	2
1	3	0	3	1
0	5	2	0	1
0	4	0	3	1

◎20番台型におけるランキング

0番台（01-09）	10番台（10-19）	20番台（20-29）	30番台（30-37）	出現回数
1	2	3	1	17
1	1	3	2	16
2	1	3	1	14
1	3	3	0	10
2	2	3	0	9
2	1	4	0	9
0	2	3	2	8
3	1	3	0	7
1	1	4	1	7
0	3	3	1	7
3	0	3	1	6
1	0	3	3	6
2	0	3	2	5
0	2	4	1	5
0	1	4	2	5
1	2	4	0	4
0	1	3	3	4
1	0	4	2	3
0	4	3	0	2
0	1	5	1	2
4	0	3	0	1
3	0	4	0	1
2	0	4	1	1
1	1	5	0	1
0	2	5	0	1
0	0	4	3	1
0	0	3	4	1

◎30番台型におけるランキング

0番台（01-09）	10番台（10-19）	20番台（20-29）	30番台（30-37）	出現回数
1	2	1	3	12
1	1	2	3	12
0	2	2	3	7
2	2	0	3	6
2	1	1	3	6
1	0	3	3	6
2	0	2	3	4
1	1	1	4	4
0	1	3	3	4
3	1	0	3	3
3	0	0	4	3
2	0	1	4	3
3	0	1	3	2
0	3	1	3	2
0	1	2	4	2
4	0	0	3	1
2	1	0	4	1
1	3	0	3	1
1	2	0	4	1
1	0	2	4	1
0	4	0	3	1
0	2	1	4	1
0	1	1	5	1
0	0	4	3	1
0	0	3	4	1

*ヒトケタ台型=0番台数字が3個以上含まれるパターン。以下同じ

コラム3

ロト7大阪抽せんの出現ランキング

大阪抽せんとは、年に数回行われる大阪宝くじドリーム館での数字選択式宝くじの抽せんのこと。そこでの出現傾向をここで紹介していきたい。

最多出現は「09」「30」の各11回
最少出現はわずか2回の「29」

ロト7の大阪抽せんは全33回。なおロト7は、平成25年から始まった数字選択式宝くじのため、抽せん回数自体はほかのくじよりも少ない。

では数字別の出現を見てみよう。

まず最多出現は「09」「30」の各11回。実に3回に1回は出ている計算になる。大阪抽せんがあった場合、確実に押さえておきたい数字だ。

逆に「29」はわずか2回の出現。出現傾向が低いと判断して外したほうがよさそうだ。

また、7回以上の出現上位にはヒトケタ台の数字が多いので、ここも狙いになりそうだ。

なお、大阪抽せんの開催は、宝くじ公式サイトやみずほ銀行宝くじHP、またロトナンwebなどでチェックしていこう。

◎大阪抽せん　ロト7出現実績

出現回数	数字									
11回	09	30								
10回	14	34								
9回	18									
8回	03	13	27							
7回	01	05	07	25	35	37				
6回	04	06	08	11	15	17	21	24	28	31
5回	12	16	19	20	22	36				
4回	10	23	26	33						
3回	02	32								
2回	29									

LOTO 7 ロトセブン

LOTO 7 ロトセブン

セット球別攻略

Aセット球～Jセット球&オススメ予想

A セット球

使用回数:60回

Aセット球最強数字「07」を中心に予想を組み立てていこう！

Aセット球の使用回数は全60回。558回の抽せんを考えると、1セット球あたりの平均使用回数は約56回。それよりも使われている。

最多出現はトータルでは「07」、CO消化回でも「07」。まずは「07」を中心に予想を。

Aセット球の次回に使われたセット球

A	B	C	D	E	F	G	H	I	J
3	8	14	5	6	8	3	2	6	5

※アミかけは、このセット球が使われた次回に最も使われているもの

Aセット球トータル出現実績

28.3%	17回	07									
26.7%	16回	09	11								
25.0%	15回	06	12	21			23.3%	14回	28		
21.7%	13回	23	27	29	30	31	33				
20.0%	12回	08	10	26	34						
18.3%	11回	14	15	17	18	20	25	32			
16.7%	10回	02	04	05	13	19	22				
15.0%	9回	01									
13.3%	8回	03	35			11.7%	7回	16			
10.0%	6回	36	37			8.3%	5回	24			

Aセット球のCO消化回出現数字 （集計42回）

35.7%	15回	07									
31.0%	13回	09	11	29							
26.2%	11回	20									
23.8%	10回	06	21	31							
21.4%	9回	08	14	15	18	25	28	33	34		
19.0%	8回	12	17	22	27						
16.7%	7回	01	02	04	10	30	32				
14.3%	6回	03	19	35							
11.9%	5回	05	13	16	23	26	37				
7.1%	3回	36			4.8%	2回	24				

B セット球

使用回数:54回

Bセット球最強の「20」を中心に 出現の少ない数字にも注目していこう

Bセット球の使用回数は54回。

数字別に見ると、トータルでは「20」が18回とよく出ている。CO消化回では「26」「32」が各11回で最多。この2数字を中心に予想を考えていこう。逆に出ていない数字も大穴狙いで。

Bセット球の次回に使われたセット球

A	B	C	D	E	F	G	H	I	J
4	0	4	8	3	6	8	5	8	8

※アミかけは、このセット球が使われた次回に最も使われているもの

Bセット球トータル出現実績

33.3%	18回	20									
29.6%	16回	26									
27.8%	15回	32									
25.9%	14回	13	17	21			24.1%	13回	01	15	
22.2%	12回	06	28	29	31	34	36				
20.4%	11回	09	18			18.5%	10回	14	35		
16.7%	9回	03	04	10	11	23	24	30			
14.8%	8回	08	19	22	33	37					
13.0%	7回	02	05	16	25	27					
11.1%	6回	07				5.6%	3回	12			

Bセット球のCO消化回出現数字 (集計36回)

30.6%	11回	26	32								
27.8%	10回	06	36								
25.0%	9回	09	17	20	21	24	28				
22.2%	8回	01	04	10	13	15	29	30	31		
19.4%	7回	18	33								
16.7%	6回	07	22	23							
13.9%	5回	02	05	11	14	19	35				
11.1%	4回	03	08	16	25	27	34	37			
5.6%	2回	12									

C セット球

使用回数:56回

Cセット球で出現傾向の高い「04」が軸 最少出現の「19」「33」も狙って◎

Cセット球の使用回数は56回と平均的。

数字別では「04」がトータル、CO消化回ともにトップ。まずは「04」を軸に予想を考えていきたい。逆に「19」「33」は、トータル、COともに少出現。大穴狙いで、積極的に予想に入れていこう。

Cセット球の次回に使われたセット球

A	B	C	D	E	F	G	H	I	J
5	3	0	4	7	9	7	4	7	10

※アミかけは、このセット球が使われた次回に最も使われているもの

Cセット球トータル出現実績

33.9%	19回	04									
26.8%	15回	02	08	09	35						
25.0%	14回	16	26	28	36						
23.2%	13回	06									
21.4%	12回	10	11	21	24	31					
19.6%	11回	13	18	34							
17.9%	10回	03	23	32			16.1%	9回	22	27	
14.3%	8回	01	07	12	14	15	17	25	30	37	
12.5%	7回	05	20	29							
10.7%	6回	33			7.1%	4回	19				

Cセット球のCO消化回出現数字

（集計39回）

35.9%	14回	04									
30.8%	12回	09	35								
25.6%	10回	02	08	16	18						
23.1%	9回	10	28	36							
20.5%	8回	13	34								
17.9%	7回	01	03	06	07	11	12	15	17		
		21	24	25	26	32					
15.4%	6回	14	22	23	30	31					
12.8%	5回	05	20	27	29	37					
7.7%	3回	19	33								

D セット球

使用回数:55回

Dセット球最強の「30」をメインに予想を組み立てよう!

Dセット球の使用回数は全55回。平均よりも若干少なく使われている。

数字別では、トータルでは「30」が17回でトップ。CO消化回では「36」は出現トップのため、まずはこの数字をメインに予想を組み立てよう。

Dセット球の次回に使われたセット球

A	B	C	D	E	F	G	H	I	J
7	8	0	2	6	11	4	10	2	5

※アミかけは、このセット球が使われた次回に最も使われているもの

Dセット球トータル出現実績

30.9%	17回	30									
29.1%	16回	36									
27.3%	15回	08	13	24							
23.6%	13回	15	27	28	29	31					
21.8%	12回	21	23	35							
20.0%	11回	07	14								
18.2%	10回	01	03	05	10	11	18				
16.4%	9回	04	20	25							
14.5%	8回	09	16	17	22	26	32	33	37		
12.7%	7回	02	06	34			10.9%	6回	12	19	

Dセット球のCO消化回出現数字 (集計37回)

35.1%	13回	36									
29.7%	11回	24	30								
27.0%	10回	13	27	29							
24.3%	9回	08	15	21							
21.6%	8回	07	10	18	25	28					
18.9%	7回	14	26	33	35						
16.2%	6回	04	05	11	19	22	23	34	37		
13.5%	5回	01	03	09	17	20	31	32			
10.8%	4回	02	06	12	16						

E セット球

使用回数:61回

最も使用回数の多いEセット球
出現上位は押さえておきたい!

Eセット球の使用回数は全61回で全セット球で最もよく使用されている。

トータルでの出現では「05」「32」が各18回でトップ。この2数字は積極的に狙っていこう。

Eセット球の次回に使われたセット球

A	B	C	D	E	F	G	H	I	J
7	6	10	7	1	6	11	6	4	3

※アミかけは、このセット球が使われた次回に最も使われているもの

Eセット球トータル出現実績

29.5%	18回	05	32			27.9%	17回	17			
26.2%	16回	33	34								
24.6%	15回	11	30	31							
23.0%	14回	01	06	07	24						
21.3%	13回	10	19	27							
19.7%	12回	18	22	36			18.0%	11回	03	25	29
16.4%	10回	04	08	13	15	26	35				
14.8%	9回	09	16	20							
13.1%	8回	12	14			11.5%	7回	21	23	37	
9.8%	6回	28				4.9%	3回	02			

Eセット球のCO消化回出現数字 (集計48回)

31.3%	15回	17									
29.2%	14回	01	05	11	30	32					
27.1%	13回	07			25.0%	12回	10				
22.9%	11回	06	19	24	31	33	36				
20.8%	10回	25	34		18.8%	9回	03	15	27		
16.7%	8回	08	09	13	18	26	29				
14.6%	7回	04	16	20							
12.5%	6回	12	14	22	28	35					
8.3%	4回	21	23	37							
4.2%	2回	02									

F セット球

使用回数:57回

平均的に使用されているFセット球
最多出現の「34」は確実に押さえよう

Fセット球の使用回数は全57回で平均より多く使用されている。

トータルはトップ出現の「34」を軸に考えていこう。また、Fセット球が使用された次回ではAセット球がよく使われている。

Fセット球の次回に使われたセット球

A	B	C	D	E	F	G	H	I	J
11	10	4	5	6	1	3	4	9	4

※アミかけは、このセット球が使われた次回に最も使われているもの

Fセット球トータル出現実績

33.3%	19回	34				31.6%	18回	26			
29.8%	17回	13	15			28.1%	16回	30			
26.3%	15回	25				24.6%	14回	29			
22.8%	13回	10	14	32		21.1%	12回	08	09		
19.3%	11回	03	19	21	23	28					
17.5%	10回	01	04	16	17	18	27	36			
15.8%	9回	05	22	24	35	37					
14.0%	8回	02	07	11							
12.3%	7回	06				10.5%	6回	31	33		
8.8%	5回	12				3.5%	2回	20			

Fセット球のCO消化回出現数字 （集計35回）

34.3%	12回	13			31.4%	11回	10	26	34		
28.6%	10回	15	30	32							
25.7%	9回	08	25	27							
22.9%	8回	09	14	18	23	29					
20.0%	7回	03	21	35							
17.1%	6回	01	16	19	28	36					
14.3%	5回	04	05	07	24	37					
11.4%	4回	02	11	17	33						
8.6%	3回	22	31								
5.7%	2回	06	12		2.9%	1回	20				

G セット球

使用回数：56回

平均的に使用されているGセット 最も良く出ている「17」がメイン！

Gセット球の使用回数は全56回。

トータル、CO消化回ともに出現トップの「17」を中心に予想を組み立てていこう。トータルではトップ3には10番台の数字が多いので、このあたりも狙うポイントになってきそうだ。

Gセット球の次回に使われたセット球

A	B	C	D	E	F	G	H	I	J
7	5	9	10	3	4	0	5	10	3

※アミかけは、このセット球が使われた次回に最も使われているもの

Gセット球トータル出現実績

35.7%	20回	17									
26.8%	15回	14									
25.0%	14回	10	15	31							
23.2%	13回	03	24	35							
21.4%	12回	04	07	09	16	22	27	29	36		
19.6%	11回	26	32	37							
17.9%	10回	08	13	20	23						
16.1%	9回	05	11	12	25	33					
14.3%	8回	19	34								
12.5%	7回	02	06	18	30		10.7%	6回	01	21	28

Gセット球のCO消化回出現数字 （集計36回）

44.4%	16回	17									
30.6%	11回	31			27.8%	10回	04				
25.0%	9回	22	26	36							
22.2%	8回	03	08	14	24	35					
19.4%	7回	10	13	16	20	27	29	32	37		
16.7%	6回	01	06	07	09	15	18	23	28		
		33									
13.9%	5回	05	11	12	21	34					
11.1%	4回	02	19								
8.3%	3回	25			5.6%	2回	30				

H セット球

使用回数:51回

Hセット球最多出現の「09」を中心に予想を組み立てていこう!

Hセット球の使用回数は全51回。

数字別ではトータル出現トップの「09」を中心に予想を組み立てていこう。「09」は、CO消化回でもトップ出現。メインで狙っていこう。

Hセット球の次回に使われたセット球

A	B	C	D	E	F	G	H	I	J
7	8	4	3	11	3	4	0	3	7

※アミかけは、このセット球が使われた次回に最も使われているもの

Hセット球トータル出現実績

27.5%	14回	09									
25.5%	13回	28	32								
23.5%	12回	12	18	22	24						
21.6%	11回	02	04	17	20	26					
19.6%	10回	11	13	15	21	27	35				
17.6%	9回	01	05	06	10	25	30	36	37		
15.7%	8回	03	08	14	16	19	23				
13.7%	7回	07	31	33	34						
11.8%	6回	29									

Hセット球のCO消化回出現数字 (集計37回)

29.7%	11回	09	32								
27.0%	10回	04	24								
24.3%	9回	12	18	20	28						
21.6%	8回	01	02	03	05	22	27	36			
18.9%	7回	11	13	21	23	26	34				
16.2%	6回	06	10	14	15	17	25	30	35		
		37									
13.5%	5回	16	19								
10.8%	4回	08	29	31	33						
8.1%	3回	07									

I セット球

使用回数:55回

トータル、COともにトップの「15」軸 Iセット球が使われた次回はGセット！

Iセット球の使用回数は全55回と平均的。
トータル、CO消化回ともに最多出現の「15」を、まずは予想の中心に考えていこう。
なお、Iセット球が使用された次回では、Gセット球がよく使われているので覚えておこう。

Iセット球の次回に使われたセット球

A	B	C	D	E	F	G	H	I	J
7	4	4	6	8	3	11	5	0	7

※アミかけは、このセット球が使われた次回に最も使われているもの

Iセット球トータル出現実績

32.7%	18回	15									
30.9%	17回	19									
23.6%	13回	14	21	22	23	28	37				
21.8%	12回	01	03	13	31	35					
20.0%	11回	05	07	09	12	34	36				
18.2%	10回	04	06	30	33						
16.4%	9回	10	11	16	17						
14.5%	8回	02	24	25	29	32					
12.7%	7回	18	27								
10.9%	6回	26			9.1%	5回	08	20			

Iセット球のCO消化回出現数字 （集計39回）

33.3%	13回	15									
28.2%	11回	14	28								
25.6%	10回	01	04	13	31	37					
23.1%	9回	16	21	22	35						
20.5%	8回	07	09	19	23	34					
17.9%	7回	12	17	24	27	29	33				
15.4%	6回	02	03	05	11	30	32				
12.8%	5回	06	08	25	36						
10.3%	4回	10	18	26							
5.1%	2回	20									

J セット球

使用回数:53回

トータル最多出現の「02」がメイン 次点の「13」もオススメ!

Jセット球の使用回数は全53回。

数字別では、「02」「27」がトータルで16回とトップ。この2数字を中心に考えていこう。CO消化回では「27」が最多で狙い目。

Jセット球の次回に使われたセット球

A	B	C	D	E	F	G	H	I	J
1	2	7	5	10	6	5	10	6	1

※アミかけは、このセット球が使われた次回に最も使われているもの

Jセット球トータル出現実績

30.2%	16回	02	27							
26.4%	14回	13								
24.5%	13回	07	21	30	37					
22.6%	12回	08	20	22	29	35				
20.8%	11回	04	09	11	19					
18.9%	10回	06	16	18	36					
17.0%	9回	01	12	14	15	17	26	33		
15.1%	8回	23								
13.2%	7回	05	24	31	32	34				
11.3%	6回	03	10	25			9.4%	5回	28	

Jセット球のCO消化回出現数字 (集計39回)

33.3%	13回	27								
28.2%	11回	13	19	35	37					
25.6%	10回	04	06	07	20	21	30			
23.1%	9回	14	22	29						
20.5%	8回	08	11	12	17					
17.9%	7回	02	18	23	33	36				
15.4%	6回	01	09	32						
12.8%	5回	05	15	28	31					
10.3%	4回	10	16	26	34					
7.7%	3回	24	25		5.1%	2回	03			

Aセット球～Jセット球オススメ予想

紹介してきたデータを元に、Aセット球～Jセット球のオススメ予想を紹介していきたい。それぞれトータル出現実績、CO消化回の2パターンを掲載している！

セット球	予想							
A	トータル	02	07	11	12	28	29	33
A	トータル	04	07	09	16	27	31	32
A	トータル	05	07	09	21	30	34	36
A	CO消化回	07	09	12	23	24	34	37
A	CO消化回	07	09	16	17	29	31	36
A	CO消化回	07	09	19	20	28	32	33
B	トータル	03	12	13	20	20	26	32
B	トータル	06	16	17	20	26	27	32
B	トータル	09	15	20	26	32	33	35
B	CO消化回	01	10	13	17	26	32	36
B	CO消化回	04	06	11	18	26	32	36
B	CO消化回	09	19	24	26	31	32	36
C	トータル	02	04	08	09	13	24	31
C	トータル	02	04	08	10	22	23	34
C	トータル	02	04	08	18	26	29	30
C	CO消化回	02	04	08	09	15	25	35
C	CO消化回	04	09	16	18	25	26	35
C	CO消化回	04	09	19	20	21	35	37
D	トータル	01	13	19	20	22	30	36
D	トータル	07	14	15	17	24	30	36
D	トータル	08	12	24	27	28	30	36
D	CO消化回	07	17	19	23	24	30	36
D	CO消化回	08	13	16	24	29	30	36
D	CO消化回	10	11	14	24	26	30	36
E	トータル	01	05	14	23	32	33	34
E	トータル	05	06	18	20	32	33	34
E	トータル	05	07	11	24	32	33	34
E	CO消化回	01	05	17	23	30	31	35
E	CO消化回	05	11	17	18	22	25	27
E	CO消化回	11	17	19	20	21	28	32
F	トータル	01	13	15	28	29	34	35
F	トータル	03	13	15	20	21	27	34
F	トータル	04	13	15	25	30	31	34
F	CO消化回	03	10	11	13	15	26	34
F	CO消化回	08	10	13	14	26	32	34
F	CO消化回	09	10	13	26	27	30	34
G	トータル	03	10	14	17	27	32	33
G	トータル	04	07	14	15	17	25	36
G	トータル	09	14	17	24	28	30	31
G	CO消化回	01	04	16	17	22	31	34
G	CO消化回	02	04	17	18	31	36	37
G	CO消化回	04	08	17	19	26	30	31
H	トータル	01	06	09	18	19	28	32
H	トータル	02	09	10	14	26	28	32
H	トータル	04	09	18	28	29	32	35
H	CO消化回	04	09	12	23	24	32	33
H	CO消化回	04	09	18	22	24	32	37
H	CO消化回	04	09	19	21	24	32	34
I	トータル	01	05	14	15	19	28	32
I	トータル	03	07	15	19	21	22	23
I	トータル	09	15	19	20	26	29	37
I	CO消化回	01	09	14	15	28	36	37
I	CO消化回	04	14	15	26	27	28	35
I	CO消化回	07	14	15	28	29	30	32
J	トータル	02	05	13	14	21	27	35
J	トータル	02	06	10	13	27	32	37
J	トータル	02	08	12	13	27	30	31
J	CO消化回	04	13	19	20	22	27	33
J	CO消化回	06	13	14	18	26	27	35
J	CO消化回	07	10	11	17	19	27	37

※予想数字の並びはオススメ順

LOTO 6

ロトシックス

01

トータル出現
257回

月曜：**100回**　木曜：**157回**

年別出現実績

年	回数	年	回数	年	回数	年	回数	年	回数
H12	3回	H13	3回	H14	12回	H15	4回	H16	6回
H17	9回	H18	11回	H19	6回	H20	4回	H21	6回
H22	8回	H23	9回	H24	9回	H25	14回	H26	10回
H27	14回	H28	17回	H29	19回	H30	13回	R1	14回
R2	17回	R3	16回	R4	17回	R5	15回	R6	1回

インターバル実績

年	%	回数
INT1	12.9%	33回
INT2	13.3%	34回
INT3	9.0%	23回
INT4	10.2%	26回
INT5	8.2%	21回
INT6	7.4%	19回
INT7	7.8%	20回
INT8	4.3%	11回
INT9	4.7%	12回
INT10以上	22.3%	57回

トータル／引っ張り・スライド出現実績

引っ張り	トータル	12.8%	（33回）	右スライド	トータル	16.0%	（41回）
	月	17.0%	（17回）		月	15.0%	（15回）
	木	12.7%	（20回）		木	13.4%	（21回）

「01」の左スライドにあたる数字はありません

01とのペア出現

トータル	16.3%（42回）	37	14.4%（37回）	14	14.0%（36回）	40	13.6%（35回）	11	21	24	41	13.2%（34回）	23	34	35	38	42		
	12.8%（33回）	04	16	26	39	12.5%（32回）	15	19	28	12.1%（31回）	20	25	11.7%（30回）	02	06				
	11.3%（29回）	03	13	31	43	10.9%（28回）	05	09	10	22	32	10.5%（27回）	12	27	33	10.1%（26回）	07	36	
	9.7%（25回）	08	9.3%（24回）	17	18	29	30												
月曜	20.0%（20回）	03	19.0%（19回）	39	18.0%（18回）	37	17.0%（17回）	42	16.0%（16回）	14	26	34	41	15.0%（15回）	12	14.0%（14回）	13	19	
	13.0%（13回）	07	21	24	27	12.0%（12回）	08	11	15	32	38	40	11.0%（11回）	09	20	22	28		
	10.0%（10回）	04	05	06	10	23	31	33	35	43	9.0%（9回）	02	25	29	8.0%（8回）	16	36		
	7.0%（7回）	17	30	4.0%（4回）	18														
木曜	15.9%（25回）	16	15.3%（24回）	23	35	37	40	14.6%（23回）	04	11	14.0%（22回）	21	24	25	38	13.4%（21回）	02	14	28
	12.7%（20回）	06	15	18	20	12.1%（19回）	31	41	43	11.5%（18回）	05	10	19	34	36				
	10.8%（17回）	09	17	22	26	30	33	42	10.2%（16回）	32	9.6%（15回）	13	29	8.9%（14回）	27	39	8.3%（13回）	07	08
	7.6%（12回）	12	5.7%（9回）	03															

01が出た次の回に出る数字

18.7%（48回）	19	17.9%（46回）	03	17.5%（45回）	06	16.3%（42回）	35	16.0%（41回）	02	10	39	15.6%（40回）	14	20	27			
15.2%（39回）	24	28	38	41	14.8%（38回）	09	14.4%（37回）	16	22	23	26	32	43	14.0%（36回）	15	37	40	
13.6%（35回）	04	17	18	13.2%（34回）	05	07	12	42	12.8%（33回）	01	08	21	12.5%（32回）	36	12.1%（31回）	11	33	
11.7%（30回）	31	11.3%（29回）	25	10.5%（27回）	30	10.1%（26回）	29	34	8.6%（22回）	13								

02

トータル出現
275回

月曜：**106回** ｜ 木曜：**169回**

インターバル実績

年	%	回数
INT1	17.9%	49回
INT2	9.9%	27回
INT3	12.0%	33回
INT4	13.5%	37回
INT5	7.3%	20回
INT6	4.0%	11回
INT7	5.1%	14回
INT8	4.0%	11回
INT9	3.3%	9回
INT10以上	23.0%	63回

年別出現実績

年	回数	年	回数	年	回数	年	回数	年	回数
H12	1回	H13	11回	H14	3回	H15	4回	H16	4回
H17	4回	H18	7回	H19	4回	H20	13回	H21	6回
H22	9回	H23	14回	H24	16回	H25	17回	H26	17回
H27	15回	H28	10回	H29	17回	H30	15回	R1	24回
R2	14回	R3	21回	R4	15回	R5	13回	R6	1回

トータル／引っ張り・スライド出現実績

引っ張り	トータル	17.8%	（49回）	右スライド	トータル	17.1%	（47回）	左スライド	トータル	13.5%	（37回）
	月	15.1%	（16回）		月	14.2%	（15回）		月	9.4%	（10回）
	木	14.8%	（25回）		木	10.7%	（18回）		木	16.0%	（27回）

02とのペア出現

トータル	16.0%（44回）	38	15.3%（42回）	05	06	14.9%（41回）	14	14.5%（40回）	16	22	42	14.2%（39回）	32	13.5%（37回）	19	13.1%（36回）	12	23	27
	12.7%（35回）	24	43	12.4%（34回）	04	37	12.0%（33回）	08	13	21	30	11.6%（32回）	03	09	20	26	29	31	40
	11.3%（31回）	10	17	25	35	10.9%（30回）	01	10.2%（28回）	28	33	36	9.8%（27回）	07	11	9.5%（26回）	15	34	41	
	6.9%（19回）	18	39																
月曜	17.0%（18回）	14	16.0%（17回）	12	23	42	15.1%（16回）	13	16	21	38	14.2%（15回）	08	09	19	31			
	13.2%（14回）	22	26	27	28	30	12.3%（13回）	05	10	25	29	33	40	11.3%（12回）	03	04	06	17	
	10.4%（11回）	07	20	34	35	43	9.4%（10回）	15	24	32	36	37	8.5%（9回）	01	6.6%（7回）	11	18	41	
	5.7%（6回）	39																	
木曜	17.8%（30回）	06	17.2%（29回）	05	32	16.6%（28回）	38	22	14.8%（25回）	24	14.2%（24回）	16	37	43	13.6%（23回）	14	42		
	13.0%（22回）	04	19	27	12.4%（21回）	01	20	11.8%（20回）	03	11	35	11.2%（19回）	12	17	23	29	30	40	41
	10.7%（18回）	08	10	25	26	36	10.1%（17回）	09	13	21	31	9.5%（16回）	07	15	8.9%（15回）	33	34	8.3%（14回）	28
	7.7%（13回）	39	7.1%（12回）	18															

02が出た次の回に出る数字

18.9%（52回）	21	17.8%（49回）	02	22	17.5%（48回）	37	17.1%（47回）	03	16.7%（46回）	10	16	32	16.4%（45回）	30	15.6%（43回）	24		
15.3%（42回）	23	28	14.9%（41回）	06	13	15	31	43	14.5%（40回）	14	26	14.2%（39回）	04	19	20	25	40	
13.8%（38回）	34	39	13.5%（37回）	01	13.1%（36回）	09	12.7%（35回）	17	33	12.4%（34回）	05	29	42	12.0%（33回）	12	11.6%（32回）	07	
11.3%（31回）	27	38	10.9%（30回）	18	36	10.2%（28回）	11	9.8%（27回）	08	9.5%（26回）	35	41						

03

トータル出現
255回

月曜：**101回**　木曜：**154回**

インターバル実績

年	%	回数
INT1	14.2%	36回
INT2	10.2%	26回
INT3	10.6%	27回
INT4	13.8%	35回
INT5	4.3%	11回
INT6	7.5%	19回
INT7	3.9%	10回
INT8	7.5%	19回
INT9	2.8%	7回
INT10以上	25.2%	64回

年別出現実績

年	回数	年	回数	年	回数	年	回数	年	回数
H12	1回	H13	8回	H14	6回	H15	8回	H16	9回
H17	8回	H18	8回	H19	8回	H20	8回	H21	5回
H22	5回	H23	12回	H24	7回	H25	7回	H26	16回
H27	24回	H28	19回	H29	16回	H30	16回	R1	16回
R2	11回	R3	15回	R4	15回	R5	6回	R6	1回

トータル／引っ張り・スライド出現実績

引っ張り	トータル	14.2%	（36回）	右スライド	トータル	13.4%	（34回）	左スライド	トータル	18.1%	（46回）
	月	13.0%	（13回）		月	14.0%	（14回）		月	18.0%	（18回）
	木	11.7%	（18回）		木	14.9%	（23回）		木	15.6%	（24回）

03とのペア出現

トータル	15.3%（39回）	23	14.9%（38回）	26	14.1%（36回）	18	19	28	32	39	13.7%（35回）	15	36	13.3%（34回）	08	24	12.9%（33回）	20	43
	12.5%（32回）	02	12	25	12.2%（31回）	13	16	27	11.8%（30回）	17	21	29							
	11.4%（29回）	01	07	14	22	30	31	40	42	11.0%（28回）	10	35	37	10.6%（27回）	11	10.2%（26回）	06	33	
	9.8%（25回）	34	9.4%（24回）	09	38	9.0%（23回）	04	41	8.2%（21回）	05									
月曜	19.8%（20回）	01	19	18.8%（19回）	32	17.8%（18回）	42	16.8%（17回）	39	15.8%（16回）	21	23	14.9%（15回）	20	28				
	13.9%（14回）	12	37	38	40	12.9%（13回）	07	08	18	26	31	11.9%（12回）	02	06	13	15			
	10.9%（11回）	14	27	30	9.9%（10回）	04	05	16	22	29	35	43	8.9%（9回）	10	11				
	7.9%（8回）	17	24	25	34	41	6.9%（7回）	09	5.9%（6回）	33	36								
木曜	18.8%（29回）	36	16.9%（26回）	24	16.2%（25回）	26	15.6%（24回）	25	14.9%（23回）	15	18	23	43	14.3%（22回）	17	13.6%（21回）	08	16	28
	13.0%（20回）	02	27	29	33	12.3%（19回）	10	13	22	39	11.7%（18回）	11	12	14	20	30	35		
	11.0%（17回）	09	32	34	10.4%（16回）	07	19	31	9.7%（15回）	40	41	9.1%（14回）	06	21	37	04	7.1%（11回）	05	42
	6.5%（10回）	38	5.8%（9回）	01															

03が出た次の回に出る数字

18.1%（46回）	02	08	17.7%（45回）	30	16.5%（42回）	40	16.1%（41回）	15	20	24	15.7%（40回）	06	09	12	15.4%（39回）	21	36	41
15.0%（38回）	19	26	38	14.6%（37回）	11	32	35	14.2%（36回）	03	16	28	43	13.8%（35回）	31	34			
13.4%（34回）	04	05	14	13.0%（33回）	17	25	42	12.6%（32回）	01	12.2%（31回）	13	33	11.8%（30回）	10	23	29	11.4%（29回）	27
11.0%（28回）	22	39	10.6%（27回）	18	10.2%（26回）	37	9.1%（23回）	07										

04

トータル出現
258回

月曜：**84回**　木曜：**174回**

インターバル実績

年	%	回数
INT1	13.2%	34回
INT2	11.3%	29回
INT3	10.5%	27回
INT4	8.2%	21回
INT5	7.8%	20回
INT6	8.2%	21回
INT7	6.2%	16回
INT8	5.4%	14回
INT9	1.9%	5回
INT10以上	27.2%	70回

年別出現実績

年	回数	年	回数	年	回数	年	回数	年	回数
H12	0回	H13	8回	H14	6回	H15	6回	H16	11回
H17	4回	H18	13回	H19	7回	H20	5回	H21	3回
H22	5回	H23	16回	H24	13回	H25	14回	H26	18回
H27	13回	H28	11回	H29	13回	H30	17回	R1	18回
R2	14回	R3	11回	R4	16回	R5	15回	R6	1回

トータル／引っ張り・スライド出現実績

引っ張り	トータル	13.2%	（34回）	右スライド	トータル	12.8%	（33回）	左スライド	トータル	13.2%	（34回）
	月	11.9%	（10回）		月	21.4%	（18回）		月	20.2%	（17回）
	木	15.5%	（27回）		木	10.9%	（19回）		木	12.1%	（21回）

04とのペア出現

トータル	16.3%（42回）	06	15.9%（41回）	18	15.1%（39回）	11	14.3%（37回）	17	22	42	14.0%（36回）	16	13.6%（35回）	05	10	31	38		
	13.2%（34回）	02	19	12.8%（33回）	01	23	32	12.4%（32回）	15	34	35	12.0%（31回）	37	11.6%（30回）	13	26	28		
	11.2%（29回）	07	24	25	33	10.9%（28回）	27	30	43	10.5%（27回）	09	12	41	10.1%（26回）	08	14	20	21	
	9.7%（25回）	36	8.9%（23回）	03	39	40	7.0%（18回）	29											
月曜	19.0%（16回）	22	23	17.9%（15回）	06	16.7%（14回）	13	15.5%（13回）	16	14.3%（12回）	02	07	17	41	42				
	13.1%（11回）	18	25	37	38	11.9%（10回）	01	03	05	09	10	15	21	24	26	32			
	10.7%（9回）	11	14	19	28	31	34	40	43	9.5%（8回）	20	30	33	8.3%（7回）	08	27	35	36	39
	7.1%（6回）	29	6.0%（5回）	12															
木曜	17.2%（30回）	11	18	15.5%（27回）	06	14.9%（26回）	31	14.4%（25回）	05	10	17	19	35	42	13.8%（24回）	38			
	13.2%（23回）	01	16	32	34	12.6%（22回）	02	12	15	12.1%（21回）	22	27	28	33	11.5%（20回）	26	30	37	
	10.9%（19回）	08	24	43	10.3%（18回）	20	25	36	9.8%（17回）	07	09	14	23	9.2%（16回）	13	21	39	8.6%（15回）	41
	8.0%（14回）	40	7.5%（13回）	03	6.9%（12回）	29													

04が出た次の回に出る数字

20.2%（52回）	37	11	17.8%（46回）	07	21	38	17.4%（45回）	24	16.7%（43回）	02	16.3%（42回）	15	39	15.9%（41回）	36	15.5%（40回）	09	
15.1%（39回）	10	14.7%（38回）	01	08	12	35	41	14.3%（37回）	18	20	14.0%（36回）	30	13.6%（35回）	19	29	32		
13.2%（34回）	03	04	23	28	12.8%（33回）	05	06	25	42	43	12.4%（32回）	31	33	12.0%（31回）	13	11.6%（30回）	27	
11.2%（29回）	22	26	10.9%（28回）	16	34	40	9.3%（24回）	17	8.5%（22回）	14								

05

トータル出現 **262回**

月曜：**95回**　木曜：**167回**

インターバル実績

年	%	回数
INT1	13.0%	34回
INT2	11.5%	30回
INT3	11.5%	30回
INT4	8.0%	21回
INT5	7.3%	19回
INT6	5.0%	13回
INT7	5.7%	15回
INT8	8.8%	23回
INT9	3.4%	9回
INT10以上	25.7%	67回

年別出現実績

年	回数	年	回数	年	回数	年	回数	年	回数
H12	1回	H13	7回	H14	10回	H15	4回	H16	5回
H17	8回	H18	8回	H19	9回	H20	5回	H21	6回
H22	8回	H23	10回	H24	13回	H25	13回	H26	22回
H27	14回	H28	13回	H29	15回	H30	10回	R1	18回
R2	13回	R3	21回	R4	11回	R5	17回	R6	1回

トータル／引っ張り・スライド出現実績

引っ張り	トータル	13.0%	(34回)	右スライド	トータル	15.3%	(40回)	左スライド	トータル	13.4%	(35回)
	月	13.8%	(13回)		月	17.0%	(16回)		月	16.0%	(15回)
	木	10.8%	(18回)		木	16.8%	(28回)		木	12.6%	(21回)

05とのペア出現

トータル	17.2%(45回)	20	39	16.4%(43回)	38	16.0%(42回)	02	15.3%(40回)	27	14.1%(37回)	26	13.4%(35回)	04	21	32	34			
	13.0%(34回)	06	07	13	12.6%(33回)	22	12.2%(32回)	16	25	37	41	11.8%(31回)	12	18	19	28	30	33	35
	11.5%(30回)	10	23	11.1%(29回)	09	10.7%(28回)	01	08	17	10.3%(27回)	24	36	9.9%(26回)	31	9.5%(25回)	15	42		
	9.2%(24回)	11	40	8.8%(23回)	43	8.4%(22回)	14	8.0%(21回)	03	29									
月曜	18.9%(18回)	20	17.9%(17回)	27	16.8%(16回)	38	15.8%(15回)	08	37	14.7%(14回)	07	18	22	24	25	35			
	13.7%(13回)	02	13	21	30	39	12.6%(12回)	26	33	11.6%(11回)	06	12	28	32	36	41			
	10.5%(10回)	01	03	04	09	10	16	34	9.5%(9回)	14	29	43	8.4%(8回)	11	15	19	23	31	
	7.4%(7回)	17	6.3%(6回)	42	5.3%(5回)	40													
木曜	19.2%(32回)	39	17.4%(29回)	02	16.2%(27回)	20	38	15.0%(25回)	04	26	34	14.4%(24回)	32	13.8%(23回)	06	19	27		
	13.2%(22回)	16	21	23	12.6%(21回)	13	17	41	12.0%(20回)	07	10	12	28	11.4%(19回)	09	22	33	40	42
	10.8%(18回)	01	25	30	31	10.2%(17回)	15	18	35	37	9.6%(16回)	11	36	8.4%(14回)	43	7.8%(13回)	08	14	24
	7.2%(12回)	29	6.6%(11回)	03															

05が出た次の回に出る数字

18.8%(49回)	02	17.2%(45回)	22	16.9%(44回)	21	34	16.5%(43回)	14	16	24	32	15.7%(41回)	30	31	15.3%(40回)	06	25	43
14.9%(39回)	08	14.6%(38回)	38	14.2%(37回)	19	27	13.8%(36回)	03	10	12	13	17	33	41	13.4%(35回)	04	20	
13.0%(34回)	05	23	36	37	42	12.6%(33回)	28	29	12.3%(32回)	01	11	11.9%(31回)	07	35	40	11.5%(30回)	09	18
11.1%(29回)	15	10.7%(28回)	39	10.3%(27回)	26													

06

トータル出現 **286回**

月曜：**104回** ｜ 木曜：**182回**

インターバル実績

年	%	回数
INT1	14.4%	41回
INT2	12.3%	35回
INT3	15.1%	43回
INT4	8.8%	25回
INT5	7.0%	20回
INT6	5.6%	16回
INT7	4.9%	14回
INT8	4.2%	12回
INT9	4.6%	13回
INT10以上	23.2%	66回

年別出現実績

年	回数	年	回数	年	回数	年	回数	年	回数
H12	1回	H13	4回	H14	6回	H15	8回	H16	7回
H17	10回	H18	6回	H19	10回	H20	10回	H21	5回
H22	11回	H23	15回	H24	12回	H25	21回	H26	17回
H27	10回	H28	23回	H29	16回	H30	18回	R1	12回
R2	19回	R3	12回	R4	17回	R5	16回	R6	0回

トータル／引っ張り・スライド出現実績

引っ張り	トータル	14.3%	（41回）	右スライド	トータル	13.3%	（38回）	左スライド	トータル	14.3%	（41回）
	月	16.3%	（17回）		月	10.6%	（11回）		月	12.5%	（13回）
	木	10.4%	（19回）		木	14.3%	（26回）		木	15.9%	（29回）

06とのペア出現

トータル	15.4%（44回）	16	15.0%（43回）	38	14.7%（42回）	02	04	14.0%（40回）	27	13.6%（39回）	18	20	24	30	31	41	13.3%（38回）	15	37
	12.9%（37回）	19	28	12.6%（36回）	10	13	12.2%（35回）	09	32	11.9%（34回）	05	21	22	33	42	11.5%（33回）	17	36	43
	11.2%（32回）	12	23	40	10.8%（31回）	07	10.5%（30回）	01	08	39	10.1%（29回）	34	35	9.4%（27回）	25	9.1%（26回）	03		
	8.7%（25回）	14	26	8.4%（24回）	29	7.7%（22回）	11												
月曜	17.3%（18回）	28	32	16.3%（17回）	13	16	24	14.4%（15回）	04	10	18	27	30	37	38	41	13.5%（14回）	19	43
	12.5%（13回）	07	20	22	33	11.5%（12回）	02	03	08	12	23	42	10.6%（11回）	05	09	15	25	34	39
	9.6%（10回）	01	21	26	31	40	7.7%（8回）	17	35	36	6.7%（7回）	11	14	29					
木曜	16.5%（30回）	02	15.9%（29回）	31	15.4%（28回）	38	14.8%（27回）	04	15	16	14.3%（26回）	20	13.7%（25回）	17	27	36			
	13.2%（24回）	09	18	21	30	41	12.6%（23回）	05	19	37	12.1%（22回）	24	40	42	11.5%（21回）	10	22	33	35
	11.0%（20回）	01	12	23	10.4%（19回）	13	28	39	43	9.9%（18回）	07	08	14	34	9.3%（17回）	29	32	8.8%（16回）	25
	8.2%（15回）	11	26	7.7%（14回）	03														

06が出た次の回に出る数字

18.9%（54回）	36	17.8%（51回）	43	17.1%（49回）	39	16.8%（48回）	42	16.4%（47回）	19	27	30	32	41	16.1%（46回）	15	15.0%（43回）	21	26
14.7%（42回）	10	35	14.3%（41回）	01	02	05	06	13	25	14.0%（40回）	14	23	24	13.6%（39回）	08	16		
13.3%（38回）	07	12	28	12.9%（37回）	04	17	22	12.6%（36回）	38	12.2%（35回）	18	20	40	11.9%（34回）	11	33	34	
11.2%（32回）	29	31	37	9.8%（28回）	03	9.4%（27回）	09											

07

トータル出現
236回

月曜：**91回**　木曜：**145回**

インターバル実績

年	%	回数
INT1	11.5%	27回
INT2	8.5%	20回
INT3	10.6%	25回
INT4	9.8%	23回
INT5	3.8%	9回
INT6	8.1%	19回
INT7	6.4%	15回
INT8	6.8%	16回
INT9	6.0%	14回
INT10以上	28.5%	67回

年別出現実績

年	回数	年	回数	年	回数	年	回数	年	回数
H12	1回	H13	7回	H14	4回	H15	7回	H16	9回
H17	5回	H18	10回	H19	12回	H20	4回	H21	3回
H22	7回	H23	10回	H24	19回	H25	11回	H26	12回
H27	9回	H28	14回	H29	11回	H30	16回	R1	15回
R2	10回	R3	16回	R4	14回	R5	10回	R6	0回

トータル／引っ張り・スライド出現実績

引っ張り	トータル	11.4%	（27回）	右スライド	トータル	11.0%	（26回）	左スライド	トータル	20.3%	（48回）
	月	8.8%	（8回）		月	13.2%	（12回）		月	16.5%	（15回）
	木	12.4%	（18回）		木	13.1%	（19回）		木	20.0%	（29回）

07とのペア出現

トータル	16.9%（40回）	39	16.1%（38回）	42	15.3%（36回）	19	43	14.4%（34回）	05	09	13.6%（32回）	34	06	18	36	38	12.7%（30回）	15	20
	12.3%（29回）	03	04	16	23	25	33	41	11.9%（28回）	08	12	21	11.4%（27回）	02	10	13	17	40	
	11.0%（26回）	01	11	32	10.6%（25回）	14	26	28	35	9.7%（23回）	31	37	9.3%（22回）	29	8.9%（21回）	24	27	8.5%（20回）	30
	6.8%（16回）	22																	
月曜	17.6%（16回）	42	16.5%（15回）	25	15.4%（14回）	05	13	20	21	14.3%（13回）	01	03	06	16	32	34	43		
	13.2%（12回）	04	08	18	19	24	39	40	12.1%（11回）	02	14	17	41	11.0%（10回）	10	28	33	36	
	9.9%（9回）	09	11	22	23	26	37	8.8%（8回）	12	29	38	7.7%（7回）	31	35	6.6%（6回）	15	30	5.5%（5回）	27
木曜	19.3%（28回）	39	17.2%（25回）	09	16.6%（24回）	15	19	15.9%（23回）	38	43	15.2%（22回）	42	14.5%（21回）	36	13.8%（20回）	05	12	23	
	13.1%（19回）	18	33	34	12.4%（18回）	06	35	41	11.7%（17回）	04	10	11							
	11.0%（16回）	02	03	08	16	17	20	26	27	31	10.3%（15回）	28	40						
	9.7%（14回）	14	21	25	29	30	37	9.0%（13回）	01	13	32	6.2%（9回）	24	4.8%（7回）	22				

07が出た次の回に出る数字

20.3%（48回）	06	19.9%（47回）	18	19.5%（46回）	37	17.8%（42回）	21	17.4%（41回）	14	16.5%（39回）	43	15.7%（37回）	28	42				
15.3%（36回）	01	10	15	27	14.8%（35回）	04	12	30	38	40	14.4%（34回）	36	39	41	14.0%（33回）	16	22	
13.6%（32回）	19	13.1%（31回）	02	03	13	35	12.7%（30回）	33	12.3%（29回）	11	23	25	31	34	11.9%（28回）	05	17	20
11.4%（27回）	07	26	11.0%（26回）	08	24	10.6%（25回）	09	9.7%（23回）	29	32								

08

トータル出現
261回

月曜：**98回** ｜ 木曜：**163回**

インターバル実績

年	%	回数
INT1	14.2%	37回
INT2	15.0%	39回
INT3	13.1%	34回
INT4	8.5%	22回
INT5	7.3%	19回
INT6	4.6%	12回
INT7	3.8%	10回
INT8	3.8%	10回
INT9	4.2%	11回
INT10以上	25.4%	66回

年別出現実績

年	回数	年	回数	年	回数	年	回数	年	回数
H12	1回	H13	8回	H14	7回	H15	7回	H16	6回
H17	11回	H18	5回	H19	10回	H20	8回	H21	5回
H22	9回	H23	10回	H24	21回	H25	15回	H26	11回
H27	9回	H28	17回	H29	19回	H30	12回	R1	17回
R2	14回	R3	15回	R4	13回	R5	10回	R6	1回

トータル／引っ張り・スライド出現実績

引っ張り	トータル	14.2%	(37回)	右スライド	トータル	14.2%	(37回)	左スライド	トータル	13.0%	(34回)
	月	16.3%	(16回)		月	12.2%	(12回)		月	12.2%	(12回)
	木	15.3%	(25回)		木	11.0%	(18回)		木	11.7%	(19回)

08とのペア出現

トータル	16.1%(42回)	25	15.3%(40回)	14	14.9%(39回)	20	24	14.6%(38回)	15	26	27	13.8%(36回)	42	13.0%(34回)	03	17	33	36	38
	12.6%(33回)	02	23	31	12.3%(32回)	16	43	11.9%(31回)	22	41	11.5%(30回)	06	10	30					
	11.1%(29回)	12	13	18	21	35	10.7%(28回)	05	07	28	10.3%(27回)	19	32	37	40	10.0%(26回)	04	34	
	9.6%(25回)	01	11	39	9.2%(24回)	09	8.4%(22回)	29											
月曜	20.4%(20回)	14	17.3%(17回)	27	42	16.3%(16回)	22	23	25	15.3%(15回)	02	05	18	20	38	14.3%(14回)	12	13	
	13.3%(13回)	03	37	12.2%(12回)	01	06	07	21	28	31	41	11.2%(11回)	24						
	10.2%(10回)	10	26	33	35	36	40	43	9.2%(9回)	15	17	29	30	32	34	8.2%(8回)	19		
	7.1%(7回)	04	11	39	6.1%(6回)	09	5.1%(5回)	16											
木曜	17.8%(29回)	15	17.2%(28回)	24	26	16.6%(27回)	16	16.0%(26回)	25	15.3%(25回)	17	14.7%(24回)	20	33	36	13.5%(22回)	43		
	12.9%(21回)	03	27	30	31	12.3%(20回)	10	14	11.7%(19回)	04	19	35	38	41	42				
	11.0%(18回)	02	06	09	11	32	39	10.4%(17回)	21	23	34	40	9.8%(16回)	07	28	9.2%(15回)	12	13	22
	8.6%(14回)	18	37	8.0%(13回)	01	05	29												

08が出た次の回に出る数字

18.0%(47回)	16	21	17.6%(46回)	02	29	16.9%(44回)	36	16.5%(43回)	06	16.1%(42回)	01	26	15.3%(40回)	20	14.9%(39回)	13	19	24
14.6%(38回)	18	35	42	43	14.2%(37回)	05	08	09	13.8%(36回)	03	04	12	22	28	13.4%(35回)	10	15	37
13.0%(34回)	07	25	30	31	33	40	41	12.3%(32回)	32	11.9%(31回)	11	17	23	38	39	11.1%(29回)	27	
9.6%(25回)	14	34																

09

トータル出現
230回

月曜：**78回** ｜ 木曜：**152回**

インターバル実績

年	%	回数
INT1	11.4%	26回
INT2	11.4%	26回
INT3	9.6%	22回
INT4	6.1%	14回
INT5	6.1%	14回
INT6	8.3%	19回
INT7	7.0%	16回
INT8	4.4%	10回
INT9	3.5%	8回
INT10以上	32.3%	74回

年別出現実績

年	回数	年	回数	年	回数	年	回数	年	回数
H12	2回	H13	6回	H14	6回	H15	7回	H16	6回
H17	7回	H18	11回	H19	6回	H20	7回	H21	6回
H22	5回	H23	7回	H24	8回	H25	12回	H26	12回
H27	14回	H28	15回	H29	10回	H30	19回	R1	13回
R2	17回	R3	11回	R4	11回	R5	12回	R6	0回

トータル／引っ張り・スライド出現実績

引っ張り	トータル	11.3%	（26回）	右スライド	トータル	13.9%	（32回）	左スライド	トータル	13.5%	（31回）
	月	11.5%	（9回）		月	17.9%	（14回）		月	12.8%	（10回）
	木	13.8%	（21回）		木	13.2%	（20回）		木	12.5%	（19回）

09とのペア出現

トータル	15.7%（36回）	21	15.2%（35回）	06	14.8%（34回）	07	10	30	13.9%（32回）	02	16	13.5%（31回）	15	13.0%（30回）	19	23	27	28	37
	12.6%（29回）	05	26	40	12.2%（28回）	01	12	34	38	11.7%（27回）	04	17	20	35	11.3%（26回）	18	29	33	39
	10.9%（25回）	42	10.4%（24回）	03	08	11	25	32	10.0%（23回）	14	24	41	9.6%（22回）	22	31	9.1%（21回）	13	36	43
月曜	19.2%（15回）	02	19	16.7%（13回）	15	23	30	15.4%（12回）	21	26	27	35	42	14.1%（11回）	01	06	28	39	
	12.8%（10回）	04	05	10	11.5%（9回）	07	12	24	29	31	33	37	41	10.3%（8回）	20	32	34		
	9.0%（7回）	03	11	14	16	17	18	22	25	38	40	7.7%（6回）	08	13	6.4%（5回）	43	5.1%（4回）	36	
木曜	16.4%（25回）	07	16	15.8%（24回）	06	10	21	14.5%（22回）	40	13.8%（21回）	30	37	38	13.2%（20回）	17	34			
	12.5%（19回）	05	12	18	20	28	11.8%（18回）	08	15	27									
	11.2%（17回）	01	02	03	04	11	23	25	26	29	33	36	10.5%（16回）	14	32	43			
	9.9%（15回）	13	19	22	35	39	9.2%（14回）	24	41	8.6%（13回）	31	42							

09が出た次の回に出る数字

19.6%（45回）	20	19.1%（44回）	38	17.8%（41回）	35	17.4%（40回）	11	12	31	17.0%（39回）	27	16.5%（38回）	22	37	16.1%（37回）	43	15.7%（36回）	23
15.2%（35回）	04	14	15	18	14.8%（34回）	02	41	14.3%（33回）	06	16	30	34	13.9%（32回）	01	10	42		
13.5%（31回）	08	32	13.0%（30回）	26	36	12.6%（29回）	13	12.2%（28回）	24	25	28	29	39	11.7%（27回）	21			
11.3%（26回）	03	09	40	10.9%（25回）	07	10.0%（23回）	05	33	8.7%（20回）	17	8.3%（19回）	19						

10

トータル出現
273回

月曜：**97回** 木曜：**176回**

インターバル実績

年	%	回数
INT1	12.1%	33回
INT2	15.4%	42回
INT3	11.4%	31回
INT4	9.6%	26回
INT5	10.7%	29回
INT6	6.3%	17回
INT7	3.7%	10回
INT8	0.7%	2回
INT9	3.7%	10回
INT10以上	26.5%	72回

年別出現実績

年	回数	年	回数	年	回数	年	回数	年	回数
H12	1回	H13	4回	H14	8回	H15	10回	H16	11回
H17	4回	H18	4回	H19	9回	H20	4回	H21	10回
H22	1回	H23	20回	H24	13回	H25	23回	H26	18回
H27	13回	H28	11回	H29	15回	H30	17回	R1	19回
R2	15回	R3	15回	R4	12回	R5	16回	R6	0回

トータル／引っ張り・スライド出現実績

引っ張り	トータル	12.1%	(33回)	右スライド	トータル	11.0%	(30回)	左スライド	トータル	10.3%	(28回)
	月	17.5%	(17回)		月	11.3%	(11回)		月	17.5%	(17回)
	木	15.9%	(28回)		木	11.9%	(21回)		木	13.1%	(23回)

10とのペア出現

トータル	15.8%(43回)	39	15.4%(42回)	12	14.7%(40回)	15	14.3%(39回)	13	42	13.9%(38回)	28	13.6%(37回)	20	22	13.2%(36回)	06	36		
	12.8%(35回)	04	33	34	43	12.5%(34回)	09	19	25	31	37	12.1%(33回)	24	38	40	11.4%(31回)	02	18	21
	11.0%(30回)	05	08	16	23	27	10.6%(29回)	11	26	30	35	10.3%(28回)	01	03	29	41	9.9%(27回)	07	
	9.5%(26回)	17	8.8%(24回)	32	7.7%(21回)	14													
月曜	17.5%(17回)	39	16.5%(16回)	12	31	15.5%(15回)	06	27	28	42	14.4%(14回)	13	15	19	43				
	13.4%(13回)	02	33	34	35	38	12.4%(12回)	16	20	24	29	36	11.3%(11回)	25	26	40			
	10.3%(10回)	01	04	05	07	08	09	18	21	22	30	37	41	9.3%(9回)	03	23	8.2%(8回)	11	
	6.2%(6回)	32	5.2%(5回)	14	17														
木曜	15.3%(27回)	22	14.8%(26回)	12	15	39	14.2%(25回)	04	13	20	13.6%(24回)	09	36	37	42	13.1%(23回)	25	28	
	12.5%(22回)	33	34	40	11.9%(21回)	06	11	17	18	21	23	24	43	11.4%(20回)	05	08	19	38	
	10.8%(19回)	03	30	10.2%(18回)	01	02	16	26	31	32	41	9.7%(17回)	07	9.1%(16回)	14	29	35	8.5%(15回)	27

10が出た次の回に出る数字

18.7%(51回)	38	17.9%(49回)	02	17.2%(47回)	26	32	16.8%(46回)	42	16.1%(44回)	07	18	33	15.8%(43回)	22	15.4%(42回)	06	16	17
15.0%(41回)	01	19	31	14.7%(40回)	14	35	43	14.3%(39回)	04	21	23	25	34	37	13.9%(38回)	28		
13.6%(37回)	03	05	39	12.8%(35回)	24	29	40	12.5%(34回)	12	30	12.1%(33回)	08	10	27	11.7%(32回)	20	11.4%(31回)	15
11.0%(30回)	11	10.6%(29回)	13	36	10.3%(28回)	09	7.3%(20回)	41										

11

トータル出現
251回

月曜：76回 ｜ 木曜：175回

インターバル実績

年	%	回数
INT1	11.6%	29回
INT2	13.6%	34回
INT3	8.4%	21回
INT4	10.0%	25回
INT5	4.0%	10回
INT6	7.6%	19回
INT7	4.4%	11回
INT8	6.0%	15回
INT9	3.6%	9回
INT10以上	30.8%	77回

年別出現実績

年	回数	年	回数	年	回数	年	回数	年	回数
H12	2回	H13	9回	H14	11回	H15	6回	H16	8回
H17	9回	H18	9回	H19	7回	H20	3回	H21	7回
H22	6回	H23	9回	H24	13回	H25	15回	H26	11回
H27	15回	H28	13回	H29	13回	H30	15回	R1	14回
R2	17回	R3	9回	R4	14回	R5	15回	R6	1回

トータル／引っ張り・スライド出現実績

引っ張り	トータル	11.6%	（29回）	右スライド	トータル	17.5%	（44回）	左スライド	トータル	16.7%	（42回）
	月	13.2%	（10回）		月	13.2%	（10回）		月	13.2%	（10回）
	木	10.9%	（19回）		木	18.3%	（32回）		木	20.6%	（36回）

11とのペア出現

トータル	17.1%（43回）	37	16.3%（41回）	20	36	38	15.5%（39回）	04	15	14.7%（37回）	32	39	13.9%（35回）	01	13.1%（33回）	19	33		
	12.7%（32回）	12	24	30	43	12.4%（31回）	23	28	12.0%（30回）	25	27	31	11.6%（29回）	10	17	26	11.2%（28回）	34	
	10.8%（27回）	02	03	13	21	35	10.4%（26回）	07	14	16	10.0%（25回）	08	42	9.6%（24回）	05	09	41		
	9.2%（23回）	18	40	8.8%（22回）	06	8.0%（20回）	22	7.2%（18回）	29										
月曜	22.4%（17回）	37	18.4%（14回）	38	39	17.1%（13回）	19	24	15.8%（12回）	01	27	14.5%（11回）	20	22	30				
	13.2%（10回）	28	32	42	43	11.8%（9回）	03	04	07	15	17	23	34	40					
	10.5%（8回）	05	10	26	33	35	36	9.2%（7回）	02	06	08	09	16	21	25	31			
	7.9%（6回）	12	13	14	18	29	41												
木曜	18.9%（33回）	36	17.1%（30回）	04	15	20	15.4%（27回）	32	38	14.9%（26回）	12	37	14.3%（25回）	33	13.1%（23回）	01	25	31	39
	12.6%（22回）	23	43	12.0%（21回）	10	13	26	28	30	11.4%（20回）	02	14	17	19	21				
	10.9%（19回）	16	24	34	35	10.3%（18回）	03	08	27	41	9.7%（17回）	07	09	18	9.1%（16回）	05	8.6%（15回）	06	42
	8.0%（14回）	40	6.9%（12回）	29	5.1%（9回）	22													

11が出た次の回に出る数字

17.5%（44回）	12	17.1%（43回）	01	16.7%（42回）	10	38	15.9%（40回）	08	13	21	15.5%（39回）	06	18	26	15.1%（38回）	36		
14.7%（37回）	09	25	35	37	14.3%（36回）	04	14	17	19	20	22	23	29	13.9%（35回）	05	28	30	42
13.5%（34回）	03	13.1%（33回）	24	32	39	12.7%（32回）	16	27	12.4%（31回）	15	12.0%（30回）	33	40	43	11.6%（29回）	11	31	34
10.8%（27回）	41	10.4%（26回）	02	07														

12

トータル出現
260回

月曜：**94回**　木曜：**166回**

インターバル実績

年	%	回数
INT1	13.9%	36回
INT2	10.0%	26回
INT3	13.1%	34回
INT4	5.4%	14回
INT5	10.0%	26回
INT6	5.8%	15回
INT7	6.6%	17回
INT8	6.6%	17回
INT9	2.3%	6回
INT10以上	26.3%	68回

年別出現実績

年	回数	年	回数	年	回数	年	回数	年	回数
H12	2回	H13	7回	H14	9回	H15	5回	H16	6回
H17	6回	H18	6回	H19	10回	H20	10回	H21	8回
H22	11回	H23	14回	H24	18回	H25	15回	H26	16回
H27	14回	H28	18回	H29	13回	H30	11回	R1	15回
R2	10回	R3	16回	R4	9回	R5	9回	R6	2回

トータル／引っ張り・スライド出現実績

引っ張り	トータル	13.8%	（36回）	右スライド	トータル	11.2%	（29回）	左スライド	トータル	12.3%	（32回）
	月	12.8%	（12回）		月	9.6%	（9回）		月	11.7%	（11回）
	木	13.3%	（22回）		木	12.0%	（20回）		木	16.9%	（28回）

12とのペア出現

トータル	16.2%（42回）	10	15.0%（39回）	35	14.2%（37回）	16	38	13.8%（36回）	02	36	13.1%（34回）	28	40	43	12.7%（33回）	15	25	26	29
	12.3%（32回）	03	06	11	31	32	39	11.9%（31回）	05	19	41	42	11.5%（30回）	21	30				
	11.2%（29回）	08	20	22	34	10.8%（28回）	07	09	23	33	37	10.4%（27回）	01	04	13	24			
	10.0%（26回）	14	17	18	8.1%（21回）	27													
月曜	19.1%（18回）	24	18.1%（17回）	02	36	17.0%（16回）	10	16.0%（15回）	01	26	42	14.9%（14回）	03	08	21	13.8%（13回）	31	33	
	12.8%（12回）	06	13	25	34	37	38	11.7%（11回）	05	15	16	22	29	30	35	39	40		
	10.6%（10回）	14	23	41	9.6%（9回）	09	28	43	8.5%（8回）	07	18	19	7.4%（7回）	17	32	6.4%（6回）	11	20	27
	5.3%（5回）	04																	
木曜	16.9%（28回）	35	15.7%（26回）	10	11	16	15.1%（25回）	28	32	38	43	13.9%（23回）	19	20	40	13.3%（22回）	04	15	29
	12.7%（21回）	25	39	41	12.0%（20回）	05	06	07	11.4%（19回）	02	09	17	30	31	36				
	10.8%（18回）	03	18	22	23	26	10.2%（17回）	34	9.6%（16回）	14	21	37	42	9.0%（15回）	08	13	27	33	
	7.2%（12回）	01	5.4%（9回）	24															

12が出た次の回に出る数字

18.1%（47回）	38	17.7%（46回）	18	16.9%（44回）	27	33	16.5%（43回）	08	21	16.2%（42回）	26	28	43	15.8%（41回）	05	06	30	37
15.4%（40回）	22	32	15.0%（39回）	02	35	14.6%（38回）	04	19	36	14.2%（37回）	17	13.8%（36回）	12	15	39			
13.5%（35回）	16	20	23	31	13.1%（34回）	25	12.7%（33回）	10	24	42	12.3%（32回）	11	11.5%（30回）	14	40	41		
11.2%（29回）	13	29	10.8%（28回）	01	03	07	9.6%（25回）	09	9.2%（24回）	34								

13

トータル出現
241回

月曜：**90回** ｜ 木曜：**151回**

インターバル実績

年	%	回数
INT1	12.1%	29回
INT2	11.3%	27回
INT3	11.7%	28回
INT4	5.4%	13回
INT5	8.3%	20回
INT6	8.8%	21回
INT7	4.6%	11回
INT8	4.6%	11回
INT9	3.8%	9回
INT10以上	29.6%	71回

年別出現実績

年	回数	年	回数	年	回数	年	回数	年	回数
H12	2回	H13	9回	H14	7回	H15	6回	H16	4回
H17	8回	H18	8回	H19	10回	H20	7回	H21	6回
H22	4回	H23	13回	H24	17回	H25	19回	H26	16回
H27	7回	H28	15回	H29	11回	H30	9回	R1	10回
R2	13回	R3	12回	R4	11回	R5	15回	R6	2回

トータル／引っ張り・スライド出現実績

引っ張り	トータル	12.0%	（29回）	右スライド	トータル	12.9%	（31回）	左スライド	トータル	12.4%	（30回）
	月	17.8%	（16回）		月	11.1%	（10回）		月	8.9%	（8回）
	木	11.9%	（18回）		木	9.9%	（15回）		木	15.2%	（23回）

13とのペア出現

トータル	17.4%（42回）	18	16.2%（39回）	10	22	14.9%（36回）	06	14.5%（35回）	32	14.1%（34回）	05	17	13.7%（33回）	02	38	41			
	13.3%（32回）	29	30	37	12.9%（31回）	03	20	25	12.4%（30回）	04	27	12.0%（29回）	01	08	11.6%（28回）	15	28	33	39
	11.2%（27回）	07	11	12	14	42	10.8%（26回）	21	31	10.4%（25回）	23	43	10.0%（24回）	19	9.5%（23回）	16	34	9.1%（22回）	35
	8.7%（21回）	09	36	8.3%（20回）	24	7.9%（19回）	26	7.5%（18回）	40										
月曜	22.2%（20回）	18	21.1%（19回）	22	18.9%（17回）	06	17.8%（16回）	02	16.7%（15回）	27	15.6%（14回）	01	04	07	08	10			
	14.4%（13回）	05	28	42	13.3%（12回）	03	12	25	33	38	41	12.2%（11回）	14	20	23	31			
	11.1%（10回）	19	30	37	10.0%（9回）	32	8.9%（8回）	15	16	17	21	24	39	43	7.8%（7回）	34			
	6.7%（6回）	09	11	29	35	5.6%（5回）	40	4.4%（4回）	36	3.3%（3回）	26								
木曜	17.2%（26回）	17	29	32	16.6%（25回）	10	14.6%（22回）	18	30	37	13.9%（21回）	05	11	38	41				
	13.2%（20回）	15	20	22	39	12.6%（19回）	03	06	25	11.9%（18回）	21	11.3%（17回）	02	36	43				
	10.6%（16回）	04	14	26	33	34	35	9.9%（15回）	01	08	09	12	16	27	28	31			
	9.3%（14回）	19	23	42	8.6%（13回）	07	40	7.9%（12回）	24										

13が出た次の回に出る数字

18.3%（44回）	10	37	17.4%（42回）	42	17.0%（41回）	20	32	16.6%（40回）	43	15.8%（38回）	18	15.4%（37回）	15	16	34	35	36	
14.9%（36回）	03	04	40	14.5%（35回）	21	26	27	14.1%（34回）	29	33	39	41	13.7%（33回）	07				
13.3%（32回）	06	19	24	25	12.9%（31回）	02	08	11	14	22	12.4%（30回）	01	12	12.0%（29回）	13	31	38	
11.6%（28回）	09	11.2%（27回）	17	23	28	10.4%（25回）	05	30										

14

トータル出現
254回

月曜：**90回** ｜ 木曜：**164回**

インターバル実績

年	%	回数
INT1	15.0%	38回
INT2	13.4%	34回
INT3	9.5%	24回
INT4	7.9%	20回
INT5	8.3%	21回
INT6	5.5%	14回
INT7	7.1%	18回
INT8	3.2%	8回
INT9	4.3%	11回
INT10以上	25.7%	65回

年別出現実績

年	回数	年	回数	年	回数	年	回数	年	回数
H12	1回	H13	7回	H14	5回	H15	7回	H16	4回
H17	4回	H18	7回	H19	8回	H20	7回	H21	4回
H22	15回	H23	11回	H24	20回	H25	17回	H26	17回
H27	14回	H28	10回	H29	15回	H30	12回	R1	13回
R2	15回	R3	11回	R4	18回	R5	11回	R6	1回

トータル／引っ張り・スライド出現実績

引っ張り	トータル	15.0%	（38回）	右スライド	トータル	16.9%	（43回）	左スライド	トータル	14.6%	（37回）
	月	15.6%	（14回）		月	15.6%	（14回）		月	13.3%	（12回）
	木	16.6%	（27回）		木	14.1%	（23回）		木	14.1%	（23回）

14とのペア出現

トータル	17.7%（45回）	22	16.1%（41回）	02	15.7%（40回）	08	15.4%（39回）	27	28	15.0%（38回）	38	42	14.6%（37回）	01	43	13.8%（35回）	25		
	13.4%（34回）	19	24	26	31	37	12.6%（32回）	32	39	12.2%（31回）	35	11.8%（30回）	18	23	33	41	11.4%（29回）	03	
	11.0%（28回）	16	10.6%（27回）	13	17	29	40	10.2%（26回）	04	11	12	9.8%（25回）	06	07	9.4%（24回）	15	36		
	9.1%（23回）	09	21	30	34	8.7%（22回）	05	8.3%（21回）	10	7.9%（20回）	20								
月曜	22.2%（20回）	08	22	42	20.0%（18回）	02	17.8%（16回）	01	27	39	15.6%（14回）	37	38	14.4%（13回）	25	28	30	43	
	13.3%（12回）	26	12.2%（11回）	03	07	13	24	33	35	41	11.1%（10回）	12	18	29	32	10.0%（9回）	04	05	
	8.9%（8回）	19	21	40	7.8%（7回）	06	09	16	31	6.7%（6回）	11	17	20	23	34	5.6%（5回）	10	15	36
木曜	16.5%（27回）	31	15.9%（26回）	19	28	15.2%（25回）	22	14.6%（24回）	23	38	43	14.0%（23回）	02	24	27				
	13.4%（22回）	25	26	32	12.8%（21回）	01	16	17	12.2%（20回）	08	11	18	35	37					
	11.6%（19回）	15	33	36	40	41	11.0%（18回）	03	06	42	10.4%（17回）	04	29	34					
	9.8%（16回）	09	10	12	13	39	9.1%（15回）	21	8.5%（14回）	07	20	7.9%（13回）	05	6.1%（10回）	30				

14が出た次の回に出る数字

18.1%（46回）	19	40	17.3%（44回）	25	16.9%（43回）	10	15	16.5%（42回）	11	16.1%（41回）	28	31	15.7%（40回）	36	42	15.4%（39回）	27	
15.0%（38回）	05	14	21	14.6%（37回）	02	13	23	29	32	35	39	43	14.2%（36回）	01	20	13.8%（35回）	18	30
13.4%（34回）	33	37	13.0%（33回）	12	12.2%（31回）	07	08	16	22	11.8%（30回）	03	04	06	17	41	11.0%（28回）	09	38
10.2%（26回）	24	34	9.4%（24回）	26														

15

トータル出現
275回

月曜：87回 ｜ 木曜：188回

インターバル実績

年	%	回数
INT1	17.2%	47回
INT2	12.4%	34回
INT3	11.7%	32回
INT4	9.5%	26回
INT5	5.1%	14回
INT6	6.9%	19回
INT7	6.6%	18回
INT8	2.9%	8回
INT9	4.4%	12回
INT10以上	23.4%	64回

年別出現実績

年	回数	年	回数	年	回数	年	回数	年	回数
H12	2回	H13	9回	H14	10回	H15	3回	H16	3回
H17	11回	H18	7回	H19	11回	H20	10回	H21	4回
H22	8回	H23	14回	H24	14回	H25	14回	H26	12回
H27	17回	H28	14回	H29	11回	H30	22回	R1	14回
R2	13回	R3	19回	R4	16回	R5	15回	R6	2回

トータル／引っ張り・スライド出現実績

引っ張り	トータル	17.1%	(47回)	右スライド	トータル	15.3%	(42回)	左スライド	トータル	13.1%	(36回)
	月	13.8%	(12回)		月	16.1%	(14回)		月	18.4%	(16回)
	木	17.0%	(32回)		木	16.5%	(31回)		木	12.2%	(23回)

15とのペア出現

トータル	14.9%(41回)	30	43	14.5%(40回)	10	21	14.2%(39回)	11	23	26	13.8%(38回)	06	08	36	13.5%(37回)	17			
	13.1%(36回)	22	24	42	12.7%(35回)	03	40	12.4%(34回)	37	39	12.0%(33回)	12	16	35	11.6%(32回)	01	04	34	41
	11.3%(31回)	09	18	19	10.9%(30回)	07	31	10.5%(29回)	29	32	38	10.2%(28回)	13	9.8%(27回)	20	25	27		
	9.5%(26回)	02	33	9.1%(25回)	05	8.7%(24回)	14	8.0%(22回)	28										
月曜	18.4%(16回)	42	17.2%(15回)	21	27	16.1%(14回)	10	26	37	40	14.9%(13回)	09	22	24					
	13.8%(12回)	01	03	30	33	39	43	12.6%(11回)	06	12	16	23	25	34	38	11.5%(10回)	02	04	29
	10.3%(9回)	08	11	17	18	19	35	9.2%(8回)	05	13	8.0%(7回)	31	6.9%(6回)	07	20	28	32	41	
	5.7%(5回)	14	3.4%(3回)	36															
木曜	18.6%(35回)	36	16.0%(30回)	11	15.4%(29回)	08	30	43	14.9%(28回)	17	23	14.4%(27回)	06	13.8%(26回)	10	41	13.3%(25回)	21	26
	12.8%(24回)	07	35	12.2%(23回)	03	22	24	31	32	11.7%(22回)	04	12	16	18	19	39			
	11.2%(21回)	20	34	40	10.6%(20回)	01	13	37	42	10.1%(19回)	14	29	9.6%(18回)	09	38	9.0%(17回)	05		
	8.5%(16回)	02	25	28	7.4%(14回)	33	6.4%(12回)	27											

15が出た次の回に出る数字

19.3%(53回)	10	17.8%(49回)	12	25	17.1%(47回)	15	16.7%(46回)	02	24	43	15.6%(43回)	26	38	15.3%(42回)	16	23	41	
14.9%(41回)	22	28	40	14.5%(40回)	01	06	08	31	32	34	42	13.8%(38回)	27	13.5%(37回)	19	21		
13.1%(36回)	03	09	14	18	39	12.7%(35回)	37	12.4%(34回)	35	12.0%(33回)	29	33	11.6%(32回)	05	11	13		
11.3%(31回)	04	07	30	10.5%(29回)	20	9.8%(27回)	17	36										

16

トータル出現
266回

月曜：**83回** ｜ 木曜：**183回**

インターバル実績

年	%	回数
INT1	12.8%	34回
INT2	13.6%	36回
INT3	9.1%	24回
INT4	8.7%	23回
INT5	7.5%	20回
INT6	6.4%	17回
INT7	6.0%	16回
INT8	6.8%	18回
INT9	3.0%	8回
INT10以上	26.0%	69回

年別出現実績

年	回数	年	回数	年	回数	年	回数	年	回数
H12	3回	H13	8回	H14	10回	H15	8回	H16	7回
H17	7回	H18	4回	H19	8回	H20	8回	H21	9回
H22	5回	H23	15回	H24	17回	H25	15回	H26	8回
H27	14回	H28	12回	H29	13回	H30	15回	R1	13回
R2	12回	R3	20回	R4	19回	R5	16回	R6	0回

トータル／引っ張り・スライド出現実績

引っ張り	トータル	12.8%	（34回）	右スライド	トータル	13.9%	（37回）	左スライド	トータル	16.9%	（45回）
	月	19.3%	（16回）		月	9.6%	（8回）		月	13.3%	（11回）
	木	11.5%	（21回）		木	15.8%	（29回）		木	18.0%	（33回）

16とのペア出現

トータル	16.5%（44回）	06	15.4%（41回）	39	15.0%（40回）	02	14.7%（39回）	20	27	14.3%（38回）	34	13.9%（37回）	12	36	43	13.5%（36回）	04	26	42
	13.2%（35回）	19	32	12.4%（33回）	01	15	29	12.0%（32回）	05	08	09	18	35	11.7%（31回）	03	38			
	11.3%（30回）	10	17	24	10.9%（29回）	07	22	10.5%（28回）	14	23	41	10.2%（27回）	33	37	9.8%（26回）	11	28	9.4%（25回）	25
	9.0%（24回）	30	40	8.6%（23回）	13	21	8.3%（22回）	31											
月曜	20.5%（17回）	06	19.3%（16回）	02	18.1%（15回）	27	39	16.9%（14回）	19	20	26	15.7%（13回）	04	07	14.5%（12回）	10	24	35	
	13.3%（11回）	12	15	33	42	12.0%（10回）	03	05	38	43	10.8%（9回）	22	32	36	40				
	9.6%（8回）	01	13	25	29	30	31	34	41	8.4%（7回）	09	11	14	18	28				
	7.2%（6回）	17	21	23	37	6.0%（5回）	08												
木曜	16.4%（30回）	34	15.3%（28回）	36	14.8%（27回）	06	08	43	14.2%（26回）	12	32	39	13.7%（25回）	01	09	18	20	29	42
	13.1%（24回）	02	17	27	12.6%（23回）	04	12.0%（22回）	05	15	23	26	11.5%（21回）	03	14	19	37	38		
	10.9%（20回）	22	35	41	10.4%（19回）	11	28	9.8%（18回）	10	24	9.3%（17回）	21	25	8.7%（16回）	07	30	33		
	8.2%（15回）	13	40	7.7%（14回）	31														

16が出た次の回に出る数字

16.9%（45回）	08	15	28	16.5%（44回）	22	15.8%（42回）	21	15.4%（41回）	18	20	37	15.0%（40回）	26	41	42	43		
14.7%（39回）	05	10	19	23	29	38	14.3%（38回）	02	36	13.9%（37回）	12	17	30	39				
13.5%（36回）	04	27	31	35	13.2%（35回）	06	24	25	12.8%（34回）	01	16	34	12.4%（33回）	07	09	11	32	
12.0%（32回）	03	14	11.7%（31回）	13	11.3%（30回）	40	9.8%（26回）	33										

17

トータル出現 **242回**

月曜：**63回**　木曜：**179回**

インターバル実績

年	%	回数
INT1	11.2%	27回
INT2	9.1%	22回
INT3	13.7%	33回
INT4	8.3%	20回
INT5	8.3%	20回
INT6	7.5%	18回
INT7	3.7%	9回
INT8	5.8%	14回
INT9	5.4%	13回
INT10以上	27.0%	65回

年別出現実績

年	回数	年	回数	年	回数	年	回数	年	回数
H12	1回	H13	5回	H14	10回	H15	9回	H16	10回
H17	10回	H18	10回	H19	7回	H20	7回	H21	9回
H22	6回	H23	12回	H24	7回	H25	7回	H26	14回
H27	16回	H28	12回	H29	13回	H30	8回	R1	11回
R2	20回	R3	14回	R4	11回	R5	12回	R6	1回

トータル／引っ張り・スライド出現実績

引っ張り	トータル	11.2%	(27回)	右スライド	トータル	14.0%	(34回)	左スライド	トータル	14.0%	(34回)
	月	9.5%	(6回)		月	15.9%	(10回)		月	11.1%	(7回)
	木	13.4%	(24回)		木	15.6%	(28回)		木	16.8%	(30回)

17とのペア出現

トータル	15.3%(37回)	04	15	14.5%(35回)	41	42	14.0%(34回)	08	13	13.6%(33回)	06	13.2%(32回)	22	30	12.8%(31回)	02	18	20	39
	12.4%(30回)	03	16	19	27	43	12.0%(29回)	11	21	24	29	34	11.6%(28回)	05	35	36			
	11.2%(27回)	07	09	14	26	37	38	10.7%(26回)	10	12	28	10.3%(25回)	40	9.9%(24回)	01	25	9.5%(23回)	33	
	9.1%(22回)	23	8.7%(21回)	32	7.9%(19回)	31													
月曜	19.0%(12回)	02	04	17.5%(11回)	07	21	22	42	15.9%(10回)	18	19	14.3%(9回)	08	11	15	20			
	12.7%(8回)	03	06	13	23	28	41	11.1%(7回)	01	05	09	12	24	26	33	34	39	40	43
	9.5%(6回)	14	16	30	35	36	7.9%(5回)	10	27	29	37	6.3%(4回)	25	31	32	38			
木曜	15.6%(28回)	15	15.1%(27回)	41	14.5%(26回)	13	30	14.0%(25回)	04	06	08	27	13.4%(24回)	16	29	39	42		
	12.8%(23回)	38	43	12.3%(22回)	03	20	24	34	35	36	37	11.7%(21回)	05	10	14	18	22		
	11.2%(20回)	09	11	19	25	26	10.6%(19回)	02	12	10.1%(18回)	21	28	40	9.5%(17回)	01	32	8.9%(16回)	07	33
	8.4%(15回)	31	7.8%(14回)	23															

17が出た次の回に出る数字

16.5%(40回)	36	39	16.1%(39回)	05	22	15.7%(38回)	26	34	38	42	15.3%(37回)	01	24	28	32	41	14.9%(36回)	20
14.5%(35回)	21	25	35	37	14.0%(34回)	07	10	16	18	43	13.6%(33回)	11	13	15	27			
13.2%(32回)	03	06	14	19	29	12.8%(31回)	04	12	40	12.4%(30回)	02	23	30	12.0%(29回)	08			
11.2%(27回)	09	17	31	10.7%(26回)	33													

18

トータル出現
259回

月曜：**89回** ｜ 木曜：**170回**

インターバル実績

年	%	回数
INT1	12.8%	33回
INT2	15.9%	41回
INT3	7.8%	20回
INT4	10.5%	27回
INT5	6.2%	16回
INT6	5.0%	13回
INT7	5.4%	14回
INT8	6.2%	16回
INT9	3.9%	10回
INT10以上	26.4%	68回

年別出現実績

年	回数	年	回数	年	回数	年	回数	年	回数
H12	2回	H13	5回	H14	7回	H15	11回	H16	12回
H17	9回	H18	7回	H19	6回	H20	7回	H21	9回
H22	5回	H23	18回	H24	13回	H25	9回	H26	13回
H27	13回	H28	11回	H29	11回	H30	17回	R1	11回
R2	16回	R3	11回	R4	14回	R5	21回	R6	1回

トータル／引っ張り・スライド出現実績

引っ張り	トータル	12.8%	（33回）	右スライド	トータル	11.2%	（29回）	左スライド	トータル	15.5%	（40回）
	月	19.3%	（17回）		月	11.4%	（10回）		月	8.0%	（7回）
	木	14.1%	（24回）		木	11.2%	（19回）		木	14.7%	（25回）

18とのペア出現

トータル	16.2%（42回）	13	15.8%（41回）	04	15.1%（39回）	06	14.7%（38回）	38	14.3%（37回）	25	13.9%（36回）	03	26	41	13.5%（35回）	39			
	13.1%（34回）	19	22	27	35	12.7%（33回）	37	12.4%（32回）	16	20	36	40							
	12.0%（31回）	05	07	10	15	17	24	28	30	11.6%（30回）	14	43	11.2%（29回）	08	29	10.8%（28回）	33	10.4%（27回）	42
	10.0%（26回）	09	12	32	9.7%（25回）	23	31	9.3%（24回）	01	8.9%（23回）	11	8.5%（22回）	34	8.1%（21回）	21	7.3%（19回）	02		
月曜	22.5%（20回）	13	19.1%（17回）	22	16.9%（15回）	06	08	37	15.7%（14回）	05	23	41	14.6%（13回）	03	25	26	38		
	13.5%（12回）	07	19	39	12.4%（11回）	04	27	28	35	36	11.2%（10回）	10	14	17	20	32	43		
	10.1%（9回）	15	21	29	33	42	9.0%（8回）	12	24	40	7.9%（7回）	02	09	16	30	6.7%（6回）	11	34	
	5.6%（5回）	31	4.5%（4回）	01															
木曜	17.6%（30回）	04	14.7%（25回）	16	38	14.1%（24回）	06	25	30	40	13.5%（23回）	03	24	26	27	35	39		
	12.9%（22回）	13	15	19	20	41	12.4%（21回）	10	17	36	11.8%（20回）	01	14	28	29	31	43		
	11.2%（19回）	07	09	33	10.6%（18回）	12	37	42	10.0%（17回）	05	11	22	9.4%（16回）	32	34	8.2%（14回）	08		
	7.1%（12回）	02	21	6.5%（11回）	23														

18が出た次の回に出る数字

20.2%（52回）	35	17.4%（45回）	39	17.1%（44回）	05	16	16.7%（43回）	04	22	30	16.3%（42回）	38	15.9%（41回）	23	37	41		
15.5%（40回）	15	17	31	42	15.1%（39回）	09	14.7%（38回）	11	14.3%（37回）	08	13	21	14.0%（36回）	32	13.6%（35回）	27		
13.2%（34回）	06	12	26	28	12.8%（33回）	03	07	18	12.4%（32回）	01	29	36	12.0%（31回）	02	34	43		
11.6%（30回）	10	24	25	11.2%（29回）	19	20	10.9%（28回）	14	33	8.5%（22回）	40							

19

トータル出現
274回

月曜：99回　木曜：175回

インターバル実績

年	%	回数
INT1	15.8%	43回
INT2	13.9%	38回
INT3	10.6%	29回
INT4	5.5%	15回
INT5	8.1%	22回
INT6	5.1%	14回
INT7	5.1%	14回
INT8	6.6%	18回
INT9	5.9%	16回
INT10以上	23.4%	64回

年別出現実績

年	回数	年	回数	年	回数	年	回数	年	回数
H12	3回	H13	5回	H14	7回	H15	8回	H16	6回
H17	7回	H18	4回	H19	9回	H20	8回	H21	8回
H22	9回	H23	10回	H24	10回	H25	22回	H26	8回
H27	18回	H28	18回	H29	19回	H30	12回	R1	18回
R2	16回	R3	19回	R4	13回	R5	17回	R6	0回

トータル／引っ張り・スライド出現実績

引っ張り	トータル	15.7%	（43回）	右スライド	トータル	13.5%	（37回）	左スライド	トータル	12.4%	（34回）
	月	11.1%	（11回）		月	19.2%	（19回）		月	16.2%	（16回）
	木	14.9%	（26回）		木	14.9%	（26回）		木	14.9%	（26回）

19とのペア出現

トータル	15.3%（42回）	21	15.0%（41回）	35	14.6%（40回）	28	13.5%（37回）	02	06	13.1%（36回）	03	07	26	30	12.8%（35回）	16	25	36	39
	12.4%（34回）	04	10	14	18	40	43	12.0%（33回）	11	32	11.7%（32回）	01	20	23	24	38			
	11.3%（31回）	05	12	15	41	42	10.9%（30回）	09	17	22	29	31	10.2%（28回）	33	37	9.9%（27回）	08	9.1%（25回）	27
	8.8%（24回）	13	8.0%（22回）	34															
月曜	20.2%（20回）	03	19.2%（19回）	21	17.2%（17回）	28	15.2%（15回）	02	09	23	30	40							
	14.1%（14回）	01	06	10	16	26	38	42	13.1%（13回）	11	25	39	12.1%（12回）	07	18	20	24		
	11.1%（11回）	22	35	43	10.1%（10回）	13	17	27	32	34	37	9.1%（9回）	04	15	29	36			
	8.1%（8回）	05	08	12	14	7.1%（7回）	41	6.1%（6回）	31	5.1%（5回）	33								
木曜	17.1%（30回）	35	14.9%（26回）	14	36	14.3%（25回）	04	13.7%（24回）	07	31	41								
	13.1%（23回）	05	06	12	21	28	32	33	43	12.6%（22回）	02	15	18	25	26	39			
	12.0%（21回）	16	29	30	11.4%（20回）	10	11	17	20	24	10.9%（19回）	08	22	40	10.3%（18回）	01	37	38	
	9.7%（17回）	23	42	9.1%（16回）	03	8.6%（15回）	09	27	8.0%（14回）	13	6.9%（12回）	34							

19が出た次の回に出る数字

17.9%（49回）	34	17.5%（48回）	43	17.2%（47回）	10	16.4%（45回）	12	26	16.1%（44回）	06	39	15.7%（43回）	02	19	24	37		
15.3%（42回）	01	16	21	32	15.0%（41回）	14	15	14.6%（40回）	11	22	35	13.9%（38回）	38	41				
13.5%（37回）	20	28	36	40	13.1%（36回）	25	12.8%（35回）	05	12.4%（34回）	08	18	23	29	30	42			
11.7%（32回）	04	07	13	17	27	11.3%（31回）	31	33	10.9%（30回）	09	10.6%（29回）	03						

20

トータル出現

262回

月曜：89回　木曜：173回

インターバル実績

年	%	回数
INT1	15.3%	40回
INT2	11.5%	30回
INT3	12.6%	33回
INT4	7.3%	19回
INT5	7.3%	19回
INT6	5.7%	15回
INT7	5.7%	15回
INT8	5.7%	15回
INT9	3.4%	9回
INT10以上	25.3%	66回

年別出現実績

年	回数	年	回数	年	回数	年	回数	年	回数
H12	2回	H13	10回	H14	6回	H15	11回	H16	5回
H17	2回	H18	12回	H19	8回	H20	11回	H21	10回
H22	6回	H23	6回	H24	20回	H25	16回	H26	7回
H27	15回	H28	15回	H29	19回	H30	12回	R1	18回
R2	12回	R3	12回	R4	14回	R5	11回	R6	2回

トータル／引っ張り・スライド出現実績

引っ張り	トータル	15.3%	(40回)	右スライド	トータル	12.2%	(32回)	左スライド	トータル	16.0%	(42回)
	月	13.5%	(12回)		月	30.3%	(27回)		月	12.4%	(11回)
	木	16.2%	(28回)		木	14.5%	(25回)		木	12.7%	(22回)

20とのペア出現

トータル	17.2%(45回)	05	15.6%(41回)	11	14.9%(39回)	06	08	16	38	14.5%(38回)	33	14.1%(37回)	10	24	13.7%(36回)	23	28	43	
	13.0%(34回)	31	37	40	12.6%(33回)	03	02	18	19	21	35	11.8%(31回)	01	13	17				
	11.5%(30回)	07	27	30	32	11.1%(29回)	12	25	41	10.3%(27回)	09	15	29	9.9%(26回)	04	26	8.8%(23回)	34	42
	8.0%(21回)	22	7.6%(20回)	14	36	5.3%(14回)	39												
月曜	20.2%(18回)	05	16.9%(15回)	03	08	37	38	15.7%(14回)	07	16	33	43	14.6%(13回)	06	23	26			
	13.5%(12回)	10	19	27	35	12.4%(11回)	01	02	11	13	21	29	30	11.2%(10回)	18	25	41		
	10.1%(9回)	17	22	28	40	9.0%(8回)	04	09	32	34	7.9%(7回)	24	31	36	6.7%(6回)	12	14	15	
	5.6%(5回)	39	42																
木曜	17.3%(30回)	11	24	15.6%(27回)	05	28	31	15.0%(26回)	06	14.5%(25回)	10	16	40	13.9%(24回)	08	33	38		
	13.3%(23回)	12	23	12.7%(22回)	17	18	32	43	12.1%(21回)	02	15	21	11.6%(20回)	01	13	19	35		
	11.0%(19回)	09	25	30	37	10.4%(18回)	03	04	27	41	42	9.2%(16回)	07	29	8.7%(15回)	34	8.1%(14回)	14	
	7.5%(13回)	26	36	6.9%(12回)	22	5.2%(9回)	39												

20が出た次の回に出る数字

17.2%(45回)	03	26	37	16.8%(44回)	08	39	16.4%(43回)	17	22	16.0%(42回)	19	30	15.6%(41回)	14	36	42	15.3%(40回)	20
14.9%(39回)	12	27	31	40	41	14.5%(38回)	04	24	14.1%(37回)	13	32	13.7%(36回)	16	18	25	13.4%(35回)	10	29
13.0%(34回)	02	09	15	12.6%(33回)	01	06	28	12.2%(32回)	21	11.8%(31回)	34	11.5%(30回)	05	11	23	38	11.1%(29回)	35
10.7%(28回)	07	10.3%(27回)	33	9.5%(25回)	43													

21

トータル出現
273回

月曜：**104回** ｜ 木曜：**169回**

インターバル実績

年	%	回数
INT1	17.3%	47回
INT2	9.9%	27回
INT3	9.9%	27回
INT4	13.6%	37回
INT5	9.2%	25回
INT6	7.0%	19回
INT7	4.0%	11回
INT8	3.3%	9回
INT9	2.2%	6回
INT10以上	23.5%	64回

年別出現実績

年	回数	年	回数	年	回数	年	回数	年	回数
H12	4回	H13	7回	H14	5回	H15	9回	H16	6回
H17	8回	H18	4回	H19	3回	H20	6回	H21	6回
H22	9回	H23	12回	H24	20回	H25	13回	H26	18回
H27	15回	H28	20回	H29	14回	H30	9回	R1	15回
R2	16回	R3	15回	R4	24回	R5	13回	R6	2回

トータル／引っ張り・スライド出現実績

引っ張り	トータル	17.3%	（47回）	右スライド	トータル	14.7%	（40回）	左スライド	トータル	14.0%	（38回）
	月	12.6%	（13回）		月	14.6%	（15回）		月	13.6%	（14回）
	木	15.4%	（26回）		木	11.2%	（19回）		木	16.0%	（27回）

21とのペア出現

トータル	16.1%（44回）	31	15.4%（42回）	19	23	14.7%（40回）	15	14.3%（39回）	22	13.6%（37回）	24	27	33	13.2%（36回）	09	30	38		
	12.8%（35回）	01	05	26	32	36	37	40	12.5%（34回）	06	42	12.1%（33回）	02	29	41	11.7%（32回）	20	34	35
	11.4%（31回）	10	43	11.0%（30回）	03	12	10.6%（29回）	08	17	10.3%（28回）	07	9.9%（27回）	11	28	39	9.5%（26回）	04	13	
	8.4%（23回）	14	16	25	7.7%（21回）	18													
月曜	18.3%（19回）	19	17.3%（18回）	23	24	30	42	16.3%（17回）	26	38	15.4%（16回）	02	03	14.4%（15回）	15	40			
	13.5%（14回）	07	12	36	12.5%（13回）	01	05	22	28	34	11.5%（12回）	08	09	31	32	33	37	43	
	10.6%（11回）	17	20	41	9.6%（10回）	04	06	10	29	35	8.7%（9回）	18	7.7%（8回）	13	14	27	39	6.7%（7回）	11
	5.8%（6回）	16	4.8%（5回）	25															
木曜	18.9%（32回）	31	17.2%（29回）	27	15.4%（26回）	22	14.8%（25回）	15	33	14.2%（24回）	06	09	23	13.6%（23回）	19	29	32	37	
	13.0%（22回）	01	05	35	41	12.4%（21回）	10	20	36	11.8%（20回）	11	40	11.2%（19回）	24	34	38	39	43	
	10.7%（18回）	13	17	25	26	30	10.1%（17回）	02	08	16	9.5%（16回）	04	12	42	8.9%（15回）	14			
	8.3%（14回）	03	07	28	7.1%（12回）	18													

21が出た次の回に出る数字

17.3%（47回）	21	32	16.9%（46回）	27	16.5%（45回）	10	12	26	16.2%（44回）	14	38	15.8%（43回）	15	19	29	43		
15.4%（42回）	03	25	31	14.7%（40回）	22	14.3%（39回）	13	16	42	14.0%（38回）	02	06	08	11	20	13.6%（37回）	04	18
13.2%（36回）	05	33	12.9%（35回）	01	39	40	12.5%（34回）	30	34	12.1%（33回）	24	35	37	41	11.8%（32回）	07	17	
10.7%（29回）	09	23	28	8.1%（22回）	36													

22

トータル出現
267回

月曜：**103回** | 木曜：**164回**

インターバル実績

年	%	回数
INT1	14.7%	39回
INT2	11.3%	30回
INT3	12.0%	32回
INT4	8.6%	23回
INT5	5.6%	15回
INT6	9.8%	26回
INT7	5.3%	14回
INT8	4.5%	12回
INT9	3.8%	10回
INT10以上	24.4%	65回

年別出現実績

年	回数	年	回数	年	回数	年	回数	年	回数
H12	0回	H13	7回	H14	5回	H15	10回	H16	12回
H17	9回	H18	6回	H19	4回	H20	7回	H21	7回
H22	4回	H23	12回	H24	14回	H25	20回	H26	15回
H27	24回	H28	9回	H29	15回	H30	12回	R1	11回
R2	18回	R3	13回	R4	19回	R5	12回	R6	2回

トータル／引っ張り・スライド出現実績

引っ張り				右スライド				左スライド			
	トータル	14.6%	(39回)		トータル	17.6%	(47回)		トータル	15.0%	(40回)
	月	13.6%	(14回)		月	12.6%	(13回)		月	12.6%	(13回)
	木	12.9%	(21回)		木	12.3%	(20回)		木	12.9%	(21回)

22とのペア出現

トータル	16.9%(45回)	14	15.4%(41回)	25	27	15.0%(40回)	02	14.6%(39回)	13	21	13.9%(37回)	04	10	29	41	13.5%(36回)	15	23	
	13.1%(35回)	35	37	42	12.7%(34回)	06	18	12.4%(33回)	05	26	12.0%(32回)	17	28	31	39	43			
	11.6%(31回)	08	30	36	11.2%(30回)	19	32	10.9%(29回)	03	12	16	40	10.5%(28回)	01	9.4%(25回)	34	9.0%(24回)	33	
	8.6%(23回)	24	38	8.2%(22回)	09	7.9%(21回)	20	7.5%(20回)	11	6.0%(16回)	07								
月曜	19.4%(20回)	14	18.4%(19回)	13	16.5%(17回)	18	29	41	15.5%(16回)	04	08	42	14.6%(15回)	25	26	28			
	13.6%(14回)	02	05	27	35	12.6%(13回)	06	15	21	11.7%(12回)	30	39							
	10.7%(11回)	01	11	12	17	19	24	31	33	37	9.7%(10回)	03	10	34					
	8.7%(9回)	07	16	20	38	43	7.8%(8回)	23	32	36	40	6.8%(7回)	09						
木曜	17.1%(28回)	23	16.5%(27回)	10	27	15.9%(26回)	02	21	25	15.2%(25回)	14	14.6%(24回)	37	14.0%(23回)	15	36	43	13.4%(22回)	32
	12.8%(21回)	04	06	17	31	35	40	12.2%(20回)	13	16	29	39	41	11.6%(19回)	03	05	19	30	42
	11.0%(18回)	12	26	10.4%(17回)	01	18	28	9.1%(15回)	08	09	34	8.5%(14回)	38	7.9%(13回)	33	7.3%(12回)	20	24	
	5.5%(9回)	11	4.3%(7回)	07															

22が出た次の回に出る数字

18.4%(49回)	02	17.6%(47回)	23	16.9%(45回)	32	38	16.5%(44回)	18	16.1%(43回)	43	15.7%(42回)	19	15.4%(41回)	31				
15.0%(40回)	11	17	21	30	14.6%(39回)	22	33	42	14.2%(38回)	06	12	25	40	41				
13.9%(37回)	15	29	34	36	13.5%(36回)	04	14	16	24	27	37	13.1%(35回)	01	39	07	12.7%(34回)	35	
12.4%(33回)	03	09	20	12.0%(32回)	05	08	11.6%(31回)	10	11.2%(30回)	28	10.1%(27回)	26	9.7%(26回)	13				

23

トータル出現
261回

月曜：94回 ｜ 木曜：167回

インターバル実績

年	%	回数
INT1	11.2%	29回
INT2	12.3%	32回
INT3	11.9%	31回
INT4	12.7%	33回
INT5	7.7%	20回
INT6	5.4%	14回
INT7	5.0%	13回
INT8	3.5%	9回
INT9	2.7%	7回
INT10以上	27.7%	72回

年別出現実績

年	回数	年	回数	年	回数	年	回数	年	回数
H12	4回	H13	5回	H14	10回	H15	6回	H16	8回
H17	7回	H18	7回	H19	6回	H20	7回	H21	12回
H22	10回	H23	18回	H24	10回	H25	18回	H26	11回
H27	18回	H28	10回	H29	16回	H30	18回	R1	13回
R2	5回	R3	15回	R4	12回	R5	15回	R6	0回

トータル／引っ張り・スライド出現実績

引っ張り	トータル	11.1%	（29回）	右スライド	トータル	14.6%	（38回）	左スライド	トータル	15.7%	（41回）
	月	13.8%	（13回）		月	14.9%	（14回）		月	14.9%	（14回）
	木	10.8%	（18回）		木	13.2%	（22回）		木	15.0%	（25回）

23とのペア出現

トータル	16.1%（42回）	21	14.9%（39回）	03	15	30	14.2%（37回）	31	37	38	13.8%（36回）	02	20	22	13.4%（35回）	43	13.0%（34回）	01	
	12.6%（33回）	04	08	26	32	42	12.3%（32回）	06	19	29	33	35	11.9%（31回）	11					
	11.5%（30回）	05	09	10	14	36	11.1%（29回）	07	10.7%（28回）	12	16	10.3%（27回）	24	9.6%（25回）	13	18	25	28	40
	9.2%（24回）	39	41	8.8%（23回）	27	8.4%（22回）	17	34											
月曜	19.1%（18回）	21	18.1%（17回）	02	42	17.0%（16回）	03	04	08	36	38	16.0%（15回）	19	14.9%（14回）	18	24	31	37	
	13.8%（13回）	09	20	12.8%（12回）	06	26	30	11.7%（11回）	13	15	32	35	43	10.6%（10回）	01	12	29	34	
	9.6%（9回）	07	10	11	25	33	8.5%（8回）	05	17	22	28	41	6.4%（6回）	14	16	27	4.3%（4回）	40	
	3.2%（3回）	39																	
木曜	16.8%（28回）	15	22	16.2%（27回）	30	14.4%（24回）	01	14	21	43	13.8%（23回）	03	20	31	33	37			
	13.2%（22回）	05	11	16	29	32	12.6%（21回）	10	26	35	38	39	40	12.0%（20回）	06	07	11.4%（19回）	02	
	10.8%（18回）	12	10.2%（17回）	04	08	09	19	27	28	9.6%（16回）	25	41	42	8.4%（14回）	13	17	36	7.8%（13回）	24
	7.2%（12回）	34	6.6%（11回）	18															

23が出た次の回に出る数字

21.1%（55回）	10	17.6%（46回）	41	16.5%（43回）	12	27	31	16.1%（42回）	18	35	15.7%（41回）	17	22	42				
15.3%（40回）	16	19	28	29	14.9%（39回）	43	14.6%（38回）	01	21	24	14.2%（37回）	03	06	20	32	39		
13.8%（36回）	25	36	13.4%（35回）	09	26	13.0%（34回）	02	12.6%（33回）	34	12.3%（32回）	11	13	14	11.9%（31回）	08	15	38	
11.5%（30回）	04	07	30	37	11.1%（29回）	23	33	10.7%（28回）	05	10.3%（27回）	40							

24

トータル出現
266回

月曜：102回 ｜ 木曜：164回

インターバル実績

年	%	回数
INT1	15.5%	41回
INT2	14.0%	37回
INT3	11.3%	30回
INT4	9.1%	24回
INT5	6.8%	18回
INT6	6.8%	18回
INT7	3.8%	10回
INT8	6.0%	16回
INT9	2.6%	7回
INT10以上	24.2%	64回

年別出現実績

年	回数	年	回数	年	回数	年	回数	年	回数
H12	0回	H13	6回	H14	4回	H15	3回	H16	3回
H17	6回	H18	2回	H19	7回	H20	7回	H21	5回
H22	4回	H23	17回	H24	19回	H25	19回	H26	14回
H27	14回	H28	16回	H29	18回	H30	18回	R1	23回
R2	19回	R3	15回	R4	13回	R5	13回	R6	1回

トータル／引っ張り・スライド出現実績

引っ張り	トータル	15.4%	(41回)	右スライド	トータル	13.5%	(36回)	左スライド	トータル	15.4%	(41回)
	月	13.7%	(14回)		月	10.8%	(11回)		月	16.7%	(17回)
	木	15.2%	(25回)		木	10.4%	(17回)		木	15.2%	(25回)

24とのペア出現

トータル	15.0%(40回)	32	14.7%(39回)	06	08	26	14.3%(38回)	34	37	13.9%(37回)	20	21	33	13.5%(36回)	15	25	36		
	13.2%(35回)	01	02	12.8%(34回)	03	14	12.4%(33回)	10	35	12.0%(32回)	11	19	29	38	43				
	11.7%(31回)	18	27	28	39	42	11.3%(30回)	16	10.9%(29回)	04	17	41	10.2%(27回)	05	12	23	40	9.4%(25回)	31
	8.6%(23回)	09	22	8.3%(22回)	30	7.9%(21回)	07	7.5%(20回)	13										
月曜	20.6%(21回)	37	17.6%(18回)	12	21	16.7%(17回)	06	15.7%(16回)	36	14.7%(15回)	28	33	35	41	13.7%(14回)	05	23	29	42
	12.7%(13回)	01	11	15	38	43	11.8%(12回)	07	10	16	19	32	40						
	10.8%(11回)	08	14	22	26	27	34	9.8%(10回)	02	04	25	39	8.8%(9回)	09	7.8%(8回)	03	13	18	30
	6.9%(7回)	17	20	5.9%(6回)	31														
木曜	18.3%(30回)	20	17.1%(28回)	08	26	32	16.5%(27回)	34	15.9%(26回)	03	25	15.2%(25回)	02	14.0%(23回)	14	15	18		
	13.4%(22回)	01	06	17	33	12.8%(21回)	10	39	12.2%(20回)	19	27	36	11.6%(19回)	04	11	21	31	38	43
	11.0%(18回)	16	29	35	10.4%(17回)	37	42	9.8%(16回)	28	9.1%(15回)	40	8.5%(14回)	09	30	41	7.9%(13回)	05	23	
	7.3%(12回)	13	22	5.5%(9回)	07	12													

24が出た次の回に出る数字

18.4%(49回)	26	18.0%(48回)	19	17.7%(47回)	03	16.5%(44回)	01	16.2%(43回)	14	36	15.8%(42回)	02	32					
15.4%(41回)	04	08	10	23	24	42	15.0%(40回)	06	28	30	37	14.7%(39回)	07	14.3%(38回)	05	34		
13.9%(37回)	11	16	27	33	35	41	13.5%(36回)	25	13.2%(35回)	38	12.8%(34回)	20	22	12.4%(33回)	15			
12.0%(32回)	09	13	17	11.7%(31回)	31	39	10.9%(29回)	12	10.5%(28回)	21	43	10.2%(27回)	29	40	9.8%(26回)	18		

25

トータル出現

257回

月曜：87回 ｜ 木曜：170回

インターバル実績

年	%	回数
INT1	11.3%	29回
INT2	13.3%	34回
INT3	12.5%	32回
INT4	9.8%	25回
INT5	5.9%	15回
INT6	3.9%	10回
INT7	4.7%	12回
INT8	5.5%	14回
INT9	5.9%	15回
INT10以上	27.3%	70回

年別出現実績

年	回数	年	回数	年	回数	年	回数	年	回数
H12	1回	H13	14回	H14	7回	H15	9回	H16	6回
H17	6回	H18	5回	H19	6回	H20	9回	H21	6回
H22	9回	H23	9回	H24	12回	H25	17回	H26	18回
H27	15回	H28	13回	H29	13回	H30	13回	R1	16回
R2	13回	R3	10回	R4	12回	R5	17回	R6	1回

トータル／引っ張り・スライド出現実績

引っ張り	トータル	11.3%	(29回)	右スライド	トータル	16.3%	(42回)	左スライド	トータル	15.6%	(40回)
	月	13.8%	(12回)		月	8.0%	(7回)		月	13.8%	(12回)
	木	12.4%	(21回)		木	16.5%	(28回)		木	12.9%	(22回)

25とのペア出現

トータル	16.3%(42回)	08	16.0%(41回)	22	26	15.6%(40回)	27	14.4%(37回)	18	14.0%(36回)	24	13.6%(35回)	14	19	42	13.2%(34回)	10	32	
	12.8%(33回)	12	28	12.5%(32回)	03	05	39	12.1%(31回)	01	02	13	37	38	11.7%(30回)	11				
	11.3%(29回)	04	07	20	29	31	10.9%(28回)	36	41	10.5%(27回)	06	15	34	10.1%(26回)	33	40	43		
	9.7%(25回)	16	23	9.3%(24回)	09	17	30	8.9%(23回)	21	35									
月曜	18.4%(16回)	08	17.2%(15回)	07	22	38	16.1%(14回)	05	26	14.9%(13回)	02	14	18	19	27	39			
	13.8%(12回)	12	13	40	12.6%(11回)	04	06	10	15	28	43	11.5%(10回)	20	24	32	37	41	42	
	10.3%(9回)	01	23	31	35	9.2%(8回)	03	16	8.0%(7回)	09	11	29	30	6.9%(6回)	33	34	5.7%(5回)	21	36
	4.6%(4回)	17																	
木曜	15.9%(27回)	26	27	15.3%(26回)	08	22	24	14.7%(25回)	42	14.1%(24回)	03	18	32	13.5%(23回)	10	11	36		
	12.9%(22回)	01	14	19	28	29	12.4%(21回)	12	34	37	11.8%(20回)	17	31	33	11.2%(19回)	13	20	39	
	10.6%(18回)	02	04	05	21	41	10.0%(17回)	09	16	30	9.4%(16回)	06	15	23	38	8.8%(15回)	43		
	8.2%(14回)	07	35	40															

25が出た次の回に出る数字

18.7%(48回)	34	35	17.1%(44回)	42	16.7%(43回)	06	37	16.3%(42回)	26	16.0%(41回)	15	27	38	39	15.6%(40回)	10	24	
15.2%(39回)	04	33	14.8%(38回)	02	08	16	43	14.4%(37回)	14	22	14.0%(36回)	03	41	13.6%(35回)	05	07	17	30
13.2%(34回)	12	19	21	28	12.8%(33回)	01	09	12.5%(32回)	29	32	12.1%(31回)	13	18	20	11.3%(29回)	25	36	40
9.7%(25回)	23	9.3%(24回)	31	7.4%(19回)	11													

26

トータル出現
272回
月曜：**100回**　木曜：**172回**

インターバル実績

年	%	回数
INT1	14.4%	39回
INT2	13.3%	36回
INT3	10.3%	28回
INT4	10.7%	29回
INT5	4.8%	13回
INT6	4.1%	11回
INT7	7.0%	19回
INT8	5.5%	15回
INT9	5.5%	15回
INT10以上	24.4%	66回

年別出現実績

年	回数	年	回数	年	回数	年	回数	年	回数
H12	2回	H13	4回	H14	7回	H15	8回	H16	6回
H17	8回	H18	4回	H19	9回	H20	7回	H21	8回
H22	7回	H23	16回	H24	14回	H25	9回	H26	18回
H27	14回	H28	12回	H29	14回	H30	16回	R1	14回
R2	13回	R3	20回	R4	15回	R5	26回	R6	1回

トータル／引っ張り・スライド出現実績

引っ張り	トータル	14.4%	(39回)	右スライド	トータル	14.4%	(39回)	左スライド	トータル	15.1%	(41回)
	月	14.1%	(14回)		月	10.1%	(10回)		月	15.2%	(15回)
	木	16.3%	(28回)		木	15.1%	(26回)		木	14.0%	(24回)

26とのペア出現

トータル	16.2%(44回)	43	15.1%(41回)	25	14.7%(40回)	27	14.3%(39回)	15	24	14.0%(38回)	03	08	42	13.6%(37回)	05	39			
	13.2%(36回)	16	18	19	37	12.9%(35回)	21	34	12.5%(34回)	14	30	12.1%(33回)	01	12	22	23	33	35	36
	11.8%(32回)	02	11.4%(31回)	38	11.0%(30回)	04	10.7%(29回)	09	10	11	28	29	9.9%(27回)	17	40	9.6%(26回)	20		
	9.2%(25回)	06	07	8.8%(24回)	32	8.5%(23回)	41	8.1%(22回)	31	7.0%(19回)	13								
月曜	18.0%(18回)	27	17.0%(17回)	21	16.0%(16回)	01	35	15.0%(15回)	12	22	28	42							
	14.0%(14回)	02	15	16	19	25	33	38	13.0%(13回)	03	18	20	29	43					
	12.0%(12回)	05	09	14	23	30	37	39	11.0%(11回)	10	24	36	10.0%(10回)	04	06	08	34		
	9.0%(9回)	07	32	8.0%(8回)	11	7.0%(7回)	17	40	6.0%(6回)	31	4.0%(4回)	41	3.0%(3回)	13					
木曜	18.0%(31回)	43	16.3%(28回)	08	24	15.7%(27回)	25	14.5%(25回)	03	05	15	34	39	14.0%(24回)	37	13.4%(23回)	18	42	
	12.8%(22回)	14	16	19	27	30	36	12.2%(21回)	11	23	11.6%(20回)	04	17	40	11.0%(19回)	33	41		
	10.5%(18回)	02	10	12	21	22	9.9%(17回)	01	09	35	38	9.3%(16回)	07	13	29	31	8.7%(15回)	06	32
	8.1%(14回)	28	7.6%(13回)	20															

26が出た次の回に出る数字

18.1%(49回)	19	17.7%(48回)	10	17.0%(46回)	16	23	16.6%(45回)	15	16.2%(44回)	35	15.5%(42回)	04	34	15.1%(41回)	03	25	28	37
14.8%(40回)	02	12	14.4%(39回)	06	18	21	26	27	39	43	14.0%(38回)	05	24	13.7%(37回)	20	33		
13.3%(36回)	01	09	29	40	12.9%(35回)	42	12.5%(34回)	08	32	12.2%(33回)	11	13	22	30	31			
11.8%(32回)	17	36	41	11.4%(31回)	38	11.1%(30回)	14	10.3%(28回)	07									

27

トータル出現
272回

月曜：**101回**　木曜：**171回**

インターバル実績

年	%	回数
INT1	17.7%	48回
INT2	11.8%	32回
INT3	11.4%	31回
INT4	7.4%	20回
INT5	6.6%	18回
INT6	8.5%	23回
INT7	4.4%	12回
INT8	5.9%	16回
INT9	3.0%	8回
INT10以上	23.2%	63回

年別出現実績

年	回数	年	回数	年	回数	年	回数	年	回数
H12	4回	H13	7回	H14	11回	H15	6回	H16	8回
H17	6回	H18	6回	H19	7回	H20	7回	H21	12回
H22	12回	H23	9回	H24	15回	H25	17回	H26	19回
H27	16回	H28	19回	H29	9回	H30	12回	R1	12回
R2	15回	R3	12回	R4	19回	R5	10回	R6	2回

トータル／引っ張り・スライド出現実績

引っ張り	トータル	17.6%	（48回）	右スライド	トータル	12.9%	（35回）	左スライド	トータル	11.4%	（31回）
	月	17.8%	（18回）		月	9.9%	（10回）		月	20.8%	（21回）
	木	18.1%	（31回）		木	14.6%	（25回）		木	13.5%	（23回）

27とのペア出現

トータル	15.1%（41回）	22	38	14.7%（40回）	05	06	25	26	14.3%（39回）	14	16	14.0%（38回）	08	13.6%（37回）	21	39	13.2%（36回）	02	37
	12.9%（35回）	28	32	12.5%（34回）	18	30	33	43	11.8%（32回）	34	36	40	11.4%（31回）	03	24				
	11.0%（30回）	09	10	11	13	17	20	29	10.7%（29回）	35	10.3%（28回）	04	42	9.9%（27回）	01	15	31	9.6%（26回）	41
	9.2%（25回）	19	8.5%（23回）	23	7.7%（21回）	07	12												
月曜	17.8%（18回）	26	16.8%（17回）	05	08	28	33	15.8%（16回）	14	14.9%（15回）	06	10	13	15	16	38			
	13.9%（14回）	02	22	30	37	12.9%（13回）	01	25	35	39	40	11.9%（12回）	09	11	20	29			
	10.9%（11回）	03	18	24	32	41	42	43	9.9%（10回）	19	7.9%（8回）	21	34	6.9%（7回）	04	31	5.9%（6回）	12	23
	5.0%（5回）	07	17	36															
木曜	17.0%（29回）	21	15.8%（27回）	22	25	36	15.2%（26回）	38	14.6%（25回）	06	17	14.0%（24回）	16	32	34	39			
	13.5%（23回）	05	14	18	43	12.9%（22回）	02	26	37	12.3%（21回）	04	08	11.7%（20回）	03	24	30	31	11.1%（19回）	40
	10.5%（18回）	09	11	20	28	29	9.9%（17回）	23	33	42	9.4%（16回）	07	35	8.8%（15回）	10	12	13	19	41
	8.2%（14回）	01	7.0%（12回）	15															

27が出た次の回に出る数字

21.0%（57回）	22	18.0%（49回）	38	17.6%（48回）	06	27	16.9%（46回）	21	39	16.5%（45回）	42	15.8%（43回）	15	33				
15.4%（42回）	05	08	23	37	14.3%（39回）	43	14.0%（38回）	10	20	32	40	13.6%（37回）	11	16	18	19		
13.2%（36回）	04	12	36	12.9%（35回）	13	24	28	35	12.5%（34回）	14	17	25	31	12.1%（33回）	07	09	30	
11.8%（32回）	03	41	11.4%（31回）	02	26	29	34	10.7%（29回）	01									

28

トータル出現
255回

月曜：99回 ｜ 木曜：156回

インターバル実績

年	%	回数
INT1	9.8%	25回
INT2	10.6%	27回
INT3	12.6%	32回
INT4	8.3%	21回
INT5	7.5%	19回
INT6	4.7%	12回
INT7	5.5%	14回
INT8	6.3%	16回
INT9	5.5%	14回
INT10以上	29.1%	74回

年別出現実績

年	回数	年	回数	年	回数	年	回数	年	回数
H12	3回	H13	8回	H14	8回	H15	7回	H16	6回
H17	5回	H18	7回	H19	8回	H20	10回	H21	6回
H22	9回	H23	16回	H24	14回	H25	10回	H26	16回
H27	13回	H28	13回	H29	18回	H30	14回	R1	17回
R2	16回	R3	9回	R4	12回	R5	8回	R6	2回

トータル／引っ張り・スライド出現実績

引っ張り	トータル	9.8%	（25回）	右スライド	トータル	13.3%	（34回）	左スライド	トータル	13.3%	（34回）
	月	11.1%	（11回）		月	12.1%	（12回）		月	16.2%	（16回）
	木	9.7%	（15回）		木	14.2%	（22回）		木	12.9%	（20回）

28とのペア出現

トータル	16.1%（41回）	37	15.7%（40回）	19	15.3%（39回）	14	14.9%（38回）	10	14.5%（37回）	06	14.1%（36回）	03	20	43	13.7%（35回）	27	13.3%（34回）	12	
	12.9%（33回）	25	12.5%（32回）	01	22	38	41	12.2%（31回）	05	11	18	24	11.8%（30回）	04	09	42			
	11.4%（29回）	26	35	39	40	11.0%（28回）	02	08	13	32	34	10.6%（27回）	21	33	10.2%（26回）	16	17		
	9.8%（25回）	07	23	36	9.4%（24回）	29	30	8.6%（22回）	15	8.2%（21回）	31								
月曜	18.2%（18回）	06	17.2%（17回）	19	27	16.2%（16回）	41	15.2%（15回）	03	10	22	24	26	14.1%（14回）	02	35	42		
	13.1%（13回）	13	14	21	37	43	12.1%（12回）	08	32	33									
	11.1%（11回）	01	05	09	18	25	29	30	34	38	10.1%（10回）	07	11	39	40	9.1%（9回）	04	12	20
	8.1%（8回）	17	23	7.1%（7回）	16	31	36	6.1%（6回）	15										
木曜	17.9%（28回）	37	17.3%（27回）	20	16.7%（26回）	14	16.0%（25回）	12	14.7%（23回）	10	19	43	14.1%（22回）	25					
	13.5%（21回）	01	03	04	11	38	12.8%（20回）	05	18	12.2%（19回）	06	09	16	39	40	11.5%（18回）	17	27	36
	10.9%（17回）	22	23	34	10.3%（16回）	08	15	24	32	41	42	9.6%（15回）	07	13	33	35			
	9.0%（14回）	02	21	26	31	8.3%（13回）	29	30											

28が出た次の回に出る数字

19.6%（50回）	39	18.8%（48回）	34	17.6%（45回）	15	16.9%（43回）	10	23	37	16.5%（42回）	42	16.1%（41回）	19	15.7%（40回）	31	38	15.3%（39回）	22
14.9%（38回）	14	32	14.5%（37回）	05	25	40	14.1%（36回）	07	33	35	13.7%（35回）	01	04	12	26			
13.3%（34回）	06	20	27	29	43	12.9%（33回）	03	08	21	36	12.5%（32回）	02	18	30	12.2%（31回）	09		
11.4%（29回）	16	24	11.0%（28回）	13	17	10.6%（27回）	41	10.2%（26回）	11	9.8%（25回）	28							

29

トータル出現
234回

月曜：**81回**　木曜：**153回**

インターバル実績

年	%	回数
INT1	12.4%	29回
INT2	9.9%	23回
INT3	11.6%	27回
INT4	6.9%	16回
INT5	9.4%	22回
INT6	3.4%	8回
INT7	6.4%	15回
INT8	4.3%	10回
INT9	6.4%	15回
INT10以上	29.2%	68回

年別出現実績

年	回数	年	回数	年	回数	年	回数	年	回数
H12	1回	H13	4回	H14	9回	H15	9回	H16	7回
H17	8回	H18	6回	H19	5回	H20	6回	H21	4回
H22	9回	H23	11回	H24	18回	H25	13回	H26	8回
H27	15回	H28	14回	H29	10回	H30	12回	R1	13回
R2	17回	R3	12回	R4	15回	R5	8回	R6	0回

トータル／引っ張り・スライド出現実績

引っ張り	トータル	12.4%	（29回）	右スライド	トータル	12.4%	（29回）	左スライド	トータル	15.4%	（36回）
	月	7.4%	（6回）		月	11.1%	（9回）		月	17.3%	（14回）
	木	9.8%	（15回）		木	14.4%	（22回）		木	11.8%	（18回）

29とのペア出現

トータル	16.7%（39回）	37	15.8%（37回）	22	15.0%（35回）	33	14.1%（33回）	12	16	21	13.7%（32回）	02	13	23	24	13.2%（31回）	32	39	
	12.8%（30回）	03	19	27	35	12.4%（29回）	15	17	18	25	26	12.0%（28回）	10	40	11.5%（27回）	14	20	30	31
	11.1%（26回）	09	36	42	10.3%（24回）	01	06	28	34	9.8%（23回）	41	9.4%（22回）	07	08	43	9.0%（21回）	05	38	
	7.7%（18回）	04	11																
月曜	21.0%（17回）	22	18.5%（15回）	37	17.3%（14回）	24	16.0%（13回）	02	26	14.8%（12回）	10	27	33						
	13.6%（11回）	12	20	28	32	34	42	12.3%（10回）	03	14	15	21	23						
	11.1%（9回）	01	05	08	09	18	19	30	35	40	9.9%（8回）	07	16	31	36	39	41	43	
	8.6%（7回）	06	25	38	7.4%（6回）	04	11	13	6.2%（5回）	17									
木曜	17.0%（26回）	13	16.3%（25回）	16	15.7%（24回）	17	37	15.0%（23回）	21	33	39	14.4%（22回）	12	23	25	13.7%（21回）	19	35	
	13.1%（20回）	03	18	22	32	12.4%（19回）	02	15	31	40	11.8%（18回）	24	27	30	36	11.1%（17回）	06	09	14
	10.5%（16回）	10	20	26	9.8%（15回）	01	41	42	9.2%（14回）	07	38	43	8.5%（13回）	08	28	34			
	7.8%（12回）	04	05	11															

29が出た次の回に出る数字

19.2%（45回）	06	08	18.8%（44回）	19	17.9%（42回）	05	17.5%（41回）	27	16.7%（39回）	33	16.2%（38回）	10	15.8%（37回）	17	15.4%（36回）	02	11	28
15.0%（35回）	25	37	14.5%（34回）	04	07	42	14.1%（33回）	12	41	13.7%（32回）	14	15	31	38				
13.2%（31回）	18	20	22	36	43	12.8%（30回）	13	23	32	35	39	12.4%（29回）	03	21	26	29	30	34
11.1%（26回）	09	24	10.3%（24回）	01	9.8%（23回）	16	9.0%（21回）	40										

30

トータル出現
260回

月曜：**92回** ｜ 木曜：**168回**

インターバル実績

年	%	回数
INT1	17.0%	44回
INT2	10.8%	28回
INT3	9.7%	25回
INT4	13.5%	35回
INT5	8.5%	22回
INT6	4.2%	11回
INT7	4.2%	11回
INT8	3.5%	9回
INT9	4.6%	12回
INT10以上	23.9%	62回

年別出現実績

年	回数	年	回数	年	回数	年	回数	年	回数
H12	1回	H13	10回	H14	8回	H15	13回	H16	10回
H17	10回	H18	8回	H19	3回	H20	8回	H21	10回
H22	8回	H23	13回	H24	7回	H25	6回	H26	11回
H27	17回	H28	20回	H29	16回	H30	17回	R1	9回
R2	11回	R3	16回	R4	7回	R5	21回	R6	0回

トータル／引っ張り・スライド出現実績

引っ張り	トータル	16.9%	(44回)	右スライド	トータル	14.6%	(38回)	左スライド	トータル	11.9%	(31回)
	月	6.5%	(6回)		月	19.6%	(18回)		月	6.5%	(6回)
	木	14.9%	(25回)		木	13.1%	(22回)		木	12.5%	(21回)

30とのペア出現

トータル	15.8%(41回)	15	15.4%(40回)	40	43	15.0%(39回)	06	23	36	14.6%(38回)	31	14.2%(37回)	38	13.8%(36回)	19	21			
	13.1%(34回)	09	26	27	12.7%(33回)	02	12.3%(32回)	11	13	17	35	11.9%(31回)	05	18	22	33			
	11.5%(30回)	08	12	20	32	39	41	11.2%(29回)	03	10	37	10.8%(28回)	04	10.4%(27回)	29	10.0%(26回)	42		
	9.2%(24回)	01	16	25	28	8.8%(23回)	14	8.5%(22回)	24	7.7%(20回)	07	7.3%(19回)	34						
月曜	20.7%(19回)	43	19.6%(18回)	21	17.4%(16回)	36	16.3%(15回)	06	19	15.2%(14回)	02	27	32	35	14.1%(13回)	05	09	14	38
	13.0%(12回)	15	22	23	26	12.0%(11回)	03	11	12	20	28	40	10.9%(10回)	10	13	31	37	42	
	9.8%(9回)	08	29	39	41	8.7%(8回)	04	16	24	33	7.6%(7回)	01	18	25	6.5%(6回)	07	17	4.3%(4回)	34
木曜	17.3%(29回)	15	40	16.7%(28回)	31	16.1%(27回)	23	15.5%(26回)	17	14.3%(24回)	06	18	38	13.7%(23回)	33	36	13.1%(22回)	13	26
	12.5%(21回)	08	09	11	19	39	41	43	11.9%(20回)	04	27	11.3%(19回)	02	10	12	20	22	37	
	10.7%(18回)	03	05	21	29	35	10.1%(17回)	01	25	9.5%(16回)	16	32	42	8.9%(15回)	34	8.3%(14回)	07	24	
	7.7%(13回)	28	6.0%(10回)	14															

30が出た次の回に出る数字

18.1%(47回)	15	17.7%(46回)	37	17.3%(45回)	06	11	16	16.9%(44回)	26	30	16.2%(42回)	03	09	38	15.4%(40回)	05	32	
15.0%(39回)	40	41	14.6%(38回)	24	31	39	14.2%(37回)	13	36	13.8%(36回)	04	07	21	23	34	13.5%(35回)	10	18
13.1%(34回)	20	43	12.7%(33回)	17	22	27	28	12.3%(32回)	01	02	11.9%(31回)	12	25	29	11.5%(30回)	08	42	
10.8%(28回)	19	35	10.4%(27回)	33	8.5%(22回)	14												

31

トータル出現
254回

月曜：83回 | 木曜：171回

インターバル実績

年	%	回数
INT1	13.4%	34回
INT2	9.5%	24回
INT3	11.1%	28回
INT4	9.9%	25回
INT5	7.5%	19回
INT6	5.9%	15回
INT7	6.7%	17回
INT8	4.0%	10回
INT9	5.1%	13回
INT10以上	26.9%	68回

年別出現実績

年	回数	年	回数	年	回数	年	回数	年	回数
H12	2回	H13	7回	H14	6回	H15	8回	H16	11回
H17	8回	H18	13回	H19	6回	H20	11回	H21	4回
H22	9回	H23	9回	H24	13回	H25	12回	H26	16回
H27	14回	H28	15回	H29	17回	H30	15回	R1	8回
R2	9回	R3	10回	R4	12回	R5	18回	R6	1回

トータル／引っ張り・スライド出現実績

引っ張り	トータル	13.4%	（34回）	右スライド	トータル	15.7%	（40回）	左スライド	トータル	13.8%	（35回）
	月	8.4%	（7回）		月	20.5%	（17回）		月	9.6%	（8回）
	木	13.5%	（23回）		木	14.6%	（25回）		木	12.3%	（21回）

31とのペア出現

トータル	17.3%（44回）	21	15.4%（39回）	06	32	15.0%（38回）	30	34	23	14.2%（36回）	39	13.8%（35回）	04	37	43	13.4%（34回）	10	14	20
	13.0%（33回）	08	12.6%（32回）	02	12	22	38	12.2%（31回）	41	11.8%（30回）	11	15	19	35	40				
	11.4%（29回）	01	03	25	36	11.0%（28回）	42	10.6%（27回）	27	29	10.2%（26回）	05	13	9.8%（25回）	18	24	9.1%（23回）	07	
	8.7%（22回）	09	16	26	8.3%（21回）	28	33	7.5%（19回）	17										
月曜	19.3%（16回）	10	18.1%（15回）	02	34	36	16.9%（14回）	23	38	43	15.7%（13回）	03	12	32	39	14.5%（12回）	08	21	35
	13.3%（11回）	13	22	40	41	12.0%（10回）	01	06	30	10.8%（9回）	04	09	25	37	9.6%（8回）	05	16	29	42
	8.4%（7回）	07	11	14	15	20	27	28	7.2%（6回）	19	24	26	33	6.0%（5回）	18	4.8%（4回）	17		
木曜	18.7%（32回）	21	17.0%（29回）	06	16.4%（28回）	30	15.8%（27回）	14	20	15.2%（26回）	04	32	37	14.0%（24回）	19				
	13.5%（23回）	11	15	23	34	39	12.3%（21回）	08	22	43	11.7%（20回）	18	25	27	41	42			
	11.1%（19回）	01	12	24	29	40	10.5%（18回）	05	10	35	38	9.9%（17回）	02	9.4%（16回）	03	07	26		
	8.8%（15回）	13	17	33	8.2%（14回）	16	28	36	7.6%（13回）	09									

31が出た次の回に出る数字

18.1%（46回）	33	17.7%（45回）	40	16.9%（43回）	04	16.5%（42回）	15	16.1%（41回）	01	17	23	36	15.7%（40回）	06	19	32		
15.4%（39回）	26	35	15.0%（38回）	08	11	22	14.6%（37回）	27	14.2%（36回）	07	21	13.8%（35回）	02	13	20	28	30	
13.4%（34回）	03	05	10	24	31	39	43	13.0%（33回）	42	12.6%（32回）	12	12.2%（31回）	14	25	29			
11.8%（30回）	18	34	37	38	11.4%（29回）	16	8.7%（22回）	41	8.3%（21回）	09								

32

トータル出現 **270回**

月曜：**91回** ｜ 木曜：**179回**

インターバル実績

年	%	回数
INT1	12.6%	34回
INT2	11.5%	31回
INT3	11.2%	30回
INT4	11.5%	31回
INT5	6.7%	18回
INT6	5.9%	16回
INT7	7.4%	20回
INT8	4.1%	11回
INT9	3.7%	10回
INT10以上	25.3%	68回

年別出現実績

年	回数	年	回数	年	回数	年	回数	年	回数
H12	1回	H13	8回	H14	6回	H15	6回	H16	5回
H17	7回	H18	2回	H19	6回	H20	4回	H21	11回
H22	3回	H23	16回	H24	14回	H25	15回	H26	21回
H27	17回	H28	15回	H29	13回	H30	15回	R1	9回
R2	21回	R3	23回	R4	15回	R5	17回	R6	0回

トータル／引っ張り・スライド出現実績

引っ張り	トータル	12.6%	（34回）	右スライド	トータル	12.2%	（33回）	左スライド	トータル	13.0%	（35回）
	月	20.9%	（19回）		月	16.5%	（15回）		月	14.3%	（13回）
	木	13.4%	（24回）		木	13.4%	（24回）		木	11.7%	（21回）

32とのペア出現

トータル	15.2%（41回）	42	14.8%（40回）	24	14.4%（39回）	02	31	35	40	13.7%（37回）	11	39	13.3%（36回）	03					
	13.0%（35回）	05	06	13	16	21	27	37	43	12.6%（34回）	25	38	12.2%（33回）	04	19	23			
	11.9%（32回）	12	14	41	11.5%（31回）	29	11.1%（30回）	20	22	30	36	10.7%（29回）	15	10.4%（28回）	01	28	10.0%（27回）	08	33
	9.6%（26回）	07	18	9.3%（25回）	34	8.9%（24回）	09	10	26	7.8%（21回）	17								
月曜	20.9%（19回）	03	19.8%（18回）	06	17.6%（16回）	39	16.5%（15回）	37	40	15.4%（14回）	30	42	14.3%（13回）	07	31	43			
	13.2%（12回）	01	21	24	28	34	35	12.1%（11回）	05	23	27	29	41						
	11.0%（10回）	02	04	11	14	18	19	25	36	9.9%（9回）	08	13	16	26	8.8%（8回）	09	20	22	38
	7.7%（7回）	12	33	6.6%（6回）	10	15	4.4%（4回）	17											
木曜	16.2%（29回）	02	15.6%（28回）	24	15.1%（27回）	11	35	42	14.5%（26回）	13	16	31	38	14.0%（25回）	12				
	13.4%（24回）	05	25	27	40	12.8%（23回）	04	15	19	21	12.3%（22回）	14	20	22	23	43	11.7%（21回）	39	41
	11.2%（20回）	29	33	36	37	10.1%（18回）	08	10	9.5%（17回）	03	06	17	8.9%（16回）	01	09	18	28	30	
	8.4%（15回）	26	7.3%（13回）	07	34														

32が出た次の回に出る数字

18.5%（50回）	16	17.4%（47回）	05	14	30	40	16.7%（45回）	23	26	16.3%（44回）	38	42	15.6%（42回）	12	24			
15.2%（41回）	19	27	36	14.8%（40回）	08	20	39	14.4%（39回）	06	15	17	14.1%（38回）	34	35				
13.3%（36回）	01	02	07	13	21	43	13.0%（35回）	11	31	12.6%（34回）	32	12.2%（33回）	25	33	11.9%（32回）	18	28	37
11.5%（31回）	22	11.1%（30回）	04	10	29	10.7%（29回）	03	10.0%（27回）	41	9.3%（25回）	09							

33

トータル出現
245回

月曜：**87回**　木曜：**158回**

インターバル実績

年	%	回数
INT1	12.3%	30回
INT2	8.6%	21回
INT3	10.7%	26回
INT4	7.8%	19回
INT5	8.6%	21回
INT6	7.4%	18回
INT7	5.7%	14回
INT8	7.4%	18回
INT9	4.5%	11回
INT10以上	27.0%	66回

年別出現実績

年	回数	年	回数	年	回数	年	回数	年	回数
H12	1回	H13	7回	H14	5回	H15	9回	H16	8回
H17	6回	H18	7回	H19	5回	H20	7回	H21	6回
H22	9回	H23	12回	H24	19回	H25	12回	H26	15回
H27	7回	H28	17回	H29	15回	H30	13回	R1	15回
R2	12回	R3	8回	R4	19回	R5	10回	R6	1回

トータル／引っ張り・スライド出現実績

引っ張り	トータル	12.2%	(30回)	右スライド	トータル	14.3%	(35回)	左スライド	トータル	12.7%	(31回)
	月	17.2%	(15回)		月	11.5%	(10回)		月	9.2%	(8回)
	木	9.5%	(15回)		木	10.8%	(17回)		木	13.9%	(22回)

33とのペア出現

トータル	15.5%(38回)	20	15.1%(37回)	21	24	14.3%(35回)	10	29	13.9%(34回)	06	08	27	35	13.5%(33回)	11	26			
	13.1%(32回)	23	05	30	12.2%(30回)	14	36	40	11.8%(29回)	04	07	37	38	11.4%(28回)	02	12	13	18	19
	11.0%(27回)	01	16	28	32	10.6%(26回)	03	09	15	25	41	10.2%(25回)	34	42	9.8%(24回)	22	43	9.4%(23回)	17
	8.6%(21回)	31	39																
月曜	19.5%(17回)	27	17.2%(15回)	24	16.1%(14回)	20	26	14.9%(13回)	02	06	10	12	35	41					
	13.8%(12回)	05	13	15	21	28	29	38	12.6%(11回)	14	16	22	37	11.5%(10回)	01	07	08	40	42
	10.3%(9回)	09	18	23	9.2%(8回)	04	11	30	34	36	39	8.0%(7回)	17	32	43				
	6.9%(6回)	03	25	31	19														
木曜	15.8%(25回)	11	21	15.2%(24回)	08	20	14.6%(23回)	19	23	29	30	13.9%(22回)	10	24	36	13.3%(21回)	04	06	35
	12.7%(20回)	03	25	32	40	12.0%(19回)	05	07	14	18	26	11.4%(18回)	37						
	10.8%(17回)	01	09	27	34	38	43	10.1%(16回)	13	16	17	9.5%(15回)	02	12	28	31	42	8.9%(14回)	15
	8.2%(13回)	22	39	41															

33が出た次の回に出る数字

17.6%(43回)	12	19	16.7%(41回)	25	42	16.3%(40回)	06	11	18	15.9%(39回)	07	15	30	15.5%(38回)	26	31	43	
15.1%(37回)	08	22	35	37	14.7%(36回)	01	14.3%(35回)	02	16	34	13.9%(34回)	09	20	13.5%(33回)	27	38		
13.1%(32回)	03	10	17	12.7%(31回)	04	23	32	36	12.2%(30回)	24	33	41	11.8%(29回)	05	21	29		
11.4%(28回)	28	39	11.0%(27回)	13	9.8%(24回)	14	40											

34

トータル出現
247回

月曜：**84回**　木曜：**163回**

インターバル実績

年	%	回数
INT1	13.0%	32回
INT2	10.6%	26回
INT3	11.4%	28回
INT4	8.9%	22回
INT5	7.7%	19回
INT6	5.7%	14回
INT7	5.7%	14回
INT8	6.5%	16回
INT9	4.1%	10回
INT10以上	26.4%	65回

年別出現実績

年	回数	年	回数	年	回数	年	回数	年	回数
H12	1回	H13	7回	H14	7回	H15	4回	H16	6回
H17	6回	H18	4回	H19	10回	H20	7回	H21	7回
H22	10回	H23	13回	H24	18回	H25	14回	H26	11回
H27	6回	H28	18回	H29	9回	H30	18回	R1	12回
R2	16回	R3	12回	R4	13回	R5	16回	R6	2回

トータル／引っ張り・スライド出現実績

引っ張り	トータル	13.0%	（32回）	右スライド	トータル	12.6%	（31回）	左スライド	トータル	14.6%	（36回）
	月	8.3%	（7回）		月	8.3%	（7回）		月	13.1%	（11回）
	木	13.0%	（21回）		木	15.4%	（25回）		木	12.3%	（20回）

34とのペア出現

トータル	15.4%（38回）	16	24	31	15.0%（37回）	42	14.6%（36回）	35	14.2%（35回）	05	10	26	39	13.8%（34回）	01	13.4%（33回）	38		
	13.0%（32回）	04	07	15	21	27	40	43	12.6%（31回）	37	12.1%（30回）	36	11.7%（29回）	06	12	17			
	11.3%（28回）	09	11	28	41	10.9%（27回）	25	10.5%（26回）	02	08	10.1%（25回）	03	22	32	33	9.7%（24回）	29		
	9.3%（23回）	13	14	20	8.9%（22回）	18	19	23	7.7%（19回）	30									
月曜	19.0%（16回）	01	41	17.9%（15回）	31	35	15.5%（13回）	07	10	21	37	14.3%（12回）	12	32					
	13.1%（11回）	02	06	15	24	28	29	42	11.9%（10回）	05	19	22	23	26	36	38			
	10.7%（9回）	04	08	11	9.5%（8回）	03	09	16	20	27	33	39	40	43	8.3%（7回）	13	17		
	7.1%（6回）	14	18	25	4.8%（4回）	30													
木曜	18.4%（30回）	16	16.6%（27回）	24	39	16.0%（26回）	42	15.3%（25回）	05	26	14.7%（24回）	27	40	43	14.1%（23回）	04	31	38	
	13.5%（22回）	10	17	12.9%（21回）	15	25	35	12.3%（20回）	09	36	11.7%（19回）	07	11	21	11.0%（18回）	01	06	37	
	10.4%（17回）	03	08	12	14	28	33	9.8%（16回）	13	18	9.2%（15回）	02	20	22	30	8.0%（13回）	29	32	
	7.4%（12回）	19	23	41															

34が出た次の回に出る数字

18.6%（46回）	15	17.4%（43回）	24	16.6%（41回）	23	41	16.2%（40回）	06	10	30	42	15.8%（39回）	18	21				
15.4%（38回）	01	03	31	37	15.0%（37回）	13	14.6%（36回）	07	08	28	33	39	14.2%（35回）	25	13.4%（33回）	27	36	43
13.0%（32回）	02	04	11	12	19	29	32	34	12.6%（31回）	20	35	40	12.1%（30回）	22				
11.7%（29回）	09	16	26	38	11.3%（28回）	17	10.1%（25回）	05	8.9%（22回）	14								

35

トータル出現
265回

月曜：92回　木曜：173回

インターバル実績

年	%	回数
INT1	13.6%	36回
INT2	11.0%	29回
INT3	12.5%	33回
INT4	7.6%	20回
INT5	6.8%	18回
INT6	6.1%	16回
INT7	7.2%	19回
INT8	4.2%	11回
INT9	4.9%	13回
INT10以上	26.1%	69回

年別出現実績

年	回数	年	回数	年	回数	年	回数	年	回数
H12	3回	H13	7回	H14	10回	H15	5回	H16	9回
H17	7回	H18	8回	H19	6回	H20	6回	H21	10回
H22	8回	H23	13回	H24	14回	H25	11回	H26	18回
H27	10回	H28	14回	H29	12回	H30	12回	R1	12回
R2	13回	R3	20回	R4	17回	R5	19回	R6	1回

トータル／引っ張り・スライド出現実績

引っ張り	トータル	13.6%	（36回）	右スライド	トータル	10.9%	（29回）	左スライド	トータル	11.7%	（31回）
	月	10.9%	（10回）		月	18.5%	（17回）		月	15.2%	（14回）
	木	12.7%	（22回）		木	13.9%	（24回）		木	12.1%	（21回）

35とのペア出現

トータル	15.5%（41回）	19	14.7%（39回）	12	32	39	14.3%（38回）	42	13.6%（36回）	34	13.2%（35回）	22	12.8%（34回）	01	18	33	40		
	12.5%（33回）	15	24	26	12.1%（32回）	04	16	20	21	23	30	41	43	11.7%（31回）	02	05	14	38	
	11.3%（30回）	29	31	10.9%（29回）	06	08	10	27	28	36	37	10.6%（28回）	03	17	10.2%（27回）	09	11	9.4%（25回）	07
	8.7%（23回）	25	8.3%（22回）	13															
月曜	17.4%（16回）	26	16.3%（15回）	24	34	15.2%（14回）	05	22	28	30	39	14.1%（13回）	10	27	33	42			
	13.0%（12回）	09	16	20	31	32	40	43	12.0%（11回）	02	12	14	18	19	23				
	10.9%（10回）	01	03	08	21	9.8%（9回）	15	25	29	36	38	8.7%（8回）	06	11	41	7.6%（7回）	04	07	37
	6.5%（6回）	13	17																
木曜	17.3%（30回）	19	16.2%（28回）	12	15.6%（27回）	32	14.5%（25回）	04	39	42	13.9%（24回）	01	15	41	13.3%（23回）	18			
	12.7%（22回）	17	21	37	38	40	12.1%（21回）	06	22	23	29	33	34						
	11.6%（20回）	02	14	16	20	36	43	11.0%（19回）	08	11	10.4%（18回）	03	07	24	30	31	9.8%（17回）	05	26
	9.2%（16回）	10	13	27	8.7%（15回）	09	28	8.1%（14回）	25										

35が出た次の回に出る数字

17.7%（47回）	19	25	17.4%（46回）	11	17.0%（45回）	33	16.6%（44回）	05	17	16.2%（43回）	04	13	16	15.8%（42回）	37	42	15.5%（41回）	02
14.7%（39回）	06	07	38	39	43	14.3%（38回）	08	20	26	14.0%（37回）	14	28	32	13.6%（36回）	23	29	31	35
13.2%（35回）	01	09	24	12.8%（34回）	18	27	12.5%（33回）	21	12.1%（32回）	30	40	41	11.7%（31回）	22	34	10.9%（29回）	12	36
10.2%（27回）	03	10	8.7%（23回）	15														

36

トータル出現 **258回**

月曜：**78回**　木曜：**180回**

インターバル実績

年	%	回数
INT1	14.8%	38回
INT2	9.7%	25回
INT3	14.0%	36回
INT4	7.0%	18回
INT5	7.0%	18回
INT6	6.2%	16回
INT7	4.7%	12回
INT8	6.2%	16回
INT9	5.1%	13回
INT10以上	25.3%	65回

年別出現実績

年	回数	年	回数	年	回数	年	回数	年	回数
H12	1回	H13	6回	H14	8回	H15	5回	H16	14回
H17	13回	H18	8回	H19	10回	H20	6回	H21	6回
H22	5回	H23	13回	H24	14回	H25	5回	H26	15回
H27	18回	H28	13回	H29	17回	H30	17回	R1	14回
R2	6回	R3	14回	R4	12回	R5	17回	R6	1回

トータル／引っ張り・スライド出現実績

引っ張り	トータル	14.8%	（38回）	右スライド	トータル	12.1%	（31回）	左スライド	トータル	13.6%	（35回）
	月	10.4%	（8回）		月	10.4%	（8回）		月	19.5%	（15回）
	木	18.9%	（34回）		木	13.3%	（24回）		木	13.9%	（25回）

36とのペア出現

トータル	15.9%（41回）	11	15.1%（39回）	30	39	14.7%（38回）	15	14.3%（37回）	16	14.0%（36回）	10	12	24	13.6%（35回）	03	19	21	43	
	13.2%（34回）	08	12.8%（33回）	06	26	41	12.4%（32回）	18	27	12.0%（31回）	07	22	37	11.6%（30回）	23	32	33	34	42
	11.2%（29回）	31	35	38	10.9%（28回）	02	17	25	10.5%（27回）	05	10.1%（26回）	01	29	9.7%（25回）	04	28	9.3%（24回）	14	
	8.5%（22回）	40	8.1%（21回）	09	13	7.8%（20回）	20												
月曜	21.8%（17回）	12	20.5%（16回）	23	24	30	19.2%（15回）	31	17.9%（14回）	21	16.7%（13回）	37	41	15.4%（12回）	10	43			
	14.1%（11回）	05	18	26	12.8%（10回）	02	07	08	32	34	11.5%（9回）	16	19	35					
	10.3%（8回）	01	06	11	22	29	33	38	39	42	9.0%（7回）	04	20	28	7.7%（6回）	03	17		
	6.4%（5回）	14	25	27	40	5.1%（4回）	09	13	3.8%（3回）	15									
木曜	19.4%（35回）	15	18.3%（33回）	11	17.2%（31回）	39	16.1%（29回）	03	15.6%（28回）	16	15.0%（27回）	27	14.4%（26回）	19	13.9%（25回）	06	13.3%（24回）	08	10
	12.8%（23回）	22	25	30	43	12.2%（22回）	17	26	33	42	11.7%（21回）	07	18	21	38				
	11.1%（20回）	24	32	34	35	41	10.6%（19回）	12	14	10.0%（18回）	01	02	04	28	29	37			
	9.4%（17回）	09	13	40	8.9%（16回）	05	7.8%（14回）	23	31	7.2%（13回）	20								

36が出た次の回に出る数字

17.9%（46回）	16	26	17.5%（45回）	01	05	27	16.7%（43回）	06	16.3%（42回）	12	15.6%（40回）	02	18	21	15.2%（39回）	03	10	39
14.8%（38回）	13	36	40	42	14.4%（37回）	04	14.0%（36回）	08	14	33	41	13.6%（35回）	25	35	38			
13.2%（34回）	15	23	28	12.8%（33回）	17	12.5%（32回）	22	24	31	32	43	12.1%（31回）	09	29	30	37	11.7%（30回）	34
10.9%（28回）	20	10.5%（27回）	11	19	9.3%（24回）	07												

37

トータル出現 **277回**

月曜：**103回**　木曜：**174回**

インターバル実績

年	%	回数
INT1	15.9%	44回
INT2	13.4%	37回
INT3	9.8%	27回
INT4	7.2%	20回
INT5	8.3%	23回
INT6	6.2%	17回
INT7	6.9%	19回
INT8	2.5%	7回
INT9	4.7%	13回
INT10以上	25.0%	69回

年別出現実績

年	回数	年	回数	年	回数	年	回数	年	回数
H12	2回	H13	11回	H14	10回	H15	9回	H16	4回
H17	5回	H18	9回	H19	9回	H20	13回	H21	6回
H22	4回	H23	14回	H24	14回	H25	20回	H26	15回
H27	15回	H28	10回	H29	10回	H30	21回	R1	12回
R2	22回	R3	12回	R4	16回	R5	11回	R6	3回

トータル／引っ張り・スライド出現実績

引っ張り	トータル	15.9%	(44回)	右スライド	トータル	17.3%	(48回)	左スライド	トータル	11.2%	(31回)
	月	18.4%	(19回)		月	17.5%	(18回)		月	14.6%	(15回)
	木	19.5%	(34回)		木	13.2%	(23回)		木	11.5%	(20回)

37とのペア出現

トータル	15.5%(43回)	11	39	15.2%(42回)	01	14.8%(41回)	28	14.4%(40回)	38	14.1%(39回)	29	13.7%(38回)	06	24	13.4%(37回)	23	13.0%(36回)	26	27
	12.6%(35回)	21	22	31	32	12.3%(34回)	02	10	14	15	20	11.9%(33回)	18	11.6%(32回)	05	13			
	11.2%(31回)	04	25	34	36	42	10.8%(30回)	09	43	10.5%(29回)	30	33	35	41	10.1%(28回)	03	12	19	
	9.7%(27回)	08	16	17	9.4%(26回)	40	8.3%(23回)	07											
月曜	20.4%(21回)	24	19.4%(20回)	38	17.5%(18回)	01	16.5%(17回)	11	14.6%(15回)	05	06	18	20	29	32				
	13.6%(14回)	03	14	15	23	27	41	12.6%(13回)	08	28	34	36	11.7%(12回)	12	21	26	43		
	10.7%(11回)	04	22	33	39	9.7%(10回)	02	10	13	19	25	30	42	8.7%(9回)	07	09	31	6.8%(7回)	35
	5.8%(6回)	16	40	4.9%(5回)	17														
木曜	18.4%(32回)	39	16.1%(28回)	28	14.9%(26回)	11	31	13.8%(24回)	01	02	10	22	26	29	13.2%(23回)	06	21	23	
	12.6%(22回)	13	17	27	35	12.1%(21回)	09	16	25	42	11.5%(20回)	04	14	15	32	38	40		
	10.9%(19回)	20	30	10.3%(18回)	18	19	33	34	36	43	9.8%(17回)	05	24	9.2%(16回)	12	8.6%(15回)	41		
	8.0%(14回)	03	07	08															

37が出た次の回に出る数字

17.7%(49回)	20	24	17.3%(48回)	38	17.0%(47回)	06	14	15	16.6%(46回)	05	27	16.2%(45回)	18	32	15.9%(44回)	26	37	
15.5%(43回)	31	15.2%(42回)	41	14.8%(41回)	02	23	14.4%(40回)	42	14.1%(39回)	11	29	40	13.7%(38回)	28	13.4%(37回)	04	33	
13.0%(36回)	01	16	17	19	35	12.6%(35回)	08	21	34	12.3%(34回)	12	25	11.9%(33回)	03	09	10	13	30
11.6%(32回)	43	11.2%(31回)	22	36	39	9.4%(26回)	07											

38

トータル出現 **278回**

月曜：**103回** ｜ 木曜：**175回**

インターバル実績

年	%	回数
INT1	20.6%	57回
INT2	10.1%	28回
INT3	10.5%	29回
INT4	9.7%	27回
INT5	6.5%	18回
INT6	5.8%	16回
INT7	4.7%	13回
INT8	3.6%	10回
INT9	2.9%	8回
INT10以上	25.6%	71回

年別出現実績

年	回数	年	回数	年	回数	年	回数	年	回数
H12	3回	H13	8回	H14	3回	H15	12回	H16	3回
H17	7回	H18	11回	H19	8回	H20	4回	H21	4回
H22	7回	H23	15回	H24	15回	H25	22回	H26	18回
H27	19回	H28	19回	H29	15回	H30	10回	R1	14回
R2	16回	R3	11回	R4	18回	R5	14回	R6	2回

トータル／引っ張り・スライド出現実績

引っ張り	トータル	20.5%	(57回)	右スライド	トータル	15.5%	(43回)	左スライド	トータル	14.0%	(39回)
	月	11.7%	(12回)		月	10.7%	(11回)		月	24.3%	(25回)
	木	15.4%	(27回)		木	17.1%	(30回)		木	17.1%	(30回)

38とのペア出現

トータル	15.8%(44回)	02	15.5%(43回)	05	06	14.7%(41回)	11	27	14.4%(40回)	37	14.0%(39回)	20	13.7%(38回)	14	18				
	13.3%(37回)	12	23	30	42	12.9%(36回)	21	12.6%(35回)	04	12.2%(34回)	01	08	32	11.9%(33回)	10	13	34		
	11.5%(32回)	19	24	28	31	11.2%(31回)	07	16	25	26	35	43	10.4%(29回)	15	33	36	10.1%(28回)	09	41
	9.7%(27回)	17	9.4%(26回)	39	9.0%(25回)	40	8.6%(24回)	03	8.3%(23回)	22	7.6%(21回)	29							
月曜	19.4%(20回)	37	16.5%(17回)	21	42	15.5%(16回)	02	05	23	14.6%(15回)	06	08	20	25	27				
	13.6%(14回)	03	11	14	19	26	31	12.6%(13回)	10	18	24	30	40	11.7%(12回)	01	12	13	33	39
	10.7%(11回)	04	15	28	9.7%(10回)	16	34	8.7%(9回)	22	35	43	7.8%(8回)	07	32	36	6.8%(7回)	09	29	41
	3.9%(4回)	17																	
木曜	16.0%(28回)	02	06	15.4%(27回)	05	11	14.9%(26回)	27	32	14.3%(25回)	12	18	13.7%(24回)	04	14	20	30		
	13.1%(23回)	07	17	34	12.6%(22回)	01	35	43	12.0%(21回)	09	13	16	23	28	36	41			
	11.4%(20回)	10	37	42	10.9%(19回)	08	21	24	10.3%(18回)	15	19	31	9.7%(17回)	26	33	9.1%(16回)	25		
	8.0%(14回)	22	29	39	6.9%(12回)	40	5.7%(10回)	03											

38が出た次の回に出る数字

20.5%(57回)	38	18.7%(52回)	22	18.3%(51回)	24	17.3%(48回)	11	15.8%(44回)	14	36	15.5%(43回)	18	39	15.1%(42回)	03	05	19	20
14.7%(41回)	01	23	27	14.4%(40回)	16	28	14.0%(39回)	02	06	25	37	40	42	13.7%(38回)	26			
13.3%(37回)	04	15	21	32	12.9%(36回)	10	30	33	12.2%(34回)	07	12	29	11.9%(33回)	08	09			
11.5%(32回)	13	17	31	34	35	11.2%(31回)	43	10.1%(28回)	41									

39

トータル出現
269回

月曜：93回 ｜ 木曜：176回

インターバル実績

年	%	回数
INT1	15.3%	41回
INT2	10.4%	28回
INT3	9.0%	24回
INT4	11.9%	32回
INT5	6.7%	18回
INT6	6.3%	17回
INT7	4.5%	12回
INT8	5.2%	14回
INT9	6.3%	17回
INT10以上	24.3%	65回

年別出現実績

年	回数	年	回数	年	回数	年	回数	年	回数
H12	3回	H13	5回	H14	6回	H15	8回	H16	14回
H17	11回	H18	7回	H19	8回	H20	6回	H21	6回
H22	6回	H23	10回	H24	13回	H25	20回	H26	12回
H27	18回	H28	12回	H29	19回	H30	16回	R1	10回
R2	9回	R3	18回	R4	13回	R5	16回	R6	3回

トータル／引っ張り・スライド出現実績

引っ張り	トータル	15.2%	（41回）	右スライド	トータル	13.4%	（36回）	左スライド	トータル	14.5%	（39回）
	月	15.1%	（14回）		月	14.0%	（13回）		月	10.8%	（10回）
	木	17.0%	（30回）		木	15.3%	（27回）		木	10.8%	（19回）

39とのペア出現

トータル	16.7%（45回）	05	16.0%（43回）	10	37	15.6%（42回）	42	15.2%（41回）	16	14.9%（40回）	07	14.5%（39回）	35	36	13.8%（37回）	11	26	27	32
	13.4%（36回）	03	31	13.0%（35回）	18	19	34	12.6%（34回）	15	12.3%（33回）	01	11.9%（32回）	12	14	22	25			
	11.5%（31回）	17	24	29	11.2%（30回）	06	30	10.8%（29回）	28	10.4%（28回）	13	40	10.0%（27回）	21	43	9.7%（26回）	09	38	
	9.3%（25回）	08	8.9%（24回）	23	8.6%（23回）	04	41	7.8%（21回）	33	7.1%（19回）	02	5.2%（14回）	20						
月曜	20.4%（19回）	01	18.3%（17回）	03	10	17.2%（16回）	14	32	16.1%（15回）	16	15.1%（14回）	11	35						
	14.0%（13回）	05	19	25	27	31	42	43	12.9%（12回）	07	15	18	22	26	38	40			
	11.8%（11回）	06	09	12	37	10.8%（10回）	24	28	9.7%（9回）	30	8.6%（8回）	13	21	29	33	34	36		
	7.5%（7回）	04	08	17	6.5%（6回）	02	41	5.4%（5回）	20	3.2%（3回）	23								
木曜	18.2%（32回）	05	37	17.6%（31回）	36	16.5%（29回）	42	15.9%（28回）	07	15.3%（27回）	34	14.8%（26回）	10	16	14.2%（25回）	26	35		
	13.6%（24回）	17	27	13.1%（23回）	11	18	29	31	12.5%（22回）	15	19	11.9%（21回）	12	23	24	30	32		
	11.4%（20回）	13	22	10.8%（19回）	03	06	21	25	28	10.2%（18回）	08	9.7%（17回）	41	9.1%（16回）	04	14	40	8.5%（15回）	09
	8.0%（14回）	01	38	43	7.4%（13回）	02	33	5.1%（9回）	20										

39が出た次の回に出る数字

17.8%（48回）	05	06	17.1%（46回）	32	16.7%（45回）	03	41	16.4%（44回）	08	16.0%（43回）	27	15.6%（42回）	15	31	43	15.2%（41回）	39	42
14.9%（40回）	02	14	26	14.5%（39回）	18	38	14.1%（38回）	04	34	36	13.8%（37回）	13	37					
13.4%（36回）	19	25	28	35	40	13.0%（35回）	01	07	09	10	16	20	33	12.6%（34回）	21	23	24	
11.9%（32回）	12	11.5%（31回）	11	17	10.4%（28回）	22	10.0%（27回）	29	9.3%（25回）	30								

40

トータル出現
245回

月曜：**85回**　木曜：**160回**

インターバル実績

年	%	回数
INT1	11.1%	27回
INT2	11.9%	29回
INT3	8.2%	20回
INT4	8.6%	21回
INT5	9.0%	22回
INT6	7.4%	18回
INT7	6.6%	16回
INT8	4.9%	12回
INT9	4.5%	11回
INT10以上	27.9%	68回

年別出現実績

年	回数	年	回数	年	回数	年	回数	年	回数
H12	2回	H13	8回	H14	5回	H15	6回	H16	9回
H17	6回	H18	10回	H19	4回	H20	4回	H21	10回
H22	4回	H23	8回	H24	21回	H25	15回	H26	13回
H27	12回	H28	10回	H29	16回	H30	13回	R1	12回
R2	15回	R3	15回	R4	11回	R5	14回	R6	2回

トータル／引っ張り・スライド出現実績

引っ張り	トータル	11.0%	(27回)	右スライド	トータル	13.9%	(34回)	左スライド	トータル	13.5%	(33回)
	月	11.8%	(10回)		月	12.9%	(11回)		月	15.3%	(13回)
	木	10.0%	(16回)		木	11.3%	(18回)		木	16.3%	(26回)

40とのペア出現

トータル	16.3%(40回)	30	15.9%(39回)	32	14.7%(36回)	01	14.3%(35回)	15	21	13.9%(34回)	12	19	20	35	13.5%(33回)	10			
	13.1%(32回)	02	06	18	27	34	12.2%(30回)	31	33	11.8%(29回)	03	09	22	28	11.4%(28回)	29	39	41	42
	11.0%(27回)	07	08	14	24	26	43	10.6%(26回)	25	37	10.2%(25回)	17	23	38	9.8%(24回)	05	16		
	9.4%(23回)	04	11	9.0%(22回)	36	7.3%(18回)	13												
月曜	17.6%(15回)	19	21	32	16.5%(14回)	03	15	15.3%(13回)	02	27	38	42	14.1%(12回)	01	07	24	25	35	39
	12.9%(11回)	10	12	30	31	41	11.8%(10回)	06	08	28	33	43	10.6%(9回)	04	11	16	20	29	
	9.4%(8回)	14	18	22	34	8.2%(7回)	09	17	26	7.1%(6回)	37	5.9%(5回)	05	13	36	4.7%(4回)	23		
木曜	18.1%(29回)	30	15.6%(25回)	20	15.0%(24回)	01	18	32	34	14.4%(23回)	12	13.8%(22回)	06	09	10	35			
	13.1%(21回)	15	22	23	12.5%(20回)	21	26	33	37	11.9%(19回)	02	05	14	19	27	28	29	31	
	11.3%(18回)	17	10.6%(17回)	08	36	41	43	10.0%(16回)	39	9.4%(15回)	03	07	16	24	42	8.8%(14回)	04	11	25
	8.1%(13回)	13	7.5%(12回)	38															

40が出た次の回に出る数字

18.4%(45回)	11	17.6%(43回)	06	17.1%(42回)	24	27	43	16.3%(40回)	02	04	15.9%(39回)	05	12	20	15.5%(38回)	26		
15.1%(37回)	15	28	36	14.7%(36回)	03	31	32	37	14.3%(35回)	13	38	13.9%(34回)	01	10	35	41		
13.5%(33回)	25	33	39	13.1%(32回)	22	30	34	12.7%(31回)	08	18	19	11.8%(29回)	07	17	23			
11.4%(28回)	09	21	42	11.0%(27回)	14	40	10.6%(26回)	16	9.4%(23回)	29								

41

トータル出現 **247回**

月曜：**89回** | 木曜：**158回**

インターバル実績

年	%	回数
INT1	11.8%	29回
INT2	10.2%	25回
INT3	8.9%	22回
INT4	10.6%	26回
INT5	8.5%	21回
INT6	5.3%	13回
INT7	8.1%	20回
INT8	5.3%	13回
INT9	3.7%	9回
INT10以上	27.6%	68回

年別出現実績

年	回数	年	回数	年	回数	年	回数	年	回数
H12	1回	H13	11回	H14	6回	H15	6回	H16	8回
H17	6回	H18	9回	H19	6回	H20	3回	H21	6回
H22	10回	H23	15回	H24	16回	H25	12回	H26	12回
H27	7回	H28	11回	H29	10回	H30	14回	R1	17回
R2	16回	R3	15回	R4	11回	R5	18回	R6	1回

トータル／引っ張り・スライド出現実績

引っ張り	トータル	11.7%	（29回）	右スライド	トータル	13.0%	（32回）	左スライド	トータル	13.8%	（34回）
	月	9.0%	（8回）		月	14.6%	（13回）		月	12.4%	（11回）
	木	12.7%	（20回）		木	13.4%	（21回）		木	19.7%	（31回）

41とのペア出現

トータル	15.8%（39回）	06	15.0%（37回）	22	14.6%（36回）	18	14.2%（35回）	01	17	13.4%（33回）	13	21	36	42					
	13.0%（32回）	05	15	28	32	35	12.6%（31回）	08	12	19	31	12.1%（30回）	14	30	11.7%（29回）	07	24	37	
	11.3%（28回）	10	16	20	25	34	38	40	10.9%（27回）	04	10.5%（26回）	02	27	33	43	9.7%（24回）	11	23	
	9.3%（23回）	03	09	26	29	39													
月曜	19.1%（17回）	22	18.0%（16回）	01	28	34	16.9%（15回）	06	24	15.7%（14回）	18	37	42	14.6%（13回）	33	36			
	13.5%（12回）	04	08	13	12.4%（11回）	05	07	14	21	27	31	32	40	11.2%（10回）	10	12	20	25	
	10.1%（9回）	09	30	43	9.0%（8回）	03	16	17	23	29	35	7.9%（7回）	02	19	38	6.7%（6回）	11	15	39
	4.5%（4回）	26																	
木曜	17.1%（27回）	17	16.5%（26回）	15	15.2%（24回）	06	19	35	13.9%（22回）	18	21	13.3%（21回）	05	12	13	30	32	38	
	12.7%（20回）	16	22	31	36	12.0%（19回）	01	02	08	14	26	42	11.4%（18回）	07	10	11	20	25	
	10.8%（17回）	39	40	43	10.1%（16回）	23	28	9.5%（15回）	03	04	27	29	37	8.9%（14回）	09	24	8.2%（13回）	33	
	7.6%（12回）	34																	

41が出た次の回に出る数字

17.8%（44回）	05	20	17.0%（42回）	06	37	16.6%（41回）	08	19	21	23	16.2%（40回）	39	15.8%（39回）	02	15.4%（38回）	10	35	
15.0%（37回）	22	30	36	14.6%（36回）	15	16	25	34	14.2%（35回）	18	13.8%（34回）	07	27	40	13.4%（33回）	17	26	
13.0%（32回）	09	14	42	43	12.6%（31回）	01	03	13	24	12.1%（30回）	04	11	28	38	11.7%（29回）	41		
11.3%（28回）	31	32	10.9%（27回）	29	10.1%（25回）	33	9.7%（24回）	12										

42

トータル出現
273回

月曜：**109回**　木曜：**164回**

インターバル実績

年	%	回数
INT1	17.3%	47回
INT2	15.4%	42回
INT3	9.6%	26回
INT4	7.4%	20回
INT5	8.1%	22回
INT6	5.1%	14回
INT7	6.6%	18回
INT8	4.0%	11回
INT9	2.6%	7回
INT10以上	23.9%	65回

年別出現実績

年	回数	年	回数	年	回数	年	回数	年	回数
H12	4回	H13	8回	H14	3回	H15	6回	H16	4回
H17	9回	H18	5回	H19	6回	H20	3回	H21	14回
H22	5回	H23	16回	H24	15回	H25	10回	H26	15回
H27	14回	H28	20回	H29	17回	H30	13回	R1	17回
R2	13回	R3	17回	R4	20回	R5	18回	R6	1回

トータル／引っ張り・スライド出現実績

引っ張り	トータル	17.2%	（47回）	右スライド	トータル	15.8%	（43回）	左スライド	トータル	11.0%	（30回）
	月	18.3%	（20回）		月	14.7%	（16回）		月	7.3%	（8回）
	木	15.3%	（25回）		木	14.1%	（23回）		木	12.3%	（20回）

42とのペア出現

トータル	15.4%（42回）	39	15.0%（41回）	32	14.7%（40回）	02	14.3%（39回）	10	13.9%（38回）	07	14	26	35	13.6%（37回）	04	34	38		
	13.2%（36回）	08	15	16	12.8%（35回）	17	22	25	12.5%（34回）	01	06	21	12.1%（33回）	23	41	43			
	11.4%（31回）	12	19	24	37	11.0%（30回）	28	36	10.6%（29回）	03	10.3%（28回）	27	31	40	9.9%（27回）	13	18		
	9.5%（26回）	29	30	9.2%（25回）	05	09	11	33	8.4%（23回）	20									
月曜	18.3%（20回）	14	16.5%（18回）	03	21	15.6%（17回）	01	02	08	23	38	14.7%（16回）	07	15	22	13.8%（15回）	10	12	26
	12.8%（14回）	19	24	28	32	41	11.9%（13回）	13	35	39	40	11.0%（12回）	04	06	09	43			
	10.1%（11回）	16	17	27	29	34	9.2%（10回）	11	25	30	33	37	8.3%（9回）	18	7.3%（8回）	31	36	5.5%（6回）	05
	4.6%（5回）	20																	
木曜	17.7%（29回）	39	16.5%（27回）	32	15.9%（26回）	34	15.2%（25回）	04	16	25	35	14.6%（24回）	10	17	14.0%（23回）	02	26		
	13.4%（22回）	06	07	36	12.8%（21回）	37	43	12.2%（20回）	15	31	38	11.6%（19回）	05	08	22	41			
	11.0%（18回）	14	18	20	10.4%（17回）	01	19	24	27	9.8%（16回）	12	21	23	28	30				
	9.1%（15回）	11	29	33	40	8.5%（14回）	13	7.9%（13回）	09	6.7%（11回）	03								

42が出た次の回に出る数字

17.9%（49回）	21	38	17.6%（48回）	30	32	17.2%（47回）	35	42	16.8%（46回）	36	16.1%（44回）	22	39	15.8%（43回）	23	33	43	
15.0%（41回）	27	14.7%（40回）	04	06	14	24	26	14.3%（39回）	09	11	28	13.9%（38回）	16	37	13.6%（37回）	03	20	
13.2%（36回）	12	19	12.8%（35回）	10	15	31	12.5%（34回）	08	40	12.1%（33回）	25	11.7%（32回）	18	29	34	11.4%（31回）	17	
11.0%（30回）	07	41	10.6%（29回）	01	13	10.3%（28回）	02	05										

43

トータル出現 **268回**

月曜：**92回** ｜ 木曜：**176回**

インターバル実績

年	%	回数
INT1	15.4%	41回
INT2	12.7%	34回
INT3	7.5%	20回
INT4	8.6%	23回
INT5	7.5%	20回
INT6	5.6%	15回
INT7	5.6%	15回
INT8	5.2%	14回
INT9	4.5%	12回
INT10以上	27.3%	73回

年別出現実績

年	回数	年	回数	年	回数	年	回数	年	回数
H12	2回	H13	7回	H14	7回	H15	3回	H16	6回
H17	5回	H18	7回	H19	5回	H20	12回	H21	11回
H22	8回	H23	14回	H24	9回	H25	12回	H26	14回
H27	22回	H28	16回	H29	16回	H30	14回	R1	20回
R2	13回	R3	16回	R4	13回	R5	15回	R6	1回

トータル／引っ張り・スライド出現実績

引っ張り	トータル	15.3%	（41回）
	月	13.0%	（12回）
	木	13.1%	（23回）

「43」の右スライドにあたる数字はありません

左スライド	トータル	11.6%	（31回）
	月	19.6%	（18回）
	木	11.9%	（21回）

43とのペア出現

トータル	16.4%（44回）	26	15.3%（41回）	15	14.9%（40回）	30	13.8%（37回）	14	16	13.4%（36回）	07	20	28						
	13.1%（35回）	02	10	23	31	32	36	12.7%（34回）	12	19	27	12.3%（33回）	03	06	42				
	11.9%（32回）	08	11	22	24	34	35	11.6%（31回）	21	38	11.2%（30回）	17	18	37	10.8%（29回）	01	10.4%（28回）	04	
	10.1%（27回）	39	40	9.7%（26回）	25	41	9.3%（25回）	13	9.0%（24回）	33	8.6%（23回）	05	8.2%（22回）	29	7.8%（21回）	09			
月曜	20.7%（19回）	30	15.2%（14回）	06	10	20	31	14.1%（13回）	07	14	24	26	28	32	39				
	13.0%（12回）	15	21	35	36	37	42	12.0%（11回）	02	19	23	25	27						
	10.9%（10回）	01	03	08	11	16	18	40	9.8%（9回）	04	05	12	22	38	41	8.7%（8回）	13	29	34
	7.6%（7回）	17	33	5.4%（5回）	09														
木曜	17.6%（31回）	26	16.5%（29回）	15	15.3%（27回）	16	14.2%（25回）	12	13.6%（24回）	02	14	23	34						
	13.1%（23回）	03	07	17	19	22	27	28	36	12.5%（22回）	08	11	20	32	38				
	11.9%（21回）	10	30	31	42	11.4%（20回）	18	35	10.8%（19回）	01	04	06	21	24	10.2%（18回）	37			
	9.7%（17回）	13	33	40	41	9.1%（16回）	09	8.5%（15回）	25	8.0%（14回）	05	29	39						

43が出た次の回に出る数字

17.5%（47回）	24	16.8%（45回）	01	37	38	16.4%（44回）	14	27	16.0%（43回）	03	06	26	15.7%（42回）	02	17	35	39	
15.3%（41回）	20	43	14.9%（40回）	05	14.6%（39回）	30	14.2%（38回）	07	19	21	23	13.8%（37回）	13	15	25	32		
13.1%（35回）	10	12	31	34	12.7%（34回）	04	11	40	11.9%（32回）	16	22	28	11.6%（31回）	09	18	36	42	
11.2%（30回）	08	29	33	10.4%（28回）	41													

コラム4

ロト6数字ごとの1等賞金獲得額 一番高いのはどの数字だ!!

ここではロト6の賞金に関するおもしろネタを紹介していこう。「01」～「43」ごとに、どの数字が出たときに1等賞金が高いのかを算出！　果たして効率のいい数字は!?

「43」が出ると1等平均賞金額は2億円強!

右表は、ロト6の「01」～「43」別に出現したときの1等賞金の平均額を算出したもの(1等該当なし時は除外)。

まず出現したときに最も高額になるのは「43」。その平均額、2億1313万円という超高額だ。

逆に1等平均額が低いのが「10」＝1億5960万円。1位の「43」と約5000万円の差が発生しているのだ。

このランキングを元に1等平均額の高い数字を組み合わせて、夢の1等6億円を目指そう！

◎ロト6　全数字の1等獲得賞金(平均)ランキング

順位	数字	平均賞金額(円)	通算出現数
1	43	¥213,134,594	268
2	42	¥209,890,984	273
3	39	¥204,297,422	269
4	01	¥203,237,515	257
5	37	¥201,244,084	277
6	41	¥199,692,175	247
7	34	¥198,914,947	247
8	04	¥194,206,610	258
9	31	¥193,937,828	254
10	20	¥192,994,184	262
11	36	¥192,387,179	258
12	16	¥191,659,247	266
13	32	¥190,837,679	270
14	29	¥190,614,877	234
15	21	¥190,353,644	273
16	18	¥190,343,139	259
17	26	¥189,802,086	272
18	38	¥189,301,744	278
19	11	¥188,130,369	251
20	19	¥186,056,536	274
21	15	¥184,280,102	275
22	06	¥183,495,041	286
23	23	¥183,318,722	261
24	40	¥183,260,207	245
25	17	¥183,194,795	242
26	14	¥182,349,699	254
27	30	¥182,130,205	260
28	05	¥181,643,162	262
29	28	¥180,575,755	255
30	22	¥180,455,127	267
31	33	¥180,074,708	245
32	07	¥179,946,126	236
33	24	¥179,179,351	266
34	13	¥178,647,886	241
35	35	¥178,017,707	265
36	25	¥177,590,759	257
37	02	¥175,764,535	275
38	08	¥173,273,265	261
39	09	¥171,958,561	230
40	03	¥170,564,064	255
41	27	¥170,495,558	272
42	12	¥169,585,571	260
43	10	¥159,602,787	273
平均		¥185,815,831	

LOTO 6
ロトシックス

月別・出現ランキング

ここでは、ロト6の月別（1月～12月）のトータル出現ランキング（P158）、月曜出現ランキング（P162）、木曜出現ランキング（P166）を掲載。

トータル

1月（抽せん：207回）

ランク	出現率	回数	数字	
1位	19.7%	29回	37	
2位	19.0%	28回	15	42
4位	17.7%	26回	07	20
			39	
7位	17.0%	25回	13	
8位	16.3%	24回	21	27
			31	36
12位	15.6%	23回	04	14
			23	33
			38	
17位	15.0%	22回	12	
18位	14.3%	21回	10	18
			24	25
22位	13.6%	20回	02	05
			06	08
26位	12.9%	19回	17	19
			26	41
			43	
31位	12.2%	18回	30	32
			35	
34位	11.6%	17回	11	
35位	10.9%	16回	01	16
			22	28
39位	10.2%	15回	09	34
41位	8.8%	13回	29	
42位	8.2%	12回	03	40

2月（抽せん：141回）

ランク	出現率	回数	数字	
1位	23.4%	33回	19	
2位	20.6%	29回	15	
3位	19.9%	28回	10	43
5位	19.1%	27回	26	
6位	17.7%	25回	22	
7位	17.0%	24回	27	
8位	16.3%	23回	12	
9位	15.6%	22回	06	24
			28	29
13位	14.9%	21回	03	17
15位	14.2%	20回	02	11
			14	31
			35	37
			38	39
23位	13.5%	19回	05	18
25位	12.8%	18回	08	21
			30	33
29位	12.1%	17回	01	04
			07	20
			23	34
			36	40
37位	11.3%	16回	32	
38位	9.9%	14回	13	25
40位	9.2%	13回	16	41
42位	8.5%	12回	09	
43位	7.8%	11回	42	

3月（抽せん：155回）

ランク	出現率	回数	数字	
1位	22.6%	35回	16	
2位	20.0%	31回	05	
3位	18.7%	29回	19	
4位	17.4%	27回	31	
5位	16.8%	26回	06	08
			14	26
9位	16.1%	25回	35	
10位	15.5%	24回	02	11
			20	28
			36	43
16位	14.8%	23回	03	04
			10	30
20位	14.2%	22回	09	12
			23	27
			37	
25位	12.9%	20回	15	18
			33	34
29位	12.3%	19回	22	29
			41	
32位	11.6%	18回	24	32
			39	
35位	11.0%	17回	13	17
			38	40
39位	10.3%	16回	42	
40位	9.7%	15回	01	21
			25	
43位	8.4%	13回	07	

4月(抽せん:154回)

ランク	出現率	回数	数字	
1位	20.1%	31回	32	
2位	19.5%	30回	42	
3位	17.5%	27回	11	39
5位	16.9%	26回	04	31
7位	16.2%	25回	05	06
			20	
10位	15.6%	24回	01	10
			14	22
			40	41
16位	14.9%	23回	23	
17位	14.3%	22回	34	37
19位	13.6%	21回	08	12
			16	18
			26	28
			35	
26位	13.0%	20回	13	24
			27	29
			30	33
			36	
33位	12.3%	19回	15	38
35位	11.7%	18回	03	43
37位	11.0%	17回	17	19
			21	
40位	9.7%	15回	02	07
			09	
43位	9.1%	14回	25	

5月(抽せん:160回)

ランク	出現率	回数	数字	
1位	20.0%	32回	21	
2位	19.4%	31回	26	
3位	17.5%	28回	29	40
5位	16.9%	27回	10	16
			18	36
			41	
10位	16.3%	26回	03	43
12位	15.6%	25回	09	32
14位	15.0%	24回	08	23
			37	
17位	14.4%	23回	04	20
			31	35
21位	13.8%	22回	02	06
			07	13
			28	
26位	13.1%	21回	22	25
			34	
29位	12.5%	20回	15	42
31位	11.9%	19回	24	27
33位	11.3%	18回	01	05
			17	30
			33	38
39位	10.6%	17回	19	39
41位	10.0%	16回	11	14
43位	9.4%	15回	12	

6月(抽せん:154回)

ランク	出現率	回数	数字	
1位	20.8%	32回	32	
2位	19.5%	30回	06	37
			39	
5位	18.8%	29回	18	27
			38	
8位	17.5%	27回	17	43
10位	16.9%	26回	04	09
12位	16.2%	25回	11	30
14位	15.6%	24回	23	
15位	14.9%	23回	12	13
			19	
18位	14.3%	22回	08	20
			21	36
			42	
23位	13.6%	21回	03	10
			34	35
27位	13.0%	20回	15	
28位	12.3%	19回	16	24
			31	41
32位	11.7%	18回	02	
33位	11.0%	17回	05	07
35位	9.7%	15回	26	28
			29	40
39位	9.1%	14回	14	22
41位	8.4%	13回	01	25
43位	6.5%	10回	33	

月別・出現ランキング

トータル

7月（抽せん：159回）

ランク	出現率	回数	数字	
1位	18.9%	30回	05	38
3位	18.2%	29回	22	
4位	17.6%	28回	21	
5位	17.0%	27回	23	
6位	16.4%	26回	02	30
			39	43
10位	15.7%	25回	01	10
12位	15.1%	24回	27	28
			35	41
16位	14.5%	23回	04	26
			29	40
			42	
21位	13.8%	22回	07	11
			15	16
			17	24
			33	37
29位	13.2%	21回	18	
30位	12.6%	20回	03	08
			13	25
			34	36
36位	11.9%	19回	06	
37位	11.3%	18回	20	
38位	10.7%	17回	31	32
40位	10.1%	16回	19	
41位	9.4%	15回	09	14
43位	6.9%	11回	12	

8月（抽せん：160回）

ランク	出現率	回数	数字	
1位	18.8%	30回	06	12
			24	
4位	18.1%	29回	38	
5位	17.5%	28回	01	34
7位	16.9%	27回	04	
8位	16.3%	26回	10	25
			32	42
12位	15.6%	25回	27	
13位	15.0%	24回	18	28
			35	37
			43	
18位	14.4%	23回	02	03
			19	
21位	13.8%	22回	11	
22位	13.1%	21回	05	16
			29	31
			36	39
28位	12.5%	20回	09	13
			20	22
			41	
33位	11.9%	19回	08	17
			26	33
			40	
38位	11.3%	18回	15	
39位	10.6%	17回	14	
40位	10.0%	16回	07	21
			23	
43位	8.8%	14回	30	

9月（抽せん：154回）

ランク	出現率	回数	数字	
1位	23.4%	36回	25	
2位	19.5%	30回	16	
3位	18.2%	28回	27	
4位	17.5%	27回	07	12
6位	16.9%	26回	06	10
			13	14
10位	16.2%	25回	01	08
			15	22
14位	15.6%	24回	21	26
16位	14.9%	23回	03	18
			32	33
			42	
21位	14.3%	22回	17	36
23位	13.6%	21回	02	24
			41	
26位	13.0%	20回	05	30
			37	
29位	12.3%	19回	04	38
31位	11.7%	18回	19	20
			39	
34位	11.0%	17回	23	29
			40	43
38位	10.4%	16回	34	
39位	9.7%	15回	28	
40位	9.1%	14回	09	
41位	8.4%	13回	31	35
43位	7.1%	11回	11	

10月(抽せん:164回)

ランク	出現率	回数	数字	
1位	18.9%	31回	19	
2位	18.3%	30回	21	
3位	17.7%	29回	01	25
			42	
6位	17.1%	28回	06	22
			24	30
10位	16.5%	27回	23	34
12位	15.9%	26回	02	03
14位	15.2%	25回	20	40
16位	14.6%	24回	09	14
			37	
19位	14.0%	23回	12	13
			35	41
23位	13.4%	22回	11	15
			17	26
			28	32
			33	
30位	12.8%	21回	27	43
32位	12.2%	20回	31	38
34位	11.6%	19回	07	18
			36	
37位	11.0%	18回	05	16
39位	10.4%	17回	08	
40位	9.8%	16回	39	
41位	9.1%	15回	10	29
43位	7.3%	12回	04	

11月(抽せん:159回)

ランク	出現率	回数	数字	
1位	24.5%	39回	02	
2位	18.9%	30回	30	
3位	18.2%	29回	15	
4位	17.0%	27回	08	25
			40	
7位	16.4%	26回	09	
8位	15.7%	25回	22	28
			33	38
12位	15.1%	24回	05	20
			23	24
16位	14.5%	23回	14	16
			37	39
			43	
21位	13.8%	22回	04	26
			42	
24位	13.2%	21回	01	07
			12	21
			32	
29位	12.6%	20回	18	35
			36	41
33位	11.9%	19回	03	17
35位	11.3%	18回	06	19
			34	
38位	10.7%	17回	31	
39位	10.1%	16回	10	11
			13	27
43位	8.8%	14回	29	

12月(抽せん:158回)

ランク	出現率	回数	数字	
1位	20.9%	33回	35	
2位	19.0%	30回	19	
3位	18.4%	29回	11	38
5位	17.1%	27回	29	31
			39	
8位	16.5%	26回	01	14
			21	
11位	15.8%	25回	28	33
13位	14.6%	23回	03	15
			26	42
17位	13.9%	22回	08	12
			24	34
			36	
22位	13.3%	21回	02	07
			10	16
			22	25
			32	40
30位	12.7%	20回	06	20
			27	30
34位	12.0%	19回	05	17
36位	11.4%	18回	41	
37位	10.8%	17回	04	23
			37	
40位	10.1%	16回	09	
41位	9.5%	15回	13	18
			43	

月別・出現ランキング

月曜

1月（抽せん：51回）

ランク	出現率	回数	数字	
1位	27.5%	14回	37	
2位	23.5%	12回	13	15
4位	21.6%	11回	39	42
6位	19.6%	10回	07	20
8位	17.6%	9回	04	12
			23	32
			38	
13位	15.7%	8回	02	10
			21	22
			36	
18位	13.7%	7回	06	18
			19	24
			43	
23位	11.8%	6回	01	03
			08	14
			16	26
			27	30
31位	9.8%	5回	09	11
			28	31
			33	35
			40	41
39位	7.8%	4回	17	25
			29	
42位	5.9%	3回	05	34

2月（抽せん：49回）

ランク	出現率	回数	数字	
1位	28.6%	14回	19	
2位	20.4%	10回	01	21
			27	28
			43	
7位	18.4%	9回	05	14
			22	24
			31	37
13位	16.3%	8回	02	03
			10	29
			33	40
19位	14.3%	7回	08	12
			15	35
			38	39
25位	12.2%	6回	25	26
			32	34
			42	
30位	10.2%	5回	06	17
			18	20
			30	
35位	8.2%	4回	07	11
			13	16
			23	41
41位	6.1%	3回	09	
42位	4.1%	2回	04	36

3月（抽せん：52回）

ランク	出現率	回数	数字	
1位	21.2%	11回	26	
2位	19.2%	10回	02	05
			14	22
6位	17.3%	9回	03	16
			20	24
			28	30
			31	35
			36	
15位	15.4%	8回	04	08
			09	10
			11	13
			18	
22位	13.5%	7回	06	12
			19	23
			27	32
			38	41
30位	11.5%	6回	25	34
			37	39
			40	42
36位	9.6%	5回	07	29
			33	43
40位	5.8%	3回	01	15
			17	21

4月(抽せん:56回)

ランク	出現率	回数	数字	
1位	25.0%	14回	32	
2位	23.2%	13回	01	
3位	21.4%	12回	27	
4位	19.6%	11回	05	06
6位	17.9%	10回	12	26
			31	
9位	16.1%	9回	03	04
			10	11
			13	18
			20	24
			28	33
			37	39
			41	
22位	14.3%	8回	14	22
			42	
25位	12.5%	7回	07	08
			15	21
			34	35
31位	10.7%	6回	16	17
			29	38
			43	
36位	8.9%	5回	02	09
			19	30
			36	
41位	5.4%	3回	25	
42位	3.6%	2回	23	40

5月(抽せん:58回)

ランク	出現率	回数	数字	
1位	20.7%	12回	02	40
3位	19.0%	11回	07	16
			20	21
			23	29
			31	32
11位	17.2%	10回	09	18
			26	42
15位	15.5%	9回	03	04
			08	15
			43	
20位	13.8%	8回	01	10
			19	24
			27	36
			37	
27位	12.1%	7回	06	25
			34	35
			38	
32位	10.3%	6回	13	28
			41	
35位	8.6%	5回	05	12
			14	17
			22	30
			33	39
43位	3.4%	2回	11	

6月(抽せん:55回)

ランク	出現率	回数	数字	
1位	23.6%	13回	06	13
3位	21.8%	12回	30	37
			38	
6位	20.0%	11回	04	11
8位	18.2%	10回	08	23
			32	42
12位	16.4%	9回	05	34
			35	36
			43	
17位	14.5%	8回	03	07
			18	27
			28	
22位	12.7%	7回	02	09
			12	17
			20	21
			24	25
30位	10.9%	6回	01	10
			19	26
			41	
35位	9.1%	5回	16	22
			39	
38位	7.3%	4回	14	15
			29	31
42位	3.6%	2回	33	40

7月（抽せん：58回）

ランク	出現率	回数	数字	
1位	25.9%	15回	23	
2位	24.1%	14回	30	
3位	22.4%	13回	38	
4位	20.7%	12回	21	28
			41	
7位	19.0%	11回	22	43
9位	17.2%	10回	02	
10位	15.5%	9回	06	24
			35	37
14位	13.8%	8回	07	13
			33	36
			39	40
			42	
21位	12.1%	7回	03	04
			05	08
			10	11
			14	17
			18	19
			20	25
			26	27
			34	
36位	10.3%	6回	01	12
			29	
39位	8.6%	5回	09	16
			31	
42位	6.9%	4回	15	32

8月（抽せん：58回）

ランク	出現率	回数	数字	
1位	25.9%	15回	06	
2位	20.7%	12回	19	
3位	19.0%	11回	10	12
			27	34
			35	41
			42	
10位	17.2%	10回	01	04
			18	
13位	15.5%	9回	03	05
			08	21
			22	43
19位	13.8%	8回	02	16
			26	39
			40	
24位	12.1%	7回	13	23
			24	28
			29	38
30位	10.3%	6回	07	09
			14	15
			25	32
			33	36
			37	
39位	8.6%	5回	11	20
			30	31
43位	6.9%	4回	17	

9月（抽せん：55回）

ランク	出現率	回数	数字	
1位	25.5%	14回	10	25
3位	23.6%	13回	07	22
			27	
6位	21.8%	12回	14	
7位	20.0%	11回	08	16
9位	18.2%	10回	05	12
			21	
12位	16.4%	9回	01	03
			40	
15位	14.5%	8回	06	29
			41	
18位	12.7%	7回	15	17
			23	30
			33	36
			39	42
26位	10.9%	6回	02	13
			18	19
			24	26
			31	34
			37	38
			43	
37位	9.1%	5回	20	28
			32	
40位	7.3%	4回	09	
41位	5.5%	3回	11	35
43位	1.8%	1回	04	

10月（抽せん：59回）

ランク	出現率	回数	数字	
1位	23.7%	14回	24	
2位	22.0%	13回	42	
3位	20.3%	12回	19	21
			23	33
7位	18.6%	11回	01	03
			25	40
11位	16.9%	10回	09	41
13位	15.3%	9回	02	13
			22	26
			28	30
19位	13.6%	8回	06	07
			08	10
			11	15
			18	27
			39	
28位	11.9%	7回	05	16
			20	38
			43	
33位	10.2%	6回	12	14
			29	35
			37	
38位	8.5%	5回	31	32
40位	6.8%	4回	17	34
42位	5.1%	3回	04	36

11月（抽せん：55回）

ランク	出現率	回数	数字	
1位	30.9%	17回	02	
2位	23.6%	13回	38	42
4位	21.8%	12回	37	
5位	18.2%	10回	09	15
			39	
8位	16.4%	9回	04	08
			12	14
			33	40
14位	14.5%	8回	03	05
			19	20
			21	22
			25	26
22位	12.7%	7回	01	06
			18	23
			24	28
			30	31
			34	35
			41	
33位	10.9%	6回	07	13
			27	
36位	9.1%	5回	16	17
			29	36
40位	7.3%	4回	32	43
42位	5.5%	3回	10	
43位	1.8%	1回	11	

12月（抽せん：55回）

ランク	出現率	回数	数字	
1位	23.6%	13回	11	26
3位	21.8%	12回	28	35
5位	20.0%	11回	01	29
			33	34
9位	18.2%	10回	15	24
			32	
12位	16.4%	9回	38	39
			43	
15位	14.5%	8回	03	14
			22	25
			30	36
21位	12.7%	7回	05	06
			08	10
			12	19
			21	31
29位	10.9%	6回	02	04
			16	17
			20	37
			42	
36位	9.1%	5回	07	09
			27	40
40位	7.3%	4回	18	41
42位	5.5%	3回	23	
43位	3.6%	2回	13	

月別・出現ランキング

木曜

1月（抽せん：96回）

ランク	出現率	回数	数字	
1位	19.8%	19回	31	
2位	18.8%	18回	27	33
4位	17.7%	17回	05	14
			25	42
8位	16.7%	16回	07	15
			20	21
			36	
13位	15.6%	15回	17	37
			39	
16位	14.6%	14回	04	08
			18	23
			24	38
			41	
23位	13.5%	13回	06	10
			12	13
			26	35
29位	12.5%	12回	02	11
			19	30
			34	43
35位	11.5%	11回	28	
36位	10.4%	10回	01	09
			16	
39位	9.4%	9回	29	32
41位	8.3%	8回	22	
42位	7.3%	7回	40	
43位	6.3%	6回	03	

2月（抽せん：92回）

ランク	出現率	回数	数字	
1位	23.9%	22回	15	
2位	22.8%	21回	26	
3位	21.7%	20回	10	
4位	20.7%	19回	19	
5位	19.6%	18回	43	
6位	18.5%	17回	06	
7位	17.4%	16回	11	12
			17	22
11位	16.3%	15回	04	36
13位	15.2%	14回	18	27
			29	
16位	14.1%	13回	03	07
			23	24
			30	35
			38	39
24位	13.0%	12回	02	20
			28	
27位	12.0%	11回	08	14
			31	34
			37	
32位	10.9%	10回	05	13
			32	33
36位	9.8%	9回	09	16
			40	41
40位	8.7%	8回	21	25
42位	7.6%	7回	01	
43位	5.4%	5回	42	

3月（抽せん：103回）

ランク	出現率	回数	数字	
1位	25.2%	26回	16	
2位	21.4%	22回	19	
3位	20.4%	21回	05	
4位	18.4%	19回	06	43
6位	17.5%	18回	08	31
8位	16.5%	17回	15	
9位	15.5%	16回	11	14
			35	37
13位	14.6%	15回	04	10
			12	20
			23	26
			27	28
			33	36
23位	13.6%	14回	02	03
			09	17
			29	30
			34	
30位	11.7%	12回	01	18
			21	39
			41	
35位	10.7%	11回	32	40
37位	9.7%	10回	38	42
39位	8.7%	9回	13	22
			24	25
43位	7.8%	8回	07	

4月(抽せん:98回)

ランク	出現率	回数	数字	
1位	22.4%	22回	40	42
3位	21.4%	21回	23	
4位	18.4%	18回	11	39
6位	17.3%	17回	04	32
8位	16.3%	16回	14	20
			22	31
12位	15.3%	15回	10	16
			30	34
			36	41
18位	14.3%	14回	05	06
			08	29
			35	
23位	13.3%	13回	37	38
25位	12.2%	12回	15	18
			19	28
			43	
30位	11.2%	11回	01	12
			13	17
			24	25
			26	33
38位	10.2%	10回	02	09
			21	
41位	9.2%	9回	03	
42位	8.2%	8回	07	27

5月(抽せん:102回)

ランク	出現率	回数	数字	
1位	20.6%	21回	21	26
			41	
4位	18.6%	19回	10	36
6位	16.7%	17回	03	18
			29	43
10位	15.7%	16回	13	16
			22	28
			35	37
			40	
17位	14.7%	15回	06	08
			09	
20位	13.7%	14回	04	11
			25	32
			34	
25位	12.7%	13回	05	17
			23	30
			33	
30位	11.8%	12回	20	31
			39	
33位	10.8%	11回	07	14
			15	24
			27	38
39位	9.8%	10回	01	02
			12	42
43位	8.8%	9回	19	

6月(抽せん:99回)

ランク	出現率	回数	数字	
1位	25.3%	25回	39	
2位	22.2%	22回	32	
3位	21.2%	21回	18	27
5位	20.2%	20回	17	
6位	19.2%	19回	09	
7位	18.2%	18回	37	43
9位	17.2%	17回	06	19
			38	
12位	16.2%	16回	12	15
14位	15.2%	15回	04	10
			20	21
			31	
19位	14.1%	14回	11	16
			23	
22位	13.1%	13回	03	30
			36	40
			41	
27位	12.1%	12回	08	24
			34	35
			42	
32位	11.1%	11回	02	29
34位	10.1%	10回	13	14
36位	9.1%	9回	07	22
			26	
39位	8.1%	8回	05	33
41位	7.1%	7回	01	28
43位	6.1%	6回	25	

月別・出現ランキング

木曜

7月（抽せん：101回）

ランク	出現率	回数	数字	
1位	22.8%	23回	05	
2位	18.8%	19回	01	
3位	17.8%	18回	10	15
			22	39
7位	16.8%	17回	16	27
			29	38
11位	15.8%	16回	02	04
			21	26
15位	14.9%	15回	11	17
			35	40
			42	43
21位	13.9%	14回	07	18
			33	
24位	12.9%	13回	03	08
			24	25
			32	34
			37	
31位	11.9%	12回	13	23
			28	30
			31	36
			41	
38位	10.9%	11回	20	
39位	9.9%	10回	06	09
41位	8.9%	9回	19	
42位	7.9%	8回	14	
43位	5.0%	5回	12	

8月（抽せん：102回）

ランク	出現率	回数	数字	
1位	22.5%	23回	24	
2位	21.6%	22回	38	
3位	19.6%	20回	25	32
5位	18.6%	19回	12	
6位	17.6%	18回	01	37
8位	16.7%	17回	04	11
			28	34
12位	15.7%	16回	31	
13位	14.7%	15回	02	06
			10	17
			20	36
			42	43
21位	13.7%	14回	03	09
			18	27
			29	
26位	12.7%	13回	13	16
			33	35
			39	
31位	11.8%	12回	05	15
33位	10.8%	11回	14	19
			22	26
			40	
38位	9.8%	10回	07	08
40位	8.8%	9回	23	30
			41	
43位	6.9%	7回	21	

9月（抽せん：99回）

ランク	出現率	回数	数字	
1位	22.2%	22回	25	
2位	20.2%	20回	13	
3位	19.2%	19回	16	
4位	18.2%	18回	04	06
			15	26
			32	
9位	17.2%	17回	12	18
11位	16.2%	16回	01	33
			42	
14位	15.2%	15回	02	17
			24	27
			36	
19位	14.1%	14回	03	07
			08	14
			21	37
25位	13.1%	13回	20	30
			38	41
29位	12.1%	12回	10	19
			22	
32位	11.1%	11回	39	43
34位	10.1%	10回	05	09
			23	28
			34	35
40位	9.1%	9回	29	
41位	8.1%	8回	11	40
43位	7.1%	7回	31	

10月(抽せん:105回)

ランク	出現率	回数	数字	
1位	21.9%	23回	34	
2位	19.0%	20回	06	
3位	18.1%	19回	19	22
			30	
6位	17.1%	18回	01	14
			17	20
			21	25
			37	
13位	16.2%	17回	02	12
			32	35
17位	15.2%	16回	36	42
19位	14.3%	15回	03	23
			31	
22位	13.3%	14回	09	11
			13	15
			24	40
			43	
29位	12.4%	13回	26	27
			28	38
			41	
34位	10.5%	11回	05	07
			16	18
38位	9.5%	10回	33	
39位	8.6%	9回	04	08
			29	
42位	7.6%	8回	39	
43位	6.7%	7回	10	

11月(抽せん:104回)

ランク	出現率	回数	数字	
1位	22.1%	23回	30	
2位	21.2%	22回	02	
3位	18.3%	19回	15	25
			43	
6位	17.3%	18回	08	16
			28	40
10位	16.3%	17回	22	23
			24	32
14位	15.4%	16回	05	09
			20	33
18位	14.4%	15回	07	11
			36	
21位	13.5%	14回	01	14
			17	26
25位	12.5%	13回	04	10
			18	21
			35	39
			41	
32位	11.5%	12回	12	38
34位	10.6%	11回	03	06
			34	37
38位	9.6%	10回	13	19
			27	31
42位	8.7%	9回	29	42

12月(抽せん:103回)

ランク	出現率	回数	数字	
1位	22.3%	23回	19	
2位	20.4%	21回	35	
3位	19.4%	20回	31	38
5位	18.4%	19回	21	
6位	17.5%	18回	14	39
8位	16.5%	17回	42	
9位	15.5%	16回	07	11
			29	40
13位	14.6%	15回	01	02
			03	08
			12	16
			27	
20位	13.6%	14回	10	20
			23	33
			36	41
26位	12.6%	13回	06	13
			15	17
			22	25
			28	
33位	11.7%	12回	05	24
			30	
36位	10.7%	11回	04	09
			18	32
			34	37
42位	9.7%	10回	26	
43位	5.8%	6回	43	

日別・出現ランキング

ここでは、ロト6の日別(1日〜31日)のトータル出現ランキングを掲載。日ごとにどの数字が出ていて、どの数字が出ていないかチェックしよう。

1日(抽せん:56回)

ランク	出現率	回数	数字						
1位	23.2%	13回	03						
2位	21.4%	12回	32	35					
4位	19.6%	11回	05						
5位	17.9%	10回	02	12	16	27	36	38	
11位	16.1%	9回	07	10	14	18	22	26	40
			41	43					
20位	14.3%	8回	06	08	19	28			
24位	12.5%	7回	13	17	24	25	30	37	
30位	10.7%	6回	09	15	20	34	39	42	
36位	8.9%	5回	21	23	29	31	33		
41位	7.1%	4回	01	04	11				

2日(抽せん:57回)

ランク	出現率	回数	数字						
1位	22.8%	13回	02	05	33				
4位	21.1%	12回	25	28					
6位	19.3%	11回	01	14	26	31	37		
11位	17.5%	10回	06	12	24	30			
15位	15.8%	9回	04	19	22	27			
19位	14.0%	8回	09	16	40				
22位	12.3%	7回	07	11	15	18	20	21	23
			41						
30位	10.5%	6回	36	38	39	42	43		
35位	8.8%	5回	08	10	17	32	34		
40位	7.0%	4回	03	13	35				
43位	1.8%	1回	29						

3日(抽せん:56回)

ランク	出現率	回数	数字						
1位	26.8%	15回	28						
2位	25.0%	14回	35						
3位	21.4%	12回	22	43					
5位	19.6%	11回	03	05	26	39			
9位	17.9%	10回	10	25					
11位	16.1%	9回	08	14	15	16	20	41	
17位	14.3%	8回	01	12	18	31	36	37	
23位	12.5%	7回	02	17	19	23	40		
28位	10.7%	6回	07	09	24	27	29	30	32
			34						
36位	8.9%	5回	11	13	21	42			
40位	7.1%	4回	04	33					
42位	5.4%	3回	06	38					

4日(抽せん:63回)

ランク	出現率	回数	数字						
1位	25.4%	16回	37						
2位	23.8%	15回	08						
3位	20.6%	13回	23	35	38				
6位	19.0%	12回	30						
7位	17.5%	11回	21	26	32	43			
11位	15.9%	10回	01	06	13	22			
15位	14.3%	9回	02	09	11	18	25	34	36
22位	12.7%	8回	03	04	05	14	15	17	19
			20	31					
31位	11.1%	7回	12	27	29	33	41		
36位	9.5%	6回	07	28	39	40			
40位	7.9%	5回	10	42					
42位	6.3%	4回	16	24					

5日(抽せん:62回)

ランク	出現率	回数	数字						
1位	24.2%	15回	01						
2位	21.0%	13回	02	11	23				
5位	19.4%	12回	13	37					
7位	16.1%	10回	06	14	15	16	30	40	
13位	14.5%	9回	04	17	19	20	21	25	27
			34	39	42				
23位	12.9%	8回	03	05	07	08	10	18	22
			28	43					
32位	11.3%	7回	09	26	35	38	41		
37位	9.7%	6回	12	29	33				
40位	8.1%	5回	24	32	36				
43位	6.5%	4回	31						

6日(抽せん:61回)

ランク	出現率	回数	数字						
1位	31.1%	19回	41						
2位	24.6%	15回	19						
3位	19.7%	12回	03	04	08	30			
7位	16.4%	10回	01	15	29				
10位	14.8%	9回	02	09	10	16	24	33	34
			40						
18位	13.1%	8回	05	07	14	18	21	36	37
			38	42					
27位	11.5%	7回	06	11	12	20	22	23	26
			28	32	35	43			
38位	9.8%	6回	13	25	31	39			
42位	8.2%	5回	27						
43位	6.6%	4回	17						

7日(抽せん:62回)

ランク	出現率	回数	数字						
1位	22.6%	14回	02						
2位	21.0%	13回	04						
3位	19.4%	12回	01	17	20	38			
7位	17.7%	11回	05	09	14	16	21	43	
13位	16.1%	10回	13	22	26	32	37		
18位	14.5%	9回	28	31	36	40			
22位	12.9%	8回	06	10	12	23	25	27	30
			39						
30位	11.3%	7回	11	24	29	35	41		
35位	9.7%	6回	07	08	18	19	34		
40位	8.1%	5回	42						
41位	6.5%	4回	03	15					
43位	4.8%	3回	33						

8日(抽せん:61回)

ランク	出現率	回数	数字						
1位	23.0%	14回	39						
2位	21.3%	13回	01	06	18	30	32		
7位	19.7%	12回	08	42					
9位	18.0%	11回	13	15	36				
12位	16.4%	10回	02	33					
14位	14.8%	9回	07	12	17	24	29	34	
20位	13.1%	8回	04	11	14	23	25	31	38
			40	43					
29位	11.5%	7回	03	05	10	21	27		
34位	9.8%	6回	16	19	20	28	37		
39位	8.2%	5回	09	41					
41位	6.6%	4回	22	35					
43位	1.6%	1回	26						

日別・出現ランキング

9日(抽せん:63回)

ランク	出現率	回数	数字						
1位	25.4%	16回	35						
2位	20.6%	13回	22						
3位	19.0%	12回	09	19	20	28	37		
8位	17.5%	11回	01	07	27	30	32		
13位	15.9%	10回	10	11	15	25	38	41	43
20位	14.3%	9回	29	40					
22位	12.7%	8回	02	03	18	21	26	36	
28位	11.1%	7回	12	13	14	24	33	34	
34位	9.5%	6回	05	06	08	17	23	39	
40位	7.9%	5回	04	16	31	42			

10日(抽せん:61回)

ランク	出現率	回数	数字						
1位	26.2%	16回	34						
2位	24.6%	15回	38						
3位	21.3%	13回	06	20	27	37			
7位	18.0%	11回	12	29	31	33	35		
12位	16.4%	10回	16	17	24				
15位	14.8%	9回	07	21	22				
18位	13.1%	8回	03	08	09	11	25	30	32
25位	11.5%	7回	01	04	10	18	23	41	42
			43						
33位	9.8%	6回	13	14	15	26	39		
38位	8.2%	5回	02	05	19	28	36		
43位	6.6%	4回	40						

11日(抽せん:63回)

ランク	出現率	回数	数字						
1位	20.6%	13回	11	12	16	19	20	21	
7位	19.0%	12回	36						
8位	17.5%	11回	06	15	22	41			
12位	15.9%	10回	02	03	07	13	24	31	
18位	14.3%	9回	17	25	26	28	33	42	
24位	12.7%	8回	08	27	29	38	39	43	
30位	11.1%	7回	30	32	34	35	37	40	
36位	9.5%	6回	04	10					
38位	7.9%	5回	09	14	18	23			
42位	6.3%	4回	01	05					

12日(抽せん:62回)

ランク	出現率	回数	数字						
1位	25.8%	16回	36						
2位	22.6%	14回	10	24					
4位	19.4%	12回	06	14	33				
7位	17.7%	11回	15	20	21	22	31		
12位	16.1%	10回	04	12	16	18	39	42	
18位	14.5%	9回	38	40	43				
21位	12.9%	8回	07	13	17	29	34	35	41
28位	11.3%	7回	03	08	11	25	28	37	
34位	9.7%	6回	01	05	26	32			
38位	8.1%	5回	02	19	23	27			
42位	6.5%	4回	09	30					

13日（抽せん：62回）

ランク	出現率	回数	数字						
1位	22.6%	14回	28						
2位	21.0%	13回	02	05	06	14			
6位	19.4%	12回	19	38					
8位	17.7%	11回	18	21	24	31			
12位	16.1%	10回	03	10	32	42			
16位	14.5%	9回	25	26	27	33	40		
21位	12.9%	8回	09	11	15	30	35	41	
27位	11.3%	7回	07	12	13	16	22	23	29
			34	36	37	43			
38位	9.7%	6回	04						
39位	8.1%	5回	01	20	39				
42位	6.5%	4回	08						
43位	4.8%	3回	17						

14日（抽せん：62回）

ランク	出現率	回数	数字						
1位	25.8%	16回	32						
2位	21.0%	13回	08	42					
4位	19.4%	12回	37	39	41				
7位	17.7%	11回	04	27	28	31			
11位	16.1%	10回	11	13	14	19	23	40	
17位	14.5%	9回	12	18	20	24	30	34	38
24位	12.9%	8回	01	10	21	26	36	43	
30位	11.3%	7回	05	17	29				
33位	9.7%	6回	02	03	06	16	25	33	35
40位	8.1%	5回	15	22					
42位	4.8%	3回	07	09					

15日（抽せん：61回）

ランク	出現率	回数	数字						
1位	27.9%	17回	37						
2位	26.2%	16回	19						
3位	24.6%	15回	18	24					
5位	19.7%	12回	05	21	32				
8位	18.0%	11回	15	35	40	43			
12位	16.4%	10回	04	26	28				
15位	14.8%	9回	34	39					
17位	13.1%	8回	25	27	29	41			
21位	11.5%	7回	01	03	07	08	09	10	13
			16	17	20	22	23	31	33
35位	9.8%	6回	12	30	36	42			
39位	8.2%	5回	02	06	14				
42位	6.6%	4回	11						
43位	3.3%	2回	38						

16日（抽せん：63回）

ランク	出現率	回数	数字						
1位	23.8%	15回	42						
2位	22.2%	14回	22						
3位	20.6%	13回	14						
4位	19.0%	12回	08	27	39				
7位	17.5%	11回	07	12	28	38	43		
12位	15.9%	10回	30	35					
14位	14.3%	9回	01	05	06	09	11	15	17
			19	23	25	41			
25位	12.7%	8回	02	03	18	21	24	29	33
32位	11.1%	7回	10	16	32	34	40		
37位	9.5%	6回	26	31					
39位	7.9%	5回	04	20	37				
42位	6.3%	4回	13	36					

日別・出現ランキング

17日(抽せん:61回)

ランク	出現率	回数	数字						
1位	27.9%	17回	22						
2位	24.6%	15回	36						
3位	23.0%	14回	42						
4位	21.3%	13回	17	26					
6位	18.0%	11回	03	27	38	43			
10位	16.4%	10回	08	10	16	21	25	40	41
17位	14.8%	9回	06	23	30	31	39		
22位	13.1%	8回	01	04	13	24	34		
27位	11.5%	7回	05	15	18	19	20	28	29
			33						
35位	9.8%	6回	02	07					
37位	8.2%	5回	11	12	37				
40位	6.6%	4回	35						
41位	4.9%	3回	09	32					
43位	3.3%	2回	14						

19日(抽せん:62回)

ランク	出現率	回数	数字						
1位	25.8%	16回	09						
2位	21.0%	13回	05	30	37				
5位	19.4%	12回	17						
6位	17.7%	11回	02	21	36	39			
10位	16.1%	10回	01	08	15	27	34	38	
16位	14.5%	9回	04	10	11	14	24	31	32
			33	40					
25位	12.9%	8回	12	23	35				
28位	11.3%	7回	03	16	19	22	26	28	42
35位	9.7%	6回	06	13	18	20	25		
40位	8.1%	5回	29	43					
42位	6.5%	4回	07						
43位	4.8%	3回	41						

18日(抽せん:63回)

ランク	出現率	回数	数字						
1位	23.8%	15回	38						
2位	22.2%	14回	32	34					
4位	20.6%	13回	12	15	43				
7位	19.0%	12回	05	10	13	20	42		
12位	17.5%	11回	02	06	07	27	37		
17位	15.9%	10回	23						
18位	14.3%	9回	14	26	35	39			
22位	12.7%	8回	01	03	16	29	36		
27位	11.1%	7回	04	09	19	21	30	33	41
34位	9.5%	6回	11	18	28				
37位	7.9%	5回	08	17	22	25			
41位	4.8%	3回	24	31					
43位	3.2%	2回	40						

20日(抽せん:62回)

ランク	出現率	回数	数字						
1位	30.6%	19回	06						
2位	24.2%	15回	21						
3位	22.6%	14回	35						
4位	21.0%	13回	04	27					
6位	19.4%	12回	11	13					
8位	17.7%	11回	38	40					
10位	16.1%	10回	15	20	34	37			
14位	14.5%	9回	07	22	24	25	28	39	
20位	12.9%	8回	03	08	17	18	19	26	33
			36						
28位	11.3%	7回	02	10	14	16	29	30	32
35位	9.7%	6回	23	31	42				
38位	8.1%	5回	01	05	12	43			
42位	6.5%	4回	41						
43位	4.8%	3回	09						

21日(抽せん:62回)

ランク	出現率	回数	数字						
1位	27.4%	17回	24						
2位	25.8%	16回	35						
3位	21.0%	13回	10	20					
5位	19.4%	12回	16	27	41	43			
9位	17.7%	11回	08	42					
11位	16.1%	10回	04	06	17	26	36	39	
17位	14.5%	9回	03	15	19	23	25	28	
23位	12.9%	8回	01	12	30	33	38	40	
29位	11.3%	7回	09	18	21	29			
33位	9.7%	6回	02	05	32				
36位	8.1%	5回	11	13	22	31	37		
41位	6.5%	4回	14						
42位	4.8%	3回	07	34					

22日(抽せん:61回)

ランク	出現率	回数	数字						
1位	23.0%	14回	15	29					
3位	21.3%	13回	38						
4位	19.7%	12回	21	30	37				
7位	18.0%	11回	02	31	39	43			
11位	16.4%	10回	05	17	24	26	32	33	40
18位	14.8%	9回	12	18	19	20	36		
23位	13.1%	8回	11	16	27	41	42		
28位	11.5%	7回	06	07	13	23	34		
33位	9.8%	6回	04	08	09	10	14	35	
39位	8.2%	5回	22						
40位	6.6%	4回	01	03					
42位	4.9%	3回	25	28					

23日(抽せん:63回)

ランク	出現率	回数	数字						
1位	27.0%	17回	25						
2位	23.8%	15回	11						
3位	20.6%	13回	16	19	23				
6位	19.0%	12回	12						
7位	17.5%	11回	03	39					
9位	15.9%	10回	18	29	30	32	42		
14位	14.3%	9回	05	08	10	13	20	22	26
			27	28					
23位	12.7%	8回	01	15	31	33	35	37	38
			41	43					
32位	11.1%	7回	02	04	06	07	14	36	
38位	7.9%	5回	09	17	21	40			
42位	6.3%	4回	24	34					

24日(抽せん:61回)

ランク	出現率	回数	数字						
1位	23.0%	14回	02						
2位	21.3%	13回	01	23					
4位	19.7%	12回	16	19	26				
7位	18.0%	11回	03	06	11	14			
11位	16.4%	10回	12	18	32	39			
15位	14.8%	9回	04	20	24	33			
19位	13.1%	8回	10	27	29	30	36	37	40
			42						
27位	11.5%	7回	05	08	09	13	22	25	28
			38	43					
36位	9.8%	6回	17	21	31	35	41		
41位	8.2%	5回	07	34					
43位	4.9%	3回	15						

日別・出現ランキング

25日(抽せん：63回)

ランク	出現率	回数	数字						
1位	25.4%	16回	14						
2位	23.8%	15回	26						
3位	22.2%	14回	31						
4位	20.6%	13回	06	16					
6位	17.5%	11回	04	10	15	27	35	41	
12位	15.9%	10回	09	11	23	29	37		
17位	14.3%	9回	01	02	07	18	20	28	40
24位	12.7%	8回	30	32	33	34			
28位	11.1%	7回	05	08	12	19	21	22	38
			42						
36位	9.5%	6回	24	25	36				
39位	7.9%	5回	17	39	43				
42位	6.3%	4回	13						
43位	4.8%	3回	03						

26日(抽せん：62回)

ランク	出現率	回数	数字						
1位	25.8%	16回	04						
2位	24.2%	15回	26						
3位	22.6%	14回	02	42					
5位	21.0%	13回	16	22					
7位	19.4%	12回	03	08	09	31			
11位	17.7%	11回	19	33					
13位	16.1%	10回	10	13	14	15	40		
18位	14.5%	9回	25	37	38				
21位	12.9%	8回	17						
22位	11.3%	7回	06	24	27	29	32	34	35
			36	39	43				
32位	9.7%	6回	05	11	12	20	23	30	
38位	8.1%	5回	01	21	28				
41位	6.5%	4回	07	18					
43位	4.8%	3回	41						

27日(抽せん：62回)

ランク	出現率	回数	数字						
1位	25.8%	16回	06						
2位	22.6%	14回	25	43					
4位	21.0%	13回	11						
5位	19.4%	12回	09	10	24	39			
9位	17.7%	11回	17	32					
11位	16.1%	10回	01	18	30				
14位	14.5%	9回	02	04	05	08	16	26	27
			35	36					
23位	12.9%	8回	03	07	19	22	33	34	42
30位	11.3%	7回	12	13	15	23	41		
35位	9.7%	6回	28	31	38	40			
39位	8.1%	5回	37						
40位	6.5%	4回	20	21					
42位	4.8%	3回	14	29					

28日(抽せん：62回)

ランク	出現率	回数	数字						
1位	25.8%	16回	21						
2位	21.0%	13回	18						
3位	19.4%	12回	15	17					
5位	17.7%	11回	02	09	11	23	27	28	36
			42						
13位	16.1%	10回	22	29	39				
16位	14.5%	9回	10	24	32	34	40	43	
22位	12.9%	8回	01	03	07	20	30	38	
28位	11.3%	7回	05	08	12	13	14	19	26
			33	37	41				
38位	9.7%	6回	16						
39位	8.1%	5回	04	25	31	35			
43位	4.8%	3回	06						

29日(抽せん:57回)

ランク	出現率	回数	数字						
1位	24.6%	14回	10	31					
3位	22.8%	13回	05						
4位	19.3%	11回	15	23	34				
7位	17.5%	10回	03	04	06	08	26		
12位	15.8%	9回	13	19	22	24	25		
17位	14.0%	8回	07	12	16	17	18	20	28
			38	43					
26位	12.3%	7回	01	14	21	32	33	40	
32位	10.5%	6回	02	09	27	39	41		
37位	8.8%	5回	29	35	36	42			
41位	7.0%	4回	37						
42位	5.3%	3回	30						
43位	3.5%	2回	11						

30日(抽せん:58回)

ランク	出現率	回数	数字						
1位	27.6%	16回	07						
2位	22.4%	13回	42						
3位	20.7%	12回	29						
4位	19.0%	11回	12	15	21	24	39		
9位	17.2%	10回	03	32	38				
12位	15.5%	9回	06	23	34	36			
16位	13.8%	8回	01	04	05	20	31	33	41
23位	12.1%	7回	14	16	17	22	28	30	35
			37	40	43				
33位	10.3%	6回	02	08	11	13	18		
38位	8.6%	5回	09	10	19	25	26	27	

31日(抽せん:31回)

ランク	出現率	回数	数字						
1位	25.8%	8回	10	13	23	25	42		
6位	22.6%	7回	21	31					
8位	19.4%	6回	01	07					
10位	16.1%	5回	12	18	19	20	34	35	37
17位	12.9%	4回	03	05	06	08	14	26	29
			33	38	39	41			
28位	9.7%	3回	04	09	11	15	22	27	30
			32	36	43				
38位	6.5%	2回	02	17	24	28	40		
43位	3.2%	1回	16						

LOTO 6
ロトシックス

六曜別・出現ランキング

ここでは、ロト6の六曜別(大安・赤口・先勝・友引・先負・仏滅)のトータル出現ランキング(P62)、月曜出現ランキング(P180)、木曜出現ランキング(P182)を掲載。

トータル

大安(抽せん:311回)

ランク	出現率	回数	数字	
1位	18.0%	56回	39	
2位	17.7%	55回	43	
3位	17.0%	53回	06	19
5位	16.4%	51回	32	
6位	16.1%	50回	01	30
8位	15.4%	48回	15	27
			34	37
12位	15.1%	47回	16	
13位	14.8%	46回	08	36
15位	14.5%	45回	23	
16位	14.1%	44回	04	10
			20	21
			38	
21位	13.8%	43回	02	03
			05	24
			31	41
27位	13.5%	42回	13	22
			26	
30位	12.9%	40回	09	11
			12	42
34位	12.5%	39回	28	33
36位	12.2%	38回	35	
37位	11.9%	37回	07	25
39位	11.6%	36回	40	
40位	11.3%	35回	14	18
42位	10.3%	32回	17	
43位	9.6%	30回	29	

赤口(抽せん:319回)

ランク	出現率	回数	数字	
1位	17.9%	57回	30	
2位	16.6%	53回	22	
3位	16.3%	52回	40	
4位	16.0%	51回	26	
5位	15.7%	50回	03	17
			18	
8位	15.4%	49回	02	35
10位	15.0%	48回	25	28
			42	
13位	14.7%	47回	14	16
			20	21
			23	36
			38	
20位	14.4%	46回	27	29
22位	13.8%	44回	10	15
			24	
25位	13.5%	43回	06	09
27位	13.2%	42回	01	04
			08	19
31位	12.9%	41回	11	13
			33	39
35位	12.5%	40回	12	
36位	12.2%	39回	05	07
			32	41
40位	11.6%	37回	37	
41位	11.3%	36回	34	
42位	11.0%	35回	43	
43位	10.7%	34回	31	

先勝(抽せん:309回)

ランク	出現率	回数	数字	
1位	17.2%	53回	31	
2位	16.8%	52回	02	21
			38	
5位	16.5%	51回	20	
6位	16.2%	50回	16	
7位	15.9%	49回	07	10
9位	15.5%	48回	14	42
11位	15.2%	47回	18	
12位	14.9%	46回	06	12
			36	37
16位	14.6%	45回	01	04
			25	
19位	14.2%	44回	22	26
			27	
22位	13.9%	43回	11	15
			17	19
			24	
27位	13.6%	42回	05	39
29位	13.3%	41回	23	34
31位	12.9%	40回	35	43
33位	12.6%	39回	03	09
35位	12.3%	38回	28	
36位	12.0%	37回	13	32
38位	11.7%	36回	08	33
40位	11.3%	35回	40	
41位	11.0%	34回	29	
42位	10.0%	31回	30	
43位	9.4%	29回	41	

友引(抽せん:311回)

ランク	出現率	回数	数字	
1位	17.4%	54回	41	
2位	17.0%	53回	06	
3位	16.4%	51回	15	37
5位	16.1%	50回	42	
6位	15.8%	49回	20	21
			24	
9位	15.4%	48回	02	18
			19	
12位	14.8%	46回	05	25
			35	
15位	14.5%	45回	13	14
			31	
18位	14.1%	44回	01	12
			29	30
			32	
23位	13.8%	43回	26	28
25位	13.5%	42回	11	22
27位	13.2%	41回	04	23
			27	38
			39	40
33位	12.9%	40回	17	43
35位	12.5%	39回	03	33
			34	
38位	12.2%	38回	08	
39位	11.9%	37回	07	
40位	11.3%	35回	10	
41位	10.9%	34回	09	
42位	10.6%	33回	16	36

先負(抽せん:310回)

ランク	出現率	回数	数字	
1位	19.0%	59回	38	
2位	17.1%	53回	27	37
4位	16.8%	52回	05	
5位	16.1%	50回	23	
6位	15.8%	49回	08	24
			35	43
10位	15.2%	47回	19	28
12位	14.8%	46回	06	10
			11	42
16位	14.5%	45回	33	
17位	14.2%	44回	16	32
19位	13.9%	43回	07	21
			41	
22位	13.5%	42回	04	15
			22	34
			39	
27位	13.2%	41回	02	12
			14	25
			29	36
33位	12.9%	40回	03	
34位	12.6%	39回	40	
35位	11.9%	37回	01	18
			26	
38位	11.6%	36回	09	13
			30	
41位	11.3%	35回	20	31
43位	10.6%	33回	17	

仏滅(抽せん:305回)

ランク	出現率	回数	数字	
1位	18.0%	55回	10	26
			32	
4位	16.4%	50回	08	
5位	16.1%	49回	12	43
7位	15.4%	47回	15	39
9位	14.8%	45回	06	16
			33	36
13位	14.4%	44回	03	04
			17	22
			31	
18位	14.1%	43回	35	
19位	13.8%	42回	02	18
			30	37
			40	
24位	13.4%	41回	19	34
			42	
27位	13.1%	40回	05	13
			25	27
			28	
32位	12.8%	39回	01	11
			29	41
36位	12.5%	38回	09	14
			21	24
40位	12.1%	37回	23	
41位	11.8%	36回	20	
42位	11.5%	35回	38	
43位	10.2%	31回	07	

六曜別・出現ランキング

月曜

大安（抽せん：112回）

ランク	出現率	回数	数字	
1位	20.5%	23回	08	
2位	18.8%	21回	01	43
4位	17.9%	20回	39	
5位	17.0%	19回	30	31
			37	38
9位	16.1%	18回	15	18
			34	
12位	15.2%	17回	03	06
			19	23
			28	
17位	14.3%	16回	02	10
			13	26
21位	13.4%	15回	05	07
			09	16
			20	27
			33	35
29位	12.5%	14回	22	24
			32	40
33位	11.6%	13回	04	14
			21	36
			41	
38位	10.7%	12回	11	12
			25	
41位	9.8%	11回	29	
42位	8.9%	10回	17	42

赤口（抽せん：119回）

ランク	出現率	回数	数字	
1位	18.5%	22回	23	
2位	17.6%	21回	03	12
			28	29
			35	38
8位	16.8%	20回	06	18
			21	27
12位	16.0%	19回	02	11
			22	26
			30	32
18位	15.1%	18回	14	25
20位	14.3%	17回	01	09
			24	37
			42	
25位	13.4%	16回	04	36
27位	12.6%	15回	10	16
			17	40
31位	11.8%	14回	08	15
			19	33
			39	
36位	10.9%	13回	13	20
38位	10.1%	12回	07	41
40位	9.2%	11回	05	
41位	8.4%	10回	34	
42位	7.6%	9回	31	43

先勝（抽せん：109回）

ランク	出現率	回数	数字	
1位	24.8%	27回	02	
2位	19.3%	21回	12	
3位	18.3%	20回	01	19
			21	24
			26	42
9位	17.4%	19回	20	38
11位	16.5%	18回	22	33
			36	
14位	15.6%	17回	05	07
			10	16
18位	14.7%	16回	04	31
20位	13.8%	15回	06	13
22位	12.8%	14回	08	35
			40	
25位	11.9%	13回	14	15
			23	28
			37	39
			43	
32位	11.0%	12回	03	25
			27	29
			30	41
38位	10.1%	11回	17	18
40位	9.2%	10回	32	34
42位	8.3%	9回	09	
43位	7.3%	8回	11	

友引(抽せん:104回)

ランク	出現率	回数	数字	
1位	23.1%	24回	42	
2位	21.2%	22回	19	
3位	20.2%	21回	06	
4位	19.2%	20回	13	22
6位	18.3%	19回	21	28
8位	16.3%	17回	05	07
			37	41
12位	15.4%	16回	01	12
			18	20
16位	14.4%	15回	03	15
			24	26
			27	29
			30	35
			39	
25位	13.5%	14回	23	25
			32	
28位	12.5%	13回	14	33
			38	
31位	11.5%	12回	02	31
			40	43
35位	10.6%	11回	34	
36位	9.6%	10回	04	16
38位	8.7%	9回	08	09
			11	17
42位	7.7%	8回	10	36

先負(抽せん:109回)

ランク	出現率	回数	数字	
1位	22.0%	24回	27	38
3位	21.1%	23回	37	
4位	19.3%	21回	08	
5位	18.3%	20回	07	
6位	17.4%	19回	14	41
			42	
9位	16.5%	18回	02	10
			24	43
13位	15.6%	17回	05	13
			34	
16位	14.7%	16回	06	11
			21	22
			25	
21位	13.8%	15回	03	19
			20	23
25位	12.8%	14回	28	40
27位	11.9%	13回	01	09
			18	26
			32	33
			35	39
35位	11.0%	12回	04	30
			36	
38位	9.2%	10回	16	31
40位	8.3%	9回	12	15
			17	
43位	6.4%	7回	29	

仏滅(抽せん:108回)

ランク	出現率	回数	数字	
1位	21.3%	23回	10	
2位	19.4%	21回	03	32
4位	17.6%	19回	42	43
6位	16.7%	18回	05	15
			24	34
			39	
11位	15.7%	17回	04	08
			26	31
15位	14.8%	16回	16	21
			22	40
			41	
20位	13.9%	15回	06	09
			12	25
			27	28
			29	30
28位	13.0%	14回	02	14
			33	35
			37	
33位	12.0%	13回	01	23
35位	11.1%	12回	11	
36位	10.2%	11回	18	19
			20	36
40位	9.3%	10回	07	
41位	8.3%	9回	13	17
43位	6.5%	7回	38	

六曜別・出現ランキング

木曜

大安（抽せん：199回）

ランク	出現率	回数	数字	
1位	18.6%	37回	32	
2位	18.1%	36回	06	19
			39	
5位	17.1%	34回	43	
6位	16.6%	33回	27	36
8位	16.1%	32回	16	
9位	15.6%	31回	04	21
			30	
12位	15.1%	30回	15	34
			41	42
16位	14.6%	29回	01	20
			24	37
20位	14.1%	28回	05	10
			11	12
			22	23
26位	13.6%	27回	02	
27位	13.1%	26回	03	13
			26	
30位	12.6%	25回	09	25
			38	
33位	12.1%	24回	31	33
35位	11.6%	23回	08	35
37位	11.1%	22回	07	14
			17	28
			40	
42位	9.5%	19回	29	
43位	8.5%	17回	18	

赤口（抽せん：200回）

ランク	出現率	回数	数字	
1位	19.0%	38回	30	
2位	18.5%	37回	40	
3位	17.5%	35回	17	
4位	17.0%	34回	20	22
6位	16.0%	32回	16	26
8位	15.5%	31回	36	42
10位	15.0%	30回	02	15
			18	25
14位	14.5%	29回	03	10
			14	
17位	14.0%	28回	05	08
			13	19
			35	
22位	13.5%	27回	07	21
			24	28
			33	39
			41	
29位	13.0%	26回	04	09
			27	34
			38	43
35位	12.5%	25回	01	23
			29	31
39位	11.5%	23回	06	
40位	11.0%	22回	11	
41位	10.0%	20回	32	37
43位	9.5%	19回	12	

先勝（抽せん：200回）

ランク	出現率	回数	数字	
1位	18.5%	37回	31	
2位	18.0%	36回	18	
3位	17.5%	35回	11	14
5位	16.5%	33回	16	25
			37	38
9位	16.0%	32回	07	10
			17	20
			21	27
15位	15.5%	31回	06	34
17位	15.0%	30回	09	15
19位	14.5%	29回	04	39
21位	14.0%	28回	23	36
			42	
24位	13.5%	27回	03	32
			43	
27位	13.0%	26回	22	35
29位	12.5%	25回	01	02
			05	12
			28	
34位	12.0%	24回	26	
35位	11.5%	23回	19	24
37位	11.0%	22回	08	13
			29	
40位	10.5%	21回	40	
41位	9.5%	19回	30	
42位	9.0%	18回	33	
43位	8.5%	17回	41	

友引(抽せん:207回)

ランク	出現率	回数	数字	
1位	17.9%	37回	41	
2位	17.4%	36回	02	15
4位	16.4%	34回	24	37
6位	15.9%	33回	11	20
			31	
9位	15.5%	32回	06	14
			18	25
13位	15.0%	31回	04	17
			35	
16位	14.5%	30回	21	32
18位	14.0%	29回	05	08
			29	30
			40	
23位	13.5%	28回	01	12
			26	34
			38	43
29位	13.0%	27回	10	23
31位	12.6%	26回	19	27
			33	39
			42	
36位	12.1%	25回	09	13
			36	
39位	11.6%	24回	03	28
41位	11.1%	23回	16	
42位	10.6%	22回	22	
43位	9.7%	20回	07	

先負(抽せん:201回)

ランク	出現率	回数	数字	
1位	17.9%	36回	35	
2位	17.4%	35回	05	23
			38	
5位	16.9%	34回	16	29
7位	16.4%	33回	15	28
9位	15.9%	32回	12	19
			33	
12位	15.4%	31回	24	32
			43	
15位	14.9%	30回	04	06
			11	37
19位	14.4%	29回	27	36
			39	
22位	13.9%	28回	08	10
24位	13.4%	27回	21	42
26位	12.9%	26回	22	
27位	12.4%	25回	03	25
			31	34
			40	
32位	11.9%	24回	01	17
			18	26
			30	41
38位	11.4%	23回	02	07
			09	
41位	10.9%	22回	14	
42位	10.0%	20回	20	
43位	9.5%	19回	13	

仏滅(抽せん:197回)

ランク	出現率	回数	数字	
1位	19.3%	38回	26	
2位	17.8%	35回	17	
3位	17.3%	34回	12	32
			36	
6位	16.8%	33回	08	
7位	16.2%	32回	10	
8位	15.7%	31回	13	18
			33	
11位	15.2%	30回	06	19
			43	
14位	14.7%	29回	15	16
			35	39
18位	14.2%	28回	02	22
			37	38
22位	13.7%	27回	04	11
			30	31
26位	13.2%	26回	01	40
28位	12.7%	25回	20	25
			27	28
32位	12.2%	24回	14	23
			29	
35位	11.7%	23回	03	09
			34	41
39位	11.2%	22回	05	21
			42	
42位	10.7%	21回	07	
43位	10.2%	20回	24	

曜日別・出現ランキング

ここでは、ロト6の曜日別（月曜日・木曜日）のトータル出現ランキングを掲載。月曜日は、全661回。木曜日は全1204回を掲載している。

トータル

月曜（抽せん：661回）

ランク	出現率	回数	数字		
1位	16.5%	109回	42		
2位	16.0%	106回	02		
3位	15.7%	104回	06	21	
5位	15.6%	103回	22	37	38
8位	15.4%	102回	24		
9位	15.3%	101回	03	27	
11位	15.1%	100回	01	26	
13位	15.0%	99回	19	28	
15位	14.8%	98回	08		
16位	14.7%	97回	10		
17位	14.4%	95回	05		
18位	14.2%	94回	12	23	
20位	14.1%	93回	39		
21位	13.9%	92回	30	35	43
24位	13.8%	91回	07	32	
26位	13.6%	90回	13	14	
28位	13.5%	89回	18	20	41
31位	13.2%	87回	15	25	33
34位	12.9%	85回	40		
35位	12.7%	84回	04	34	
37位	12.6%	83回	16	31	
39位	12.3%	81回	29		
40位	11.8%	78回	09	36	
42位	11.5%	76回	11		
43位	9.5%	63回	17		

木曜（抽せん：1,204回）

ランク	出現率	回数	数字		
1位	15.6%	188回	15		
2位	15.2%	183回	16		
3位	15.1%	182回	06		
4位	15.0%	180回	36		
5位	14.9%	179回	17	32	
7位	14.6%	176回	10	39	43
10位	14.5%	175回	11	19	38
13位	14.5%	174回	04	37	
15位	14.4%	173回	20	35	
17位	14.3%	172回	26		
18位	14.2%	171回	27	31	
20位	14.1%	170回	18	25	
22位	14.0%	169回	02	21	
24位	14.0%	168回	30		
25位	13.9%	167回	05	23	
27位	13.8%	166回	12		
28位	13.6%	164回	14	22	24
			42		
32位	13.5%	163回	08	34	
34位	13.3%	160回	40		
35位	13.1%	158回	33	41	
37位	13.0%	157回	01		
38位	13.0%	156回	28		
39位	12.8%	154回	03		
40位	12.7%	153回	29		
41位	12.6%	152回	09		
42位	12.5%	151回	13		
43位	12.0%	145回	07		

九星別・出現ランキング

ここでは、ロト6の九星別(一白水星・二黒土星・三碧木星・四緑木星・五黄土星・六白金星・七赤金星・八白土星・九紫火星)のトータル出現ランキング(P185)、月曜出現ランキング(P188)、木曜出現ランキング(P191)を掲載。

トータル

一白水星(抽せん:207回)

ランク	出現率	回数	数字	
1位	20.3%	42回	10	
2位	16.9%	35回	12	14
4位	16.4%	34回	23	
5位	15.9%	33回	06	26
			35	
8位	15.5%	32回	24	32
			38	40
12位	15.0%	31回	02	04
			18	25
			31	37
18位	14.5%	30回	07	19
			20	36
			43	
23位	14.0%	29回	22	28
25位	13.5%	28回	01	03
			11	21
29位	13.0%	27回	08	30
31位	12.6%	26回	27	
32位	12.1%	25回	15	16
			17	39
			42	
37位	11.6%	24回	13	
38位	11.1%	23回	05	09
			33	41
42位	10.1%	21回	29	34

二黒土星(抽せん:209回)

ランク	出現率	回数	数字	
1位	19.6%	41回	42	
2位	18.7%	39回	20	
3位	18.2%	38回	01	
4位	17.2%	36回	31	38
6位	16.7%	35回	21	
7位	16.3%	34回	15	28
			29	
10位	15.8%	33回	05	06
			18	41
14位	15.3%	32回	02	22
			36	
17位	14.8%	31回	03	10
			17	35
21位	14.4%	30回	08	34
23位	13.9%	29回	09	24
			26	
26位	13.4%	28回	40	
27位	12.9%	27回	07	16
			27	39
			43	
32位	12.4%	26回	14	37
34位	12.0%	25回	33	
35位	11.5%	24回	04	23
37位	10.0%	21回	12	32
39位	9.6%	20回	11	25
			30	
42位	9.1%	19回	13	19

三碧木星(抽せん:206回)

ランク	出現率	回数	数字	
1位	18.0%	37回	19	
2位	17.5%	36回	32	
3位	17.0%	35回	30	40
5位	16.5%	34回	24	27
7位	15.5%	32回	04	16
			33	
10位	15.0%	31回	17	18
			36	39
			43	
15位	14.6%	30回	08	11
			37	
18位	14.1%	29回	21	35
			42	
21位	13.6%	28回	01	09
			15	26
25位	13.1%	27回	02	05
			06	07
			10	12
			23	
32位	12.6%	26回	13	20
			22	38
			41	
37位	12.1%	25回	25	28
			34	
40位	11.7%	24回	03	14
42位	10.7%	22回	29	
43位	10.2%	21回	31	

九星別・出現ランキング

トータル

四緑木星（抽せん：210回）

ランク	出現率	回数	数字	
1位	17.6%	37回	38	
2位	16.7%	35回	15	32
4位	16.2%	34回	13	18
			19	37
8位	15.7%	33回	10	
9位	15.2%	32回	02	11
			22	25
			27	28
			30	31
17位	14.8%	31回	04	24
			26	33
			36	
22位	14.3%	30回	08	12
			34	40
26位	13.8%	29回	21	43
28位	13.3%	28回	03	42
30位	12.9%	27回	06	14
			17	29
34位	12.4%	26回	20	35
36位	11.9%	25回	05	07
			16	
39位	11.4%	24回	23	
40位	10.0%	21回	01	
41位	9.5%	20回	09	41
43位	9.0%	19回	39	

五黄土星（抽せん：205回）

ランク	出現率	回数	数字	
1位	21.5%	44回	16	
2位	19.0%	39回	12	
3位	17.6%	36回	04	
4位	17.1%	35回	02	19
6位	16.6%	34回	06	26
			41	
9位	16.1%	33回	34	
10位	15.6%	32回	03	32
			35	36
14位	15.1%	31回	23	38
16位	14.6%	30回	18	22
18位	14.1%	29回	14	15
			17	21
22位	13.7%	28回	31	40
24位	13.2%	27回	05	20
			27	30
			37	42
30位	12.7%	26回	01	43
32位	12.2%	25回	13	25
34位	11.7%	24回	08	29
			33	
37位	11.2%	23回	10	39
39位	10.7%	22回	24	
40位	10.2%	21回	09	
41位	9.8%	20回	07	11
43位	9.3%	19回	28	

六白金星（抽せん：208回）

ランク	出現率	回数	数字	
1位	19.7%	41回	39	
2位	18.8%	39回	15	
3位	17.8%	37回	30	
4位	17.3%	36回	06	28
6位	16.8%	35回	25	
7位	16.3%	34回	16	
8位	15.9%	33回	27	29
			35	
11位	15.4%	32回	01	09
			13	
14位	14.9%	31回	07	19
			23	
17位	14.4%	30回	18	21
19位	13.9%	29回	08	22
			36	43
23位	13.5%	28回	03	05
			10	40
			41	42
29位	13.0%	27回	11	38
31位	12.5%	26回	12	
32位	12.0%	25回	02	33
34位	11.5%	24回	14	17
			20	26
			34	
39位	11.1%	23回	32	
40位	10.6%	22回	24	
41位	10.1%	21回	04	31
			37	

七赤金星(抽せん:206回)

ランク	出現率	回数	数字	
1位	19.4%	40回	08	34
3位	17.0%	35回	23	42
5位	16.5%	34回	26	38
7位	16.0%	33回	24	
8位	15.5%	32回	01	21
10位	15.0%	31回	15	31
			39	43
14位	14.6%	30回	11	14
			25	29
			30	32
			35	37
22位	14.1%	29回	03	20
24位	13.6%	28回	02	06
			27	
27位	13.1%	27回	05	33
			41	
30位	12.6%	26回	07	10
			12	16
			28	
35位	12.1%	25回	13	
36位	11.7%	24回	04	17
38位	11.2%	23回	09	19
			36	
41位	10.7%	22回	40	
42位	10.2%	21回	18	
43位	9.2%	19回	22	

八白土星(抽せん:208回)

ランク	出現率	回数	数字	
1位	19.7%	41回	37	
2位	17.8%	37回	42	
3位	17.3%	36回	06	
4位	16.8%	35回	05	
5位	16.3%	34回	10	20
			28	
8位	15.9%	33回	11	27
			39	
11位	15.4%	32回	19	24
13位	14.9%	31回	04	32
15位	14.4%	30回	02	03
			30	38
19位	13.9%	29回	01	12
			15	22
			26	35
			36	43
27位	13.5%	28回	13	17
			21	41
31位	13.0%	27回	25	
32位	12.5%	26回	16	23
			33	
35位	12.0%	25回	08	09
37位	11.5%	24回	07	14
39位	11.1%	23回	31	
40位	10.6%	22回	34	
41位	10.1%	21回	18	29
43位	8.7%	18回	40	

九紫火星(抽せん:206回)

ランク	出現率	回数	数字	
1位	19.9%	41回	22	
2位	18.9%	39回	39	
3位	18.0%	37回	05	37
5位	17.5%	36回	43	
6位	17.0%	35回	02	14
8位	16.0%	33回	19	21
10位	15.5%	32回	06	25
			27	33
14位	15.0%	31回	11	24
			31	
17位	14.6%	30回	26	32
19位	14.1%	29回	09	10
			23	
22位	13.6%	28回	04	13
			18	41
26位	13.1%	27回	12	16
			20	
29位	12.6%	26回	07	08
31位	12.1%	25回	03	15
			38	
34位	11.7%	24回	40	
35位	11.2%	23回	01	17
			42	
38位	10.7%	22回	29	30
			34	35
42位	10.2%	21回	36	
43位	9.7%	20回	28	

九星別・出現ランキング

月曜

一白水星（抽せん：76回）

ランク	出現率	回数	数字	
1位	21.1%	16回	10	14
3位	19.7%	15回	02	06
5位	18.4%	14回	12	21
			32	
8位	17.1%	13回	03	04
			08	28
			38	
13位	15.8%	12回	24	26
			43	
16位	14.5%	11回	20	22
			23	35
			36	40
22位	13.2%	10回	01	11
			19	25
			27	30
			42	
29位	11.8%	9回	07	13
			16	17
			29	31
			37	
36位	10.5%	8回	18	41
38位	9.2%	7回	05	33
			39	
41位	7.9%	6回	15	
42位	6.6%	5回	34	
43位	5.3%	4回	09	

二黒土星（抽せん：72回）

ランク	出現率	回数	数字	
1位	25.0%	18回	42	
2位	23.6%	17回	01	
3位	19.4%	14回	03	05
			41	
6位	18.1%	13回	13	22
			29	
9位	16.7%	12回	04	09
			15	
12位	15.3%	11回	18	26
			35	43
16位	13.9%	10回	10	20
			21	31
			32	33
			34	40
24位	12.5%	9回	02	07
			08	12
			14	23
			25	37
			38	
33位	11.1%	8回	06	24
			27	28
37位	9.7%	7回	19	36
			39	
40位	8.3%	6回	11	16
			30	
43位	5.6%	4回	17	

三碧木星（抽せん：74回）

ランク	出現率	回数	数字	
1位	23.0%	17回	40	
2位	20.3%	15回	19	
3位	18.9%	14回	24	27
5位	17.6%	13回	07	16
			26	38
9位	16.2%	12回	03	21
			28	32
			35	37
			42	
16位	14.9%	11回	01	02
			10	18
			20	23
			25	30
24位	13.5%	10回	05	06
			13	
27位	12.2%	9回	04	08
			09	15
			33	34
			36	39
			43	
36位	9.5%	7回	41	
37位	8.1%	6回	11	12
			14	17
			22	29
			31	

四緑木星（抽せん:73回）

ランク	出現率	回数	数字	
1位	21.9%	16回	24	27
			37	
4位	20.5%	15回	02	38
6位	19.2%	14回	30	33
8位	17.8%	13回	25	28
10位	16.4%	12回	08	12
			15	19
			21	22
			32	
17位	15.1%	11回	04	10
			40	42
21位	13.7%	10回	03	05
			14	18
			26	34
27位	12.3%	9回	29	
28位	11.0%	8回	06	11
			13	17
			36	43
34位	9.6%	7回	20	23
			31	35
			41	
39位	8.2%	6回	01	39
41位	6.8%	5回	07	16
43位	5.5%	4回	09	

五黄土星（抽せん:75回）

ランク	出現率	回数	数字	
1位	21.3%	16回	02	34
3位	20.0%	15回	41	
4位	18.7%	14回	03	16
			23	
7位	17.3%	13回	06	12
			22	27
11位	16.0%	12回	04	08
			18	21
			26	32
17位	14.7%	11回	07	14
			19	31
			37	38
			40	
24位	13.3%	10回	13	15
			25	35
			36	
29位	12.0%	9回	09	17
31位	10.7%	8回	10	24
			28	42
			43	
36位	9.3%	7回	20	30
			33	39
40位	8.0%	6回	01	05
			11	29

六白金星（抽せん:74回）

ランク	出現率	回数	数字	
1位	21.6%	16回	09	39
3位	20.3%	15回	01	30
5位	18.9%	14回	06	28
			42	
8位	17.6%	13回	15	20
			21	27
			29	35
14位	16.2%	12回	03	19
16位	14.9%	11回	07	10
			31	33
			40	
21位	13.5%	10回	08	12
			14	22
			43	
26位	12.2%	9回	23	24
			26	32
30位	10.8%	8回	02	05
			13	16
			18	25
			36	38
38位	9.5%	7回	41	
39位	8.1%	6回	17	37
41位	6.8%	5回	11	34
43位	5.4%	4回	04	

九星別・出現ランキング

月曜

七赤金星（抽せん：72回）

ランク	出現率	回数	数字	
1位	20.8%	15回	01	
2位	19.4%	14回	34	42
			43	
5位	18.1%	13回	26	35
			37	
8位	16.7%	12回	02	07
			24	28
			39	41
14位	15.3%	11回	05	08
			10	11
			14	16
			19	29
			30	
23位	13.9%	10回	12	13
			15	38
27位	12.5%	9回	03	20
			21	23
			25	27
			33	
34位	11.1%	8回	06	22
36位	9.7%	7回	04	18
38位	8.3%	6回	17	31
			36	
41位	6.9%	5回	09	32
43位	5.6%	4回	40	

八白土星（抽せん：74回）

ランク	出現率	回数	数字	
1位	21.6%	16回	06	
2位	20.3%	15回	42	
3位	18.9%	14回	05	11
			22	23
			37	41
9位	17.6%	13回	30	31
11位	16.2%	12回	01	13
			19	20
			24	27
			28	
18位	14.9%	11回	08	10
20位	13.5%	10回	26	35
			36	38
			39	
25位	12.2%	9回	03	04
			07	16
			33	34
31位	10.8%	8回	09	14
			17	25
			32	
36位	9.5%	7回	02	12
			18	21
			29	43
42位	8.1%	6回	15	
43位	6.8%	5回	40	

九紫火星（抽せん：71回）

ランク	出現率	回数	数字	
1位	26.8%	19回	39	
2位	22.5%	16回	22	
3位	21.1%	15回	05	18
			21	
6位	19.7%	14回	38	
7位	18.3%	13回	02	12
			37	43
11位	16.9%	12回	06	07
13位	15.5%	11回	08	09
			24	33
17位	14.1%	10回	11	13
			23	26
			31	
22位	12.7%	9回	14	15
			19	20
			25	32
			36	
29位	11.3%	8回	01	03
			10	16
33位	9.9%	7回	04	17
			28	29
			42	
38位	8.5%	6回	27	34
40位	7.0%	5回	30	35
			40	41

九星別・出現ランキング

木曜

一白水星（抽せん：131回）

ランク	出現率	回数	数字	
1位	19.8%	26回	10	
2位	17.6%	23回	18	23
4位	16.8%	22回	31	35
			37	
7位	16.0%	21回	07	12
			25	26
			40	
12位	15.3%	20回	19	24
14位	14.5%	19回	09	14
			15	20
			36	38
20位	13.7%	18回	01	04
			06	11
			22	32
			39	43
28位	13.0%	17回	30	
29位	12.2%	16回	02	05
			16	17
			27	28
			33	34
37位	11.5%	15回	03	13
			41	42
41位	10.7%	14回	08	21
43位	9.2%	12回	29	

二黒土星（抽せん：137回）

ランク	出現率	回数	数字	
1位	21.2%	29回	20	
2位	19.7%	27回	17	38
4位	19.0%	26回	28	31
6位	18.2%	25回	06	21
			36	
9位	16.8%	23回	02	42
11位	16.1%	22回	15	18
13位	15.3%	21回	01	08
			10	16
			24	29
19位	14.6%	20回	34	35
			39	
22位	13.9%	19回	05	22
			27	41
26位	13.1%	18回	07	26
			40	
29位	12.4%	17回	03	09
			14	37
33位	11.7%	16回	43	
34位	10.9%	15回	23	33
36位	10.2%	14回	11	30
38位	8.8%	12回	04	12
			19	
41位	8.0%	11回	25	32
43位	4.4%	6回	13	

三碧木星（抽せん：132回）

ランク	出現率	回数	数字	
1位	18.9%	25回	17	
2位	18.2%	24回	11	30
			32	
5位	17.4%	23回	04	33
7位	16.7%	22回	19	36
			39	43
11位	15.9%	21回	08	12
13位	15.2%	20回	18	22
			24	27
17位	14.4%	19回	09	15
			16	41
21位	13.6%	18回	14	37
			40	
24位	12.9%	17回	01	05
			06	21
			35	42
30位	12.1%	16回	02	10
			13	23
			29	34
36位	11.4%	15回	20	26
			31	
39位	10.6%	14回	07	25
41位	9.8%	13回	28	38
43位	9.1%	12回	03	

九星別・出現ランキング

木曜

四緑木星（抽せん：137回）

ランク	出現率	回数	数字	
1位	19.0%	26回	13	
2位	18.2%	25回	31	
3位	17.5%	24回	11	18
5位	16.8%	23回	15	32
			36	
8位	16.1%	22回	10	19
			38	
11位	15.3%	21回	26	43
13位	14.6%	20回	04	07
			16	22
			34	
18位	13.9%	19回	06	17
			20	25
			28	35
			40	
25位	13.1%	18回	03	08
			12	29
			30	37
31位	12.4%	17回	02	14
			21	23
			33	42
37位	11.7%	16回	09	27
39位	10.9%	15回	01	05
			24	
42位	9.5%	13回	39	41

五黄土星（抽せん：130回）

ランク	出現率	回数	数字	
1位	23.1%	30回	16	
2位	20.0%	26回	12	
3位	18.5%	24回	04	19
5位	16.9%	22回	26	35
			36	
8位	16.2%	21回	05	06
10位	15.4%	20回	01	17
			20	30
			32	38
16位	14.6%	19回	02	15
			41	42
20位	13.8%	18回	03	14
			18	29
			43	
25位	13.1%	17回	21	22
			23	31
			33	34
			40	
32位	12.3%	16回	37	39
34位	11.5%	15回	10	13
			25	
37位	10.8%	14回	11	24
			27	
40位	9.2%	12回	08	09
42位	8.5%	11回	28	
43位	6.9%	9回	07	

六白金星（抽せん：134回）

ランク	出現率	回数	数字	
1位	20.1%	27回	25	
2位	19.4%	26回	15	16
4位	18.7%	25回	39	
5位	17.9%	24回	13	
6位	16.4%	22回	06	11
			18	23
			28	30
12位	15.7%	21回	36	41
14位	14.9%	20回	05	07
			27	29
			35	
19位	14.2%	19回	08	19
			22	34
			38	43
25位	13.4%	18回	17	
26位	12.7%	17回	01	02
			04	10
			21	40
32位	11.9%	16回	03	09
			12	
35位	11.2%	15回	26	37
37位	10.4%	14回	14	32
			33	42
41位	9.7%	13回	24	
42位	8.2%	11回	20	
43位	7.5%	10回	31	

七赤金星(抽せん：134回)

ランク	出現率	回数	数字	
1位	21.6%	29回	08	
2位	19.4%	26回	23	34
4位	18.7%	25回	31	32
6位	17.9%	24回	38	
7位	17.2%	23回	21	
8位	15.7%	21回	15	24
			25	26
			42	
13位	14.9%	20回	03	06
			20	
16位	14.2%	19回	11	14
			27	29
			30	39
22位	13.4%	18回	09	17
			33	40
26位	12.7%	17回	01	04
			35	36
			37	43
32位	11.9%	16回	02	05
			12	
35位	11.2%	15回	10	13
			16	41
39位	10.4%	14回	07	18
			28	
42位	9.0%	12回	19	
43位	8.2%	11回	22	

八白土星(抽せん：134回)

ランク	出現率	回数	数字	
1位	20.1%	27回	37	
2位	17.2%	23回	02	10
			15	32
			39	
7位	16.4%	22回	04	12
			20	28
			42	43
13位	15.7%	21回	03	05
			21	27
17位	14.9%	20回	06	17
			19	24
			38	
22位	14.2%	19回	11	25
			26	35
			36	
27位	12.7%	17回	01	09
			16	30
			33	
32位	11.9%	16回	13	14
34位	11.2%	15回	07	22
36位	10.4%	14回	08	18
			29	41
40位	9.7%	13回	34	40
42位	9.0%	12回	23	
43位	7.5%	10回	31	

九紫火星(抽せん：135回)

ランク	出現率	回数	数字	
1位	19.3%	26回	14	27
3位	18.5%	25回	22	
4位	17.8%	24回	19	37
6位	17.0%	23回	25	41
			43	
9位	16.3%	22回	02	05
11位	15.6%	21回	04	10
			11	31
			32	33
17位	14.8%	20回	06	24
			26	39
21位	14.1%	19回	16	23
			40	
24位	13.3%	18回	09	13
			20	21
28位	12.6%	17回	03	30
			35	
31位	11.9%	16回	15	17
			34	42
35位	11.1%	15回	01	08
			29	
38位	10.4%	14回	07	12
40位	9.6%	13回	18	28
42位	8.9%	12回	36	
43位	8.1%	11回	38	

連続数字の出現実績 第1865回まで

LOTO 6 ロトシックス

理論値どおり出現する連続数字は、予想に必須！

連続数字とは、文字どおり2つの連続した数字のこと。たとえば、「01-02」や「20-21」、「39-40」などだ。

ロト6における連続数字の理論上の出現確率は54.7％と、2回に1回以上は出る計算にある。実際に集計した1865回中の1026回で出現し、出現率55.0％と理論値以上。

つまり、連続数字は予想に欠かすことのできない絶対条件といえる。

実際にどの連続数字が何回出たのかを示したのが、右ページの表だ。トータルは1865回で集計、月曜は月曜日抽せん、木曜は木曜日抽せんだけを集計、さらに3連続数字以上の出現実績まで網羅して掲載した。

ちなみにトータルで最も出ている連続数字は「25-26」(41回)。

また連続数字の出現には、波もあるので、どの連続数字が出ているかのチェックも肝心だ。その上でどの連続数字に狙いを絞るか、じっくりと見極めてほしい。

3連続数字が入ると、トータルの1等平均当せん額に比べて約2000万円も配当が高い結果に！

3連続数字が入ると1等賞金が跳ね上がる、と言われたのは昔の話。購入する人の予想レベルが上がるに連れ、「3連続数字（以上）」を予想に含めた高額狙いが増えていき、結果トータルの1等賞金平均額と大きな開きがなくなってきている。

実際に1865回時点での1等平均賞金額1億8581万円に対し、3連続数字以上が含まれた回の1等賞金平均額は、2億467万円。いまだ約2000万円の差がある。

出現している3連続数字の組み合わせもずいぶんと増えてきているので（右ページ表参照）、まだ出ていない3連続数字を軸にした予想をしてみるのもおもしろそう。

3連続数字以上が入ったときの1等平均当せん金額
2億467万8995円

1865回までのトータル1等平均当せん金額
1億8581万5831円

ロト6・連続数字出現ランキング(第1865回まで)

トータル

25	26	41
26	27	40
37	38	40
21	22	39
31	32	39
30	31	38
22	23	36
24	25	36
34	35	36
04	05	35
27	28	35
05	06	34
09	10	34
18	19	34
15	16	33
41	42	33
42	43	33
02	03	32
11	12	32
19	20	32
20	21	32
06	07	31
17	18	31
36	37	31
01	02	30
16	17	30
10	11	29
35	36	29
07	08	28
39	40	28
40	41	28
12	13	27
13	14	27
23	24	27
29	30	27
32	33	27
38	39	26
33	34	25
08	09	24
14	15	24
28	29	24
03	04	23

月曜

37	38	20
26	27	18
27	28	17
34	35	15
23	24	14
25	26	14
41	42	14
06	07	13
21	22	13
31	32	13
36	37	13
02	03	12
07	08	12
12	13	12
18	19	12
19	20	12
38	39	12
39	40	12
42	43	12
05	06	11
13	14	11
15	16	11
20	21	11
28	29	11
40	41	11
03	04	10
04	05	10
09	10	10
17	18	10
24	25	10
30	31	10
01	02	9
29	30	9
35	36	9
10	11	8
22	23	8
33	34	8
32	33	7
08	09	6
11	12	6
16	17	6
14	15	5

木曜

22	23	28
30	31	28
25	26	27
11	12	26
21	22	26
24	25	26
31	32	26
04	05	25
09	10	24
16	17	24
05	06	23
15	16	22
18	19	22
26	27	22
01	02	21
10	11	21
17	18	21
20	21	21
34	35	21
42	43	21
02	03	20
19	20	20
32	33	20
35	36	20
37	38	20
14	15	19
41	42	19
06	07	18
08	09	18
27	28	18
29	30	18
36	37	18
33	34	17
40	41	17
07	08	16
13	14	16
39	40	16
12	13	15
38	39	14
03	04	13
23	24	13
28	29	13

3連続以上の出現実績

3連続以上	出現回数
01 - 02 - 03	3
02 - 03 - 04	1
03 - 04 - 05	2
04 - 05 - 06	4
04 - 05 - 06 - 07	1
05 - 06 - 07	2
05 - 06 - 07 - 08	1
07 - 08 - 09	2
07 - 08 - 09 - 10	1
08 - 09 - 10	2
09 - 10 - 11	5
10 - 11 - 12	7
11 - 12 - 13	3
11 - 12 - 13 - 14	1
12 - 13 - 14	2
13 - 14 - 15	2
14 - 15 - 16	1
15 - 16 - 17	3
16 - 17 - 18	2
17 - 18 - 19	3
17 - 18 - 19 - 20	1
18 - 19 - 20	4
19 - 20 - 21	3
19 - 20 - 21 - 22	1
21 - 22 - 23	6
23 - 24 - 25	1
24 - 25 - 26	4
24 - 25 - 26 - 27	2
25 - 26 - 27	4
25 - 26 - 27 - 28	2
26 - 27 - 28	5
27 - 28 - 29	4
28 - 29 - 30	1
29 - 30 - 31	3
30 - 31 - 32	3
31 - 32 - 33	4
31 - 32 - 33 - 34	1
32 - 33 - 34	1
32 - 33 - 34 - 35	1
33 - 34 - 35	3
34 - 35 - 36	6
35 - 36 - 37 - 38	1
36 - 37 - 38	3
37 - 38 - 39	7
38 - 39 - 40	3
40 - 41 - 42	6
41 - 42 - 43	1

※上記以外は出現していない

下ヒトケタ共通数字の出現実績 第1865回まで

約8割の発生率を誇る下ヒトケタ共通数字は予想にマスト

下ヒトケタ共通数字とは、数字の下ヒトケタが同じ数字のことをさす。たとえば、下ヒトケタ【1】といった場合、該当する数字は「01」「11」「21」「31」「41」となる。この下ヒトケタに同じ数字が2つ以上出る理論上の確率は78.6%と非常に高い。実際に集計した1865回で調べてみると、1484回で出現し、79.6%の発生率であることが確認された。これは理論値を超える数値だ。したがって、連続数字同様に下ヒトケタ共通数字を最低1組は予想に入れることが大きく当てるためには絶対条件になってくるだろう。

以下、トータルでの下ヒトケタ共通数字の出現実績、右ページには月曜、木曜それぞれでの下ヒトケタ共通数字の出現実績を示しているので、予想の参考にしてほしい。

下ヒトケタ共通数字・同時出現数(第1865回現在)

トータル

※各下ヒトケタのトータルはのべ回数

下ヒトケタ【1】	
トータル	253
01 - 11	35
01 - 21	35
01 - 31	29
01 - 41	35
11 - 21	27
11 - 31	30
11 - 41	24
21 - 31	44
21 - 41	33
31 - 41	31

下ヒトケタ【2】	
トータル	278
02 - 12	36
02 - 22	40
02 - 32	39
02 - 42	40
12 - 22	29
12 - 32	32
12 - 42	31
22 - 32	30
22 - 42	35
32 - 42	41

下ヒトケタ【3】	
トータル	248
03 - 13	31
03 - 23	39
03 - 33	26
03 - 43	33
13 - 23	25
13 - 33	28
13 - 43	25
23 - 33	32
23 - 43	35
33 - 43	24

下ヒトケタ【4】	
トータル	166
04 - 14	26
04 - 24	29
04 - 34	32
14 - 24	34
14 - 34	23
24 - 34	38

下ヒトケタ【5】	
トータル	159
05 - 15	25
05 - 25	32
05 - 35	31
15 - 25	27
15 - 35	33
25 - 35	23

下ヒトケタ【6】	
トータル	181
06 - 16	44
06 - 26	25
06 - 36	33
16 - 26	36
16 - 36	37
26 - 36	33

下ヒトケタ【7】	
トータル	143
07 - 17	27
07 - 27	21
07 - 37	23
17 - 27	30
17 - 37	27
27 - 37	36

下ヒトケタ【8】	
トータル	164
08 - 18	29
08 - 28	28
08 - 38	34
18 - 28	31
18 - 38	38
28 - 38	32

下ヒトケタ【9】	
トータル	152
09 - 19	30
09 - 29	26
09 - 39	26
19 - 29	30
19 - 39	35
29 - 39	31

下ヒトケタ【0】	
トータル	173
10 - 20	37
10 - 30	29
10 - 40	33
20 - 30	30
20 - 40	34
30 - 40	40

月曜

※各下ヒトケタのトータルはのべ回数

下ヒトケタ【1】	
トータル	85
⓪①-⑪	12
01-21	13
01-31	10
01-41	16
11-21	7
11-31	7
11-41	6
21-31	12
21-41	11
31-41	11

下ヒトケタ【2】	
トータル	105
02-12	17
02-22	14
02-32	10
02-42	17
12-22	11
12-32	7
12-42	15
22-32	8
22-42	16
32-42	14

下ヒトケタ【3】	
トータル	81
03-13	12
03-23	16
03-33	6
03-43	10
13-23	11
13-33	12
13-43	8
23-33	9
23-43	11
33-43	7

下ヒトケタ【4】	
トータル	54
04-14	9
04-24	10
04-34	9
14-24	11
14-34	6
24-34	11

下ヒトケタ【5】	
トータル	59
05-15	8
05-25	14
05-35	14
15-25	11
15-35	9
25-35	9

下ヒトケタ【6】	
トータル	61
06-16	17
06-26	10
06-36	8
16-26	14
16-36	9
26-36	11

下ヒトケタ【7】	
トータル	47
07-17	11
07-27	5
07-37	9
17-27	5
17-37	5
27-37	14

下ヒトケタ【8】	
トータル	63
08-18	15
08-28	12
08-38	15
18-28	11
18-38	13
28-38	11

下ヒトケタ【9】	
トータル	57
09-19	15
09-29	9
09-39	11
19-29	9
19-39	13
29-39	8

下ヒトケタ【0】	
トータル	60
10-20	12
10-30	10
10-40	11
20-30	11
20-40	9
30-40	11

木曜 ※各下ヒトケタのトータルはのべ回数

下ヒトケタ【1】	
トータル	168
01 - 11	23
01 - 21	22
01 - 31	19
01 - 41	19
11 - 21	20
11 - 31	23
11 - 41	18
21 - 31	32
21 - 41	22
31 - 41	20

下ヒトケタ【2】	
トータル	173
02 - 12	19
02 - 22	26
02 - 32	29
02 - 42	23
12 - 22	18
12 - 32	25
12 - 42	16
22 - 32	22
22 - 42	19
32 - 42	27

下ヒトケタ【3】	
トータル	167
03 - 13	19
03 - 23	23
03 - 33	20
03 - 43	23
13 - 23	14
13 - 33	16
13 - 43	17
23 - 33	23
23 - 43	24
33 - 43	17

下ヒトケタ【4】	
トータル	112
04 - 14	17
04 - 24	19
04 - 34	23
14 - 24	23
14 - 34	17
24 - 34	27

下ヒトケタ【5】	
トータル	100
05 - 15	17
05 - 25	18
05 - 35	17
15 - 25	16
15 - 35	24
25 - 35	14

下ヒトケタ【6】	
トータル	120
06 - 16	27
06 - 26	15
06 - 36	25
16 - 26	22
16 - 36	28
26 - 36	22

下ヒトケタ【7】	
トータル	96
07 - 17	16
07 - 27	16
07 - 37	14
17 - 27	25
17 - 37	22
27 - 37	22

下ヒトケタ【8】	
トータル	101
08 - 18	14
08 - 28	16
08 - 38	19
18 - 28	20
18 - 38	25
28 - 38	21

下ヒトケタ【9】	
トータル	95
09 - 19	15
09 - 29	17
09 - 39	15
19 - 29	21
19 - 39	22
29 - 39	23

下ヒトケタ【0】	
トータル	113
10 - 20	25
10 - 30	19
10 - 40	22
20 - 30	19
20 - 40	25
30 - 40	29

トリニティ数字の出現実績

LOTO 6 ロトシックス

第1865回まで

よく出ている3つの数字の組み合わせ=トリニティ数字

ロト6において、3つの数字が当せん数字と一致すれば末等(5等)に当せんとなる。ここでは、よく出ている3つの数字の組み合わせ=トリニティ数字を集計してみた。ちなみにトリニティとは、イタリア語で「3つの」を意味する言葉だ。なお、ロト6における3つの数字の組み合わせは1万2341通り存在する。

実際に集計した1865回で最もよく出ているトリニティ数字は何かを調べてみると、「05-08-20」「13-18-41」が各11回でトップ。次点は9回に多数となっている。まだ出ていないトリニティ数字があるにもかかわらず、すでに11回も出ているトリニティ数字はある種、出る傾向にあるので覚えておいて損はないはずだ。なお、本書では1865回のトータルでの集計、月曜、週2回時代の木曜それぞれでの集計の3つのパターンでトリニティ数字を掲載。

このデータの活用方法はいたって簡単。よく出ているトリニティ数字から、これと思う組み合わせを決めるだけ(残り3個は、たとえばもう1組のトリニティ数字を組み合わせたり、ほかデータを参考に選ぶ)。狙ったトリニティ数字が当たれば5等以上が確定し、大きな当せんまで見えてくるかもしれないぞ。

トリニティ数字トータル出現数ランキング(第1865回まで)

11回 05-08-20　13-18-41

10回	04	17	42
	04	35	42
	05	34	39
	06	31	41
	11	27	37
	24	37	38

10回	32	35	39
9回	01	11	37
	01	11	39
	02	05	20
	02	14	22
	02	14	43

9回	02	17	38
	02	19	24
	02	22	35
	03	08	14
	03	18	28
	03	18	37

9回	03	26	39
	04	06	24
	04	11	12
	05	20	27
	05	22	39
	06	13	17

9回	08	14	18
	10	16	39
	10	23	36
	10	25	31
	10	34	39

8回	01	03	39
	01	05	39
	01	07	42
	01	14	34
	01	16	20
	01	20	37
	01	21	37
	02	06	31
	02	13	22
	02	13	32

8回	02	14	26
	02	16	27
	03	07	19
	03	08	28
	03	19	40
	03	25	26
	03	25	39
	04	05	34
	04	06	38
	04	10	24

8回	04	14	22
	04	32	35
	05	06	20
	05	06	38
	05	25	27
	05	26	39
	06	09	37
	06	10	24
	06	16	43
	06	17	18

8回	06	18	27
	06	20	31
	06	21	41
	06	22	30
	06	30	31
	07	08	42
	07	19	41
	07	26	43
	07	42	43
	08	13	18

8回	08	15	24
	08	22	25
	08	25	26
	08	26	43
	08	27	30
	09	10	28
	09	19	30
	10	20	43
	10	28	41
	11	12	38

8回	11	19	38
	11	21	36
	11	24	37
	12	16	20
	13	17	41
	14	22	23
	14	22	25
	14	22	41
	14	24	32
	14	26	37

8回	14	27	42
	14	30	38
	15	18	30
	15	19	36
	15	21	23
	15	21	34
	15	22	36
	16	17	20
	16	18	27
	16	19	39
	16	24	36
	16	27	42
	17	22	41
	17	37	39
	18	25	26
	18	32	35
	18	35	39
	19	21	28
	20	31	41
	21	22	27
	21	23	38
	21	24	26
	21	31	38
	22	28	41
	23	30	31
	23	30	43
	23	38	42
	24	32	36
	24	32	40
	25	26	27
	25	26	39
	29	33	37
	29	34	35
	31	32	39
	32	39	42
	32	41	42
7回	01	02	21
	01	04	16
	01	05	25
	01	09	14
	01	10	20
	01	15	26
	01	19	21
	01	20	35
	01	21	23
	01	24	40
	01	25	28
	01	25	41
	01	28	37
	01	28	42
	01	35	37
	01	41	42

7回	02	03	12
	02	04	06
	02	04	16
	02	04	38
	02	05	40
	02	06	16
	02	06	37
	02	06	41
	02	07	42
	02	08	10
	02	08	27
	02	10	16
	02	10	43
	02	11	32
	02	12	14
	02	13	14
	02	14	19
	02	17	24
	02	20	38
	02	21	37
	02	22	32
	02	24	34
	02	26	42
	02	27	28
	02	27	38
	02	27	42
	02	30	31
	02	38	42
	03	06	15
	03	07	41
	03	10	26
	03	10	27
	03	11	27
	03	14	24
	03	15	30
	03	15	40
	03	16	25
	03	17	20
	03	18	23
	03	19	35
	03	22	23
	03	23	31
	03	24	26
	03	24	36
	03	26	42
	03	32	39
	04	06	16
	04	06	32
	04	08	22
	04	10	11
	04	11	20
	04	11	28

7回	04	13	18
	04	17	26
	04	18	28
	04	19	28
	04	22	27
	04	25	28
	04	30	43
	04	37	42
	05	07	39
	05	07	41
	05	08	25
	05	08	27
	05	12	39
	05	13	22
	05	13	32
	05	15	39
	05	16	34
	05	17	39
	05	18	22
	05	20	28
	05	20	32
	05	27	38
	05	37	38
	05	39	42
	06	08	17
	06	09	16
	06	10	39
	06	12	17
	06	13	32
	06	15	16
	06	15	36
	06	15	41
	06	16	27
	06	16	41
	06	18	41
	06	19	28
	06	19	41
	06	25	38
	06	27	38
	06	30	33
	06	30	43
	06	31	35
	06	32	37
	06	40	42
	07	09	38
	07	13	23
	07	14	43
	07	15	42
	07	16	34
	07	19	35
	07	32	42
	07	33	35

7回	07	34	42
	07	36	39
	08	11	15
	08	14	25
	08	14	40
	08	14	41
	08	15	26
	08	17	24
	08	17	25
	08	19	23
	08	20	24
	08	20	38
	08	22	41
	08	24	38
	08	26	27
	08	30	36
	08	36	42
	09	10	21
	09	15	39
	09	17	30
	09	21	42
	09	28	40
	10	11	12
	10	12	19
	10	12	29
	10	12	40
	10	12	43
	10	13	20
	10	13	39
	10	15	20
	10	15	37
	10	15	40
	10	15	42
	10	19	28
	10	21	22
	10	22	23
	10	22	25
	10	24	33
	10	25	42
	10	31	35
	10	33	36
	11	15	41
	11	19	28
	11	20	28
	11	20	31
	11	20	38
	11	21	25
	11	26	43
	11	30	36
	11	30	43
	11	37	42
	12	13	35

7回	12	16	35
	12	21	40
	12	22	35
	12	25	32
	12	32	38
	12	39	40
	13	14	22
	13	17	18
	13	22	41
	13	27	36
	13	27	39
	13	29	37
	14	19	43
	14	22	29
	14	24	25
	14	29	33
	14	32	42
	14	35	38
	15	16	26
	15	17	30
	15	17	31
	15	18	22
	15	21	32
	15	22	29
	15	22	40
	15	23	26
	15	23	42
	15	26	35
	15	26	43
	15	30	35
	15	30	39
	16	20	43
	16	22	43
	16	24	32
	16	26	39
	16	27	34
	16	27	36
	16	28	36
	16	34	35
	16	35	39
	17	18	30
	17	39	42
	18	20	29
	18	22	25
	18	23	32
	18	27	38
	19	21	24
	19	21	31
	19	21	40
	19	24	43
	19	28	40
	19	36	43

7回	20	23	37
	20	29	40
	20	37	40
	21	22	26
	21	23	30
	21	27	32
	21	30	31
	21	30	43
	21	33	41
	21	36	38
	21	37	38
	22	25	39
	22	27	32
	22	27	37
	22	28	37
	22	28	43
	22	31	43
	22	36	43
	24	25	27
	24	27	32
	24	33	35
	24	35	42
	24	36	43
	24	40	41
	25	26	32
	25	34	36
	26	27	28
	26	27	34
	26	27	43
	26	30	40
	26	41	43
	27	37	38
	28	30	43
	28	33	40
	28	35	37
	29	32	35
	30	31	37
	30	31	38
	30	32	40
	30	38	42
	31	34	40
	32	36	39
	32	36	43
	34	40	43
	36	37	39
	37	38	39
	37	41	42

トリニティ数字月曜出現数ランキング(第1865回まで) 月曜

7回 01-03-39　05-08-20　24-37-38　26-27-28

6回 02-13-22　02-27-40　06-32-37　09-19-30　13-18-41　21-37-38

5回	01 03 12
	01 11 39
	01 12 26
	01 26 27
	02 08 12
	02 12 13
	02 22 35
	02 27 28
	02 31 38
	03 12 38
	03 19 40
	03 21 32
	03 26 42
	03 32 40
	03 38 39
	04 06 24
	04 14 22
	04 23 42
	05 07 24
	05 08 25
	05 08 27
	05 20 27
	05 20 28
	05 27 33
	06 22 28
	06 28 30
5回	06 32 39
	07 32 42
	07 42 43
	08 14 18
	09 15 26
	10 12 42
	10 15 42
	10 19 39
	10 25 31
	10 31 35
	11 19 38
	11 27 37
	11 30 43
	12 31 36
	13 22 28
	14 22 29
	14 30 38
	14 37 43
	15 16 26
	15 23 42
	18 19 25
	19 28 40
	20 26 34
	20 37 38
	21 23 42
	23 37 38
5回	24 32 40
	24 33 35
	24 36 43
	25 27 28
	27 37 38
4回	01 03 20
	01 03 26
	01 05 39
	01 10 34
	01 11 37
	01 14 34
	01 14 42
	01 15 21
	01 15 40
	01 19 21
	01 19 23
	01 20 37
	01 21 24
	01 23 36
	01 24 33
	01 24 37
	01 26 34
	01 27 33
	01 27 39
	01 28 42
	01 34 41
4回	01 34 42
	01 39 42
	02 04 16
	02 04 22
	02 04 33
	02 06 30
	02 08 13
	02 08 31
	02 08 42
	02 09 22
	02 12 22
	02 13 27
	02 14 28
	02 14 38
	02 14 42
	02 14 43
	02 16 26
	02 19 24
	02 23 36
	02 26 35
	02 29 30
	02 30 31
	02 40 42
	03 06 15
	03 06 28
	03 07 19
4回	03 08 14
	03 08 37
	03 10 27
	03 12 42
	03 13 22
	03 15 40
	03 18 19
	03 18 37
	03 19 30
	03 23 24
	03 23 30
	03 23 31
	03 25 39
	03 32 39
	04 06 32
	04 06 38
	04 13 16
	04 22 25
	04 30 43
	04 32 37
	05 12 38
	05 13 22
	05 18 22
	05 20 25
	05 20 26
	05 24 37

4回	05 30 32
	05 30 35
	05 34 37
	05 37 38
	06 08 17
	06 10 24
	06 10 32
	06 12 41
	06 13 18
	06 13 22
	06 13 28
	06 16 24
	06 16 27
	06 16 37
	06 19 28
	06 19 40
	06 22 30
	06 27 33
	06 28 43
	06 32 43
	06 34 41
	07 08 34
	07 13 18
	07 14 22
	07 14 43
	07 16 20
	07 18 19
	07 19 41
	07 21 34
	07 21 40
	07 24 42
	07 26 43
	07 34 42

4回	08 11 22
	08 12 25
	08 12 30
	08 14 22
	08 14 25
	08 14 27
	08 14 28
	08 14 39
	08 14 41
	08 14 42
	08 20 27
	08 22 25
	08 22 41
	08 23 34
	08 31 37
	08 38 42
	09 10 28
	09 15 39
	09 19 21
	09 19 27
	09 21 42
	09 23 30
	09 26 39
	09 28 41
	09 31 35
	10 12 37
	10 16 20
	10 19 28
	10 20 43
	10 25 38
	10 26 27
	10 27 28
	10 27 40

4回	10 33 42
	10 38 42
	11 19 20
	11 19 28
	11 24 37
	11 37 42
	12 14 24
	12 22 35
	12 23 36
	12 24 33
	12 24 37
	12 26 29
	12 31 34
	12 31 43
	12 33 40
	12 36 37
	13 14 22
	13 16 33
	13 18 22
	13 18 25
	13 22 41
	13 22 42
	13 23 28
	13 25 38
	13 41 42
	14 18 25
	14 22 33
	14 27 42
	14 29 33
	14 30 42
	14 32 42
	14 39 42
	15 21 42

4回	15 22 29
	15 27 30
	15 27 33
	15 30 43
	16 17 20
	16 19 20
	16 19 26
	16 19 39
	16 34 35
	17 19 22
	17 19 42
	18 23 32
	18 24 37
	18 26 36
	18 35 39
	19 20 38
	19 21 28
	19 25 40
	19 30 43
	19 40 42
	20 21 43
	20 26 33
	20 30 35
	21 23 24
	21 23 38
	21 24 26
	21 24 37
	21 26 42
	21 30 31
	21 30 36
	21 33 41
	22 24 29
	22 25 39

4回	22 26 28
	22 27 41
	22 28 29
	22 28 41
	22 29 39
	22 31 43
	22 41 42
	23 31 36
	23 38 42
	24 29 42
	24 32 36
	24 32 41
	24 35 42
	24 37 41
	24 40 41
	26 28 33
	27 28 33
	27 29 33
	27 29 37
	28 30 43
	28 33 40
	29 36 37
	30 32 40
	30 38 42
	31 32 39
	31 34 43
	32 35 39
	32 38 39
	34 35 39
	36 37 41

◎トリニティ数字木曜出現数ランキング(第543回～1865回)　週2時代の木曜

8回 04-32-35

6回 02-05-40　04-35-42　08-11-15　08-15-24　10-34-39

5回	01 25 28
	02 04 06
	02 05 20
	02 06 31
	02 06 37
	02 19 24
	02 20 38
	02 21 37
	02 24 43
	02 38 39
	03 22 23
	03 25 26
	03 26 39
	04 05 34
	04 10 11
	04 10 24
	04 15 20
	04 17 42
	04 18 25
	04 22 32
	04 37 42
	05 20 32
	05 22 39
	05 23 26
	05 26 39
	06 09 15
	06 09 40

5回	06 15 36
	06 17 18
	06 21 41
	07 08 42
	08 11 43
	08 14 40
	08 25 26
	08 28 43
	10 16 39
	11 29 36
	12 32 38
	13 27 36
	14 16 32
	14 19 43
	14 22 23
	15 21 34
	15 22 36
	16 21 43
	16 32 35
	17 37 39
	17 39 42
	18 19 24
	19 24 43
	19 32 36
	19 36 43
	20 24 25
	20 31 41

5回	20 33 40
	21 22 23
	21 27 32
	22 31 32
	24 25 27
	24 25 32
	25 34 36
	32 35 42
	32 41 42
	37 39 42
4回	01 04 23
	01 06 23
	01 10 24
	01 11 30
	01 14 24
	01 14 43
	01 18 38
	01 24 40
	02 04 38
	02 05 22
	02 05 32
	02 06 20
	02 06 27
	02 07 42
	02 10 16
	02 10 24
	02 10 42

4回	02 11 32
	02 14 43
	02 16 27
	02 18 27
	02 20 31
	02 22 32
	02 22 36
	02 22 43
	02 24 34
	02 27 37
	02 27 38
	02 32 35
	02 32 37
	03 08 25
	03 10 33
	03 14 24
	03 15 21
	03 15 23
	03 18 34
	03 21 29
	03 22 40
	03 24 26
	03 24 39
	03 26 29
	03 32 33
	03 34 40
	04 06 17

4回	04 10 37
	04 11 15
	04 11 20
	04 11 37
	04 15 30
	04 15 38
	04 16 17
	04 16 26
	04 17 26
	04 17 34
	04 17 39
	04 17 41
	04 19 32
	04 19 35
	04 22 35
	04 32 38
	04 32 42
	04 32 43
	05 06 38
	05 10 40
	05 16 32
	05 16 34
	05 19 26
	05 21 32
	05 23 30
	05 24 34
	05 26 34

4回	05 26 37
	05 26 40
	05 34 39
	05 36 39
	06 10 15
	06 10 21
	06 10 24
	06 10 39
	06 12 30
	06 12 31
	06 15 18
	06 15 39
	06 15 41
	06 16 43
	06 21 27
	06 22 42
	06 25 42
	06 30 31
	06 30 38
	06 31 41
	06 35 39
	06 40 42
	07 13 23
	07 15 21
	07 34 43
	08 11 36
	08 13 18
	08 15 36
	08 15 43
	08 16 23
	08 16 39
	08 17 24
	08 19 35
	09 10 15

4回	09 16 17
	09 17 30
	09 23 40
	09 24 25
	10 11 12
	10 11 37
	10 12 40
	10 13 34
	10 13 39
	10 15 36
	10 17 20
	10 20 21
	10 21 33
	10 24 34
	10 25 29
	10 34 36
	10 34 40
	11 12 38
	11 15 20
	11 15 36
	11 15 43
	11 17 33
	11 18 25
	11 20 38
	11 21 36
	11 31 33
	11 37 39
	12 14 38
	12 15 35
	12 16 28
	12 16 34
	12 19 40
	12 21 40
	12 25 32

4回	12 29 32
	12 32 43
	12 38 43
	13 21 25
	13 21 29
	13 21 36
	13 22 26
	14 16 41
	14 19 33
	14 19 35
	14 22 25
	14 22 28
	14 22 41
	14 24 25
	14 24 32
	14 24 36
	14 28 37
	15 16 23
	15 19 32
	15 20 26
	15 21 32
	15 21 41
	15 23 26
	15 23 30
	15 25 36
	15 26 30
	15 32 36
	15 36 41
	16 17 34
	16 20 33
	16 23 37
	16 24 32
	16 27 36
	16 27 42

4回	16 28 36
	16 29 37
	16 32 37
	16 32 41
	16 34 36
	16 36 39
	17 18 41
	17 24 34
	17 27 42
	17 37 42
	18 19 31
	18 20 24
	19 21 41
	19 24 25
	19 24 32
	19 24 33
	19 31 43
	19 32 42
	20 24 27
	20 24 31
	20 24 32
	20 24 35
	20 29 40
	21 22 26
	21 24 26
	21 24 31
	21 25 36
	21 29 37
	21 31 34
	21 31 38
	21 34 36
	21 35 42
	22 23 26
	22 26 39

4回	22 27 32
	22 32 35
	22 36 39
	23 26 30
	23 27 40
	24 25 26
	24 25 36
	24 27 34
	24 32 36
	24 32 38
	25 26 32
	25 32 38
	25 32 42
	26 30 40
	26 34 43
	26 41 43
	27 34 36
	28 36 39
	29 31 32
	29 37 39
	31 32 33
	32 35 38
	32 36 43
	32 38 40
	32 38 43
	34 37 42
	34 40 43
	39 41 42

月別CO消化回ランキング

トータル

1月

（CO消化回：57回）

ランク	出現率	回数	数字								
1位	26.3%	15回	15								
2位	24.6%	14回	37	42							
4位	22.8%	13回	08	21	38						
7位	19.3%	11回	13								
8位	17.5%	10回	04	07	39						
11位	15.8%	9回	18	23	24	27	36	41			
17位	14.0%	8回	05	20	30	31					
21位	12.3%	7回	10	11	12	14	17	22	29	33	35
			43								
31位	10.5%	6回	02	25	26	28					
35位	8.8%	5回	01	32	34	40					
39位	7.0%	4回	03	06	09	19		43位	5.3%	3回	16

2月

（CO消化回：57回）

ランク	出現率	回数	数字								
1位	29.8%	17回	26								
2位	26.3%	15回	15								
3位	22.8%	13回	43								
4位	19.3%	11回	17	19	21	22	35				
9位	17.5%	10回	01	11	28						
12位	15.8%	9回	10	24	27	31					
16位	14.0%	8回	02	12	14	20	25	37	39		
23位	12.3%	7回	03	05	06	09	18	29	32	33	34
32位	10.5%	6回	04	08	13	23					
36位	8.8%	5回	07	36	40	41					
40位	7.0%	4回	16	38	42			43位	1.8%	1回	30

3月

（CO消化回：68回）

ランク	出現率	回数	数字								
1位	25.0%	17回	16								
2位	22.1%	15回	14	19	31						
5位	20.6%	14回	05	20							
7位	19.1%	13回	26	27							
9位	17.6%	12回	11	22	36						
12位	16.2%	11回	13	35							
14位	14.7%	10回	04	09	30	33	39				
19位	13.2%	9回	08	15	24	25	29	32	41		
26位	11.8%	8回	02	37	40	43					
30位	10.3%	7回	03	06	10	17	18	21	23	34	42
39位	8.8%	6回	12	28							
41位	7.4%	5回	01	38			43位	5.9%	4回	07	

ここでは、トータルでの月別のCO(キャリーオーバー)消化回での各数字出現を紹介したい。どの月で、何回のCO消化回があり、どのような数字がよく出ているかチェックしておこう。

LOTO 6
ロトシックス

トータル

4月

(CO消化回:64回)

ランク	出現率	回数	数字								
1位	26.6%	17回	42								
2位	23.4%	15回	11	32							
4位	20.3%	13回	34								
5位	18.8%	12回	20	31	37						
8位	17.2%	11回	04	39	41						
11位	15.6%	10回	12	24	38	40					
15位	14.1%	9回	03	05	06	13	14	19	25	30	35
24位	12.5%	8回	08	10	15	16	18	22	26	28	33
33位	10.9%	7回	01	23	36						
36位	9.4%	6回	09	21	29	43					
40位	7.8%	5回	07			41位	6.3%	4回	02	17	27

5月

(CO消化回:56回)

ランク	出現率	回数	数字								
1位	26.8%	15回	16								
2位	21.4%	12回	21								
3位	19.6%	11回	18	26	43						
6位	17.9%	10回	03	27	31	35	36	41			
12位	16.1%	9回	09	10	32	37					
16位	14.3%	8回	01	02	15	28	40	42			
22位	12.5%	7回	04	05	06	14	20	24	29	30	
30位	10.7%	6回	07	12	13	19	22	33	38	39	
38位	8.9%	5回	08	11	23	34					
42位	7.1%	4回	17	25							

6月

(CO消化回:71回)

ランク	出現率	回数	数字								
1位	22.5%	16回	04	38	39						
4位	21.1%	15回	32	43							
6位	19.7%	14回	17								
7位	18.3%	13回	13	23	27	42					
11位	16.9%	12回	07	11	21	30	31	37			
17位	15.5%	11回	05	09	18	36					
21位	14.1%	10回	06	12	34						
24位	12.7%	9回	02	03	15	16	19	35			
30位	11.3%	8回	24	25							
32位	9.9%	7回	10	41							
34位	8.5%	6回	01	08	20	22	26	29	40		
41位	7.0%	5回	14								
42位	5.6%	4回	28			43位	1.4%	1回	33		

月別CO消化回ランキング

トータル

7月

（CO消化回：66回）

ランク	出現率	回数	数字								
1位	21.2%	14回	38								
2位	19.7%	13回	04	11	23						
5位	18.2%	12回	01	02	05	07	10	40			
11位	16.7%	11回	13	26	28	36					
15位	15.2%	10回	03	06	21	29	35				
20位	13.6%	9回	16	18	20	25	39	42			
26位	12.1%	8回	08	09	22	31	32	37			
32位	10.6%	7回	12	15	17	30	41	43			
38位	9.1%	6回	14	33	34						
41位	7.6%	5回	19	24	27						

8月

（CO消化回：75回）

ランク	出現率	回数	数字								
1位	24.0%	18回	06								
2位	21.3%	16回	39								
3位	20.0%	15回	24			4位	18.7%	14回	01	28	38
7位	17.3%	13回	03	05	10	11	25				
12位	16.0%	12回	19	29	34	42					
16位	14.7%	11回	36	37							
18位	13.3%	10回	04	07	09	12	17	20	21	30	35
			40	43							
29位	12.0%	9回	08	14	15	18	32				
34位	10.7%	8回	02	26	33						
37位	9.3%	7回	13	27	41						
40位	8.0%	6回	16	22	23	31					

9月

（CO消化回：58回）

ランク	出現率	回数	数字								
1位	25.9%	15回	06								
2位	24.1%	14回	33								
3位	22.4%	13回	15	16							
5位	20.7%	12回	22	26	36						
8位	19.0%	11回	10	14							
10位	17.2%	10回	01	13	27	41	42				
15位	15.5%	9回	12	25							
17位	13.8%	8回	09	23	37						
20位	12.1%	7回	04	07	08	11	18	19	24	32	38
			43								
30位	10.3%	6回	03	05	20	21	28	29			
36位	8.6%	5回	17	30	34	39	40				
41位	6.9%	4回	02	31	35						

10月

（CO消化回：64回）

ランク	出現率	回数	数字								
1位	23.4%	15回	23								
2位	21.9%	14回	01	06							
4位	20.3%	13回	22	34	42						
7位	18.8%	12回	02	25	37						
10位	17.2%	11回	03	26	40						
13位	15.6%	10回	12	15	19	20	24				
18位	14.1%	9回	09	13	17	21	36	38			
24位	12.5%	8回	14	27	30	41	43				
29位	10.9%	7回	04	08	31	32					
33位	9.4%	6回	05	07	10	16	18	29	33	39	
41位	7.8%	5回	11	28			43位	4.7%	3回	35	

11月

（CO消化回：74回）

ランク	出現率	回数	数字								
1位	23.0%	17回	08								
2位	21.6%	16回	02								
3位	20.3%	15回	09	33	38						
6位	17.6%	13回	04	15	17	28	43				
11位	16.2%	12回	05	30							
13位	14.9%	11回	07	14	19	21	23	32	34		
20位	13.5%	10回	20	35	40	42					
24位	12.2%	9回	01	06	10	11	22	25	31	36	37
			39	41							
35位	10.8%	8回	12	18	24	27					
39位	9.5%	7回	29								
40位	8.1%	6回	03	13			42位	6.8%	5回	16	26

12月

（CO消化回：64回）

ランク	出現率	回数	数字								
1位	21.9%	14回	11	14	26	42					
5位	18.8%	12回	03	33	35						
8位	17.2%	11回	01	10	29	39					
12位	15.6%	10回	12	15	17	19	21	24	31	34	38
			40								
22位	14.1%	9回	08	28	30	36					
26位	12.5%	8回	02	07	22	32					
30位	10.9%	7回	06	16	25	37					
34位	9.4%	6回	04	13	20	27	43				
39位	7.8%	5回	09	18	23						
42位	6.3%	4回	05			43位	4.7%	3回	41		

月別CO消化回ランキング

月曜

1月

（CO消化回：21回）

ランク	出現率	回数	数字								
1位	42.9%	9回	37								
2位	38.1%	8回	15								
3位	33.3%	7回	39	42							
5位	28.6%	6回	38								
6位	23.8%	5回	04	08	24						
9位	19.0%	4回	01	07	21	23	30	32			
15位	14.3%	3回	11	12	13	18	27	31	43		
22位	9.5%	2回	02	14	20	22	25	26	28	29	35
			40	41							
33位	4.8%	1回	06	09	10	17	19	33	36		
40位	0.0%	0回	03	05	16	34					

2月

（CO消化回：24回）

ランク	出現率	回数	数字								
1位	29.2%	7回	01								
2位	25.0%	6回	24								
3位	20.8%	5回	05	10	12	19	21	25	26	27	28
			31	37	43						
15位	16.7%	4回	03	11	18	34	35	40			
21位	12.5%	3回	02	08	15	17	22	23	33	39	
29位	8.3%	2回	06	07	09	13	14	16	20	29	32
			41	42							
40位	4.2%	1回	04								
41位	0.0%	0回	30	36	38						

3月

（CO消化回：28回）

ランク	出現率	回数	数字								
1位	28.6%	8回	22								
2位	25.0%	7回	14	31							
4位	21.4%	6回	13	24	26	27	30	36			
10位	17.9%	5回	04	16	19	20	23				
15位	14.3%	4回	02	05	08	09	10	11	25	32	35
			37	38	41						
27位	10.7%	3回	03	06	12	18	21	33	39	40	42
36位	7.1%	2回	01	34	43						
39位	3.6%	1回	07	17	28	29					
43位	0.0%	0回	15								

ここでは、月曜日抽せんだけの月別のCO(キャリーオーバー)消化回での各数字出現を紹介したい。どの月で、何回のCO消化回があり、どのような数字がよく出ているかチェックしておこう。

LOTO 6 ロトシックス

月曜

4月

(CO消化回:24回)

ランク	出現率	回数	数字								
1位	33.3%	8回	32								
2位	29.2%	7回	11								
3位	25.0%	6回	01	12	31						
6位	20.8%	5回	03	05	20	34	42				
11位	16.7%	4回	06	07	13	15	26	37	38	39	41
			43								
21位	12.5%	3回	04	08	10	14	18	21	22	24	27
			28								
31位	8.3%	2回	02	19	25	30	33				
36位	4.2%	1回	09	17	29	35	36	40			
42位	0.0%	0回	16	23							

5月

(CO消化回:21回)

ランク	出現率	回数	数字								
1位	28.6%	6回	40								
2位	23.8%	5回	10	16	20	26	27	37			
8位	19.0%	4回	01	03	14	15	18	29	31	32	35
			42								
18位	14.3%	3回	02	09	13	24	36	41	43		
25位	9.5%	2回	04	07	17	19	21	23	28	30	33
			38	39							
36位	4.8%	1回	05	06	08	12	22	25	34		
43位	0.0%	0回	11								

6月

(CO消化回:30回)

ランク	出現率	回数	数字								
1位	30.0%	9回	04								
2位	26.7%	8回	13	23	30	38	42				
7位	23.3%	7回	05	06							
9位	20.0%	6回	07	11	35	36					
13位	16.7%	5回	01	09	25	34	37				
18位	13.3%	4回	08	16	19	32	43				
23位	10.0%	3回	02	03	12	15	17	20	21	22	24
			27	39	41						
35位	6.7%	2回	10	28	29	31					
39位	3.3%	1回	14	18	33	40					
43位	0.0%	0回	26								

月別CO消化回ランキング

月曜

7月

（CO消化回：23回）

ランク	出現率	回数	数字								
1位	34.8%	8回	23								
2位	30.4%	7回	13								
3位	26.1%	6回	28	38							
5位	21.7%	5回	03	36							
7位	17.4%	4回	01	02	10	11	12	30	37	41	
15位	13.0%	3回	06	07	08	09	18	20	21	25	26
			32	33	34	35	39	40	42		
31位	8.7%	2回	04	14	16	17	22	24	27	29	31
			43								
41位	4.3%	1回	19								
42位	0.0%	0回	05	15							

8月

（CO消化回：37回）

ランク	出現率	回数	数字								
1位	27.0%	10回	06	19							
3位	24.3%	9回	35								
4位	21.6%	8回	10	39							
6位	18.9%	7回	01	03	34						
9位	16.2%	6回	05	21	22	29	41	42	43		
16位	13.5%	5回	04	08	12	15	23	24	25	30	36
			40								
26位	10.8%	4回	02	07	09	14	18	20	26	27	28
			33								
36位	8.1%	3回	11	13	16	17	31	32	37	38	

9月

（CO消化回：18回）

ランク	出現率	回数	数字								
1位	33.3%	6回	22								
2位	27.8%	5回	14	27							
4位	22.2%	4回	01	06	08	10	16	36	41	42	
12位	16.7%	3回	05	12	13	15	23	25	26	29	33
			37	43							
23位	11.1%	2回	09	11	18	20	21	30	32	34	38
32位	5.6%	1回	02	03	07	17	19	24	28	31	40
41位	0.0%	0回	04	35	39						

10月

(CO消化回:28回)

ランク	出現率	回数	数字								
1位	32.1%	9回	23								
2位	28.6%	8回	42								
3位	25.0%	7回	03								
4位	21.4%	6回	02	06	15	21	40				
9位	17.9%	5回	01	09	22	24	25	26			
15位	14.3%	4回	10	12	13	20	30	34	37	38	39
			41	43							
26位	10.7%	3回	05	08	14	18	19	27	29	33	
34位	7.1%	2回	04	07	11	17	28	31	32		
41位	3.6%	1回	16	36							
43位	0.0%	0回	35								

11月

(CO消化回:25回)

ランク	出現率	回数	数字								
1位	32.0%	8回	09								
2位	28.0%	7回	08	33	42						
5位	24.0%	6回	02	04	37						
8位	20.0%	5回	14	19	21	38					
12位	16.0%	4回	06	17	18	29	34	35	40		
19位	12.0%	3回	01	05	07	12	13	15	20	23	28
			30	31	41						
31位	8.0%	2回	03	16	22	25	27	32	39	43	
39位	4.0%	1回	10	24	26						
42位	0.0%	0回	11	36							

12月

(CO消化回:28回)

ランク	出現率	回数	数字								
1位	32.1%	9回	26								
2位	25.0%	7回	01	15	34						
5位	21.4%	6回	11	28	33	35					
9位	17.9%	5回	03	24	29	39	42	43			
15位	14.3%	4回	02	10	12	14	21	22	25	30	31
			32	36	37						
27位	10.7%	3回	04	06	08	09	18	38	40		
34位	7.1%	2回	05	07	16	17	19	20			
40位	3.6%	1回	13	27	41						
43位	0.0%	0回	23								

月別CO消化回ランキング

木曜

1月

（CO消化回：36回）

ランク	出現率	回数	数字								
1位	25.0%	9回	21								
2位	22.2%	8回	05	08	13	36					
6位	19.4%	7回	15	38	41	42					
10位	16.7%	6回	07	10	17	18	20	27	33		
17位	13.9%	5回	04	14	22	23	29	31	34	35	37
26位	11.1%	4回	02	03	11	12	24	25	26	28	30
			43								
36位	8.3%	3回	06	09	16	19	39	40			
42位	2.8%	1回	01	32							

2月

（CO消化回：33回）

ランク	出現率	回数	数字								
1位	36.4%	12回	15	26							
3位	24.2%	8回	17	22	43						
6位	21.2%	7回	35								
7位	18.2%	6回	11	14	19	20	21				
12位	15.2%	5回	02	04	06	09	28	29	32	36	39
21位	12.1%	4回	10	13	27	31	33	38			
27位	9.1%	3回	01	03	07	08	12	18	23	24	25
			34	37	41						
39位	6.1%	2回	05	16	42						
42位	3.0%	1回	30	40							

3月

（CO消化回：40回）

ランク	出現率	回数	数字								
1位	30.0%	12回	16								
2位	25.0%	10回	05	19							
4位	22.5%	9回	15	20							
6位	20.0%	8回	11	14	29	31					
10位	17.5%	7回	26	27	33	35	39				
15位	15.0%	6回	09	17	36	43					
19位	12.5%	5回	04	08	13	25	28	32	34	40	41
28位	10.0%	4回	02	03	06	18	21	22	30	37	42
37位	7.5%	3回	01	07	10	12	24				
42位	5.0%	2回	23								
43位	2.5%	1回	38								

ここでは、木曜日抽せんだけの月別のCO(キャリーオーバー)消化回での各数字出現を紹介したい。どの月で、何回のCO消化回があり、どのような数字がよく出ているかチェックしておこう。

4月

(CO消化回:40回)

ランク	出現率	回数	数字								
1位	30.0%	12回	42								
2位	22.5%	9回	40								
3位	20.0%	8回	04	11	16	34	35	37			
9位	17.5%	7回	19	20	23	24	25	30	32	39	41
18位	15.0%	6回	14	31	33	36	38				
23位	12.5%	5回	06	08	09	10	13	18	22	28	29
32位	10.0%	4回	03	05	12	15	26				
37位	7.5%	3回	17	21							
39位	5.0%	2回	02	43							
41位	2.5%	1回	01	07	27						

5月

(CO消化回:35回)

ランク	出現率	回数	数字								
1位	28.6%	10回	16	21							
3位	22.9%	8回	43								
4位	20.0%	7回	18	36	41						
7位	17.1%	6回	03	05	06	09	26	28	31	35	
15位	14.3%	5回	02	04	11	12	22	27	30	32	
23位	11.4%	4回	01	07	08	10	15	19	24	33	34
			37	38	39	42					
36位	8.6%	3回	13	14	23	25	29				
41位	5.7%	2回	17	20	40						

6月

(CO消化回:41回)

ランク	出現率	回数	数字								
1位	31.7%	13回	39								
2位	26.8%	11回	17	32	43						
5位	24.4%	10回	18	27	31						
8位	22.0%	9回	21								
9位	19.5%	8回	38								
10位	17.1%	7回	04	12	37						
13位	14.6%	6回	02	03	07	09	11	15	26		
20位	12.2%	5回	10	13	16	19	23	24	34	36	40
			42								
30位	9.8%	4回	05	14	29	30	41				
35位	7.3%	3回	06	20	22	25	35				
40位	4.9%	2回	08	28							
42位	2.4%	1回	01								
43位	0.0%	0回	33								

月別CO消化回ランキング

木曜

7月

（CO消化回：43回）

ランク	出現率	回数	数字								
1位	27.9%	12回	05								
2位	25.6%	11回	04								
3位	20.9%	9回	07	11	40						
6位	18.6%	8回	01	02	10	26	29	38			
12位	16.3%	7回	06	15	16	21	35				
17位	14.0%	6回	18	20	22	25	31	36	39	42	
25位	11.6%	5回	03	08	09	17	23	28	32	43	
33位	9.3%	4回	13	14	19	37					
37位	7.0%	3回	12	24	27	30	33	34	41		

8月

（CO消化回：38回）

ランク	出現率	回数	数字								
1位	28.9%	11回	38								
2位	26.3%	10回	11	24	28						
5位	21.1%	8回	06	25	37	39					
9位	18.4%	7回	01	05	17						
12位	15.8%	6回	03	07	09	20	29	32	36	42	
20位	13.2%	5回	04	10	12	14	18	30	34	40	
28位	10.5%	4回	02	08	13	15	21	26	33	43	
36位	7.9%	3回	16	27	31						
39位	5.3%	2回	19								
40位	2.6%	1回	23	35	41						
43位	0.0%	0回	22								

9月

（CO消化回：40回）

ランク	出現率	回数	数字								
1位	27.5%	11回	06	33							
3位	25.0%	10回	15								
4位	22.5%	9回	16	26							
6位	20.0%	8回	36								
7位	17.5%	7回	04	10	13						
10位	15.0%	6回	01	07	09	12	14	19	22	24	25
			41	42							
21位	12.5%	5回	03	11	18	23	27	28	32	37	38
			39								
31位	10.0%	4回	17	20	21	35	40	43			
37位	7.5%	3回	02	05	08	29	30	31	34		

10月

(CO消化回:36回)

ランク	出現率	回数	数字								
1位	25.0%	9回	01	34							
3位	22.2%	8回	06	22	36	37					
7位	19.4%	7回	17	19	25						
10位	16.7%	6回	02	12	20	23	26				
15位	13.9%	5回	04	13	14	16	24	27	31	32	38
			40	42							
26位	11.1%	4回	03	07	08	09	15	30	41	43	
34位	8.3%	3回	05	11	18	21	28	29	33	35	
42位	5.6%	2回	10	39							

11月

(CO消化回:49回)

ランク	出現率	回数	数字								
1位	22.4%	11回	43								
2位	20.4%	10回	02	08	15	28	38				
7位	18.4%	9回	05	11	17	30	32	36			
13位	16.3%	8回	07	10	23	33					
17位	14.3%	7回	04	09	20	22	24	25	34	39	
25位	12.2%	6回	01	14	19	21	27	31	35	40	41
34位	10.2%	5回	06	12							
36位	8.2%	4回	03	18	26						
39位	6.1%	3回	13	16	29	37	42				

12月

(CO消化回:36回)

ランク	出現率	回数	数字								
1位	27.8%	10回	14								
2位	25.0%	9回	42								
3位	22.2%	8回	11	17	19						
6位	19.4%	7回	03	10	38	40					
10位	16.7%	6回	07	08	12	21	29	31	33	35	39
19位	13.9%	5回	13	16	23	24	26	27	30	36	
27位	11.1%	4回	01	02	06	20	22	32			
33位	8.3%	3回	04	15	25	28	34	37			
39位	5.6%	2回	05	09	18	41					
43位	2.8%	1回	43								

第1～第6数字別出現

第1数字	出現回数
01	257
02	245
03	197
04	174
05	151
06	145
08	104
07	102
10	81
09	68
11	65
12	53
14	41
13	29
15	28
16	26
18	19
17	15
19	15
21	13
20	11
22	7
23	7
24	5
25	4
26	2
27	1

第2数字	出現回数
10	123
08	115
06	109
11	107
09	103
12	103
13	99
05	97
15	97
14	96
07	94
16	79
04	78
19	61
18	57
03	55
17	54
21	53
20	51
22	45
24	35
02	30
23	23
25	18
26	18
27	13
29	13
28	10
32	10
31	9
30	7
33	2
34	1

第3数字	出現回数
17	107
15	104
18	103
19	102
21	99
16	93
23	87
14	82
13	80
20	78
22	77
12	72
11	68
26	68
27	66
24	65
25	64
10	54
09	48
29	39
07	38
08	37
30	36
28	35
06	31
31	28
32	27
34	18
33	15
05	13
35	11
04	6
36	5
37	4
03	3
38	2

第4数字	出現回数
28	108
24	106
25	103
30	101
27	97
26	95
22	94
31	88
23	81
20	79
21	77
32	72
19	68
29	66
18	62
34	61
35	55
33	54
16	53
17	53
36	45
15	38
37	37
14	32
12	31
13	28
38	20
10	12
09	10
11	10
40	10
39	9
08	5
07	2
05	1
06	1
41	1

第5数字	出現回数
35	121
34	114
36	114
37	113
33	112
32	109
39	102
38	101
29	89
31	88
30	83
28	74
27	73
26	72
40	63
41	57
23	55
25	53
24	48
22	40
20	38
42	33
21	27
19	23
18	17
16	13
17	12
15	8
13	5
10	3
14	3
09	1
12	1

第6数字	出現回数
43	268
42	240
41	189
40	172
39	158
38	155
37	123
36	94
35	78
33	62
34	53
32	52
31	41
30	33
28	28
29	27
27	22
26	17
25	15
23	8
24	7
19	5
20	5
21	4
22	4
16	2
11	1
17	1
18	1

※出現本数字のうち最も小さいものを第1数字、以下第2、～第6数字と定義する。

前回ボーナス数字別

ボーナス01が出た次の回に出る数字（抽せん：37回）

ランク	出現率	回数	数字							
1位	27.0%	10回	24							
2位	24.3%	9回	31	36						
4位	21.6%	8回	22	29	41					
7位	18.9%	7回	02	12	21	35				
11位	16.2%	6回	01	03	05	06	18	23	30	32
			37	40	42	43				
23位	13.5%	5回	16	19	20					
26位	10.8%	4回	07	13	14	17	39			
31位	8.1%	3回	04	10	11	15	25	26	27	33
			34	38						
41位	5.4%	2回	08	09						
43位	2.7%	1回	28							

ボーナス02が出た次の回に出る数字（抽せん：35回）

ランク	出現率	回数	数字							
1位	25.7%	9回	39							
2位	22.9%	8回	06	22	24	33	40			
7位	20.0%	7回	10	32	36	38	41			
12位	17.1%	6回	07	12	26	27	28			
17位	14.3%	5回	01	04	05	13	14	18	31	35
			37							
26位	11.4%	4回	16	23	25	29	43			
31位	8.6%	3回	02	03	17	19	20	42		
37位	5.7%	2回	08	09	11	15	21	30		
43位	2.9%	1回	34							

ボーナス03が出た次の回に出る数字（抽せん：35回）

ランク	出現率	回数	数字							
1位	28.6%	10回	20							
2位	25.7%	9回	12							
3位	22.9%	8回	10	31	35	43				
7位	20.0%	7回	06	17	18	34	36			
12位	17.1%	6回	05	19	24	27	32	37	39	
19位	14.3%	5回	02	04	15	25	42			
24位	11.4%	4回	07	08	11	13	14	28	29	33
			41							
33位	8.6%	3回	16	30	38	40				
37位	5.7%	2回	09	23						
39位	2.9%	1回	01	03	21	22	26			

ボーナス04が出た次の回に出る数字（抽せん：48回）

ランク	出現率	回数	数字							
1位	20.8%	10回	03							
2位	18.8%	9回	07	14	20	22	23	37	42	43
10位	16.7%	8回	05	06	10	15	16	19	27	34
			39							
19位	14.6%	7回	01	29	31	40				
23位	12.5%	6回	02	04	08	12	13	21	26	33
			35	38						
33位	10.4%	5回	09	11	17	18	24	41		
39位	8.3%	4回	28	30						
41位	6.3%	3回	25	32						
43位	4.2%	2回	36							

ボーナス05が出た次の回に出る数字（抽せん：38回）

ランク	出現率	回数	数字							
1位	23.7%	9回	15	22	25	43				
5位	21.1%	8回	01	13	16	32				
9位	18.4%	7回	02	05	24	30	37			
14位	15.8%	6回	10	14	19	27	29	39	42	
21位	13.2%	5回	03	04	06	17	23	28	31	
28位	10.5%	4回	09	26	35	36	41			
33位	7.9%	3回	08	11	18	20	21	34	38	
40位	5.3%	2回	12	33	40					
43位	2.6%	1回	07							

ボーナス06が出た次の回に出る数字（抽せん：61回）

ランク	出現率	回数	数字							
1位	24.6%	15回	33							
2位	23.0%	14回	32							
3位	21.3%	13回	30							
4位	19.7%	12回	03	40						
6位	18.0%	11回	17	39						
8位	16.4%	10回	05	06	10	13	16	19	20	21
			29	38						
18位	14.8%	9回	02	24	34	43				
22位	13.1%	8回	01	04	22	23	31	37	42	
29位	11.5%	7回	08	09	12	25	27	35		
35位	9.8%	6回	18	26	28					
38位	8.2%	5回	14	36						
40位	6.6%	4回	07	11	15	41				

ボーナス07が出た次の回に出る数字（抽せん：44回）

ランク	出現率	回数	数字							
1位	22.7%	10回	02	25	39					
4位	20.5%	9回	08	26						
6位	18.2%	8回	04	06	07	28	37			
11位	15.9%	7回	03	05	11	12	22	23	30	40
19位	13.6%	6回	14	33	34	35	36	42	43	
26位	11.4%	5回	01	09	10	13	15	17	19	24
			27	29	31					
37位	9.1%	4回	20	32	38					
40位	6.8%	3回	18	21	41					
43位	4.5%	2回	16							

「次に出る数字」

LOTO6 ロトシックス

ボーナス08が出た次の回に出る数字 (抽せん：42回)

ランク	出現率	回数	数字							
1位	26.2%	11回	11	12	37					
4位	23.8%	10回	09	20						
6位	21.4%	9回	04	10						
8位	19.0%	8回	03	22	25	28	36	39		
14位	16.7%	7回	07	15	18	30	34			
19位	14.3%	6回	01	05	17	23				
23位	11.9%	5回	06	13	21	24	33	41	42	
30位	9.5%	4回	16	26	35	43				
34位	7.1%	3回	02	38	40					
37位	4.8%	2回	08	14	19	27	29	31	32	

ボーナス09が出た次の回に出る数字 (抽せん：48回)

ランク	出現率	回数	数字							
1位	27.1%	13回	21							
2位	22.9%	11回	11							
3位	20.8%	10回	02	16	17	26	30			
8位	18.8%	9回	08	43						
10位	16.7%	8回	04	06	09	15	32	37	39	
17位	14.6%	7回	03	13	24	41				
21位	12.5%	6回	07	10	12	22	25	27	28	33
29位	10.4%	5回	01	05	14	18	23	35	36	
36位	8.3%	4回	20	29	31	34	40			
41位	6.3%	3回	19	38	42					

ボーナス10が出た次の回に出る数字 (抽せん：46回)

ランク	出現率	回数	数字							
1位	26.1%	12回	38	41						
3位	23.9%	11回	18							
4位	21.7%	10回	06							
5位	19.6%	9回	08							
6位	17.4%	8回	03	09	14	20	25	31	32	35
			42							
15位	15.2%	7回	11	13	15	17	22	23		
21位	13.0%	6回	02	05	27	34	37			
26位	10.9%	5回	04	10	12	19	21	24	26	30
			36	40						
36位	8.7%	4回	07	16	28	29	33			
41位	6.5%	3回	39	43						
43位	4.3%	2回	01							

ボーナス11が出た次の回に出る数字 (抽せん：46回)

ランク	出現率	回数	数字							
1位	30.4%	14回	26							
2位	26.1%	12回	18							
3位	23.9%	11回	31	39						
5位	19.6%	9回	16	21	27					
8位	17.4%	8回	03	06	12	20	22	23	32	36
16位	15.2%	7回	02	08	14	24				
20位	13.0%	6回	04	05	25	29	35	37	38	42
28位	10.9%	5回	10	11	15	19	33	34	41	43
36位	8.7%	4回	07	13						
38位	6.5%	3回	28	40						
40位	4.3%	2回	01	09	17					
43位	2.2%	1回	30							

ボーナス12が出た次の回に出る数字 (抽せん：39回)

ランク	出現率	回数	数字							
1位	28.2%	11回	02							
2位	25.6%	10回	25	26	28					
5位	23.1%	9回	04							
6位	20.5%	8回	06							
7位	17.9%	7回	03	14	16	22	31			
12位	15.4%	6回	17	19	21	33	40	42	43	
19位	12.8%	5回	01	08	09	10	12	13	15	23
			24	27						
29位	10.3%	4回	05	11	20	29	34	36	39	
36位	7.7%	3回	07	18	35	37	38	41		
42位	5.1%	2回	32							
43位	2.6%	1回	30							

ボーナス13が出た次の回に出る数字 (抽せん：49回)

ランク	出現率	回数	数字							
1位	26.5%	13回	31							
2位	24.5%	12回	12							
3位	20.4%	10回	15	36						
5位	18.4%	9回	11	19	23	25	28	40	43	
12位	16.3%	8回	03	13	17	38				
16位	14.3%	7回	01	08	10	14	21	22	26	27
			29	32	37					
27位	12.2%	6回	02	05	30	33	34	42		
33位	10.2%	5回	04	09	18	35	41			
38位	8.2%	4回	16							
39位	6.1%	3回	07	24						
41位	4.1%	2回	06	20	39					

ボーナス14が出た次の回に出る数字 (抽せん：47回)

ランク	出現率	回数	数字							
1位	21.3%	10回	10							
2位	19.1%	9回	06	07	22	24	32	33	39	43
10位	17.0%	8回	03	08	29	38				
14位	14.9%	7回	11	16	17	19	20	23	28	31
			36							
23位	12.8%	6回	02	04	14	15	25	27	30	34
			41							
32位	10.6%	5回	01	09	12	13	18	21	26	
39位	8.5%	4回	37							
40位	6.4%	3回	05	35	40	42				

前回ボーナス数字別「次に出る数字」

ボーナス15が出た次の回に出る数字（抽せん：36回）

ランク	出現率	回数	数字							
1位	22.2%	8回	08	35	38					
4位	19.4%	7回	24	26	31	33	34			
9位	16.7%	6回	01	10	13	14	21	22	25	28
			42	43						
19位	13.9%	5回	02	06	07	15	17	20	37	39
27位	11.1%	4回	04	05	09	11	19	27	29	32
			40							
36位	8.3%	3回	16	18	23	30	41			
41位	5.6%	2回	03	12	36					

ボーナス16が出た次の回に出る数字（抽せん：41回）

ランク	出現率	回数	数字							
1位	26.8%	11回	40							
2位	24.4%	10回	20							
3位	22.0%	9回	32							
4位	19.5%	8回	03	06	26					
7位	17.1%	7回	02	07	11	15	16	17	33	39
15位	14.6%	6回	04	10	12	14	18	19	21	22
			27	28	34	37				
27位	12.2%	5回	08	23	24	31	36	38		
33位	9.8%	4回	01	30	35	41	43			
38位	7.3%	3回	13	29	42					
41位	4.9%	2回	09	25						
43位	2.4%	1回	05							

ボーナス17が出た次の回に出る数字（抽せん：35回）

ランク	出現率	回数	数字							
1位	25.7%	9回	25							
2位	22.9%	8回	05	31						
4位	20.0%	7回	01	08	19	28	38			
9位	17.1%	6回	04	09	22	32	43			
14位	14.3%	5回	02	07	10	11	12	15	18	20
			21	23	34	40	41	42		
28位	11.4%	4回	14	17	24	26	27	30		
34位	8.6%	3回	03	16	29	33	35	36		
40位	5.7%	2回	06	13	37	39				

ボーナス18が出た次の回に出る数字（抽せん：43回）

ランク	出現率	回数	数字							
1位	27.9%	12回	21	26						
3位	20.9%	9回	05	10	22	27	43			
8位	18.6%	8回	15	16	18	36	39			
13位	16.3%	7回	08	29	31	37	42			
18位	14.0%	6回	09	11	23	33	38	41		
24位	11.6%	5回	13	14	24	25	28	32	35	
31位	9.3%	4回	01	02	04	12	19	34		
37位	7.0%	3回	03	06	07	20	40			
42位	4.7%	2回	17	30						

ボーナス19が出た次の回に出る数字（抽せん：33回）

ランク	出現率	回数	数字							
1位	30.3%	10回	35							
2位	27.3%	9回	07	28	33	41				
6位	24.2%	8回	04	06	27					
9位	21.2%	7回	14							
10位	18.2%	6回	01	24	42					
13位	15.2%	5回	02	05	08	12	23	31	36	
20位	12.1%	4回	10	16	18	19	21	30	34	38
28位	9.1%	3回	11	17	22	25	32	39	40	
35位	6.1%	2回	13	15	20	29	37	43		
41位	3.0%	1回	03	09	26					

ボーナス20が出た次の回に出る数字（抽せん：38回）

ランク	出現率	回数	数字							
1位	26.3%	10回	18							
2位	23.7%	9回	07	08	14	26				
6位	21.1%	8回	09	24	43					
9位	18.4%	7回	15	20	23	30	33			
14位	15.8%	6回	01	03	21	28	29	35	40	
21位	13.2%	5回	16	19	27	31	36	37	38	
28位	10.5%	4回	04	05	06	10	22	42		
34位	7.9%	3回	11	13	17	34	39			
39位	5.3%	2回	32	41						
41位	2.6%	1回	02	12	25					

ボーナス21が出た次の回に出る数字（抽せん：44回）

ランク	出現率	回数	数字							
1位	22.7%	10回	01	35						
3位	20.5%	9回	13	15	25	26	32	42		
9位	18.2%	8回	05	09	19	23	40	43		
15位	15.9%	7回	22	29	30	36	41			
20位	13.6%	6回	04	07	11	18	38			
25位	11.4%	5回	02	14	20	21	28	33	34	37
			39							
34位	9.1%	4回	06	12	17	27				
38位	6.8%	3回	08	10	16	24				
42位	4.5%	2回	03	31						

ボーナス22が出た次の回に出る数字
(抽せん:39回)

ランク	出現率	回数	数字							
1位	28.2%	11回	04							
2位	23.1%	9回	12	17						
4位	20.5%	8回	02	22						
6位	17.9%	7回	07	19	21	24	33			
11位	15.4%	6回	03	10	13	14	16	20	23	30
			34	41	42					
22位	12.8%	5回	05	06	09	29	31	37	38	39
			43							
31位	10.3%	4回	15	18	26	28	36	40		
37位	7.7%	3回	01	11	27	32	35			
42位	5.1%	2回	08	25						

ボーナス23が出た次の回に出る数字
(抽せん:40回)

ランク	出現率	回数	数字							
1位	27.5%	11回	04							
2位	20.0%	8回	03	09	10	12	15	24	38	43
10位	17.5%	7回	01	05	18	19	21	27		
16位	15.0%	6回	11	14	16	22	28	30	40	
23位	12.5%	5回	07	08	23	26	29	36	37	
30位	10.0%	4回	02	20	25	31	32	41	42	
37位	7.5%	3回	13	17	34	35				
41位	5.0%	2回	06	33	39					

ボーナス24が出た次の回に出る数字
(抽せん:33回)

ランク	出現率	回数	数字							
1位	24.2%	8回	19							
2位	21.2%	7回	02	06	35	38	39	41	43	
9位	18.2%	6回	01	03	21	25	29	32	40	
16位	15.2%	5回	04	07	11	15	18	30	31	36
			42							
25位	12.1%	4回	05	08	13	24	26	34		
31位	9.1%	3回	12	14	16	17	22	23		
37位	6.1%	2回	09	10	20	28	33	37		
43位	0.0%	0回	27							

ボーナス25が出た次の回に出る数字
(抽せん:45回)

ランク	出現率	回数	数字							
1位	24.4%	11回	25							
2位	22.2%	10回	03	08	29					
5位	20.0%	9回	11	23						
7位	17.8%	8回	01	13	15	19	26	33	35	
14位	15.6%	7回	06	20	32	38				
18位	13.3%	6回	02	04	07	10	12	18	30	31
			37	42	43					
29位	11.1%	5回	09	21	28	34	40			
34位	8.9%	4回	14	16	17	27	36	39	41	
41位	6.7%	3回	05	22						
43位	4.4%	2回	24							

ボーナス26が出た次の回に出る数字
(抽せん:53回)

ランク	出現率	回数	数字							
1位	24.5%	13回	27							
2位	22.6%	12回	37	42						
4位	20.8%	11回	12	32						
6位	18.9%	10回	03	16	17					
9位	17.0%	9回	22	23	31					
12位	15.1%	8回	01	02	04	10	20	21	33	36
			38	40	41					
23位	13.2%	7回	06	08	11	13	26	43		
29位	11.3%	6回	05	07	09	15				
33位	9.4%	5回	18	19	25	28	29	34	39	
40位	7.5%	4回	30	35						
42位	5.7%	3回	24							
43位	3.8%	2回	14							

ボーナス27が出た次の回に出る数字
(抽せん:49回)

ランク	出現率	回数	数字							
1位	22.4%	11回	23							
2位	20.4%	10回	03	13	30	39				
6位	18.4%	9回	16	28	31					
9位	16.3%	8回	19	21	22	26	27	29	34	42
17位	14.3%	7回	02	06	08	10	12	18	20	32
			37	41						
27位	12.2%	6回	14	17	24	33				
31位	10.2%	5回	04	07	09	25	36	43		
37位	8.2%	4回	01	05	11	15	35	38	40	

ボーナス28が出た次の回に出る数字
(抽せん:62回)

ランク	出現率	回数	数字							
1位	21.0%	13回	10							
2位	19.4%	12回	06	08	16	19	37	39		
8位	17.7%	11回	07	17	27	30	35	42		
14位	16.1%	10回	02	24	38					
17位	14.5%	9回	01	12	15	18	21	33	36	41
25位	12.9%	8回	03	11	13	23				
29位	11.3%	7回	20	22	25	32	34	43		
35位	9.7%	6回	09	14	29	31	40			
40位	8.1%	5回	04	05						
42位	6.5%	4回	28							
43位	1.6%	1回	26							

ボーナス29が出た次の回に出る数字
(抽せん:39回)

ランク	出現率	回数	数字							
1位	23.1%	9回	13	15	27	37				
5位	20.5%	8回	10	22	26	30				
9位	17.9%	7回	01	05	06	28	41			
14位	15.4%	6回	04	08	14	17	29	36		
20位	12.8%	5回	12	18	19	20	23	25	38	40
28位	10.3%	4回	09	11	16	24	33	35	39	42
			43							
37位	7.7%	3回	02	07	31	32	34			
42位	5.1%	2回	03	21						

前回ボーナス数字別「次に出る数字」

ボーナス30が出た次の回に出る数字
（抽せん：45回）

ランク	出現率	回数	数字
1位	28.9%	13回	30
2位	20.0%	9回	15 29 32 33
6位	17.8%	8回	09 34 40
9位	15.6%	7回	04 05 10 14 18 23 24 35 41 42 43
20位	13.3%	6回	06 07 16 19 20 21 25 26 27 38 39
31位	11.1%	5回	02 12 17 31 36 37
37位	8.9%	4回	01 03 11 13 22
42位	4.4%	2回	08 28

ボーナス31が出た次の回に出る数字
（抽せん：38回）

ランク	出現率	回数	数字
1位	26.3%	10回	40
2位	23.7%	9回	28
3位	21.1%	8回	06 09 12 27 36
8位	18.4%	7回	16 21
10位	15.8%	6回	02 05 07 08 11 15 32 33 35 37
20位	13.2%	5回	03 18 19 20 23 30 38 39 41 43
30位	10.5%	4回	01 13 14 17 26 29 42
37位	7.9%	3回	04 24 25 31 34
42位	2.6%	1回	10 22

ボーナス32が出た次の回に出る数字
（抽せん：45回）

ランク	出現率	回数	数字
1位	26.7%	12回	21
2位	24.4%	11回	05 15
4位	20.0%	9回	19 35 39
7位	17.8%	8回	04 09 13 18 29 30 32
14位	15.6%	7回	01 14 38 41 42
19位	13.3%	6回	02 08 11 20 22 23 25 28 36 37
29位	11.1%	5回	10 16 27 31
33位	8.9%	4回	03 06 12 17 26 33 34
40位	6.7%	3回	24 40 43
43位	2.2%	1回	07

ボーナス33が出た次の回に出る数字
（抽せん：48回）

ランク	出現率	回数	数字
1位	29.2%	14回	37
2位	22.9%	11回	20
3位	20.8%	10回	10
4位	18.8%	9回	02 03 24 40
8位	16.7%	8回	01 08 09 11 12 16 23 41 42 43
18位	14.6%	7回	04 06 13 15 28 32 36
25位	12.5%	6回	17 19 25 34 38 39
31位	10.4%	5回	14 22 26 30 35
36位	8.3%	4回	05 07 18 29 33
41位	6.3%	3回	31
42位	4.2%	2回	21 27

ボーナス34が出た次の回に出る数字
（抽せん：60回）

ランク	出現率	回数	数字
1位	25.0%	15回	01
2位	23.3%	14回	16
3位	21.7%	13回	05 38
5位	20.0%	12回	19 24 30
8位	18.3%	11回	08 09 11 36
12位	16.7%	10回	02 04 26 32 35 41 42
19位	15.0%	9回	17
20位	13.3%	8回	06 10 12 14 25 37 40
27位	11.7%	7回	07 15 18 21 22
32位	10.0%	6回	20 27 34 43
36位	8.3%	5回	28 39
38位	6.7%	4回	13 23 29 33
42位	5.0%	3回	31
43位	3.3%	2回	03

ボーナス35が出た次の回に出る数字
（抽せん：45回）

ランク	出現率	回数	数字
1位	31.1%	14回	26
2位	24.4%	11回	27 34 36
5位	22.2%	10回	05 14
7位	20.0%	9回	02 39
9位	17.8%	8回	03 15 30
12位	15.6%	7回	06 37 42
15位	13.3%	6回	01 04 08 11 16 19 28 31 32 35 40
26位	11.1%	5回	10 12 13 24 25 33 38
33位	8.9%	4回	07 17 20 22 23 29 41 43
41位	6.7%	3回	09 21
43位	2.2%	1回	18

ボーナス36が出た次の回に出る数字
（抽せん：43回）

ランク	出現率	回数	数字
1位	23.3%	10回	24 29
3位	20.9%	9回	18 34 38
6位	18.6%	8回	05 28 32 36
10位	16.3%	7回	01 06 07 09 19 20 25 30
18位	14.0%	6回	10 11 12 13 14 26 27 33 35
27位	11.6%	5回	02 03 08 16 21 23 42 43
35位	9.3%	4回	17 22 31 37 40 41
41位	7.0%	3回	39
42位	4.7%	2回	04
43位	0.0%	0回	15

ボーナス37が出た次の回に出る数字 (抽せん:40回)

ランク	出現率	回数	数字							
1位	25.0%	10回	27							
2位	20.0%	8回	02	04	14	16	43			
7位	17.5%	7回	28	33	42					
10位	15.0%	6回	05	06	07	10	13	15	18	20
			22	23	24	25	26	31	37	
25位	12.5%	5回	03	09	12	19	32	34	35	36
			39	41						
35位	10.0%	4回	01	11	21					
38位	7.5%	3回	08	17	29	30	38			
43位	5.0%	2回	40							

ボーナス39が出た次の回に出る数字 (抽せん:41回)

ランク	出現率	回数	数字							
1位	26.8%	11回	09							
2位	24.4%	10回	17	21						
4位	22.0%	9回	02							
5位	19.5%	8回	08	31	35					
8位	17.1%	7回	19	20	22	23	30	38	42	
15位	14.6%	6回	03	06	10	15	34	43		
21位	12.2%	5回	01	04	12	13	14	24	26	28
			33	36	40					
32位	9.8%	4回	05	11	16	18	27	29	32	
39位	7.3%	3回	25	37	39	41				
43位	4.9%	2回	07							

ボーナス41が出た次の回に出る数字 (抽せん:42回)

ランク	出現率	回数	数字							
1位	31.0%	13回	27							
2位	21.4%	9回	34							
3位	19.0%	8回	06	15	18	21	24	26	42	
10位	16.7%	7回	11	14	16	19	22	25	28	29
			39	40						
20位	14.3%	6回	01	03	07	12	20	31	38	
27位	11.9%	5回	04	10	17	30	37	43		
33位	9.5%	4回	02	08	32	41				
37位	7.1%	3回	05	35	36					
40位	4.8%	2回	09	13	23					
43位	2.4%	1回	33							

ボーナス43が出た次の回に出る数字 (抽せん:47回)

ランク	出現率	回数	数字							
1位	29.8%	14回	28							
2位	23.4%	11回	37	38						
4位	21.3%	10回	01	06	25					
7位	19.1%	9回	23	34						
9位	17.0%	8回	11	16	18	19	21	27	33	42
17位	14.9%	7回	10	17	20	26				
21位	12.8%	6回	02	05	13	14	32	39	40	
28位	10.6%	5回	03	04	22	24	31	35		
34位	8.5%	4回	09	12	15	41	43			
39位	6.4%	3回	07	29	30	36				
43位	4.3%	2回	08							

ボーナス38が出た次の回に出る数字 (抽せん:36回)

ランク	出現率	回数	数字							
1位	27.8%	10回	35							
2位	25.0%	9回	38	41						
4位	22.2%	8回	08	34						
6位	19.4%	7回	10	11	13	14	21			
11位	16.7%	6回	07	17	31	33	40	42		
17位	13.9%	5回	05	06	12	18	20	23	32	39
			43							
26位	11.1%	4回	01	02	15	22	27	28	29	
33位	8.3%	3回	03	16	19	24	26	30	36	
40位	5.6%	2回	04	09	37					
43位	2.8%	1回	25							

ボーナス40が出た次の回に出る数字 (抽せん:47回)

ランク	出現率	回数	数字							
1位	27.7%	13回	39							
2位	25.5%	12回	15							
3位	23.4%	11回	30	38						
5位	21.3%	10回	36							
6位	19.1%	9回	02	06	08	21	37			
11位	17.0%	8回	12	18	31	35	42			
16位	14.9%	7回	01	19	22	24	32	43		
22位	12.8%	6回	03	05	14	16	23			
27位	10.6%	5回	07	10	11	13	17	25	26	34
			41							
36位	8.5%	4回	09	27	28	29				
40位	6.4%	3回	20	40						
42位	2.1%	1回	04							
43位	0.0%	0回	33							

ボーナス42が出た次の回に出る数字 (抽せん:42回)

ランク	出現率	回数	数字							
1位	31.0%	13回	20							
2位	23.8%	10回	24	25	35					
5位	21.4%	9回	07							
6位	19.0%	8回	05	19	34					
9位	16.7%	7回	11	15	16	21	27	32	37	43
17位	14.3%	6回	04	14	18	38	39	40	41	
24位	11.9%	5回	06	08	10	22	33	36	42	
31位	9.5%	4回	03	17	23	26	28	29	30	
38位	7.1%	3回	01	02	09	13				
42位	4.8%	2回	12							
43位	2.4%	1回	31							

当せん数字番台別パターン

通算

0番台(01-09)	10番台(10-19)	20番台(20-29)	30番台(30-39)	40番台(40-43)	出現回数
1	2	2	1	0	61
1	2	1	2	0	59
1	2	1	1	1	54
1	1	1	2	1	52
2	1	2	1	0	50
2	2	1	1	0	49
2	1	1	2	0	48
1	1	2	2	0	45
1	1	2	1	1	44
2	1	1	1	1	43
1	3	1	1	0	42
0	1	2	2	1	36
1	1	3	1	0	33
1	2	0	2	1	31
1	1	1	3	0	31
2	2	2	0	0	28
0	2	2	2	0	28
0	2	2	1	1	28
2	1	0	2	1	26
2	2	0	2	0	25
2	1	2	0	1	25
2	0	1	2	1	23
0	2	1	2	1	22
3	1	1	1	0	21
0	1	2	3	0	20
2	0	2	2	0	19
2	0	2	1	1	19
1	2	0	3	0	19
1	2	3	0	0	18
1	2	2	0	1	18
1	1	3	0	1	18
0	2	3	1	0	18
0	1	3	2	0	18
1	0	3	2	0	17
0	3	1	2	0	17
0	3	1	1	1	17
2	1	3	0	0	16
0	1	3	1	1	16
0	1	1	3	1	16
3	0	1	2	0	15
2	1	0	3	0	15
1	3	1	0	1	15
1	3	0	1	1	15
3	2	0	1	0	14
2	2	0	1	1	14
2	0	1	3	0	13
1	0	2	3	0	13
1	0	2	2	1	13
3	2	1	0	0	12
3	1	1	0	1	12
2	3	0	1	0	12
2	2	1	0	1	12
1	3	2	0	0	12
1	1	1	1	2	12
3	0	1	1	1	11
1	1	0	3	1	11
3	1	0	2	0	10
3	1	0	1	1	10
2	0	3	1	0	10
1	2	1	0	2	10
1	0	3	1	1	10
0	0	2	3	1	10
3	1	2	0	0	9
3	0	2	1	0	9
2	1	1	0	2	9
0	2	1	3	0	9
3	0	3	0	0	8
1	1	4	0	0	8
1	1	0	4	0	8
1	1	0	2	2	8
1	0	4	1	0	8
1	0	1	3	1	8
0	4	1	1	0	8
0	3	2	1	0	8
0	1	1	4	0	8
0	1	1	2	2	8
0	0	4	2	0	8
2	3	1	0	0	7
2	3	0	0	1	7
1	3	0	2	0	7
1	0	2	1	2	7
0	4	1	0	1	7
0	1	2	1	2	7
3	0	0	2	1	6
2	0	1	1	2	6
1	4	1	0	0	6
1	0	1	4	0	6
1	0	1	2	2	6
1	0	0	4	1	6
0	3	0	3	0	6
0	2	3	0	1	6
0	1	4	1	0	6
0	0	3	2	1	6
3	2	0	0	1	5
3	0	2	0	1	5
2	4	0	0	0	5
2	1	0	1	2	5
1	1	2	0	2	5
0	4	0	2	0	5
0	3	2	0	1	5
0	3	0	2	1	5
0	2	1	1	2	5
0	0	4	1	1	5
0	0	3	3	0	5
0	0	1	3	2	5
4	0	1	1	0	4
2	0	3	0	1	4
2	0	0	2	2	4
1	4	0	1	0	4
1	3	0	0	2	4
1	0	0	3	2	4
0	2	0	2	2	4
0	1	0	4	1	4
0	1	0	3	2	4
4	2	0	0	0	3
4	1	1	0	0	3
4	0	2	0	0	3
3	0	1	0	2	3
2	0	2	0	2	3
2	0	0	4	0	3
1	2	0	1	2	3
1	1	1	0	3	3
1	0	1	1	3	3
0	3	1	0	2	3
0	3	0	1	2	3
0	2	2	0	2	3
0	2	0	4	0	3
0	1	4	0	1	3
0	0	5	1	0	3
0	0	2	2	2	3
3	3	0	0	0	2
3	1	0	0	2	2
3	0	0	3	0	2
2	0	4	0	0	2
2	0	0	3	1	2
1	0	0	5	0	2
0	4	0	1	1	2
0	2	0	3	1	2
0	1	3	0	2	2
0	1	1	1	3	2
0	0	1	5	0	2
5	0	1	0	0	1
4	1	0	1	0	1
4	1	0	0	1	1
4	0	1	0	1	1
4	0	0	2	0	1
4	0	0	1	1	1
3	0	0	1	2	1
2	2	0	0	2	1
1	4	0	0	1	1
1	0	4	0	1	1
1	0	3	0	2	1
0	5	1	0	0	1
0	5	0	0	1	1
0	3	3	0	0	1
0	2	4	0	0	1
0	2	0	1	3	1
0	1	5	0	0	1
0	1	2	0	3	1
0	1	0	2	3	1
0	0	3	1	2	1
0	0	2	4	0	1
0	0	1	4	1	1

※ヒトケタ番台型＝0番台数字が2個以上含まれるパターン。以下同じ

ヒトケタ番台型*におけるランキング

0番台(01-09)	10番台(10-19)	20番台(20-29)	30番台(30-39)	40番台(40-43)	出現回数
2	1	2	1	0	50
2	2	1	1	0	49
2	1	1	2	0	48
2	1	1	1	1	43
2	2	2	0	0	28
2	1	0	2	1	26
2	2	0	2	0	25
2	1	2	0	1	25
2	0	1	2	1	23
3	1	1	1	0	21
2	0	2	2	0	19
2	0	2	1	1	19
2	1	3	0	0	16
3	0	1	2	0	15
2	1	0	3	0	15
3	2	0	1	0	14
2	2	0	1	1	14
2	0	1	3	0	13
3	2	1	0	0	12
3	1	1	0	1	12
2	3	0	1	0	12
2	2	1	0	1	12
3	0	1	1	1	11
3	1	0	2	0	10
3	1	0	1	1	10
2	0	3	1	0	10
3	1	2	0	0	9
3	0	2	1	0	9
2	1	1	0	2	9
3	0	3	0	0	8
2	3	1	0	0	7
2	3	0	0	1	7
3	0	0	2	1	6
2	0	1	1	2	6
3	2	0	0	1	5
3	0	2	0	1	5
2	4	0	0	0	5
2	1	0	1	2	5
4	0	1	1	0	4
2	0	3	0	1	4
2	0	0	2	2	4
4	2	0	0	0	3
4	1	1	0	0	3
4	0	2	0	0	3
3	0	1	0	2	3
2	0	2	0	2	3
2	0	0	4	0	3
3	3	0	0	0	2
3	1	0	0	2	2
3	0	0	3	0	2
2	0	4	0	0	2
2	0	0	3	1	2
5	0	1	0	0	1
4	1	0	1	0	1
4	1	0	0	1	1
4	0	1	0	1	1
4	0	0	2	0	1
4	0	0	1	1	1
3	0	0	1	2	1
2	2	0	0	2	1

ランキング

LOTO 6 ロトシックス

10番台型*におけるランキング

0番台(01-09)	10番台(10-19)	20番台(20-29)	30番台(30-39)	40番台(40-43)	出現回数
1	2	2	1	0	61
1	2	1	2	0	59
1	2	1	1	1	54
2	2	1	1	0	49
1	3	1	1	0	42
1	2	0	2	1	31
2	2	2	0	0	28
0	2	2	2	0	28
0	2	2	1	1	28
2	2	0	2	0	25
0	2	1	2	1	22
1	2	0	3	0	19
1	2	3	0	0	18
1	2	2	0	1	18
0	2	3	1	0	18
0	3	1	2	0	17
0	3	1	1	1	17
1	3	1	0	1	15
1	3	0	1	1	15
3	2	0	1	0	14
2	2	0	1	1	14
3	2	1	0	0	12
2	3	0	1	0	12
2	2	1	0	1	12
1	3	2	0	0	12
1	2	1	0	2	10
0	2	1	3	0	9
0	4	1	1	0	8
0	3	2	1	0	8
2	3	1	0	0	7
2	3	0	0	1	7
1	3	0	2	0	7
0	4	1	0	1	7
1	4	1	0	0	6
0	3	0	3	0	6
0	2	3	0	1	6
3	2	0	0	1	5
2	4	0	0	0	5
0	4	0	2	0	5
0	3	2	0	1	5
0	3	0	2	1	5
0	2	1	1	2	5
1	4	0	1	0	4
1	3	0	0	2	4
0	2	0	2	2	4
4	2	0	0	0	3
1	2	0	1	2	3
0	3	1	0	2	3
0	3	0	1	2	3
0	2	2	0	2	3
0	2	0	4	0	3
3	3	0	0	0	2
0	4	0	1	1	2
0	2	0	3	1	2
2	2	0	0	2	1
1	4	0	0	1	1
0	5	1	0	0	1
0	5	0	0	1	1
0	3	3	0	0	1
0	2	4	0	0	1
0	2	0	1	3	1

20番台型*におけるランキング

0番台(01-09)	10番台(10-19)	20番台(20-29)	30番台(30-39)	40番台(40-43)	出現回数
1	2	2	1	0	61
2	1	2	1	0	50
1	1	2	2	0	45
1	1	2	1	1	44
0	1	2	2	1	36
1	1	3	1	0	33
2	2	2	0	0	28
0	2	2	2	0	28
0	2	2	1	1	28
2	1	2	0	1	25
0	1	2	3	0	20
2	0	2	2	0	19
2	0	2	1	1	19
1	2	3	0	0	18
1	2	2	0	1	18
1	1	3	0	1	18
0	2	3	1	0	18
0	1	3	2	0	18
1	0	3	2	0	17
2	1	3	0	0	16
0	1	3	1	1	16
1	0	2	3	0	13
1	0	2	2	1	13
1	3	2	0	0	12
2	0	3	1	0	10
1	0	3	1	1	10
0	0	2	3	1	10
3	1	2	0	0	9
3	0	2	1	0	9
3	0	3	0	0	8
1	1	4	0	0	8
1	0	4	1	0	8
0	3	2	1	0	8
0	0	4	2	0	8
1	0	2	1	2	7
0	1	2	1	2	7
0	2	3	0	1	6
0	1	4	1	0	6
0	0	3	2	1	6
3	0	2	0	1	5
1	1	2	0	2	5
0	3	2	0	1	5
0	0	4	1	1	5
0	0	3	3	0	5
2	0	3	0	1	4
4	0	2	0	0	3
2	0	2	0	2	3
0	2	2	0	2	3
0	1	4	0	1	3
0	0	5	1	0	3
0	0	2	2	2	3
2	0	4	0	0	2
0	1	3	0	2	2
1	0	4	0	1	1
1	0	3	0	2	1
0	3	3	0	0	1
0	2	4	0	0	1
0	1	5	0	0	1
0	1	2	0	3	1
0	0	3	1	2	1
0	0	2	4	0	1

30番台型*におけるランキング

0番台(01-09)	10番台(10-19)	20番台(20-29)	30番台(30-39)	40番台(40-43)	出現回数
1	2	1	2	0	59
1	1	1	2	1	52
2	1	1	2	0	48
1	1	2	2	0	45
0	1	2	2	1	36
1	2	0	2	1	31
1	1	1	3	0	31
0	2	2	2	0	28
2	1	0	2	1	26
2	2	0	2	0	25
2	0	1	2	1	23
0	2	1	2	1	22
0	1	2	3	0	20
2	0	2	2	0	19
1	2	0	3	0	19
0	1	3	2	0	18
1	0	3	2	0	17
0	3	1	2	0	17
0	1	1	3	1	16
3	0	1	2	0	15
2	1	0	3	0	15
2	0	1	3	0	13
1	0	2	3	0	13
1	0	2	2	1	13
1	1	0	3	1	11
3	1	0	2	0	10
0	0	2	3	1	10
0	2	1	3	0	9
1	1	0	4	0	8
1	1	0	2	2	8
1	0	1	3	1	8
0	1	1	4	0	8
0	1	1	2	2	8
0	0	4	2	0	8
1	3	0	2	0	7
3	0	0	2	1	6
1	0	1	4	0	6
1	0	1	2	2	6
1	0	0	4	1	6
0	3	0	3	0	6
0	0	3	2	1	6
0	4	0	2	0	5
0	3	0	2	1	5
0	0	3	3	0	5
0	0	1	3	2	5
2	0	0	2	2	4
1	0	0	3	2	4
0	2	0	2	2	4
0	1	0	4	1	4
0	1	0	3	2	4
2	0	0	4	0	3
0	2	0	4	0	3
0	0	2	2	2	3
3	0	0	3	0	2
2	0	0	3	1	2
1	0	0	5	0	2
0	2	0	3	1	2
0	0	1	5	0	2
4	0	0	2	0	1
0	1	0	2	3	1
0	0	2	4	0	1
0	0	1	4	1	1

40番台型*におけるランキング

0番台(01-09)	10番台(10-19)	20番台(20-29)	30番台(30-39)	40番台(40-43)	出現回数
1	1	1	1	2	12
1	2	1	0	2	10
2	1	1	0	2	9
1	1	0	2	2	8
0	1	1	2	2	8
1	0	2	1	2	7
0	1	2	1	2	7
2	0	1	1	2	6
1	0	1	2	2	6
2	1	0	1	2	5
1	1	2	0	2	5
0	2	1	1	2	5
0	0	1	3	2	5
2	0	0	2	2	4
1	3	0	0	2	4
1	0	0	3	2	4
0	2	0	2	2	4
0	1	0	3	2	4
3	0	1	0	2	3
2	0	2	0	2	3
1	2	0	1	2	3
1	1	1	0	3	3
1	0	1	1	3	3
0	3	1	0	2	3
0	3	0	1	2	3
0	2	2	0	2	3
0	0	2	2	2	3
3	1	0	0	2	2
0	1	3	0	2	2
0	1	1	1	3	2
3	0	0	1	2	1
2	2	0	0	2	1
1	0	3	0	2	1
0	2	0	1	3	1
0	1	2	0	3	1
0	1	0	2	3	1
0	0	3	1	2	1

コラム5

ロト6で1等6億円が出た幸運の売り場

ロト6のキャリーオーバー発生時での1等上限が6億円になり、はや7年。その間に、なんと6億円が出た売り場は43売り場に。要チェックです！

1等6億円売り場は、43売り場に！次に6億円が出るのは!?

ロト6におけるキャリーオーバー発生時での1等上限は6億円（2017年2月から）。以降、6億円が出たのは43売り場（ネット除く）と、大きなチャンスが広がっているのだ。ご時世がら、ネットからもよく出ている。次に6億円が出るは、あなたの近くの売り場かもしれないぞ!!

◎ロト6　1等6億円が出た幸運の売り場

回号	売り場名	売り場住所
第1157回	葛西イトーヨーカドーチャンスセンター	東京都江戸川区
第1185回	ららぽーと横浜ロッタリーショップ	神奈川県横浜市
第1187回	半田イオンチャンスセンター	愛知県半田市
第1204回	七福国分寺店	東京都国分寺市
第1226回	第一勧業信用組合巣鴨支店	東京都豊島区
第1230回	リブロードチャンスセンター	香川県高松市
第1253回	豊見城イオンタウンチャンスセンター	沖縄県豊見城市
第1263回	山口フジクラチャンスセンター	山口県山口市
第1265回	しおざきシティチャンスセンター	沖縄県糸満市
第1271回	コーナン市川ロッタリーショップ	千葉県市川市
第1280回	京阪　信濃橋店	大阪府大阪市
第1304回	日専連くしろ文苑チャンスセンター	北海道釧路市
第1306回	合資会社渡辺酒店　御野場店	秋田県秋田市
第1307回	卸商団地チャンスセンター	宮城県仙台市
第1309回	ジャパンネット銀行　大阪府	東京都新宿区(登録住所)
第1366回	横浜銀行横浜市(ATM)	神奈川県横浜市
第1367回	ロックタウン各務原宝くじセンター	岐阜県各務原市
第1404回	観音寺チャンスセンター	香川県観音寺市
第1435回	みずほ銀行　横浜支店	神奈川県横浜市
第1544回	刈谷イオンタウンチャンスセンター	愛知県刈谷市
第1545回	マックスバリュ高陽チャンスセンター	広島県広島市
第1550回	武蔵浦和チャンスセンター	埼玉県さいたま市
第1558回	浜松泉町メガドン・キホーテUNYチャンスセンター	静岡県浜松市
第1570回	宝くじロトショップ　北綾瀬駅前店	東京都足立区

回号	売り場名	売り場住所
第1584回	邑楽カインズチャンスセンター	群馬県邑楽郡
第1589回	館林アゼリアモールチャンスセンター	群馬県館林市
第1590回	洋光台イトーヨーカドーボックス	神奈川県横浜市
第1591回	東京都(ATM)	東京都
第1592回	宝くじ公式サイト(ネット)	千葉県
第1594回	棚倉チャンスセンター	福島県東白川郡
第1595回	宝くじ公式サイト(ネット)	山梨県
第1615回	ミエルかわぐちチャンスセンター	埼玉県川口市
第1668回	七福勿来江栗店	福島県いわき市
第1748回	七福塩田店	神奈川県相模原市
第1748回	宝くじ公式サイト　福岡市(ネット)	東京都中央区
第1761回	七福高砂駅前店	宮城県仙台市
第1766回	宝くじ公式サイト	ー
第1775回	コーナン南十番町ロッタリーショップ	愛知県名古屋市
第1781回	西原シティチャンスセンター	沖縄県中頭郡
第1796回	宝くじ公式サイト	ー
第1802回	宝くじ公式サイト	ー
第1828回	宝くじ公式サイト	ー
第1841回	ジョイフル本田瑞穂店	東京都西多摩郡
第1856回	みずほ銀行北沢支店	東京都世田谷区
第1860回	PayPay銀行 (NET)	ー
	宝くじ公式サイト	ー

LOTO 6
ロトシックス

セット球別攻略

Aセット球～Jセット球&オススメ予想

A セット球

使用回数:210回

グンを抜いて使用されているセット球!
トータルとCO回で狙いをチェンジ!

Aセット球の使用回数は全210回と全セット球でグンを抜いて最多となっている。

トータル出現では「15」(42回)、CO消化回では「34」(19回)と狙う数字が変わるので要注意!

Aセット球の次回に使われたセット球

A	B	C	D	E	F	G	H	I	J
3	28	17	24	26	27	26	19	20	20

※アミかけは、このセット球が使われた次回に最も使われているもの

セット球別・出現ランキング

Aセット球のトータル出現数字

ランク	出現率	回数	数字							
1位	20.0%	42回	15							
2位	19.0%	40回	32							
3位	18.1%	38回	37							
4位	16.2%	34回	14	39	40					
7位	15.7%	33回	08	19	35	43				
11位	15.2%	32回	03	28	33	34	38			
16位	14.8%	31回	18	20	27					
19位	14.3%	30回	16	31						
21位	13.8%	29回	01	13	24	29	42			
26位	13.3%	28回	17	26	36					
29位	12.9%	27回	05	09	10					
32位	12.4%	26回	06	23	30					
35位	11.9%	25回	02	07	41					
38位	11.4%	24回	22							
39位	11.0%	23回	25							
40位	10.5%	22回	12							
41位	10.0%	21回	04	11						
43位	9.0%	19回	21							

CO消化回・セット球別出現ランキング

Aセット球のCO消化回出現数字 (集計94回)

ランク	出現率	回数	数字							
1位	20.2%	19回	34							
2位	18.1%	17回	03	29	32					
5位	17.0%	16回	13	15	24	28	35			
10位	16.0%	15回	20	26	37	38	39	42	43	
17位	14.9%	14回	01	04	14	30	36	40		
23位	13.8%	13回	08	19	27	31	33			
28位	12.8%	12回	09	11	23	41				
32位	11.7%	11回	02	06	16	18	25			
37位	10.6%	10回	05	07	17					
40位	8.5%	8回	22							
41位	7.4%	7回	12							
42位	6.4%	6回	10	21						

LOTO 6 ロトシックス

B セット球

使用回数：188回

トータルとCO消化回で狙う数字を変えていこう！

Bセット球の使用回数は全188回。全1866回の平均187回よりも若干使われている。

数字別に見ると、トータルでは「04」が35回でトップ。CO消化回では「04」に加え「36」が各15回で最多と狙う数字が増えるので注意。

Bセット球の次回に使われたセット球

A	B	C	D	E	F	G	H	I	J
17	1	12	34	16	21	32	21	16	18

※アミかけは、このセット球が使われた次回に最も使われているもの

セット球別・出現ランキング

Bセット球のトータル出現数字

ランク	出現率	回数	数字							
1位	18.6%	35回	04							
2位	18.1%	34回	23	24						
4位	17.6%	33回	34							
5位	17.0%	32回	36							
6位	16.5%	31回	02	06	21	27				
10位	16.0%	30回	07							
11位	15.4%	29回	03	12	22	29				
15位	14.9%	28回	18							
16位	14.4%	27回	05	15	30	37	43			
21位	13.8%	26回	10	16	40					
24位	13.3%	25回	28	33	38	42				
28位	12.8%	24回	08	11	14	19	26	31		
34位	12.2%	23回	01	39						
36位	11.7%	22回	13	17	35	41				
40位	10.6%	20回	09							
41位	9.6%	18回	25							
42位	9.0%	17回	20							
43位	8.5%	16回	32							

CO消化回・セット球別出現ランキング

Bセット球のCO消化回出現数字（集計68回）

ランク	出現率	回数	数字							
1位	22.1%	15回	04	36						
3位	20.6%	14回	05							
4位	19.1%	13回	07	12	22	42				
8位	17.6%	12回	18	21						
10位	16.2%	11回	03	14	15	23	31	34	39	
17位	14.7%	10回	09	10	24	26	35			
22位	13.2%	9回	02	13	27	28	29	33	40	
29位	11.8%	8回	01	08	11	16	38	41		
35位	10.3%	7回	17	37						
37位	8.8%	6回	06	19	20	30				
41位	7.4%	5回	25							
42位	5.9%	4回	32							
43位	4.4%	3回	43							

LOTO 6 ロトシックス

C セット球

使用回数:199回

使用回数が2番目に多いセット球「38」を中心に予想を組み立てよう

Cセット球の使用回数は全199回で、Aセット球に次いで多い状況。

数字別では、トータルでは「16」「38」(各37回)、CO消化回でも「38」(17回)と、どちらも上位には「38」が出ている。

Cセット球の次回に使われたセット球

A	B	C	D	E	F	G	H	I	J
21	22	5	10	28	33	19	22	18	21

※アミかけは、このセット球が使われた次回に最も使われているもの

セット球別・出現ランキング

Cセット球のトータル出現数字

ランク	出現率	回数	数字							
1位	18.6%	37回	16	38						
3位	17.6%	35回	11	32						
5位	17.1%	34回	30							
6位	16.6%	33回	01							
7位	16.1%	32回	10							
8位	15.6%	31回	12	25	28					
11位	15.1%	30回	02	05	07					
14位	14.6%	29回	15	20	22	27	40	41	43	
21位	14.1%	28回	08	17	18	36				
25位	13.6%	27回	13	19	23	39				
29位	13.1%	26回	21	33	35					
32位	12.6%	25回	04	06						
34位	12.1%	24回	03	24	37					
37位	11.6%	23回	14	26						
39位	11.1%	22回	09							
40位	10.6%	21回	42							
41位	10.1%	20回	31							
42位	9.5%	19回	34							
43位	8.5%	17回	29							

CO消化回・セット球別出現ランキング

Cセット球のCO消化回出現数字 (集計71回)

ランク	出現率	回数	数字							
1位	23.9%	17回	38							
2位	22.5%	16回	32	39						
4位	19.7%	14回	06	27						
6位	18.3%	13回	11	16	25					
9位	16.9%	12回	01	19	24	30				
13位	15.5%	11回	09	10	15					
16位	14.1%	10回	04	08	18	28	34	37	42	43
24位	12.7%	9回	05	07	23	41				
28位	11.3%	8回	12	17	21	22	31	33	40	
35位	9.9%	7回	13	14	26	35	36			
40位	8.5%	6回	02	20						
42位	7.0%	5回	03	29						

LOTO6 ロトシックス

D セット球

使用回数:177回

出現の極端に少ない「03」は狙い目「10」「42」はCO消化回に狙っていこう!

Dセット球の使用回数は全177回で平均使用回数よりも10回近く少ない状況。

ここでの注目はトータルでわずか13回しか出ていない「03」。前回の本書(第1762回)から1回出現しているので、積極的に狙っていこう。

Dセット球の次回に使われたセット球

A	B	C	D	E	F	G	H	I	J
18	25	20	0	17	16	19	21	18	23

※アミかけは、このセット球が使われた次回に最も使われているもの

セット球別・出現ランキング

Dセット球 のトータル出現数字

ランク	出現率	回数	数字							
1位	19.2%	34回	37	42						
3位	18.6%	33回	39							
4位	18.1%	32回	14							
5位	17.5%	31回	10	18	28					
8位	16.9%	30回	04	17						
10位	16.4%	29回	15	22						
12位	15.8%	28回	31							
13位	15.3%	27回	09	24	35					
16位	14.7%	26回	32							
17位	14.1%	25回	01	06	12	16				
21位	13.6%	24回	02	05	40					
24位	13.0%	23回	23	34						
26位	12.4%	22回	08	11	25	26	30	38	41	43
34位	11.9%	21回	13	21	29					
37位	11.3%	20回	19	27	33	36				
41位	9.6%	17回	20							
42位	9.0%	16回	07							
43位	7.3%	13回	03							

CO消化回・セット球別出現ランキング

Dセット球 のCO消化回出現数字 (集計79回)

ランク	出現率	回数	数字							
1位	22.8%	18回	10	42						
3位	21.5%	17回	15							
4位	20.3%	16回	14	17						
6位	19.0%	15回	04	22						
8位	17.7%	14回	16	39						
10位	16.5%	13回	02	11	12	40				
14位	15.2%	12回	01	05	23	36				
18位	13.9%	11回	08	26	27	28	38			
23位	12.7%	10回	09	18	29	34	37	43		
29位	11.4%	9回	13	19	25	31	32	33	35	
36位	10.1%	8回	06	20	24	41				
40位	8.9%	7回	21							
41位	7.6%	6回	03							
42位	6.3%	5回	07							
43位	3.8%	3回	30							

LOTO 6 ロトシックス

E セット球

使用回数:191回

トータル、CO消化回ともに 最多出現の「21」は確実に入れていこう!

Eセット球の使用回数は全191回。平均使用回数以上に使われている。

数字別では、「21」がトータル(37回)、CO消化回(20回)ともに最多出現なので、確実に狙っておきたいところ。

Eセット球の次回に使われたセット球

A	B	C	D	E	F	G	H	I	J
21	24	34	14	2	17	21	16	19	22

※アミかけは、このセット球が使われた次回に最も使われているもの

セット球別・出現ランキング

Eセット球 のトータル出現数字

ランク	出現率	回数	数字							
1位	19.4%	37回	21							
2位	18.8%	36回	22							
3位	17.8%	34回	11	35						
5位	17.3%	33回	02	05	14	41				
9位	16.8%	32回	27							
10位	16.2%	31回	06	24	37					
13位	15.7%	30回	01	03	13	39				
17位	15.2%	29回	25							
18位	14.7%	28回	26	42						
20位	14.1%	27回	10	36						
22位	13.6%	26回	12	19						
24位	13.1%	25回	08	23	32					
27位	12.6%	24回	15	18	20	33				
31位	12.0%	23回	30	34						
33位	11.5%	22回	16							
34位	11.0%	21回	04	29	31	43				
38位	10.5%	20回	07	09	17	38				
42位	9.9%	19回	28							
43位	7.9%	15回	40							

CO消化回・セット球別出現ランキング

Eセット球 のCO消化回出現数字 (集計84回)

ランク	出現率	回数	数字							
1位	23.8%	20回	21							
2位	22.6%	19回	02							
3位	20.2%	17回	11	13	24	35				
7位	19.0%	16回	03							
8位	17.9%	15回	06	22	27					
11位	16.7%	14回	05	19						
13位	15.5%	13回	01	10	14	15	17			
18位	14.3%	12回	04	08	26	37	39			
23位	13.1%	11回	29	30	31	32	36	42		
29位	11.9%	10回	23							
30位	10.7%	9回	12	25	33					
33位	9.5%	8回	07	09	20	28	34	38	41	
40位	8.3%	7回	18							
41位	7.1%	6回	40	43						
43位	6.0%	5回	16							

LOTO 6 ロトシックス

F セット球

使用回数:186回

トータル出現トップは「02」！CO消化回でも「02」が狙い目！

Fセット球の使用回数は全186回。ちょうど平均使用回数といったところ。

トータル最多出現は「02」「20」（各39回）。CO消化回では「02」（18回）が最多出現になっている。ともに「02」が中心だ！

Fセット球の次回に使われたセット球

A	B	C	D	E	F	G	H	I	J
18	18	24	18	20	2	14	22	31	19

※アミかけは、このセット球が使われた次回に最も使われているもの

セット球別・出現ランキング

Fセット球 のトータル出現数字

ランク	出現率	回数	数字							
1位	21.0%	39回	02	20						
3位	18.8%	35回	27	38						
5位	17.7%	33回	15							
6位	17.2%	32回	08	26						
8位	16.7%	31回	05							
9位	16.1%	30回	01	21	23					
12位	15.6%	29回	39	41						
14位	15.1%	28回	06							
15位	14.5%	27回	12	24	35					
18位	14.0%	26回	16	18	19	25	29	42		
24位	13.4%	25回	13	31						
26位	12.9%	24回	04	09	22	28				
30位	12.4%	23回	34							
31位	11.8%	22回	07	14	36					
34位	11.3%	21回	10	30	37					
37位	10.8%	20回	33	40						
39位	10.2%	19回	03							
40位	9.7%	18回	17	43						
42位	9.1%	17回	11	32						

CO消化回・セット球別出現ランキング

Fセット球 のCO消化回出現数字（集計80回）

ランク	出現率	回数	数字							
1位	22.5%	18回	02							
2位	21.3%	17回	15							
3位	20.0%	16回	06	21	23					
6位	18.8%	15回	05	26						
8位	17.5%	14回	19							
9位	16.3%	13回	01	08	14	20	22	31	38	
16位	15.0%	12回	12	13	27	42				
20位	13.8%	11回	28	34	36	39				
24位	12.5%	10回	04	07	09	17	18	25	37	40
32位	11.3%	9回	11	29	30	41	43			
37位	10.0%	8回	16	33						
39位	8.8%	7回	03	10						
41位	7.5%	6回	24	35						
43位	3.8%	3回	32							

LOTO 6 ロトシックス

G セット球

使用回数:178回

トータルでは「19」が最多出現 CO消化回では20番台を厚めに

Gセット球の使用回数は全178回で、平均使用回数より9回ほど少ない。

トータルでは「19」が37回出現で最多。CO消化回では「21」や「20」といった20番台の数字が上位に出ている。

Gセット球の次回に使われたセット球

A	B	C	D	E	F	G	H	I	J
25	14	24	20	22	9	1	11	28	24

※アミかけは、このセット球が使われた次回に最も使われているもの

セット球別・出現ランキング

Gセット球のトータル出現数字

ランク	出現率	回数	数字							
1位	20.8%	37回	19							
2位	19.7%	35回	06							
3位	18.0%	32回	26	36						
5位	16.3%	29回	10	20	21	31				
9位	15.2%	27回	04	15	27	32	42			
14位	14.6%	26回	02	11	16	30				
18位	14.0%	25回	01	03	07	12	14	37		
24位	13.5%	24回	25	35	38	40	43			
29位	12.9%	23回	28	34						
31位	12.4%	22回	05	08	18	41				
35位	11.8%	21回	17	33						
37位	11.2%	20回	09	22	23	39				
41位	10.7%	19回	29							
42位	10.1%	18回	24							
43位	7.9%	14回	13							

CO消化回・セット球別出現ランキング

Gセット球のCO消化回出現数字（集計75回）

ランク	出現率	回数	数字							
1位	21.3%	16回	21							
2位	20.0%	15回	20							
3位	18.7%	14回	01	37						
5位	17.3%	13回	10	11	15					
8位	16.0%	12回	03	06	19	24	31	32	36	38
16位	14.7%	11回	05	07	16	26	28	40	42	43
24位	13.3%	10回	14	17	23	30	33	41		
30位	12.0%	9回	02	04	08	12	25	39		
36位	10.7%	8回	09	18	22	34	35			
41位	8.0%	6回	27							
42位	5.3%	4回	13	29						

LOTO 6 ロトシックス

H セット球

使用回数:179回

トータルでは「13」がダントツ1位 CO消化回は「32」「43」にも注意！

Hセット球の使用回数は全179回で、平均使用回数を下回っている。

トータルでは「13」が40回出現で最多。ところがCO消化回では「32」や「13」「43」が強い状況なので、狙いを変えていこう。

Hセット球の次回に使われたセット球

A	B	C	D	E	F	G	H	I	J
25	19	28	15	28	22	13	2	13	14

※アミかけは、このセット球が使われた次回に最も使われているもの

セット球別・出現ランキング

Hセット球のトータル出現数字

ランク	出現率	回数	数字							
1位	22.3%	40回	13							
2位	19.0%	34回	43							
3位	18.4%	33回	32							
4位	16.8%	30回	19	42						
6位	16.2%	29回	04	16						
8位	15.6%	28回	30	31	40					
11位	15.1%	27回	20	29						
13位	14.5%	26回	05	11	12	14	21	23	37	39
21位	14.0%	25回	03	33	41					
24位	13.4%	24回	02	08	18					
27位	12.8%	23回	09	10	24	27	34	38		
33位	12.3%	22回	25	26						
35位	11.7%	21回	01	22	28					
38位	11.2%	20回	06	07	35					
41位	10.1%	18回	36							
42位	9.5%	17回	15							
43位	8.9%	16回	17							

CO消化回・セット球別出現ランキング

Hセット球のCO消化回出現数字 (集計73回)

ランク	出現率	回数	数字							
1位	24.7%	18回	32							
2位	23.3%	17回	13	43						
4位	21.9%	16回	11	30	37					
7位	19.2%	14回	04							
8位	17.8%	13回	29	40	42					
11位	16.4%	12回	21							
12位	15.1%	11回	14	31	35	39				
16位	13.7%	10回	05	16	18	25	26	33	38	41
24位	12.3%	9回	20	22	34	36				
28位	11.0%	8回	02	03	06	12	15	19		
34位	9.6%	7回	01	08	23	27	28			
39位	8.2%	6回	07	09	10	17	24			

I セット球

使用回数:180回

トータルでは「25」が最強 CO消化回では「38」がよく出ている

Iセット球の使用回数は全180回と平均使用回数を下回っている。

数字別に見ると、トータルでは「25」が35回でトップ。CO消化回では、「38」が17回とよく出ている。

Iセット球の次回に使われたセット球

A	B	C	D	E	F	G	H	I	J
32	19	20	30	17	19	13	12	2	16

※アミかけは、このセット球が使われた次回に最も使われているもの

セット球別・出現ランキング

Iセット球 のトータル出現数字

ランク	出現率	回数	数字							
1位	19.4%	35回	25							
2位	18.9%	34回	26							
3位	18.3%	33回	06	38						
5位	17.2%	31回	10	12	21					
8位	16.7%	30回	17	24	32	36	43			
13位	16.1%	29回	03							
14位	15.6%	28回	23	37						
16位	15.0%	27回	07							
17位	14.4%	26回	08	22						
19位	13.9%	25回	05	09	15					
22位	13.3%	24回	14	16	27	28	29	33		
28位	12.8%	23回	11	19	34					
31位	12.2%	22回	04	31						
33位	11.7%	21回	30	42						
35位	11.1%	20回	02	18						
37位	10.6%	19回	01	35	39	41				
41位	9.4%	17回	40							
42位	8.9%	16回	20							
43位	8.3%	15回	13							

CO消化回・セット球別出現ランキング

Iセット球 のCO消化回出現数字 (集計69回)

ランク	出現率	回数	数字							
1位	24.6%	17回	38							
2位	21.7%	15回	12							
3位	20.3%	14回	26							
4位	18.8%	13回	06	09	10	25	36	37		
10位	17.4%	12回	01							
11位	15.9%	11回	03	07	11	15	17	21	23	32
			33	43						
21位	14.5%	10回	14	24	28	31	41			
26位	13.0%	9回	08	16						
28位	11.6%	8回	19	20	27	34	42			
33位	10.1%	7回	02	39						
35位	8.7%	6回	04	22	29	35				
39位	7.2%	5回	05	18	30					
42位	5.8%	4回	13							
43位	4.3%	3回	40							

LOTO 6 ロトシックス

J セット球

使用回数:177回

トータル最多出現は「20」「35」CO消化回は「42」が狙い目

Jセット球の使用回数は全177回でDセットと並び最も使用されていないセット球だ。

トータル最多出現は「20」「35」(各33回)。CO消化回になると、「42」が20回でトップ。狙いどころのすみ分けが重要だ。

Jセット球の次回に使われたセット球

A	B	C	D	E	F	G	H	I	J
29	18	15	12	15	20	20	33	15	0

※アミかけは、このセット球が使われた次回に最も使われているもの

セット球別・出現ランキング

Jセット球 のトータル出現数字

ランク	出現率	回数	数字							
1位	18.6%	33回	20	35						
3位	18.1%	32回	06	30	42					
6位	16.9%	30回	43							
7位	16.4%	29回	03	17	22					
10位	15.8%	28回	19	33	39	40				
14位	15.3%	27回	25	26	31	38				
18位	14.7%	26回	10							
19位	14.1%	25回	08	18	28	34				
23位	13.6%	24回	04							
24位	13.0%	23回	02	11	21	24	37			
29位	12.4%	22回	01	09	15	23				
33位	11.9%	21回	07	16	29	32	36	41		
39位	11.3%	20回	27							
40位	10.2%	18回	12	13						
42位	9.6%	17回	05							
43位	6.2%	11回	14							

CO消化回・セット球別出現ランキング

Jセット球 のCO消化回出現数字 (集計81回)

ランク	出現率	回数	数字							
1位	24.7%	20回	42							
2位	23.5%	19回	43							
3位	22.2%	18回	20							
4位	21.0%	17回	26							
5位	19.8%	16回	35							
6位	17.3%	14回	06	09	18	25				
10位	16.0%	13回	07	16	19	33	40			
15位	14.8%	12回	08	10	30	31	38			
20位	13.6%	11回	03	04	22	36	37	39	41	
27位	12.3%	10回	11	13	17	24	29	34		
33位	11.1%	9回	05	15	21	32				
37位	8.6%	7回	12	23	27	28				
41位	7.4%	6回	01							
42位	6.2%	5回	14							
43位	3.7%	3回	02							

LOTO 6 ロトシックス

Aセット球～Jセット球オススメ予想

紹介してきたデータを元に、Aセット球～Jセット球のオススメ予想を紹介していきたい。それぞれトータル出現実績、CO消化回の2パターンを掲載している！

セット球	トータルからの予想	CO消化回予想
A セット球	01 03 15 22 32 37	02 12 13 27 34 39
	03 12 15 16 32 37	03 07 16 29 30 34
	08 10 15 29 32 37	09 10 14 31 32 34
B セット球	02 04 17 23 24 34	04 05 14 26 36 40
	03 04 15 23 24 35	04 05 18 22 23 36
	04 07 13 23 24 37	04 05 29 20 36 41
C セット球	01 05 16 28 29 38	01 07 17 32 38 39
	02 16 21 37 38 42	04 19 20 32 38 39
	07 16 27 28 38 43	08 14 24 32 38 39
D セット球	03 09 16 26 37 42	01 10 15 23 24 42
	03 10 23 27 37 42	02 10 15 34 38 42
	03 13 15 28 37 42	04 09 10 15 22 42
E セット球	02 11 21 22 32 38	02 09 11 21 34 39
	05 21 22 35 40 41	02 13 18 21 22 36
	06 08 21 22 37 39	02 18 19 21 35 41
F セット球	02 14 15 20 27 38	01 02 15 18 20 38
	02 15 20 21 35 38	02 06 15 28 29 33
	02 18 20 27 39 40	02 08 15 17 32 38
G セット球	01 06 13 19 29 35	01 13 18 20 21 37
	02 06 19 20 33 34	05 16 17 20 21 37
	04 06 19 25 39 42	06 10 20 21 37 41
H セット球	03 13 19 20 32 43	02 12 13 21 32 43
	04 13 17 27 32 43	04 13 26 29 32 43
	05 13 20 21 32 43	05 13 14 23 32 43
I セット球	03 07 11 25 26 35	01 12 22 23 26 38
	06 09 19 25 26 33	06 12 25 26 38 40
	07 08 18 25 26 32	09 10 12 26 38 41
J セット球	01 05 16 17 20 35	10 11 16 20 42 43
	02 06 19 20 35 43	12 18 19 20 42 43
	03 04 13 20 35 36	18 20 32 34 42 43

※予想数字の並びはオススメ順

MINI LOTO

ミニロト

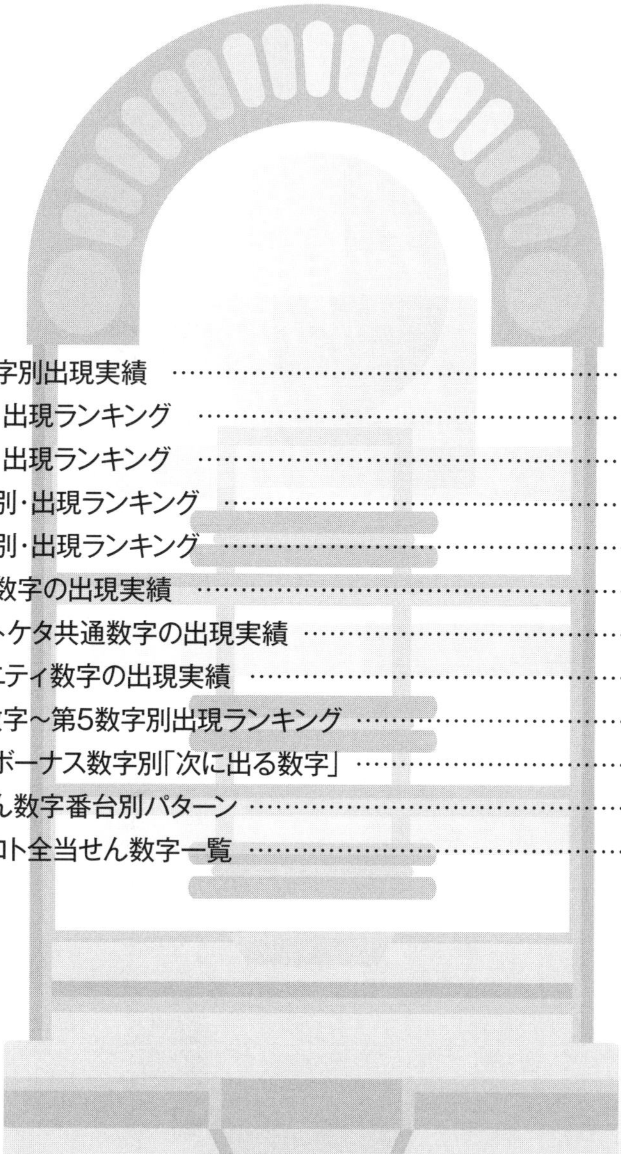

01

トータル出現
181回

年別出現実績

年	回数	年	回数	年	回数	年	回数	年	回数
H11	3回	H12	4回	H13	10回	H14	9回	H15	8回
H16	9回	H17	4回	H18	6回	H19	8回	H20	7回
H21	3回	H22	10回	H23	5回	H24	3回	H25	4回
H26	8回	H27	7回	H28	8回	H29	4回	H30	15回
R1	5回	R2	10回	R3	5回	R4	9回	R5	16回
R6	1回								

トータル／引っ張り・スライド出現

01

「01」の左スライドにあたる数字はありません

01
17.2%（31回）

02
16.1%（29回）

インターバル実績

インターバル	%	回数
INT1	17.2%	31回
INT2	13.3%	24回
INT3	6.1%	11回
INT4	9.4%	17回
INT5	9.4%	17回
INT6	5.6%	10回
INT7	5.0%	9回
INT8	3.9%	7回
INT9	7.8%	14回
INT10以上	22.2%	40回

01とのペア出現

18.8%（34回）	11	17.1%（31回）	03	16.0%（29回）	02	05	10	21	23	15.5%（28回）	14		
14.9%（27回）	25	27	29	30	13.3%（24回）	15	18	26	12.7%（23回）	07	17	20	31
12.2%（22回）	06	12	28	11.6%（21回）	09	16	11.0%（20回）	19	10.5%（19回）	13	9.9%（18回）	04	
9.4%（17回）	22	8.8%（16回）	08	24									

01が出た次の回に出る数字

22.8%（41回）	19	21.7%（39回）	29	20.6%（37回）	31	20.0%（36回）	14	27	19.4%（35回）	07	20	18.3%（33回）	11	18
17.2%（31回）	01	16.7%（30回）	16	17	16.1%（29回）	02	04	10	28	15.6%（28回）	03	05	21	
15.0%（27回）	22	14.4%（26回）	25	13.9%（25回）	15	30	13.3%（24回）	13	12.8%（23回）	08	09	24		
12.2%（22回）	06	12	23	26										

02

トータル出現

225回

年別出現実績

年	回数	年	回数	年	回数	年	回数	年	回数
H11	8回	H12	9回	H13	10回	H14	10回	H15	8回
H16	7回	H17	8回	H18	6回	H19	5回	H20	7回
H21	10回	H22	8回	H23	7回	H24	5回	H25	14回
H26	9回	H27	11回	H28	11回	H29	10回	H30	9回
R1	10回	R2	14回	R3	7回	R4	9回	R5	13回
R6	0回								

トータル／引っ張り・スライド出現

02

01	02	03
12.4%（28回）	13.3%（30回）	18.7%（42回）

インターバル実績

インターバル	%	回数
INT1	13.4%	30回
INT2	14.7%	33回
INT3	12.1%	27回
INT4	9.8%	22回
INT5	12.1%	27回
INT6	5.8%	13回
INT7	5.8%	13回
INT8	4.5%	10回
INT9	3.6%	8回
INT10以上	18.3%	41回

02とのペア出現

18.7%（42回）	11	17.8%（40回）	24	17.3%（39回）	13	16.4%（37回）	03	16	19	15.6%（35回）	14	30	
15.1%（34回）	23	14.2%（32回）	22	29	13.3%（30回）	10	27	31	12.9%（29回）	01	04	21	
12.4%（28回）	18	12.0%（27回）	05	20	28	11.6%（26回）	07	15	25	11.1%（25回）	09	26	
10.2%（23回）	17	9.3%（21回）	06	08	12								

02が出た次の回に出る数字

23.6%（53回）	19	20.9%（47回）	14	20.0%（45回）	11	22	18.7%（42回）	03	18.2%（41回）	21	17.3%（39回）	15	24	31
16.9%（38回）	20	16.4%（37回）	09	18	25	16.0%（36回）	05	10	27	15.6%（35回）	07	28	30	
15.1%（34回）	04	16	14.7%（33回）	12	23	14.2%（32回）	06	17	13.8%（31回）	26	13.3%（30回）	02	29	
12.4%（28回）	01	08	13											

03

トータル出現
210回

年別出現実績

年	回数	年	回数	年	回数	年	回数	年	回数
H11	4回	H12	6回	H13	9回	H14	8回	H15	10回
H16	9回	H17	5回	H18	10回	H19	8回	H20	6回
H21	8回	H22	7回	H23	10回	H24	7回	H25	11回
H26	7回	H27	8回	H28	9回	H29	13回	H30	8回
R1	12回	R2	13回	R3	7回	R4	8回	R5	7回
R6	0回								

トータル／引っ張り・スライド出現

03

02	03	04
19.5%（41回）	18.1%（38回）	16.2%（34回）

インターバル実績

インターバル	%	回数
INT1	18.2%	38回
INT2	12.4%	26回
INT3	10.5%	22回
INT4	8.1%	17回
INT5	9.1%	19回
INT6	7.2%	15回
INT7	7.2%	15回
INT8	6.2%	13回
INT9	1.0%	2回
INT10以上	20.1%	42回

03とのペア出現

19.0%（40回）	14	17.6%（37回）	02	11	22	16.2%（34回）	25	15.2%（32回）	10	19			
14.8%（31回）	01	04	05	31	14.3%（30回）	16	23	13.8%（29回）	07	08	13.3%（28回）	13	
12.9%（27回）	09	12.4%（26回）	15	11.9%（25回）	12	24	27	11.4%（24回）	17	26	30	11.0%（23回）	20
10.0%（21回）	06	18	29	8.6%（18回）	21	8.1%（17回）	28						

03が出た次の回に出る数字

21.4%（45回）	14	20.0%（42回）	19	27	19.5%（41回）	02	11	19.0%（40回）	21	18.1%（38回）	03	30		
17.6%（37回）	17	25	16.7%（35回）	12	22	16.2%（34回）	04	20	24	28	15.7%（33回）	06	18	31
15.2%（32回）	01	10	23	26	29	14.3%（30回）	13	13.3%（28回）	07	12.9%（27回）	09	12.4%（26回）	08	16
11.4%（24回）	05	11.0%（23回）	15											

04

トータル出現
201回

年別出現実績

年	回数	年	回数	年	回数	年	回数	年	回数
H11	1回	H12	13回	H13	5回	H14	11回	H15	14回
H16	8回	H17	2回	H18	12回	H19	4回	H20	7回
H21	6回	H22	10回	H23	7回	H24	8回	H25	11回
H26	5回	H27	6回	H28	6回	H29	13回	H30	7回
R1	7回	R2	9回	R3	9回	R4	7回	R5	13回
R6	0回								

トータル／引っ張り・スライド出現

04

03	04	05
15.9%（32回）	18.9%（38回）	18.4%（37回）

インターバル実績

インターバル	%	回数
INT1	19.0%	38回
INT2	10.0%	20回
INT3	10.5%	21回
INT4	9.5%	19回
INT5	8.0%	16回
INT6	7.5%	15回
INT7	5.5%	11回
INT8	4.0%	8回
INT9	6.5%	13回
INT10以上	19.5%	39回

04とのペア出現

18.4%（37回）	19	16.9%（34回）	22	31	16.4%（33回）	16	26	15.4%（31回）	03	11	27	14.9%（30回）	15
14.4%（29回）	02	21	30	13.9%（28回）	13	14	28	13.4%（27回）	09	12.4%（25回）	18	24	
11.9%（24回）	05	07	10	11.4%（23回）	17	23	25	29	10.9%（22回）	06	08	10.4%（21回）	20
9.0%（18回）	01	7.5%（15回）	12										

04が出た次の回に出る数字

22.9%（46回）	11	20.4%（41回）	13	14	19.4%（39回）	07	21	18.9%（38回）	04	18.4%（37回）	05	17.9%（36回）	23	
16.9%（34回）	10	24	25	27	15.9%（32回）	02	03	12	18	19	20	15.4%（31回）	22	
14.9%（30回）	06	26	14.4%（29回）	08	17	29	13.9%（28回）	28	13.4%（27回）	15	30			
12.9%（26回）	09	16	31	10.9%（22回）	01									

05

トータル出現
206回

年別出現実績

年	回数	年	回数	年	回数	年	回数	年	回数
H11	1回	H12	13回	H13	13回	H14	5回	H15	3回
H16	9回	H17	7回	H18	7回	H19	8回	H20	10回
H21	7回	H22	10回	H23	6回	H24	9回	H25	12回
H26	9回	H27	11回	H28	6回	H29	8回	H30	8回
R1	9回	R2	7回	R3	5回	R4	11回	R5	12回
R6	0回								

トータル／引っ張り・スライド出現

05

04	05	06
14.1%（29回）	17.0%（35回）	16.5%（34回）

インターバル実績

インターバル	%	回数
INT1	17.1%	35回
INT2	13.7%	28回
INT3	14.6%	30回
INT4	7.8%	16回
INT5	4.4%	9回
INT6	7.3%	15回
INT7	5.9%	12回
INT8	6.3%	13回
INT9	3.4%	7回
INT10以上	19.5%	40回

05とのペア出現

17.5%（36回）	27	16.5%（34回）	06	15.5%（32回）	12	20	15.0%（31回）	03	07	11	21		
14.6%（30回）	16	18	19	14.1%（29回）	01	14	23	13.6%（28回）	13				
13.1%（27回）	02	17	22	30	12.6%（26回）	24	12.1%（25回）	29	11.7%（24回）	04	15	25	31
11.2%（23回）	10	10.7%（22回）	09	10.2%（21回）	08	28	9.2%（19回）	26					

05が出た次の回に出る数字

21.8%（45回）	11	27	19.9%（41回）	19	19.4%（40回）	23	18.4%（38回）	15	18.0%（37回）	24	17.5%（36回）	12	17.0%（35回）	05
16.5%（34回）	03	06	09	14	17	16.0%（33回）	07	22	25	29	30	31	15.5%（32回）	21
15.0%（31回）	02	26	14.6%（30回）	01	08	14.1%（29回）	04	16	18	13.6%（28回）	28	13.1%（27回）	13	
12.1%（25回）	10	11.7%（24回）	20											

06

トータル出現
176回

年別出現実績

年	回数	年	回数	年	回数	年	回数	年	回数
H11	3回	H12	11回	H13	10回	H14	5回	H15	9回
H16	7回	H17	8回	H18	11回	H19	5回	H20	4回
H21	2回	H22	11回	H23	9回	H24	10回	H25	10回
H26	9回	H27	10回	H28	7回	H29	5回	H30	4回
R1	4回	R2	3回	R3	11回	R4	6回	R5	2回
R6	0回								

トータル／引っ張り・スライド出現

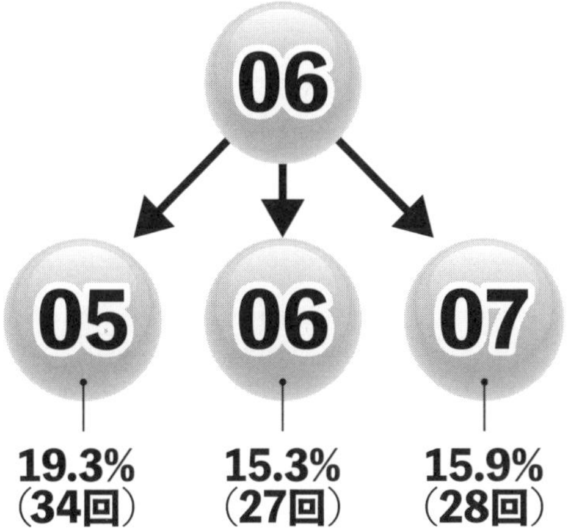

インターバル実績

インターバル	%	回数
INT1	15.4%	27回
INT2	13.1%	23回
INT3	9.7%	17回
INT4	9.7%	17回
INT5	8.0%	14回
INT6	6.9%	12回
INT7	6.3%	11回
INT8	3.4%	6回
INT9	4.0%	7回
INT10以上	23.4%	41回

06とのペア出現

19.3%（34回）	05	18.2%（32回）	11	16.5%（29回）	14	17	23	31	15.3%（27回）	28			
14.8%（26回）	08	10	15	30	14.2%（25回）	21	13.6%（24回）	12	13.1%（23回）	16	24	29	
12.5%（22回）	01	04	18	22	11.9%（21回）	02	03	27	11.4%（20回）	20			
10.8%（19回）	13	19	25	9.1%（16回）	07	09	7.4%（13回）	26					

06が出た次の回に出る数字

23.9%（42回）	02	21.0%（37回）	22	19.9%（35回）	24	28	19.3%（34回）	05	14	18.8%（33回）	29	18.2%（32回）	21	
17.6%（31回）	03	11	17.0%（30回）	19	16.5%（29回）	15	17	25	15.9%（28回）	07	08	15.3%（27回）	06	
14.8%（26回）	04	16	23	30	14.2%（25回）	01	27	31	13.1%（23回）	09	13	18	20	
12.5%（22回）	10	26	11.9%（21回）	12										

07

トータル出現
198回

年別出現実績

年	回数	年	回数	年	回数	年	回数	年	回数
H11	2回	H12	6回	H13	12回	H14	9回	H15	7回
H16	10回	H17	9回	H18	8回	H19	5回	H20	10回
H21	4回	H22	6回	H23	7回	H24	12回	H25	8回
H26	8回	H27	8回	H28	10回	H29	9回	H30	8回
R1	6回	R2	6回	R3	10回	R4	9回	R5	9回
R6	0回								

トータル／引っ張り・スライド出現

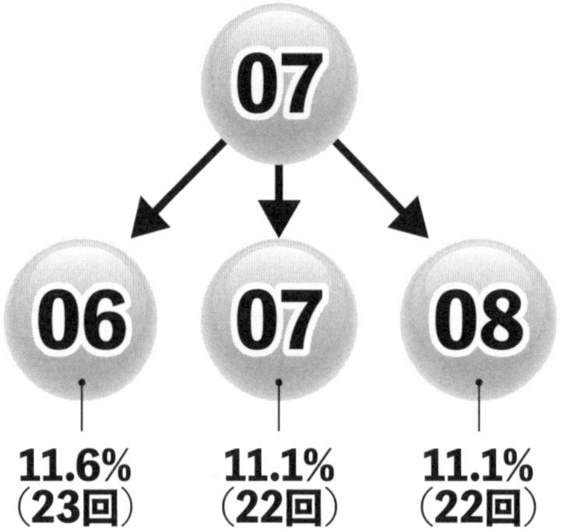

インターバル実績

インターバル	%	回数
INT1	11.2%	22回
INT2	12.7%	25回
INT3	13.7%	27回
INT4	5.1%	10回
INT5	11.7%	23回
INT6	10.2%	20回
INT7	8.6%	17回
INT8	4.6%	9回
INT9	4.1%	8回
INT10以上	18.3%	36回

07とのペア出現

18.2%（36回）	17	16.7%（33回）	11	27	31	16.2%（32回）	18	15.7%（31回）	05	21	15.2%（30回）	14	
14.6%（29回）	03	19	22	25	14.1%（28回）	16	23	13.6%（27回）	09	13.1%（26回）	02	13	24
12.1%（24回）	04	10	30	11.6%（23回）	01	11.1%（22回）	08	12	10.6%（21回）	15	28		
10.1%（20回）	20	29	9.6%（19回）	26	8.1%（16回）	06							

07が出た次の回に出る数字

21.7%（43回）	27	21.2%（42回）	09	31	20.7%（41回）	19	20.2%（40回）	11	19.2%（38回）	16	29	18.2%（36回）	04	
17.7%（35回）	02	10	13	14	24	17.2%（34回）	03	20	21	16.2%（32回）	28	30	15.7%（31回）	18
15.2%（30回）	23	14.6%（29回）	17	14.1%（28回）	25	13.6%（27回）	01	22	13.1%（26回）	05	11.6%（23回）	06		
11.1%（22回）	07	08	12	15	10.1%（20回）	26								

08

トータル出現
188回

年別出現実績

年	回数	年	回数	年	回数	年	回数	年	回数
H11	5回	H12	8回	H13	7回	H14	8回	H15	8回
H16	7回	H17	11回	H18	5回	H19	10回	H20	10回
H21	7回	H22	8回	H23	4回	H24	7回	H25	4回
H26	10回	H27	12回	H28	10回	H29	6回	H30	6回
R1	7回	R2	6回	R3	10回	R4	5回	R5	6回
R6	1回								

トータル／引っ張り・スライド出現

08 → 07 / 08 / 09

07: 13.8%（26回）
08: 18.6%（35回）
09: 12.2%（23回）

インターバル実績

インターバル	%	回数
INT1	18.7%	35回
INT2	11.8%	22回
INT3	8.6%	16回
INT4	8.6%	16回
INT5	7.5%	14回
INT6	5.3%	10回
INT7	5.9%	11回
INT8	3.2%	6回
INT9	5.3%	10回
INT10以上	25.1%	47回

08とのペア出現

17.0%（32回）	14	31	16.5%（31回）	28	16.0%（30回）	21	15.4%（29回）	03	09	19	24	27	
14.9%（28回）	11	14.4%（27回）	12	30	13.8%（26回）	06	23	13.3%（25回）	10	22	26	12.8%（24回）	13
12.2%（23回）	17	20	11.7%（22回）	04	07	11.2%（21回）	02	05	18	25	29		
10.1%（19回）	15	16	8.5%（16回）	01									

08が出た次の回に出る数字

20.2%（38回）	23	19.1%（36回）	06	20	18.6%（35回）	05	08	18.1%（34回）	10	16	17.6%（33回）	17	18	19
17.0%（32回）	25	16.5%（31回）	03	11	27	31	16.0%（30回）	21	22	24	15.4%（29回）	02	14	30
14.9%（28回）	12	14.4%（27回）	13	15	13.8%（26回）	01	04	07	26	28	13.3%（25回）	29	12.2%（23回）	09

09

トータル出現
190回

年別出現実績

年	回数	年	回数	年	回数	年	回数	年	回数
H11	4回	H12	10回	H13	4回	H14	8回	H15	8回
H16	7回	H17	5回	H18	11回	H19	6回	H20	4回
H21	8回	H22	5回	H23	6回	H24	14回	H25	7回
H26	6回	H27	15回	H28	5回	H29	13回	H30	7回
R1	8回	R2	5回	R3	7回	R4	9回	R5	7回
R6	1回								

トータル／引っ張り・スライド出現

09

08	09	10
13.2%（25回）	15.3%（29回）	16.8%（32回）

インターバル実績

インターバル	%	回数
INT1	15.3%	29回
INT2	17.5%	33回
INT3	6.3%	12回
INT4	6.9%	13回
INT5	10.6%	20回
INT6	6.3%	12回
INT7	5.8%	11回
INT8	1.6%	3回
INT9	4.2%	8回
INT10以上	25.4%	48回

09とのペア出現

18.4%（35回）	14	17.9%（34回）	29	15.8%（30回）	21	15.3%（29回）	08	11	19	22	30	31	
14.7%（28回）	15	14.2%（27回）	03	04	07	23	27	13.7%（26回）	26	13.2%（25回）	02	13	
12.6%（24回）	18	24	25	11.6%（22回）	05	10	16	11.1%（21回）	01	10.5%（20回）	17	20	
9.5%（18回）	12	8.4%（16回）	06	7.9%（15回）	28								

09が出た次の回に出る数字

23.2%（44回）	11	21.6%（41回）	02	21.1%（40回）	13	19.5%（37回）	20	18.9%（36回）	17	18.4%（35回）	16			
17.4%（33回）	12	23	27	16.8%（32回）	10	15	16.3%（31回）	05	19	28	29			
15.8%（30回）	22	24	31	15.3%（29回）	09	14	25	30	14.7%（28回）	07	14.2%（27回）	18	13.7%（26回）	04
13.2%（25回）	01	03	08	21	12.6%（24回）	06	10.0%（19回）	26						

10

トータル出現
210回

年別出現実績

年	回数	年	回数	年	回数	年	回数	年	回数
H11	3回	H12	17回	H13	9回	H14	5回	H15	15回
H16	3回	H17	8回	H18	9回	H19	10回	H20	9回
H21	11回	H22	13回	H23	7回	H24	8回	H25	8回
H26	13回	H27	7回	H28	6回	H29	6回	H30	10回
R1	4回	R2	10回	R3	5回	R4	10回	R5	7回
R6	0回								

トータル／引っ張り・スライド出現

10 →
- 09：19.5%（41回）
- 10：16.7%（35回）
- 11：17.1%（36回）

インターバル実績

インターバル	%	回数
INT1	16.7%	35回
INT2	13.4%	28回
INT3	12.9%	27回
INT4	9.6%	20回
INT5	8.6%	18回
INT6	7.2%	15回
INT7	4.8%	10回
INT8	4.8%	10回
INT9	3.8%	8回
INT10以上	18.2%	38回

10とのペア出現

17.6%（37回）	20	16.7%（35回）	24	15.7%（33回）	11	22	23	27	31	15.2%（32回）	03	16	
14.8%（31回）	21	14.3%（30回）	02	30	13.8%（29回）	01	13	13.3%（28回）	28	12.9%（27回）	15	17	25
12.4%（26回）	06	18	11.9%（25回）	08	11.4%（24回）	04	07	19	29	11.0%（23回）	05	14	
10.5%（22回）	09	10.0%（21回）	12	9.0%（19回）	26								

10が出た次の回に出る数字

22.4%（47回）	02	21.9%（46回）	16	21.4%（45回）	22	20.0%（42回）	19	19.5%（41回）	09	18.6%（39回）	20	30	18.1%（38回）	31
17.6%（37回）	14	17.1%（36回）	03	11	17	21	16.7%（35回）	05	08	10	13	15.7%（33回）	04	23
14.8%（31回）	18	14.3%（30回）	01	27	13.8%（29回）	24	28	13.3%（28回）	07	12.9%（27回）	25	12.4%（26回）	06	
11.9%（25回）	26	29	11.4%（24回）	15	10.5%（22回）	12								

11

トータル出現

240回

年別出現実績

年	回数	年	回数	年	回数	年	回数	年	回数
H11	5回	H12	10回	H13	13回	H14	11回	H15	4回
H16	12回	H17	11回	H18	11回	H19	11回	H20	5回
H21	10回	H22	10回	H23	8回	H24	12回	H25	11回
H26	12回	H27	8回	H28	10回	H29	8回	H30	9回
R1	8回	R2	7回	R3	10回	R4	10回	R5	13回
R6	1回								

トータル／引っ張り・スライド出現

11

10	11	12
18.8%（45回）	20.4%（49回）	10.8%（26回）

インターバル実績

インターバル	%	回数
INT1	20.5%	49回
INT2	13.0%	31回
INT3	13.0%	31回
INT4	6.7%	16回
INT5	12.6%	30回
INT6	5.4%	13回
INT7	6.7%	16回
INT8	2.5%	6回
INT9	2.1%	5回
INT10以上	17.6%	42回

11とのペア出現

18.3%（44回）	30	17.5%（42回）	02	15.4%（37回）	03	16	31	14.6%（35回）	14				
14.2%（34回）	01	18	20	22	29	13.8%（33回）	07	10	13.3%（32回）	06	23	26	28
12.9%（31回）	04	05	19	12.5%（30回）	12	17	12.1%（29回）	09	11.7%（28回）	08	15	10.8%（26回）	27
10.4%（25回）	13	21	24	25									

11が出た次の回に出る数字

20.4%（49回）	11	31	19.6%（47回）	20	30	18.8%（45回）	10	19	17.5%（42回）	04	25	26		
17.1%（41回）	08	23	16.7%（40回）	03	22	16.3%（39回）	02	13	18	15.8%（38回）	16	21	27	
15.4%（37回）	05	15.0%（36回）	01	09	14	17	14.6%（35回）	28	14.2%（34回）	15	13.8%（33回）	07	12.9%（31回）	24
12.5%（30回）	29	12.1%（29回）	06	10.8%（26回）	12									

12

トータル出現

178回

年別出現実績

年	回数	年	回数	年	回数	年	回数	年	回数
H11	4回	H12	4回	H13	10回	H14	6回	H15	8回
H16	10回	H17	4回	H18	10回	H19	8回	H20	13回
H21	4回	H22	5回	H23	9回	H24	8回	H25	7回
H26	6回	H27	7回	H28	6回	H29	9回	H30	3回
R1	10回	R2	6回	R3	7回	R4	7回	R5	7回
R6	0回								

トータル／引っ張り・スライド出現

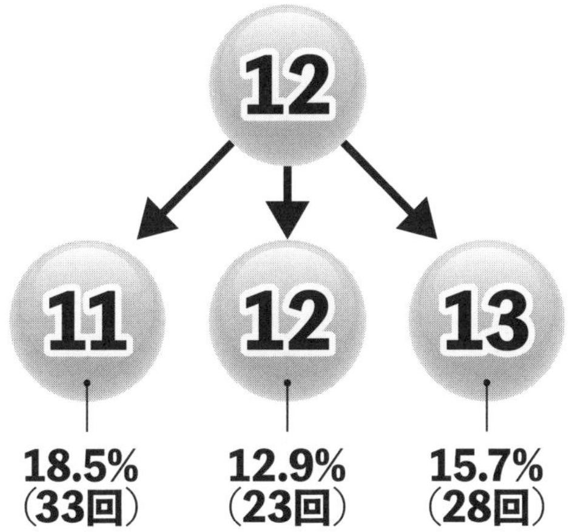

インターバル実績

インターバル	%	回数
INT1	13.0%	23回
INT2	13.0%	23回
INT3	14.1%	25回
INT4	8.5%	15回
INT5	7.9%	14回
INT6	5.6%	10回
INT7	4.0%	7回
INT8	5.1%	9回
INT9	4.0%	7回
INT10以上	24.9%	44回

12とのペア出現

18.0%（32回）	05	17.4%（31回）	20	16.9%（30回）	11	30	16.3%（29回）	19	15.7%（28回）	17	23	24	27
15.2%（27回）	08	14	18	14.0%（25回）	03	31	13.5%（24回）	06	12.9%（23回）	21	22		
12.4%（22回）	01	07	13	11.8%（21回）	02	10	28	10.7%（19回）	15	25			
10.1%（18回）	09	16	26	8.4%（15回）	04	6.2%（11回）	29						

12が出た次の回に出る数字

23.6%（42回）	30	20.8%（37回）	10	27	20.2%（36回）	14	19.7%（35回）	04	18.5%（33回）	08	11	23	17.4%（31回）	19
16.9%（30回）	09	17	21	25	16.3%（29回）	22	15.7%（28回）	07	13	20				
15.2%（27回）	02	03	24	26	31	14.0%（25回）	16	28	13.5%（24回）	01	18			
12.9%（23回）	05	06	12	29	8.4%（15回）	15								

13

トータル出現
196回

年別出現実績

年	回数	年	回数	年	回数	年	回数	年	回数
H11	3回	H12	7回	H13	10回	H14	9回	H15	9回
H16	7回	H17	9回	H18	5回	H19	11回	H20	12回
H21	9回	H22	5回	H23	10回	H24	4回	H25	8回
H26	6回	H27	6回	H28	6回	H29	7回	H30	5回
R1	8回	R2	11回	R3	11回	R4	9回	R5	9回
R6	0回								

トータル／引っ張り・スライド出現

13 →

12	13	14
14.3%（28回）	11.7%（23回）	17.3%（34回）

インターバル実績

インターバル	%	回数
INT1	11.8%	23回
INT2	14.4%	28回
INT3	12.3%	24回
INT4	6.2%	12回
INT5	10.3%	20回
INT6	5.6%	11回
INT7	9.7%	19回
INT8	2.6%	5回
INT9	5.6%	11回
INT10以上	21.5%	42回

13とのペア出現

20.9%（41回）	19	19.9%（39回）	02	17.9%（35回）	16	16.3%（32回）	21	15.3%（30回）	24	14.8%（29回）	10		
14.3%（28回）	03	04	05	15	23	13.8%（27回）	27	13.3%（26回）	07	22	25	28	
12.8%（25回）	09	11	12.2%（24回）	08	18	11.7%（23回）	26	30	11.2%（22回）	12	17	31	
10.7%（21回）	20	9.7%（19回）	01	06	14	29							

13が出た次の回に出る数字

24.0%（47回）	21	21.9%（43回）	23	20.9%（41回）	11	30	20.4%（40回）	05	19.4%（38回）	19	18.4%（36回）	10	17.9%（35回）	18
17.3%（34回）	02	14	16	16.8%（33回）	01	03	16.3%（32回）	20	25	26	27	15.8%（31回）	06	
15.3%（30回）	07	24	31	14.8%（29回）	22	14.3%（28回）	12	13.8%（27回）	09	28	12.2%（24回）	08		
11.7%（23回）	13	17	11.2%（22回）	29	10.7%（21回）	15	9.2%（18回）	04						

14

トータル出現
228回

年別出現実績

年	回数	年	回数	年	回数	年	回数	年	回数
H11	5回	H12	5回	H13	6回	H14	11回	H15	8回
H16	9回	H17	15回	H18	9回	H19	8回	H20	5回
H21	13回	H22	7回	H23	16回	H24	4回	H25	10回
H26	12回	H27	9回	H28	7回	H29	12回	H30	8回
R1	7回	R2	11回	R3	13回	R4	11回	R5	7回
R6	0回								

トータル／引っ張り・スライド出現

14

13	14	15
17.5%（40回）	22.8%（52回）	11.8%（27回）

インターバル実績

インターバル	%	回数
INT1	22.9%	52回
INT2	11.9%	27回
INT3	9.3%	21回
INT4	12.3%	28回
INT5	8.8%	20回
INT6	7.0%	16回
INT7	4.4%	10回
INT8	3.5%	8回
INT9	3.5%	8回
INT10以上	16.3%	37回

14とのペア出現

17.5%（40回）	03	25	16.7%（38回）	30	16.2%（37回）	26	15.4%（35回）	02	09	11			
14.5%（33回）	20	23	24	14.0%（32回）	08	13.6%（31回）	21	22	31	13.2%（30回）	07	17	
12.7%（29回）	05	06	12.3%（28回）	01	04	19	29	11.8%（27回）	12	15	27	28	
10.5%（24回）	16	18	10.1%（23回）	10	8.3%（19回）	13							

14が出た次の回に出る数字

22.8%（52回）	14	21.9%（50回）	02	18.9%（43回）	27	30	18.4%（42回）	03	19	24	18.0%（41回）	12	18	31
17.5%（40回）	10	13	20	17.1%（39回）	22	16.2%（37回）	17	15.4%（35回）	05	23				
14.9%（34回）	11	16	21	26	28	14.5%（33回）	07	14.0%（32回）	01	13.6%（31回）	08			
13.2%（30回）	04	09	29	12.3%（28回）	25	11.8%（27回）	15	11.4%（26回）	06					

15

トータル出現

181回

年別出現実績

年	回数	年	回数	年	回数	年	回数	年	回数
H11	3回	H12	8回	H13	9回	H14	2回	H15	4回
H16	9回	H17	10回	H18	8回	H19	8回	H20	9回
H21	7回	H22	8回	H23	10回	H24	11回	H25	8回
H26	10回	H27	11回	H28	4回	H29	6回	H30	11回
R1	3回	R2	5回	R3	4回	R4	6回	R5	6回
R6	1回								

トータル／引っ張り・スライド出現

15

14	15	16
19.9%（36回）	11.6%（21回）	13.3%（24回）

インターバル実績

インターバル	%	回数
INT1	11.7%	21回
INT2	12.8%	23回
INT3	13.3%	24回
INT4	12.2%	22回
INT5	7.2%	13回
INT6	4.4%	8回
INT7	5.0%	9回
INT8	3.3%	6回
INT9	4.4%	8回
INT10以上	25.6%	46回

15とのペア出現

17.7%（32回）	22	16.6%（30回）	04	15.5%（28回）	09	11	13	14.9%（27回）	10	14	20	31	
14.4%（26回）	02	03	06	26	13.8%（25回）	25	13.3%（24回）	01	05	18	28	12.7%（23回）	30
12.2%（22回）	21	23	29	11.6%（21回）	07	19	24	10.5%（19回）	08	12	17		
9.9%（18回）	16	27											

15が出た次の回に出る数字

26.0%（47回）	02	20.4%（37回）	31	19.9%（36回）	14	19.3%（35回）	19	21	18.8%（34回）	27	18.2%（33回）	10	11	
17.7%（32回）	05	20	30	17.1%（31回）	13	22	16.6%（30回）	04	06	16.0%（29回）	12	17		
15.5%（28回）	23	29	14.9%（27回）	07	14.4%（26回）	01	25	26	13.8%（25回）	09	24	13.3%（24回）	16	28
12.2%（22回）	18	11.6%（21回）	15	10.5%（19回）	03	9.9%（18回）	08							

16

トータル出現
210回

年別出現実績

年	回数	年	回数	年	回数	年	回数	年	回数
H11	3回	H12	13回	H13	5回	H14	10回	H15	11回
H16	10回	H17	9回	H18	3回	H19	5回	H20	13回
H21	10回	H22	10回	H23	10回	H24	6回	H25	11回
H26	7回	H27	4回	H28	9回	H29	6回	H30	7回
R1	10回	R2	12回	R3	5回	R4	16回	R5	4回
R6	1回								

トータル／引っ張り・スライド出現

16

15 / 16 / 17

15.8%（33回）　20.6%（43回）　18.2%（38回）

インターバル実績

インターバル	%	回数
INT1	20.6%	43回
INT2	12.0%	25回
INT3	10.0%	21回
INT4	9.1%	19回
INT5	5.3%	11回
INT6	6.7%	14回
INT7	5.3%	11回
INT8	4.3%	9回
INT9	6.2%	13回
INT10以上	20.6%	43回

16とのペア出現

17.6%（37回）	02	11	31	16.7%（35回）	13	15.7%（33回）	04	22	15.2%（32回）	10	30	14.8%（31回）	23
14.3%（30回）	03	05	24	28	29	13.8%（29回）	17	26	13.3%（28回）	07	12.9%（27回）	19	
12.4%（26回）	20	21	25	11.9%（25回）	18	11.4%（24回）	14	11.0%（23回）	06	10.5%（22回）	09	27	
10.0%（21回）	01	9.0%（19回）	08	8.6%（18回）	12	15							

16が出た次の回に出る数字

21.1%（44回）	02	11	20.6%（43回）	16	20.1%（42回）	09	23	19.1%（40回）	14	18.7%（39回）	24	18.2%（38回）	17	
17.7%（37回）	31	16.7%（35回）	04	07	20	16.3%（34回）	22	25	28	15.8%（33回）	15	26		
15.3%（32回）	10	21	14.8%（31回）	03	12	13	14.4%（30回）	08	19	13.9%（29回）	29	30		
13.4%（28回）	05	06	18	12.4%（26回）	27	8.6%（18回）	01							

17

トータル出現
201回

年別出現実績

年	回数	年	回数	年	回数	年	回数	年	回数
H11	3回	H12	12回	H13	2回	H14	11回	H15	10回
H16	9回	H17	9回	H18	12回	H19	5回	H20	14回
H21	4回	H22	10回	H23	7回	H24	7回	H25	7回
H26	1回	H27	7回	H28	15回	H29	7回	H30	9回
R1	6回	R2	9回	R3	9回	R4	8回	R5	8回
R6	0回								

トータル／引っ張り・スライド出現

17

16
12.4%
(25回)

17
19.4%
(39回)

18
18.4%
(37回)

インターバル実績

インターバル	%	回数
INT1	19.5%	39回
INT2	13.0%	26回
INT3	7.5%	15回
INT4	9.5%	19回
INT5	8.0%	16回
INT6	7.5%	15回
INT7	7.0%	14回
INT8	4.0%	8回
INT9	3.0%	6回
INT10以上	21.0%	42回

17とのペア出現

18.4%(37回)	19	17.9%(36回)	07	15.9%(32回)	23	14.9%(30回)	11	14	20				
14.4%(29回)	06	16	21	22	30	13.9%(28回)	12	29	13.4%(27回)	05	10		
12.9%(26回)	18	24	25	27	28	12.4%(25回)	31	11.9%(24回)	03				
11.4%(23回)	01	02	04	08	10.9%(22回)	13	26	10.0%(20回)	09	9.5%(19回)	15		

17が出た次の回に出る数字

20.9%(42回)	09	23	19.4%(39回)	14	17	24	18.4%(37回)	18	19					
17.9%(36回)	02	03	15	26	30	16.9%(34回)	27	29	15.9%(32回)	04	05	21	28	
15.4%(31回)	01	31	14.9%(30回)	10	20	14.4%(29回)	07	22	13.4%(27回)	08	12.9%(26回)	06	13	25
12.4%(25回)	16	11.4%(23回)	11	10.4%(21回)	12									

18

トータル出現
201回

年別出現実績

年	回数	年	回数	年	回数	年	回数	年	回数
H11	5回	H12	7回	H13	8回	H14	10回	H15	11回
H16	8回	H17	7回	H18	7回	H19	5回	H20	8回
H21	8回	H22	7回	H23	10回	H24	7回	H25	12回
H26	10回	H27	10回	H28	8回	H29	8回	H30	11回
R1	3回	R2	10回	R3	6回	R4	5回	R5	10回
R6	0回								

トータル／引っ張り・スライド出現

18 →

19	18	20
14.4%（29回）	14.9%（30回）	14.9%（30回）

インターバル実績

インターバル	%	回数
INT1	15.0%	30回
INT2	12.0%	24回
INT3	12.0%	24回
INT4	11.0%	22回
INT5	8.0%	16回
INT6	6.0%	12回
INT7	5.5%	11回
INT8	4.0%	8回
INT9	3.5%	7回
INT10以上	23.0%	46回

18とのペア出現

18.4%（37回）	30	16.9%（34回）	11	20	15.9%（32回）	07	19	22	15.4%（31回）	21	14.9%（30回）	05	
14.4%（29回）	27	13.9%（28回）	02	31	13.4%（27回）	12	25	12.9%（26回）	10	17			
12.4%（25回）	04	16	26	11.9%（24回）	01	09	13	14	15	24	28		
10.9%（22回）	06	23	29	10.4%（21回）	03	08							

18が出た次の回に出る数字

24.4%（49回）	10	20.9%（42回）	14	19.9%（40回）	03	19.4%（39回）	24	18.9%（38回）	16	18.4%（37回）	04	28	29	
17.9%（36回）	11	22	31	17.4%（35回）	15	16.9%（34回）	07	23	16.4%（33回）	20	15.9%（32回）	02	15.4%（31回）	27
14.9%（30回）	01	05	18	19	25	26	14.4%（29回）	13	17	12.9%（26回）	08	30	11.9%（24回）	21
11.4%（23回）	12	10.4%（21回）	06	09										

19

トータル出現
230回

年別出現実績

年	回数	年	回数	年	回数	年	回数	年	回数
H11	4回	H12	5回	H13	8回	H14	11回	H15	5回
H16	13回	H17	10回	H18	10回	H19	8回	H20	7回
H21	10回	H22	10回	H23	10回	H24	12回	H25	6回
H26	10回	H27	8回	H28	6回	H29	7回	H30	13回
R1	13回	R2	14回	R3	9回	R4	7回	R5	14回
R6	0回								

トータル／引っ張り・スライド出現

19

18	19	20
18.7%（43回）	14.8%（34回）	15.7%（36回）

インターバル実績

インターバル	%	回数
INT1	14.8%	34回
INT2	15.3%	35回
INT3	18.8%	43回
INT4	7.4%	17回
INT5	8.3%	19回
INT6	5.7%	13回
INT7	6.6%	15回
INT8	5.7%	13回
INT9	1.7%	4回
INT10以上	15.7%	36回

19とのペア出現

17.8%（41回）	13	17.4%（40回）	28	16.5%（38回）	23	16.1%（37回）	02	04	17	31	15.2%（35回）	20	
14.8%（34回）	22	14.3%（33回）	30	13.9%（32回）	03	18	21	27	13.5%（31回）	11	13.0%（30回）	05	
12.6%（29回）	07	08	09	12	24	25	12.2%（28回）	14	11.7%（27回）	16	11.3%（26回）	29	
10.4%（24回）	10	10.0%（23回）	26	9.1%（21回）	15	8.7%（20回）	01	8.3%（19回）	06				

19が出た次の回に出る数字

21.7%（50回）	22	21.3%（49回）	05	19.6%（45回）	11	30	19.1%（44回）	03	18.7%（43回）	18	31	17.8%（41回）	09	
17.4%（40回）	15	16.5%（38回）	07	16	23	27	16.1%（37回）	12	13	25	15.7%（36回）	02	14	20
15.2%（35回）	17	26	29	14.8%（34回）	01	19	21	13.5%（31回）	04	08	24	12.2%（28回）	28	
11.3%（26回）	06	10.9%（25回）	10											

20

トータル出現

205回

年別出現実績

年	回数	年	回数	年	回数	年	回数	年	回数
H11	6回	H12	6回	H13	8回	H14	10回	H15	7回
H16	9回	H17	7回	H18	7回	H19	9回	H20	15回
H21	11回	H22	3回	H23	14回	H24	9回	H25	10回
H26	9回	H27	8回	H28	6回	H29	7回	H30	11回
R1	3回	R2	7回	R3	7回	R4	9回	R5	7回
R6	0回								

トータル／引っ張り・スライド出現

20 → 19 / 20 / 21

19	20	21
14.1%（29回）	13.2%（27回）	18.0%（37回）

インターバル実績

インターバル	%	回数
INT1	13.2%	27回
INT2	15.7%	32回
INT3	11.8%	24回
INT4	8.8%	18回
INT5	6.9%	14回
INT6	5.9%	12回
INT7	9.3%	19回
INT8	5.9%	12回
INT9	3.4%	7回
INT10以上	19.1%	39回

20とのペア出現

18.5%（38回）	27	18.0%（37回）	10	17.1%（35回）	19	16.6%（34回）	11	18	16.1%（33回）	14	22	15.6%（32回）	05
15.1%（31回）	12	23	25	14.6%（30回）	17	14.1%（29回）	28	13.2%（27回）	02	15	24	29	31
12.7%（26回）	16	11.2%（23回）	01	03	08	10.2%（21回）	04	13	21	26			
9.8%（20回）	06	07	09	8.8%（18回）	30								

20が出た次の回に出る数字

19.0%（39回）	03	14	18.5%（38回）	05	07	11	18.0%（37回）	04	21	25	17.6%（36回）	02	16	23
17.1%（35回）	01	15	16.6%（34回）	08	09	13	18	16.1%（33回）	10	15.6%（32回）	24	29	15.1%（31回）	30
14.6%（30回）	12	22	14.1%（29回）	19	26	28	13.7%（28回）	31	13.2%（27回）	20	27	12.7%（26回）	06	
12.2%（25回）	17													

21

トータル出現

215回

年別出現実績

年	回数	年	回数	年	回数	年	回数	年	回数
H11	4回	H12	8回	H13	5回	H14	9回	H15	12回
H16	8回	H17	9回	H18	6回	H19	10回	H20	6回
H21	12回	H22	5回	H23	8回	H24	9回	H25	5回
H26	12回	H27	11回	H28	10回	H29	11回	H30	8回
R1	14回	R2	6回	R3	9回	R4	6回	R5	12回
R6	0回								

トータル／引っ張り・スライド出現

21

20	21	22
16.7%（36回）	22.3%（48回）	17.7%（38回）

インターバル実績

インターバル	%	回数
INT1	22.4%	48回
INT2	12.6%	27回
INT3	7.9%	17回
INT4	10.7%	23回
INT5	6.5%	14回
INT6	7.9%	17回
INT7	7.5%	16回
INT8	3.3%	7回
INT9	3.7%	8回
INT10以上	17.3%	37回

21とのペア出現

17.7%（38回）	27	17.2%（37回）	25	15.8%（34回）	23	30	14.9%（32回）	13	19	28			
14.4%（31回）	05	07	10	14	18	14.0%（30回）	08	09	13.5%（29回）	01	02	04	17
12.6%（27回）	22	24	31	12.1%（26回）	16	26	11.6%（25回）	06	11	10.7%（23回）	12	29	
10.2%（22回）	15	9.8%（21回）	20	8.4%（18回）	03								

22.3%（48回）	21	20.0%（43回）	16	19.5%（42回）	08	18.1%（39回）	23	17.7%（38回）	05	11	14	18	22	
17.2%（37回）	19	29	16.7%（36回）	01	07	09	20	26	16.3%（35回）	02	24	28	31	
15.3%（33回）	30	14.9%（32回）	06	14.4%（31回）	13	14.0%（30回）	04	10	13.5%（29回）	12	15	13.0%（28回）	03	17
11.6%（25回）	27	11.2%（24回）	25											

22

トータル出現
215回

年別出現実績

年	回数	年	回数	年	回数	年	回数	年	回数
H11	5回	H12	11回	H13	10回	H14	5回	H15	8回
H16	7回	H17	10回	H18	6回	H19	13回	H20	10回
H21	10回	H22	13回	H23	7回	H24	8回	H25	9回
H26	11回	H27	7回	H28	10回	H29	13回	H30	9回
R1	6回	R2	8回	R3	4回	R4	8回	R5	6回
R6	1回								

トータル／引っ張り・スライド出現

22

21
19.2%
（41回）

22
15.9%
（34回）

23
22.9%
（49回）

インターバル実績

インターバル	%	回数
INT1	15.9%	34回
INT2	16.4%	35回
INT3	12.1%	26回
INT4	8.9%	19回
INT5	9.3%	20回
INT6	4.7%	10回
INT7	4.7%	10回
INT8	4.2%	9回
INT9	2.8%	6回
INT10以上	21.0%	45回

22とのペア出現

17.7%（38回）	27	17.2%（37回）	03	15.8%（34回）	04	11	19	15.3%（33回）	10	16	20		
14.9%（32回）	02	15	18	14.4%（31回）	14	25	14.0%（30回）	26	13.5%（29回）	07	09	17	
12.6%（27回）	05	21	30	12.1%（26回）	13	29	11.6%（25回）	08	10.7%（23回）	12	23	24	
10.2%（22回）	06	28	9.8%（21回）	31	7.9%（17回）	01							

22が出た次の回に出る数字

24.3%（52回）	30	22.9%（49回）	23	20.6%（44回）	31	19.2%（41回）	21	17.8%（38回）	07	11	17.3%（37回）	09	24	
16.8%（36回）	20	16.4%（35回）	02	08	18	15.9%（34回）	05	12	17	22	27	15.4%（33回）	10	28
15.0%（32回）	06	14	29	14.5%（31回）	03	13	16	19	14.0%（30回）	01	13.6%（29回）	15	13.1%（28回）	04
11.7%（25回）	25	26												

23

トータル出現
218回

年別出現実績

年	回数	年	回数	年	回数	年	回数	年	回数
H11	3回	H12	9回	H13	6回	H14	6回	H15	9回
H16	12回	H17	8回	H18	12回	H19	7回	H20	8回
H21	13回	H22	13回	H23	4回	H24	8回	H25	7回
H26	5回	H27	10回	H28	10回	H29	10回	H30	5回
R1	20回	R2	7回	R3	10回	R4	9回	R5	6回
R6	1回								

トータル／引っ張り・スライド出現

23 → 22 / 23 / 24

22	23	24
14.7%（32回）	16.6%（36回）	22.1%（48回）

インターバル実績

インターバル	%	回数
INT1	16.6%	36回
INT2	11.5%	25回
INT3	16.1%	35回
INT4	13.8%	30回
INT5	9.2%	20回
INT6	5.5%	12回
INT7	3.2%	7回
INT8	5.1%	11回
INT9	2.8%	6回
INT10以上	16.1%	35回

23とのペア出現

17.4%（38回）	19	16.1%（35回）	29	15.6%（34回）	02	21	15.1%（33回）	10	14	30	14.7%（32回）	11	17
14.2%（31回）	16	20	13.8%（30回）	03	24	28	31	13.3%（29回）	01	05	06		
12.8%（28回）	07	12	13	12.4%（27回）	09	11.9%（26回）	08	27	11.0%（24回）	25	10.6%（23回）	04	22
10.1%（22回）	15	18	26										

23が出た次の回に出る数字

22.1%（48回）	24	21.7%（47回）	02	20.7%（45回）	19	19.8%（43回）	14	18.4%（40回）	25	28	18.0%（39回）	10		
17.5%（38回）	04	11	27	17.1%（37回）	17	16.6%（36回）	23	31	16.1%（35回）	05	26			
15.7%（34回）	09	15	29	15.2%（33回）	07	16	30	14.7%（32回）	22	14.3%（31回）	08	12	20	21
13.8%（30回）	03	13.4%（29回）	01	12.4%（27回）	06	12.0%（26回）	13	9.7%（21回）	18					

24

トータル出現
207回

年別出現実績

年	回数	年	回数	年	回数	年	回数	年	回数
H11	7回	H12	10回	H13	6回	H14	13回	H15	10回
H16	6回	H17	10回	H18	7回	H19	10回	H20	9回
H21	7回	H22	11回	H23	6回	H24	9回	H25	8回
H26	9回	H27	6回	H28	14回	H29	9回	H30	6回
R1	10回	R2	7回	R3	9回	R4	7回	R5	1回
R6	0回								

トータル／引っ張り・スライド出現

24

23 — 18.4%（38回）
24 — 18.4%（38回）
25 — 17.4%（36回）

インターバル実績

インターバル	%	回数
INT1	18.4%	38回
INT2	11.7%	24回
INT3	11.7%	24回
INT4	9.2%	19回
INT5	8.3%	17回
INT6	7.8%	16回
INT7	4.4%	9回
INT8	3.9%	8回
INT9	4.9%	10回
INT10以上	19.9%	41回

24とのペア出現

19.3%（40回）	02	16.9%（35回）	10	25	15.9%（33回）	14	15.5%（32回）	27	15.0%（31回）	28			
14.5%（30回）	13	16	23	29	14.0%（29回）	08	19	30	31	13.5%（28回）	12		
13.0%（27回）	20	21	12.6%（26回）	05	07	17	12.1%（25回）	03	04	11	11.6%（24回）	09	18
11.1%（23回）	06	22	10.1%（21回）	15	9.7%（20回）	26	7.7%（16回）	01					

24が出た次の回に出る数字

24.2%（50回）	30	20.8%（43回）	28	19.3%（40回）	22	18.4%（38回）	23	24	17.9%（37回）	03	12	19	27	
17.4%（36回）	16	25	26	16.9%（35回）	11	13	16.4%（34回）	14	21	15.9%（33回）	20			
15.5%（32回）	02	08	10	15.0%（31回）	06	17	14.0%（29回）	01	04	13.5%（28回）	09	18		
13.0%（27回）	15	31	12.6%（26回）	05	12.1%（25回）	29	10.6%（22回）	07						

25

トータル出現
199回

年別出現実績

年	回数	年	回数	年	回数	年	回数	年	回数
H11	9回	H12	3回	H13	5回	H14	5回	H15	12回
H16	10回	H17	10回	H18	6回	H19	9回	H20	7回
H21	11回	H22	7回	H23	9回	H24	12回	H25	7回
H26	7回	H27	7回	H28	6回	H29	7回	H30	6回
R1	10回	R2	8回	R3	10回	R4	7回	R5	9回
R6	0回								

トータル／引っ張り・スライド出現

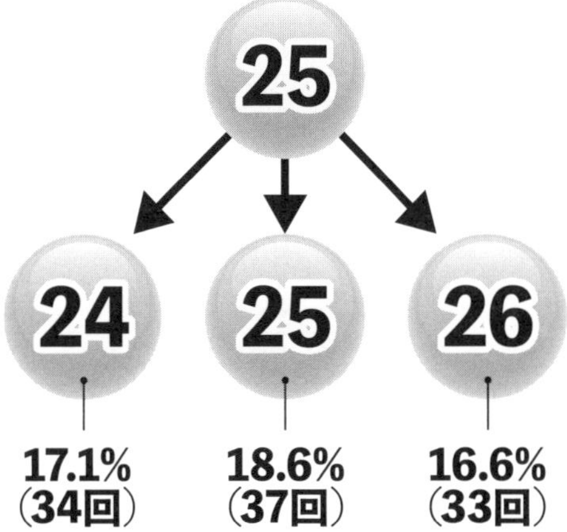

インターバル実績

インターバル	%	回数
INT1	18.7%	37回
INT2	13.1%	26回
INT3	7.1%	14回
INT4	11.1%	22回
INT5	7.1%	14回
INT6	4.5%	9回
INT7	5.6%	11回
INT8	6.1%	12回
INT9	5.1%	10回
INT10以上	21.7%	43回

25とのペア出現

20.1%（40回）	14	18.6%（37回）	21	17.6%（35回）	24	17.1%（34回）	03	15.6%（31回）	20	22	14.6%（29回）	07	19
13.6%（27回）	01	10	18	13.1%（26回）	02	13	16	17	26	31			
12.6%（25回）	11	15	30	12.1%（24回）	05	09	23	11.6%（23回）	04	27	28	10.6%（21回）	08
9.5%（19回）	06	12	9.0%（18回）	29									

25が出た次の回に出る数字

24.1%（48回）	14	21.6%（43回）	21	20.6%（41回）	16	20.1%（40回）	11	19.6%（39回）	30	18.6%（37回）	25	27	18.1%（36回）	29
17.6%（35回）	03	17.1%（34回）	24	16.6%（33回）	12	17	19	26	16.1%（32回）	22	15.6%（31回）	07	31	
15.1%（30回）	02	14.6%（29回）	10	15	14.1%（28回）	18	28	13.6%（27回）	05	06	09	20	23	
13.1%（26回）	01	12.6%（25回）	04	13	12.1%（24回）	08								

26

トータル出現

184回

年別出現実績

年	回数	年	回数	年	回数	年	回数	年	回数
H11	6回	H12	10回	H13	8回	H14	11回	H15	11回
H16	3回	H17	8回	H18	5回	H19	6回	H20	8回
H21	12回	H22	5回	H23	10回	H24	6回	H25	6回
H26	7回	H27	6回	H28	4回	H29	4回	H30	8回
R1	11回	R2	8回	R3	5回	R4	9回	R5	7回
R6	0回								

トータル／引っ張り・スライド出現

26

25	26	27
16.3%（30回）	12.5%（23回）	18.5%（34回）

インターバル実績

インターバル	%	回数
INT1	12.6%	23回
INT2	13.1%	24回
INT3	8.2%	15回
INT4	11.5%	21回
INT5	7.1%	13回
INT6	8.7%	16回
INT7	5.5%	10回
INT8	6.6%	12回
INT9	3.8%	7回
INT10以上	23.0%	42回

26とのペア出現

20.1%（37回）	14	17.9%（33回）	04	17.4%（32回）	11	16.3%（30回）	22	15.8%（29回）	16	15.2%（28回）	31		
14.7%（27回）	28	30	14.1%（26回）	09	15	21	25	27	13.6%（25回）	02	08	18	
13.0%（24回）	01	03	12.5%（23回）	13	19	12.0%（22回）	17	23	11.4%（21回）	20	29	10.9%（20回）	24
10.3%（19回）	05	07	10	9.8%（18回）	12	7.1%（13回）	06						

26が出た次の回に出る数字

23.4%（43回）	19	22.8%（42回）	10	21.2%（39回）	11	19.6%（36回）	02	04	19.0%（35回）	31	18.5%（34回）	27		
17.9%（33回）	08	23	17.4%（32回）	16	18	22	16.8%（31回）	05	16.3%（30回）	13	14	25	28	
15.8%（29回）	17	15.2%（28回）	01	07	30	14.7%（27回）	29	14.1%（26回）	20	13.6%（25回）	21	13.0%（24回）	12	
12.5%（23回）	03	06	24	26	10.3%（19回）	15	8.7%（16回）	09						

27

トータル出現
216回

年別出現実績

年	回数	年	回数	年	回数	年	回数	年	回数
H11	3回	H12	5回	H13	18回	H14	2回	H15	5回
H16	10回	H17	6回	H18	11回	H19	16回	H20	7回
H21	12回	H22	2回	H23	8回	H24	8回	H25	4回
H26	7回	H27	7回	H28	7回	H29	13回	H30	14回
R1	13回	R2	7回	R3	13回	R4	11回	R5	7回
R6	0回								

トータル／引っ張り・スライド出現

27

26	27	28
10.6%（23回）	17.1%（37回）	14.4%（31回）

インターバル実績

インターバル	%	回数
INT1	17.2%	37回
INT2	16.3%	35回
INT3	12.6%	27回
INT4	13.5%	29回
INT5	7.9%	17回
INT6	6.0%	13回
INT7	3.3%	7回
INT8	2.3%	5回
INT9	2.3%	5回
INT10以上	18.6%	40回

27とのペア出現

17.6%（38回）	20	21	22	16.7%（36回）	05	15.3%（33回）	07	10	29	14.8%（32回）	19	24	
14.4%（31回）	04	13.9%（30回）	02	13.4%（29回）	08	18	31	13.0%（28回）	12	28			
12.5%（27回）	01	09	13	14	12.0%（26回）	11	17	23	26	30	11.6%（25回）	03	
10.6%（23回）	25	10.2%（22回）	16	9.7%（21回）	06	8.3%（18回）	15						

27が出た次の回に出る数字

20.4%（44回）	11	19.9%（43回）	23	19.4%（42回）	19	19.0%（41回）	05	07	30	18.5%（40回）	02	18.1%（39回）	18	
17.6%（38回）	14	17.1%（37回）	06	10	16	27	16.7%（36回）	13	15.7%（34回）	04	22			
15.3%（33回）	03	20	21	24	29	31	14.8%（32回）	08	12	14.4%（31回）	15	28		
13.9%（30回）	09	17	12.5%（27回）	01	11.6%（25回）	25	10.6%（23回）	26						

28

トータル出現
197回

年別出現実績

年	回数	年	回数	年	回数	年	回数	年	回数
H11	5回	H12	5回	H13	3回	H14	12回	H15	7回
H16	9回	H17	13回	H18	10回	H19	8回	H20	5回
H21	8回	H22	10回	H23	6回	H24	7回	H25	8回
H26	4回	H27	7回	H28	11回	H29	7回	H30	8回
R1	9回	R2	9回	R3	10回	R4	9回	R5	7回
R6	0回								

トータル／引っ張り・スライド出現

28

27	28	29
14.2%（28回）	13.7%（27回）	12.7%（25回）

インターバル実績

インターバル	%	回数
INT1	13.8%	27回
INT2	15.3%	30回
INT3	15.3%	30回
INT4	9.7%	19回
INT5	5.6%	11回
INT6	6.6%	13回
INT7	4.1%	8回
INT8	2.6%	5回
INT9	5.1%	10回
INT10以上	21.9%	43回

28とのペア出現

20.3%（40回）	19	17.3%（34回）	29	16.2%（32回）	11	21	15.7%（31回）	08	24	15.2%（30回）	16	23	
14.7%（29回）	20	14.2%（28回）	04	10	27	13.7%（27回）	02	06	14	26			
13.2%（26回）	13	17	30	12.2%（24回）	15	18	11.7%（23回）	25	11.2%（22回）	01	22		
10.7%（21回）	05	07	12	9.6%（19回）	31	8.6%（17回）	03	7.6%（15回）	09				

28が出た次の回に出る数字

21.8%（43回）	11	19.8%（39回）	30	19.3%（38回）	16	25	31	18.3%（36回）	03	23	17.8%（35回）	10	21	22
17.3%（34回）	02	19	16.8%（33回）	24	26	15.7%（31回）	01	13	15.2%（30回）	04	05	06	07	
14.7%（29回）	08	14.2%（28回）	12	17	18	20	27	13.7%（27回）	15	28	12.7%（25回）	09	29	
11.7%（23回）	14													

29

トータル出現

192回

年別出現実績

年	回数	年	回数	年	回数	年	回数	年	回数
H11	3回	H12	7回	H13	9回	H14	3回	H15	8回
H16	11回	H17	9回	H18	9回	H19	5回	H20	9回
H21	7回	H22	14回	H23	5回	H24	7回	H25	8回
H26	5回	H27	8回	H28	9回	H29	6回	H30	7回
R1	7回	R2	9回	R3	12回	R4	8回	R5	7回
R6	0回								

トータル／引っ張り・スライド出現

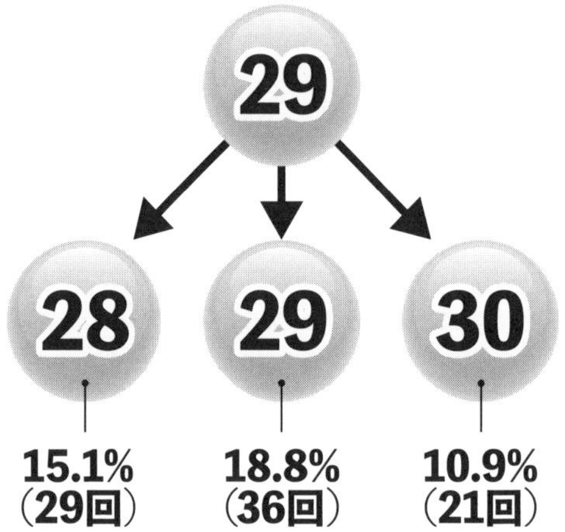

インターバル実績

インターバル	%	回数
INT1	18.8%	36回
INT2	8.9%	17回
INT3	8.9%	17回
INT4	7.9%	15回
INT5	8.9%	17回
INT6	7.9%	15回
INT7	5.8%	11回
INT8	5.2%	10回
INT9	5.2%	10回
INT10以上	22.5%	43回

29とのペア出現

18.2%（35回）	23	17.7%（34回）	09	11	28	17.2%（33回）	27	16.7%（32回）	02	15.6%（30回）	16	24	
15.1%（29回）	30	14.6%（28回）	14	17	14.1%（27回）	01	20	13.5%（26回）	19	22	13.0%（25回）	05	
12.5%（24回）	10	12.0%（23回）	04	06	21	11.5%（22回）	15	18	31	10.9%（21回）	03	08	26
10.4%（20回）	07	9.9%（19回）	13	9.4%（18回）	25	5.7%（11回）	12						

29が出た次の回に出る数字

21.9%（42回）	18	19	20.8%（40回）	03	08	20.3%（39回）	11	18.8%（36回）	04	29	17.7%（34回）	16	22	27
17.2%（33回）	05	31	16.1%（31回）	06	10	15	15.6%（30回）	02	09	17	26	15.1%（29回）	23	28
14.6%（28回）	07	21	24	14.1%（27回）	13	13.5%（26回）	01	12.5%（24回）	12	12.0%（23回）	14	20	10.9%（21回）	30
9.4%（18回）	25													

30

トータル出現
218回

年別出現実績

年	回数	年	回数	年	回数	年	回数	年	回数
H11	7回	H12	9回	H13	11回	H14	9回	H15	6回
H16	2回	H17	8回	H18	9回	H19	11回	H20	9回
H21	10回	H22	12回	H23	15回	H24	8回	H25	6回
H26	14回	H27	6回	H28	11回	H29	6回	H30	8回
R1	6回	R2	4回	R3	12回	R4	10回	R5	9回
R6	0回								

トータル／引っ張り・スライド出現

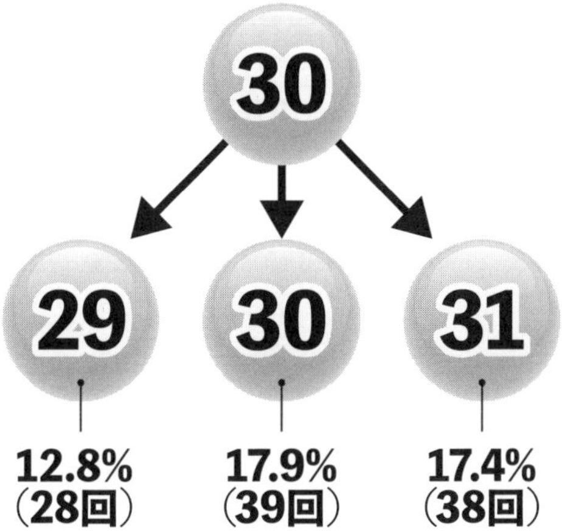

インターバル実績

インターバル	%	回数
INT1	18.0%	39回
INT2	17.1%	37回
INT3	12.0%	26回
INT4	10.6%	23回
INT5	6.5%	14回
INT6	2.8%	6回
INT7	5.1%	11回
INT8	6.0%	13回
INT9	5.1%	11回
INT10以上	17.1%	37回

30とのペア出現

20.2%（44回）	11	17.4%（38回）	14	17.0%（37回）	18	16.1%（35回）	02	15.6%（34回）	21	15.1%（33回）	19	23	
14.7%（32回）	16	14.2%（31回）	31	13.8%（30回）	10	12	13.3%（29回）	04	09	17	24	29	
12.4%（27回）	01	05	08	22	26	11.9%（26回）	06	27	28	11.5%（25回）	25		
11.0%（24回）	03	07	10.6%（23回）	13	15	8.3%（18回）	20						

30が出た次の回に出る数字

22.0%（48回）	27	20.2%（44回）	25	19.3%（42回）	04	11	13	18.8%（41回）	08	21	17.9%（39回）	07	30	
17.4%（38回）	14	17	31	17.0%（37回）	18	16.5%（36回）	02	20	26	16.1%（35回）	03			
15.1%（33回）	16	19	23	14.7%（32回）	01	22	28	14.2%（31回）	05	15	13.8%（30回）	24		
12.8%（28回）	10	29	12.4%（27回）	09	11.9%（26回）	06	10.1%（22回）	12						

31

トータル出現
214回

年別出現実績

年	回数	年	回数	年	回数	年	回数	年	回数
H11	3回	H12	9回	H13	6回	H14	11回	H15	5回
H16	10回	H17	11回	H18	7回	H19	13回	H20	7回
H21	6回	H22	5回	H23	10回	H24	10回	H25	8回
H26	12回	H27	12回	H28	13回	H29	5回	H30	7回
R1	6回	R2	12回	R3	9回	R4	8回	R5	7回
R6	2回								

トータル／引っ張り・スライド出現

31 → 30：14.1%（30回）

31 → 31：12.7%（27回）

「31」の右スライドにあたる数字はありません

インターバル実績

インターバル	%	回数
INT1	12.7%	27回
INT2	15.5%	33回
INT3	10.3%	22回
INT4	9.9%	21回
INT5	10.8%	23回
INT6	7.0%	15回
INT7	6.6%	14回
INT8	5.2%	11回
INT9	3.3%	7回
INT10以上	18.8%	40回

31とのペア出現

17.3%（37回）	11	16	19	15.9%（34回）	04	15.4%（33回）	07	10	15.0%（32回）	08			
14.5%（31回）	03	14	30	14.0%（30回）	02	23	13.6%（29回）	06	09	24	27		
13.1%（28回）	18	26	12.6%（27回）	15	20	21	12.1%（26回）	25	11.7%（25回）	12	17	11.2%（24回）	05
10.7%（23回）	01	10.3%（22回）	13	29	9.8%（21回）	22	8.9%（19回）	28					

31が出た次の回に出る数字

21.1%（45回）	22	28	18.8%（40回）	10	18.3%（39回）	04	05	20	25	17.8%（38回）	13	17.4%（37回）	07	
16.9%（36回）	11	14	17	19	21	16.4%（35回）	03	15	18	24	15.5%（33回）	16	27	
15.0%（32回）	02	23	29	14.6%（31回）	01	06	14.1%（30回）	30	13.1%（28回）	26	12.7%（27回）	09	31	
11.7%（25回）	08	10.8%（23回）	12											

コラム6

数字ごとの1等賞金獲得額 一番高いのはどの数字だ!!

ここではミニロトの賞金に関するおもしろネタを紹介していこう。「01」～「31」ごとに、どの数字が出たときに1等賞金が高いのかを算出！　果たして効率のいい数字は!?

「20」が出ると 1等平均賞金額はUP！

右表は、ミニロトの「01」～「31」別に出現したときの1等賞金の平均額を算出したもの。

まず出現したときに最も高額になるのは「20」。その平均額、1558万7532円！　ミニロトの1等平均賞金額が1284万円なので270万円強高い！

逆に1等平均額が低いのが「11」で1086万1398円。1位の「20」との差は約470万円の差が発生しているのだ。

このランキングを元に1等平均額の高い数字を組み合わせて、夢の1等4000万円を目指そう！

◎ミニロト　全数字の1等獲得賞金（平均）ランキング

順位	数字	平均賞金額（円）	通算出現数
1	**20**	¥15,587,532	205
2	**29**	¥14,247,552	192
3	**21**	¥14,105,470	215
4	**31**	¥13,942,774	214
5	**26**	¥13,936,957	184
6	**24**	¥13,438,229	207
7	**01**	¥13,402,748	181
8	**22**	¥13,172,613	215
9	**25**	¥13,135,033	199
10	**27**	¥13,099,431	216
11	**14**	¥13,058,467	228
12	**18**	¥13,017,673	201
13	**16**	¥12,991,723	210
14	**28**	¥12,958,831	197
15	**15**	¥12,954,542	181
16	**23**	¥12,952,031	218
17	**02**	¥12,892,928	225
18	**17**	¥12,871,990	201
19	**13**	¥12,868,836	196
20	**30**	¥12,820,620	218
21	**10**	¥12,817,989	210
22	**04**	¥12,543,215	201
23	**19**	¥12,499,062	230
24	**09**	¥12,115,701	190
25	**06**	¥12,054,998	176
26	**03**	¥11,812,785	210
27	**12**	¥11,608,277	178
28	**05**	¥11,567,790	206
29	**07**	¥11,555,037	198
30	**08**	¥11,283,954	188
31	**11**	¥10,861,398	240
平均		**¥12,843,750**	

月別・出現ランキング

ここでは、ミニロトの月別（1月～12月）のトータル出現ランキングを掲載。

1月（抽せん：98回）

ランク	出現率	回数	数字				
1位	26.5%	26回	19				
2位	23.5%	23回	02				
3位	22.4%	22回	10	23			
5位	21.4%	21回	31				
6位	20.4%	20回	21				
7位	18.4%	18回	03	11	18	26	
11位	17.3%	17回	09	17	30		
14位	16.3%	16回	04	08	22		
17位	15.3%	15回	07	13	15	16	29
22位	14.3%	14回	14				
23位	13.3%	13回	24	27			
25位	12.2%	12回	01	05	06		
28位	10.2%	10回	20				
29位	9.2%	9回	25				
30位	8.2%	8回	28				
31位	7.1%	7回	12				

2月（抽せん：97回）

ランク	出現率	回数	数字				
1位	26.8%	26回	11				
2位	22.7%	22回	21	25			
4位	21.6%	21回	30				
5位	20.6%	20回	02				
6位	19.6%	19回	28				
7位	18.6%	18回	20				
8位	17.5%	17回	04	18	24		
11位	16.5%	16回	08	13	16	27	31
16位	15.5%	15回	05	10	22	23	29
21位	14.4%	14回	03	14	17		
24位	13.4%	13回	06	07	09	15	26
29位	9.3%	9回	01				
30位	8.2%	8回	19				
31位	7.2%	7回	12				

3月（抽せん：106回）

ランク	出現率	回数	数字				
1位	22.6%	24回	14	27			
3位	21.7%	23回	23				
4位	20.8%	22回	11				
5位	19.8%	21回	17				
6位	18.9%	20回	08	16	25	28	
10位	17.9%	19回	01	02			
12位	17.0%	18回	07	09	13	26	31
17位	16.0%	17回	15	18	21	24	
21位	14.2%	15回	04	06	29	30	
25位	13.2%	14回	05				
26位	12.3%	13回	10	12	20		
29位	8.5%	9回	03	19	22		

4月（抽せん：104回）

ランク	出現率	回数	数字				
1位	22.1%	23回	16	22	24		
4位	21.2%	22回	02	20			
6位	20.2%	21回	30				
7位	19.2%	20回	03	12	18	27	
11位	18.3%	19回	05	10			
13位	17.3%	18回	01	04	31		
16位	16.3%	17回	07	26			
18位	14.4%	15回	13	15	19		
21位	13.5%	14回	06	11	14	28	
25位	12.5%	13回	21				
26位	11.5%	12回	25				
27位	10.6%	11回	09	17	23	29	
31位	9.6%	10回	08				

5月（抽せん：110回）

ランク	出現率	回数	数字				
1位	21.8%	24回	13				
2位	20.0%	22回	19	24			
4位	19.1%	21回	31				
5位	18.2%	20回	03	08	16	22	27
10位	17.3%	19回	05	06			
12位	16.4%	18回	02	11	14	17	20
			28				
18位	15.5%	17回	07	09	10	21	26
23位	14.5%	16回	23				
24位	13.6%	15回	12	29	30		
27位	12.7%	14回	04	15	18	25	
31位	11.8%	13回	01				

6月（抽せん：104回）

ランク	出現率	回数	数字				
1位	25.0%	26回	19				
2位	21.2%	22回	22				
3位	20.2%	21回	08	11			
5位	19.2%	20回	02	03	04		
8位	18.3%	19回	10	14	25	27	28
13位	17.3%	18回	21	23	29		
16位	16.3%	17回	06	12			
18位	14.4%	15回	05	09	17	18	20
			30				
24位	13.5%	14回	16				
25位	12.5%	13回	26	31			
27位	11.5%	12回	01	13			
29位	10.6%	11回	07	15	24		

月別・出現ランキング

7月(抽せん:108回)

ランク	出現率	回数	数字				
1位	21.3%	23回	07	27			
3位	20.4%	22回	28				
4位	19.4%	21回	06	16	31		
7位	18.5%	20回	03	11	14	18	20
			23				
13位	17.6%	19回	02	24	29		
16位	16.7%	18回	04	05	10	12	
20位	14.8%	16回	17				
21位	13.9%	15回	25	30			
23位	13.0%	14回	09	22	26		
26位	12.0%	13回	01	19			
28位	11.1%	12回	13	21			
30位	10.2%	11回	08	15			

8月(抽せん:110回)

ランク	出現率	回数	数字				
1位	21.8%	24回	10	19	21		
4位	20.9%	23回	23	30			
6位	20.0%	22回	11	17			
8位	19.1%	21回	13	15			
10位	18.2%	20回	09	22			
12位	17.3%	19回	03	04	07	24	
16位	16.4%	18回	20				
17位	15.5%	17回	01	27	28	31	
21位	14.5%	16回	02	14	16	25	29
26位	11.8%	13回	05	08			
28位	10.0%	11回	18	26			
30位	8.2%	9回	12				
31位	6.4%	7回	06				

9月(抽せん:104回)

ランク	出現率	回数	数字				
1位	23.1%	24回	05				
2位	21.2%	22回	12				
3位	20.2%	21回	11	15	28		
6位	19.2%	20回	04	14	23		
9位	18.3%	19回	06	09	20		
12位	17.3%	18回	19	25	30	31	
16位	16.3%	17回	03	10	17	29	
20位	14.4%	15回	01	16			
22位	13.5%	14回	02	07	13	24	
26位	12.5%	13回	21	27			
28位	11.5%	12回	08				
29位	10.6%	11回	22				
30位	9.6%	10回	26				
31位	8.7%	9回	18				

MINI LOTO
ミニロト

10月(抽せん:111回)

ランク	出現率	回数	数字				
1位	26.1%	29回	05				
2位	24.3%	27回	14	21			
4位	22.5%	25回	11	19			
6位	18.0%	20回	01	08	18	25	30
11位	17.1%	19回	24				
12位	16.2%	18回	07	12	23		
15位	15.3%	17回	02	03	16	20	27
20位	14.4%	16回	28				
21位	13.5%	15回	04	13	17	31	
25位	12.6%	14回	26	29			
27位	11.7%	13回	06	22			
29位	10.8%	12回	10				
30位	9.9%	11回	09	15			

11月(抽せん:108回)

ランク	出現率	回数	数字				
1位	25.0%	27回	22				
2位	24.1%	26回	14				
3位	21.3%	23回	12				
4位	20.4%	22回	30				
5位	18.5%	20回	03				
6位	17.6%	19回	01	18	31		
9位	16.7%	18回	06	11	17	19	20
			24	27			
16位	15.7%	17回	04	09	16		
19位	14.8%	16回	02	07	13	26	29
24位	13.9%	15回	08	25			
26位	13.0%	14回	10	15	23		
29位	12.0%	13回	05				
30位	11.1%	12回	28				
31位	10.2%	11回	21				

12月(抽せん:106回)

ランク	出現率	回数	数字				
1位	24.5%	26回	19				
2位	23.6%	25回	22				
3位	21.7%	23回	26				
4位	19.8%	21回	02	18	21	29	
8位	18.9%	20回	10				
9位	17.9%	19回	25				
10位	17.0%	18回	09	13	15	23	
14位	16.0%	17回	07	17	20	31	
18位	15.1%	16回	03	14	16	27	30
23位	14.2%	15回	05	11	24		
26位	13.2%	14回	01	08			
28位	11.3%	12回	04				
29位	10.4%	11回	28				
30位	8.5%	9回	12				
31位	7.5%	8回	06				

MINI LOTO ミニロト

日別・出現ランキング

ここでは、ミニロトの日別（1日～31日）のトータル出現ランキングを掲載。日ごとにどの数字が出ていて、どの数字が出ていないかチェックしよう。

1日（抽せん：38回）

ランク	出現率	回数	数字						
1位	34.2%	13回	11						
2位	26.3%	10回	16						
3位	23.7%	9回	08	14					
5位	21.1%	8回	21						
6位	18.4%	7回	01	02	03	07	20	22	27
			28	29					
15位	15.8%	6回	06	12	13				
18位	13.2%	5回	04	05	09	17	18	24	30
			31						
26位	10.5%	4回	10	19	25	26			
30位	5.3%	2回	15	23					

2日（抽せん：37回）

ランク	出現率	回数	数字						
1位	29.7%	11回	21	25					
3位	27.0%	10回	10						
4位	24.3%	9回	26						
5位	21.6%	8回	04	05	23				
8位	18.9%	7回	08	20	31				
11位	16.2%	6回	01	14	15	16	17	18	24
			30						
19位	13.5%	5回	02	07	11	19	27		
24位	10.8%	4回	06	28	29				
27位	8.1%	3回	03	09	13	22			
31位	5.4%	2回	12						

3日（抽せん：38回）

ランク	出現率	回数	数字						
1位	36.8%	14回	30						
2位	31.6%	12回	22						
3位	28.9%	11回	11						
4位	21.1%	8回	08	10	20	25			
8位	18.4%	7回	07	18	28				
11位	15.8%	6回	03	09	12	14	15	17	26
			31						
19位	13.2%	5回	06	19	23				
22位	10.5%	4回	01	02	04	13	21	24	27
			29						
30位	7.9%	3回	05						
31位	5.3%	2回	16						

4日（抽せん：42回）

ランク	出現率	回数	数字						
1位	26.2%	11回	27						
2位	23.8%	10回	02	16	25				
5位	21.4%	9回	12	14	17	24			
9位	19.0%	8回	09	19	20				
12位	16.7%	7回	15	21	22				
15位	14.3%	6回	07	13	18	23	29	30	31
22位	11.9%	5回	03	04	06	08	10	11	26
29位	9.5%	4回	01	05					
31位	7.1%	3回	28						

5日(抽せん:43回)

ランク	出現率	回数	数字						
1位	30.2%	13回	29						
2位	27.9%	12回	16						
3位	23.3%	10回	04						
4位	20.9%	9回	09	12	19	25			
8位	18.6%	8回	02	05	13	15	18	31	
14位	16.3%	7回	10	17	21	22	23	28	
20位	14.0%	6回	06	11	14	20	30		
25位	11.6%	5回	07						
26位	9.3%	4回	24						
27位	7.0%	3回	01	03	08	26	27		

6日(抽せん:42回)

ランク	出現率	回数	数字						
1位	31.0%	13回	23						
2位	26.2%	11回	28						
3位	21.4%	9回	16						
4位	19.0%	8回	05	12	17	19	20	24	25
			27						
12位	16.7%	7回	01	03	06	07	11	13	26
			31						
20位	14.3%	6回	08	22					
22位	11.9%	5回	09	10	14	18	29	30	
28位	9.5%	4回	04	15	21				
31位	7.1%	3回	02						

7日(抽せん:42回)

ランク	出現率	回数	数字						
1位	28.6%	12回	03	11					
3位	26.2%	11回	28						
4位	23.8%	10回	02						
5位	21.4%	9回	16	22	31				
8位	19.0%	8回	19	21	27				
11位	16.7%	7回	04	05	08	12	17	30	
17位	14.3%	6回	01	13	14	18	23	26	
23位	11.9%	5回	09	10	29				
26位	9.5%	4回	15	20	24	25			
30位	7.1%	3回	07						
31位	4.8%	2回	06						

8日(抽せん:43回)

ランク	出現率	回数	数字						
1位	27.9%	12回	02						
2位	25.6%	11回	03	14	23	31			
6位	23.3%	10回	29						
7位	20.9%	9回	18						
8位	18.6%	8回	04	06	11	16	17		
13位	16.3%	7回	05	09	13	25			
17位	14.0%	6回	12	15	19	20	21	30	
23位	11.6%	5回	01	08	10	24			
27位	9.3%	4回	27	28					
29位	7.0%	3回	07	26					
31位	4.7%	2回	22						

日別・出現ランキング

9日(抽せん：41回)

ランク	出現率	回数	数字						
1位	31.7%	13回	14						
2位	26.8%	11回	17	19					
4位	22.0%	9回	12	29					
6位	19.5%	8回	30	31					
8位	17.1%	7回	02	03	05	10	11	18	22
			23						
16位	14.6%	6回	04	06	07	09	13	20	21
			24	26					
25位	12.2%	5回	25						
26位	9.8%	4回	08	15	16	27			
30位	7.3%	3回	01						
31位	4.9%	2回	28						

10日(抽せん：41回)

ランク	出現率	回数	数字						
1位	24.4%	10回	11						
2位	22.0%	9回	13	18	20	22	25	27	
8位	19.5%	8回	04	07	10	26			
12位	17.1%	7回	05	15	17	21	24	28	30
19位	14.6%	6回	03	12	16	19			
23位	12.2%	5回	02	06	23	31			
27位	9.8%	4回	08	09					
29位	7.3%	3回	01	14					
31位	4.9%	2回	29						

11日(抽せん：43回)

ランク	出現率	回数	数字						
1位	32.6%	14回	20						
2位	30.2%	13回	22						
3位	25.6%	11回	27						
4位	23.3%	10回	18						
5位	20.9%	9回	04	11	24	30			
9位	18.6%	8回	01	08	09	15	19	29	
15位	16.3%	7回	03	05	10				
18位	14.0%	6回	13	14	25				
21位	11.6%	5回	07	12	16				
24位	9.3%	4回	02	06	21	26	31		
29位	7.0%	3回	17	23	28				

12日(抽せん：43回)

ランク	出現率	回数	数字						
1位	27.9%	12回	11						
2位	25.6%	11回	03						
3位	23.3%	10回	22						
4位	20.9%	9回	01	05	07	13	31		
9位	18.6%	8回	16	26	29	30			
13位	16.3%	7回	09	14	20	21	27		
18位	14.0%	6回	02	10	17	23	28		
23位	11.6%	5回	04	06	08	18	24	25	
29位	9.3%	4回	12	15					
31位	4.7%	2回	19						

13日(抽せん:42回)

ランク	出現率	回数	数字						
1位	26.2%	11回	17	18					
3位	23.8%	10回	03	06	22				
6位	21.4%	9回	08	25					
8位	19.0%	8回	01	05	15	31			
12位	16.7%	7回	07	13	19	20	21		
17位	14.3%	6回	02	04	10	11	26	27	30
24位	11.9%	5回	09	16	23	28	29		
29位	7.1%	3回	14						
30位	4.8%	2回	12						
31位	2.4%	1回	24						

14日(抽せん:43回)

ランク	出現率	回数	数字						
1位	30.2%	13回	19						
2位	23.3%	10回	02	13	26				
5位	20.9%	9回	05	14	27				
8位	18.6%	8回	10	16	20	22			
12位	16.3%	7回	04	11	18	21	31		
17位	14.0%	6回	01	03	12	15	17	23	24
			29						
25位	11.6%	5回	06	07	09	28			
29位	9.3%	4回	30						
30位	7.0%	3回	08	25					

15日(抽せん:42回)

ランク	出現率	回数	数字						
1位	26.2%	11回	15	28					
3位	23.8%	10回	14						
4位	21.4%	9回	05						
5位	19.0%	8回	08	12	13	24	29		
10位	16.7%	7回	02	06	07	16	18	19	21
			23						
18位	14.3%	6回	03	17	22	25	27		
23位	11.9%	5回	01	09	10	11	20	26	30
30位	9.5%	4回	04	31					

16日(抽せん:41回)

ランク	出現率	回数	数字						
1位	26.8%	11回	27	29					
3位	24.4%	10回	22	24					
5位	19.5%	8回	08	10	13	17	23	25	
11位	17.1%	7回	02	04	11	14	19	20	26
			28						
19位	14.6%	6回	09	30	31				
22位	12.2%	5回	07	12	15	16	18		
27位	9.8%	4回	03	21					
29位	7.3%	3回	01	05					
31位	4.9%	2回	06						

日別・出現ランキング

17日（抽せん：42回）

ランク	出現率	回数	数字						
1位	35.7%	15回	21						
2位	26.2%	11回	24						
3位	23.8%	10回	01						
4位	21.4%	9回	23	27	30				
7位	19.0%	8回	03	12	20				
10位	16.7%	7回	02	06	07	13	16	19	22
			25	28					
19位	14.3%	6回	10	11					
21位	11.9%	5回	05	14	17	18	31		
26位	9.5%	4回	04	08	09	15	29		
31位	7.1%	3回	26						

18日（抽せん：42回）

ランク	出現率	回数	数字						
1位	26.2%	11回	04	31					
3位	23.8%	10回	03	08	19				
6位	21.4%	9回	01	12	15				
9位	19.0%	8回	09	24	26				
12位	16.7%	7回	05	07	17	30			
16位	14.3%	6回	02	06	11	13	18	23	27
23位	11.9%	5回	21	29					
25位	9.5%	4回	10	14	20	22	25	28	
31位	7.1%	3回	16						

19日（抽せん：43回）

ランク	出現率	回数	数字						
1位	25.6%	11回	11						
2位	23.3%	10回	23	28					
4位	20.9%	9回	03	10	25				
7位	18.6%	8回	01	02	08	09	21	30	
13位	16.3%	7回	05	12	14	17	20	24	26
			29						
21位	14.0%	6回	07	16	19				
24位	11.6%	5回	15	18	22	31			
28位	9.3%	4回	04	06	13				
31位	7.0%	3回	27						

20日（抽せん：42回）

ランク	出現率	回数	数字						
1位	28.6%	12回	05	14	27	31			
5位	23.8%	10回	23	24					
7位	19.0%	8回	25						
8位	16.7%	7回	02	06	09	10	19	28	29
15位	14.3%	6回	01	04	13	16	17	18	22
22位	11.9%	5回	03	07	11	12	20	30	
28位	9.5%	4回	15	21					
30位	7.1%	3回	08						
31位	4.8%	2回	26						

21日(抽せん:42回)

ランク	出現率	回数	数字						
1位	33.3%	14回	14						
2位	28.6%	12回	11						
3位	26.2%	11回	23						
4位	23.8%	10回	19						
5位	21.4%	9回	05	22					
7位	19.0%	8回	15	30	31				
10位	16.7%	7回	02	07	13	18	24	26	27
			28						
18位	14.3%	6回	08	09	10	29			
22位	11.9%	5回	01	03	04	20			
26位	9.5%	4回	06	17	21				
29位	7.1%	3回	12	16	25				

22日(抽せん:43回)

ランク	出現率	回数	数字						
1位	25.6%	11回	02	10	24				
4位	23.3%	10回	20						
5位	20.9%	9回	19	23					
7位	18.6%	8回	01	04	09	11	17	21	29
			31						
15位	16.3%	7回	06	13	14	16			
19位	14.0%	6回	07	15	22	28			
23位	11.6%	5回	05	08	12	18	27	30	
29位	7.0%	3回	25	26					
31位	4.7%	2回	03						

23日(抽せん:40回)

ランク	出現率	回数	数字						
1位	30.0%	12回	03						
2位	22.5%	9回	02	08	11	14	19	22	
8位	20.0%	8回	01	24	25	31			
12位	17.5%	7回	10	13	29				
15位	15.0%	6回	16	17	21	23	26	30	
21位	12.5%	5回	04	06	09	28			
25位	10.0%	4回	05	18	20	27			
29位	7.5%	3回	07	12	15				

24日(抽せん:41回)

ランク	出現率	回数	数字						
1位	26.8%	11回	23						
2位	24.4%	10回	04	28					
4位	22.0%	9回	02	03	06	16			
8位	19.5%	8回	19	21					
10位	17.1%	7回	09	10	13	20	27	30	
16位	14.6%	6回	07	11	14	15	26	31	
22位	12.2%	5回	05	08	12	18	25	29	
28位	9.8%	4回	17	22	24				
31位	4.9%	2回	01						

日別・出現ランキング

25日(抽せん：43回)

ランク	出現率	回数	数字						
1位	32.6%	14回	05	10					
3位	27.9%	12回	07	25					
5位	25.6%	11回	30						
6位	20.9%	9回	21						
7位	18.6%	8回	01	08	14	27			
11位	16.3%	7回	02	04	06	13	17	18	
17位	14.0%	6回	11	15	16	19	31		
22位	11.6%	5回	03	26					
24位	9.3%	4回	12	20	22	24	28	29	
30位	7.0%	3回	23						
31位	4.7%	2回	09						

26日(抽せん：43回)

ランク	出現率	回数	数字						
1位	32.6%	14回	16						
2位	23.3%	10回	02						
3位	20.9%	9回	17	20	21	30			
7位	18.6%	8回	10	18	19	22	27		
12位	16.3%	7回	04	05	07	08	09	14	23
			24						
20位	14.0%	6回	11	25	26	29			
24位	11.6%	5回	03	12	13	28	31		
29位	9.3%	4回	15						
30位	7.0%	3回	01	06					

27日(抽せん：42回)

ランク	出現率	回数	数字						
1位	26.2%	11回	02						
2位	23.8%	10回	12	27					
4位	21.4%	9回	11	21	23	31			
8位	19.0%	8回	06	07	13	30			
12位	16.7%	7回	17	20	28				
15位	14.3%	6回	04	05	10	14	16	19	22
			24	25	26	29			
26位	11.9%	5回	08	18					
28位	9.5%	4回	03	09					
30位	7.1%	3回	01	15					

28日(抽せん：43回)

ランク	出現率	回数	数字						
1位	27.9%	12回	11						
2位	25.6%	11回	02	06					
4位	20.9%	9回	03	09					
6位	18.6%	8回	15	16	23	27	30		
11位	16.3%	7回	04	05	10	14	24	26	28
			31						
19位	14.0%	6回	01	07	18	19	21	22	29
26位	11.6%	5回	13	17	25				
29位	9.3%	4回	08	12					
31位	4.7%	2回	20						

29日(抽せん:39回)

ランク	出現率	回数	数字						
1位	28.2%	11回	09	26	30				
4位	23.1%	9回	16						
5位	20.5%	8回	04	07	08	18	19	22	
11位	17.9%	7回	10	15	21	24	31		
16位	15.4%	6回	02	12	20	27	28		
21位	12.8%	5回	14						
22位	10.3%	4回	01	05	13	17	29		
27位	7.7%	3回	03	06	11	23	25		

30日(抽せん:37回)

ランク	出現率	回数	数字						
1位	35.1%	13回	01						
2位	27.0%	10回	19						
3位	24.3%	9回	03	28					
5位	21.6%	8回	07	14	15	26			
9位	18.9%	7回	04	24					
11位	16.2%	6回	09	11	13	20	21	23	30
18位	13.5%	5回	12	16	22	27	29		
23位	10.8%	4回	02	06	17	18	25	31	
29位	8.1%	3回	10						
30位	5.4%	2回	05	08					

31日(抽せん:23回)

ランク	出現率	回数	数字						
1位	30.4%	7回	07	14	18	21			
5位	26.1%	6回	19	24					
7位	21.7%	5回	08	11	23	27			
11位	17.4%	4回	03	06	09	10	15	17	20
			25						
19位	13.0%	3回	04	05	28	31			
23位	8.7%	2回	22	26	30				
26位	4.3%	1回	01	02	12	16	29		
31位	0.0%	0回	13						

六曜別・出現ランキング

ここでは、ミニロトの六曜別（大安・赤口・先勝・友引・先負・仏滅）のトータル出現ランキングを掲載。

大安（抽せん：209回）

ランク	出現率	回数	数字	
1位	21.5%	45回	02	
2位	20.1%	42回	03	28
4位	19.6%	41回	11	
5位	18.7%	39回	21	
6位	18.2%	38回	12	16
8位	17.7%	37回	17	18
			27	
11位	17.2%	36回	25	
12位	16.7%	35回	10	14
			23	31
16位	16.3%	34回	15	
17位	15.8%	33回	01	
18位	15.3%	32回	04	05
			06	20
			22	
23位	14.8%	31回	19	
24位	13.9%	29回	24	26
26位	13.4%	28回	08	29
28位	12.9%	27回	13	30
30位	11.5%	24回	07	
31位	11.0%	23回	09	

赤口（抽せん：214回）

ランク	出現率	回数	数字	
1位	23.8%	51回	19	
2位	20.6%	44回	11	14
4位	20.1%	43回	07	17
6位	19.6%	42回	02	
7位	18.2%	39回	20	30
9位	17.8%	38回	08	
10位	17.3%	37回	04	23
12位	16.8%	36回	03	13
			15	
15位	16.4%	35回	10	27
17位	15.4%	33回	09	
18位	15.0%	32回	06	21
			22	25
			26	
23位	14.5%	31回	31	
24位	14.0%	30回	05	
25位	13.6%	29回	12	18
27位	12.6%	27回	01	
28位	11.7%	25回	28	
29位	11.2%	24回	24	29
31位	10.7%	23回	16	

先勝（抽せん：213回）

ランク	出現率	回数	数字	
1位	19.7%	42回	05	27
3位	19.2%	41回	14	24
5位	18.8%	40回	16	
6位	18.3%	39回	08	19
8位	17.8%	38回	02	23
10位	17.4%	37回	03	20
			25	28
14位	16.9%	36回	22	
15位	16.0%	34回	11	21
			31	
18位	15.5%	33回	01	07
			10	12
			17	
23位	15.0%	32回	09	29
			30	
26位	13.1%	28回	06	13
28位	12.7%	27回	04	
29位	12.2%	26回	18	
30位	11.7%	25回	15	
31位	11.3%	24回	26	

友引(抽せん:208回)

ランク	出現率	回数	数字	
1位	23.1%	48回	11	
2位	20.2%	42回	24	
3位	19.7%	41回	16	
4位	18.8%	39回	21	
5位	18.3%	38回	07	
6位	17.8%	37回	03	14
			27	
9位	17.3%	36回	02	13
			26	30
13位	16.8%	35回	09	22
15位	16.3%	34回	19	
16位	15.9%	33回	01	12
			20	23
20位	15.4%	32回	15	25
			29	
23位	14.9%	31回	28	31
25位	14.4%	30回	18	
26位	13.9%	29回	04	
27位	13.0%	27回	08	10
29位	12.0%	25回	06	
30位	11.5%	24回	17	
31位	10.1%	21回	05	

先負(抽せん:210回)

ランク	出現率	回数	数字	
1位	22.4%	47回	18	
2位	21.9%	46回	30	
3位	19.5%	41回	10	11
			13	
6位	19.0%	40回	19	
7位	18.6%	39回	05	31
9位	18.1%	38回	04	14
11位	17.6%	37回	22	26
13位	17.1%	36回	25	27
15位	16.2%	34回	02	23
			28	
18位	15.2%	32回	17	21
20位	14.8%	31回	16	24
			29	
23位	14.3%	30回	03	
24位	13.3%	28回	20	
25位	12.9%	27回	07	08
			09	
28位	12.4%	26回	12	
29位	11.9%	25回	01	
30位	11.4%	24回	06	
31位	10.0%	21回	15	

仏滅(抽せん:212回)

ランク	出現率	回数	数字	
1位	21.2%	45回	29	
2位	20.8%	44回	31	
3位	20.3%	43回	22	
4位	19.8%	42回	05	
5位	19.3%	41回	23	
6位	18.9%	40回	09	24
8位	18.4%	39回	10	21
10位	17.9%	38回	04	30
12位	17.5%	37回	16	
13位	17.0%	36回	20	
14位	16.5%	35回	06	19
16位	15.6%	33回	07	14
			15	
19位	15.1%	32回	11	17
			18	
22位	14.2%	30回	01	02
24位	13.7%	29回	08	27
26位	13.2%	28回	03	13
			28	
29位	12.3%	26回	25	26
31位	9.0%	19回	12	

九星別・出現ランキング

ここでは、ミニロトの九星別(一白水星・二黒土星・三碧木星・四緑木星・五黄土星・六白金星・七赤金星・八白土星・九紫火星)のトータル出現ランキングを掲載。

一白水星(抽せん:138回)

ランク	出現率	回数	数字	
1位	23.9%	33回	02	
2位	23.2%	32回	09	
3位	21.7%	30回	16	
4位	21.0%	29回	11	
5位	19.6%	27回	22	26
7位	18.8%	26回	05	27
			28	29
11位	16.7%	23回	18	20
13位	15.9%	22回	03	14
			17	24
			30	
18位	15.2%	21回	04	10
			15	23
			25	31
24位	13.0%	18回	13	
25位	12.3%	17回	01	12
			19	
28位	11.6%	16回	07	
29位	10.1%	14回	08	21
31位	9.4%	13回	06	

二黒土星(抽せん:141回)

ランク	出現率	回数	数字	
1位	26.2%	37回	19	
2位	21.3%	30回	14	31
4位	19.9%	28回	11	
5位	18.4%	26回	06	27
			29	30
9位	17.7%	25回	17	25
11位	17.0%	24回	02	18
			24	
14位	16.3%	23回	01	12
			13	21
18位	14.9%	21回	08	09
			10	16
			23	
23位	13.5%	19回	05	15
			28	
26位	12.8%	18回	04	07
			20	
29位	12.1%	17回	03	
30位	11.3%	16回	22	
31位	9.2%	13回	26	

三碧木星(抽せん:140回)

ランク	出現率	回数	数字	
1位	25.0%	35回	19	
2位	22.1%	31回	23	
3位	20.7%	29回	31	
4位	19.3%	27回	27	
5位	18.6%	26回	18	24
7位	17.9%	25回	03	08
			14	16
			17	
12位	17.1%	24回	02	11
			21	
15位	16.4%	23回	05	10
			13	30
19位	15.7%	22回	20	28
21位	15.0%	21回	22	
22位	14.3%	20回	01	04
24位	13.6%	19回	26	
25位	12.9%	18回	25	
26位	12.1%	17回	07	15
28位	11.4%	16回	29	
29位	10.7%	15回	06	09
			12	

四緑木星(抽せん:142回)

ランク	出現率	回数	数字	
1位	21.8%	31回	02	
2位	20.4%	29回	29	
3位	19.7%	28回	03	13
5位	19.0%	27回	05	
6位	18.3%	26回	08	22
8位	17.6%	25回	09	14
			23	25
			26	31
14位	16.9%	24回	15	28
16位	16.2%	23回	27	
17位	15.5%	22回	04	06
			07	24
21位	14.8%	21回	11	17
			19	
24位	14.1%	20回	16	30
26位	13.4%	19回	10	12
28位	12.7%	18回	20	21
30位	12.0%	17回	01	
31位	8.5%	12回	18	

五黄土星(抽せん:140回)

ランク	出現率	回数	数字	
1位	20.7%	29回	02	
2位	20.0%	28回	10	11
			18	27
6位	19.3%	27回	13	22
			26	
9位	18.6%	26回	23	
10位	17.9%	25回	20	
11位	17.1%	24回	07	
12位	16.4%	23回	01	19
			21	24
16位	15.7%	22回	03	04
			14	16
			25	
21位	15.0%	21回	05	09
23位	14.3%	20回	12	15
			17	30
27位	13.6%	19回	31	
28位	12.1%	17回	29	
29位	10.7%	15回	06	
30位	10.0%	14回	08	28

六白金星(抽せん:140回)

ランク	出現率	回数	数字	
1位	22.9%	32回	19	
2位	22.1%	31回	08	
3位	21.4%	30回	21	
4位	19.3%	27回	04	30
6位	18.6%	26回	11	16
			28	
9位	17.9%	25回	17	20
11位	17.1%	24回	02	10
13位	16.4%	23回	03	05
			14	23
			31	
18位	15.7%	22回	01	06
			09	27
22位	15.0%	21回	22	24
24位	14.3%	20回	13	
25位	13.6%	19回	29	
26位	12.9%	18回	07	
27位	11.4%	16回	18	25
29位	10.7%	15回	15	26
31位	9.3%	13回	12	

九星別・出現ランキング

七赤金星(抽せん：141回)

ランク	出現率	回数	数字	
1位	22.0%	31回	04	
2位	21.3%	30回	07	11
4位	20.6%	29回	22	
5位	19.9%	28回	30	
6位	19.1%	27回	19	
7位	18.4%	26回	17	
8位	17.7%	25回	10	24
			31	
11位	17.0%	24回	06	12
			14	20
15位	16.3%	23回	02	21
			23	
18位	15.6%	22回	18	
19位	14.9%	21回	05	08
			27	29
23位	14.2%	20回	03	16
25位	13.5%	19回	01	
26位	12.8%	18回	15	
27位	12.1%	17回	13	28
29位	11.3%	16回	09	26
31位	10.6%	15回	25	

八白土星(抽せん：141回)

ランク	出現率	回数	数字	
1位	22.0%	31回	21	
2位	21.3%	30回	12	20
4位	20.6%	29回	25	
5位	19.9%	28回	03	07
			10	
8位	19.1%	27回	11	
9位	18.4%	26回	15	
10位	17.7%	25回	22	30
12位	17.0%	24回	05	06
			08	14
			28	
17位	16.3%	23回	16	
18位	15.6%	22回	23	
19位	14.9%	21回	17	31
21位	14.2%	20回	24	
22位	13.5%	19回	01	26
24位	12.8%	18回	09	13
			18	27
28位	11.3%	16回	02	04
			19	
31位	9.2%	13回	29	

九紫火星(抽せん：143回)

ランク	出現率	回数	数字	
1位	23.1%	33回	14	
2位	22.4%	32回	18	
3位	20.3%	29回	21	
4位	19.6%	28回	25	
5位	18.9%	27回	11	30
7位	18.2%	26回	23	
8位	17.5%	25回	03	07
			27	28
			29	
13位	16.8%	24回	04	24
15位	16.1%	23回	16	22
			26	
18位	15.4%	22回	05	13
			19	
21位	14.7%	21回	01	02
			10	15
			31	
26位	14.0%	20回	09	20
28位	11.9%	17回	12	
29位	11.2%	16回	17	
30位	10.5%	15回	06	
31位	8.4%	12回	08	

コラム7

ミニロト
1等4000万円の不思議

ミニロトの1等最高金額は4000万円。実は1266回中、わずか13回しか出ていない。果たして当せん数字に特徴はあるのか!?

1等4000万円回の共通点とは?

下の表は、第1回～第1266回までに1等4000万円が出た回と当せん数字。

当せん数字を見ると、第7回から第765回まで毎回「31」が出ていたが、それ以降は流れが変わったようにピタリと出ていない。しかし、第1159回に再び出現。

第1159回時点の流れとしては、どこかの番台に片寄らせる＋「31」がオススメだ。ぜひ、幻の1等4000万円狙いの参考にしてほしい!

回号	当せん数字				
第7回	03	24	25	26	31
第294回	14	23	26	29	31
第642回	09	22	26	27	31
第714回	06	10	20	22	31
第765回	16	19	20	22	31
第850回	01	02	13	15	18
第953回	04	05	09	22	29
第978回	01	08	20	26	28
第979回	01	10	23	25	28
第1073回	02	13	21	24	30
第1159回	11	12	14	18	31
第1191回	11	16	20	25	26
第1246回	16	17	20	21	28

連続数字の出現実績 第1266回まで

MINI LOTO ミニロト

1266回の抽せんで、52.2%。ほぼ理論値どおり出現中

連続数字とは、文字どおり連続する2つの数字のこと。たとえば、「05　06」や「30　31」など。ミニロトにおいては、全部で30通り。

理論上の出現確率は、52.5%。約2回に1回以上出る計算となっている。実際に、集計した1266回中661回で連続数字が出現。出現率は52.2%と極めて理論値に近い値になっている。いかに出ているかがわかるだろう。

具体的に、どの連続数字が何回出たかを示したのが、右ページの表だ。

最多出現は、「02　03」の37回。逆に「06　07」は、たった16回しか出ていない。最多出現と比較すると、その差は3倍近くにもなるのだ。どの連続数字が出ていて、何が出ていないのか、しっかりと把握しておこう。

ちなみに、3連続数字以上の出現実績も掲載してみた。すると「02　03　04」という3連続数字が6回も出ていることがわかった。さらに、4連続数字という滅多に出ないパターンが3ケースもあった。

1266回中、たった3回という激レアパターン それが4連続数字出現！

上記、本文でも触れたが、4連続数字は1112回でわずか3回。出現率に換算すると0.3%という激レアなパターン。

実際に出現したのは、
第11回「17　18　19　20　30」
第600回「01　02　03　04　22」
第876回「18　19　20　21　27」
の3回。気になる1等と口数は、
第11回＝1等609万900円（39口）
第600回＝1等2641万5600円（10口）
第876回＝1等2084万6400円（7口）

二極化が見られるが、2000万円オーバーが優勢。つまり、4連続数字＝高配当になるということ。ぜひ、参考にしてほしい。

4連続数字出現時の1等賞金
2000万円以上が2回も出ている!!

◎ミニロト・連続数字出現ランキング

連続数字	出現回数
02 - 03	37
19 - 20	35
24 - 25	35
05 - 06	34
28 - 29	34
10 - 11	33
18 - 19	32
03 - 04	31
30 - 31	31
11 - 12	30
23 - 24	30
01 - 02	29
08 - 09	29
16 - 17	29
29 - 30	29
27 - 28	28
14 - 15	27
21 - 22	27
17 - 18	26
25 - 26	26
26 - 27	26
04 - 05	24
22 - 23	23
07 - 08	22
09 - 10	22
12 - 13	22
20 - 21	21
13 - 14	19
15 - 16	18
06 - 07	16

◎3連続以上の出現実績

3連続以上	出現回数
01 - 02 - 03	4
01 - 02 - 03 - 04	1
02 - 03 - 04	6
03 - 04 - 05	1
04 - 05 - 06	1
05 - 06 - 07	3
06 - 07 - 08	1
07 - 08 - 09	5
08 - 09 - 10	3
09 - 10 - 11	2
10 - 11 - 12	1
11 - 12 - 13	2
12 - 13 - 14	1
13 - 14 - 15	1
14 - 15 - 16	2
15 - 16 - 17	1
16 - 17 - 18	2
17 - 18 - 19	2
17 - 18 - 19 - 20	1
18 - 19 - 20	3
18 - 19 - 20 - 21	1
19 - 20 - 21	1
20 - 21 - 22	4
21 - 22 - 23	5
23 - 24 - 25	1
24 - 25 - 26	3
25 - 26 - 27	1
26 - 27 - 28	3
27 - 28 - 29	3
28 - 29 - 30	4
29 - 30 - 31	4

※上記以外は出現していない

下ヒトケタ共通数字の出現実績

MINI LOTO ミニロト

第1266回まで

理論値以上に出現している下ヒトケタ共通数字 予想には確実に入れておきたい要素だ!

下ヒトケタ共通数字とは、数字の下ヒトケタが同じ数字が2個以上出現することをいう。たとえば「01」は下ヒトケタ【1】の数字、ほかにも「11」や「21」、「31」が同じ回に出現していれば、下ヒトケタ共通数字が出現したことになる。

ミニロトにおける、下ヒトケタ共通数字が出現する理論上の確率は58.0%と高い。実際に集計した1266回で見ると、なんと729回で出現。出現率57.6%とほぼ理論値どおり出現していたのだ。つまり、予想には必要不可欠な要素といえる。

実際にどの下ヒトケタ共通数字が何回出たのかを示したのが、右ページの表。下ヒトケタ【1】が飛び抜けて多いのは、下ヒトケタ【1】の数字が、ほかよりも1数字多いため。それを考慮しても、よく出ているといえる。逆に下ヒトケタ【3】と【6】はやや出現が少ない状況にある。

このように、どの下ヒトケタ共通数字が出ていて、どれが出ていないのか、しっかり把握しておこう。

ミニロトで下ヒトケタ共通数字が全部出ると安くなる!?

右の表は、ミニロトで下ヒトケタ共通数字が3個以上出た回の一覧。たとえば、第124回は下ヒトケタ【7】が3個出ている。このように、下ヒトケタ共通数字が3個以上出た回では、1等の平均賞金額が1023万9280円と、トータルの1等平均賞金額1284万3750円よりも260万円ほど安くなっている。これは、申込カードにマークしたときに横一列になるためだ。下ヒトケタ共通数字が3個以上入るときは、配当が安くなりやすい、と覚えておこう。

回号	当せん数字					1等当せん金
第124回	05	07	17	19	27	¥7,898,400
第138回	01	04	21	30	31	¥12,469,000
第205回	03	04	13	14	23	¥4,397,100
第209回	07	17	23	27	29	¥11,395,000
第210回	09	10	18	19	29	¥7,643,500
第214回	02	08	16	18	28	¥4,516,500
第237回	06	08	17	18	28	¥4,084,300
第250回	01	03	11	12	31	¥9,291,200
第444回	01	11	17	30	31	¥11,837,600
第453回	04	07	12	17	27	¥7,712,800
第506回	04	14	15	23	24	¥6,767,000
第557回	08	18	21	22	28	¥12,222,500
第564回	09	17	19	22	29	¥12,478,300
第663回	01	09	10	21	31	¥11,709,600
第697回	05	07	17	25	27	¥6,379,000
第727回	04	07	14	16	24	¥9,394,100
第744回	02	04	05	14	24	¥9,360,200
第840回	01	05	11	15	31	¥4,744,400
第910回	10	14	20	26	30	¥16,973,400
第920回	05	15	22	24	25	¥12,658,300
第1010回	10	17	20	21	30	¥17,087,200
第1023回	02	12	22	23	26	¥9,189,700
第1025回	03	04	13	19	23	¥24,847,800
第1053回	02	03	13	16	23	¥7,684,700
第1079回	02	06	14	16	26	¥8,123,100
第1096回	01	02	12	20	22	¥13,244,400
第1109回	07	15	17	26	27	¥10,902,000
第1197回	07	09	17	26	27	¥16,695,400
第1223回	01	11	21	26	31	¥5,362,800
第1231回	01	14	20	21	31	¥10,109,100

下ヒトケタ共通数字出現実績

※各下ヒトケタのトータルはのべ回数

下ヒトケタ【1】

トータル			154
01	-	11	34
01	-	21	29
01	-	31	23
11	-	21	25
11	-	31	37
21	-	31	27

下ヒトケタ【2】

トータル			72
02	-	12	21
02	-	22	32
12	-	22	23

下ヒトケタ【3】

トータル			78
03	-	13	28
03	-	23	30
13	-	23	28

下ヒトケタ【4】

トータル			80
04	-	14	28
04	-	24	25
14	-	24	33

下ヒトケタ【5】

トータル			71
05	-	15	24
05	-	25	24
15	-	25	25

下ヒトケタ【6】

トータル			63
06	-	16	23
06	-	26	13
16	-	26	29

下ヒトケタ【7】

トータル			83
07	-	17	36
07	-	27	33
17	-	27	26

下ヒトケタ【8】

トータル			70
08	-	18	21
08	-	28	31
18	-	28	24

下ヒトケタ【9】

トータル			85
09	-	19	29
09	-	29	34
19	-	29	26

下ヒトケタ【0】

トータル			81
10	-	20	37
10	-	30	30
20	-	30	18

トリニティ数字の出現実績

MINI LOTO ミニロト

第1266回まで

平均出現2.8回にもかかわらず、すでに9回も出ているトリニティ数字あり！

ミニロトにおいてもトリニティ数字は存在する。ミニロトにおける3つの数字の組み合わせは、全部で4495通り。1回の抽せんで算出するトリニティ数字は10組あるため、1266回の抽せんをしているということは、1266×10で1万2660組のトリニティ数字が出たことになる。これを全通りで割ると、トリニティ数字の平均出現回数が算出される。つまり、この場合は、約2.8回(12660÷4495)となる。

平均出現回数が2.8回にもかかわらず、すでに9回も出ているトリニティ数字がある。「02 19 28」「04 10 22」「07 09 14」「18 19 30」「19 23 28」だ(下参照)。よく出ているトリニティ数字は出現傾向が高いので、そのなかから狙ってみるのも一手だ。

トリニティ数字の算出方法

当せん数字が仮に「01 02 03 04 05」だった場合、トリニティ数字は「01 02 03」「01 02 04」「01 02 05」「01 03 04」「01 03 05」「01 04 05」「02 03 04」「02 03 05」「02 04 05」「03 04 05」の10通りとなる。この算出方法で1063回分を集計。

トリニティ数字出現実績(6回以上)

9回

02-19-28　04-10-22　07-09-14
18-19-30　19-23-28

8回

01-10-24　01-14-25　02-09-22　02-14-21
02-16-18　02-25-31　03-04-31　03-05-07
03-05-14　03-14-22　03-16-31　04-11-31
05-11-12　05-16-31　10-20-24　10-20-27
11-16-24　11-16-30　11-17-19　11-17-30
11-22-30　12-19-23　13-19-21　13-19-24
13-19-25　18-19-21　19-23-31

7回	01	05	06
	01	07	31
	01	14	21
	01	30	31
	02	03	04
	02	03	05
	02	03	24
	02	03	29
	02	09	31
	02	10	22
	02	11	13
	02	11	16
	02	11	30
	02	12	30
	02	13	16
	02	13	23
	02	13	24
	02	14	30

7回	02	16	19
	02	16	24
	02	16	30
	02	21	24
	02	22	29
	02	23	24
	02	23	30
	03	07	13
	03	08	11
	03	09	14
	03	14	25
	03	14	26
	03	17	25
	04	08	26
	04	13	19
	04	14	26
	04	18	26
	04	19	22

7回	04	19	27
	05	06	23
	05	07	11
	05	07	18
	05	07	27
	05	09	30
	05	12	23
	06	14	27
	06	16	31
	07	10	22
	07	14	16
	07	17	19
	07	19	27
	07	27	31
	08	17	23
	08	19	24
	08	21	23
	09	11	14

7回	09	11	20
	09	14	25
	09	19	22
	10	11	30
	11	13	16
	11	18	30
	11	20	29
	11	23	29
	11	29	30
	13	19	28
	13	21	25
	14	15	26
	14	23	29
	14	23	31
	14	26	30
	15	18	22
	16	22	28
	17	18	30

7回	18	20	27
	19	20	25
	19	20	31
	19	24	31
	19	27	28
	19	28	29
	20	21	27
	20	22	27
	21	22	27
	21	24	25
	21	27	28
	22	26	27
	23	24	30
	23	27	29
	24	28	29

6回	01	02	10
	01	02	11
	01	03	11
	01	03	14
	01	03	19
	01	05	14
	01	06	11
	01	08	11
	01	09	21
	01	11	26
	01	14	30
	01	15	23
	01	15	29
	01	23	29
	02	03	08
	02	03	31
	02	06	14
	02	10	23
	02	10	24
	02	11	24
	02	13	30
	02	20	24
	02	21	30
	02	24	29
	02	26	31
	03	04	13
	03	04	16
	03	04	19
	03	05	22
	03	07	10
	03	07	18

6回	03	08	31
	03	09	25
	03	10	25
	03	12	14
	03	14	15
	03	14	30
	03	17	19
	03	18	25
	03	22	26
	04	07	31
	04	08	27
	04	09	15
	04	14	15
	04	16	21
	04	16	22
	04	19	20
	04	19	31
	04	21	28
	04	21	30
	04	26	30
	04	27	28
	05	07	17
	05	12	18
	05	12	19
	05	12	27
	05	13	19
	05	14	18
	05	15	27
	05	16	27
	05	18	20
	05	19	27

6回	05	21	27
	05	24	25
	05	28	29
	06	08	10
	06	10	14
	06	11	25
	06	14	31
	07	10	27
	07	11	14
	07	16	25
	07	17	27
	07	17	28
	07	18	21
	07	19	24
	07	19	31
	07	22	25
	07	22	26
	07	25	31
	08	09	30
	08	09	31
	08	12	19
	08	13	24
	08	14	25
	08	14	26
	08	22	28
	08	24	30
	09	10	21
	09	11	29
	09	12	18
	09	13	19
	09	14	15

6回	09	18	29
	09	18	30
	09	21	23
	09	24	25
	09	27	29
	09	30	31
	10	11	17
	10	11	29
	10	11	31
	10	21	24
	10	21	27
	10	29	30
	11	12	18
	11	14	21
	11	14	22
	11	14	29
	11	15	22
	11	15	31
	11	16	26
	11	16	31
	11	19	28
	11	20	27
	11	22	26
	11	24	29
	12	17	27
	12	19	30
	12	24	25
	12	24	30
	13	16	17
	13	16	27
	13	16	29

6回	13	18	22
	13	19	23
	13	22	27
	14	17	25
	14	20	22
	14	20	31
	14	23	30
	14	24	31
	15	20	22
	15	30	31
	16	17	22
	16	19	22
	16	20	29
	16	21	23
	16	21	31
	18	21	23
	18	21	27
	19	20	26
	19	21	30
	19	22	27
	20	22	25
	20	23	28
	20	27	29
	21	23	27
	22	27	29
	24	27	31
	24	28	30
	26	28	30

第1～第5数字別出現

当せん数字を若い順に第1数字、第2数字…第5数字と集計した特殊なデータ。どの場所にどんな数字がよく出ているのかチェックしてみよう!

第1数字	出現率	出現回数
02	15.5%	196
01	14.3%	181
03	11.6%	147
04	10.7%	136
05	8.8%	112
07	6.6%	83
06	6.5%	82
08	5.4%	68
10	4.1%	52
09	3.6%	46
11	3.6%	46
13	2.0%	25
12	1.8%	23
14	1.7%	22
15	0.9%	11
16	0.9%	11
17	0.6%	8
18	0.5%	6
19	0.5%	6
20	0.2%	2
21	0.1%	1
22	0.1%	1
24	0.1%	1

第2数字	出現率	出現回数
09	7.9%	100
10	7.5%	95
11	7.1%	90
07	6.9%	87
08	6.8%	86
05	6.2%	78
12	6.1%	77
14	5.8%	74
06	5.5%	70
13	5.4%	68
03	4.6%	58
16	4.5%	57
04	4.2%	53
17	3.6%	46
15	3.6%	45
18	3.5%	44
19	3.1%	39
02	2.3%	29
21	1.6%	20
20	1.5%	19
23	0.7%	9
24	0.6%	8
22	0.6%	7
25	0.3%	4
26	0.2%	3

第3数字	出現率	出現回数
14	6.6%	84
19	6.6%	84
20	6.6%	84
18	6.6%	83
17	6.5%	82
16	6.4%	81
21	6.3%	80
15	6.0%	76
11	5.9%	75
13	5.5%	70
22	4.7%	59
23	4.4%	56
12	4.3%	55
10	4.0%	51
24	3.1%	39
09	3.0%	38
08	2.4%	31
26	1.9%	24
06	1.7%	22
07	1.7%	22
25	1.3%	17
05	1.2%	15
27	0.9%	12
04	0.9%	11
28	0.5%	6
03	0.4%	5
29	0.3%	4

第４数字	出現率	出現回数
24	7.9%	100
22	7.7%	98
25	7.5%	95
27	7.3%	92
23	7.2%	91
21	6.4%	81
19	6.2%	79
26	5.7%	72
20	5.5%	70
28	5.3%	67
17	4.5%	57
16	4.4%	56
18	3.6%	45
14	3.5%	44
29	3.4%	43
15	3.2%	40
30	2.4%	31
13	2.2%	28
11	2.1%	26
12	1.7%	22
10	0.8%	10
07	0.5%	6
09	0.5%	6
08	0.2%	3
06	0.2%	2
04	0.1%	1
05	0.1%	1

第５数字	出現率	出現回数
31	16.9%	214
30	14.8%	187
29	11.5%	145
28	9.8%	124
27	8.8%	112
26	6.7%	85
25	6.6%	83
23	4.9%	62
24	4.7%	59
22	3.9%	50
21	2.6%	33
20	2.4%	30
18	1.8%	23
19	1.7%	22
15	0.7%	9
17	0.6%	8
13	0.4%	5
16	0.4%	5
14	0.3%	4
11	0.2%	3
10	0.2%	2
12	0.1%	1

※出現本数字のうち最も小さいものを第１数字、以下第２、第３、第４、第５数字と定義する。

前回ボーナス数字別

2等にしか関係しないボーナス数字に着目した特殊データ。ボーナス数字ごとに次回に出た本数字を集計している。予想の参考にチェックしてみよう！

ボーナス01が出た次の回に出る数字（抽せん：43回）

ランク	出現率	回数	数字						
1位	23.3%	10回	05	06	11	16	30		
6位	20.9%	9回	22						
7位	18.6%	8回	03	10	18	23	27		
12位	16.3%	7回	02	13	20	21	24	28	
18位	14.0%	6回	12	14	19	25	29	31	
24位	11.6%	5回	04	07	08	09	15	17	
30位	9.3%	4回	01	26					

ボーナス02が出た次の回に出る数字（抽せん：39回）

ランク	出現率	回数	数字						
1位	25.6%	10回	17	30					
3位	23.1%	9回	12	19	24	25			
7位	20.5%	8回	01	07	08	09	21		
12位	17.9%	7回	02	05	10	20	27		
17位	15.4%	6回	16	22	29				
20位	12.8%	5回	04	06	11	28	31		
25位	10.3%	4回	03	14	23				
28位	7.7%	3回	13	26					
30位	5.1%	2回	15						
31位	2.6%	1回	18						

ボーナス03が出た次の回に出る数字（抽せん：51回）

ランク	出現率	回数	数字						
1位	25.5%	13回	03	10					
3位	23.5%	12回	02						
4位	21.6%	11回	01	15	31				
7位	19.6%	10回	11	23	24				
10位	17.6%	9回	04	05	12	18	20	22	27
17位	15.7%	8回	06	08					
19位	13.7%	7回	07	09	13	14	19	30	
25位	11.8%	6回	26	28					
27位	9.8%	5回	21	25	29				
30位	7.8%	4回	17						
31位	3.9%	2回	16						

ボーナス04が出た次の回に出る数字（抽せん：40回）

ランク	出現率	回数	数字						
1位	27.5%	11回	20						
2位	25.0%	10回	03						
3位	22.5%	9回	07	11	14	19	31		
8位	20.0%	8回	01	02	10	13	16	17	21
			28	30					
17位	17.5%	7回	05	26					
19位	15.0%	6回	23	25					
21位	12.5%	5回	15						
22位	10.0%	4回	04	06	09	12	18	24	
28位	7.5%	3回	08	27					
30位	2.5%	1回	22						
31位	0.0%	0回	29						

ボーナス05が出た次の回に出る数字（抽せん：52回）

ランク	出現率	回数	数字						
1位	25.0%	13回	14						
2位	23.1%	12回	19						
3位	21.2%	11回	06	12	20	27	29		
8位	19.2%	10回	05	08	26				
11位	17.3%	9回	10	22	24	28	30		
16位	15.4%	8回	02	04	11	13	18	21	
22位	13.5%	7回	01	03	17	23			
26位	11.5%	6回	16	31					
28位	9.6%	5回	07	25					
30位	7.7%	4回	09						
31位	5.8%	3回	15						

ボーナス06が出た次の回に出る数字（抽せん：46回）

ランク	出現率	回数	数字						
1位	23.9%	11回	19						
2位	21.7%	10回	04	17	20				
5位	19.6%	9回	02	05	06	10	21	26	27
12位	17.4%	8回	07	11	22	28	29	31	
18位	15.2%	7回	03	09	16	24			
22位	13.0%	6回	01	08	14	23	25		
27位	10.9%	5回	15	18					
29位	8.7%	4回	30						
30位	6.5%	3回	12	13					

ボーナス07が出た次の回に出る数字（抽せん：40回）

ランク	出現率	回数	数字						
1位	30.0%	12回	11						
2位	27.5%	11回	31						
3位	25.0%	10回	16						
4位	22.5%	9回	10						
5位	20.0%	8回	18	22	23	30			
9位	17.5%	7回	01	04	08	12	14	27	
15位	15.0%	6回	03	06	13	17	20	24	
21位	12.5%	5回	02	05	07	09	21	28	29
28位	10.0%	4回	19						
29位	7.5%	3回	15	25	26				

ボーナス08が出た次の回に出る数字（抽せん：44回）

ランク	出現率	回数	数字						
1位	27.3%	12回	23						
2位	25.0%	11回	05	14	19	21	29		
7位	20.5%	9回	07	17	22				
10位	18.2%	8回	04	20					
12位	15.9%	7回	01	16	18	24	25	26	30
			31						
20位	13.6%	6回	09	15	27	28			
24位	11.4%	5回	06	11					
26位	9.1%	4回	02	10	13				
29位	6.8%	3回	03	12					
31位	4.5%	2回	08						

「次に出る数字」

MINI LOTO ミニロト

ボーナス09が出た次の回に出る数字（抽せん：40回）

ランク	出現率	回数	数字						
1位	27.5%	11回	23						
2位	25.0%	10回	28						
3位	22.5%	9回	04	29					
5位	20.0%	8回	14	18	20	21	27		
10位	17.5%	7回	01	03	05	06	11	24	25
17位	15.0%	6回	02	07	10	16	19		
22位	12.5%	5回	09	12	13	15	17	30	
28位	10.0%	4回	08	22					
30位	5.0%	2回	26	31					

ボーナス10が出た次の回に出る数字（抽せん：39回）

ランク	出現率	回数	数字						
1位	35.9%	14回	22						
2位	25.6%	10回	16						
3位	23.1%	9回	07	11	12	13	26		
8位	20.5%	8回	03	08	15	19	21	24	27
15位	15.4%	6回	05	09	17	18			
19位	12.8%	5回	01	02	04	31			
23位	10.3%	4回	23	25	30				
26位	7.7%	3回	14	20	28				
29位	5.1%	2回	06	10					
31位	2.6%	1回	29						

ボーナス11が出た次の回に出る数字（抽せん：46回）

ランク	出現率	回数	数字						
1位	28.3%	13回	19						
2位	23.9%	11回	23						
3位	21.7%	10回	10	12	13	27			
7位	19.6%	9回	05	08	26				
10位	17.4%	8回	02	04	06	15	22	25	29
17位	15.2%	7回	09	11	16	24	30	31	
23位	13.0%	6回	07	17	28				
26位	10.9%	5回	01						
27位	8.7%	4回	14	18	21				
30位	6.5%	3回	03	20					

ボーナス12が出た次の回に出る数字（抽せん：52回）

ランク	出現率	回数	数字						
1位	32.7%	17回	11						
2位	26.9%	14回	21	26					
4位	25.0%	13回	19						
5位	19.2%	10回	04	05	07	08	25		
10位	17.3%	9回	01	02	06	10	18	27	
16位	15.4%	8回	12	14	17	29	31		
21位	13.5%	7回	13	30					
23位	11.5%	6回	09	15	20	23			
27位	9.6%	5回	24	28					
29位	7.7%	4回	22						
30位	5.8%	3回	03	16					

ボーナス13が出た次の回に出る数字（抽せん：30回）

ランク	出現率	回数	数字						
1位	36.7%	11回	20						
2位	23.3%	7回	08	14	30	31			
6位	20.0%	6回	02	03	13	16	19	22	29
13位	16.7%	5回	01	10	15	18	23	28	
19位	13.3%	4回	04	11	12	24			
23位	10.0%	3回	06	07	09	21	25	26	27
30位	3.3%	1回	05	17					

ボーナス14が出た次の回に出る数字（抽せん：35回）

ランク	出現率	回数	数字						
1位	31.4%	11回	30						
2位	28.6%	10回	26						
3位	25.7%	9回	04	29					
5位	20.0%	7回	02	14	18	22	25	27	
11位	17.1%	6回	11	15	19	28	31		
16位	14.3%	5回	01	09	13	17	21		
21位	11.4%	4回	03	05	07	16	20	23	24
28位	8.6%	3回	06	08	12				
31位	5.7%	2回	10						

ボーナス15が出た次の回に出る数字（抽せん：50回）

ランク	出現率	回数	数字						
1位	26.0%	13回	05	14	22				
4位	24.0%	12回	03	19	21				
7位	22.0%	11回	09	18					
9位	20.0%	10回	31						
10位	18.0%	9回	02	28					
12位	16.0%	8回	08	10	17	20	30		
17位	14.0%	7回	01	06	07	15	23	24	
23位	12.0%	6回	16	25	26	27			
27位	10.0%	5回	12						
28位	8.0%	4回	11	13	29				
31位	4.0%	2回	04						

ボーナス16が出た次の回に出る数字（抽せん：52回）

ランク	出現率	回数	数字						
1位	28.8%	15回	20						
2位	25.0%	13回	29						
3位	23.1%	12回	11	13	21	23			
7位	21.2%	11回	19	25					
9位	19.2%	10回	09	10	14	28			
13位	17.3%	9回	03	04	07	31			
17位	15.4%	8回	02	17					
19位	13.5%	7回	18	27					
21位	11.5%	6回	08	12	16	22	24	26	30
28位	9.6%	5回	15						
29位	7.7%	4回	01						
30位	5.8%	3回	05						
31位	3.8%	2回	06						

前回ボーナス数字別「次に出る数字」

ボーナス17が出た次の回に出る数字
（抽せん：43回）

ランク	出現率	回数	数字						
1位	23.3%	10回	05	10	21	23	30		
6位	20.9%	9回	03	09	11	13			
10位	18.6%	8回	31						
11位	16.3%	7回	15	16	19	20	24	29	
17位	14.0%	6回	01	02	06	07	08	22	25
			28						
25位	11.6%	5回	04	12	14	18	27		
30位	9.3%	4回	26						
31位	4.7%	2回	17						

ボーナス18が出た次の回に出る数字
（抽せん：51回）

ランク	出現率	回数	数字						
1位	21.6%	11回	03	17	19	27	28		
6位	19.6%	10回	02	11	30				
9位	17.6%	9回	06	09	13	14	16	23	
15位	15.7%	8回	01	05	08	10	20	22	
21位	13.7%	7回	15	18	21	24	25	26	
27位	11.8%	6回	07	29					
29位	9.8%	5回	04	12					
31位	7.8%	4回	31						

ボーナス19が出た次の回に出る数字
（抽せん：28回）

ランク	出現率	回数	数字						
1位	25.0%	7回	02	16	18	21			
5位	21.4%	6回	04	05	08	10	14	23	
11位	17.9%	5回	01	03	15	25	27	28	
17位	14.3%	4回	09	13	17	19	20	29	30
24位	10.7%	3回	07	22	24				
27位	7.1%	2回	11	12	26	31			
31位	3.6%	1回	06						

ボーナス20が出た次の回に出る数字
（抽せん：36回）

ランク	出現率	回数	数字						
1位	30.6%	11回	07						
2位	27.8%	10回	24						
3位	25.0%	9回	11	31					
5位	22.2%	8回	17						
6位	19.4%	7回	03	05	18	21	26	28	30
13位	16.7%	6回	09	13	16	22	25	27	29
20位	13.9%	5回	01	02	04				
23位	11.1%	4回	08	12	14	15			
27位	8.3%	3回	10	19	23				
30位	2.8%	1回	06	20					

ボーナス21が出た次の回に出る数字
（抽せん：33回）

ランク	出現率	回数	数字						
1位	27.3%	9回	25						
2位	24.2%	8回	13	28	30	31			
6位	21.2%	7回	03	11	15	18			
10位	18.2%	6回	07	09	22	24			
14位	15.2%	5回	04	06	10	14	16	17	19
			21	27	29				
24位	12.1%	4回	02	12	23	26			
28位	6.1%	2回	01	05	08				
31位	0.0%	0回	20						

ボーナス22が出た次の回に出る数字
（抽せん：45回）

ランク	出現率	回数	数字						
1位	31.1%	14回	27						
2位	26.7%	12回	14						
3位	22.2%	10回	25	28					
5位	20.0%	9回	01	03	11	13	17	20	24
12位	17.8%	8回	05	16	22				
15位	15.6%	7回	02	04	06	23	26		
20位	13.3%	6回	19	31					
22位	11.1%	5回	09	10	12	21	29	30	
28位	8.9%	4回	07	08	15				
31位	6.7%	3回	18						

ボーナス23が出た次の回に出る数字
（抽せん：38回）

ランク	出現率	回数	数字						
1位	23.7%	9回	18						
2位	21.1%	8回	04	09	11	16	20	22	29
9位	18.4%	7回	07	08	12	17	19	30	
15位	15.8%	6回	06	10	14	15	24	25	31
22位	13.2%	5回	02	03	05	21	27		
27位	10.5%	4回	01	13					
29位	7.9%	3回	26	28					
31位	5.3%	2回	23						

ボーナス24が出た次の回に出る数字
（抽せん：36回）

ランク	出現率	回数	数字						
1位	33.3%	12回	06						
2位	25.0%	9回	04	09	24				
5位	22.2%	8回	10	11	22	23			
9位	19.4%	7回	02	08	17	25	27	31	
15位	16.7%	6回	14	15					
17位	13.9%	5回	03	07	20	30			
21位	11.1%	4回	05	16	19	28			
25位	8.3%	3回	01	13	18	21	29		
30位	5.6%	2回	12	26					

ボーナス25が出た次の回に出る数字
（抽せん：37回）

ランク	出現率	回数	数字						
1位	32.4%	12回	22						
2位	27.0%	10回	04	10	16				
5位	21.6%	8回	05	08					
7位	18.9%	7回	02	11	12	21			
11位	16.2%	6回	01	03	13	23	27	28	31
18位	13.5%	5回	07	09	14	17	18	29	30
25位	10.8%	4回	19	24	26				
28位	8.1%	3回	15	20					
30位	5.4%	2回	06	25					

ボーナス26が出た次の回に出る数字
（抽せん：43回）

ランク	出現率	回数	数字						
1位	27.9%	12回	18						
2位	25.6%	11回	23						
3位	23.3%	10回	14	30					
5位	20.9%	9回	02	11	21	31			
9位	18.6%	8回	07	13	17				
12位	16.3%	7回	01	03	08	12	26	27	
18位	14.0%	6回	05	10	15	24	25		
23位	11.6%	5回	09	16	20	22	28		
28位	9.3%	4回	04	06	19				
31位	7.0%	3回	29						

ボーナス27が出た次の回に出る数字
（抽せん：38回）

ランク	出現率	回数	数字						
1位	31.6%	12回	02						
2位	28.9%	11回	16						
3位	26.3%	10回	29						
4位	23.7%	9回	27						
5位	21.1%	8回	04	13	15	23	28		
10位	18.4%	7回	03	05	11				
13位	15.8%	6回	01	07	08	12	17	31	
19位	13.2%	5回	09	18	21	22			
23位	10.5%	4回	06	19	24	26			
27位	7.9%	3回	10	14	20	25	30		

ボーナス28が出た次の回に出る数字
（抽せん：40回）

ランク	出現率	回数	数字						
1位	25.0%	10回	02	20	31				
4位	22.5%	9回	14	16	17	24			
8位	20.0%	8回	11	15					
10位	17.5%	7回	03	06	08	23	28	30	
16位	15.0%	6回	01	07	21	22	26		
21位	12.5%	5回	10	12	27	29			
25位	10.0%	4回	04	09	18	19	25		
30位	7.5%	3回	05	13					

ボーナス29が出た次の回に出る数字
（抽せん：32回）

ランク	出現率	回数	数字						
1位	37.5%	12回	25						
2位	28.1%	9回	15						
3位	25.0%	8回	14	24					
5位	21.9%	7回	02	26	31				
8位	18.8%	6回	05	06	13	23	30		
13位	15.6%	5回	07	12	19	20	21		
18位	12.5%	4回	04	09	10	11	18	22	27
			29						
26位	9.4%	3回	01	03	08	16	17		
31位	0.0%	0回	28						

ボーナス30が出た次の回に出る数字
（抽せん：26回）

ランク	出現率	回数	数字						
1位	30.8%	8回	07	18					
3位	26.9%	7回	09						
4位	23.1%	6回	03	04	10	14	19		
9位	19.2%	5回	08	15	24	27	30		
14位	15.4%	4回	11	23	26	31			
18位	11.5%	3回	01	13	16	17	20	21	22
			25	28	29				
28位	7.7%	2回	02	12					
30位	3.8%	1回	05	06					

ボーナス31が出た次の回に出る数字
（抽せん：40回）

ランク	出現率	回数	数字						
1位	30.0%	12回	19						
2位	27.5%	11回	14	16					
4位	25.0%	10回	12						
5位	22.5%	9回	02	25					
7位	20.0%	8回	18	26	29	30			
11位	17.5%	7回	17	24					
13位	15.0%	6回	06	10	11	13	15	20	22
			23	28					
22位	12.5%	5回	03	09	31				
25位	10.0%	4回	05	08	21	27			
29位	7.5%	3回	04						
30位	5.0%	2回	01	07					

当せん数字番台別パターン

当せん数字を番台別にパターン化する

通算

0番台(01-09)	10番台(10-19)	20番台(20-29)	30番台(30-31)	出現回数
1	2	2	0	127
2	2	1	0	119
2	1	2	0	110
1	1	3	0	86
1	3	1	0	81
1	2	1	1	64
1	1	2	1	61
2	1	1	1	59
3	1	1	0	56
0	2	3	0	50
0	2	2	1	45
0	3	2	0	40
2	0	3	0	37
2	2	0	1	35
3	2	0	0	31
2	3	0	0	31
0	3	1	1	19
0	1	4	0	19
2	0	2	1	17
1	3	0	1	17
1	0	4	0	17
3	0	2	0	15
3	0	1	1	13
1	4	0	0	13
0	1	3	1	13
4	0	1	0	11
1	0	3	1	11
0	4	1	0	11
3	1	0	1	9
1	2	0	2	7
4	1	0	0	6
2	0	1	2	6
0	2	1	2	6
1	1	1	2	4
1	0	2	2	3
0	4	0	1	3
0	0	5	0	3
4	0	0	1	2
2	1	0	2	2
0	1	2	2	2
0	0	4	1	2
3	0	0	2	1
0	5	0	0	1
0	3	0	2	1

当せん数字番台別パターンとは、当せん数字をヒトケタ台(「01」~「09」)、10番台(「10」~「19」)、20番台(「20」~「29」)、30番台(「30」~「31」)に分け、どの番台が何個出ているかを集計したもの。これにより、どのような当せん数字のパターンがよく出ているのか、というのを見ていく攻略法だ。

たとえば、左のトータルで127回と最もよく出ている当せん数字のパターンは、
ヒトケタ台=1個、10番台=2個、20番台=2個、30番台=0個というもの。この配分にしたがって数字を選んでいくわけだ。

なお、当せん数字番台別パターンは、トータルのほかに、番台別に片寄ったパターンもランキングで掲載している(右ページ)。

ランキング

◎ヒトケタ番台型*におけるランキング

0番台（01-09）	10番台（10-19）	20番台（20-29）	30番台（30-31）	出現回数
2	2	1	0	119
2	1	2	0	110
2	1	1	1	59
3	1	1	0	56
2	0	3	0	37
2	2	0	1	35
3	2	0	0	31
2	3	0	0	31
2	0	2	1	17
3	0	2	0	15
3	0	1	1	13
4	0	1	0	11
3	1	0	1	9
4	1	0	0	6
2	0	1	2	6
4	0	0	1	2
2	1	0	2	2
3	0	0	2	1

◎10番台型におけるランキング

0番台（01-09）	10番台（10-19）	20番台（20-29）	30番台（30-31）	出現回数
1	2	2	0	127
2	2	1	0	119
1	3	1	0	81
1	2	1	1	64
0	2	3	0	50
0	2	2	1	45
0	3	2	0	40
2	2	0	1	35
3	2	0	0	31
2	3	0	0	31
0	3	1	1	19
1	3	0	1	17
1	4	0	0	13
0	4	1	0	11
1	2	0	2	7
0	2	1	2	6
0	4	0	1	3
0	5	0	0	1
0	3	0	2	1

◎20番台型におけるランキング

0番台（01-09）	10番台（10-19）	20番台（20-29）	30番台（30-31）	出現回数
1	2	2	0	127
2	1	2	0	110
1	1	3	0	86
1	1	2	1	61
0	2	3	0	50
0	2	2	1	45
0	3	2	0	40
2	0	3	0	37
0	1	4	0	19
2	0	2	1	17
1	0	4	0	17
3	0	2	0	15
0	1	3	1	13
1	0	3	1	11
1	0	2	2	3
0	0	5	0	3
0	1	2	2	2
0	0	4	1	2

◎30番台型**におけるランキング

0番台（01-09）	10番台（10-19）	20番台（20-29）	30番台（30-31）	出現回数
1	2	1	1	64
1	1	2	1	61
2	1	1	1	59
0	2	2	1	45
2	2	0	1	35
0	3	1	1	19
2	0	2	1	17
1	3	0	1	17
3	0	1	1	13
0	1	3	1	13
1	0	3	1	11
3	1	0	1	9
1	2	0	2	7
2	0	1	2	6
0	2	1	2	6
1	1	1	2	4
1	0	2	2	3
0	4	0	1	3
4	0	0	1	2
2	1	0	2	2
0	1	2	2	2
0	0	4	1	2
3	0	0	2	1
0	3	0	2	1

*ヒトケタ番台型=0番台数字が２個以上含まれるパターン。以下同じ

**ミニロトの30番台型だけは、「30」「31」いずれかを含むパターンを全て集計した。

コラム8

ロト6大阪抽せん 出現ランキング

ロト6の大阪抽せんは全94回(月曜日抽せん41回、木曜日抽せん53回)。とんでもなく出ている数字があるので、ぜひチェックしてほしい!

グンを抜いて出現している「43」は 大阪抽せんのロト6では押さえて◎

ロト6の大阪抽せんは、月曜日抽せん(41回)、木曜日抽せん(54回) 合わせて94回行われた。なお、月曜日抽せんが少ないのは、月曜日抽せんが平成23年4月より新しく加わったため。

数字別の出現を見ると、「43」が25回でダントツの出現実績を誇っている。これは大阪抽せんでの出現傾向が高い、と見てよさそうだ。

逆に最少出現は6回で「13」。これらの2数字は大穴狙いで一考したいところ。

なお、大阪抽せんの開催は、宝くじ公式サイトやみずほ銀行宝くじHP、またロトナンwebなどでチェックしていこう。

◎大阪抽せん　ロト6出現実績

出現回数	数字						
25回	43						
21回	03	20					
20回	06	24	26				
19回	15						
17回	05	19					
16回	04						
15回	14	17	22	38			
14回	36	40					
13回	02	08	10	23	27	37	
12回	18	21	33	42			
11回	07	28	30				
10回	12	25	32	34			
9回	01	11	29				
8回	35	39	41				
7回	09	16	31				
6回	13						

木曜日ロト6

⇓

翌日ロト7

超連動攻略法

木曜日ロト6⇒ロト7
超連動攻略データの説明

データ集計：第749回ロト6（2013年4月4日）～第557回ロト7（2024年1月12日）

超連動攻略法とは、ロト6、ロト7の垣根を超えて、出現移行データを集計したものだ。たとえば、ここで紹介するのは、木曜日のロト6から翌日のロト7への連動データだ。

右ページ「木曜ロト6で01が出たら⇒その翌日のロト7での出現実績」を見てみよう。これは、文字どおり、木曜日のロト6で「01」が出たとき、翌日のロト7では何がよく出ているのか、を示したものだ。すると、「06」「32」が各22回出ている。このように、ロト6の当せん数字6個それぞれから、翌日のロト7でどの数字が出ているかがわかるようにしてある。あくまでも指標だが、何が出ているのかというのがわかる。

また、ここでの説明以外にも、P344で実例を出しているので、そちらも参考にしてほしい。

なお、連動データの集計期間は、ロト7が発売された2013年4月5日（ロト6は、前日の4月4日）から、2024年1月12日の第557回ロト7までとしている。

どうやって超連動攻略データは集計するの？

たとえば木曜日ロト6から翌日のロト7の場合、ロト6で「01　02　03　04　05　06」が出て、翌日金曜日に「10　11　12　13　14　15　16」が出たら、木曜ロト6で「01」が出たら～の集計データには「10」「11」「12」「13」「14」「15」「16」をそれぞれ1回でカウント、木曜ロト6で「02」が出たら～の集計データにも「10」「11」「12」「13」「14」「15」「16」をそれぞれ1回でカウント……木曜「06」が出たら～の集計データにも「10」「11」「12」「13」「14」「15」「16」をそれぞれ1回でカウント、というように6数字すべて集計していく。それを一定期間集計していくと、大きく予想に活用できるビッグデータが完成するわけだ！

木曜ロト6で 01 が出たら ⇒その翌日のロト7での出現実績

集計:78回

28.2%(22回)	06	32	26.9%(21回)	13	35	25.6%(20回)	26	24.4%(19回)	08	23.1%(18回)	11	15	36	21.8%(17回)	21	
20.5%(16回)	20	27	28	30	31	37	19.2%(15回)	10	22	23	34	17.9%(14回)	17	33		
16.7%(13回)	01	03	09	14	18	19	15.4%(12回)	02	29	14.1%(11回)	04	07	12.8%(10回)	24		
11.5%(9回)	05	10.3%(8回)	12	16	9.0%(7回)	25										

木曜ロト6で 02 が出たら ⇒その翌日のロト7での出現実績

集計:90回

30.0%(27回)	11	27.8%(25回)	09	30	25.6%(23回)	01	28	24.4%(22回)	34	22.2%(20回)	02	06	26	27		
21.1%(19回)	24	35	20.0%(18回)	04	10	18.9%(17回)	03	07	14	29	32	33	17.8%(16回)	21	31	37
16.7%(15回)	05	08	13	18	15.6%(14回)	17	22	23	13.3%(12回)	15	16	19	20	36	11.1%(10回)	12
10.0%(9回)	25															

木曜ロト6で 03 が出たら ⇒その翌日のロト7での出現実績

集計:71回

26.8%(19回)	07	15	30	25.4%(18回)	14	17	31	23.9%(17回)	09	22.5%(16回)	05	13	22	35		
21.1%(15回)	12	20	24	19.7%(14回)	01	02	10	23	27	36	18.3%(13回)	06	08	21	25	34
16.9%(12回)	04	15.5%(11回)	18	26	28	14.1%(10回)	29	32	11.3%(8回)	03	11	19	33	37	8.5%(6回)	16

木曜ロト6で 04 が出たら ⇒その翌日のロト7での出現実績

集計:87回

29.9%（26回）	09	26.4%（23回）	31	25.3%（22回）	06	36	23.0%（20回）	05	21.8%（19回）	03	16	21	27			
20.7%（18回）	04	14	26	29	34	19.5%（17回）	08	18	28	32						
18.4%（16回）	07	15	17	23	24	35	17.2%（15回）	30	33	16.1%（14回）	01	13	19	20	25	
14.9%（13回）	02	11	13.8%（12回）	22	12.6%（11回）	10	37	8.0%（7回）	12							

木曜ロト6で 05 が出たら ⇒その翌日のロト7での出現実績

集計:82回

28.0%（23回）	30	25.6%（21回）	15	26	24.4%（20回）	17	23.2%（19回）	13	29	22.0%（18回）	14	21	22	32		
20.7%（17回）	05	16	35	37	19.5%（16回）	02	24	34	18.3%（15回）	01	06	08	11	12		
17.1%（14回）	03	18	23	25	31	36	15.9%（13回）	04	09	19	20	14.6%（12回）	10	27	13.4%（11回）	28
12.2%（10回）	07	8.5%（7回）	33													

木曜ロト6で 06 が出たら ⇒その翌日のロト7での出現実績

集計:87回

29.9%（26回）	13	27.6%（24回）	09	25.3%（22回）	24	24.1%（21回）	22	23.0%（20回）	11	26	29	35	36	21.8%（19回）	14	
20.7%（18回）	07	31	19.5%（17回）	05	06	27	30	32	37	18.4%（16回）	03	08	15	17	23	
17.2%（15回）	04	21	28	34	16.1%（14回）	18	14.9%（13回）	10	16	19	13.8%（12回）	02	20			
12.6%（11回）	01	12	25	10.3%（9回）	33											

木曜ロト6で 07 が出たら ⇒その翌日のロト7での出現実績

集計:59回

29.3%（17回）	13	32	25.9%（15回）	36	24.1%（14回）	06	22.4%（13回）	08	21	23	26					
20.7%（12回）	03	07	15	18	37	19.0%（11回）	09	10	11	17	19	20	24	29		
17.2%（10回）	01	05	22	28	30	31	34	35	15.5%（9回）	02	16	33	13.8%（8回）	04	12	27
10.3%（6回）	14	25														

木曜ロト6で 08 が出たら ⇒その翌日のロト7での出現実績

集計:72回

29.2%（21回）	08	34	25.0%（18回）	11	18	23.6%（17回）	01	21	27	22.2%（16回）	07	14	20			
20.8%（15回）	09	13	16	29	30	19.4%（14回）	04	05	32	18.1%（13回）	02	06	12	17	24	28
16.7%（12回）	03	35	36	15.3%（11回）	15	33	13.9%（10回）	10	19	22	25	12.5%（9回）	23	31	37	
9.7%（7回）	26															

木曜ロト6で 09 が出たら ⇒その翌日のロト7での出現実績

集計:77回

29.9%（23回）	17	27.3%（21回）	13	15	27	24.7%（19回）	26	32	35	23.4%（18回）	07	21	22.1%（17回）	22		
20.8%（16回）	08	12	24	19.5%（15回）	10	14	20	25	29	30	31	36	18.2%（14回）	01	23	
16.9%（13回）	02	11	15.6%（12回）	03	04	19	14.3%（11回）	06	09	16	34	13.0%（10回）	37	11.7%（9回）	33	
10.4%（8回）	28	9.1%（7回）	05	18												

木曜ロト6で 10 が出たら ⇒その翌日のロト7での出現実績

集計:85回

28.2%（24回）	13	27.1%（23回）	26	28	25.9%（22回）	29	23.5%（20回）	08	22.4%（19回）	25	21.2%（18回）	09	10	11	16	34
20.0%（17回）	14	21	24	30	35	18.8%（16回）	01	17	23	17.6%（15回）	03	06	15	22	27	
16.5%（14回）	04	18	20	32	15.3%（13回）	05	07	31	33	14.1%（12回）	02	12	36	12.9%（11回）	19	37

木曜ロト6で 11 が出たら ⇒その翌日のロト7での出現実績

集計:83回

28.9%（24回）	15	26.5%（22回）	21	24.1%（20回）	01	04	37	22.9%（19回）	17	18	26	28	21.7%（18回）	09	11	29
20.5%（17回）	06	20	36	19.3%（16回）	03	22	23	31	34	18.1%（15回）	07	08	10	30	33	
16.9%（14回）	14	24	15.7%（13回）	02	05	27	32	14.5%（12回）	25	13.3%（11回）	13	12.0%（10回）	19	10.8%（9回）	12	35
9.6%（8回）	16															

木曜ロト6で 12 が出たら ⇒その翌日のロト7での出現実績

集計:66回

29.2%（19回）	13	36	26.2%（17回）	27	28	24.6%（16回）	04	07	21	29	23.1%（15回）	17	34	21.5%（14回）	35	
20.0%（13回）	10	19	26	33	18.5%（12回）	14	15	16	25	16.9%（11回）	05	06	08	24	30	37
15.4%（10回）	01	02	03	09	11	20	32	13.8%（9回）	22	12.3%（8回）	12	31	10.8%（7回）	18	23	

木曜ロト6で 13 が出たら ⇒その翌日のロト7での出現実績

集計:62回

30.6%（19回）	04	29	27.4%（17回）	13	17	24.2%（15回）	07	28	35	22.6%（14回）	09	26	30			
21.0%（13回）	02	18	32	19.4%（12回）	11	17.7%（11回）	03	06	10	15	21	23	31	34	36	37
16.1%（10回）	01	08	12	16	19	25	14.5%（9回）	20	22	12.9%（8回）	24	27	33	9.7%（6回）	05	14

木曜ロト6で 14 が出たら ⇒その翌日のロト7での出現実績

集計:74回

28.4%（21回）	07	27	27.0%（20回）	14	21	25.7%（19回）	13	24.3%（18回）	30	23.0%（17回）	05	12	15	24	28	32
21.6%（16回）	17	23	34	35	20.3%（15回）	04	26	18.9%（14回）	08	11	17.6%（13回）	02				
16.2%（12回）	03	16	29	31	36	14.9%（11回）	09	25	33	37	13.5%（10回）	10	20			
10.8%（8回）	06	18	22	9.5%（7回）	01	19										

木曜ロト6で 15 が出たら ⇒その翌日のロト7での出現実績

集計:89回

27.3%（24回）	14	25	26.1%（23回）	17	35	23.9%（21回）	09	37	22.7%（20回）	24	27	21.6%（19回）	13			
20.5%（18回）	10	11	31	36	19.3%（17回）	05	08	18	21	32	18.2%（16回）	12	15	22	28	29
17.0%（15回）	19	23	26	15.9%（14回）	03	04	07	16	30	34	14.8%（13回）	06	13.6%（12回）	01	33	
12.5%（11回）	02	8.0%（7回）	20													

木曜ロト6で 16 が出たら ⇒その翌日のロト7での出現実績

集計:83回

25.3%（21回）	07	24.1%（20回）	22	24	22.9%（19回）	05	17	26	27	28	30	21.7%（18回）	25			
20.5%（17回）	14	19	23	33	19.3%（16回）	06	20	29	37	18.1%（15回）	03	10	15	34	35	36
16.9%（14回）	04	12	13	16	21	32	15.7%（13回）	11	18	31	14.5%（12回）	09	13.3%（11回）	01	02	
10.8%（9回）	08															

木曜ロト6で 17 が出たら ⇒その翌日のロト7での出現実績

集計:83回

30.1%（25回）	27	27.7%（23回）	09	25.3%（21回）	32	24.1%（20回）	05	30	33	22.9%（19回）	34	21.7%（18回）	15			
20.5%（17回）	01	04	31	37	19.3%（16回）	08	14	18	21	22	35					
18.1%（15回）	07	10	11	20	26	16.9%（14回）	13	17	19	24	28	29	15.7%（13回）	03	06	
14.5%（12回）	16	25	36	13.3%（11回）	02	23	9.6%（8回）	12								

木曜ロト6で 18 が出たら ⇒その翌日のロト7での出現実績

集計:73回

28.8%（21回）	31	27.4%（20回）	26	24.7%（18回）	01	23.3%（17回）	15	16	27	21.9%（16回）	06	17				
20.5%（15回）	04	09	10	12	19	22	32	34	19.2%（14回）	11	13	21	17.8%（13回）	07	25	29
16.4%（12回）	03	08	20	23	28	33	36	15.1%（11回）	02	14	30	35	37	13.7%（10回）	05	18
12.3%（9回）	24															

木曜ロト6で 19 が出たら ⇒その翌日のロト7での出現実績

集計:90回

26.7%（24回）	11	15	23.3%（21回）	10	27	30	33	22.2%（20回）	08	16	28	36				
20.0%（18回）	04	06	07	21	23	25	31	32	34	18.9%（17回）	01	14	24			
17.8%（16回）	05	17	22	26	37	15.6%（14回）	03	09	12	14.4%（13回）	02	13	13.3%（12回）	19	20	35
12.2%（11回）	18	29														

木曜ロト6で 20 が出たら ⇒その翌日のロト7での出現実績

集計:75回

29.3%（22回）	18	25.3%（19回）	13	21	22	26	24.0%（18回）	30	22.7%（17回）	16	21.3%（16回）	03	20	27	32	
20.0%（15回）	01	06	11	31	34	36	18.7%（14回）	05	10	17						
17.3%（13回）	02	04	07	12	29	33	16.0%（12回）	08	09	14	15	23	28	14.7%（11回）	19	35
13.3%（10回）	37	10.7%（8回）	25	8.0%（6回）	24											

木曜ロト6で 21 が出たら ⇒その翌日のロト7での出現実績

集計:86回

30.6%（26回）	30	28.2%（24回）	05	25.9%（22回）	13	24.7%（21回）	27	32	23.5%（20回）	08	10	22.4%（19回）	17	21		
21.2%（18回）	07	15	28	31	20.0%（17回）	03	19	24	25	35	18.8%（16回）	29	36			
17.6%（15回）	04	06	18	16.5%（14回）	02	14	23	26	33	15.3%（13回）	01	37	14.1%（12回）	09	11	
12.9%（11回）	12	16	22	9.4%（8回）	20	34										

木曜ロト6で22が出たら ⇒その翌日のロト7での出現実績

集計:77回

27.3%(21回)	24	26.0%(20回)	04	09	30	35	24.7%(19回)	32	36	23.4%(18回)	33	34	22.1%(17回)	26		
20.8%(16回)	02	10	13	21	22	28	19.5%(15回)	08	14	31	18.2%(14回)	06	07	12	17	27
16.9%(13回)	03	23	15.6%(12回)	15	37	14.3%(11回)	18	13.0%(10回)	19	20	29					
11.7%(9回)	01	05	11	16	25											

木曜ロト6で23が出たら ⇒その翌日のロト7での出現実績

集計:67回

35.8%(24回)	17	29.9%(20回)	32	28.4%(19回)	22	26.9%(18回)	28	31	25.4%(17回)	13	35	23.9%(16回)	34	36		
22.4%(15回)	11	19	37	20.9%(14回)	21	19.4%(13回)	05	08	10	17.9%(12回)	03	09	15	18		
16.4%(11回)	02	04	06	14	24	14.9%(10回)	23	25	27	30	13.4%(9回)	12	26			
11.9%(8回)	07	16	33	10.4%(7回)	01	20	29									

木曜ロト6で24が出たら ⇒その翌日のロト7での出現実績

集計:90回

28.9%(26回)	04	15	25.6%(23回)	18	24.4%(22回)	05	10	22.2%(20回)	06	09	16	27	32			
21.1%(19回)	02	17	25	20.0%(18回)	08	30	18.9%(17回)	22	23	29	17.8%(16回)	03	11	20	21	33
16.7%(15回)	13	14	19	26	28	34	35	36	14.4%(13回)	01	07	31	13.3%(12回)	24	11.1%(10回)	12
6.7%(6回)	37															

木曜ロト6で 25 が出たら ⇒その翌日のロト7での出現実績

集計:82回

28.0%（23回）	36	26.8%（22回）	04	25.6%（21回）	24	24.4%（20回）	15	28	35	23.2%（19回）	14					
22.0%（18回）	06	13	19	22	32	34	19.5%（16回）	07	11	21	29					
18.3%（15回）	01	08	09	25	33	17.1%（14回）	10	12	17	20	23	15.9%（13回）	18	27	31	
14.6%（12回）	30	13.4%（11回）	02	05	16	37	12.2%（10回）	26	8.5%（7回）	03						

木曜ロト6で 26 が出たら ⇒その翌日のロト7での出現実績

集計:85回

29.4%（25回）	15	30	27.1%（23回）	21	25.9%（22回）	25	24.7%（21回）	17	23.5%（20回）	32	22.4%（19回）	07	11	18	29	36
21.2%（18回）	01	14	20.0%（17回）	03	04	16	35	18.8%（16回）	10	20	24	28	17.6%（15回）	09	12	34
16.5%（14回）	08	13	15.3%（13回）	37	14.1%（12回）	02	05	06	23	26	12.9%（11回）	19	31	11.8%（10回）	22	27
9.4%（8回）	33															

木曜ロト6で 27 が出たら ⇒その翌日のロト7での出現実績

集計:69回

29.4%（20回）	09	13	26.5%（18回）	27	25.0%（17回）	04	23.5%（16回）	01	03	14	22	32				
22.1%（15回）	07	15	29	30	20.6%（14回）	05	08	16	17	19.1%（13回）	02	31	35			
17.6%（12回）	24	26	28	16.2%（11回）	06	19	36	14.7%（10回）	23	34	13.2%（9回）	12	20	21	25	37
11.8%（8回）	10	11	18	33												

木曜ロト6で 28 が出たら ⇒その翌日のロト7での出現実績

集計:63回

33.3%（21回）	36	28.6%（18回）	13	27.0%（17回）	24	34	25.4%（16回）	05	21	23.8%（15回）	10	26	22.2%（14回）	08	15	32
20.6%（13回）	07	33	19.0%（12回）	04	06	12	14	17	20	31	35	17.5%（11回）	09	19	29	30
15.9%（10回）	01	23	27	14.3%（9回）	11	18	12.7%（8回）	02	25	28	37	11.1%（7回）	16	9.5%（6回）	03	
7.9%（5回）	22															

木曜ロト6で 29 が出たら ⇒その翌日のロト7での出現実績

集計:67回

28.4%（19回）	08	17	30	26.9%（18回）	15	24	22.4%（15回）	04	10	25	27	20.9%（14回）	07	13	26	33
19.4%（13回）	09	28	35	37	17.9%（12回）	12	19	36	16.4%（11回）	06	11	20	22	23	29	31
14.9%（10回）	03	05	14	16	18	21	32	13.4%（9回）	02	11.9%（8回）	01	34				

木曜ロト6で 30 が出たら ⇒その翌日のロト7での出現実績

集計:68回

26.5%（18回）	06	25.0%（17回）	04	23.5%（16回）	15	26	22.1%（15回）	05	09	19	32					
20.6%（14回）	07	11	17	27	28	30	36	37	19.1%（13回）	01	10	29	34	35		
17.6%（12回）	08	21	23	25	16.2%（11回）	02	03	12	14	18	22	24	31	14.7%（10回）	20	
13.2%（9回）	13	16	11.8%（8回）	33												

木曜ロト6で 31 が出たら ⇒その翌日のロト7での出現実績

集計:72回

27.8%(20回)	31	25.0%(18回)	15	27	23.6%(17回)	04	09	14	18	23	28	29				
22.2%(16回)	06	11	13	32	20.8%(15回)	03	17	22	19.4%(14回)	05	16	26	33	36	18.1%(13回)	37
16.7%(12回)	19	34	35	15.3%(11回)	01	07	08	10	13.9%(10回)	30	12.5%(9回)	21				
11.1%(8回)	02	12	20	25	8.3%(6回)	24										

木曜ロト6で 32 が出たら ⇒その翌日のロト7での出現実績

集計:103回

32.4%(33回)	09	25.5%(26回)	14	24.5%(25回)	31	23.5%(24回)	01	10	22.5%(23回)	28	21.6%(22回)	21	20.6%(21回)	22	35	37
19.6%(20回)	13	17	23	27	30	33	18.6%(19回)	03	06	11	16	24	25	26		
17.6%(18回)	15	18	19	34	36	16.7%(17回)	08	12	29	15.7%(16回)	32	13.7%(14回)	02	12.7%(13回)	05	20
11.8%(12回)	04	07														

木曜ロト6で 33 が出たら ⇒その翌日のロト7での出現実績

集計:70回

28.6%(20回)	23	25.7%(18回)	15	26	24.3%(17回)	20	22.9%(16回)	13	35							
21.4%(15回)	11	12	19	21	30	31	32	20.0%(14回)	02	08	10	14	16	37		
18.6%(13回)	24	33	17.1%(12回)	18	27	29	34	36	15.7%(11回)	03	04	17	22	25	28	
14.3%(10回)	07	12.9%(9回)	01	05	09	10.0%(7回)	06									

木曜ロト6で 34 が出たら ⇒その翌日のロト7での出現実績

集計:74回

27.0%（20回）	10	15	24.3%（18回）	12	23	23.0%（17回）	01	17	25	30	21.6%（16回）	13	14	18	26	
20.3%（15回）	04	07	11	37	18.9%（14回）	06	19	20	27	31						
17.6%（13回）	02	03	05	16	21	22	16.2%（12回）	28	29	35	14.9%（11回）	09	24	13.5%（10回）	33	
12.2%（9回）	34	36	10.8%（8回）	08	32											

木曜ロト6で 35 が出たら ⇒その翌日のロト7での出現実績

集計:77回

29.9%（23回）	17	28.6%（22回）	31	27.3%（21回）	21	26.0%（20回）	29	24.7%（19回）	08	23.4%（18回）	03	26	34			
22.1%（17回）	10	13	15	32	20.8%（16回）	18	24	19.5%（15回）	04	09	20	30	18.2%（14回）	01	14	36
16.9%（13回）	19	33	35	15.6%（12回）	06	16	23	27	14.3%（11回）	02	07	11	12	28		
13.0%（10回）	05	25	10.4%（8回）	22	37											

木曜ロト6で 36 が出たら ⇒その翌日のロト7での出現実績

集計:81回

28.4%（23回）	15	17	25.9%（21回）	09	32	24.7%（20回）	11	18	19	23.5%（19回）	22	22.2%（18回）	06	07	20	
21.0%（17回）	36	19.8%（16回）	10	37	18.5%（15回）	01	13	21	25	26	29	30	35			
17.3%（14回）	04	05	28	31	33	16.0%（13回）	34	13.6%（11回）	02	03	12	16	23			
12.3%（10回）	08	14	27	11.1%（9回）	24											

木曜ロト6で 37 が出たら ⇒その翌日のロト7での出現実績

集計:73回

28.8%(21回)	13	27.4%(20回)	02	26.0%(19回)	09	11	24.7%(18回)	24	34	35	23.3%(17回)	01	04			
21.9%(16回)	10	15	19	29	20.5%(15回)	03	08	30	31	36	17.8%(13回)	12	18	23	26	37
16.4%(12回)	07	16	32	15.1%(11回)	22	28	13.7%(10回)	05	21	33	12.3%(9回)	06	14	20	25	27
9.6%(7回)	17															

木曜ロト6で 38 が出たら ⇒その翌日のロト7での出現実績

集計:88回

31.8%(28回)	09	27.3%(24回)	31	23.9%(21回)	26	28	22.7%(20回)	18	19	23	21.6%(19回)	04	05	08	34	
20.5%(18回)	36	19.3%(17回)	02	11	15	22	29	30	35	18.2%(16回)	03	10	14	20	27	
17.0%(15回)	07	24	15.9%(14回)	01	12	16	14.8%(13回)	06	17	21	32	33	13.6%(12回)	13	12.5%(11回)	25
10.2%(9回)	37															

木曜ロト6で 39 が出たら ⇒その翌日のロト7での出現実績

集計:81回

27.2%(22回)	10	16	29	24.7%(20回)	07	09	23.5%(19回)	13	22.2%(18回)	11	23	28	33			
21.0%(17回)	21	24	26	32	19.8%(16回)	08	30	36	18.5%(15回)	04	37					
17.3%(14回)	12	15	25	31	34	35	16.0%(13回)	03	06	17	20					
14.8%(12回)	01	02	18	19	22	13.6%(11回)	05	12.3%(10回)	14	8.6%(7回)	27					

木曜ロト6で 40 が出たら ⇒その翌日のロト7での出現実績

集計:77回

29.9%（23回）	26	28.6%（22回）	22	26.0%（20回）	13	32	24.7%（19回）	20	23.4%（18回）	15	27	35	36			
22.1%（17回）	01	29	34	20.8%（16回）	04	07	37	19.5%（15回）	21	18.2%（14回）	02	14	17			
16.9%（13回）	03	06	08	25	28	30	31	33	15.6%（12回）	18	23	14.3%（11回）	12	24		
13.0%（10回）	05	11	19	11.7%（9回）	09	10	16									

木曜ロト6で 41 が出たら ⇒その翌日のロト7での出現実績

集計:65回

30.8%（20回）	07	27.7%（18回）	04	26.2%（17回）	15	24.6%（16回）	19	31	23.1%（15回）	13	30	35				
21.5%（14回）	14	17	32	34	20.0%（13回）	06	09	20	27							
18.5%（12回）	05	10	11	18	23	26	36	16.9%（11回）	01	16	25	28	29	33		
15.4%（10回）	08	22	13.8%（9回）	03	24	12.3%（8回）	37	10.8%（7回）	12	21	7.7%（5回）	02				

木曜ロト6で 42 が出たら ⇒その翌日のロト7での出現実績

集計:74回

31.1%（23回）	09	27.0%（20回）	34	25.7%（19回）	13	36	24.3%（18回）	06	10	24	31	23.0%（17回）	03			
21.6%（16回）	04	15	16	21	22	20.3%（15回）	08	14	25	26	29	18.9%（14回）	02			
17.6%（13回）	07	11	33	16.2%（12回）	23	27	30	14.9%（11回）	01	19	35	13.5%（10回）	17	18	37	
12.2%（9回）	12	20	10.8%（8回）	28	32	9.5%（7回）	05									

木曜ロト6で 43 が出たら ⇒その翌日のロト7での出現実績

集計:87回

25.3%(22回)	02	13	17	24.1%(21回)	11	23.0%(20回)	09	18	31	21.8%(19回)	20	30	34	36		
20.7%(18回)	21	27	35	19.5%(17回)	06	15	16	19	22	18.4%(16回)	01	03	23	29		
17.2%(15回)	24	32	16.1%(14回)	07	08	14	28	33	14.9%(13回)	04	05	25	13.8%(12回)	12	26	
12.6%(11回)	10	10.3%(9回)	37													

LOTO 6
ロトシックス

使い方は➡P344へ

コラム9

ミニロト大阪抽せん出現ランキング

ミニロトの大阪抽せんは全53回。ロト7やロト6のように、やはり出現には片寄りが発生している。しっかりとチェックして大阪抽せんに備えよう！

最多出現は「02」の16回
ヒトケタ台の出現が多いのも特徴！

ミニロトの大阪抽せんは、全53回。

数字別の出現を見ると、「02」が17回で頭ひとつ抜けた出現を見せている。出現傾向が高いと見て、大阪抽せんでは積極的に狙っていこう。

逆に最も出現が少ないのは「06」が3回。こちらは出現傾向が低いと判断して、外す方向で考えたい。

なお、大阪抽せんの開催は、宝くじ公式サイトやみずほ銀行宝くじHP、またロトナンwebなどでチェックしていこう。

◎大阪抽せん　ミニロト出現実績

出現回数	数字					
17回	02					
16回	05					
12回	15					
11回	03	16	22	27		
10回	08	19	20	24		
9回	04	11	12	25	29	30
8回	09	13	18	31		
7回	17	26				
6回	14	21	23			
5回	01	10				
4回	07	28				
3回	06					

ロト7
⇓
翌週月曜日ロト6
超連動攻略法

ロト7⇒翌週月曜日ロト6
超連動攻略データの説明

データ集計：第1回ロト7（2013年4月5日）～第1865回ロト6（2024年1月29日）

ここでは、ロト7からロト6への超連動攻略データを紹介していきたい。これは金曜日に抽せんされたロト7から翌週月曜日のロト6への連動になる。

たとえば、右ページの「ロト7で01が出たら⇒その翌週のロト6（月曜）での出現実績」を見ると、「01」が17回とよく出ていることが見てとれる。逆に、「11」がわずか5回と少ない。このように、ロト7の当せん数字7個それぞれから、翌週月曜日ロト6への連動データを確認して、重複した数字をメインで狙っていこう（具体的な予想例はP346に掲載）。

なお、連動データの集計期間は、ロト7が発売された2013年4月5日（ロト6は、前日の4月4日）から、2024年1月29日の第1865回ロト6までとしている。

ロト7で 01 が出たら ⇒その翌週のロト6(月曜)での出現実績

集計:100回

21.0%(21回)	01	19.0%(19回)	23	18.0%(18回)	12	21	31	42	17.0%(17回)	06	13	25	26	30			
16.0%(16回)	07	19	24	33	38	15.0%(15回)	03	04	05	16	27	37	14.0%(14回)	08			
13.0%(13回)	02	09	18	20	40	41	12.0%(12回)	10	15	34	43	11.0%(11回)	28	29	32	35	
10.0%(10回)	36	9.0%(9回)	14	8.0%(8回)	17	39	7.0%(7回)	11	22								

ロト7で 02 が出たら ⇒その翌週のロト6(月曜)での出現実績

集計:92回

26.7%(24回)	22	22.2%(20回)	43	20.0%(18回)	01	18.9%(17回)	06	42	17.8%(16回)	07	16.7%(15回)	02	08	16	24	27	39
15.6%(14回)	21	38	40	14.4%(13回)	12	20	35	37									
13.3%(12回)	05	23	25	26	29	30	31	33	41	12.2%(11回)	03	04	13				
11.1%(10回)	10	14	32	34	36	10.0%(9回)	18	19	28	7.8%(7回)	09	11	15	5.6%(5回)	17		

ロト7で 03 が出たら ⇒その翌週のロト6(月曜)での出現実績

集計:98回

20.6%(20回)	21	24	27	19.6%(19回)	01	02	03	17.5%(17回)	05	19	22	39	42	16.5%(16回)	06		
15.5%(15回)	12	23	38	14.4%(14回)	07	13	28	32	33	34	40	13.4%(13回)	20	30	37		
12.4%(12回)	09	10	16	36	41	11.3%(11回)	08	17	25	26	43	10.3%(10回)	11	9.3%(9回)	18	29	35
8.2%(8回)	04	31	7.2%(7回)	14	15												

ロト7で 04 が出たら ⇒その翌週のロト6(月曜)での出現実績

集計:111回

20.9% (23回)	42	18.2% (20回)	27	32	17.3% (19回)	04	08	36	16.4% (18回)	06	19	24	34	39			
15.5% (17回)	10	11	13	21	25	28	14.5% (16回)	01	14	17	22	26					
13.6% (15回)	02	15	31	37	43	12.7% (14回)	03	18	29	33	11.8% (13回)	07	23	38	41		
10.9% (12回)	05	35	10.0% (11回)	16	30	40	9.1% (10回)	20	8.2% (9回)	09	12						

ロト7で 05 が出たら ⇒その翌週のロト6(月曜)での出現実績

集計:97回

20.8% (20回)	42	19.8% (19回)	27	17.7% (17回)	08	11	14	22	30	32	16.7% (16回)	15	24	40			
15.6% (15回)	02	04	13	37	14.6% (14回)	05	07	18	21	34	36	41	13.5% (13回)	01	10	20	
12.5% (12回)	03	12	16	19	23	31	35	39	11.5% (11回)	06	38	43	10.4% (10回)	25	26	29	33
8.3% (8回)	28	7.3% (7回)	17	6.3% (6回)	09												

ロト7で 06 が出たら ⇒その翌週のロト6(月曜)での出現実績

集計:104回

21.4% (22回)	07	19.4% (20回)	09	15	18.4% (19回)	23	28	17.5% (18回)	06	19	42	16.5% (17回)	03	30	33		
15.5% (16回)	02	22	25	31	37	14.6% (15回)	01	04	10	26	39	13.6% (14回)	24	36	43		
12.6% (13回)	13	20	21	29	35	38	11.7% (12回)	05	08	11	14	32	40	41	10.7% (11回)	27	
9.7% (10回)	34	8.7% (9回)	16	17	7.8% (8回)	12	6.8% (7回)	18									

ロト7で 07 が出たら ⇒その翌週のロト6(月曜)での出現実績

集計:107回

22.6% (24回)	05	43	21.7% (23回)	24	19.8% (21回)	27	18.9% (20回)	42	17.9% (19回)	21	17.0% (18回)	22	30				
16.0% (17回)	02	03	08	28	15.1% (16回)	01	06	33	37	14.2% (15回)	10	13	14	19	20	29	
13.2% (14回)	09	15	34	36	39	12.3% (13回)	35	38	41	11.3% (12回)	12	18	23	25	26	40	
10.4% (11回)	07	11	9.4% (10回)	16	31	32	6.6% (7回)	04	17								

ロト7で 08 が出たら ⇒その翌週のロト6(月曜)での出現実績

集計:107回

21.9% (23回)	42	21.0% (22回)	34	18.1% (19回)	05	14	22	35	17.1% (18回)	01	10	23	38				
16.2% (17回)	03	07	08	26	31	15.2% (16回)	11	19	14.3% (15回)	06	12	15	18	25	28	43	
13.3% (14回)	02	16	12.4% (13回)	20	21	33	39	41	11.4% (12回)	13	30	37	40	10.5% (11回)	27	29	
8.6% (9回)	04	09	32	36	7.6% (8回)	17	24										

ロト7で 09 が出たら ⇒その翌週のロト6(月曜)での出現実績

集計:119回

19.7% (23回)	21	43	18.8% (22回)	30	38	17.9% (21回)	27	42	17.1% (20回)	13	16.2% (19回)	05	10	23			
15.4% (18回)	01	03	14	18	24	14.5% (17回)	02	07	09	15	37						
13.7% (16回)	06	11	12	20	22	26	28	36	39	40	12.8% (15回)	08	12.0% (14回)	34			
11.1% (13回)	25	29	31	33	10.3% (12回)	17	19	32	9.4% (11回)	16	8.5% (10回)	04	35	41			

ロト7で 10 が出たら ⇒その翌週のロト6(月曜)での出現実績

集計:107回

21.5%(23回)	03	19.6%(21回)	27	18.7%(20回)	01	24	16.8%(18回)	02	12	34	42						
15.9%(17回)	06	19	21	25	26	43	15.0%(16回)	30	32	37	41	14.0%(15回)	07	10	11	35	
13.1%(14回)	05	13	22	12.1%(13回)	04	09	14	16	17	18	20	31	33	38	40		
11.2%(12回)	15	28	39	10.3%(11回)	29	9.3%(10回)	23	36	7.5%(8回)	08							

ロト7で 11 が出たら ⇒その翌週のロト6(月曜)での出現実績

集計:109回

19.6%(21回)	06	16	41	18.7%(20回)	13	24	28	17.8%(19回)	02	42	16.8%(18回)	10	23				
15.9%(17回)	03	12	26	30	32	15.0%(16回)	01	19	36	14.0%(15回)	18	22	25	33	35		
13.1%(14回)	21	34	38	43	12.1%(13回)	07	08	09	14	29	11.2%(12回)	04	27	31	10.3%(11回)	11	39
9.3%(10回)	17	20	37	40	8.4%(9回)	05	15										

ロト7で 12 が出たら ⇒その翌週のロト6(月曜)での出現実績

集計:86回

22.4%(19回)	22	20.0%(17回)	09	26	18.8%(16回)	01	24	27	17.6%(15回)	14	23	16.5%(14回)	10	25	32	35	39
15.3%(13回)	02	04	06	19	42	14.1%(12回)	15	21	30	31	37	41					
12.9%(11回)	13	16	36	43	11.8%(10回)	05	18	20	38	10.6%(9回)	08	12	28	29	33	34	
9.4%(8回)	07	11	8.2%(7回)	17	7.1%(6回)	03	5.9%(5回)	40									

ロト7で 13 が出たら ⇒その翌週のロト6(月曜)での出現実績

集計:123回

19.7%(24回)	20	18.9%(23回)	27	18.0%(22回)	06	12	28	17.2%(21回)	08	30	35	41	16.4%(20回)	32	37	42	
15.6%(19回)	14	16	38	14.8%(18回)	03	15	18	22	31	13.9%(17回)	10	23	26	34	39	13.1%(16回)	43
12.3%(15回)	07	24	33	11.5%(14回)	01	02	13	17	21	25	10.7%(13回)	05	19	29	40		
9.8%(12回)	04	09	9.0%(11回)	11	36												

ロト7で 14 が出たら ⇒その翌週のロト6(月曜)での出現実績

集計:106回

20.8%(22回)	01	42	19.8%(21回)	19	26	18.9%(20回)	32	17.9%(19回)	15	20	27	17.0%(18回)	11	21	35		
16.0%(17回)	06	24	29	40	41	43	15.1%(16回)	03	25	14.2%(15回)	09	28					
13.2%(14回)	04	08	10	13	30	34	12.3%(13回)	02	07	37	38	11.3%(12回)	05	18	33		
10.4%(11回)	23	31	9.4%(10回)	14	17	22	39	8.5%(9回)	16	7.5%(8回)	12	3.8%(4回)	36				

ロト7で 15 が出たら ⇒その翌週のロト6(月曜)での出現実績

集計:123回

21.1%(26回)	42	20.3%(25回)	06	17.9%(22回)	03	10	30	37	17.1%(21回)	08	15	23					
16.3%(20回)	12	22	27	28	01	24	35	14.6%(18回)	14	19	39	43					
13.8%(17回)	02	05	07	26	31	32	33	38	13.0%(16回)	16	12.2%(15回)	13	25	40			
11.4%(14回)	09	17	20	10.6%(13回)	04	18	34	9.8%(12回)	36	8.9%(11回)	21	29	7.3%(9回)	41	4.9%(6回)	11	

ロト7で 16 が出たら ⇒その翌週のロト6（月曜）での出現実績

集計:94回

22.6%（21回）	07	13	20.4%（19回）	41	19.4%（18回）	08	24	28	42	18.3%（17回）	05	17.2%（16回）	20	25	37	16.1%（15回）	12
15.1%（14回）	01	02	23	27	30	14.0%（13回）	03	26	38	12.9%（12回）	04	06	17	31	35	36	
11.8%（11回）	14	18	29	32	39	43	10.8%（10回）	09	10	19	21	33	34	9.7%（9回）	16	22	
8.6%（8回）	40	7.5%（7回）	11	5.4%（5回）	15												

ロト7で 17 が出たら ⇒その翌週のロト6（月曜）での出現実績

集計:117回

19.0%（22回）	03	18.1%（21回）	01	43	17.2%（20回）	05	10	11	25	26	39	16.4%（19回）	06	12	15	19	30
15.5%（18回）	04	38	40	14.7%（17回）	13	35	13.8%（16回）	02	08	16	22	12.9%（15回）	18	21	23	27	31
12.1%（14回）	17	20	41	42	11.2%（13回）	09	14	28	29	32	36	37	9.5%（11回）	07	24	33	
8.6%（10回）	34																

ロト7で 18 が出たら ⇒その翌週のロト6（月曜）での出現実績

集計:101回

21.8%（22回）	01	12	19.8%（20回）	18	18.8%（19回）	10	28	37	16.8%（17回）	42	15.8%（16回）	15	24	25	35	43	
14.9%（15回）	02	03	05	06	19	20	27	29	30	13.9%（14回）	21	22	26	31	34		
12.9%（13回）	13	38	41	11.9%（12回）	16	17	32	10.9%（11回）	09	11	39	40	9.9%（10回）	08	14	23	
8.9%（9回）	04	33	7.9%（8回）	07	36												

ロト7で 19 が出たら ⇒その翌週のロト6(月曜)での出現実績

集計:96回

21.1%(20回)	06	22	18.9%(18回)	02	16	17.9%(17回)	12	31	16.8%(16回)	01	05	27	38	15.8%(15回)	15	24	
14.7%(14回)	03	04	23	29	32	34	39	41	13.7%(13回)	08	10	18	20	26	37	40	
12.6%(12回)	11	14	11.6%(11回)	09	19	21	35	42	10.5%(10回)	28	30	43					
9.5%(9回)	07	13	17	25	33	36											

ロト7で 20 が出たら ⇒その翌週のロト6(月曜)での出現実績

集計:94回

25.8%(24回)	05	20.4%(19回)	37	19.4%(18回)	06	10	26	18.3%(17回)	03	28	17.2%(16回)	08	39	16.1%(15回)	19	38	
15.1%(14回)	02	07	13	33	42	14.0%(13回)	09	15	18	20	24	32	35				
12.9%(12回)	04	12	25	30	36	11.8%(11回)	16	27	31	40							
10.8%(10回)	01	11	17	22	23	41	43	9.7%(9回)	14	21	29	3.2%(3回)	34				

ロト7で 21 が出たら ⇒その翌週のロト6(月曜)での出現実績

集計:113回

21.4%(24回)	10	19	20.5%(23回)	07	19.6%(22回)	02	26	17.9%(20回)	20	17.0%(19回)	05	11	43	16.1%(18回)	27	38	
15.2%(17回)	03	04	12	22	32	33	42	14.3%(16回)	21	39	41	13.4%(15回)	06	14	23	25	31
12.5%(14回)	09	18	40	11.6%(13回)	13	24	37	10.7%(12回)	01	08	15	17	9.8%(11回)	16	28	35	36
8.9%(10回)	29	34	8.0%(9回)	30													

ロト7で 22 が出たら ⇒その翌週のロト6(月曜)での出現実績

集計:105回

23.1%(24回)	38	22.1%(23回)	03	39	19.2%(20回)	01	06	14	26	27	18.3%(19回)	24	16.3%(17回)	08	42		
15.4%(16回)	16	23	37	14.4%(15回)	04	10	31	35	41	43							
13.5%(14回)	05	11	15	21	30	33	36	12.5%(13回)	12	18	19	22	11.5%(12回)	29	10.6%(11回)	25	28
9.6%(10回)	07	8.7%(9回)	02	09	13	17	20	32	34	5.8%(6回)	40						

ロト7で 23 が出たら ⇒その翌週のロト6(月曜)での出現実績

集計:101回

26.3%(26回)	24	21.2%(21回)	06	28	20.2%(20回)	37	18.2%(18回)	27	17.2%(17回)	11	26	39	16.2%(16回)	01	03	36	42
15.2%(15回)	12	19	14.1%(14回)	08	20	22	23	25	13.1%(13回)	05	07	10	14	15	31	32	40
12.1%(12回)	02	17	33	35	38	11.1%(11回)	16	21	29	30	34	41	43	10.1%(10回)	04	9.1%(9回)	18
7.1%(7回)	13	6.1%(6回)	09														

ロト7で 24 が出たら ⇒その翌週のロト6(月曜)での出現実績

集計:104回

23.5%(24回)	27	19.6%(20回)	02	14	18.6%(19回)	01	35	17.6%(18回)	03	24	28	16.7%(17回)	20	37			
15.7%(16回)	19	21	43	14.7%(15回)	08	10	16	26	30	40	13.7%(14回)	09	12	23	25	32	34
12.7%(13回)	15	22	39	11.8%(12回)	05	07	38	42	10.8%(11回)	04	11	18	29	41			
9.8%(10回)	06	17	31	33	36	7.8%(8回)	13										

ロト7で 25 が出たら ⇒その翌週のロト6(月曜)での出現実績

集計:93回

22.6%(21回)	06	20.4%(19回)	01	42	19.4%(18回)	05	35	37	18.3%(17回)	16	17.2%(16回)	38	43				
16.1%(15回)	10	12	15	24	25	32	34	15.1%(14回)	19	29	30	31					
14.0%(13回)	03	04	13	22	41	12.9%(12回)	02	20	33	11.8%(11回)	07	14	21	26	28		
10.8%(10回)	23	39	9.7%(9回)	09	17	40	8.6%(8回)	27	36	6.5%(6回)	11	5.4%(5回)	08	18			

ロト7で 26 が出たら ⇒その翌週のロト6(月曜)での出現実績

集計:115回

25.0%(28回)	42	20.5%(23回)	07	39	18.8%(21回)	15	19	17.9%(20回)	02	20	17.0%(19回)	16	16.1%(18回)	06	31	35	
15.2%(17回)	30	38	43	14.3%(16回)	11	12	22	23	29	37	13.4%(15回)	03	09	21	32		
12.5%(14回)	01	05	08	27	41	11.6%(13回)	10	25	26	36	10.7%(12回)	13	14	24	28	33	
9.8%(11回)	04	17	18	34	8.9%(10回)	40											

ロト7で 27 が出たら ⇒その翌週のロト6(月曜)での出現実績

集計:110回

21.1%(23回)	19	21	18.3%(20回)	30	17.4%(19回)	03	32	16.5%(18回)	15	20	35						
15.6%(17回)	08	18	24	26	42	43	14.7%(16回)	22	23	37							
13.8%(15回)	01	02	07	09	12	28	29	36	39	12.8%(14回)	14	34	38				
11.9%(13回)	04	05	11	25	33	40	41	11.0%(12回)	06	13	16	27	10.1%(11回)	17	31	7.3%(8回)	10

ロト7で 28 が出たら ⇒その翌週のロト6(月曜)での出現実績

集計:107回

20.8%(22回)	19	19.8%(21回)	04	28	18.9%(20回)	18	33	17.9%(19回)	22	17.0%(18回)	03	39	43				
16.0%(17回)	11	13	26	29	42	15.1%(16回)	06	16	21	25	35	40	14.2%(15回)	27	32		
13.2%(14回)	02	10	14	15	24	12.3%(13回)	30	37	11.3%(12回)	01	08	17	23	36	38		
10.4%(11回)	05	07	31	34	41	9.4%(10回)	09	7.5%(8回)	12	6.6%(7回)	20						

ロト7で 29 が出たら ⇒その翌週のロト6(月曜)での出現実績

集計:108回

24.1%(26回)	42	19.4%(21回)	13	18.5%(20回)	27	17.6%(19回)	05	06	41	16.7%(18回)	01	03	38				
15.7%(17回)	09	10	16	26	40	14.8%(16回)	04	18	19	43	13.9%(15回)	02	08	23	24	34	37
13.0%(14回)	07	12	14	21	22	31	12.0%(13回)	15	32	11.1%(12回)	25	28	29	30	36	39	
10.2%(11回)	20	33	9.3%(10回)	11	8.3%(9回)	35	7.4%(8回)	17									

ロト7で 30 が出たら ⇒その翌週のロト6(月曜)での出現実績

集計:117回

20.5%(24回)	22	19.7%(23回)	03	24	18.8%(22回)	38	17.9%(21回)	05	42	17.1%(20回)	19						
16.2%(19回)	01	15	25	28	30	34	15.4%(18回)	02	12	13	20	26	14.5%(17回)	14	21	23	27
13.7%(16回)	10	18	32	37	12.8%(15回)	04	06	17	31	35	12.0%(14回)	09	43				
11.1%(13回)	07	08	36	39	10.3%(12回)	41	9.4%(11回)	40	8.5%(10回)	11	16	7.7%(9回)	29	4.3%(5回)	33		

ロト7で 31 が出たら ⇒その翌週のロト6(月曜)での出現実績

集計:111回

21.8%(24回)	23	20.0%(22回)	11	17.3%(19回)	10	21	37	16.4%(18回)	08	12	24	39					
15.5%(17回)	03	13	15	22	27	30	35	14.5%(16回)	05	09	19	28	36	38			
13.6%(15回)	04	06	16	18	31	42	12.7%(14回)	01	11.8%(13回)	02	07	17	20	25			
10.9%(12回)	14	29	32	33	41	10.0%(11回)	34	40	9.1%(10回)	26	8.2%(9回)	43					

ロト7で 32 が出たら ⇒その翌週のロト6(月曜)での出現実績

集計:114回

20.4%(23回)	22	19.5%(22回)	28	34	35	18.6%(21回)	19	37	17.7%(20回)	12	16.8%(19回)	03	33	15.9%(18回)	40		
15.0%(17回)	01	06	08	20	21	25	42	14.2%(16回)	11	24	26	38	13.3%(15回)	23	27	31	36
12.4%(14回)	05	10	32	41	43	11.5%(13回)	02	04	07	09	14	16	18	29	10.6%(12回)	15	
9.7%(11回)	17	30	8.8%(10回)	13	39												

ロト7で 33 が出たら ⇒その翌週のロト6(月曜)での出現実績

集計:92回

22.0%(20回)	19	37	20.9%(19回)	07	18.7%(17回)	21	17.6%(16回)	04	06	08	26	34	38	16.5%(15回)	01	29	
15.4%(14回)	23	32	35	14.3%(13回)	02	03	09	13	18	20							
13.2%(12回)	05	10	14	22	25	39	41	43	12.1%(11回)	12	28	30	36				
11.0%(10回)	11	15	40	42	8.8%(8回)	16	17	24	7.7%(7回)	27	33	6.6%(6回)	31				

ロト7で 34 が出たら ⇒その翌週のロト6(月曜)での出現実績

集計:110回

19.3%（21回）	02	29	39	18.3%（20回）	22	24	28	42	17.4%（19回）	03	06	07	16.5%（18回）	05	21	37	
15.6%（17回）	23	27	30	31	32	14.7%（16回）	35	38	41	13.8%（15回）	09	13	19	36			
12.8%（14回）	33	40	43	11.9%（13回）	10	18	26	34	11.0%（12回）	01	11	15	16	10.1%（11回）	08	14	
9.2%（10回）	12	20	8.3%（9回）	04	7.3%（8回）	17	5.5%（6回）	25									

ロト7で 35 が出たら ⇒その翌週のロト6(月曜)での出現実績

集計:111回

21.6%（24回）	02	20.7%（23回）	43	18.9%（21回）	21	28	18.0%（20回）	27	37	17.1%（19回）	03	04					
16.2%（18回）	07	22	38	39	41	15.3%（17回）	16	18	14.4%（16回）	08	10	24	32				
13.5%（15回）	06	14	20	30	31	12.6%（14回）	05	09	12	23	26	33	11.7%（13回）	13	25	29	36
10.8%（12回）	17	42	9.9%（11回）	01	11	15	19	35	40	9.0%（10回）	34						

ロト7で 36 が出たら ⇒その翌週のロト6(月曜)での出現実績

集計:112回

21.6%（24回）	01	06	20.7%（23回）	22	18.9%（21回）	19	18.0%（20回）	04	21	37	42	17.1%（19回）	36	16.2%（18回）	30	40	43
15.3%（17回）	07	20	23	27	34	14.4%（16回）	24	31	38	13.5%（15回）	02	10	25	26	29		
12.6%（14回）	08	28	32	35	11.7%（13回）	03	05	15	41	10.8%（12回）	12	14	18	39	9.9%（11回）	13	
9.0%（10回）	09	8.1%（9回）	11	16	17	33											

ロト7で 37 が出たら ⇒その翌週のロト6(月曜)での出現実績

集計:92回

19.6%(18回)	18	28	18.5%(17回)	10	17.4%(16回)	15	30	33	40								
16.3%(15回)	01	05	16	22	24	27	34	38	15.2%(14回)	06	11						
14.1%(13回)	02	03	13	14	19	21	23	25	26	39	41	13.0%(12回)	04	12	37	42	43
12.0%(11回)	07	31	10.9%(10回)	08	32	9.8%(9回)	09	29	7.6%(7回)	17	20	6.5%(6回)	36	4.3%(4回)	35		

使い方は➡P346へ

コラム10

ロト6・1等2等逆転現象

ロト6やロト7には、1等よりも2等の金額のほうが高いという、逆転現象と呼ばれるものがある。ここでは数多くの逆転現象が発生しているロト6を紹介していきたい。

1等・2等の「逆転現象」は当せん口数が関係している！

長い間抽せんが行われていると、不思議なことが起こる。そのひとつが1等・2等の「逆転現象」だ。

これは文字通り、1等賞金よりも2等賞金のほうが高くなる、というもの。なぜこのような現象が起こるのか？　仕組みはいたって簡単。

ロトやナンバーズといった数字選択式宝くじの当せん金は「パリミューチャル方式」が採用されている。簡単にいうと、1等には20%、2等には15%など、あらかじめ等級ごとの賞金のパーセンテージが決められているのだ。

通常であれば当せん確率が低くなるにつれ、当せん口数も少なるのだが、稀に1等の当せん口数が、2等よりも多くなることがある。このときに逆転現象が発生しやすい。実際に、これまでにあった7ケースを記したものが下記表だ。

どの回も1等の当せん口数が2等を上回っていることが見て取れる。

ちなみに7回中5回が「先負」で発生している。ある種のオカルトだが、「先負」の日は逆転現象に注意したいところ。

◎「逆転回」主要データ

回号	日付	曜日	六曜	本数字						ボ	1等口数	賞金	2等口数	賞金
84	H14.5.16	木	友引	17	19	26	28	35	37	40	17	15,692,300	8	30,011,300
230	H17.3.17	木	先負	04	09	18	31	36	42	34	167	1,814,700	29	9,405,200
625	H24.1.19	木	先勝	05	17	26	37	39	42	20	13	16,095,600	7	26,902,500
991	H27.8.6	木	先負	03	18	21	25	29	37	35	3	35,920,900	2	48,492,800
1065	H28.4.25	月	先負	11	13	27	37	41	42	40	2	61,590,200	1	110,861,400
1083	H28.6.27	月	先負	10	13	15	18	25	38	20	3	38,342,600	2	51,762,100
1091	H28.7.25	月	先負	21	22	24	26	28	30	38	15	8,046,100	2	54,310,800

※第1660回～第1762回まで発生なし。

LOTO 7
ロトセブン

LOTO 6
ロトシックス

本書を使った予想例紹介

予想例その1

各種ランキングデータから予想してみる ～ロト7の場合～

さっそくロト7の各種出現ランキングから、予想数字を組み立てる方法を紹介していこう。

たとえば、第559回（1月26日、先負、八白土星）を予想する場合、各ランキングの上位（3位以内推奨／候補が多い場合は2位まででもOK）を書き出していく。この場合は、

1月ランキング（P56）⇒「31」（13回）、「08」「29」（各12回）
26日ランキング（P66）⇒「31」「37」（各7回）、「22」（6回）
先負ランキング（P69）⇒「09」「11」「18」（各26回）、「08」（25回）
八白土星ランキング（P72）⇒「09」（23回）、「10」「13」「15」「30」「32」（各17回）

このうち重複した「08」「09」「31」を中心に残りの数字を組わせていこう。

結果論だが、第559回ロト7の当せん数字は「03　04　10　13　15　18　22（02　16）」。軸にした数字こそ的中しなかったものの、残りの候補数字には「10」「13」「15」「18」「22」の5数字があったため、組み合わせ次第で4等は見えた結果に。たったこれだけの作業で、うまくデータがハマれば、大きな夢も見えてくる！

しかも集計期間以降の検証での結果は、出現実績が十分に予想に活用できることも証明している。

しかしながら、データは万能ではない。本書で紹介しているデータは出現実績であるため、必ずしも出現傾向の高い数字ばかりが出るとは限らない。出現傾向の高い数字がまったく出ない、というケースも出てくるだろう。そのような場合、流れに応じて逆に出現傾向の低い数字を重視する、という工夫も必要だ。

ぜひ、本書をうまく活用して、大きな当たりをつかんでほしい!!

予想例その2

各種ランキングデータから予想してみる ～ロト6の場合～

ロト7同様にロト6も各種出現ランキングから、予想数字を組み立てる方法を紹介していこう。

たとえば、第1867回(2月5日、月曜日、先勝、九紫火星)を予想する場合、各ランキングの上位(3位以内推奨/候補が多い場合は2位まででもOK)を書き出していく。この場合は、

2月・月曜日ランキング(P162)⇒「19」(14回)、「01」「21」「27」「28」「43」(各10回)
5日ランキング(P171)⇒「01」(15回)、「02」「11」「23」(各13回)
先勝・月曜日ランキング(P180)⇒「02」(27回)、「12」(21回)
九紫火星・月曜日ランキング(P190)⇒「39」(19回)、「22」(16回)

このうち最も重複した「01」(上記で3回重複)を中心に残りの数字を組わせていこう。

結果論だが、第1867回ロト6の当せん数字は「01　06　17　28　40　42(04)」。軸にした「01」が的中。さらに、残りの候補数字には「28」「40」もあったため、組み合わせ次第で5等は見えた結果に。

ロト7同様に、集計後の検証であるため、データが十分に活用できることを証明している。

しかし、データは万能ではない。本書で紹介しているデータは出現実績であるため、必ずしも出現傾向の高い数字ばかりが出るとは限らない。出現傾向の高い数字がまったく出ない、というケースも出てくるだろう。そのような場合、流れを見ながら、逆に出現傾向の低い数字を重視する、という工夫も必要だ。

ぜひ、本書をうまく活用して、大きな当たりをつかんでほしい!!

予想例その3

超連動攻略法でロト7を予想する

連動攻略法をより使いやすくするために、専用の予想シートを作成した。ここで紹介する予想例を参考に、ぜひチャレンジしてみよう!

第559回(2024年1月26日)ロト7を予想する場合、
使用するのは、その前日(木曜日)の第1864回(1月25日)のロト6当せん数字「14　22　28　34　41　42」

木曜日ロト6⇒ロト7 超連動攻略法予想シート

木曜日ロト6当せん数字		ロト7 予想候補						
14	➡	07	27	14	21	13	30	05
22	➡	24	04	09	30	35	32	36
28	➡	36	13	24	34	05	21	10
34	➡	10	15	12	23	01	17	25
41	➡	07	04	15	19	31	13	30
42	➡	09	34	13	36	06	10	24

予想候補(重複した数字)

4回重複=「13」
3回重複=「10」「24」「30」「36」
2回重複=「04」「05」「07」「09」「15」「21」「34」

ステップ1

木曜日ロト6への当せん数字6個それぞれの金曜日ロト7への超連動攻略データを書き込んでいく

第559回(2024年1月26日)ロト7を予想する場合、使用するロト6データは、前日の1月25日の第1864回ロト6当せん数字「14　22　28　34　41　42」。まず6個それぞれから金曜日ロト7への超連動データをチェックしていこう。「14」(P313)は、「07」「27」(各21回)、「14」「21」(各20回)、「13」(19回)、「30」(18回)、「05」「12」「15」「24」「28」「32」(各17回)となっているので、最多出現から7数字を書き込んでいこう。なお、予想シートには7個の候補数字しか書き込めないようになっているので、7個以上の候補数字が出た場合は、上位7個を書き込んでいこう。これは予想するロト7が7個の数字を選ぶため、枠を7個にしている。同様にほかのロト6の数字に関しても超連動攻略データを見て、候補数字を書き込んでいこう。

ステップ2

ステップ1で出た数字を組み合わせていく

ステップ1で予想候補を書き込んだら、次は予想の組み合わせを作っていこう。候補数字を整理するため、重複した数字をチェックすると、
4回重複「13」
3回重複「10」「24」「30」「36」
2回重複「04」「05」「07」「09」「15」「21」「34」
上記の重複した数字を中心に予想を組み合わせていこう。

結果論だが、第559回ロト7当せん数字は「03　04　10　13　15　18　22(02　16)」。重複した数字から「04」「10」「13」「15」がヒット。組み合わせ次第では5等が見える結果に。

なお、ロト6⇒ロト7の超連動攻略はピタリとハマれば強力な予想ツールになるが、万能ではない。当せん数字の流れや出現トレンドをチェックしながら、数字を選んでいくことが肝要だ!

予想例その4

超連動攻略法でロト6を予想する

連動攻略法をより使いやすくするために、専用の予想シートを作成した。ここで紹介する予想例を参考に、ぜひチャレンジしてみよう！

第1867回（2024年2月5日）ロト6を予想する場合、
使用するのは、その前週の第560回（2月2日）
ロト7当せん数字「03　20　29　32　33　34　35」

ロト7⇒翌週月曜日ロト6 超連動攻略法予想シート

ロト7当せん数字		翌週月曜日ロト6 予想候補					
03	➡	21	24	27	01	02	03
20	➡	05	37	06	10	26	03
29	➡	42	13	27	05	06	41
32	➡	22	28	34	35	19	37
33	➡	19	37	07	21	04	06
34	➡	02	29	39	22	24	28
35	➡	02	43	21	28	27	37

予想候補（重複した数字）

4回重複＝「37」
3回重複＝「02」「06」「21」「27」「28」
2回重複＝「03」「05」「19」「22」「24」

ステップ1

前週ロト7の当せん数字7個それぞれの翌週月曜日ロト6への超連動攻略データを書き込む!

第1867回(2024年2月5日・月曜日)ロト6を予想する場合、使用するロト7データは、前週の2月2日の第560回ロト7当せん数字「03　20　29　32　33　34　35」。まず7個それぞれから翌週月曜日ロト6への超連動データをチェックしていこう。「03」(P327)は、「21」「24」「27」(各20回)、「01」「02」「03」(各19回)。予想シートには6個の候補数字しか書き込めないようになっているので、上から6個を書き込んでいこう。これは予想するロト6が6個の数字を選ぶため、枠を6個にしている。同様にほかのロト7の数字に関しても超連動攻略データを見て、候補数字を書き込んでいこう。

ステップ2

候補数字が出揃ったら、重複する筋を重視した予想を組み立てる

ステップ1で予想候補を書き込んだら、次は予想の組み合わせを作っていこう。候補数字を整理するため、重複した数字をチェックすると、
4回重複「37」
3回重複=「02」「06」「21」「27」「28」
2回重複=「03」「05」「19」「22」「24」
上記の重複した数字を中心に、重複しなかった数字を組み合わせていこう。
結果論だが、第1867回ロト6当せん数字は「01　06　17　28　40　42(04)」。重複した数字から「06」「28」がヒット。重複しなかった数字のなかに「01」「42」もあるため、組み合わせ次第では4等も見えた結果に。
なお、ロト6⇒ロト7の超連動攻略でも述べたが、出現傾向の高い数字が常に出るとは限らない。しっかりと当せん数字をチェックし、流れを見極めながら数字を選んでいくことが肝要だ!

※コピーしてお使い下さい

木曜日ロト6⇒ロト7 超連動攻略法予想シート

木曜日 ロト6 当せん数字		ロト7 予想候補						
	➡							
	➡							
	➡							
	➡							
	➡							
	➡							

予想候補（重複した数字）

※コピーしてお使い下さい

ロト7⇒翌週月曜日ロト6 超連動攻略法予想シート

ロト7 当せん数字		翌週月曜日ロト6 予想候補					
	➡						
	➡						
	➡						
	➡						
	➡						
	➡						
	➡						

予想候補(重複した数字)

LOTO 7 ロトセブン 全当せん数字一覧

ここでは第1回～第558回のロト7全当せん数字を紹介している。なお、書き込みスペースは、第619回まで設けてあるので、書き込んでいこう！

Bはボーナス数字

回号	抽せん日	六曜	九星	セット球	本数字	B	
第1回	H25.4.5	友引	八白土星	A	07 10 12 17 23 28 34	03	15
第2回	H25.4.12	大安	六白金星	E	20 24 29 31 33 34 35	12	32
第3回	H25.4.19	赤口	四緑木星	G	02 07 08 11 14 23 31	05	15
第4回	H25.4.26	先勝	二黒土星	C	12 13 22 23 24 28 29	02	14
第5回	H25.5.3	友引	九紫火星	I	01 03 04 05 16 21 28	22	31
第6回	H25.5.10	仏滅	七赤金星	J	05 15 19 23 30 34 35	06	25
第7回	H25.5.17	大安	五黄土星	H	01 03 05 07 27 29 33	06	15
第8回	H25.5.24	赤口	三碧木星	B	02 21 28 29 30 32 36	06	08
第9回	H25.5.31	先勝	一白水星	D	03 04 15 23 27 30 36	13	35
第10回	H25.6.7	友引	八白土星	D	01 02 03 06 24 28 30	16	20
第11回	H25.6.14	仏滅	六白金星	F	09 15 26 29 32 34 36	14	35
第12回	H25.6.21	大安	四緑木星	A	11 12 14 19 26 27 33	24	32
第13回	H25.6.28	赤口	八白土星	C	06 10 16 21 27 28 35	15	34
第14回	H25.7.5	先勝	一白水星	E	04 07 08 09 24 28 30	34	36
第15回	H25.7.12	仏滅	三碧木星	G	02 10 14 17 23 25 35	08	29
第16回	H25.7.19	大安	五黄土星	D	05 06 09 13 16 21 23	08	34
第17回	H25.7.26	赤口	七赤金星	J	02 03 05 22 34 36 37	07	15
第18回	H25.8.2	先勝	九紫火星	G	12 17 21 24 29 31 36	20	26
第19回	H25.8.9	先負	二黒土星	B	02 14 19 20 21 22 31	01	15
第20回	H25.8.16	仏滅	四緑木星	I	02 05 13 20 21 23 28	11	22
第21回	H25.8.23	大安	六白金星	H	01 09 13 15 25 30 33	19	28
第22回	H25.8.30	赤口	八白土星	C	02 04 08 09 15 23 25	03	10
第23回	H25.9.6	先負	一白水星	F	04 08 11 25 28 29 30	14	32
第24回	H25.9.13	仏滅	三碧木星	A	04 05 08 10 16 19 33	02	29
第25回	H25.9.20	大安	五黄土星	E	01 06 11 16 17 18 21	10	24
第26回	H25.9.27	赤口	七赤金星	D	11 13 16 18 26 31 36	21	27
第27回	H25.10.4	先勝	九紫火星	B	01 10 11 14 17 18 28	25	26
第28回	H25.10.11	先負	二黒土星	J	06 07 12 15 19 35 37	01	11
第29回	H25.10.18	仏滅	四緑木星	C	02 03 16 17 24 26 28	15	31
第30回	H25.10.25	大安	六白金星	G	06 08 13 22 26 32 36	16	34
第31回	H25.11.1	赤口	八白土星	I	09 12 13 19 23 33 34	20	32
第32回	H25.11.8	先負	一白水星	A	03 08 15 18 27 29 37	31	34
第33回	H25.11.15	仏滅	三碧木星	F	01 04 17 24 29 33 36	19	30
第34回	H25.11.22	大安	五黄土星	H	04 06 07 23 24 32 35	08	27
第35回	H25.11.29	赤口	七赤金星	E	01 16 18 19 25 30 34	26	36
第36回	H25.12.6	友引	九紫火星	E	05 06 10 11 20 28 36	25	37
第37回	H25.12.13	先負	二黒土星	J	07 08 10 13 14 19 37	29	33
第38回	H25.12.20	仏滅	四緑木星	D	04 14 19 22 24 29 34	08	31
第39回	H25.12.27	大安	四緑木星	F	07 13 19 23 25 26 30	01	18
第40回	H26.1.10	先負	九紫火星	C	02 06 11 23 26 31 34	07	20
第41回	H26.1.17	仏滅	七赤金星	B	02 03 08 15 34 35 36	25	28
第42回	H26.1.24	大安	五黄土星	G	02 15 16 17 23 31 33	08	26
第43回	H26.1.31	先勝	三碧木星	C	04 06 07 08 24 31 37	05	13
第44回	H26.2.7	友引	一白水星	I	03 04 06 15 27 28 29	01	14
第45回	H26.2.14	先負	八白土星	A	01 02 09 18 21 27 33	25	31
第46回	H26.2.21	仏滅	六白金星	J	02 05 06 15 23 27 30	04	35
第47回	H26.2.28	大安	四緑木星	H	02 09 11 14 20 21 36	06	15
第48回	H26.3.7	友引	二黒土星	F	03 05 24 26 29 30 34	08	35
第49回	H26.3.14	先負	九紫火星	E	08 11 12 17 24 26 27	14	21
第50回	H26.3.21	仏滅	七赤金星	D	03 04 07 08 15 24 29	11	16
第51回	H26.3.28	大安	五黄土星	D	01 04 05 08 20 23 35	15	33
第52回	H26.4.4	先勝	三碧木星	B	08 10 22 24 26 32 34	05	09
第53回	H26.4.11	友引	一白水星	G	01 04 14 16 20 33 36	12	30
第54回	H26.4.18	先負	八白土星	I	01 03 05 10 18 22 23	07	35

回号	抽せん日	六曜	九星	セット球	本数字	B	
第55回	H26.4.25	仏滅	六白金星	C	04 12 14 17 23 30 36	13	33
第56回	H26.5.2	先勝	四緑木星	A	04 23 26 27 28 32 36	29	30
第57回	H26.5.9	友引	二黒土星	J	05 06 12 16 17 20 33	08	32
第58回	H26.5.16	先負	九紫火星	E	01 06 07 08 23 32 33	11	34
第59回	H26.5.23	仏滅	七赤金星	A	05 08 12 13 21 30 35	27	34
第60回	H26.5.30	赤口	五黄土星	B	03 07 09 15 16 23 34	05	33
第61回	H26.6.6	先勝	三碧木星	F	05 10 11 21 28 31 37	13	14
第62回	H26.6.13	友引	一白水星	D	04 10 12 15 27 32 33	09	16
第63回	H26.6.20	先負	八白土星	H	04 08 19 24 28 30 32	12	37
第64回	H26.6.27	赤口	四緑木星	G	04 15 16 17 20 29 36	19	26
第65回	H26.7.4	先勝	六白金星	I	04 07 12 22 23 24 28	25	34
第66回	H26.7.11	友引	八白土星	E	01 11 25 28 31 33 37	03	20
第67回	H26.7.18	先負	一白水星	A	07 11 15 17 18 25 35	06	33
第68回	H26.7.25	仏滅	三碧木星	C	02 07 13 15 24 34 35	12	23
第69回	H26.8.1	赤口	五黄土星	J	13 17 20 22 28 29 37	11	12
第70回	H26.8.8	先勝	七赤金星	F	09 10 18 21 27 33 35	04	11
第71回	H26.8.15	友引	九紫火星	B	01 06 13 29 34 35 37	02	15
第72回	H26.8.22	先負	二黒土星	D	11 12 18 19 20 31 32	09	21
第73回	H26.8.29	赤口	四緑木星	H	12 16 23 25 27 30 32	28	33
第74回	H26.9.5	先勝	六白金星	I	05 13 14 15 16 24 31	09	11
第75回	H26.9.12	友引	八白土星	G	04 09 15 17 19 35 37	10	20
第76回	H26.9.19	先負	一白水星	E	04 13 18 29 32 34 36	24	33
第77回	H26.9.26	大安	三碧木星	A	03 10 23 25 26 28 30	15	29
第78回	H26.10.3	赤口	五黄土星	C	05 06 10 14 24 28 36	07	20
第79回	H26.10.10	先勝	七赤金星	J	02 04 07 09 21 29 37	06	36
第80回	H26.10.17	友引	九紫火星	F	02 05 10 18 21 24 27	25	34
第81回	H26.10.24	先負	二黒土星	D	01 03 10 18 28 31 35	09	21
第82回	H26.10.31	仏滅	四緑木星	H	01 03 16 20 25 27 34	18	37
第83回	H26.11.7	大安	六白金星	B	01 11 21 26 28 32 35	18	22
第84回	H26.11.14	赤口	八白土星	I	08 16 23 28 29 35 36	12	37
第85回	H26.11.21	先勝	一白水星	E	06 07 10 11 22 26 35	14	23
第86回	H26.11.28	仏滅	三碧木星	G	03 10 20 21 22 26 30	24	35
第87回	H26.12.5	大安	五黄土星	A	08 09 12 18 20 28 31	13	15
第88回	H26.12.12	赤口	七赤金星	C	03 04 10 14 25 29 30	18	19
第89回	H26.12.19	先勝	一白水星	F	01 03 11 26 28 34 36	17	20
第90回	H26.12.26	先負	八白土星	J	02 08 09 13 14 18 37	11	25
第91回	H27.1.9	大安	四緑木星	I	01 05 07 14 15 25 35	18	24
第92回	H27.1.16	赤口	二黒土星	D	04 05 15 25 26 29 32	11	27
第93回	H27.1.23	先負	九紫火星	H	02 05 11 14 17 30 32	31	37
第94回	H27.1.30	仏滅	七赤金星	B	13 19 20 27 28 29 30	26	36
第95回	H27.2.6	大安	五黄土星	F	01 08 13 14 18 30 34	26	36
第96回	H27.2.13	赤口	三碧木星	E	09 11 14 21 22 23 24	10	36
第97回	H27.2.20	友引	一白水星	G	07 13 14 16 22 24 35	01	29
第98回	H27.2.27	先負	八白土星	A	03 09 11 13 19 25 33	10	30
第99回	H27.3.6	仏滅	六白金星	C	13 17 22 24 27 28 35	11	19
第100回	H27.3.13	大安	四緑木星	J	01 02 11 16 25 35 36	09	14
第101回	H27.3.20	友引	二黒土星	H	11 12 21 23 28 36 37	03	16
第102回	H27.3.27	先負	九紫火星	E	01 04 08 27 28 29 31	13	25
第103回	H27.4.3	仏滅	七赤金星	C	02 03 11 12 22 35 36	30	34
第104回	H27.4.10	大安	五黄土星	A	07 09 11 15 16 22 37	12	13
第105回	H27.4.17	赤口	三碧木星	F	03 15 19 20 26 28 33	17	21
第106回	H27.4.24	友引	一白水星	I	06 10 12 19 21 22 30	01	11
第107回	H27.5.1	先負	八白土星	G	03 08 09 13 17 27 33	29	31
第108回	H27.5.8	仏滅	六白金星	D	02 06 07 08 28 30 36	18	21
第109回	H27.5.15	大安	四緑木星	B	06 17 20 21 24 30 32	07	23
第110回	H27.5.22	友引	二黒土星	H	04 12 22 30 31 35 36	19	37
第111回	H27.5.29	先負	九紫火星	J	07 08 09 24 28 30 33	01	34
第112回	H27.6.5	仏滅	七赤金星	E	06 07 10 15 27 35 36	13	20
第113回	H27.6.12	大安	五黄土星	C	04 06 07 09 15 17 37	14	20
第114回	H27.6.19	友引	七赤金星	F	08 13 26 27 28 29 37	04	12
第115回	H27.6.26	先負	九紫火星	G	06 08 13 14 20 25 27	24	26
第116回	H27.7.3	仏滅	二黒土星	I	09 14 23 27 28 31 32	03	20
第117回	H27.7.10	大安	四緑木星	A	09 10 20 28 31 34 37	23	26
第118回	H27.7.17	先勝	六白金星	D	05 08 09 24 27 28 30	16	20

回号	抽せん日	六曜	九星	セット球	本数字	B	
第119回	H27.7.24	友引	八白土星	B	03 06 08 14 15 25 36	24	35
第120回	H27.7.31	先負	一白水星	C	02 16 18 26 32 35 37	09	36
第121回	H27.8.7	仏滅	三碧木星	J	02 04 13 16 21 30 37	19	29
第122回	H27.8.14	先勝	五黄土星	H	02 16 18 26 27 34 35	05	12
第123回	H27.8.21	友引	七赤金星	E	01 03 05 08 29 34 36	23	28
第124回	H27.8.28	先負	九紫火星	F	01 02 15 17 18 22 36	06	27
第125回	H27.9.4	仏滅	二黒土星	I	01 06 11 14 19 28 35	18	21
第126回	H27.9.11	大安	四緑木星	D	04 10 13 16 17 21 27	01	18
第127回	H27.9.18	先勝	六白金星	A	10 12 15 23 28 30 35	06	25
第128回	H27.9.25	友引	八白土星	C	02 04 08 23 26 27 32	03	35
第129回	H27.10.2	先負	一白水星	G	05 07 11 19 24 27 30	29	35
第130回	H27.10.9	仏滅	三碧木星	B	01 15 20 23 25 31 32	05	24
第131回	H27.10.16	赤口	五黄土星	J	03 04 12 17 32 34 36	23	31
第132回	H27.10.23	先勝	七赤金星	E	07 10 14 16 20 30 31	35	37
第133回	H27.10.30	友引	九紫火星	D	03 07 13 15 17 21 30	14	27
第134回	H27.11.6	先負	二黒土星	H	04 09 20 28 30 34 35	12	29
第135回	H27.11.13	大安	四緑木星	F	08 09 13 14 24 32 34	03	04
第136回	H27.11.20	赤口	六白金星	I	10 17 24 27 30 33 37	18	31
第137回	H27.11.27	先勝	八白土星	A	13 19 21 25 27 32 35	16	20
第138回	H27.12.4	友引	一白水星	E	02 05 17 20 21 32 33	30	35
第139回	H27.12.11	大安	三碧木星	C	09 16 18 21 23 34 35	04	36
第140回	H27.12.18	赤口	五黄土星	G	03 11 12 13 17 26 35	01	33
第141回	H27.12.25	先勝	三碧木星	B	02 10 18 30 31 32 36	21	29
第142回	H28.1.8	先負	八白土星	J	06 12 14 18 21 27 28	01	33
第143回	H28.1.15	大安	六白金星	D	01 03 08 14 28 29 33	04	31
第144回	H28.1.22	赤口	四緑木星	H	02 09 13 18 22 32 36	17	26
第145回	H28.1.29	先勝	二黒土星	J	10 12 18 28 29 30 35	04	19
第146回	H28.2.5	友引	九紫火星	F	04 10 25 27 28 33 34	15	35
第147回	H28.2.12	大安	七赤金星	E	01 05 07 12 15 24 25	08	14
第148回	H28.2.19	赤口	五黄土星	C	01 09 11 16 20 30 34	12	33
第149回	H28.2.26	先勝	三碧木星	I	01 04 15 19 22 23 31	12	32
第150回	H28.3.4	友引	一白水星	A	06 07 14 20 27 31 34	11	24

回号	抽せん日	六曜	九星	セット球	本数字	B	
第151回	H28.3.11	仏滅	八白土星	B	09 10 13 15 21 22 24	04	08
第152回	H28.3.18	大安	六白金星	G	08 12 17 21 23 24 31	06	07
第153回	H28.3.25	赤口	四緑木星	D	07 09 10 16 20 28 37	02	33
第154回	H28.4.1	先勝	二黒土星	H	02 04 19 21 24 28 35	03	13
第155回	H28.4.8	仏滅	九紫火星	J	02 09 13 18 22 24 26	10	37
第156回	H28.4.15	大安	七赤金星	E	04 09 16 19 22 33 34	17	36
第157回	H28.4.22	赤口	五黄土星	C	05 09 16 26 28 29 32	01	37
第158回	H28.4.29	先勝	三碧木星	I	03 06 07 30 32 36 37	05	20
第159回	H28.5.6	友引	一白水星	G	10 14 17 21 23 27 31	16	24
第160回	H28.5.13	仏滅	八白土星	F	01 02 08 24 32 36 37	23	33
第161回	H28.5.20	大安	六白金星	B	08 14 17 18 20 22 34	04	30
第162回	H28.5.27	赤口	四緑木星	A	02 07 08 12 14 23 27	06	10
第163回	H28.6.3	先勝	二黒土星	F	01 02 06 16 28 30 31	03	07
第164回	H28.6.10	仏滅	九紫火星	D	03 13 20 23 31 35 36	02	11
第165回	H28.6.17	大安	三碧木星	H	09 11 14 15 16 18 27	06	20
第166回	H28.6.24	赤口	五黄土星	J	14 20 27 29 30 31 37	23	34
第167回	H28.7.1	先勝	七赤金星	E	01 03 05 07 10 26 36	19	37
第168回	H28.7.8	仏滅	九紫火星	I	03 09 12 14 19 20 36	02	05
第169回	H28.7.15	大安	二黒土星	C	01 05 10 20 21 28 30	25	26
第170回	H28.7.22	赤口	四緑木星	A	03 05 06 09 27 32 36	12	24
第171回	H28.7.29	先勝	六白金星	B	01 02 06 21 23 27 28	11	16
第172回	H28.8.5	先負	八白土星	D	05 20 21 27 30 31 36	09	26
第173回	H28.8.12	仏滅	一白水星	G	07 09 19 22 24 27 30	04	28
第174回	H28.8.19	大安	三碧木星	F	10 13 14 15 23 31 32	04	29
第175回	H28.8.26	赤口	五黄土星	H	06 17 21 31 33 35 37	14	18
第176回	H28.9.2	先負	七赤金星	J	01 11 12 17 22 30 35	15	16
第177回	H28.9.9	仏滅	九紫火星	I	09 15 19 23 25 34 36	02	35
第178回	H28.9.16	大安	二黒土星	E	06 09 11 15 26 34 36	13	37
第179回	H28.9.23	赤口	四緑木星	C	04 09 12 13 22 26 36	05	33
第180回	H28.9.30	先勝	六白金星	D	01 08 11 21 23 25 28	05	37
第181回	H28.10.7	先負	八白土星	J	07 08 10 13 19 23 24	15	27
第182回	H28.10.14	仏滅	一白水星	A	01 07 10 11 20 23 30	03	37

回号	抽せん日	六曜	九星	セット球	本数字	B	
第183回	H28.10.21	大安	三碧木星	B	06 15 20 26 33 34 37	19	29
第184回	H28.10.28	赤口	五黄土星	F	07 14 18 22 23 26 34	02	32
第185回	H28.11.4	友引	七赤金星	C	01 02 04 16 26 29 34	11	12
第186回	H28.11.11	先負	九紫火星	G	05 14 16 19 31 33 37	21	28
第187回	H28.11.18	仏滅	二黒土星	H	04 06 10 23 24 32 36	15	31
第188回	H28.11.25	大安	四緑木星	E	06 15 19 25 26 30 31	14	18
第189回	H28.12.2	友引	六白金星	D	03 07 08 10 18 23 35	01	19
第190回	H28.12.9	先負	二黒土星	I	02 11 12 18 21 33 36	08	34
第191回	H28.12.16	仏滅	九紫火星	J	08 15 21 24 26 27 29	07	30
第192回	H28.12.23	大安	七赤金星	F	12 13 14 19 25 33 34	03	22
第193回	H28.12.30	先勝	五黄土星	A	04 06 20 21 22 24 31	09	10
第194回	H29.1.6	友引	三碧木星	B	03 06 27 30 31 32 36	14	23
第195回	H29.1.13	先負	一白水星	H	04 07 12 20 23 24 31	26	35
第196回	H29.1.20	仏滅	八白土星	G	07 13 15 25 30 32 37	08	14
第197回	H29.1.27	大安	六白金星	A	06 08 10 12 16 21 28	14	23
第198回	H29.2.3	先勝	四緑木星	C	18 21 31 32 33 36 37	05	25
第199回	H29.2.10	友引	二黒土星	E	01 09 17 20 22 28 29	13	16
第200回	H29.2.17	先負	九紫火星	B	13 14 17 21 27 28 34	01	11
第201回	H29.2.24	仏滅	七赤金星	D	08 11 17 24 28 31 32	12	34
第202回	H29.3.3	先勝	五黄土星	F	03 07 11 16 22 34 37	29	32
第203回	H29.3.10	友引	三碧木星	A	06 13 17 22 32 33 36	12	28
第204回	H29.3.17	先負	一白水星	I	05 19 20 21 30 34 36	07	12
第205回	H29.3.24	仏滅	八白土星	G	04 05 19 31 35 36 37	27	32
第206回	H29.3.31	赤口	六白金星	J	01 06 07 11 27 35 36	22	26
第207回	H29.4.7	先勝	四緑木星	C	04 05 10 13 28 32 33	19	26
第208回	H29.4.14	友引	二黒土星	H	04 13 16 18 22 26 33	27	29
第209回	H29.4.21	先負	九紫火星	C	03 04 06 13 22 31 36	28	34
第210回	H29.4.28	赤口	七赤金星	F	02 04 06 11 15 19 36	23	34
第211回	H29.5.5	先勝	五黄土星	E	07 15 22 25 31 32 35	29	36
第212回	H29.5.12	友引	三碧木星	B	04 06 10 19 20 24 29	01	27
第213回	H29.5.19	先負	一白水星	I	05 13 15 18 19 24 35	20	23
第214回	H29.5.26	大安	八白土星	A	02 06 09 12 31 36 37	03	22
第215回	H29.6.2	赤口	六白金星	D	11 12 13 21 29 36 37	07	09
第216回	H29.6.9	先勝	六白金星	G	09 14 22 24 25 36 37	08	28
第217回	H29.6.16	友引	八白土星	C	04 06 26 27 28 35 36	24	34
第218回	H29.6.23	先負	一白水星	J	15 16 17 21 26 29 30	10	34
第219回	H29.6.30	大安	三碧木星	I	06 09 13 14 21 25 31	02	04
第220回	H29.7.7	赤口	五黄土星	H	07 09 11 18 25 28 35	20	27
第221回	H29.7.14	先勝	七赤金星	D	01 02 09 11 17 30 35	13	36
第222回	H29.7.21	友引	九紫火星	F	03 09 18 21 23 27 29	35	37
第223回	H29.7.28	大安	二黒土星	A	10 13 19 21 26 33 34	24	25
第224回	H29.8.4	赤口	四緑木星	E	02 04 07 10 12 29 34	01	21
第225回	H29.8.11	先勝	六白金星	G	13 15 17 18 20 21 26	25	29
第226回	H29.8.18	友引	八白土星	B	12 17 21 24 26 30 32	10	22
第227回	H29.8.25	仏滅	一白水星	J	02 03 07 09 22 23 26	29	30
第228回	H29.9.1	大安	三碧木星	C	06 11 14 21 24 28 31	22	36
第229回	H29.9.8	赤口	五黄土星	I	02 03 09 30 33 36 37	01	32
第230回	H29.9.15	先勝	七赤金星	H	03 05 08 15 22 25 27	18	31
第231回	H29.9.22	仏滅	九紫火星	D	04 15 18 24 25 34 36	10	26
第232回	H29.9.29	大安	二黒土星	F	02 04 07 09 15 35 37	10	23
第233回	H29.10.6	赤口	四緑木星	E	03 13 17 25 26 27 29	08	37
第234回	H29.10.13	先勝	六白金星	F	07 14 15 16 23 25 30	05	34
第235回	H29.10.20	先負	八白土星	A	02 09 13 18 21 33 34	03	11
第236回	H29.10.27	仏滅	一白水星	I	19 22 23 34 35 36 37	10	30
第237回	H29.11.3	大安	三碧木星	J	03 04 07 19 20 21 29	08	33
第238回	H29.11.10	赤口	五黄土星	B	03 21 26 33 34 35 37	23	31
第239回	H29.11.17	先勝	七赤金星	C	08 13 17 21 23 28 37	01	14
第240回	H29.11.24	仏滅	九紫火星	G	09 12 14 24 29 31 35	05	30
第241回	H29.12.1	大安	二黒土星	H	05 11 12 19 21 26 28	04	20
第242回	H29.12.8	赤口	六白金星	E	01 05 13 17 31 32 35	19	24
第243回	H29.12.15	先勝	四緑木星	D	06 09 13 18 20 22 30	11	14
第244回	H29.12.22	先負	二黒土星	F	02 09 17 22 32 34 36	11	12
第245回	H29.12.29	仏滅	九紫火星	A	02 08 09 11 24 26 27	07	36
第246回	H30.1.5	大安	七赤金星	I	03 06 09 19 23 25 31	21	36

回号	抽せん日	六曜	九星	セット球	本数字	B	
第247回	H30.1.12	赤口	五黄土星	G	10 12 13 16 34 35 36	11	37
第248回	H30.1.19	友引	三碧木星	J	01 05 06 22 25 27 31	12	18
第249回	H30.1.26	先負	一白水星	D	09 20 28 29 31 34 37	05	25
第250回	H30.2.2	仏滅	八白土星	F	05 09 10 13 26 30 34	18	23
第251回	H30.2.9	大安	六白金星	B	01 15 20 26 28 34 37	23	30
第252回	H30.2.16	先勝	四緑木星	C	08 23 24 25 27 30 31	11	17
第253回	H30.2.23	友引	二黒土星	H	06 07 09 12 15 17 24	26	29
第254回	H30.3.2	先負	九紫火星	A	01 12 14 18 23 24 31	07	26
第255回	H30.3.9	仏滅	七赤金星	C	01 04 11 13 15 21 32	05	10
第256回	H30.3.16	大安	五黄土星	E	14 21 24 27 30 33 37	19	20
第257回	H30.3.23	友引	三碧木星	G	05 15 16 26 27 32 35	23	28
第258回	H30.3.30	先負	一白水星	B	01 03 11 20 23 32 35	25	26
第259回	H30.4.6	仏滅	八白土星	I	05 06 15 19 22 29 32	04	31
第260回	H30.4.13	大安	六白金星	G	04 08 12 23 29 31 34	05	06
第261回	H30.4.20	先勝	四緑木星	F	04 14 15 17 21 23 26	07	08
第262回	H30.4.27	友引	二黒土星	J	02 06 07 09 19 23 36	05	15
第263回	H30.5.4	先負	九紫火星	D	01 05 11 16 27 35 36	06	14
第264回	H30.5.11	仏滅	七赤金星	I	08 13 15 17 21 26 29	04	24
第265回	H30.5.18	先勝	五黄土星	H	12 13 15 19 21 24 36	10	37
第266回	H30.5.25	友引	三碧木星	B	06 11 15 17 20 27 32	16	22
第267回	H30.6.1	先負	九紫火星	D	08 13 18 20 23 25 26	06	28
第268回	H30.6.8	仏滅	二黒土星	A	04 05 09 15 29 31 33	26	27
第269回	H30.6.15	赤口	四緑木星	E	01 09 15 24 31 33 36	02	26
第270回	H30.6.22	先勝	六白金星	J	01 02 11 13 15 24 25	26	28
第271回	H30.6.29	友引	八白土星	G	01 09 15 16 19 32 35	14	31
第272回	H30.7.6	先負	一白水星	C	02 05 08 15 18 26 31	19	25
第273回	H30.7.13	赤口	三碧木星	I	13 15 21 23 26 32 34	05	09
第274回	H30.7.20	先勝	五黄土星	F	09 14 21 23 25 26 37	07	29
第275回	H30.7.27	友引	七赤金星	E	08 09 15 19 24 25 35	34	37
第276回	H30.8.3	先負	九紫火星	H	03 06 12 17 22 34 35	02	33
第277回	H30.8.10	仏滅	二黒土星	I	06 07 09 11 21 23 25	01	22
第278回	H30.8.17	先勝	四緑木星	B	06 09 14 21 23 33 36	27	28

回号	抽せん日	六曜	九星	セット球	本数字	B	
第279回	H30.8.24	友引	六白金星	E	07 11 15 17 19 23 31	09	37
第280回	H30.8.31	先負	八白土星	C	04 09 10 11 24 32 35	02	37
第281回	H30.9.7	仏滅	一白水星	J	01 02 17 19 20 22 26	30	36
第282回	H30.9.14	赤口	三碧木星	G	10 17 18 25 29 35 36	07	14
第283回	H30.9.21	先勝	五黄土星	D	13 14 15 17 23 29 31	10	19
第284回	H30.9.28	友引	七赤金星	A	06 07 10 25 29 30 33	01	31
第285回	H30.10.5	先負	九紫火星	F	11 15 21 26 30 34 35	04	36
第286回	H30.10.12	赤口	二黒土星	B	04 05 14 17 18 29 37	27	31
第287回	H30.10.19	先勝	四緑木星	G	02 07 10 20 24 29 34	04	08
第288回	H30.10.26	友引	六白金星	I	01 08 09 16 27 32 37	17	31
第289回	H30.11.2	先負	八白土星	D	02 07 10 12 16 17 34	23	25
第290回	H30.11.9	大安	一白水星	H	03 13 22 26 31 32 37	29	35
第291回	H30.11.16	赤口	三碧木星	A	01 11 18 19 21 29 37	05	15
第292回	H30.11.23	先勝	五黄土星	A	12 15 25 26 27 29 35	24	30
第293回	H30.11.30	友引	三碧木星	J	11 13 15 20 27 29 35	01	07
第294回	H30.12.7	大安	一白水星	F	03 04 06 10 14 22 29	28	32
第295回	H30.12.14	赤口	八白土星	J	04 05 06 08 09 22 32	13	26
第296回	H30.12.21	先勝	六白金星	H	01 08 10 12 18 28 29	25	27
第297回	H30.12.28	友引	四緑木星	C	02 03 11 16 23 28 36	08	24
第298回	H31.1.4	先負	二黒土星	E	01 03 08 11 18 19 22	26	30
第299回	H31.1.11	大安	九紫火星	B	01 06 10 13 16 26 36	28	30
第300回	H31.1.18	赤口	七赤金星	I	04 07 21 31 33 34 35	06	12
第301回	H31.1.25	先勝	五黄土星	E	04 11 12 25 27 30 33	05	19
第302回	H31.2.1	友引	三碧木星	G	08 16 26 27 28 32 34	04	25
第303回	H31.2.8	仏滅	一白水星	A	04 07 14 17 21 34 37	10	30
第304回	H31.2.15	大安	八白土星	A	07 09 10 17 28 33 36	18	23
第305回	H31.2.22	赤口	六白金星	H	06 17 23 24 27 28 31	10	18
第306回	H31.3.1	先勝	四緑木星	D	12 13 15 22 25 33 35	01	31
第307回	H31.3.8	先負	二黒土星	F	05 08 15 24 25 32 35	20	26
第308回	H31.3.15	仏滅	九紫火星	A	05 06 11 15 20 32 33	13	25
第309回	H31.3.22	大安	七赤金星	J	01 07 13 14 16 21 22	18	34
第310回	H31.3.29	赤口	五黄土星	E	17 25 26 28 31 32 37	06	09

回号	抽せん日	六曜	九星	セット球	本数字	B	
第311回	H31.4.5	先負	三碧木星	C	09 11 18 24 26 27 37	30	33
第312回	H31.4.12	仏滅	一白水星	J	01 02 04 18 20 29 34	17	30
第313回	H31.4.19	大安	八白土星	B	09 13 16 23 28 29 30	01	20
第314回	H31.4.26	赤口	六白金星	C	03 06 08 19 32 34 35	12	30
第315回	2019.5.3	先勝	四緑木星	I	03 11 18 26 30 33 37	28	31
第316回	2019.5.10	先負	二黒土星	G	03 09 10 17 30 33 34	06	08
第317回	2019.5.17	仏滅	九紫火星	H	07 08 14 15 16 20 29	18	19
第318回	2019.5.24	大安	七赤金星	E	04 05 10 12 27 34 36	03	14
第319回	2019.5.31	赤口	五黄土星	D	02 06 14 23 28 31 35	19	27
第320回	2019.6.7	先負	七赤金星	E	05 06 18 22 26 33 34	36	37
第321回	2019.6.14	仏滅	九紫火星	F	15 24 27 28 29 34 35	09	25
第322回	2019.6.21	大安	二黒土星	A	01 10 11 21 26 29 30	14	20
第323回	2019.6.28	赤口	四緑木星	C	11 14 15 21 26 34 36	23	27
第324回	2019.7.5	友引	六白金星	B	09 13 16 17 18 19 20	30	36
第325回	2019.7.12	先負	八白土星	J	04 14 17 18 21 31 33	06	20
第326回	2019.7.19	仏滅	一白水星	G	01 02 17 18 24 27 29	12	32
第327回	2019.7.26	大安	三碧木星	D	01 03 13 14 16 30 31	02	17
第328回	2019.8.2	友引	五黄土星	G	03 09 10 14 19 24 30	18	21
第329回	2019.8.9	先負	七赤金星	I	03 10 19 20 26 28 30	15	25
第330回	2019.8.16	仏滅	九紫火星	H	03 04 10 12 17 18 20	19	32
第331回	2019.8.23	大安	二黒土星	G	05 07 11 12 15 18 20	19	30
第332回	2019.8.30	友引	四緑木星	E	05 07 10 15 24 27 30	03	33
第333回	2019.9.6	先負	六白金星	G	01 04 10 11 16 24 34	30	32
第334回	2019.9.13	仏滅	八白土星	A	03 07 15 16 30 34 35	08	29
第335回	2019.9.20	大安	一白水星	C	09 10 17 18 22 25 35	13	14
第336回	2019.9.27	赤口	三碧木星	B	09 10 13 21 25 31 33	24	37
第337回	2019.10.4	友引	五黄土星	I	05 07 10 12 14 24 35	11	33
第338回	2019.10.11	先負	七赤金星	F	07 09 16 17 23 27 34	15	36
第339回	2019.10.18	仏滅	九紫火星	B	11 15 18 20 23 25 32	09	37
第340回	2019.10.25	大安	二黒土星	D	06 14 17 26 27 30 36	12	28
第341回	2019.11.1	友引	四緑木星	J	04 11 17 27 29 31 36	19	24
第342回	2019.11.8	先負	六白金星	H	03 06 24 28 32 35 36	04	08
第343回	2019.11.15	仏滅	八白土星	E	17 19 22 29 30 31 32	11	16
第344回	2019.11.22	大安	一白水星	I	11 19 28 29 31 32 37	12	21
第345回	2019.11.29	先勝	七赤金星	G	06 09 10 18 28 31 32	24	35
第346回	2019.12.6	友引	五黄土星	C	11 16 18 23 30 31 35	03	27
第347回	2019.12.13	先負	三碧木星	E	03 06 11 13 18 20 34	25	35
第348回	2019.12.20	仏滅	一白水星	B	02 05 17 18 19 20 33	01	24
第349回	2019.12.27	先勝	八白土星	A	04 10 11 15 18 22 34	16	32
第350回	2020.1.10	先負	四緑木星	D	10 19 21 23 24 30 37	02	28
第351回	2020.1.17	仏滅	二黒土星	F	08 13 17 19 23 25 28	05	16
第352回	2020.1.24	大安	九紫火星	I	03 04 14 18 26 30 32	28	34
第353回	2020.1.31	先勝	七赤金星	G	11 15 22 23 24 29 33	19	34
第354回	2020.2.7	友引	五黄土星	J	01 02 08 10 13 25 31	23	35
第355回	2020.2.14	先負	三碧木星	H	04 06 09 10 23 27 33	14	31
第356回	2020.2.21	仏滅	一白水星	C	04 16 20 30 33 34 36	19	21
第357回	2020.2.28	赤口	八白土星	D	05 08 12 13 14 24 30	27	35
第358回	2020.3.6	先勝	六白金星	E	05 13 14 26 32 33 34	08	11
第359回	2020.3.13	友引	四緑木星	B	04 07 11 17 19 26 35	01	24
第360回	2020.3.20	先負	二黒土星	H	09 11 13 14 20 22 37	15	17
第361回	2020.3.27	赤口	九紫火星	A	05 09 16 20 29 33 35	02	08
第362回	2020.4.3	先勝	七赤金星	C	04 07 08 14 22 24 27	13	26
第363回	2020.4.10	友引	五黄土星	F	13 15 17 22 26 34 36	03	19
第364回	2020.4.17	先負	三碧木星	G	03 09 10 14 16 20 27	19	33
第365回	2020.4.24	大安	一白水星	I	01 04 13 14 16 22 35	10	23
第366回	2020.5.1	赤口	八白土星	D	10 24 25 26 27 33 36	04	23
第367回	2020.5.8	先勝	六白金星	B	08 14 19 20 29 30 31	07	35
第368回	2020.5.15	友引	四緑木星	J	07 08 09 13 21 34 35	03	20
第369回	2020.5.22	先負	二黒土星	I	01 07 09 11 15 31 34	06	33
第370回	2020.5.29	仏滅	九紫火星	E	07 10 16 25 26 33 34	24	35
第371回	2020.6.5	大安	七赤金星	H	01 03 04 08 11 21 25	12	23
第372回	2020.6.12	赤口	五黄土星	E	06 08 22 23 32 33 36	09	27
第373回	2020.6.19	先勝	三碧木星	A	02 03 17 18 22 23 31	04	30
第374回	2020.6.26	仏滅	六白金星	C	04 05 09 10 18 27 35	15	34

回号	抽せん日	六曜	九星	セット球	本数字	B	
第375回	2020.7.3	大安	八白土星	F	13 15 18 19 23 27 32	34	35
第376回	2020.7.10	赤口	一白水星	G	06 11 14 17 23 31 37	10	15
第377回	2020.7.17	先勝	三碧木星	I	06 07 10 17 25 33 36	27	32
第378回	2020.7.24	先負	五黄土星	F	01 05 09 10 14 15 29	20	28
第379回	2020.7.31	仏滅	七赤金星	A	03 08 15 22 24 29 35	18	26
第380回	2020.8.7	大安	九紫火星	D	08 14 24 25 32 34 36	13	16
第381回	2020.8.14	赤口	二黒土星	B	04 08 25 26 27 31 32	09	22
第382回	2020.8.21	先負	四緑木星	E	02 03 05 08 19 22 37	16	28
第383回	2020.8.28	仏滅	六白金星	H	08 11 15 22 26 28 30	10	20
第384回	2020.9.4	大安	八白土星	F	03 07 15 18 26 30 31	09	33
第385回	2020.9.11	赤口	一白水星	I	04 12 14 24 29 34 35	05	15
第386回	2020.9.18	先負	三碧木星	J	09 19 22 32 35 36 37	07	21
第387回	2020.9.25	仏滅	五黄土星	G	03 07 13 22 30 32 37	14	15
第388回	2020.10.2	大安	七赤金星	C	01 06 08 10 18 21 32	13	28
第389回	2020.10.9	赤口	九紫火星	E	01 06 11 13 18 24 27	17	23
第390回	2020.10.16	先勝	二黒土星	A	03 06 19 21 23 26 27	30	34
第391回	2020.10.23	先負	四緑木星	F	10 23 27 32 33 35 37	24	26
第392回	2020.10.30	仏滅	六白金星	B	01 04 06 15 20 22 26	18	21
第393回	2020.11.6	大安	八白土星	D	07 14 15 22 27 30 31	09	32
第394回	2020.11.13	赤口	一白水星	E	06 10 22 23 27 32 33	08	19
第395回	2020.11.20	先負	三碧木星	H	01 02 05 20 26 29 32	08	09
第396回	2020.11.27	仏滅	五黄土星	J	02 03 05 08 16 20 34	26	31
第397回	2020.12.4	大安	七赤金星	I	04 12 13 15 21 28 37	07	20
第398回	2020.12.11	赤口	九紫火星	G	03 04 10 17 20 22 33	01	06
第399回	2020.12.18	友引	二黒土星	D	07 15 19 20 21 33 36	04	10
第400回	2020.12.25	先負	四緑木星	B	04 17 22 28 30 31 35	25	34
第401回	2021.1.8	大安	八白土星	E	04 05 09 14 18 30 35	01	33
第402回	2021.1.15	友引	一白水星	C	07 09 12 17 20 26 29	04	13
第403回	2021.1.22	先負	七赤金星	A	02 06 08 12 19 20 29	05	26
第404回	2021.1.29	仏滅	五黄土星	F	04 08 13 16 25 30 32	09	26
第405回	2021.2.5	大安	三碧木星	B	03 10 16 17 24 32 36	11	29
第406回	2021.2.12	先勝	一白水星	H	01 02 05 16 18 21 29	24	25

回号	抽せん日	六曜	九星	セット球	本数字	B	
第407回	2021.2.19	友引	八白土星	A	19 21 25 26 28 30 31	09	16
第408回	2021.2.26	先負	六白金星	J	16 18 19 21 29 30 35	14	28
第409回	2021.3.5	仏滅	四緑木星	I	13 15 16 24 30 31 37	12	33
第410回	2021.3.12	大安	二黒土星	D	01 02 18 21 26 29 37	09	36
第411回	2021.3.19	友引	九紫火星	G	04 11 12 21 23 27 36	09	14
第412回	2021.3.26	先負	七赤金星	A	14 20 22 29 31 33 34	15	24
第413回	2021.4.2	仏滅	五黄土星	F	03 10 16 18 19 34 35	27	36
第414回	2021.4.9	大安	三碧木星	C	03 08 16 21 25 36 37	14	20
第415回	2021.4.16	先勝	一白水星	J	04 08 12 13 23 32 37	16	35
第416回	2021.4.23	友引	八白土星	J	08 09 10 15 16 30 31	29	36
第417回	2021.4.30	先負	六白金星	E	04 05 13 18 23 27 32	09	11
第418回	2021.5.7	仏滅	四緑木星	H	10 13 17 18 22 28 37	01	20
第419回	2021.5.14	赤口	二黒土星	B	03 11 14 21 26 29 34	22	33
第420回	2021.5.21	先勝	九紫火星	A	04 05 11 13 24 32 34	02	03
第421回	2021.5.28	友引	七赤金星	G	09 15 18 26 28 32 37	21	36
第422回	2021.6.4	先負	五黄土星	D	01 09 21 23 30 35 36	05	06
第423回	2021.6.11	赤口	三碧木星	A	01 07 09 11 29 31 32	02	06
第424回	2021.6.18	先勝	一白水星	F	05 06 12 19 25 30 35	26	33
第425回	2021.6.25	友引	八白土星	I	02 09 14 20 22 34 35	07	24
第426回	2021.7.2	先負	六白金星	C	01 02 06 08 30 31 33	13	35
第427回	2021.7.9	仏滅	四緑木星	J	11 13 26 27 31 33 37	09	18
第428回	2021.7.16	赤口	八白土星	E	03 06 16 22 31 34 35	24	32
第429回	2021.7.23	先勝	一白水星	J	06 11 14 27 30 32 35	18	24
第430回	2021.7.30	友引	三碧木星	H	02 12 17 24 28 30 32	03	27
第431回	2021.8.6	先負	五黄土星	A	07 11 12 17 19 20 26	02	03
第432回	2021.8.13	赤口	七赤金星	D	05 10 13 24 29 30 35	21	31
第433回	2021.8.20	先勝	九紫火星	E	14 17 20 25 32 33 36	10	34
第434回	2021.8.27	友引	二黒土星	B	10 11 12 17 29 34 37	26	30
第435回	2021.9.3	先負	四緑木星	I	03 05 07 11 15 17 25	13	32
第436回	2021.9.10	大安	六白金星	A	05 06 21 22 26 31 32	18	36
第437回	2021.9.17	赤口	八白土星	G	08 10 14 15 23 25 26	01	11
第438回	2021.9.24	先勝	一白水星	F	04 13 16 21 32 34 37	27	33

回号	抽せん日	六曜	九星	セット球	本数字	B	
第439回	2021.10.1	友引	三碧木星	C	01 03 06 09 26 29 31	14	18
第440回	2021.10.8	大安	五黄土星	H	05 10 17 18 19 22 32	14	35
第441回	2021.10.15	赤口	七赤金星	J	15 21 22 23 27 28 37	08	25
第442回	2021.10.22	先勝	九紫火星	E	06 13 14 16 19 30 32	25	36
第443回	2021.10.29	友引	二黒土星	G	01 05 08 26 28 32 36	23	24
第444回	2021.11.5	仏滅	四緑木星	I	11 15 16 17 18 27 29	25	33
第445回	2021.11.12	大安	六白金星	D	04 22 25 27 28 30 33	02	03
第446回	2021.11.19	赤口	八白土星	B	01 07 09 12 15 29 32	11	28
第447回	2021.11.26	先勝	一白水星	F	03 05 08 13 26 30 37	25	28
第448回	2021.12.3	友引	三碧木星	B	07 21 24 29 32 36 37	22	27
第449回	2021.12.10	大安	五黄土星	D	02 21 26 27 32 33 34	08	09
第450回	2021.12.17	赤口	七赤金星	A	02 07 12 15 21 23 30	09	31
第451回	2021.12.24	先勝	九紫火星	I	02 15 22 25 28 33 37	10	17
第452回	2022.1.7	仏滅	四緑木星	E	05 17 20 21 31 34 35	08	27
第453回	2022.1.14	大安	四緑木星	C	02 08 10 21 24 26 35	09	13
第454回	2022.1.21	赤口	二黒土星	H	08 17 21 26 27 29 31	01	33
第455回	2022.1.28	先勝	九紫火星	B	01 05 08 15 18 26 36	33	34
第456回	2022.2.4	仏滅	七赤金星	F	09 15 17 18 22 25 31	33	36
第457回	2022.2.11	大安	五黄土星	I	07 14 19 27 31 35 36	09	33
第458回	2022.2.18	赤口	三碧木星	J	07 11 12 14 19 21 33	06	37
第459回	2022.2.25	先勝	一白水星	C	02 04 07 08 10 20 29	14	33
第460回	2022.3.4	先負	八白土星	A	05 06 09 23 27 28 30	04	13
第461回	2022.3.11	仏滅	六白金星	G	02 13 19 22 32 35 37	14	33
第462回	2022.3.18	大安	四緑木星	D	07 11 24 27 29 34 35	04	18
第463回	2022.3.25	赤口	二黒土星	E	03 07 13 16 19 24 30	06	10
第464回	2022.4.1	先負	九紫火星	A	07 08 13 17 30 32 36	01	10
第465回	2022.4.8	仏滅	七赤金星	B	01 04 05 13 27 31 35	15	22
第466回	2022.4.15	大安	五黄土星	F	05 06 08 14 15 25 29	18	33
第467回	2022.4.22	赤口	三碧木星	H	07 08 11 13 14 26 30	31	34
第468回	2022.4.29	先勝	一白水星	G	03 12 15 16 25 29 37	26	28
第469回	2022.5.6	先負	八白土星	I	01 06 08 13 16 30 33	23	28
第470回	2022.5.13	仏滅	六白金星	J	02 03 09 16 27 32 36	01	34
第471回	2022.5.20	大安	四緑木星	C	03 05 07 08 11 19 34	17	32
第472回	2022.5.27	赤口	二黒土星	G	05 07 08 32 33 34 36	04	06
第473回	2022.6.3	先負	九紫火星	D	06 11 21 24 28 33 37	08	27
第474回	2022.6.10	仏滅	七赤金星	E	03 17 19 21 24 32 34	27	28
第475回	2022.6.17	大安	五黄土星	I	01 02 22 24 26 31 37	12	19
第476回	2022.6.24	赤口	三碧木星	B	04 07 09 15 22 24 31	21	37
第477回	2022.7.1	友引	一白水星	H	02 05 09 19 25 32 37	07	29
第478回	2022.7.8	先負	八白土星	A	06 08 11 13 16 20 32	12	34
第479回	2022.7.15	仏滅	四緑木星	E	08 11 13 18 24 30 31	21	23
第480回	2022.7.22	大安	六白金星	F	10 13 19 21 26 30 36	22	34
第481回	2022.7.29	先勝	八白土星	F	01 10 13 14 16 25 27	05	21
第482回	2022.8.5	友引	一白水星	I	02 05 14 15 17 19 36	08	34
第483回	2022.8.12	先負	三碧木星	J	02 11 20 23 25 36 37	29	34
第484回	2022.8.19	仏滅	五黄土星	C	01 04 06 09 13 22 31	29	30
第485回	2022.8.26	大安	七赤金星	G	04 06 17 20 22 24 26	08	09
第486回	2022.9.2	友引	九紫火星	D	08 13 15 23 24 31 35	14	19
第487回	2022.9.9	先負	二黒土星	H	09 10 13 15 26 34 37	22	36
第488回	2022.9.16	仏滅	四緑木星	B	03 13 16 18 19 20 35	02	11
第489回	2022.9.23	大安	六白金星	G	03 06 07 15 25 29 31	08	14
第490回	2022.9.30	先勝	八白土星	E	12 14 18 21 23 29 37	07	15
第491回	2022.10.7	友引	一白水星	F	03 14 17 21 22 32 35	06	30
第492回	2022.10.14	先負	三碧木星	I	07 10 12 15 23 31 37	09	18
第493回	2022.10.21	仏滅	五黄土星	B	05 13 14 20 21 25 31	09	36
第494回	2022.10.28	先勝	七赤金星	A	07 09 12 22 28 29 32	17	19
第495回	2022.11.4	友引	九紫火星	C	02 16 19 20 22 33 36	06	32
第496回	2022.11.11	先負	二黒土星	D	05 08 15 18 25 27 36	10	26
第497回	2022.11.18	仏滅	四緑木星	J	18 20 24 26 27 30 33	17	19
第498回	2022.11.25	赤口	六白金星	F	06 08 12 20 21 24 29	04	18
第499回	2022.12.2	先勝	八白土星	H	05 09 14 18 27 32 34	06	12
第500回	2022.12.9	友引	一白水星	E	17 18 24 30 31 32 35	06	36
第501回	2022.12.16	先負	三碧木星	A	01 02 04 07 12 14 31	30	33
第502回	2022.12.23	赤口	五黄土星	I	01 02 12 17 21 22 33	04	30

回号	抽せん日	六曜	九星	セット球	本数字	B	
第503回	2022.12.30	先勝	七赤金星	B	05 07 08 13 23 26 33	31	37
第504回	2023.1.6	友引	一白水星	G	01 03 04 05 06 29 31	11	14
第505回	2023.1.13	先負	八白土星	C	09 10 12 15 16 28 36	01	23
第506回	2023.1.20	仏滅	六白金星	D	08 14 19 22 29 31 37	03	21
第507回	2023.1.27	赤口	四緑木星	F	04 19 25 26 30 32 36	01	15
第508回	2023.2.3	先勝	二黒土星	B	01 05 06 09 16 26 31	25	33
第509回	2023.2.10	友引	九紫火星	J	10 14 22 26 27 32 33	20	37
第510回	2023.2.17	先負	七赤金星	E	03 05 09 11 17 33 37	04	22
第511回	2023.2.24	赤口	五黄土星	H	01 09 14 24 28 36 37	16	31
第512回	2023.3.3	先勝	三碧木星	A	05 07 17 22 25 26 28	03	23
第513回	2023.3.10	友引	一白水星	I	01 04 10 13 15 19 37	16	20
第514回	2023.3.17	先負	八白土星	E	01 05 10 17 20 27 37	03	22
第515回	2023.3.24	仏滅	六白金星	G	03 15 17 22 26 27 28	06	08
第516回	2023.3.31	大安	四緑木星	C	07 12 15 16 18 25 36	09	19
第517回	2023.4.7	赤口	二黒土星	F	03 06 10 16 26 29 31	07	24
第518回	2023.4.14	先勝	九紫火星	D	05 08 11 24 30 32 36	04	35
第519回	2023.4.21	仏滅	七赤金星	A	01 02 08 14 17 21 34	20	26
第520回	2023.4.28	大安	五黄土星	B	09 22 25 28 33 34 37	15	16
第521回	2023.5.5	赤口	三碧木星	J	21 24 25 27 30 33 36	03	31
第522回	2023.5.12	先勝	一白水星	H	01 10 12 19 22 25 37	02	34
第523回	2023.5.19	友引	八白土星	I	03 17 19 27 28 32 35	02	34
第524回	2023.5.26	仏滅	六白水星	G	04 17 22 27 29 31 34	03	37
第525回	2023.6.2	大安	四緑木星	C	11 14 17 18 21 25 31	01	27
第526回	2023.6.9	赤口	二黒土星	J	04 13 17 19 20 26 29	02	28
第527回	2023.6.16	先勝	九紫火星	C	04 08 12 25 27 32 34	15	17
第528回	2023.6.23	仏滅	七赤金星	E	05 07 10 19 30 32 33	01	17
第529回	2023.6.30	大安	五黄土星	D	07 09 13 14 22 26 29	10	21
第530回	2023.7.7	赤口	七赤金星	F	01 11 13 28 29 30 34	23	27
第531回	2023.7.14	先勝	九紫火星	A	04 06 09 11 14 28 30	10	12
第532回	2023.7.21	先負	二黒土星	B	04 09 13 18 26 28 36	08	16
第533回	2023.7.28	仏滅	四緑木星	G	02 04 09 11 14 25 37	29	32
第534回	2023.8.4	大安	六白水星	H	10 17 18 19 20 24 25	30	32

回号	抽せん日	六曜	九星	セット球	本数字	B	
第535回	2023.8.11	赤口	八白土星	E	05 11 12 19 29 32 36	09	26
第536回	2023.8.18	先負	一白水星	I	08 12 16 17 22 28 34	09	37
第537回	2023.8.25	仏滅	三碧木星	C	02 03 09 13 14 35 37	04	17
第538回	2023.9.1	大安	五黄土星	F	01 02 11 12 16 25 28	06	22
第539回	2023.9.8	赤口	七赤金星	J	04 06 08 18 20 27 35	24	26
第540回	2023.9.15	友引	九紫火星	D	03 07 10 18 19 28 36	13	26
第541回	2023.9.22	先負	二黒土星	A	06 14 23 25 27 28 34	19	37
第542回	2023.9.29	仏滅	四緑木星	H	02 09 26 31 33 35 36	15	20
第543回	2023.10.6	大安	六白水星	B	02 11 13 18 23 24 36	17	26
第544回	2023.10.13	赤口	八白土星	I	10 11 18 21 22 29 34	04	32
第545回	2023.10.20	友引	一白水星	E	03 12 16 17 27 30 34	15	37
第546回	2023.10.27	先負	三碧木星	G	07 14 17 28 33 35 36	13	27
第547回	2023.11.3	仏滅	五黄土星	A	04 11 14 18 23 25 29	17	32
第548回	2023.11.10	大安	七赤金星	A	01 13 16 17 18 25 30	20	34
第549回	2023.11.17	友引	九紫火星	C	13 19 20 28 33 34 35	04	32
第550回	2023.11.24	先負	二黒土星	F	07 08 13 22 24 29 30	10	35
第551回	2023.12.1	仏滅	四緑木星	D	15 16 17 22 29 32 37	23	24
第552回	2023.12.8	大安	六白水星	J	07 11 12 16 18 33 34	01	14
第553回	2023.12.15	先勝	八白土星	H	02 06 13 15 16 20 33	09	28
第554回	2023.12.22	友引	一白水星	E	04 10 15 17 29 32 36	13	30
第555回	2023.12.29	先負	三碧木星	F	09 12 17 19 26 32 34	11	22
第556回	2024.1.5	仏滅	五黄土星	B	17 20 26 28 29 33 35	01	06
第557回	2024.1.12	先勝	三碧木星	G	03 05 07 10 17 18 35	02	21
第558回	2024.1.19	友引	一白水星	H	15 20 21 22 23 26 34	06	10
第559回	2024.1.26	先負	八白土星				
第560回	2024.2.2	仏滅	六白水星				
第561回	2024.2.9	大安	四緑木星				
第562回	2024.2.16	先勝	二黒土星				
第563回	2024.2.23	友引	九紫火星				
第564回	2024.3.1	先負	七赤金星				
第565回	2024.3.8	仏滅	五黄土星				
第566回	2024.3.15	先勝	三碧木星				

回号	抽せん日	六曜	九星	セット球	本数字	B	
第567回	2024.3.22	友引	一白水星				
第568回	2024.3.29	先負	八白土星				
第569回	2024.4.5	仏滅	六白金星				
第570回	2024.4.12	赤口	四緑木星				
第571回	2024.4.19	先勝	二黒土星				
第572回	2024.4.26	友引	九紫火星				
第573回	2024.5.3	先負	七赤金星				
第574回	2024.5.10	赤口	五黄土星				
第575回	2024.5.17	先勝	三碧木星				
第576回	2024.5.24	友引	一白水星				
第577回	2024.5.31	先負	八白土星				
第578回	2024.6.7	赤口	六白金星				
第579回	2024.6.14	先勝	四緑木星				
第580回	2024.6.21	友引	二黒土星				
第581回	2024.6.28	先負	九紫火星				
第582回	2024.7.5	仏滅	三碧木星				
第583回	2024.7.12	赤口	五黄土星				
第584回	2024.7.19	先勝	七赤金星				
第585回	2024.7.26	友引	九紫火星				
第586回	2024.8.2	先負	二黒土星				
第587回	2024.8.9	赤口	四緑木星				
第588回	2024.8.16	先勝	六白金星				
第589回	2024.8.23	友引	八白土星				
第590回	2024.8.30	先負	一白水星				
第591回	2024.9.6	大安	三碧木星				
第592回	2024.9.13	赤口	五黄土星				
第593回	2024.9.20	先勝	七赤金星				
第594回	2024.9.27	友引	九紫火星				
第595回	2024.10.4	仏滅	二黒土星				
第596回	2024.10.11	大安	四緑木星				
第597回	2024.10.18	赤口	六白金星				
第598回	2024.10.25	先勝	八白土星				

回号	抽せん日	六曜	九星	セット球	本数字	B	
第599回	2024.11.1	仏滅	一白水星				
第600回	2024.11.8	大安	三碧木星				
第601回	2024.11.15	赤口	五黄土星				
第602回	2024.11.22	先勝	七赤金星				
第603回	2024.11.29	友引	九紫火星				
第604回	2024.12.6	仏滅	二黒土星				
第605回	2024.12.13	大安	四緑木星				
第606回	2024.12.20	赤口	六白金星				
第607回	2024.12.27	先勝	二黒土星				
第608回	2025.1.10	仏滅	七赤金星				
第609回	2025.1.17	大安	五黄土星				
第610回	2025.1.24	赤口	三碧木星				
第611回	2025.1.31	先負	一白水星				
第612回	2025.2.7	仏滅	八白土星				
第613回	2025.2.14	大安	六白金星				
第614回	2025.2.21	赤口	四緑木星				
第615回	2025.2.28	友引	二黒土星				
第616回	2025.3.7	先負	九紫火星				
第617回	2025.3.14	仏滅	七赤金星				
第618回	2025.3.21	大安	五黄土星				
第619回	2025.3.28	赤口	三碧木星				

LOTO 6 全当せん数字一覧

ロトシックス

ここでは第1回から第1865回までのロト6の全当せん数字を紹介している。なお、書き込みスペースも設けてあるので、当せん数字をチェックしながら、書き込んでいこう！

Bはボーナス数字

回号	抽せん日	曜日	六曜	九星	セット球	本数字	B
第1回	H12.10.5	木	仏滅	七赤金星	A	02 08 10 13 27 30	39
第2回	H12.10.12	木	大安	九紫火星	G	01 09 16 20 21 43	05
第3回	H12.10.19	木	赤口	二黒土星	C	01 05 15 31 36 38	13
第4回	H12.10.26	木	先勝	四緑木星	H	16 18 26 27 34 40	13
第5回	H12.11.2	木	仏滅	六白金星	F	09 15 21 23 27 28	43
第6回	H12.11.9	木	大安	八白土星	I	06 12 23 25 28 38	22
第7回	H12.11.16	木	赤口	一白水星	E	07 19 21 23 33 35	26
第8回	H12.11.23	木	先勝	三碧木星	B	11 16 18 20 42 43	28
第9回	H12.11.30	木	先負	五黄土星	C	11 19 23 38 39 42	15
第10回	H12.12.7	木	仏滅	七赤金星	J	01 03 19 21 35 39	26
第11回	H12.12.14	木	大安	九紫火星	D	12 26 32 37 40 42	16
第12回	H12.12.21	木	赤口	二黒土星	E	14 17 27 28 35 39	22
第13回	H12.12.28	木	友引	四緑木星	H	13 29 31 37 41 42	17
第14回	H13.1.4	木	先負	四緑木星	F	02 08 11 35 37 38	43
第15回	H13.1.11	木	仏滅	二黒土星	I	04 06 11 20 21 28	36
第16回	H13.1.18	木	大安	九紫火星	A	05 12 13 29 34 35	30
第17回	H13.1.25	木	友引	七赤金星	G	14 20 25 34 35 36	11
第18回	H13.2.1	木	先負	五黄土星	H	06 16 18 27 36 41	33
第19回	H13.2.8	木	仏滅	三碧木星	B	04 08 12 30 33 43	14
第20回	H13.2.15	木	大安	一白水星	D	07 29 33 35 37 39	19
第21回	H13.2.22	木	赤口	八白土星	C	05 07 13 19 38 41	42
第22回	H13.3.1	木	友引	六白金星	J	08 12 16 19 20 35	41
第23回	H13.3.8	木	先負	四緑木星	G	07 10 28 32 33 40	13
第24回	H13.3.15	木	仏滅	二黒土星	C	15 18 19 30 36 38	13
第25回	H13.3.22	木	大安	九紫火星	E	11 32 34 37 40 43	08
第26回	H13.3.29	木	先勝	七赤金星	G	03 04 11 12 13 43	22
第27回	H13.4.5	木	友引	五黄土星	A	04 08 20 30 33 38	10
第28回	H13.4.12	木	先負	三碧木星	F	06 11 15 20 31 41	07
第29回	H13.4.19	木	仏滅	一白水星	I	08 12 20 35 37 40	33
第30回	H13.4.26	木	赤口	八白土星	B	04 16 17 19 26 37	08
第31回	H13.5.3	木	先勝	六白金星	J	07 18 22 25 28 43	04
第32回	H13.5.10	木	友引	四緑木星	H	03 06 07 23 29 41	33
第33回	H13.5.17	木	先負	二黒土星	C	08 17 22 25 29 41	13
第34回	H13.5.24	木	大安	九紫火星	D	02 20 25 30 37 40	10
第35回	H13.5.31	木	赤口	七赤金星	E	03 05 13 30 32 41	28
第36回	H13.6.7	木	先勝	五黄土星	A	01 16 20 23 30 40	17
第37回	H13.6.14	木	友引	三碧木星	G	03 05 09 17 21 41	26
第38回	H13.6.21	木	大安	一白水星	F	02 09 26 27 34 43	42
第39回	H13.6.28	木	赤口	八白土星	C	10 18 22 25 39 42	17
第40回	H13.7.5	木	先勝	四緑木星	H	05 17 25 34 38 39	02
第41回	H13.7.12	木	友引	六白金星	I	18 21 27 33 36 38	23
第42回	H13.7.19	木	先負	八白土星	H	04 15 21 24 33 37	09
第43回	H13.7.26	木	大安	一白水星	B	01 02 03 15 24 26	27
第44回	H13.8.2	木	赤口	三碧木星	D	03 16 24 31 34 42	36
第45回	H13.8.9	木	先勝	五黄土星	J	07 09 28 32 36 38	08
第46回	H13.8.16	木	友引	七赤金星	A	11 14 21 24 25 42	41
第47回	H13.8.23	木	大安	九紫火星	E	03 11 14 25 27 31	22
第48回	H13.8.30	木	赤口	二黒土星	J	02 05 28 30 33 40	26
第49回	H13.9.6	木	先勝	四緑木星	H	02 13 21 31 32 41	35
第50回	H13.9.13	木	友引	六白金星	G	05 13 15 25 27 39	40
第51回	H13.9.20	木	大安	八白土星	F	07 15 24 37 38 41	34
第52回	H13.9.27	木	赤口	一白水星	I	01 16 24 25 36 42	21
第53回	H13.10.4	木	先勝	三碧木星	C	02 15 23 37 40 43	25
第54回	H13.10.11	木	友引	五黄土星	A	14 25 26 31 37 42	07
第55回	H13.10.18	木	仏滅	七赤金星	B	11 12 13 14 37 39	28
第56回	H13.10.25	木	大安	九紫火星	D	10 13 25 31 32 42	40
第57回	H13.11.1	木	赤口	二黒土星	E	02 14 22 27 35 42	34
第58回	H13.11.8	木	先勝	四緑木星	H	04 08 09 13 16 25	28
第59回	H13.11.15	木	仏滅	六白金星	J	09 15 17 30 32 41	31
第60回	H13.11.22	木	大安	八白土星	F	20 21 23 28 30 42	29
第61回	H13.11.29	木	赤口	一白水星	A	04 08 22 25 27 28	06
第62回	H13.12.6	木	先勝	三碧木星	G	02 03 09 12 15 30	42
第63回	H13.12.13	木	友引	五黄土星	C	11 16 20 28 34 40	22
第64回	H13.12.20	木	仏滅	七赤金星	J	02 14 19 22 32 41	09
第65回	H13.12.27	木	大安	一白水星	I	02 10 22 23 31 43	28
第66回	H14.1.10	木	先勝	六白金星	A	07 15 17 30 33 35	14
第67回	H14.1.17	木	仏滅	四緑木星	B	01 04 06 11 18 25	03
第68回	H14.1.24	木	大安	二黒土星	D	16 23 30 35 37 39	38
第69回	H14.1.31	木	赤口	九紫火星	J	01 09 31 35 40 41	14
第70回	H14.2.7	木	先勝	七赤金星	E	06 11 20 23 24 31	17

回号	抽せん日	曜日	六曜	九星	セット球	本数字	B
第71回	H14.2.14	木	先負	五黄土星	C	01 10 11 13 19 20	03
第72回	H14.2.21	木	仏滅	三碧木星	H	10 12 24 29 33 37	34
第73回	H14.2.28	木	大安	一白水星	A	01 06 15 19 27 36	25
第74回	H14.3.7	木	赤口	八白土星	F	03 14 27 28 40 43	39
第75回	H14.3.14	木	友引	六白金星	B	02 04 09 19 23 31	18
第76回	H14.3.21	木	先負	四緑木星	F	01 10 12 16 20 35	29
第77回	H14.3.28	木	仏滅	二黒土星	I	05 10 15 28 37 38	13
第78回	H14.4.4	木	大安	九紫火星	H	05 14 23 32 33 43	37
第79回	H14.4.11	木	赤口	七赤金星	G	20 22 27 32 36 43	23
第80回	H14.4.18	木	友引	五黄土星	A	01 04 12 16 19 34	18
第81回	H14.4.25	木	先負	三碧木星	J	01 11 15 23 26 27	41
第82回	H14.5.2	木	仏滅	一白水星	E	10 12 19 25 26 39	28
第83回	H14.5.9	木	大安	八白土星	F	01 16 21 28 35 37	30
第84回	H14.5.16	木	友引	六白金星	D	17 19 26 28 35 37	40
第85回	H14.5.23	木	先負	四緑木星	I	05 13 18 22 23 32	28
第86回	H14.5.30	木	仏滅	二黒土星	A	03 07 16 24 29 36	26
第87回	H14.6.6	木	大安	九紫火星	C	03 08 12 36 39 41	10
第88回	H14.6.13	木	先勝	七赤金星	F	05 06 08 20 21 26	30
第89回	H14.6.20	木	友引	五黄土星	H	03 13 23 30 35 43	21
第90回	H14.6.27	木	先負	七赤金星	B	13 15 17 18 30 32	09
第91回	H14.7.4	木	仏滅	九紫火星	E	13 15 17 26 41 43	06
第92回	H14.7.11	木	先勝	二黒土星	H	05 17 20 24 28 40	16
第93回	H14.7.18	木	友引	四緑木星	C	10 23 33 36 37 41	28
第94回	H14.7.25	木	先負	六白金星	B	11 16 17 18 29 40	09
第95回	H14.8.1	木	仏滅	八白土星	F	02 03 12 15 25 27	33
第96回	H14.8.8	木	大安	一白水星	C	01 13 15 34 36 43	37
第97回	H14.8.15	木	先勝	三碧木星	E	04 10 17 34 35 42	43
第98回	H14.8.22	木	友引	五黄土星	A	07 16 34 37 38 39	08
第99回	H14.8.29	木	先負	七赤金星	F	05 09 12 28 29 39	27
第100回	H14.9.5	木	仏滅	九紫火星	J	06 08 11 14 31 33	23
第101回	H14.9.12	木	先勝	二黒土星	A	21 27 29 30 36 40	23
第102回	H14.9.19	木	友引	四緑木星	D	04 05 18 27 35 36	41
第103回	H14.9.26	木	先負	六白金星	B	01 16 17 27 29 34	39
第104回	H14.10.3	木	仏滅	八白土星	G	01 11 17 26 28 35	12
第105回	H14.10.10	木	先勝	一白水星	E	01 09 14 22 25 34	18
第106回	H14.10.17	木	友引	三碧木星	C	08 11 21 22 25 27	26
第107回	H14.10.24	木	先負	五黄土星	I	04 05 11 12 28 32	37
第108回	H14.10.31	木	仏滅	七赤金星	D	09 22 23 25 34 37	08
第109回	H14.11.7	木	赤口	九紫火星	A	02 05 12 18 30 41	24
第110回	H14.11.14	木	先勝	二黒土星	E	05 06 08 19 37 41	09
第111回	H14.11.21	木	友引	四緑木星	H	11 15 21 31 32 43	24
第112回	H14.11.28	木	先負	六白金星	D	16 18 23 25 29 30	41

回号	抽せん日	曜日	六曜	九星	セット球	本数字	B
第113回	H14.12.5	木	赤口	八白土星	B	03 17 27 29 30 42	06
第114回	H14.12.12	木	先勝	一白水星	H	07 13 14 29 38 42	09
第115回	H14.12.19	木	友引	三碧木星	E	08 09 11 27 37 39	18
第116回	H14.12.26	木	先負	五黄土星	J	08 10 15 16 26 31	42
第117回	H15.1.9	木	赤口	一白水星	F	05 07 19 20 38 43	04
第118回	H15.1.16	木	先勝	八白土星	D	09 13 21 30 32 37	20
第119回	H15.1.23	木	友引	六白金星	H	03 04 11 12 15 30	17
第120回	H15.1.30	木	先負	四緑木星	C	15 18 22 25 36 40	14
第121回	H15.2.6	木	赤口	二黒土星	E	03 08 10 22 28 41	35
第122回	H15.2.13	木	先勝	九紫火星	B	19 20 21 25 33 42	41
第123回	H15.2.20	木	友引	七赤金星	G	14 21 26 28 29 31	08
第124回	H15.2.27	木	先負	五黄土星	C	04 17 23 30 39 40	28
第125回	H15.3.6	木	大安	三碧木星	I	11 15 19 30 36 41	10
第126回	H15.3.13	木	赤口	一白水星	A	05 06 09 10 21 38	20
第127回	H15.3.20	木	先勝	八白土星	F	14 16 21 26 37 40	03
第128回	H15.3.27	木	友引	六白金星	D	06 10 18 20 29 39	21
第129回	H15.4.3	木	仏滅	四緑木星	G	06 18 25 26 30 42	24
第130回	H15.4.10	木	大安	二黒土星	B	22 30 31 34 38 39	02
第131回	H15.4.17	木	赤口	九紫火星	H	06 30 33 34 40 43	01
第132回	H15.4.24	木	先勝	七赤金星	A	03 18 23 31 32 37	01
第133回	H15.5.1	木	仏滅	五黄土星	C	17 24 26 35 40 41	16
第134回	H15.5.8	木	大安	三碧木星	E	02 06 11 14 18 19	21
第135回	H15.5.15	木	赤口	一白水星	I	07 13 30 33 35 36	11
第136回	H15.5.22	木	先勝	八白土星	F	03 13 26 31 32 39	01
第137回	H15.5.29	木	友引	六白金星	J	10 13 20 22 25 42	14
第138回	H15.6.5	木	仏滅	四緑木星	B	07 09 10 16 23 29	18
第139回	H15.6.12	木	大安	二黒土星	D	10 21 22 28 37 41	12
第140回	H15.6.19	木	赤口	九紫火星	H	17 19 29 37 39 40	10
第141回	H15.6.26	木	先勝	三碧木星	F	08 09 14 24 32 39	30
第142回	H15.7.3	木	先負	五黄土星	G	02 16 22 27 29 39	38
第143回	H15.7.10	木	仏滅	七赤金星	A	17 21 22 27 33 41	43
第144回	H15.7.17	木	大安	九紫火星	G	01 16 19 33 38 41	43
第145回	H15.7.24	木	赤口	二黒土星	I	01 04 10 21 23 38	07
第146回	H15.7.31	木	先負	四緑木星	A	07 17 27 36 37 39	04
第147回	H15.8.7	木	仏滅	六白金星	E	16 18 20 29 30 38	27
第148回	H15.8.14	木	大安	八白土星	C	03 16 18 20 28 29	09
第149回	H15.8.21	木	赤口	一白水星	H	08 09 13 20 33 37	19
第150回	H15.8.28	木	友引	三碧木星	J	10 11 18 20 31 43	27
第151回	H15.9.4	木	先負	五黄土星	B	03 08 17 25 28 32	27
第152回	H15.9.11	木	仏滅	七赤金星	A	04 08 12 16 31 33	17
第153回	H15.9.18	木	大安	九紫火星	E	04 07 08 12 25 26	41
第154回	H15.9.25	木	赤口	二黒土星	F	07 09 18 26 27 38	14

回号	抽せん日	曜日	六曜	九星	セット球	本数字	B
第155回	H15.10.2	木	先負	四緑木星	G	05 06 07 18 22 27	41
第156回	H15.10.9	木	仏滅	六白金星	B	06 20 22 29 30 35	39
第157回	H15.10.16	木	大安	八白土星	D	05 08 17 19 25 27	21
第158回	H15.10.23	木	赤口	一白水星	H	01 06 12 35 37 38	30
第159回	H15.10.30	木	先負	三碧木星	I	12 23 30 31 38 42	06
第160回	H15.11.6	木	仏滅	五黄土星	C	04 10 20 30 31 32	26
第161回	H15.11.13	木	大安	七赤金星	J	23 26 28 33 38 42	08
第162回	H15.11.20	木	赤口	九紫火星	A	03 22 25 30 33 37	35
第163回	H15.11.27	木	友引	二黒土星	E	02 03 11 17 24 34	28
第164回	H15.12.4	木	先負	四緑木星	G	01 02 13 14 35 38	32
第165回	H15.12.11	木	仏滅	六白金星	I	09 11 16 21 25 36	10
第166回	H15.12.18	木	大安	二黒土星	H	14 18 20 28 34 38	17
第167回	H15.12.25	木	友引	九紫火星	D	10 14 17 19 29 42	02
第168回	H16.1.8	木	仏滅	五黄土星	B	01 06 31 32 36 39	42
第169回	H16.1.15	木	大安	三碧木星	F	03 15 17 19 26 36	39
第170回	H16.1.22	木	先勝	一白水星	C	10 12 15 17 30 31	06
第171回	H16.1.29	木	友引	八白土星	A	05 06 17 23 32 33	39
第172回	H16.2.5	木	先負	六白金星	J	10 11 22 23 33 34	27
第173回	H16.2.12	木	仏滅	四緑木星	E	06 10 22 30 31 35	18
第174回	H16.2.19	木	大安	二黒土星	F	02 09 16 36 38 42	06
第175回	H16.2.26	木	友引	九紫火星	D	02 03 10 22 28 40	43
第176回	H16.3.4	木	先負	七赤金星	G	08 19 25 31 34 37	30
第177回	H16.3.11	木	仏滅	五黄土星	G	06 18 19 30 36 41	27
第178回	H16.3.18	木	大安	三碧木星	I	10 22 27 30 36 39	04
第179回	H16.3.25	木	赤口	一白水星	A	03 06 11 13 15 16	23
第180回	H16.4.1	木	先勝	八白土星	B	04 10 11 12 20 36	28
第181回	H16.4.8	木	友引	六白金星	H	01 02 07 21 29 30	23
第182回	H16.4.15	木	先負	四緑木星	E	22 23 28 37 40 43	30
第183回	H16.4.22	木	赤口	二黒土星	C	14 29 31 36 38 40	33
第184回	H16.4.29	木	先勝	九紫火星	G	05 07 23 31 39 42	19
第185回	H16.5.6	木	友引	七赤金星	A	08 13 14 18 35 41	33
第186回	H16.5.13	木	先負	五黄土星	I	07 16 18 33 36 41	04
第187回	H16.5.20	木	大安	三碧木星	B	12 21 22 27 39 40	25
第188回	H16.5.27	木	赤口	一白水星	J	03 08 18 25 26 39	38
第189回	H16.6.3	木	先勝	八白土星	F	03 32 35 36 39 40	05
第190回	H16.6.10	木	友引	六白金星	I	17 23 30 31 39 43	42
第191回	H16.6.17	木	先負	六白金星	C	04 07 25 27 34 43	35
第192回	H16.6.24	木	大安	八白土星	C	03 07 19 27 39 41	10
第193回	H16.7.1	木	赤口	一白水星	D	03 04 18 31 40 43	22
第194回	H16.7.8	木	先勝	三碧木星	C	04 11 12 21 36 38	37
第195回	H16.7.15	木	友引	五黄土星	F	05 10 12 22 26 41	19
第196回	H16.7.22	木	大安	七赤金星	E	04 05 11 16 30 33	14
第197回	H16.7.29	木	赤口	九紫火星	H	09 10 17 22 28 30	19
第198回	H16.8.5	木	先勝	二黒土星	G	04 05 06 17 20 42	10
第199回	H16.8.12	木	友引	四緑木星	I	03 14 24 25 33 36	41
第200回	H16.8.19	木	仏滅	六白金星	B	04 07 11 19 25 28	02
第201回	H16.8.26	木	大安	八白土星	F	10 13 16 17 24 39	43
第202回	H16.9.2	木	赤口	一白水星	A	09 18 26 28 33 40	10
第203回	H16.9.9	木	先勝	三碧木星	F	12 18 20 27 35 37	39
第204回	H16.9.16	木	仏滅	五黄土星	D	02 17 20 25 39 42	30
第205回	H16.9.23	木	大安	七赤金星	E	04 07 09 16 18 34	26
第206回	H16.9.30	木	赤口	九紫火星	C	01 03 16 22 41 43	13
第207回	H16.10.7	木	先勝	二黒土星	J	17 21 23 30 31 34	05
第208回	H16.10.14	木	先負	四緑木星	H	18 24 29 32 35 39	23
第209回	H16.10.21	木	仏滅	六白金星	B	08 27 30 35 40 41	09
第210回	H16.10.28	木	大安	八白土星	G	01 06 21 22 37 40	19
第211回	H16.11.4	木	赤口	一白水星	I	10 14 23 26 33 36	24
第212回	H16.11.11	木	先勝	三碧木星	A	01 11 17 32 35 39	20
第213回	H16.11.18	木	仏滅	五黄土星	D	04 07 18 26 29 43	08
第214回	H16.11.25	木	大安	七赤金星	F	04 07 09 11 20 36	32
第215回	H16.12.2	木	赤口	九紫火星	C	01 04 13 18 22 31	30
第216回	H16.12.9	木	先勝	二黒土星	E	09 21 29 33 35 41	27
第217回	H16.12.16	木	先負	六白金星	J	08 19 23 27 29 39	28
第218回	H16.12.23	木	仏滅	四緑木星	G	08 10 18 22 31 36	04
第219回	H16.12.30	木	大安	二黒土星	B	27 28 29 34 35 39	33
第220回	H17.1.6	木	赤口	九紫火星	A	23 25 26 29 33 37	40
第221回	H17.1.13	木	先負	七赤金星	F	08 27 30 31 38 42	13
第222回	H17.1.20	木	仏滅	五黄土星	D	04 14 15 22 29 31	20
第223回	H17.1.27	木	大安	三碧木星	C	07 09 19 26 30 32	03
第224回	H17.2.3	木	赤口	一白水星	E	12 17 18 19 30 35	13
第225回	H17.2.10	木	友引	八白土星	I	09 11 21 31 35 38	13
第226回	H17.2.17	木	先負	六白金星	J	08 26 36 40 42 43	21
第227回	H17.2.24	木	仏滅	四緑木星	A	06 13 17 29 32 36	35
第228回	H17.3.3	木	大安	二黒土星	D	05 08 17 26 36 39	34
第229回	H17.3.10	木	友引	九紫火星	B	08 16 21 24 27 36	20
第230回	H17.3.17	木	先負	七赤金星	G	04 09 18 31 36 42	34
第231回	H17.3.24	木	仏滅	五黄土星	C	01 04 06 16 18 43	41
第232回	H17.3.31	木	大安	三碧木星	E	01 05 07 26 39 43	32
第233回	H17.4.7	木	赤口	一白水星	J	06 18 26 40 41 42	09
第234回	H17.4.14	木	友引	八白土星	A	11 17 24 26 27 30	19
第235回	H17.4.21	木	先負	六白金星	B	06 21 23 24 28 39	38
第236回	H17.4.28	木	仏滅	四緑木星	H	01 08 09 14 34 38	04
第237回	H17.5.5	木	大安	二黒土星	E	01 03 11 13 27 37	30
第238回	H17.5.12	木	友引	九紫火星	I	05 10 15 20 33 37	30

回号	抽せん日	曜日	六曜	九星	セット球	本数字	B
第239回	H17.5.19	木	先負	七赤金星	D	04 09 18 30 31 40	24
第240回	H17.5.26	木	仏滅	五黄土星	F	11 15 26 31 36 39	12
第241回	H17.6.2	木	大安	三碧木星	A	08 14 27 33 36 40	20
第242回	H17.6.9	木	先勝	九紫火星	A	01 10 13 22 29 32	38
第243回	H17.6.16	木	友引	二黒土星	B	05 34 35 38 42 43	08
第244回	H17.6.23	木	先負	四緑木星	G	11 12 30 36 38 39	37
第245回	H17.6.30	木	仏滅	六白金星	C	03 06 18 24 28 36	21
第246回	H17.7.7	木	先勝	八白土星	J	16 28 32 34 39 42	38
第247回	H17.7.14	木	友引	一白水星	F	08 16 30 32 34 39	13
第248回	H17.7.21	木	先負	三碧木星	A	11 32 35 36 39 41	06
第249回	H17.7.28	木	仏滅	五黄土星	D	01 03 17 23 33 35	18
第250回	H17.8.4	木	大安	七赤金星	I	03 08 09 13 22 42	11
第251回	H17.8.11	木	先勝	九紫火星	G	02 12 19 25 29 36	26
第252回	H17.8.18	木	友引	二黒土星	E	02 06 13 22 32 33	12
第253回	H17.8.25	木	先負	四緑木星	G	15 16 19 22 36 43	13
第254回	H17.9.1	木	仏滅	六白金星	H	12 13 22 23 25 29	40
第255回	H17.9.8	木	赤口	八白土星	F	06 07 12 17 34 42	08
第256回	H17.9.15	木	先勝	一白水星	A	15 17 18 28 30 37	40
第257回	H17.9.22	木	友引	三碧木星	B	07 15 29 30 39 40	11
第258回	H17.9.29	木	先負	五黄土星	I	03 15 16 17 25 31	40
第259回	H17.10.6	木	赤口	七赤金星	D	01 12 15 23 34 42	27
第260回	H17.10.13	木	先勝	九紫火星	G	11 15 21 31 37 41	30
第261回	H17.10.20	木	友引	二黒土星	C	06 17 18 21 35 41	32
第262回	H17.10.27	木	先負	四緑木星	H	05 07 11 19 21 25	27
第263回	H17.11.3	木	大安	六白金星	C	01 05 13 22 39 41	04
第264回	H17.11.10	木	赤口	八白土星	F	02 05 06 08 20 27	43
第265回	H17.11.17	木	先勝	一白水星	A	02 03 16 22 23 28	40
第266回	H17.11.24	木	友引	三碧木星	J	11 15 18 24 30 39	07
第267回	H17.12.1	木	先負	五黄土星	I	03 05 08 22 35 38	41
第268回	H17.12.8	木	大安	三碧木星	D	03 06 08 14 24 36	15
第269回	H17.12.15	木	赤口	一白水星	E	01 10 13 15 21 23	36
第270回	H17.12.22	木	先勝	八白土星	B	17 19 21 29 33 38	30
第271回	H17.12.29	木	友引	六白金星	G	09 10 19 25 40 41	08
第272回	H18.1.5	木	大安	四緑木星	H	07 12 13 20 23 26	41
第273回	H18.1.12	木	赤口	二黒土星	A	04 18 20 21 29 40	37
第274回	H18.1.19	木	先勝	九紫火星	C	04 05 14 27 31 39	06
第275回	H18.1.26	木	友引	七赤金星	F	04 13 15 31 33 40	08
第276回	H18.2.2	木	大安	五黄土星	J	06 11 27 30 33 36	34
第277回	H18.2.9	木	赤口	三碧木星	I	07 09 18 20 30 38	23
第278回	H18.2.16	木	先勝	一白水星	B	09 13 14 17 22 38	33
第279回	H18.2.23	木	友引	八白土星	E	07 11 12 23 30 43	27
第280回	H18.3.2	木	仏滅	六白金星	D	06 12 26 37 38 39	25
第281回	H18.3.9	木	大安	四緑木星	G	03 09 10 11 19 35	30
第282回	H18.3.16	木	赤口	二黒土星	A	01 09 17 31 41 43	23
第283回	H18.3.23	木	先勝	九紫火星	C	06 09 16 22 27 37	36
第284回	H18.3.30	木	仏滅	七赤金星	G	20 26 30 33 35 38	04
第285回	H18.4.6	木	大安	五黄土星	H	01 03 09 14 16 29	37
第286回	H18.4.13	木	赤口	三碧木星	E	10 11 14 28 31 41	03
第287回	H18.4.20	木	先勝	一白水星	A	01 05 18 34 35 39	07
第288回	H18.4.27	木	友引	八白土星	I	03 04 11 25 28 33	35
第289回	H18.5.4	木	仏滅	六白金星	C	07 09 12 17 34 38	03
第290回	H18.5.11	木	大安	四緑木星	J	11 13 15 17 22 43	08
第291回	H18.5.18	木	赤口	二黒土星	F	10 15 20 28 41 43	19
第292回	H18.5.25	木	先勝	九紫火星	H	07 14 27 31 34 39	40
第293回	H18.6.1	木	仏滅	七赤金星	B	06 08 15 17 36 43	38
第294回	H18.6.8	木	大安	五黄土星	D	02 05 13 14 17 20	21
第295回	H18.6.15	木	赤口	七赤金星	E	09 12 18 20 37 43	05
第296回	H18.6.22	木	先勝	九紫火星	G	04 19 27 30 31 37	10
第297回	H18.6.29	木	先負	二黒土星	C	06 08 09 20 38 40	02
第298回	H18.7.6	木	仏滅	四緑木星	F	12 25 29 31 35 40	26
第299回	H18.7.13	木	大安	六白金星	I	02 04 05 17 35 41	18
第300回	H18.7.20	木	赤口	八白土星	E	04 07 29 33 36 39	09
第301回	H18.7.27	木	先負	一白水星	B	04 05 06 09 10 11	33
第302回	H18.8.3	木	仏滅	三碧木星	H	02 04 13 23 38 40	24
第303回	H18.8.10	木	大安	五黄土星	D	04 24 31 35 37 39	13
第304回	H18.8.17	木	赤口	七赤金星	G	03 07 08 15 17 31	27
第305回	H18.8.24	木	先勝	九紫火星	J	01 02 05 23 31 34	43
第306回	H18.8.31	木	友引	二黒土星	A	01 20 25 28 31 42	02
第307回	H18.9.7	木	先負	四緑木星	C	01 07 11 32 33 40	27
第308回	H18.9.14	木	仏滅	六白金星	E	03 13 18 20 23 28	35
第309回	H18.9.21	木	大安	八白土星	A	01 04 26 36 41 42	09
第310回	H18.9.28	木	友引	一白水星	F	03 04 05 18 28 37	26
第311回	H18.10.5	木	先負	三碧木星	I	01 16 22 36 37 42	34
第312回	H18.10.12	木	仏滅	五黄土星	D	02 17 22 29 38 42	16
第313回	H18.10.19	木	大安	七赤金星	H	01 19 21 31 32 40	33
第314回	H18.10.26	木	先勝	九紫火星	B	03 08 14 30 38 43	06
第315回	H18.11.2	木	友引	二黒土星	J	01 02 17 24 40 41	31
第316回	H18.11.9	木	先負	四緑木星	G	03 04 20 30 40 41	31
第317回	H18.11.16	木	仏滅	六白金星	E	07 08 15 30 35 36	40
第318回	H18.11.23	木	赤口	八白土星	C	02 07 13 16 36 37	41
第319回	H18.11.30	木	先勝	一白水星	A	15 20 23 28 37 40	17
第320回	H18.12.7	木	友引	七赤金星	F	01 05 25 27 38 41	09
第321回	H18.12.14	木	先負	五黄土星	A	21 29 31 36 38 41	10
第322回	H18.12.21	木	赤口	三碧木星	D	18 19 22 25 35 42	36

回号	抽せん日	曜日	六曜	九星	セット球	本数字	B
第323回	H18.12.28	木	先勝	一白水星	H	09 11 21 23 33 39	26
第324回	H19.1.4	木	友引	八白土星	E	05 13 27 37 39 41	36
第325回	H19.1.11	木	先負	六白金星	I	06 07 18 29 33 39	43
第326回	H19.1.18	木	仏滅	四緑木星	C	01 07 09 14 23 43	19
第327回	H19.1.25	木	赤口	二黒土星	B	06 12 14 28 31 36	35
第328回	H19.2.1	木	先勝	九紫火星	G	03 07 10 12 19 36	35
第329回	H19.2.8	木	友引	七赤金星	J	06 08 15 17 39 40	37
第330回	H19.2.15	木	先負	五黄土星	F	05 12 16 19 28 39	34
第331回	H19.2.22	木	大安	三碧木星	I	02 08 17 24 32 38	35
第332回	H19.3.1	木	赤口	一白水星	A	07 08 16 24 26 34	19
第333回	H19.3.8	木	先勝	八白土星	B	01 05 07 15 41 42	38
第334回	H19.3.15	木	友引	六白金星	E	11 14 17 18 34 36	23
第335回	H19.3.22	木	大安	四緑木星	G	04 05 10 23 36 42	08
第336回	H19.3.29	木	赤口	二黒土星	C	03 06 13 17 20 29	11
第337回	H19.4.5	木	先勝	九紫火星	H	05 15 16 20 34 39	29
第338回	H19.4.12	木	友引	七赤金星	A	08 10 25 31 39 40	35
第339回	H19.4.19	木	大安	五黄土星	J	03 05 09 26 34 36	12
第340回	H19.4.26	木	赤口	三碧木星	D	04 10 13 31 35 42	07
第341回	H19.5.3	木	先勝	一白水星	C	04 14 23 25 28 35	41
第342回	H19.5.10	木	友引	八白土星	F	08 15 26 27 34 38	10
第343回	H19.5.17	木	仏滅	六白金星	B	13 28 29 37 38 41	35
第344回	H19.5.24	木	大安	四緑木星	G	08 11 16 20 28 36	42
第345回	H19.5.31	木	赤口	八白土星	C	10 21 22 25 35 37	18
第346回	H19.6.7	木	先勝	一白水星	J	04 09 11 12 32 38	16
第347回	H19.6.14	木	友引	三碧木星	E	08 20 23 27 32 33	13
第348回	H19.6.21	木	大安	五黄土星	I	04 05 06 27 36 38	13
第349回	H19.6.28	木	赤口	七赤金星	A	08 13 15 19 20 30	25
第350回	H19.7.5	木	先勝	九紫火星	H	13 18 25 26 29 40	06
第351回	H19.7.12	木	友引	二黒土星	G	03 13 16 24 26 43	15
第352回	H19.7.19	木	大安	四緑木星	D	06 08 24 25 34 38	10
第353回	H19.7.26	木	赤口	六白金星	B	01 09 15 16 22 26	29
第354回	H19.8.2	木	先勝	八白土星	B	04 06 22 31 34 41	43
第355回	H19.8.9	木	友引	一白水星	A	01 11 24 26 36 37	39
第356回	H19.8.16	木	仏滅	三碧木星	E	01 05 08 12 17 29	28
第357回	H19.8.23	木	大安	五黄土星	C	02 10 11 12 19 38	06
第358回	H19.8.30	木	赤口	七赤金星	H	12 31 32 34 39 42	30
第359回	H19.9.6	木	先勝	九紫火星	F	03 05 19 20 23 27	40
第360回	H19.9.13	木	仏滅	二黒土星	B	02 03 06 14 26 42	25
第361回	H19.9.20	木	大安	四緑木星	J	01 21 28 30 37 43	31
第362回	H19.9.27	木	赤口	六白金星	G	07 10 15 20 37 40	28
第363回	H19.10.4	木	先勝	八白土星	I	03 06 07 22 27 31	04
第364回	H19.10.11	木	先負	一白水星	D	07 11 12 19 33 42	36

回号	抽せん日	曜日	六曜	九星	セット球	本数字	B
第365回	H19.10.18	木	仏滅	三碧木星	A	06 19 20 28 36 37	11
第366回	H19.10.25	木	大安	五黄土星	F	12 13 15 18 30 41	21
第367回	H19.11.1	木	赤口	七赤金星	H	10 13 17 38 41 43	28
第368回	H19.11.8	木	先勝	九紫火星	E	07 10 18 21 33 35	13
第369回	H19.11.15	木	先負	二黒土星	C	03 09 12 16 18 37	14
第370回	H19.11.22	木	仏滅	四緑木星	G	02 11 13 15 16 32	43
第371回	H19.11.29	木	大安	四緑木星	B	14 15 23 24 32 34	31
第372回	H19.12.6	木	赤口	二黒土星	J	07 19 28 33 35 39	21
第373回	H19.12.13	木	友引	九紫火星	A	07 14 15 19 35 43	30
第374回	H19.12.20	木	先負	七赤金星	I	04 24 25 26 27 34	28
第375回	H19.12.27	木	仏滅	五黄土星	F	07 09 14 17 36 37	11
第376回	H20.1.10	木	友引	一白水星	D	20 21 25 27 34 38	16
第377回	H20.1.17	木	先負	八白土星	B	02 03 08 20 21 24	13
第378回	H20.1.24	木	仏滅	六白金星	H	11 13 19 26 36 43	31
第379回	H20.1.31	木	大安	四緑木星	G	08 13 15 21 33 34	05
第380回	H20.2.7	木	先勝	二黒土星	C	17 22 25 26 27 43	16
第381回	H20.2.14	木	友引	九紫火星	E	04 13 15 22 39 41	30
第382回	H20.2.21	木	先負	七赤金星	A	02 06 15 28 29 43	14
第383回	H20.2.28	木	仏滅	五黄土星	I	07 12 17 18 24 28	43
第384回	H20.3.6	木	大安	三碧木星	F	17 19 20 22 33 41	35
第385回	H20.3.13	木	先勝	一白水星	D	06 31 34 35 37 40	07
第386回	H20.3.20	木	友引	八白土星	C	02 09 11 15 23 25	27
第387回	H20.3.27	木	先負	六白金星	B	12 16 19 27 30 32	38
第388回	H20.4.3	木	仏滅	四緑木星	H	05 12 14 18 20 31	02
第389回	H20.4.10	木	先勝	二黒土星	J	06 12 22 25 31 35	28
第390回	H20.4.17	木	友引	九紫火星	A	05 16 17 22 39 43	21
第391回	H20.4.24	木	先負	七赤金星	G	08 20 23 24 29 38	43
第392回	H20.5.1	木	仏滅	五黄土星	D	10 15 18 30 31 37	11
第393回	H20.5.8	木	先勝	三碧木星	E	07 18 27 37 38 43	35
第394回	H20.5.15	木	友引	一白水星	I	14 27 28 31 37 40	18
第395回	H20.5.22	木	先負	八白土星	F	15 21 26 28 42 43	39
第396回	H20.5.29	木	仏滅	四緑木星	B	09 12 21 26 33 40	05
第397回	H20.6.5	木	赤口	六白金星	C	15 16 23 30 39 43	11
第398回	H20.6.12	木	先勝	八白土星	J	02 31 36 37 39 43	13
第399回	H20.6.19	木	友引	一白水星	E	01 14 17 28 31 37	21
第400回	H20.6.26	木	先負	三碧木星	H	04 09 19 22 23 33	38
第401回	H20.7.3	木	赤口	五黄土星	G	14 15 27 34 35 42	37
第402回	H20.7.10	木	先勝	七赤金星	D	03 18 23 24 29 33	28
第403回	H20.7.17	木	友引	九紫火星	F	08 10 13 20 24 33	23
第404回	H20.7.24	木	先負	二黒土星	I	03 10 14 18 26 43	33
第405回	H20.7.31	木	仏滅	四緑木星	A	06 13 19 20 30 31	08
第406回	H20.8.7	木	先勝	六白金星	B	01 02 04 16 36 37	40

回号	抽せん日	曜日	六曜	九星	セット球	本数字	B
第407回	H20.8.14	木	友引	八白土星	H	11 18 19 30 37 39	38
第408回	H20.8.21	木	先負	一白水星	C	12 20 23 28 31 32	39
第409回	H20.8.28	木	仏滅	三碧木星	E	06 13 17 27 28 36	33
第410回	H20.9.4	木	赤口	五黄土星	F	02 12 16 20 42 43	28
第411回	H20.9.11	木	先勝	七赤金星	A	02 04 06 24 35 39	34
第412回	H20.9.18	木	友引	九紫火星	G	02 06 07 09 16 19	33
第413回	H20.9.25	木	先負	二黒土星	J	02 14 15 26 35 37	25
第414回	H20.10.2	木	赤口	四緑木星	B	01 02 04 05 09 25	15
第415回	H20.10.9	木	先勝	六白金星	D	09 28 33 34 37 43	41
第416回	H20.10.16	木	友引	八白土星	I	12 15 22 24 29 37	06
第417回	H20.10.23	木	先負	一白水星	H	03 20 23 30 31 37	06
第418回	H20.10.30	木	大安	三碧木星	C	03 12 16 25 32 36	34
第419回	H20.11.6	木	赤口	五黄土星	E	05 08 16 25 26 30	01
第420回	H20.11.13	木	先勝	七赤金星	A	14 19 21 28 29 31	24
第421回	H20.11.20	木	友引	九紫火星	C	02 06 08 10 25 34	31
第422回	H20.11.27	木	先負	二黒土星	F	05 06 07 08 28 38	36
第423回	H20.12.4	木	大安	四緑木星	J	01 02 03 30 35 36	21
第424回	H20.12.11	木	赤口	六白金星	G	03 13 17 25 40 41	04
第425回	H20.12.18	木	先勝	八白土星	I	02 03 12 20 34 43	04
第426回	H20.12.25	木	友引	三碧木星	D	06 08 09 29 32 37	04
第427回	H21.1.8	木	赤口	八白土星	B	05 12 13 33 39 42	20
第428回	H21.1.15	木	先勝	六白金星	H	08 16 18 35 42 43	13
第429回	H21.1.22	木	友引	四緑木星	E	17 25 29 33 37 42	07
第430回	H21.1.29	木	仏滅	二黒土星	A	01 08 18 26 34 42	21
第431回	H21.2.5	木	大安	九紫火星	C	01 05 19 20 35 41	33
第432回	H21.2.12	木	赤口	七赤金星	F	08 20 23 24 42 43	16
第433回	H21.2.19	木	先勝	五黄土星	J	03 09 11 24 26 34	25
第434回	H21.2.26	木	先負	三碧木星	H	03 12 19 33 35 36	37
第435回	H21.3.5	木	仏滅	一白水星	I	02 11 12 28 35 37	27
第436回	H21.3.12	木	大安	八白土星	G	04 12 21 22 27 38	31
第437回	H21.3.19	木	赤口	六白金星	B	02 05 11 21 23 43	15
第438回	H21.3.26	木	先勝	四緑木星	D	03 09 16 17 20 31	42
第439回	H21.4.2	木	先負	二黒土星	A	11 14 20 28 32 41	27
第440回	H21.4.9	木	仏滅	九紫火星	E	09 23 29 30 31 39	18
第441回	H21.4.16	木	大安	七赤金星	C	10 18 33 34 39 41	21
第442回	H21.4.23	木	赤口	五黄土星	F	02 23 26 35 41 42	38
第443回	H21.4.30	木	先負	三碧木星	J	06 10 21 22 23 35	05
第444回	H21.5.7	木	仏滅	一白水星	H	05 13 16 18 24 32	30
第445回	H21.5.14	木	大安	八白土星	B	10 20 23 26 37 40	09
第446回	H21.5.21	木	赤口	六白金星	G	03 08 17 26 27 36	13
第447回	H21.5.28	木	先負	四緑木星	I	15 23 29 36 42 43	34
第448回	H21.6.4	木	仏滅	二黒土星	D	09 23 32 35 39 42	37
第449回	H21.6.11	木	大安	九紫火星	C	19 20 21 23 27 32	24
第450回	H21.6.18	木	赤口	七赤金星	A	15 20 21 32 40 42	27
第451回	H21.6.25	木	先勝	五黄土星	G	06 14 16 19 26 39	21
第452回	H21.7.2	木	友引	三碧木星	E	01 05 25 27 29 40	19
第453回	H21.7.9	木	先負	一白水星	J	07 17 19 27 35 40	41
第454回	H21.7.16	木	仏滅	八白土星	F	02 16 18 27 42 43	12
第455回	H21.7.23	木	先勝	四緑木星	C	11 20 26 28 30 43	24
第456回	H21.7.30	木	友引	六白金星	B	03 07 15 25 30 39	22
第457回	H21.8.6	木	先負	八白土星	I	10 12 27 32 34 43	42
第458回	H21.8.13	木	仏滅	一白水星	D	01 18 27 30 36 40	05
第459回	H21.8.20	木	先勝	三碧木星	H	11 13 27 31 37 43	30
第460回	H21.8.27	木	友引	五黄土星	A	18 22 23 32 35 40	07
第461回	H21.9.3	木	先負	七赤金星	G	08 10 13 30 32 42	12
第462回	H21.9.10	木	仏滅	九紫火星	I	02 04 06 16 31 33	05
第463回	H21.9.17	木	大安	二黒土星	J	10 13 16 25 30 42	28
第464回	H21.9.24	木	先勝	四緑木星	B	10 21 22 25 27 37	36
第465回	H21.10.1	木	友引	六白金星	F	06 24 27 30 32 38	13
第466回	H21.10.8	木	先負	八白土星	C	01 04 19 28 34 40	14
第467回	H21.10.15	木	仏滅	一白水星	I	18 19 20 24 32 43	41
第468回	H21.10.22	木	先勝	三碧木星	A	09 17 26 30 34 40	33
第469回	H21.10.29	木	友引	五黄土星	H	10 12 20 35 40 43	28
第470回	H21.11.5	木	先負	七赤金星	D	01 11 17 23 38 43	18
第471回	H21.11.12	木	仏滅	九紫火星	C	02 13 14 22 23 32	34
第472回	H21.11.19	木	赤口	二黒土星	G	10 17 28 30 36 42	05
第473回	H21.11.26	木	先勝	四緑木星	E	06 16 17 22 34 37	26
第474回	H21.12.3	木	友引	六白金星	J	12 15 19 25 28 41	18
第475回	H21.12.10	木	先負	八白土星	A	05 09 10 27 33 42	02
第476回	H21.12.17	木	赤口	一白水星	B	07 17 22 30 36 40	02
第477回	H21.12.24	木	先勝	三碧木星	F	12 14 16 18 38 41	17
第478回	H22.1.7	木	先負	七赤金星	I	11 14 23 30 31 38	42
第479回	H22.1.14	木	仏滅	一白水星	H	05 07 14 17 20 27	03
第480回	H22.1.21	木	赤口	八白土星	D	02 05 17 18 35 38	34
第481回	H22.1.28	木	先勝	六白金星	C	02 09 11 24 25 34	20
第482回	H22.2.4	木	友引	四緑木星	G	04 30 31 36 37 38	19
第483回	H22.2.11	木	先負	二黒土星	C	02 08 15 24 33 35	30
第484回	H22.2.18	木	大安	九紫火星	E	13 19 25 29 32 35	42
第485回	H22.2.25	木	赤口	七赤金星	A	14 26 30 33 34 39	19
第486回	H22.3.4	木	先勝	五黄土星	B	16 25 27 29 34 41	06
第487回	H22.3.11	木	友引	三碧木星	J	02 06 08 19 22 34	30
第488回	H22.3.18	木	仏滅	一白水星	F	05 15 29 34 39 42	06
第489回	H22.3.25	木	大安	八白土星	I	06 08 12 30 33 43	36
第490回	H22.4.1	木	赤口	六白金星	A	05 09 13 28 34 40	10

回号	抽せん日	曜日	六曜	九星	セット球	本数字	B
第491回	H22.4.8	木	先勝	四緑木星	H	07 09 20 27 31 34	33
第492回	H22.4.15	木	仏滅	二黒土星	C	01 08 12 20 23 37	10
第493回	H22.4.22	木	大安	九紫火星	E	08 26 30 36 41 42	20
第494回	H22.4.29	木	赤口	七赤金星	C	08 16 19 23 26 31	06
第495回	H22.5.6	木	先勝	五黄土星	G	04 06 20 21 29 33	31
第496回	H22.5.13	木	友引	三碧木星	B	02 06 11 29 32 41	03
第497回	H22.5.20	木	仏滅	一白水星	D	06 12 14 17 36 40	34
第498回	H22.5.27	木	大安	八白土星	H	01 25 36 41 42 43	39
第499回	H22.6.3	木	赤口	六白金星	E	03 09 15 16 22 35	12
第500回	H22.6.10	木	先勝	四緑木星	J	06 20 28 31 34 38	10
第501回	H22.6.17	木	仏滅	二黒土星	I	03 17 21 23 36 38	07
第502回	H22.6.24	木	大安	九紫火星	A	09 12 27 28 29 41	07
第503回	H22.7.1	木	赤口	七赤金星	F	01 18 25 27 28 39	11
第504回	H22.7.8	木	先勝	五黄土星	I	12 21 22 27 29 31	35
第505回	H22.7.15	木	先負	七赤金星	C	19 21 27 33 34 43	41
第506回	H22.7.22	木	仏滅	九紫火星	G	05 11 21 27 37 39	26
第507回	H22.7.29	木	大安	二黒土星	D	05 14 19 21 28 31	17
第508回	H22.8.5	木	赤口	四緑木星	E	01 07 14 15 24 42	13
第509回	H22.8.12	木	先負	六白金星	B	03 04 12 18 27 28	40
第510回	H22.8.19	木	仏滅	八白土星	H	12 15 26 35 41 43	25
第511回	H22.8.26	木	大安	一白水星	J	04 22 23 27 38 43	09
第512回	H22.9.2	木	赤口	三碧木星	A	14 20 23 25 33 39	34
第513回	H22.9.9	木	先負	五黄土星	F	01 06 12 14 15 19	18
第514回	H22.9.16	木	仏滅	七赤金星	I	06 07 14 15 19 41	31
第515回	H22.9.23	木	大安	九紫火星	C	02 03 23 25 33 35	34
第516回	H22.9.30	木	赤口	二黒土星	G	02 14 16 17 29 30	10
第517回	H22.10.7	木	先勝	四緑木星	E	06 10 13 14 28 37	39
第518回	H22.10.14	木	先負	六白金星	B	14 31 34 35 40 42	25
第519回	H22.10.21	木	仏滅	八白土星	J	01 13 25 29 30 33	35
第520回	H22.10.28	木	大安	一白水星	D	02 04 12 14 26 43	40
第521回	H22.11.4	木	赤口	三碧木星	H	01 08 15 21 23 30	33
第522回	H22.11.11	木	先負	五黄土星	A	03 06 16 23 25 43	37
第523回	H22.11.18	木	仏滅	七赤金星	I	07 08 26 27 41 43	16
第524回	H22.11.25	木	大安	九紫火星	C	07 11 14 18 35 40	43
第525回	H22.12.2	木	赤口	二黒土星	F	01 11 17 28 33 38	20
第526回	H22.12.9	木	友引	四緑木星	G	08 14 18 19 26 27	23
第527回	H22.12.16	木	先負	六白金星	E	05 07 12 23 39 41	09
第528回	H22.12.23	木	仏滅	八白土星	C	02 05 12 21 28 32	41
第529回	H22.12.30	木	大安	一白水星	B	06 19 21 24 31 41	07
第530回	H23.1.6	木	友引	三碧木星	J	01 10 19 30 33 36	35
第531回	H23.1.13	木	先負	五黄土星	D	05 12 16 24 26 33	08
第532回	H23.1.20	木	仏滅	三碧木星	A	23 28 33 35 37 42	04
第533回	H23.1.27	木	大安	一白水星	H	06 16 24 31 41 43	07
第534回	H23.2.3	木	先勝	八白土星	F	01 02 19 22 26 37	43
第535回	H23.2.10	木	友引	六白金星	I	06 14 23 24 27 32	11
第536回	H23.2.17	木	先負	四緑木星	G	04 10 12 14 23 36	02
第537回	H23.2.24	木	仏滅	二黒土星	D	10 18 22 24 26 37	12
第538回	H23.3.3	木	大安	九紫火星	E	02 11 14 23 26 33	28
第539回	H23.3.10	木	先勝	七赤金星	J	03 10 13 17 18 28	24
第540回	H23.3.17	木	友引	五黄土星	C	15 23 29 35 36 41	42
第541回	H23.3.24	木	先負	三碧木星	H	03 04 05 28 34 43	20
第542回	H23.3.31	木	仏滅	一白水星	B	10 14 23 35 38 41	17
第543回	H23.4.4	月	仏滅	五黄土星	A	15 17 18 19 22 31	30
第544回	H23.4.7	木	先勝	八白土星	G	11 14 16 32 41 42	33
第545回	H23.4.11	月	大安	三碧木星	F	16 21 24 28 32 36	35
第546回	H23.4.14	木	友引	六白金星	D	01 14 30 34 40 43	27
第547回	H23.4.18	月	赤口	一白水星	H	06 10 11 30 32 39	27
第548回	H23.4.21	木	先負	四緑木星	B	12 13 16 28 29 35	05
第549回	H23.4.25	月	先勝	八白土星	A	05 14 27 29 32 33	16
第550回	H23.4.28	木	仏滅	二黒土星	E	12 15 19 32 36 42	37
第551回	H23.5.2	月	友引	六白金星	I	15 16 19 21 26 42	10
第552回	H23.5.5	木	赤口	九紫火星	C	13 22 26 30 40 41	08
第553回	H23.5.9	月	仏滅	四緑木星	J	03 09 11 15 27 37	10
第554回	H23.5.12	木	先勝	七赤金星	B	16 27 34 35 36 38	37
第555回	H23.5.16	月	大安	二黒土星	G	02 03 07 09 36 42	05
第556回	H23.5.19	木	友引	五黄土星	H	06 09 13 17 29 30	25
第557回	H23.5.23	月	赤口	九紫火星	D	06 18 23 32 38 43	37
第558回	H23.5.26	木	先負	三碧木星	A	04 32 33 38 41 43	02
第559回	H23.5.30	月	先勝	七赤金星	F	02 07 16 25 26 43	03
第560回	H23.6.2	木	大安	一白水星	I	04 17 19 37 39 42	16
第561回	H23.6.6	月	先負	五黄土星	E	04 14 30 35 40 41	29
第562回	H23.6.9	木	赤口	八白土星	C	09 10 11 25 30 37	12
第563回	H23.6.13	月	仏滅	三碧木星	D	04 05 26 28 34 38	08
第564回	H23.6.16	木	先勝	六白金星	B	03 12 18 24 34 39	16
第565回	H23.6.20	月	大安	一白水星	G	03 06 08 21 28 32	10
第566回	H23.6.23	木	友引	四緑木星	H	10 17 18 29 30 41	07
第567回	H23.6.27	月	赤口	八白土星	A	07 13 17 23 28 34	25
第568回	H23.6.30	木	先負	二黒土星	J	07 10 15 31 32 42	41
第569回	H23.7.4	月	先負	六白金星	I	04 19 21 25 28 40	38
第570回	H23.7.7	木	赤口	九紫火星	F	02 04 10 28 38 43	25
第571回	H23.7.11	月	仏滅	六白金星	E	06 20 21 23 33 38	10
第572回	H23.7.14	木	先勝	三碧木星	C	10 12 18 38 42 43	40
第573回	H23.7.18	月	大安	八白土星	B	03 05 21 30 37 38	11
第574回	H23.7.21	木	友引	五黄土星	J	04 11 16 20 26 43	09

回号	抽せん日	曜日	六曜	九星	セット球	本数字	B
第575回	H23.7.25	月	赤口	一白水星	G	04 11 17 21 23 30	18
第576回	H23.7.28	木	先負	七赤金星	D	08 09 21 24 29 37	01
第577回	H23.8.1	月	友引	三碧木星	H	03 12 29 31 36 37	26
第578回	H23.8.4	木	大安	九紫火星	A	16 22 23 27 33 37	36
第579回	H23.8.8	月	先負	五黄土星	F	06 08 17 19 23 42	32
第580回	H23.8.11	木	赤口	二黒土星	I	12 15 17 25 35 43	32
第581回	H23.8.15	月	仏滅	七赤金星	E	05 22 28 29 35 39	21
第582回	H23.8.18	木	先勝	四緑木星	C	07 10 14 25 32 38	13
第583回	H23.8.22	月	大安	九紫火星	B	02 12 17 18 40 43	16
第584回	H23.8.25	木	友引	六白金星	I	10 11 24 26 37 38	21
第585回	H23.8.29	月	友引	二黒土星	D	01 28 32 34 41 42	22
第586回	H23.9.1	木	大安	八白土星	J	06 07 10 23 36 42	11
第587回	H23.9.5	月	先負	四緑木星	G	10 12 18 27 33 40	42
第588回	H23.9.8	木	赤口	一白水星	A	08 13 18 33 34 36	23
第589回	H23.9.12	月	仏滅	六白金星	H	01 09 10 28 41 42	33
第590回	H23.9.15	木	先勝	三碧木星	F	20 24 25 27 32 37	02
第591回	H23.9.19	月	大安	八白土星	C	01 13 16 22 27 33	05
第592回	H23.9.22	木	友引	五黄土星	E	12 14 22 23 34 41	36
第593回	H23.9.26	月	赤口	一白水星	B	02 10 16 26 29 30	04
第594回	H23.9.29	木	大安	七赤金星	I	04 05 15 30 34 38	02
第595回	H23.10.3	月	先負	三碧木星	D	01 05 15 22 39 40	27
第596回	H23.10.6	木	赤口	九紫火星	H	02 13 17 24 29 34	12
第597回	H23.10.10	月	仏滅	五黄土星	C	03 04 07 13 16 23	01
第598回	H23.10.13	木	先勝	二黒土星	G	06 10 15 21 36 41	40
第599回	H23.10.17	月	大安	七赤金星	F	01 02 08 13 27 39	36
第600回	H23.10.20	木	友引	四緑木星	E	03 20 23 24 28 35	26
第601回	H23.10.24	月	赤口	九紫火星	J	06 22 25 26 30 39	32
第602回	H23.10.27	木	仏滅	六白金星	A	08 13 15 18 24 41	27
第603回	H23.10.31	月	友引	二黒土星	B	03 08 18 21 23 42	17
第604回	H23.11.3	木	大安	八白土星	C	09 15 20 22 28 43	37
第605回	H23.11.7	月	先負	四緑木星	F	01 04 13 25 38 43	11
第606回	H23.11.10	木	赤口	一白水星	D	08 15 24 26 35 42	07
第607回	H23.11.14	月	仏滅	六白金星	J	02 03 08 12 20 21	16
第608回	H23.11.17	木	先勝	三碧木星	I	04 06 16 17 18 26	40
第609回	H23.11.21	月	大安	八白土星	E	18 24 36 37 39 41	01
第610回	H23.11.24	木	友引	五黄土星	H	02 05 12 23 26 41	36
第611回	H23.11.28	月	友引	一白水星	A	10 12 14 24 34 39	16
第612回	H23.12.1	木	大安	七赤金星	B	07 18 31 32 39 40	35
第613回	H23.12.5	月	先負	三碧木星	C	02 06 18 26 32 37	05
第614回	H23.12.8	木	赤口	九紫火星	G	02 06 22 25 31 42	01
第615回	H23.12.12	月	仏滅	五黄土星	B	06 16 24 32 36 43	28
第616回	H23.12.15	木	先勝	二黒土星	G	04 07 18 19 24 35	17

回号	抽せん日	曜日	六曜	九星	セット球	本数字	B
第617回	H23.12.19	月	大安	七赤金星	J	05 08 18 28 34 35	10
第618回	H23.12.22	木	友引	四緑木星	E	04 15 21 31 35 42	13
第619回	H23.12.26	月	先勝	九紫火星	C	02 11 29 31 33 38	14
第620回	H23.12.29	木	仏滅	六白金星	I	07 10 13 19 31 38	12
第621回	H24.1.5	木	大安	二黒土星	D	06 15 16 28 36 40	20
第622回	H24.1.9	月	先負	六白金星	C	07 16 18 20 27 36	41
第623回	H24.1.12	木	赤口	九紫火星	H	07 08 16 35 39 42	09
第624回	H24.1.16	月	仏滅	四緑木星	F	04 08 12 22 25 30	43
第625回	H24.1.19	木	先勝	七赤金星	A	05 17 26 37 39 42	20
第626回	H24.1.23	月	先勝	二黒土星	D	06 13 14 22 26 28	10
第627回	H24.1.26	木	仏滅	五黄土星	J	02 04 07 19 34 42	30
第628回	H24.1.30	月	友引	九紫火星	A	07 13 15 18 29 38	30
第629回	H24.2.2	木	大安	三碧木星	B	06 16 21 30 34 43	36
第630回	H24.2.6	月	先負	七赤金星	G	03 07 13 18 19 41	38
第631回	H24.2.9	木	赤口	一白水星	I	02 05 07 10 36 40	12
第632回	H24.2.13	月	仏滅	五黄土星	E	03 04 14 21 22 25	26
第633回	H24.2.16	木	先勝	八白土星	F	07 09 11 14 15 18	05
第634回	H24.2.20	月	大安	三碧木星	H	08 10 13 15 20 40	23
第635回	H24.2.23	木	先負	六白金星	C	08 11 12 15 41 43	22
第636回	H24.2.27	月	先勝	一白水星	D	02 12 21 23 24 26	36
第637回	H24.3.1	木	仏滅	四緑木星	B	07 12 16 28 31 34	11
第638回	H24.3.5	月	友引	八白土星	G	06 11 19 28 35 40	14
第639回	H24.3.8	木	大安	二黒土星	J	01 16 20 24 33 34	08
第640回	H24.3.12	月	先負	六白金星	A	03 11 18 20 33 39	22
第641回	H24.3.15	木	赤口	九紫火星	I	03 14 21 24 26 29	32
第642回	H24.3.19	月	仏滅	四緑木星	E	08 13 14 21 33 41	18
第643回	H24.3.22	木	先負	七赤金星	F	02 06 21 31 35 37	15
第644回	H24.3.26	月	先勝	二黒土星	H	04 14 22 23 26 42	02
第645回	H24.3.29	木	仏滅	五黄土星	C	03 10 12 32 33 43	31
第646回	H24.4.2	月	友引	九紫火星	D	09 12 14 24 28 33	37
第647回	H24.4.5	木	大安	三碧木星	B	02 07 15 22 36 43	27
第648回	H24.4.9	月	先負	七赤金星	H	22 26 27 28 36 43	01
第649回	H24.4.12	木	赤口	一白水星	G	14 22 29 33 36 40	38
第650回	H24.4.16	月	仏滅	五黄土星	J	12 31 34 40 41 43	06
第651回	H24.4.19	木	先勝	八白土星	E	04 15 17 34 38 40	05
第652回	H24.4.23	月	大安	三碧木星	A	01 10 16 19 20 39	29
第653回	H24.4.26	木	友引	六白金星	J	13 21 22 26 29 36	31
第654回	H24.4.30	月	赤口	一白水星	C	12 18 21 29 32 38	02
第655回	H24.5.3	木	先負	四緑木星	F	05 10 23 26 28 29	27
第656回	H24.5.7	月	先勝	八白土星	I	02 08 13 17 25 37	30
第657回	H24.5.10	木	仏滅	二黒土星	B	03 20 29 33 34 40	02
第658回	H24.5.14	月	友引	六白金星	D	14 24 32 40 41 42	09

回号	抽せん日	曜日	六曜	九星	セット球	本数字	B
第659回	H24.5.17	木	大安	九紫火星	H	21 30 35 39 41 42	03
第660回	H24.5.21	月	仏滅	四緑木星	A	08 20 31 36 37 38	39
第661回	H24.5.24	木	先勝	七赤金星	G	06 09 17 20 33 40	26
第662回	H24.5.28	月	大安	二黒土星	A	12 31 32 34 36 40	06
第663回	H24.5.31	木	友引	五黄土星	C	13 18 21 30 33 40	25
第664回	H24.6.4	月	赤口	九紫火星	E	02 08 11 12 26 29	22
第665回	H24.6.7	木	先負	三碧木星	I	13 22 27 29 36 37	40
第666回	H24.6.11	月	先勝	七赤金星	D	02 06 28 30 31 41	07
第667回	H24.6.14	木	仏滅	一白水星	J	21 31 34 37 39 40	15
第668回	H24.6.18	月	友引	五黄土星	F	07 13 20 27 34 35	22
第669回	H24.6.21	木	赤口	八白土星	B	04 06 10 17 24 33	19
第670回	H24.6.25	月	仏滅	三碧木星	G	01 04 07 25 32 41	18
第671回	H24.6.28	木	先勝	六白金星	A	05 10 14 16 23 38	21
第672回	H24.7.2	月	大安	九紫火星	B	01 05 23 24 36 43	19
第673回	H24.7.5	木	友引	六白金星	H	02 06 16 27 28 29	38
第674回	H24.7.9	月	赤口	二黒土星	C	08 11 15 22 40 41	39
第675回	H24.7.12	木	先負	八白土星	E	08 10 15 21 24 34	28
第676回	H24.7.16	月	先勝	四緑木星	F	02 08 20 33 38 42	21
第677回	H24.7.19	木	赤口	一白水星	J	04 11 22 31 32 35	23
第678回	H24.7.23	月	仏滅	六白金星	I	08 24 25 29 32 40	28
第679回	H24.7.26	木	先勝	三碧木星	G	04 05 07 37 41 42	39
第680回	H24.7.30	月	大安	八白土星	A	08 09 23 34 38 41	06
第681回	H24.8.2	木	友引	五黄土星	D	01 11 13 30 37 41	27
第682回	H24.8.6	月	赤口	一白水星	B	03 05 07 18 19 41	34
第683回	H24.8.9	木	先負	七赤金星	J	16 24 29 32 35 38	37
第684回	H24.8.13	月	先勝	三碧木星	F	06 07 13 18 27 33	16
第685回	H24.8.16	木	仏滅	九紫火星	H	12 23 27 32 39 43	15
第686回	H24.8.20	月	先負	五黄土星	A	21 24 26 35 37 38	16
第687回	H24.8.23	木	赤口	二黒土星	C	16 20 27 33 40 42	34
第688回	H24.8.27	月	仏滅	七赤金星	E	09 12 16 33 34 35	01
第689回	H24.8.30	木	先勝	四緑木星	I	06 08 12 17 24 31	38
第690回	H24.9.3	月	大安	九紫火星	B	07 08 10 21 34 38	30
第691回	H24.9.6	木	友引	六白金星	G	04 07 08 15 16 42	23
第692回	H24.9.10	月	赤口	二黒土星	A	09 10 12 19 21 42	15
第693回	H24.9.13	木	先負	八白土星	D	04 14 18 22 32 35	10
第694回	H24.9.17	月	先負	四緑木星	C	08 23 27 31 38 40	03
第695回	H24.9.20	木	赤口	一白水星	B	04 07 11 12 13 19	27
第696回	H24.9.24	月	仏滅	六白金星	J	02 10 14 19 36 39	09
第697回	H24.9.27	木	先勝	三碧木星	H	02 12 14 18 40 41	06
第698回	H24.10.1	月	大安	八白土星	F	05 20 21 26 30 33	27
第699回	H24.10.4	木	友引	五黄土星	I	12 13 21 25 29 32	20
第700回	H24.10.8	月	赤口	一白水星	C	01 08 17 24 33 35	11
第701回	H24.10.11	木	先負	七赤金星	E	20 22 24 32 36 39	29
第702回	H24.10.15	月	先負	三碧木星	G	01 20 23 37 38 40	04
第703回	H24.10.18	木	赤口	九紫火星	J	20 24 27 28 38 41	04
第704回	H24.10.22	月	仏滅	五黄土星	D	07 10 16 18 19 37	20
第705回	H24.10.25	木	先勝	二黒土星	A	14 15 16 18 20 33	03
第706回	H24.10.29	月	大安	七赤金星	B	02 08 29 31 34 37	09
第707回	H24.11.1	木	友引	四緑木星	H	08 15 21 32 40 41	07
第708回	H24.11.5	月	赤口	九紫火星	F	02 13 20 22 25 38	35
第709回	H24.11.8	木	先負	六白金星	B	01 11 13 29 37 39	08
第710回	H24.11.12	月	先勝	二黒土星	A	04 05 09 20 33 37	35
第711回	H24.11.15	木	大安	八白土星	C	05 11 15 24 34 39	37
第712回	H24.11.19	月	先負	四緑木星	I	02 05 08 09 14 25	18
第713回	H24.11.22	木	赤口	一白水星	E	19 20 21 24 25 26	35
第714回	H24.11.26	月	仏滅	六白金星	G	02 14 26 28 29 42	13
第715回	H24.11.29	木	先勝	三碧木星	J	05 10 12 25 28 31	36
第716回	H24.12.3	月	大安	八白土星	C	05 07 14 24 25 35	32
第717回	H24.12.6	木	友引	五黄土星	D	13 14 16 21 29 42	20
第718回	H24.12.10	月	赤口	一白水星	H	15 20 27 29 33 43	18
第719回	H24.12.13	木	大安	七赤金星	A	11 14 27 31 34 42	13
第720回	H24.12.17	月	先負	三碧木星	F	25 26 27 28 35 38	19
第721回	H24.12.20	木	赤口	九紫火星	B	01 14 23 24 27 40	10
第722回	H24.12.24	月	仏滅	五黄土星	C	06 11 32 34 35 39	18
第723回	H24.12.27	木	先勝	二黒土星	G	16 27 28 36 39 42	02
第724回	H25.1.7	月	赤口	一白水星	I	04 09 32 37 38 39	31
第725回	H25.1.10	木	先負	四緑木星	E	05 06 07 20 31 41	22
第726回	H25.1.14	月	友引	八白土星	D	13 21 30 31 37 40	14
第727回	H25.1.17	木	大安	二黒土星	J	03 24 26 27 39 41	04
第728回	H25.1.21	月	先負	六白金星	A	10 15 22 23 38 42	12
第729回	H25.1.24	木	赤口	九紫火星	H	02 10 16 18 27 42	22
第730回	H25.1.28	月	仏滅	四緑木星	F	10 15 21 22 33 35	01
第731回	H25.1.31	木	先勝	七赤金星	B	06 07 23 25 38 42	21
第732回	H25.2.4	月	大安	二黒土星	C	20 33 35 36 37 38	29
第733回	H25.2.7	木	友引	五黄土星	E	05 13 14 26 37 38	28
第734回	H25.2.11	月	友引	九紫火星	G	10 19 22 27 29 39	21
第735回	H25.2.14	木	大安	三碧木星	D	05 12 19 22 32 39	14
第736回	H25.2.18	月	先負	七赤金星	I	02 14 17 19 38 43	06
第737回	H25.2.21	木	赤口	一白水星	J	06 10 21 24 27 39	11
第738回	H25.2.25	月	仏滅	五黄土星	I	14 21 22 32 33 41	09
第739回	H25.2.28	木	先勝	八白土星	H	11 13 18 20 28 38	31
第740回	H25.3.4	月	大安	三碧木星	A	08 09 15 26 37 40	18
第741回	H25.3.7	木	友引	六白金星	B	08 11 15 29 36 43	18
第742回	H25.3.11	月	赤口	一白水星	J	02 12 13 14 22 35	04

回号	抽せん日	曜日	六曜	九星	セット球	本数字	B
第743回	H25.3.14	木	仏滅	四緑木星	F	03 04 08 10 14 37	32
第744回	H25.3.18	月	友引	八白土星	C	02 05 12 14 30 42	03
第745回	H25.3.21	木	大安	二黒土星	A	08 12 16 23 33 34	06
第746回	H25.3.25	月	先負	六白金星	G	06 09 10 29 31 35	28
第747回	H25.3.28	木	赤口	九紫火星	E	08 19 20 23 24 35	05
第748回	H25.4.1	月	仏滅	四緑木星	D	02 14 16 27 28 30	21
第749回	H25.4.4	木	先勝	七赤金星	I	07 08 11 13 23 40	25
第750回	H25.4.8	月	大安	二黒土星	H	04 06 13 16 18 39	34
第751回	H25.4.11	木	仏滅	五黄土星	J	13 16 21 25 31 38	43
第752回	H25.4.15	月	友引	九紫火星	B	03 05 13 18 22 37	14
第753回	H25.4.18	木	大安	三碧木星	G	02 04 11 15 20 38	18
第754回	H25.4.22	月	先負	七赤金星	F	16 27 33 35 39 41	42
第755回	H25.4.25	木	赤口	一白水星	C	10 16 20 25 29 39	02
第756回	H25.4.29	月	仏滅	五黄土星	A	08 10 24 26 27 28	32
第757回	H25.5.2	木	先勝	八白土星	E	04 10 14 19 35 38	17
第758回	H25.5.6	月	大安	三碧木星	J	11 19 20 25 38 40	33
第759回	H25.5.9	木	友引	六白金星	D	14 22 25 28 37 41	31
第760回	H25.5.13	月	先勝	一白水星	I	03 04 06 15 32 40	34
第761回	H25.5.16	木	仏滅	四緑木星	A	08 10 11 12 20 40	42
第762回	H25.5.20	月	友引	八白土星	F	06 08 09 20 24 27	40
第763回	H25.5.23	木	大安	二黒土星	H	06 08 10 21 39 42	36
第764回	H25.5.27	月	先負	六白金星	B	06 07 24 34 42 43	14
第765回	H25.5.30	木	赤口	九紫火星	C	04 14 17 22 26 41	06
第766回	H25.6.3	月	仏滅	四緑木星	A	06 10 12 32 37 39	33
第767回	H25.6.6	木	先勝	七赤金星	E	02 06 11 27 29 37	14
第768回	H25.6.10	月	赤口	二黒土星	G	01 08 19 25 32 38	39
第769回	H25.6.13	木	先負	五黄土星	J	01 02 04 16 17 38	08
第770回	H25.6.17	月	先勝	九紫火星	I	17 19 21 22 36 37	25
第771回	H25.6.20	木	仏滅	三碧木星	D	15 21 31 32 33 34	27
第772回	H25.6.24	月	友引	七赤金星	F	07 11 16 19 20 23	30
第773回	H25.6.27	木	大安	九紫火星	B	04 07 10 11 12 32	09
第774回	H25.7.1	月	先負	五黄土星	H	02 04 09 13 16 33	15
第775回	H25.7.4	木	赤口	二黒土星	E	01 02 21 22 37 38	17
第776回	H25.7.8	月	赤口	七赤金星	C	02 08 14 23 28 42	25
第777回	H25.7.11	木	先負	四緑木星	A	15 16 23 29 37 39	42
第778回	H25.7.15	月	先勝	九紫火星	F	05 11 17 24 35 41	03
第779回	H25.7.18	木	仏滅	六白金星	G	10 13 27 34 36 39	07
第780回	H25.7.22	月	友引	二黒土星	A	06 07 12 26 39 43	04
第781回	H25.7.25	木	大安	八白土星	I	05 06 15 23 40 43	39
第782回	H25.7.29	月	先負	四緑木星	B	19 21 23 24 27 43	10
第783回	H25.8.1	木	赤口	一白水星	I	09 14 22 24 25 32	13
第784回	H25.8.5	月	仏滅	六白金星	D	01 09 23 29 37 41	22

回号	抽せん日	曜日	六曜	九星	セット球	本数字	B
第785回	H25.8.8	木	友引	三碧木星	H	01 09 18 20 24 29	15
第786回	H25.8.12	月	赤口	八白土星	E	10 11 17 31 35 39	23
第787回	H25.8.15	木	先負	五黄土星	G	04 05 13 21 33 34	15
第788回	H25.8.19	月	先勝	一白水星	C	02 08 13 27 31 32	16
第789回	H25.8.22	木	仏滅	七赤金星	J	12 17 29 32 38 40	28
第790回	H25.8.26	月	友引	三碧木星	F	09 13 19 27 34 38	08
第791回	H25.8.29	木	大安	九紫火星	I	01 10 22 24 34 37	20
第792回	H25.9.2	月	先負	五黄土星	A	01 07 14 25 37 43	04
第793回	H25.9.5	木	友引	二黒土星	C	10 13 14 19 26 43	12
第794回	H25.9.9	月	赤口	七赤金星	F	15 22 25 29 34 42	02
第795回	H25.9.12	木	先負	四緑木星	H	13 19 24 28 33 38	29
第796回	H25.9.16	月	先勝	九紫火星	B	01 07 11 14 22 34	02
第797回	H25.9.19	木	仏滅	六白金星	D	01 04 13 18 23 39	35
第798回	H25.9.23	月	友引	二黒土星	E	01 03 05 25 39 41	34
第799回	H25.9.26	木	大安	八白土星	G	04 06 08 10 19 28	25
第800回	H25.9.30	月	先負	四緑木星	J	08 12 22 23 25 35	43
第801回	H25.10.3	木	赤口	一白水星	A	02 18 19 20 25 31	32
第802回	H25.10.7	月	大安	六白金星	I	09 13 18 19 25 30	15
第803回	H25.10.10	木	友引	三碧木星	C	09 29 33 34 35 41	27
第804回	H25.10.14	月	赤口	八白土星	F	06 20 23 25 31 33	30
第805回	H25.10.17	木	先負	五黄土星	H	02 14 19 22 24 43	06
第806回	H25.10.21	月	先勝	一白水星	B	03 16 19 25 39 40	29
第807回	H25.10.24	木	仏滅	七赤金星	E	01 06 12 20 22 23	27
第808回	H25.10.28	月	友引	三碧木星	D	13 18 22 28 41 42	26
第809回	H25.10.31	木	大安	九紫火星	G	02 11 20 31 32 37	17
第810回	H25.11.4	月	大安	五黄土星	A	03 31 32 38 39 40	37
第811回	H25.11.7	木	友引	二黒土星	J	02 06 20 24 31 40	34
第812回	H25.11.11	月	赤口	七赤金星	C	01 12 15 26 34 40	22
第813回	H25.11.14	木	先負	四緑木星	I	09 10 12 13 28 38	39
第814回	H25.11.18	月	先勝	九紫火星	F	04 07 15 23 38 42	01
第815回	H25.11.21	木	仏滅	六白金星	H	01 02 06 24 25 41	29
第816回	H25.11.25	月	友引	二黒土星	A	05 14 19 24 27 37	09
第817回	H25.11.28	木	大安	八白土星	E	16 21 27 32 34 43	42
第818回	H25.12.2	月	先負	四緑木星	B	05 21 24 34 37 38	16
第819回	H25.12.5	木	先勝	一白水星	A	10 19 23 25 30 40	14
第820回	H25.12.9	月	大安	六白金星	D	01 11 19 28 39 43	16
第821回	H25.12.12	木	友引	三碧木星	G	07 10 12 34 40 43	16
第822回	H25.12.16	月	赤口	八白土星	C	06 11 15 24 27 33	29
第823回	H25.12.19	木	先負	五黄土星	J	05 06 23 30 37 38	28
第824回	H25.12.23	月	先勝	一白水星	G	16 19 26 27 29 32	04
第825回	H25.12.26	木	仏滅	三碧木星	F	06 10 12 16 39 40	20
第826回	H25.12.30	月	友引	七赤金星	I	05 15 22 24 29 36	02

回号	抽せん日	曜日	六曜	九星	セット球	本数字	B
第827回	H26.1.6	月	大安	五黄土星	E	02 04 23 24 33 41	05
第828回	H26.1.9	木	友引	八白土星	C	02 09 10 24 25 43	26
第829回	H26.1.13	月	赤口	三碧木星	J	02 03 23 32 36 39	20
第830回	H26.1.16	木	先負	六白金星	A	05 06 09 18 28 40	22
第831回	H26.1.20	月	先勝	一白水星	H	03 04 07 13 22 31	19
第832回	H26.1.23	木	仏滅	四緑木星	D	19 24 27 31 32 33	17
第833回	H26.1.27	月	友引	八白土星	B	05 06 13 20 22 28	02
第834回	H26.1.30	木	大安	二黒土星	F	04 17 27 39 41 42	08
第835回	H26.2.3	月	仏滅	六白金星	I	05 09 10 28 39 40	24
第836回	H26.2.6	木	先勝	九紫火星	G	07 11 31 34 38 43	28
第837回	H26.2.10	月	大安	四緑木星	E	05 17 34 37 39 42	28
第838回	H26.2.13	木	友引	七赤金星	C	12 28 32 36 38 43	13
第839回	H26.2.17	月	赤口	二黒土星	A	01 03 05 12 13 38	37
第840回	H26.2.20	木	先負	五黄土星	J	03 04 17 24 27 34	39
第841回	H26.2.24	月	先勝	九紫火星	H	08 22 24 28 31 36	38
第842回	H26.2.27	木	仏滅	三碧木星	D	08 11 17 26 33 43	24
第843回	H26.3.3	月	仏滅	七赤金星	B	03 07 08 26 42 43	11
第844回	H26.3.6	木	先勝	一白水星	F	02 05 18 27 35 38	24
第845回	H26.3.10	月	大安	五黄土星	A	02 12 13 22 24 34	20
第846回	H26.3.13	木	友引	八白土星	G	09 14 18 28 30 33	04
第847回	H26.3.17	月	赤口	三碧木星	I	09 10 23 31 35 36	38
第848回	H26.3.20	木	先負	六白金星	E	06 07 13 15 35 39	33
第849回	H26.3.24	月	先勝	一白水星	C	01 03 04 10 15 40	34
第850回	H26.3.27	木	仏滅	四緑木星	D	02 11 30 32 38 41	04
第851回	H26.3.31	月	先負	八白土星	J	05 08 14 20 26 27	07
第852回	H26.4.3	木	赤口	二黒土星	B	03 17 22 23 27 40	35
第853回	H26.4.7	月	仏滅	六白金星	F	02 09 22 26 31 35	07
第854回	H26.4.10	木	先勝	九紫火星	H	04 11 14 18 25 37	42
第855回	H26.4.14	月	大安	四緑木星	A	10 13 15 25 37 42	30
第856回	H26.4.17	木	友引	七赤金星	I	10 24 32 34 38 40	43
第857回	H26.4.21	月	赤口	二黒土星	G	01 03 06 17 28 42	24
第858回	H26.4.24	木	先負	五黄土星	E	03 14 29 32 33 42	40
第859回	H26.4.28	月	先勝	九紫火星	C	01 12 15 17 21 36	24
第860回	H26.5.1	木	赤口	三碧木星	A	14 16 32 35 38 41	06
第861回	H26.5.5	月	仏滅	七赤金星	J	04 17 21 28 35 42	29
第862回	H26.5.8	木	先勝	一白水星	D	05 10 16 34 36 39	43
第863回	H26.5.12	月	大安	五黄土星	B	04 14 18 26 35 36	02
第864回	H26.5.15	木	友引	八白土星	H	19 21 24 28 32 40	12
第865回	H26.5.19	月	赤口	三碧木星	F	05 07 08 12 23 25	26
第866回	H26.5.22	木	先負	六白金星	I	01 03 10 21 29 43	39
第867回	H26.5.26	月	先勝	一白水星	F	02 14 21 26 37 38	18
第868回	H26.5.29	木	大安	四緑木星	G	05 18 19 26 31 43	10

回号	抽せん日	曜日	六曜	九星	セット球	本数字	B
第869回	H26.6.2	月	先負	八白土星	C	05 07 23 24 37 38	40
第870回	H26.6.5	木	赤口	二黒土星	E	01 11 14 21 23 39	26
第871回	H26.6.9	月	仏滅	六白金星	H	03 10 11 13 20 27	25
第872回	H26.6.12	木	先勝	九紫火星	A	06 10 17 18 19 24	07
第873回	H26.6.16	月	大安	四緑木星	B	04 22 26 27 32 43	20
第874回	H26.6.19	木	友引	七赤金星	J	02 08 21 27 33 37	42
第875回	H26.6.23	月	赤口	八白土星	D	04 05 11 13 22 25	43
第876回	H26.6.26	木	先負	五黄土星	I	11 12 18 25 35 39	09
第877回	H26.6.30	月	先負	一白水星	A	03 14 17 32 35 43	10
第878回	H26.7.3	木	赤口	七赤金星	F	05 14 16 22 25 40	43
第879回	H26.7.7	月	仏滅	三碧木星	G	24 27 34 35 36 43	25
第880回	H26.7.10	木	先勝	九紫火星	C	01 08 11 16 25 32	19
第881回	H26.7.14	月	大安	五黄土星	J	04 06 12 18 28 41	35
第882回	H26.7.17	木	友引	二黒土星	E	05 15 23 26 30 36	06
第883回	H26.7.21	月	赤口	七赤金星	H	10 16 25 29 38 42	23
第884回	H26.7.24	木	先負	四緑木星	B	02 07 25 26 38 42	19
第885回	H26.7.28	月	友引	九紫火星	D	22 28 33 36 37 41	14
第886回	H26.7.31	木	大安	六白金星	I	07 10 13 23 34 39	11
第887回	H26.8.4	月	先負	二黒土星	A	03 04 06 18 32 37	07
第888回	H26.8.7	木	赤口	八白土星	F	02 04 09 36 37 39	43
第889回	H26.8.11	月	仏滅	四緑木星	C	02 10 21 28 41 43	12
第890回	H26.8.14	木	先勝	一白水星	G	01 04 06 14 28 31	21
第891回	H26.8.18	月	大安	六白金星	J	07 09 14 30 42 43	24
第892回	H26.8.21	木	友引	三碧木星	H	14 19 31 35 40 43	38
第893回	H26.8.25	月	友引	八白土星	A	10 12 26 28 29 37	34
第894回	H26.8.28	木	大安	五黄土星	E	04 05 09 20 21 32	40
第895回	H26.9.1	月	先負	一白水星	B	05 12 24 25 37 38	39
第896回	H26.9.4	木	赤口	七赤金星	I	05 06 21 27 32 38	34
第897回	H26.9.8	月	仏滅	三碧木星	D	08 10 14 15 27 30	12
第898回	H26.9.11	木	先勝	九紫火星	C	13 17 21 25 29 37	23
第899回	H26.9.15	月	大安	五黄土星	F	03 10 15 18 27 40	38
第900回	H26.9.18	木	友引	二黒土星	G	08 12 21 22 31 35	02
第901回	H26.9.22	月	赤口	七赤金星	A	06 13 22 28 29 37	14
第902回	H26.9.25	木	仏滅	四緑木星	H	11 21 26 31 32 33	22
第903回	H26.9.29	月	友引	九紫火星	E	01 03 06 07 16 19	12
第904回	H26.10.2	木	大安	六白金星	J	02 04 06 15 21 41	29
第905回	H26.10.6	月	先負	二黒土星	B	04 15 24 40 41 42	31
第906回	H26.10.9	木	赤口	八白土星	I	06 09 12 13 30 40	31
第907回	H26.10.13	月	仏滅	四緑木星	D	05 13 18 22 27 41	19
第908回	H26.10.16	木	先勝	一白水星	F	06 14 21 22 23 30	32
第909回	H26.10.20	月	大安	六白金星	C	12 15 21 27 30 35	28
第910回	H26.10.23	木	友引	三碧木星	G	11 12 13 17 25 33	14

回号	抽せん日	曜日	六曜	九星	セット球	本数字	B
第911回	H26.10.27	月	赤口	八白土星	A	08 16 18 22 27 35	03
第912回	H26.10.30	木	先負	五黄土星	H	05 14 19 20 32 42	11
第913回	H26.11.3	月	先勝	一白水星	E	05 08 20 31 36 41	16
第914回	H26.11.6	木	仏滅	七赤金星	B	02 03 26 33 36 40	19
第915回	H26.11.10	月	友引	三碧木星	J	07 12 21 33 38 40	42
第916回	H26.11.13	木	大安	九紫火星	G	06 14 25 27 38 43	21
第917回	H26.11.17	月	先負	五黄土星	I	02 06 25 26 41 42	18
第918回	H26.11.20	木	赤口	二黒土星	D	10 15 25 29 34 36	39
第919回	H26.11.24	月	赤口	七赤金星	F	02 09 12 17 33 42	26
第920回	H26.11.27	木	先負	四緑木星	A	09 17 27 30 35 38	06
第921回	H26.12.1	月	先勝	九紫火星	B	05 07 26 36 38 39	32
第922回	H26.12.4	木	仏滅	六白金星	C	04 06 19 32 33 38	01
第923回	H26.12.8	月	友引	二黒土星	J	05 13 30 31 32 35	29
第924回	H26.12.11	木	大安	八白土星	H	13 20 24 32 35 42	43
第925回	H26.12.15	月	先負	四緑木星	E	25 26 27 28 32 37	40
第926回	H26.12.18	木	赤口	一白水星	G	16 26 32 35 37 39	25
第927回	H26.12.22	月	大安	四緑木星	A	02 29 30 31 33 34	37
第928回	H26.12.25	木	友引	七赤金星	D	01 21 23 26 31 33	14
第929回	H26.12.29	月	赤口	二黒土星	I	10 12 15 25 31 34	26
第930回	H27.1.5	月	先勝	九紫火星	B	10 12 37 39 40 43	11
第931回	H27.1.8	木	仏滅	三碧木星	F	14 18 19 24 25 33	21
第932回	H27.1.12	月	友引	七赤金星	C	04 15 30 37 42 43	32
第933回	H27.1.15	木	大安	一白水星	D	05 09 20 21 31 41	26
第934回	H27.1.19	月	先負	五黄土星	J	03 07 16 17 20 32	12
第935回	H27.1.22	木	友引	八白土星	H	02 12 14 26 38 43	08
第936回	H27.1.26	月	赤口	三碧木星	B	01 03 12 16 20 35	05
第937回	H27.1.29	木	先負	六白金星	E	13 15 21 25 36 41	08
第938回	H27.2.2	月	先勝	一白水星	I	05 09 12 19 30 35	29
第939回	H27.2.5	木	仏滅	四緑木星	A	08 11 15 17 26 43	32
第940回	H27.2.9	月	友引	八白土星	G	01 18 28 31 35 37	39
第941回	H27.2.12	木	大安	二黒土星	C	05 12 22 29 38 39	19
第942回	H27.2.16	月	先負	六白金星	F	02 03 14 27 28 38	08
第943回	H27.2.19	木	先勝	九紫火星	D	09 10 14 15 39 43	25
第944回	H27.2.23	月	大安	四緑木星	J	07 20 25 29 33 37	27
第945回	H27.2.26	木	友引	七赤金星	B	03 10 15 23 36 37	31
第946回	H27.3.2	月	赤口	二黒土星	H	02 09 12 16 31 36	41
第947回	H27.3.5	木	先負	五黄土星	E	01 06 21 23 27 40	09
第948回	H27.3.9	月	先勝	九紫火星	I	07 16 17 28 39 43	24
第949回	H27.3.12	木	仏滅	三碧木星	A	05 19 26 36 39 43	09
第950回	H27.3.16	月	友引	七赤金星	C	02 06 16 24 30 41	18
第951回	H27.3.19	木	大安	一白水星	G	11 15 22 23 26 30	37
第952回	H27.3.23	月	大安	五黄土星	F	10 16 22 25 31 39	27
第953回	H27.3.26	木	友引	八白土星	J	02 09 17 38 39 42	20
第954回	H27.3.30	月	赤口	三碧木星	B	03 23 24 28 29 42	41
第955回	H27.4.2	木	先負	六白金星	D	14 19 27 28 37 42	24
第956回	H27.4.6	月	先勝	一白水星	H	01 04 06 22 24 38	34
第957回	H27.4.9	木	仏滅	四緑木星	E	02 11 22 32 36 42	20
第958回	H27.4.13	月	友引	八白土星	I	09 18 23 24 26 30	21
第959回	H27.4.16	木	大安	二黒土星	A	01 16 18 28 36 38	42
第960回	H27.4.20	月	仏滅	六白金星	D	05 18 23 32 35 39	10
第961回	H27.4.23	木	先勝	九紫火星	C	05 11 17 18 19 25	34
第962回	H27.4.27	月	大安	四緑木星	F	04 06 10 24 32 37	35
第963回	H27.4.30	木	友引	七赤金星	G	04 23 29 31 32 35	17
第964回	H27.5.4	月	赤口	二黒土星	B	02 21 23 29 30 43	26
第965回	H27.5.7	木	先負	五黄土星	E	10 12 19 20 21 22	13
第966回	H27.5.11	月	先勝	九紫火星	J	10 22 31 34 36 43	30
第967回	H27.5.14	木	仏滅	三碧木星	H	01 11 26 30 32 40	08
第968回	H27.5.18	月	仏滅	七赤金星	I	06 10 15 20 23 26	17
第969回	H27.5.21	木	先勝	一白水星	D	03 09 19 22 23 40	10
第970回	H27.5.25	月	大安	五黄土星	A	02 04 18 23 31 38	01
第971回	H27.5.28	木	友引	八白土星	F	02 03 04 12 22 29	11
第972回	H27.6.1	月	赤口	三碧木星	C	02 07 17 18 21 40	29
第973回	H27.6.4	木	先負	六白金星	B	01 05 06 12 30 31	24
第974回	H27.6.8	月	先勝	一白水星	G	02 03 29 30 32 43	26
第975回	H27.6.11	木	仏滅	四緑木星	E	03 11 13 27 29 36	15
第976回	H27.6.15	月	友引	八白土星	J	06 13 22 28 42 43	29
第977回	H27.6.18	木	先勝	八白土星	I	10 15 17 27 42 43	33
第978回	H27.6.22	月	大安	四緑木星	A	03 11 19 30 38 42	31
第979回	H27.6.25	木	友引	一白水星	H	09 12 16 18 27 38	10
第980回	H27.6.29	月	赤口	六白金星	D	15 20 23 35 38 42	13
第981回	H27.7.2	木	先負	三碧木星	B	14 19 22 23 31 37	21
第982回	H27.7.6	月	先勝	八白土星	F	15 19 21 22 29 40	42
第983回	H27.7.9	木	仏滅	五黄土星	G	15 19 32 35 36 38	31
第984回	H27.7.13	月	友引	一白水星	D	14 23 24 28 37 38	20
第985回	H27.7.16	木	赤口	七赤金星	C	03 11 19 26 29 38	31
第986回	H27.7.20	月	仏滅	三碧木星	C	04 11 17 30 36 43	05
第987回	H27.7.23	木	先勝	九紫火星	A	03 14 15 24 25 36	33
第988回	H27.7.27	月	大安	五黄土星	E	05 06 10 22 34 41	19
第989回	H27.7.30	木	友引	二黒土星	J	05 07 31 33 36 39	21
第990回	H27.8.3	月	赤口	七赤金星	B	04 12 16 27 28 41	42
第991回	H27.8.6	木	先負	四緑木星	I	03 18 21 25 29 37	35
第992回	H27.8.10	月	先勝	九紫火星	H	04 06 08 22 27 38	34
第993回	H27.8.13	木	仏滅	六白金星	D	01 05 10 32 38 40	18
第994回	H27.8.17	月	仏滅	二黒土星	F	18 22 29 31 39 43	09

回号	抽せん日	曜日	六曜	九星	セット球	本数字	B
第995回	H27.8.20	木	先勝	八白土星	E	07 11 17 21 37 39	36
第996回	H27.8.24	月	大安	四緑木星	A	01 03 14 26 27 42	25
第997回	H27.8.27	木	友引	一白水星	J	03 05 08 11 33 43	23
第998回	H27.8.31	月	赤口	六白金星	G	01 03 12 19 26 29	28
第999回	H27.9.3	木	先負	三碧木星	C	08 15 17 30 32 36	43
第1000回	H27.9.7	月	先勝	八白土星	B	01 15 21 22 26 29	37
第1001回	H27.9.10	木	仏滅	五黄土星	D	09 12 15 16 18 35	02
第1002回	H27.9.14	月	先負	一白水星	I	08 14 22 25 27 41	11
第1003回	H27.9.17	木	赤口	七赤金星	A	13 22 26 34 38 43	42
第1004回	H27.9.21	月	仏滅	三碧木星	H	03 21 23 24 27 32	36
第1005回	H27.9.24	木	先勝	九紫火星	F	05 13 20 24 25 27	42
第1006回	H27.9.28	月	大安	五黄土星	I	07 08 16 31 32 33	12
第1007回	H27.10.1	木	友引	二黒土星	C	03 08 17 25 28 43	42
第1008回	H27.10.5	月	赤口	七赤金星	E	11 14 16 21 24 39	36
第1009回	H27.10.8	木	先負	四緑木星	J	03 19 34 36 40 43	28
第1010回	H27.10.12	月	先勝	九紫火星	I	06 12 16 24 25 37	17
第1011回	H27.10.15	木	大安	六白金星	G	23 26 27 29 30 43	06
第1012回	H27.10.19	月	先負	二黒土星	B	09 11 19 22 27 38	02
第1013回	H27.10.22	木	赤口	八白土星	F	03 20 36 38 39 41	22
第1014回	H27.10.26	月	仏滅	四緑木星	D	02 03 09 19 40 42	06
第1015回	H27.10.29	木	先勝	一白水星	A	09 14 20 23 27 32	22
第1016回	H27.11.2	月	大安	六白金星	H	01 14 31 32 39 42	34
第1017回	H27.11.5	木	友引	三碧木星	A	01 04 24 30 39 40	05
第1018回	H27.11.9	月	赤口	八白土星	E	03 22 25 28 32 39	21
第1019回	H27.11.12	木	仏滅	五黄土星	G	08 14 15 22 25 40	19
第1020回	H27.11.16	月	友引	一白水星	E	02 25 27 28 35 42	06
第1021回	H27.11.19	木	大安	七赤金星	C	03 30 32 33 34 39	28
第1022回	H27.11.23	月	先負	三碧木星	A	03 15 19 30 34 37	12
第1023回	H27.11.26	木	赤口	九紫火星	J	09 17 24 25 33 40	43
第1024回	H27.11.30	月	仏滅	五黄土星	E	02 04 05 20 37 43	32
第1025回	H27.12.3	木	先勝	二黒土星	I	10 17 20 21 36 43	34
第1026回	H27.12.7	月	大安	七赤金星	I	01 08 11 17 22 26	31
第1027回	H27.12.10	木	友引	四緑木星	C	13 16 17 19 20 38	18
第1028回	H27.12.14	月	友引	一白水星	B	07 10 18 21 28 36	40
第1029回	H27.12.17	木	大安	四緑木星	A	05 13 22 31 37 39	04
第1030回	H27.12.21	月	先負	八白土星	F	04 09 17 20 23 42	19
第1031回	H27.12.24	木	赤口	二黒土星	D	02 04 07 22 32 35	01
第1032回	H27.12.28	月	仏滅	六白金星	H	11 20 21 30 36 43	17
第1033回	H28.1.4	月	大安	四緑木星	G	01 15 21 24 37 41	07
第1034回	H28.1.7	木	友引	七赤金星	D	14 20 24 25 31 32	29
第1035回	H28.1.11	月	先勝	二黒土星	A	09 15 17 19 27 33	40
第1036回	H28.1.14	木	仏滅	五黄土星	J	02 08 17 27 30 31	13

回号	抽せん日	曜日	六曜	九星	セット球	本数字	B
第1037回	H28.1.18	月	友引	九紫火星	C	01 03 12 13 21 32	41
第1038回	H28.1.21	木	大安	三碧木星	I	03 07 24 25 27 39	20
第1039回	H28.1.25	月	先負	七赤金星	E	06 09 20 34 37 41	25
第1040回	H28.1.28	木	赤口	一白水星	F	07 13 15 21 23 34	12
第1041回	H28.2.1	月	仏滅	五黄土星	B	14 22 27 29 33 37	24
第1042回	H28.2.4	木	先勝	八白土星	D	04 10 11 12 18 25	36
第1043回	H28.2.8	月	先勝	三碧木星	F	21 29 30 32 38 42	16
第1044回	H28.2.11	木	仏滅	六白金星	H	03 07 16 26 34 39	23
第1045回	H28.2.15	月	友引	一白水星	G	01 19 21 30 31 43	18
第1046回	H28.2.18	木	大安	四緑木星	D	06 13 17 18 27 43	21
第1047回	H28.2.22	月	先負	八白土星	A	05 09 13 31 32 35	26
第1048回	H28.2.25	木	赤口	二黒土星	J	26 27 30 31 34 40	20
第1049回	H28.2.29	月	仏滅	六白金星	E	03 06 15 23 24 31	11
第1050回	H28.3.3	木	先勝	九紫火星	A	03 08 14 28 31 43	35
第1051回	H28.3.7	月	大安	四緑木星	C	05 13 20 28 30 32	16
第1052回	H28.3.10	木	先負	七赤金星	B	06 26 34 37 42 43	13
第1053回	H28.3.14	月	先勝	二黒土星	E	04 11 23 27 35 42	15
第1054回	H28.3.17	木	仏滅	五黄土星	H	07 09 10 19 28 33	36
第1055回	H28.3.21	月	友引	九紫火星	C	05 11 20 25 26 32	06
第1056回	H28.3.24	木	大安	三碧木星	F	14 16 19 29 32 37	24
第1057回	H28.3.28	月	先負	七赤金星	I	02 11 19 21 28 38	25
第1058回	H28.3.31	木	赤口	一白水星	J	11 12 17 23 29 43	37
第1059回	H28.4.4	月	仏滅	五黄土星	G	08 26 27 29 35 43	06
第1060回	H28.4.7	木	先負	八白土星	A	05 10 16 17 32 37	36
第1061回	H28.4.11	月	先勝	三碧木星	I	01 12 14 16 20 29	04
第1062回	H28.4.14	木	仏滅	六白金星	D	02 07 28 39 42 43	41
第1063回	H28.4.18	月	友引	一白水星	C	06 12 13 34 38 42	41
第1064回	H28.4.21	木	大安	四緑木星	B	04 13 18 27 30 39	34
第1065回	H28.4.25	月	先負	八白土星	E	11 13 27 37 41 42	40
第1066回	H28.4.28	木	赤口	二黒土星	F	02 11 29 36 40 42	17
第1067回	H28.5.2	月	仏滅	六白金星	H	05 09 25 27 28 33	10
第1068回	H28.5.5	木	先勝	九紫火星	I	03 09 21 34 35 42	04
第1069回	H28.5.9	月	赤口	四緑木星	G	12 17 26 30 33 40	08
第1070回	H28.5.12	木	先負	七赤金星	D	11 21 25 34 35 36	15
第1071回	H28.5.16	月	先勝	二黒土星	G	01 10 25 27 31 40	03
第1072回	H28.5.19	木	仏滅	五黄土星	A	03 17 20 32 36 43	04
第1073回	H28.5.23	月	友引	九紫火星	J	01 03 05 08 20 39	30
第1074回	H28.5.26	木	大安	三碧木星	C	08 09 16 27 30 33	19
第1075回	H28.5.30	月	先負	七赤金星	I	07 08 21 24 34 42	01
第1076回	H28.6.2	木	赤口	一白水星	F	21 22 24 30 31 43	19
第1077回	H28.6.6	月	赤口	五黄土星	B	01 04 09 23 30 36	05
第1078回	H28.6.9	木	先負	八白土星	E	03 12 20 33 35 41	34

回号	抽せん日	曜日	六曜	九星	セット球	本数字	B
第1079回	H28.6.13	月	先勝	七赤金星	H	08 12 19 24 30 36	42
第1080回	H28.6.16	木	仏滅	四緑木星	I	06 15 16 19 38 41	23
第1081回	H28.6.20	月	友引	九紫火星	D	06 08 13 17 18 20	28
第1082回	H28.6.23	木	大安	六白金星	G	09 12 19 21 39 40	16
第1083回	H28.6.27	月	先負	二黒土星	D	10 13 15 18 25 38	20
第1084回	H28.6.30	木	赤口	八白土星	A	01 07 20 28 34 38	16
第1085回	H28.7.4	月	赤口	四緑木星	J	03 20 21 30 34 35	23
第1086回	H28.7.7	木	先負	一白水星	A	03 07 09 31 38 43	29
第1087回	H28.7.11	月	先勝	六白金星	E	10 13 26 27 30 36	06
第1088回	H28.7.14	木	仏滅	三碧木星	F	05 08 16 24 32 33	22
第1089回	H28.7.18	月	友引	八白土星	H	05 17 19 22 41 42	04
第1090回	H28.7.21	木	大安	五黄土星	C	03 10 15 22 27 40	23
第1091回	H28.7.25	月	先負	一白水星	C	21 22 24 26 28 30	38
第1092回	H28.7.28	木	赤口	七赤金星	B	02 11 18 27 30 33	14
第1093回	H28.8.1	月	仏滅	三碧木星	I	04 19 26 40 42 43	09
第1094回	H28.8.4	木	友引	九紫火星	G	06 07 20 24 28 43	11
第1095回	H28.8.8	月	赤口	五黄土星	J	03 06 15 18 23 27	38
第1096回	H28.8.11	木	先負	二黒土星	F	06 19 21 31 38 41	40
第1097回	H28.8.15	月	先勝	七赤金星	E	01 05 08 14 19 21	04
第1098回	H28.8.18	木	仏滅	四緑木星	B	01 19 31 33 35 43	29
第1099回	H28.8.22	月	友引	九紫火星	D	06 08 12 17 18 24	35
第1100回	H28.8.25	木	大安	六白金星	A	02 06 16 23 32 35	37
第1101回	H28.8.29	月	先負	二黒土星	H	04 05 07 10 13 16	01
第1102回	H28.9.1	木	友引	八白土星	C	03 06 09 13 36 37	32
第1103回	H28.9.5	月	赤口	四緑木星	B	08 13 14 18 24 38	25
第1104回	H28.9.8	木	先負	一白水星	I	15 25 32 33 36 38	40
第1105回	H28.9.12	月	先勝	六白金星	G	12 15 25 31 39 40	26
第1106回	H28.9.15	木	仏滅	三碧木星	B	01 04 08 10 18 33	15
第1107回	H28.9.19	月	友引	八白土星	J	06 07 12 22 30 33	36
第1108回	H28.9.22	木	大安	五黄土星	A	12 25 29 32 38 43	35
第1109回	H28.9.26	月	先負	一白水星	F	06 08 14 27 36 42	28
第1110回	H28.9.29	木	赤口	七赤金星	E	01 06 21 34 36 39	29
第1111回	H28.10.3	月	大安	三碧木星	D	06 16 17 27 33 41	42
第1112回	H28.10.6	木	友引	九紫火星	H	06 09 15 19 39 42	34
第1113回	H28.10.10	月	赤口	五黄土星	C	01 12 14 26 34 41	06
第1114回	H28.10.13	木	先負	二黒土星	F	02 07 09 28 38 39	26
第1115回	H28.10.17	月	先勝	七赤金星	I	03 10 12 26 38 42	04
第1116回	H28.10.20	木	仏滅	四緑木星	B	01 11 33 34 35 38	29
第1117回	H28.10.24	月	友引	九紫火星	G	02 06 07 09 19 23	21
第1118回	H28.10.27	木	大安	六白金星	E	01 11 21 25 34 36	28
第1119回	H28.10.31	月	仏滅	二黒土星	J	03 06 15 21 42 43	11
第1120回	H28.11.3	木	先勝	八白土星	F	10 12 13 29 35 39	33
第1121回	H28.11.7	月	大安	四緑木星	H	02 08 31 38 40 42	41
第1122回	H28.11.10	木	友引	一白水星	A	22 24 29 31 32 34	40
第1123回	H28.11.14	月	赤口	六白金星	D	04 08 23 29 34 35	15
第1124回	H28.11.17	木	先負	三碧木星	C	01 16 24 28 40 42	33
第1125回	H28.11.21	月	先勝	八白土星	H	02 16 19 20 24 36	27
第1126回	H28.11.24	木	仏滅	五黄土星	I	04 05 26 30 34 42	27
第1127回	H28.11.28	月	友引	一白水星	B	09 15 17 21 23 42	24
第1128回	H28.12.1	木	先勝	七赤金星	E	03 15 21 29 30 35	39
第1129回	H28.12.5	月	大安	三碧木星	G	06 11 19 28 30 43	32
第1130回	H28.12.8	木	友引	一白水星	J	01 11 37 38 39 42	26
第1131回	H28.12.12	月	赤口	五黄土星	E	06 12 25 36 38 41	18
第1132回	H28.12.15	木	先負	八白土星	F	04 05 24 29 33 35	40
第1133回	H28.12.19	月	先勝	三碧木星	A	03 18 19 20 37 38	09
第1134回	H28.12.22	木	仏滅	六白金星	C	05 06 12 14 30 38	29
第1135回	H28.12.26	月	友引	一白水星	I	20 22 28 29 32 41	14
第1136回	H28.12.29	木	赤口	四緑木星	J	03 04 07 08 22 33	18
第1137回	H29.1.5	木	先勝	二黒土星	F	01 18 21 31 37 41	20
第1138回	H29.1.9	月	大安	六白金星	E	08 15 21 24 35 38	22
第1139回	H29.1.12	木	友引	九紫火星	D	04 06 14 17 23 33	26
第1140回	H29.1.16	月	赤口	四緑木星	H	11 21 30 31 36 37	23
第1141回	H29.1.19	木	先負	七赤金星	G	01 04 10 14 24 26	29
第1142回	H29.1.23	月	先勝	二黒土星	B	12 13 19 23 28 35	31
第1143回	H29.1.26	木	仏滅	五黄土星	A	19 21 31 39 42 43	29
第1144回	H29.1.30	月	先負	九紫火星	C	07 13 14 33 39 43	29
第1145回	H29.2.2	木	赤口	三碧木星	F	01 04 15 18 25 28	36
第1146回	H29.2.6	月	仏滅	七赤金星	J	01 10 19 23 26 34	27
第1147回	H29.2.9	木	先勝	一白水星	E	02 03 10 16 26 27	23
第1148回	H29.2.13	月	大安	五黄土星	I	03 05 16 23 31 43	39
第1149回	H29.2.16	木	友引	八白土星	B	02 14 22 23 35 43	31
第1150回	H29.2.20	月	赤口	三碧木星	D	07 11 17 27 32 40	18
第1151回	H29.2.23	木	先負	六白金星	E	05 23 25 26 29 31	19
第1152回	H29.2.27	月	先負	一白水星	G	06 08 10 33 35 43	22
第1153回	H29.3.2	木	赤口	四緑木星	H	04 15 20 24 26 30	29
第1154回	H29.3.6	月	仏滅	八白土星	A	08 12 30 36 41 42	04
第1155回	H29.3.9	木	先勝	二黒土星	G	14 19 22 23 28 43	25
第1156回	H29.3.13	月	大安	六白金星	H	03 06 19 31 35 40	12
第1157回	H29.3.16	木	友引	九紫火星	F	05 17 20 28 39 42	01
第1158回	H29.3.20	月	赤口	四緑木星	D	22 24 27 30 32 40	23
第1159回	H29.3.23	木	先負	七赤金星	J	01 04 15 16 23 30	17
第1160回	H29.3.27	月	先勝	二黒土星	C	09 22 31 32 34 43	24
第1161回	H29.3.30	木	大安	五黄土星	I	01 02 12 16 19 40	18
第1162回	H29.4.3	月	先負	九紫火星	B	03 04 08 12 24 37	10

回号	抽せん日	曜日	六曜	九星	セット球	本数字	B
第1163回	H29.4.6	木	赤口	三碧木星	E	11 17 19 24 33 41	09
第1164回	H29.4.10	月	仏滅	七赤金星	A	04 07 11 33 34 37	24
第1165回	H29.4.13	木	先勝	一白水星	F	18 20 21 24 40 42	25
第1166回	H29.4.17	月	大安	五黄土星	I	04 08 17 20 29 41	03
第1167回	H29.4.20	木	友引	八白土星	G	06 13 20 25 36 42	28
第1168回	H29.4.24	月	赤口	三碧木星	H	01 03 08 14 35 39	18
第1169回	H29.4.27	木	大安	六白金星	D	19 24 25 36 37 43	10
第1170回	H29.5.1	月	先負	一白水星	J	01 08 13 19 23 28	39
第1171回	H29.5.4	木	赤口	四緑木星	C	09 10 13 21 34 36	40
第1172回	H29.5.8	月	仏滅	八白土星	B	03 10 31 32 38 39	15
第1173回	H29.5.11	木	先勝	二黒土星	E	05 07 11 16 33 38	25
第1174回	H29.5.15	月	大安	六白金星	I	07 08 09 25 29 31	28
第1175回	H29.5.18	木	友引	九紫火星	B	02 04 06 21 27 37	10
第1176回	H29.5.22	月	赤口	四緑木星	F	02 09 18 23 29 32	34
第1177回	H29.5.25	木	先負	七赤金星	A	02 05 21 22 23 38	36
第1178回	H29.5.29	月	友引	二黒土星	E	16 17 20 22 29 40	31
第1179回	H29.6.1	木	大安	五黄土星	G	05 12 27 36 39 40	37
第1180回	H29.6.5	月	先負	九紫火星	J	02 04 05 13 18 21	40
第1181回	H29.6.8	木	赤口	七赤金星	F	15 16 17 29 31 32	12
第1182回	H29.6.12	月	仏滅	三碧木星	D	05 06 10 13 24 33	40
第1183回	H29.6.15	木	先勝	九紫火星	H	02 19 22 25 32 36	39
第1184回	H29.6.19	月	大安	五黄土星	C	02 06 21 30 31 36	41
第1185回	H29.6.22	木	友引	二黒土星	I	06 15 18 26 27 31	38
第1186回	H29.6.26	月	先勝	七赤金星	B	08 10 20 25 38 43	39
第1187回	H29.6.29	木	仏滅	四緑木星	J	03 13 18 20 24 31	37
第1188回	H29.7.3	月	友引	九紫火星	A	03 09 19 20 23 30	14
第1189回	H29.7.6	木	大安	六白金星	E	08 24 28 30 38 41	32
第1190回	H29.7.10	月	先負	二黒土星	H	01 03 13 29 38 39	08
第1191回	H29.7.13	木	赤口	八白土星	I	03 05 11 20 25 32	30
第1192回	H29.7.17	月	仏滅	四緑木星	A	15 17 18 22 30 39	28
第1193回	H29.7.20	木	先勝	一白水星	G	01 02 07 08 10 42	28
第1194回	H29.7.24	月	先勝	六白金星	C	12 18 20 23 33 40	01
第1195回	H29.7.27	木	仏滅	三碧木星	B	01 04 17 22 35 42	07
第1196回	H29.7.31	月	友引	八白土星	F	06 07 19 31 39 41	14
第1197回	H29.8.3	木	大安	五黄土星	A	03 24 28 36 37 39	27
第1198回	H29.8.7	月	先負	一白水星	D	01 14 20 26 27 34	33
第1199回	H29.8.10	木	赤口	七赤金星	J	09 10 11 20 28 40	17
第1200回	H29.8.14	月	仏滅	三碧木星	G	02 08 10 12 31 42	21
第1201回	H29.8.17	木	先勝	九紫火星	I	01 15 19 22 26 28	33
第1202回	H29.8.21	月	大安	五黄土星	E	09 12 15 19 26 39	28
第1203回	H29.8.24	木	先負	二黒土星	H	02 04 06 37 39 42	41
第1204回	H29.8.28	月	先勝	七赤金星	C	10 20 21 24 39 43	17

回号	抽せん日	曜日	六曜	九星	セット球	本数字	B
第1205回	H29.8.31	木	仏滅	四緑木星	F	12 25 26 32 35 42	02
第1206回	H29.9.4	月	友引	九紫火星	B	11 19 20 26 32 33	22
第1207回	H29.9.7	木	大安	六白金星	C	06 16 17 20 22 43	34
第1208回	H29.9.11	月	先負	二黒土星	A	05 14 20 30 38 41	08
第1209回	H29.9.14	木	赤口	八白土星	D	11 12 24 32 38 40	07
第1210回	H29.9.18	月	仏滅	四緑木星	J	05 06 12 16 23 36	09
第1211回	H29.9.21	木	先負	一白水星	G	03 08 24 25 26 28	43
第1212回	H29.9.25	月	先勝	六白金星	H	02 16 27 35 40 42	25
第1213回	H29.9.28	木	仏滅	三碧木星	E	03 13 22 26 30 39	01
第1214回	H29.10.2	月	友引	八白土星	F	02 19 23 30 33 36	40
第1215回	H29.10.5	木	大安	五黄土星	B	03 06 09 15 21 42	07
第1216回	H29.10.9	月	先負	一白水星	I	08 14 25 39 42 43	37
第1217回	H29.10.12	木	赤口	七赤金星	C	14 16 17 34 36 41	25
第1218回	H29.10.16	月	仏滅	三碧木星	D	05 08 13 20 28 42	35
第1219回	H29.10.19	木	先勝	九紫火星	J	14 22 24 36 39 42	32
第1220回	H29.10.23	月	赤口	五黄土星	F	09 15 21 23 32 42	14
第1221回	H29.10.26	木	先負	二黒土星	A	03 10 11 31 33 36	21
第1222回	H29.10.30	月	先勝	七赤金星	H	01 05 07 11 29 39	40
第1223回	H29.11.2	木	仏滅	四緑木星	G	12 22 28 30 36 43	34
第1224回	H29.11.6	月	友引	九紫火星	E	05 18 33 38 41 43	06
第1225回	H29.11.9	木	大安	六白金星	C	19 22 25 30 33 34	36
第1226回	H29.11.13	月	先負	二黒土星	D	07 08 28 34 37 41	13
第1227回	H29.11.16	木	赤口	八白土星	B	01 08 14 28 40 43	06
第1228回	H29.11.20	月	赤口	四緑木星	F	06 18 19 25 28 40	03
第1229回	H29.11.23	木	先負	一白水星	A	10 28 35 37 39 43	16
第1230回	H29.11.27	月	先勝	六白金星	J	01 02 06 09 17 38	34
第1231回	H29.11.30	木	仏滅	三碧木星	I	01 14 16 24 32 36	02
第1232回	H29.12.4	月	友引	二黒土星	H	05 10 14 31 35 38	16
第1233回	H29.12.7	木	大安	五黄土星	G	02 07 12 21 29 33	16
第1234回	H29.12.11	月	先負	九紫火星	E	07 11 16 20 30 40	28
第1235回	H29.12.14	木	赤口	三碧木星	C	08 17 24 34 36 42	33
第1236回	H29.12.18	月	大安	七赤金星	H	01 03 11 26 38 39	34
第1237回	H29.12.21	木	友引	一白水星	B	01 04 06 35 38 40	27
第1238回	H29.12.25	月	赤口	五黄土星	D	08 14 28 29 33 40	32
第1239回	H29.12.28	木	先負	八白土星	F	02 19 27 28 30 38	22
第1240回	H30.1.4	木	仏滅	六白金星	A	15 18 22 36 37 39	26
第1241回	H30.1.8	月	友引	一白水星	J	04 07 15 17 23 25	08
第1242回	H30.1.11	木	大安	四緑木星	I	12 22 28 34 37 42	33
第1243回	H30.1.15	月	先負	八白土星	B	23 24 32 37 41 42	29
第1244回	H30.1.18	木	先勝	二黒土星	G	10 15 17 18 20 41	35
第1245回	H30.1.22	月	大安	六白金星	E	13 15 27 30 31 39	08
第1246回	H30.1.25	木	友引	九紫火星	C	04 10 11 23 36 37	34

回号	抽せん日	曜日	六曜	九星	セット球	本数字	B
第1247回	H30.1.29	月	赤口	四緑木星	H	04 07 17 18 26 36	35
第1248回	H30.2.1	木	先負	七赤金星	F	02 06 14 28 34 37	03
第1249回	H30.2.5	月	先勝	二黒土星	D	05 08 15 20 25 27	06
第1250回	H30.2.8	木	仏滅	五黄土星	A	03 10 18 22 23 40	27
第1251回	H30.2.12	月	友引	九紫火星	H	21 28 31 33 34 40	23
第1252回	H30.2.15	木	大安	三碧木星	J	04 15 18 19 22 29	37
第1253回	H30.2.19	月	仏滅	七赤金星	I	01 12 14 24 33 37	15
第1254回	H30.2.22	木	先勝	一白水星	B	07 08 11 15 36 39	37
第1255回	H30.2.26	月	大安	五黄土星	A	02 14 15 27 40 43	41
第1256回	H30.3.1	木	友引	八白土星	G	02 05 16 32 35 41	25
第1257回	H30.3.5	月	赤口	三碧木星	C	01 11 19 23 32 37	14
第1258回	H30.3.8	木	先負	六白金星	E	08 14 20 25 31 41	35
第1259回	H30.3.12	月	先勝	一白水星	G	10 16 20 26 33 36	41
第1260回	H30.3.15	木	仏滅	四緑木星	J	03 08 16 19 25 26	32
第1261回	H30.3.19	月	仏滅	八白土星	F	09 20 26 29 30 34	42
第1262回	H30.3.22	木	先勝	二黒土星	D	04 11 15 20 24 43	10
第1263回	H30.3.26	月	大安	六白金星	H	03 08 13 14 31 37	06
第1264回	H30.3.29	木	友引	九紫火星	A	01 06 27 33 35 43	15
第1265回	H30.4.2	月	赤口	四緑木星	I	05 20 26 27 28 33	12
第1266回	H30.4.5	木	先負	七赤金星	D	03 12 16 23 25 28	17
第1267回	H30.4.9	月	先勝	二黒土星	B	04 18 31 33 34 41	09
第1268回	H30.4.12	木	仏滅	五黄土星	G	08 11 15 22 35 36	30
第1269回	H30.4.16	月	先負	九紫火星	D	09 10 11 33 39 42	25
第1270回	H30.4.19	木	赤口	三碧木星	J	09 10 24 30 35 40	38
第1271回	H30.4.23	月	仏滅	七赤金星	C	01 11 14 27 39 42	32
第1272回	H30.4.26	木	先勝	一白水星	H	04 09 13 32 37 38	42
第1273回	H30.4.30	月	大安	五黄土星	F	18 20 22 26 34 37	04
第1274回	H30.5.3	木	友引	八白土星	G	03 15 18 23 31 37	34
第1275回	H30.5.7	月	赤口	三碧木星	I	07 19 21 28 40 41	03
第1276回	H30.5.10	木	先負	六白金星	A	05 06 09 11 16 35	22
第1277回	H30.5.14	月	先勝	一白水星	E	12 16 20 22 31 43	33
第1278回	H30.5.17	木	赤口	四緑木星	B	03 04 18 28 34 36	06
第1279回	H30.5.21	月	仏滅	八白土星	D	04 10 16 17 20 24	31
第1280回	H30.5.24	木	先勝	二黒土星	J	01 09 11 21 29 36	07
第1281回	H30.5.28	月	大安	六白金星	H	03 07 09 15 29 40	17
第1282回	H30.5.31	木	友引	九紫火星	C	01 04 10 11 24 28	29
第1283回	H30.6.4	月	赤口	六白金星	J	01 26 27 30 37 38	04
第1284回	H30.6.7	木	先負	三碧木星	F	04 14 17 21 24 39	07
第1285回	H30.6.11	月	先勝	八白土星	E	07 08 13 36 38 42	06
第1286回	H30.6.14	木	大安	五黄土星	G	11 32 37 39 41 42	43
第1287回	H30.6.18	月	先負	一白水星	I	09 21 23 34 37 38	40
第1288回	H30.6.21	木	赤口	七赤金星	A	08 09 19 24 35 43	11
第1289回	H30.6.25	月	仏滅	三碧木星	B	06 09 16 24 29 37	03
第1290回	H30.6.28	木	先勝	九紫火星	E	18 24 27 32 35 41	10
第1291回	H30.7.2	月	大安	五黄土星	D	02 06 08 12 13 17	01
第1292回	H30.7.5	木	友引	二黒土星	J	01 18 29 30 31 37	35
第1293回	H30.7.9	月	赤口	七赤金星	H	02 05 15 27 30 35	11
第1294回	H30.7.12	木	先負	四緑木星	B	07 14 18 26 28 39	02
第1295回	H30.7.16	月	先負	九紫火星	H	14 23 31 37 39 43	32
第1296回	H30.7.19	木	赤口	六白金星	C	05 11 15 16 23 32	04
第1297回	H30.7.23	月	仏滅	二黒土星	A	01 02 07 29 34 42	41
第1298回	H30.7.26	木	先勝	八白土星	F	04 06 15 22 30 42	07
第1299回	H30.7.30	月	大安	四緑木星	G	03 12 24 28 38 39	10
第1300回	H30.8.2	木	友引	一白水星	I	03 18 25 26 32 33	27
第1301回	H30.8.6	月	赤口	六白金星	J	06 07 09 16 30 41	22
第1302回	H30.8.9	木	先負	三碧木星	H	04 07 25 30 34 43	38
第1303回	H30.8.13	月	先負	八白土星	J	07 10 24 33 35 42	43
第1304回	H30.8.16	木	赤口	五黄土星	E	06 25 30 38 40 42	17
第1305回	H30.8.20	月	仏滅	一白水星	B	04 06 19 36 38 40	28
第1306回	H30.8.23	木	先勝	七赤金星	D	07 11 23 36 38 41	37
第1307回	H30.8.27	月	大安	三碧木星	C	06 25 27 28 30 43	14
第1308回	H30.8.30	木	友引	九紫火星	F	06 09 10 15 34 39	03
第1309回	H30.9.3	月	赤口	五黄土星	A	24 32 34 36 41 43	23
第1310回	H30.9.6	木	先負	二黒土星	G	09 24 25 27 34 36	14
第1311回	H30.9.10	月	友引	七赤金星	I	12 23 26 29 36 37	15
第1312回	H30.9.13	木	大安	四緑木星	B	13 24 25 26 32 39	06
第1313回	H30.9.17	月	先負	九紫火星	F	05 12 21 31 36 43	27
第1314回	H30.9.20	木	赤口	六白金星	E	03 10 20 21 27 33	39
第1315回	H30.9.24	月	仏滅	二黒土星	H	03 08 23 30 32 40	31
第1316回	H30.9.27	木	先勝	八白土星	C	06 16 26 35 36 39	14
第1317回	H30.10.1	月	大安	四緑木星	J	06 10 13 19 32 43	22
第1318回	H30.10.4	木	友引	一白水星	A	02 03 07 14 19 41	34
第1319回	H30.10.8	月	赤口	六白金星	D	09 10 19 21 28 30	43
第1320回	H30.10.11	木	大安	三碧木星	G	04 06 12 16 17 34	28
第1321回	H30.10.15	月	先負	八白土星	E	10 24 31 40 41 43	33
第1322回	H30.10.18	木	赤口	五黄土星	C	02 03 13 28 32 37	07
第1323回	H30.10.22	月	仏滅	一白水星	F	05 06 10 24 29 40	26
第1324回	H30.10.25	木	先勝	七赤金星	I	01 07 08 17 25 42	11
第1325回	H30.10.29	月	大安	三碧木星	H	08 18 23 26 33 38	34
第1326回	H30.11.1	木	友引	九紫火星	B	02 03 09 12 30 41	21
第1327回	H30.11.5	月	赤口	五黄土星	J	02 03 13 22 23 30	27
第1328回	H30.11.8	木	仏滅	二黒土星	A	07 09 23 32 37 40	41
第1329回	H30.11.12	月	友引	七赤金星	D	11 15 18 22 37 42	31
第1330回	H30.11.15	木	大安	四緑木星	G	02 19 24 32 36 43	30

回号	抽せん日	曜日	六曜	九星	セット球	本数字	B
第1331回	H30.11.19	月	先負	九紫火星	C	02 14 30 31 38 39	26
第1332回	H30.11.22	木	赤口	六白金星	E	05 15 18 22 33 40	06
第1333回	H30.11.26	月	仏滅	二黒土星	A	02 09 15 22 26 35	05
第1334回	H30.11.29	木	先勝	二黒土星	I	01 02 07 14 29 43	40
第1335回	H30.12.3	月	大安	六白金星	F	10 16 19 34 35 39	04
第1336回	H30.12.6	木	友引	九紫火星	H	04 05 11 19 31 34	43
第1337回	H30.12.10	月	友引	四緑木星	J	03 06 21 28 29 34	15
第1338回	H30.12.13	木	大安	七赤金星	B	02 06 23 25 30 31	35
第1339回	H30.12.17	月	先負	二黒土星	D	01 10 15 33 34 42	39
第1340回	H30.12.20	木	赤口	五黄土星	G	06 15 18 20 26 29	09
第1341回	H30.12.24	月	仏滅	九紫火星	A	09 12 15 16 26 39	34
第1342回	H30.12.27	木	先勝	三碧木星	F	01 04 09 16 23 31	42
第1343回	H31.1.7	月	先勝	五黄土星	E	02 08 10 12 19 23	16
第1344回	H31.1.10	木	仏滅	八白土星	J	08 16 20 28 37 43	29
第1345回	H31.1.14	月	友引	三碧木星	A	01 15 26 27 29 33	18
第1346回	H31.1.17	木	大安	六白金星	C	05 10 22 27 38 42	36
第1347回	H31.1.21	月	先負	一白水星	I	08 10 11 18 36 43	07
第1348回	H31.1.24	木	赤口	四緑木星	H	01 02 14 19 21 33	43
第1349回	H31.1.28	月	仏滅	八白土星	G	02 16 19 32 34 42	33
第1350回	H31.1.31	木	先勝	二黒土星	J	07 08 09 10 20 38	16
第1351回	H31.2.4	月	大安	六白金星	C	08 14 18 22 28 29	05
第1352回	H31.2.7	木	先負	九紫火星	B	05 06 09 15 19 36	22
第1353回	H31.2.11	月	先勝	四緑木星	E	02 11 12 19 21 24	36
第1354回	H31.2.14	木	仏滅	七赤金星	A	04 25 27 28 32 41	26
第1355回	H31.2.18	月	友引	二黒土星	D	05 15 27 29 34 37	12
第1356回	H31.2.21	木	大安	五黄土星	I	04 06 10 16 24 43	12
第1357回	H31.2.25	月	先負	九紫火星	F	02 03 08 15 19 28	21
第1358回	H31.2.28	木	赤口	三碧木星	B	09 15 23 27 29 40	28
第1359回	H31.3.4	月	仏滅	七赤金星	H	06 08 14 18 25 41	09
第1360回	H31.3.7	木	友引	一白水星	J	04 09 10 16 17 42	23
第1361回	H31.3.11	月	赤口	五黄土星	G	03 04 12 18 28 38	32
第1362回	H31.3.14	木	先負	八白土星	C	08 16 19 28 36 39	01
第1363回	H31.3.18	月	先勝	三碧木星	G	02 05 23 36 37 41	43
第1364回	H31.3.21	木	仏滅	六白金星	E	05 13 14 16 25 27	03
第1365回	H31.3.25	月	友引	一白水星	B	04 07 14 20 31 41	32
第1366回	H31.3.28	木	大安	四緑木星	D	14 15 17 29 31 39	10
第1367回	H31.4.1	月	先負	八白土星	A	03 08 11 14 22 41	34
第1368回	H31.4.4	木	赤口	二黒土星	I	06 11 17 20 34 35	10
第1369回	H31.4.8	月	赤口	六白金星	C	12 15 25 32 41 43	07
第1370回	H31.4.11	木	先負	九紫火星	F	08 22 24 30 40 41	02
第1371回	H31.4.15	月	先勝	四緑木星	C	04 05 06 07 24 28	30
第1372回	H31.4.18	木	仏滅	七赤金星	H	03 05 10 21 33 39	08
第1373回	H31.4.22	月	友引	二黒土星	J	01 10 13 18 20 41	11
第1374回	H31.4.25	木	大安	五黄土星	G	01 04 05 19 23 35	36
第1375回	H31.4.29	月	先負	九紫火星	E	02 05 21 22 31 38	28
第1376回	2019.5.2	木	赤口	三碧木星	B	02 05 22 31 32 43	27
第1377回	2019.5.6	月	大安	七赤金星	E	01 07 13 24 40 43	20
第1378回	2019.5.9	木	友引	一白水星	D	01 10 15 24 35 43	09
第1379回	2019.5.13	月	赤口	五黄土星	A	01 02 19 21 24 37	32
第1380回	2019.5.16	木	先負	八白土星	I	01 03 24 26 29 33	42
第1381回	2019.5.20	月	先勝	三碧木星	C	02 04 05 16 19 38	25
第1382回	2019.5.23	木	仏滅	六白金星	F	08 09 12 25 26 28	32
第1383回	2019.5.27	月	友引	九紫火星	A	02 04 09 15 18 39	24
第1384回	2019.5.30	木	大安	六白金星	H	03 06 13 32 38 43	40
第1385回	2019.6.3	月	大安	二黒土星	J	09 20 28 35 41 43	23
第1386回	2019.6.6	木	友引	八白土星	B	04 11 14 15 20 38	35
第1387回	2019.6.10	月	赤口	四緑木星	J	11 27 29 30 37 38	33
第1388回	2019.6.13	木	先負	一白水星	H	09 10 12 15 29 37	11
第1389回	2019.6.17	月	先勝	六白金星	E	06 16 21 23 26 42	43
第1390回	2019.6.20	木	仏滅	三碧木星	D	10 11 13 28 34 39	35
第1391回	2019.6.24	月	友引	八白土星	B	03 12 23 31 36 42	43
第1392回	2019.6.27	木	大安	五黄土星	G	06 09 12 19 40 42	07
第1393回	2019.7.1	月	先負	一白水星	I	07 11 26 32 42 43	24
第1394回	2019.7.4	木	先勝	七赤金星	A	08 09 35 36 42 43	22
第1395回	2019.7.8	月	大安	三碧木星	C	05 16 18 27 30 43	25
第1396回	2019.7.11	木	友引	九紫火星	F	03 07 11 15 23 41	21
第1397回	2019.7.15	月	赤口	五黄土星	G	09 18 19 21 25 26	07
第1398回	2019.7.18	木	先負	二黒土星	J	23 29 34 35 40 43	42
第1399回	2019.7.22	月	先勝	七赤金星	A	07 20 21 33 41 43	08
第1400回	2019.7.25	木	仏滅	四緑木星	E	08 10 26 31 34 39	36
第1401回	2019.7.29	月	友引	九紫火星	H	02 13 23 24 25 33	36
第1402回	2019.8.1	木	先勝	六白金星	C	10 24 26 33 36 42	28
第1403回	2019.8.5	月	大安	二黒土星	I	01 03 10 27 34 41	22
第1404回	2019.8.8	木	友引	八白土星	D	02 17 29 37 38 39	05
第1405回	2019.8.12	月	赤口	四緑木星	A	03 04 06 19 23 24	42
第1406回	2019.8.15	木	先負	一白水星	F	20 24 27 29 34 35	43
第1407回	2019.8.19	月	先勝	六白金星	B	10 13 19 28 33 39	15
第1408回	2019.8.22	木	仏滅	三碧木星	G	02 17 24 26 34 43	32
第1409回	2019.8.26	月	友引	八白土星	J	05 06 08 20 22 25	13
第1410回	2019.8.29	木	大安	五黄土星	E	08 14 17 25 36 41	23
第1411回	2019.9.2	月	大安	一白水星	C	02 05 07 20 25 28	03
第1412回	2019.9.5	木	友引	七赤金星	H	02 19 24 25 32 42	08
第1413回	2019.9.9	月	赤口	三碧木星	I	07 13 17 21 24 26	12
第1414回	2019.9.12	木	先負	九紫火星	D	12 19 21 26 40 41	20

回号	抽せん日	曜日	六曜	九星	セット球	本数字	B
第1415回	2019.9.16	月	先勝	五黄土星	F	01 03 07 34 39 40	33
第1416回	2019.9.19	木	仏滅	二黒土星	D	02 09 10 15 24 36	13
第1417回	2019.9.23	月	友引	七赤金星	I	03 10 25 26 27 31	05
第1418回	2019.9.26	木	大安	四緑木星	A	04 21 32 35 42 43	15
第1419回	2019.9.30	月	仏滅	九紫火星	H	05 10 11 12 21 37	41
第1420回	2019.10.3	木	先勝	六白金星	E	01 02 14 16 22 28	04
第1421回	2019.10.7	月	大安	二黒土星	F	02 14 20 23 37 43	30
第1422回	2019.10.10	木	友引	八白土星	D	12 14 17 20 24 30	39
第1423回	2019.10.14	月	赤口	四緑木星	B	11 24 29 36 37 42	13
第1424回	2019.10.17	木	先負	一白水星	G	06 07 25 26 33 36	19
第1425回	2019.10.21	月	先勝	六白金星	J	01 24 28 33 35 42	27
第1426回	2019.10.24	木	仏滅	三碧木星	C	04 13 17 19 30 43	24
第1427回	2019.10.28	月	仏滅	八白土星	C	01 07 25 26 38 41	31
第1428回	2019.10.31	木	先勝	五黄土星	I	16 18 19 34 35 36	06
第1429回	2019.11.4	月	大安	一白水星	F	04 08 13 18 21 23	22
第1430回	2019.11.7	木	友引	七赤金星	D	04 07 09 12 20 28	03
第1431回	2019.11.11	月	赤口	三碧木星	E	02 27 28 33 38 40	30
第1432回	2019.11.14	木	先負	九紫火星	J	04 05 15 32 33 43	13
第1433回	2019.11.18	月	先勝	五黄土星	H	03 05 12 16 38 42	06
第1434回	2019.11.21	木	仏滅	二黒土星	A	02 20 30 38 39 40	04
第1435回	2019.11.25	月	友引	三碧木星	B	02 04 16 21 22 40	09
第1436回	2019.11.28	木	赤口	六白金星	C	03 07 17 18 30 36	33
第1437回	2019.12.2	月	仏滅	一白水星	A	03 11 24 25 37 40	14
第1438回	2019.12.5	木	先勝	四緑木星	G	02 05 06 20 33 38	22
第1439回	2019.12.9	月	大安	八白土星	I	11 17 23 28 34 41	04
第1440回	2019.12.12	木	友引	二黒土星	F	01 07 20 31 41 42	28
第1441回	2019.12.16	月	赤口	六白金星	E	12 22 24 33 35 42	36
第1442回	2019.12.19	木	先負	九紫火星	B	12 21 35 36 40 43	39
第1443回	2019.12.23	月	先勝	四緑木星	D	02 04 08 10 22 33	28
第1444回	2019.12.26	木	赤口	七赤金星	J	11 20 24 25 30 37	14
第1445回	2019.12.30	月	仏滅	二黒土星	H	03 14 24 29 30 42	21
第1446回	2020.1.9	木	友引	三碧木星	C	02 05 11 20 21 32	13
第1447回	2020.1.13	月	赤口	七赤金星	E	02 09 12 13 14 22	10
第1448回	2020.1.16	木	先負	一白水星	A	10 12 25 29 32 41	40
第1449回	2020.1.20	月	先勝	五黄土星	G	06 19 20 26 34 38	04
第1450回	2020.1.23	木	仏滅	八白土星	I	24 25 26 27 34 36	03
第1451回	2020.1.27	月	先負	三碧木星	C	02 06 10 20 24 43	34
第1452回	2020.1.30	木	赤口	六白金星	F	17 19 29 31 37 39	35
第1453回	2020.2.3	月	仏滅	一白水星	B	10 22 26 27 28 41	39
第1454回	2020.2.6	木	先勝	四緑木星	A	03 15 19 34 37 40	41
第1455回	2020.2.10	月	大安	八白土星	D	01 10 12 22 34 43	23
第1456回	2020.2.13	木	友引	二黒土星	J	02 18 19 24 29 31	33

回号	抽せん日	曜日	六曜	九星	セット球	本数字	B
第1457回	2020.2.17	月	赤口	六白金星	G	01 03 11 17 20 37	29
第1458回	2020.2.20	木	先負	九紫火星	H	04 16 19 22 26 29	06
第1459回	2020.2.24	月	友引	四緑木星	E	02 17 19 24 28 29	07
第1460回	2020.2.27	木	大安	七赤金星	I	03 06 10 15 29 30	04
第1461回	2020.3.2	月	先負	二黒土星	C	05 07 08 18 22 26	24
第1462回	2020.3.5	木	赤口	五黄土星	F	04 18 19 28 33 36	09
第1463回	2020.3.9	月	仏滅	九紫火星	E	18 29 32 34 35 39	36
第1464回	2020.3.12	木	先勝	三碧木星	B	08 13 14 18 29 31	23
第1465回	2020.3.16	月	大安	七赤金星	A	11 15 16 24 28 38	03
第1466回	2020.3.19	木	友引	一白水星	G	06 10 15 18 32 40	35
第1467回	2020.3.23	月	赤口	五黄土星	I	03 14 16 25 26 38	07
第1468回	2020.3.26	木	大安	八白土星	D	04 08 15 24 25 31	26
第1469回	2020.3.30	月	先負	三碧木星	E	04 09 10 13 24 27	22
第1470回	2020.4.2	木	赤口	六白金星	J	04 08 14 16 39 40	23
第1471回	2020.4.6	月	仏滅	一白水星	G	01 03 08 32 37 43	24
第1472回	2020.4.9	木	先勝	四緑木星	H	01 06 07 09 23 40	43
第1473回	2020.4.13	月	大安	八白土星	C	01 05 06 27 33 38	11
第1474回	2020.4.16	木	友引	二黒土星	F	04 06 08 22 27 32	26
第1475回	2020.4.20	月	赤口	六白金星	B	06 07 09 20 21 27	02
第1476回	2020.4.23	木	仏滅	九紫火星	E	06 22 38 40 41 42	35
第1477回	2020.4.27	月	友引	四緑木星	A	04 13 14 25 27 32	01
第1478回	2020.4.30	木	大安	七赤金星	J	07 12 15 21 40 42	32
第1479回	2020.5.4	月	先負	二黒土星	H	01 20 30 32 35 37	33
第1480回	2020.5.7	木	赤口	五黄土星	I	02 04 05 06 24 34	39
第1481回	2020.5.11	月	仏滅	九紫火星	G	03 09 21 31 41 42	18
第1482回	2020.5.14	木	先勝	三碧木星	D	08 26 28 32 41 43	14
第1483回	2020.5.18	月	大安	七赤金星	A	03 10 20 23 29 43	22
第1484回	2020.5.21	木	友引	一白水星	F	04 12 17 18 23 41	28
第1485回	2020.5.25	月	赤口	五黄土星	C	09 10 18 27 28 35	37
第1486回	2020.5.28	木	先負	八白土星	J	18 24 29 33 39 42	34
第1487回	2020.6.1	月	先勝	三碧木星	B	05 07 09 17 24 35	36
第1488回	2020.6.4	木	仏滅	六白金星	J	04 10 11 17 34 37	38
第1489回	2020.6.8	月	友引	一白水星	H	04 06 11 13 23 32	01
第1490回	2020.6.11	木	大安	四緑木星	A	07 19 24 29 39 43	11
第1491回	2020.6.15	月	先負	八白土星	G	08 11 23 31 34 37	01
第1492回	2020.6.18	木	赤口	二黒土星	D	04 16 18 32 38 42	36
第1493回	2020.6.22	月	赤口	一白水星	E	11 18 24 27 37 38	15
第1494回	2020.6.25	木	先負	七赤金星	I	08 15 17 24 26 38	27
第1495回	2020.6.29	月	先勝	三碧木星	F	18 24 32 34 37 41	22
第1496回	2020.7.2	木	仏滅	九紫火星	C	05 09 13 16 17 34	37
第1497回	2020.7.6	月	友引	五黄土星	B	06 22 28 30 35 37	08
第1498回	2020.7.9	木	大安	二黒土星	A	01 06 07 09 31 37	43

回号	抽せん日	曜日	六曜	九星	セット球	本数字	B
第1499回	2020.7.13	月	先負	七赤金星	H	10 11 27 28 29 37	13
第1500回	2020.7.16	木	赤口	四緑木星	I	19 21 22 28 29 30	04
第1501回	2020.7.20	月	仏滅	九紫火星	J	06 10 13 25 31 38	15
第1502回	2020.7.23	木	友引	六白金星	D	01 17 25 28 32 42	26
第1503回	2020.7.27	月	赤口	二黒土星	G	01 08 16 35 40 42	20
第1504回	2020.7.30	木	先負	八白土星	E	05 07 09 21 42 43	35
第1505回	2020.8.3	月	先勝	四緑木星	B	01 02 14 15 21 34	19
第1506回	2020.8.6	木	仏滅	一白水星	F	10 12 19 28 35 41	39
第1507回	2020.8.10	月	友引	六白金星	J	19 20 22 30 35 43	29
第1508回	2020.8.13	木	大安	三碧木星	A	09 13 28 29 32 40	41
第1509回	2020.8.17	月	先負	八白土星	H	06 11 12 34 36 41	43
第1510回	2020.8.20	木	友引	五黄土星	E	08 13 17 18 21 38	23
第1511回	2020.8.24	月	赤口	一白水星	C	11 16 22 24 38 40	06
第1512回	2020.8.27	木	先負	七赤金星	I	01 11 12 24 32 38	39
第1513回	2020.8.31	月	先勝	三碧木星	E	13 14 18 19 25 42	05
第1514回	2020.9.3	木	仏滅	九紫火星	J	11 16 22 29 37 43	14
第1515回	2020.9.7	月	友引	五黄土星	D	05 09 17 21 27 29	30
第1516回	2020.9.10	木	大安	二黒土星	G	25 32 34 37 41 42	28
第1517回	2020.9.14	月	先負	七赤金星	J	14 25 27 30 39 41	08
第1518回	2020.9.17	木	友引	四緑木星	D	06 15 16 22 36 41	20
第1519回	2020.9.21	月	赤口	九紫火星	B	05 08 20 21 27 43	09
第1520回	2020.9.24	木	先負	六白金星	F	01 06 11 13 30 33	04
第1521回	2020.9.28	月	先勝	二黒土星	C	17 21 22 40 41 42	13
第1522回	2020.10.1	木	仏滅	八白土星	I	05 17 21 22 32 35	41
第1523回	2020.10.5	月	友引	四緑木星	A	02 15 17 25 34 38	27
第1524回	2020.10.8	木	大安	一白水星	E	02 03 15 24 30 43	39
第1525回	2020.10.12	月	先負	六白金星	A	03 07 20 21 28 32	24
第1526回	2020.10.15	木	赤口	三碧木星	H	04 17 19 21 39 41	36
第1527回	2020.10.19	月	大安	八白土星	D	02 05 09 11 27 32	33
第1528回	2020.10.22	木	友引	五黄土星	G	01 14 17 34 35 37	16
第1529回	2020.10.26	月	赤口	一白水星	J	03 19 26 28 33 40	01
第1530回	2020.10.29	木	先負	七赤金星	H	02 05 10 34 37 40	07
第1531回	2020.11.2	月	先勝	三碧木星	B	02 06 07 10 30 33	14
第1532回	2020.11.5	木	仏滅	九紫火星	G	02 09 14 16 17 21	34
第1533回	2020.11.9	月	友引	五黄土星	E	15 22 27 37 38 41	05
第1534回	2020.11.12	木	大安	二黒土星	F	01 09 18 22 24 43	39
第1535回	2020.11.16	月	大安	七赤金星	C	01 09 14 30 35 38	32
第1536回	2020.11.19	木	友引	四緑木星	I	02 05 09 30 37 40	28
第1537回	2020.11.23	月	赤口	九紫火星	B	06 13 14 32 33 37	20
第1538回	2020.11.26	木	先負	六白金星	A	08 14 19 33 35 40	38
第1539回	2020.11.30	月	先勝	二黒土星	J	13 29 33 37 41 42	43
第1540回	2020.12.3	木	仏滅	八白土星	H	01 20 25 28 33 37	31

回号	抽せん日	曜日	六曜	九星	セット球	本数字	B
第1541回	2020.12.7	月	友引	四緑木星	C	12 26 28 32 33 35	41
第1542回	2020.12.10	木	大安	一白水星	D	11 12 16 17 20 36	18
第1543回	2020.12.14	月	先負	六白金星	F	17 21 26 33 36 38	34
第1544回	2020.12.17	木	先勝	三碧木星	G	03 11 25 26 39 42	34
第1545回	2020.12.21	月	大安	八白土星	E	08 14 15 26 37 43	12
第1546回	2020.12.24	木	友引	五黄土星	C	01 18 19 24 31 40	16
第1547回	2020.12.28	月	赤口	一白水星	I	04 11 14 17 22 39	21
第1548回	2021.1.4	月	先勝	三碧木星	J	18 24 26 35 39 42	32
第1549回	2021.1.7	木	仏滅	九紫火星	B	04 05 27 28 35 41	33
第1550回	2021.1.11	月	友引	五黄土星	H	08 11 22 32 37 42	41
第1551回	2021.1.14	木	先勝	二黒土星	F	03 14 18 24 38 43	23
第1552回	2021.1.18	月	大安	三碧木星	E	05 09 15 30 32 39	11
第1553回	2021.1.21	木	友引	六白金星	A	07 08 16 32 41 42	31
第1554回	2021.1.25	月	赤口	一白水星	D	06 14 16 27 40 42	26
第1555回	2021.1.28	木	先負	四緑木星	B	02 08 17 23 24 27	05
第1556回	2021.2.1	月	先勝	八白土星	C	10 19 28 30 38 42	18
第1557回	2021.2.4	木	仏滅	二黒土星	G	05 21 22 23 26 39	31
第1558回	2021.2.8	月	友引	六白金星	I	01 12 25 27 39 42	16
第1559回	2021.2.11	木	大安	九紫火星	J	04 15 17 20 26 31	43
第1560回	2021.2.15	月	仏滅	四緑木星	H	07 19 24 32 40 42	22
第1561回	2021.2.18	木	先勝	七赤金星	F	12 15 26 34 35 38	07
第1562回	2021.2.22	月	大安	二黒土星	E	02 04 15 16 26 33	25
第1563回	2021.2.25	木	友引	五黄土星	C	01 12 20 26 35 37	02
第1564回	2021.3.1	月	赤口	九紫火星	A	05 06 18 20 27 37	07
第1565回	2021.3.4	木	先負	三碧木星	D	05 09 17 28 30 37	27
第1566回	2021.3.8	月	先勝	七赤金星	J	12 13 20 24 30 35	34
第1567回	2021.3.11	木	仏滅	一白水星	G	05 07 19 26 37 40	34
第1568回	2021.3.15	月	仏滅	五黄土星	A	02 05 07 10 16 34	14
第1569回	2021.3.18	木	先勝	八白土星	I	02 08 29 31 32 33	16
第1570回	2021.3.22	月	大安	三碧木星	B	01 19 22 23 31 36	24
第1571回	2021.3.25	木	友引	六白金星	F	01 02 05 25 40 41	26
第1572回	2021.3.29	月	赤口	一白水星	J	04 06 10 19 28 38	40
第1573回	2021.4.1	木	先負	四緑木星	H	02 10 16 38 39 43	11
第1574回	2021.4.5	月	先勝	八白土星	E	01 02 03 20 31 32	13
第1575回	2021.4.8	木	仏滅	二黒土星	D	02 08 15 24 32 39	09
第1576回	2021.4.12	月	先負	六白金星	G	05 07 10 17 29 32	37
第1577回	2021.4.15	木	赤口	九紫火星	C	13 14 15 28 37 39	04
第1578回	2021.4.19	月	仏滅	四緑木星	A	03 15 17 19 21 34	04
第1579回	2021.4.22	木	先勝	七赤金星	I	23 29 32 33 37 42	01
第1580回	2021.4.26	月	大安	二黒土星	B	05 07 11 12 24 31	03
第1581回	2021.4.29	木	友引	五黄土星	D	06 12 30 31 41 43	01
第1582回	2021.5.3	月	赤口	九紫火星	F	18 32 35 36 39 41	28

回号	抽せん日	曜日	六曜	九星	セット球	本数字	B
第1583回	2021.5.6	木	先負	三碧木星	J	05 07 16 34 39 41	29
第1584回	2021.5.10	月	先勝	七赤金星	H	13 15 18 30 37 43	09
第1585回	2021.5.13	木	大安	一白水星	E	02 06 10 13 16 32	09
第1586回	2021.5.17	月	先負	五黄土星	F	02 13 19 27 40 42	14
第1587回	2021.5.20	木	赤口	八白土星	A	16 21 22 27 36 43	37
第1588回	2021.5.24	月	仏滅	三碧木星	G	06 16 27 31 32 34	11
第1589回	2021.5.27	木	先勝	六白金星	C	11 21 25 31 36 39	32
第1590回	2021.5.31	月	大安	一白水星	B	10 12 15 29 33 42	17
第1591回	2021.6.3	木	友引	四緑木星	I	07 09 18 21 26 43	14
第1592回	2021.6.7	月	赤口	八白土星	D	04 16 25 30 36 43	19
第1593回	2021.6.10	木	大安	二黒土星	J	06 17 18 35 37 38	16
第1594回	2021.6.14	月	先負	六白金星	F	01 05 06 13 34 36	18
第1595回	2021.6.17	木	赤口	九紫火星	H	16 21 30 32 40 43	15
第1596回	2021.6.21	月	仏滅	四緑木星	A	10 15 30 35 42 43	26
第1597回	2021.6.24	木	先勝	七赤金星	B	02 03 08 17 23 32	12
第1598回	2021.6.28	月	大安	二黒土星	E	09 11 26 28 39 43	01
第1599回	2021.7.1	木	友引	五黄土星	G	01 02 20 22 35 38	04
第1600回	2021.7.5	月	赤口	九紫火星	C	07 14 22 35 37 39	24
第1601回	2021.7.8	木	先負	三碧木星	C	06 13 17 18 21 41	37
第1602回	2021.7.12	月	友引	七赤金星	D	01 02 07 14 32 42	33
第1603回	2021.7.15	木	大安	九紫火星	J	04 06 32 35 40 42	26
第1604回	2021.7.19	月	先負	五黄土星	I	12 21 23 36 37 38	06
第1605回	2021.7.22	木	赤口	二黒土星	F	02 05 08 20 29 40	06
第1606回	2021.7.26	月	仏滅	七赤金星	H	18 23 25 26 32 34	43
第1607回	2021.7.29	木	先勝	四緑木星	A	10 13 14 15 17 22	40
第1608回	2021.8.2	月	大安	九紫火星	B	10 18 22 23 25 35	19
第1609回	2021.8.5	木	友引	六白金星	G	04 12 16 34 35 41	05
第1610回	2021.8.9	月	友引	二黒土星	D	01 08 13 22 41 42	40
第1611回	2021.8.12	木	大安	八白土星	E	03 14 16 24 32 36	34
第1612回	2021.8.16	月	先負	四緑木星	C	05 08 12 16 27 38	42
第1613回	2021.8.19	木	赤口	一白水星	J	09 17 22 25 30 41	15
第1614回	2021.8.23	月	仏滅	六白金星	H	04 05 20 29 40 43	24
第1616回	2021.8.26	木	先勝	三碧木星	F	02 05 06 13 19 29	25
第1616回	2021.8.30	月	大安	八白土星	I	01 04 06 21 34 41	12
第1617回	2021.9.2	木	友引	五黄土星	B	02 19 21 24 26 41	23
第1618回	2021.9.6	月	赤口	一白水星	G	02 10 14 17 37 43	38
第1619回	2021.9.9	木	仏滅	七赤金星	E	03 05 17 20 24 38	13
第1620回	2021.9.13	月	友引	三碧木星	A	07 15 19 24 25 28	11
第1621回	2021.9.16	木	大安	九紫火星	D	03 10 22 23 26 39	01
第1622回	2021.9.20	月	先負	五黄土星	F	16 29 34 35 40 41	26
第1623回	2021.9.23	木	赤口	二黒土星	H	07 12 15 17 19 29	22
第1624回	2021.9.27	月	仏滅	七赤金星	J	03 05 17 25 33 39	19

回号	抽せん日	曜日	六曜	九星	セット球	本数字	B
第1625回	2021.9.30	木	先勝	四緑木星	C	01 04 08 11 30 42	09
第1626回	2021.10.4	月	大安	九紫火星	I	09 11 19 23 30 43	27
第1627回	2021.10.7	木	仏滅	六白金星	F	21 22 23 26 36 38	13
第1628回	2021.10.11	月	友引	二黒土星	E	01 03 10 12 26 42	13
第1629回	2021.10.14	木	大安	八白土星	B	19 23 30 31 32 40	13
第1630回	2021.10.18	月	先負	四緑木星	G	10 11 24 33 34 36	42
第1631回	2021.10.21	木	赤口	一白水星	A	07 15 23 26 30 35	36
第1632回	2021.10.25	月	仏滅	六白金星	D	01 09 24 28 31 41	02
第1633回	2021.10.28	木	先勝	三碧木星	C	03 07 09 26 35 36	28
第1634回	2021.11.1	月	大安	八白土星	J	18 19 20 23 29 35	17
第1635回	2021.11.4	木	友引	五黄土星	H	04 08 19 32 36 43	30
第1636回	2021.11.8	月	先勝	一白水星	F	01 12 24 26 30 36	29
第1637回	2021.11.11	木	仏滅	七赤金星	I	02 03 11 16 27 36	29
第1638回	2021.11.15	月	友引	三碧木星	I	21 25 26 35 39 40	18
第1639回	2021.11.18	木	大安	九紫火星	H	05 09 13 20 26 32	28
第1640回	2021.11.22	月	先負	五黄土星	E	08 09 19 21 27 30	17
第1641回	2021.11.25	木	赤口	二黒土星	C	02 05 07 12 16 20	33
第1642回	2021.11.29	月	仏滅	七赤金星	B	05 15 16 24 34 39	13
第1643回	2021.12.2	木	先勝	四緑木星	G	10 11 12 15 16 40	33
第1644回	2021.12.6	月	先勝	九紫火星	A	01 09 14 28 32 40	15
第1645回	2021.12.9	木	仏滅	六白金星	D	02 08 13 14 33 40	06
第1646回	2021.12.13	月	友引	二黒土星	J	03 19 21 29 39 43	25
第1647回	2021.12.16	木	大安	八白土星	F	03 08 14 15 19 35	12
第1648回	2021.12.20	月	先負	四緑木星	E	02 03 22 26 35 42	38
第1649回	2021.12.23	木	赤口	一白水星	I	08 16 19 23 29 41	01
第1650回	2021.12.27	月	仏滅	六白金星	H	01 03 15 33 39 43	30
第1651回	2021.12.30	木	先勝	三碧木星	C	07 12 15 21 27 32	28
第1652回	2022.1.6	木	先負	五黄土星	B	08 15 16 23 38 43	02
第1653回	2022.1.10	月	先勝	一白水星	D	02 07 10 12 29 36	06
第1654回	2022.1.13	木	仏滅	三碧木星	G	09 10 14 21 22 33	26
第1655回	2022.1.17	月	友引	七赤金星	J	21 23 31 38 42 43	40
第1656回	2022.1.20	木	大安	一白水星	A	11 12 14 28 36 38	37
第1657回	2022.1.24	月	先負	五黄土星	F	11 13 16 19 20 38	25
第1658回	2022.1.27	木	赤口	八白土星	E	10 11 19 29 30 36	37
第1659回	2022.1.31	月	仏滅	三碧木星	H	04 10 23 25 37 42	06
第1660回	2022.2.3	木	先負	六白金星	C	03 13 29 35 42 43	15
第1661回	2022.2.7	月	先勝	一白水星	I	06 14 31 35 38 43	12
第1662回	2022.2.10	木	仏滅	四緑木星	B	04 17 18 25 26 27	32
第1663回	2022.2.14	月	友引	八白土星	D	01 06 19 21 27 39	03
第1664回	2022.2.17	木	大安	二黒土星	G	07 10 17 20 21 27	15
第1665回	2022.2.21	月	先負	六白金星	F	19 22 24 29 34 41	09
第1666回	2022.2.24	木	赤口	九紫火星	J	14 16 26 37 41 43	31

回号	抽せん日	曜日	六曜	九星	セット球	本数字	B
第1667回	2022.2.28	月	仏滅	四緑木星	A	05 08 18 25 40 43	17
第1668回	2022.3.3	木	友引	七赤金星	E	05 16 21 24 31 34	29
第1669回	2022.3.7	月	赤口	二黒土星	H	02 04 13 14 22 29	26
第1670回	2022.3.10	木	先負	五黄土星	C	01 16 20 23 32 37	18
第1671回	2022.3.14	月	先勝	九紫火星	G	16 27 37 38 39 43	10
第1672回	2022.3.17	木	仏滅	三碧木星	I	06 17 22 27 37 42	34
第1673回	2022.3.21	月	友引	七赤金星	E	24 33 35 36 41 43	21
第1674回	2022.3.24	木	大安	一白水星	A	14 19 25 29 33 43	31
第1675回	2022.3.28	月	先負	五黄土星	B	02 03 17 27 28 34	06
第1676回	2022.3.31	木	赤口	八白土星	D	05 13 21 27 31 36	11
第1677回	2022.4.4	月	赤口	三碧木星	F	11 20 26 31 34 38	32
第1678回	2022.4.7	木	先負	六白金星	J	03 15 17 21 22 23	13
第1679回	2022.4.11	月	先勝	一白水星	H	10 12 13 21 31 41	27
第1680回	2022.4.14	木	仏滅	四緑木星	E	04 19 29 32 35 42	25
第1681回	2022.4.18	月	友引	八白土星	F	01 07 11 13 15 42	33
第1682回	2022.4.21	木	大安	二黒土星	C	06 09 10 21 33 41	14
第1683回	2022.4.25	月	先負	六白金星	G	06 15 28 30 32 43	21
第1684回	2022.4.28	木	赤口	九紫火星	I	05 10 26 30 34 40	31
第1685回	2022.5.2	月	大安	四緑木星	A	01 26 27 28 33 37	08
第1686回	2022.5.5	木	友引	七赤金星	B	07 08 09 23 25 41	11
第1687回	2022.5.9	月	赤口	二黒土星	F	20 21 23 26 29 35	22
第1688回	2022.5.12	木	先負	五黄土星	E	02 04 10 24 34 42	08
第1689回	2022.5.16	月	先勝	九紫火星	D	04 07 21 22 34 42	31
第1690回	2022.5.19	木	仏滅	三碧木星	C	08 16 21 23 29 37	38
第1691回	2022.5.23	月	友引	七赤金星	H	13 16 18 29 33 41	26
第1692回	2022.5.26	木	大安	一白水星	J	04 08 17 31 37 42	14
第1693回	2022.5.30	月	大安	五黄土星	G	07 08 21 23 34 36	11
第1694回	2022.6.2	木	友引	八白土星	I	02 12 14 26 32 37	29
第1695回	2022.6.6	月	赤口	三碧木星	F	03 08 14 18 28 37	39
第1696回	2022.6.9	木	先負	六白金星	A	02 04 13 18 32 35	12
第1697回	2022.6.13	月	先勝	一白水星	E	02 03 11 12 22 35	26
第1698回	2022.6.16	木	仏滅	四緑木星	B	06 16 18 33 42 43	11
第1699回	2022.6.20	月	友引	八白土星	D	04 06 16 27 39 42	01
第1700回	2022.6.23	木	大安	二黒土星	C	11 19 20 27 31 35	06
第1701回	2022.6.27	月	先負	六白金星	H	05 08 27 30 33 39	10
第1702回	2022.6.30	木	先勝	九紫火星	J	02 06 07 18 27 38	14
第1703回	2022.7.4	月	大安	四緑木星	G	14 22 23 30 33 38	18
第1704回	2022.7.7	木	友引	七赤金星	A	01 05 18 26 39 40	31
第1705回	2022.7.11	月	赤口	八白土星	I	03 06 09 28 37 41	05
第1706回	2022.7.14	木	先負	五黄土星	D	13 15 32 35 37 38	25
第1707回	2022.7.18	月	先勝	一白水星	B	14 16 28 34 35 36	26
第1708回	2022.7.21	木	仏滅	七赤金星	F	01 20 29 35 40 41	16

回号	抽せん日	曜日	六曜	九星	セット球	本数字	B
第1709回	2022.7.25	月	友引	三碧木星	H	03 04 07 20 22 41	05
第1710回	2022.7.28	木	大安	九紫火星	E	01 02 21 27 32 37	14
第1711回	2022.8.1	月	仏滅	五黄土星	J	03 32 33 34 35 40	05
第1712回	2022.8.4	木	先勝	二黒土星	C	01 05 15 24 25 28	14
第1713回	2022.8.8	月	大安	七赤金星	A	06 32 38 39 40 42	37
第1714回	2022.8.11	木	友引	四緑木星	B	11 15 20 26 33 42	16
第1715回	2022.8.15	月	赤口	九紫火星	I	02 06 15 16 32 37	25
第1716回	2022.8.18	木	先負	六白金星	G	02 26 27 32 38 42	09
第1717回	2022.8.22	月	先勝	二黒土星	B	15 21 23 24 33 36	40
第1718回	2022.8.25	木	仏滅	八白土星	D	01 06 09 15 18 38	10
第1719回	2022.8.29	月	仏滅	四緑木星	H	04 11 15 16 35 39	36
第1720回	2022.9.1	木	先勝	一白水星	E	01 05 18 25 32 38	20
第1721回	2022.9.5	月	大安	六白金星	A	07 08 14 17 22 39	30
第1722回	2022.9.8	木	友引	三碧木星	E	02 05 30 33 36 42	28
第1723回	2022.9.12	月	赤口	八白土星	F	06 10 15 16 30 38	26
第1724回	2022.9.15	木	先負	五黄土星	J	06 09 24 26 33 37	16
第1725回	2022.9.19	月	先勝	一白水星	C	02 10 16 17 20 28	01
第1726回	2022.9.22	木	仏滅	七赤金星	H	09 14 16 21 27 43	26
第1727回	2022.9.26	月	先負	三碧木星	B	03 13 16 22 33 42	15
第1728回	2022.9.29	木	赤口	九紫火星	I	04 08 14 18 26 38	03
第1729回	2022.10.3	月	仏滅	五黄土星	G	11 15 24 25 28 31	09
第1730回	2022.10.6	木	先勝	二黒土星	D	04 08 16 21 22 26	23
第1731回	2022.10.10	月	大安	七赤金星	I	03 07 19 21 32 35	06
第1732回	2022.10.13	木	友引	四緑木星	A	03 18 19 34 38 42	14
第1733回	2022.10.17	月	赤口	九紫火星	J	22 24 25 27 29 39	07
第1734回	2022.10.20	木	先負	六白金星	C	05 06 11 19 28 35	42
第1735回	2022.10.24	月	先勝	二黒土星	F	01 21 24 33 40 41	12
第1736回	2022.10.27	木	赤口	八白土星	E	06 09 25 26 27 32	11
第1737回	2022.10.31	月	仏滅	四緑木星	B	12 14 22 24 29 33	03
第1738回	2022.11.3	木	先勝	一白水星	I	07 12 20 31 33 43	14
第1739回	2022.11.7	月	大安	六白金星	D	01 07 12 36 37 39	41
第1740回	2022.11.10	木	友引	三碧木星	G	14 21 24 27 31 38	05
第1741回	2022.11.14	月	赤口	八白土星	H	04 14 17 19 22 42	06
第1742回	2022.11.17	木	先負	五黄土星	A	16 20 22 29 33 40	25
第1743回	2022.11.21	月	先勝	一白水星	J	03 17 18 19 20 42	09
第1744回	2022.11.24	木	大安	七赤金星	F	01 08 21 25 26 35	20
第1745回	2022.11.28	月	先負	三碧木星	C	07 09 10 21 39 40	32
第1746回	2022.12.1	木	赤口	九紫火星	E	03 11 14 22 27 32	31
第1747回	2022.12.5	月	仏滅	五黄土星	D	01 09 11 14 15 40	32
第1748回	2022.12.8	木	先勝	二黒土星	I	08 11 23 28 36 39	06
第1749回	2022.12.12	月	大安	七赤金星	F	01 04 13 17 31 34	18
第1750回	2022.12.15	木	友引	四緑木星	B	03 15 18 21 34 40	01

回号	抽せん日	曜日	六曜	九星	セット球	本数字	B
第1751回	2022.12.19	月	赤口	九紫火星	G	01 12 21 24 29 42	32
第1752回	2022.12.22	木	先負	六白金星	A	02 05 15 20 22 36	08
第1753回	2022.12.26	月	先負	二黒土星	E	01 02 04 09 22 25	38
第1754回	2022.12.29	木	赤口	八白土星	D	03 06 07 19 35 39	21
第1755回	2023.1.5	木	先勝	一白水星	H	04 11 13 26 27 36	15
第1756回	2023.1.9	月	大安	四緑木星	E	19 25 29 36 37 41	02
第1757回	2023.1.12	木	友引	七赤金星	A	06 12 15 35 36 39	42
第1758回	2023.1.16	月	赤口	二黒土星	J	07 14 28 32 42 43	17
第1759回	2023.1.19	木	先負	五黄土星	I	01 10 25 27 28 33	15
第1760回	2023.1.23	月	友引	九紫火星	C	08 14 18 38 39 42	30
第1761回	2023.1.26	木	大安	三碧木星	F	05 07 13 21 23 30	42
第1762回	2023.1.30	月	先負	七赤金星	B	01 06 07 20 37 40	10
第1763回	2023.2.2	木	赤口	一白水星	G	02 06 20 30 31 41	11
第1764回	2023.2.6	月	仏滅	五黄土星	D	16 21 26 31 39 42	41
第1765回	2023.2.9	木	先勝	八白土星	J	01 10 15 19 20 32	06
第1766回	2023.2.13	月	大安	三碧木星	H	16 19 25 26 35 43	38
第1767回	2023.2.16	木	友引	六白金星	I	07 15 17 21 32 35	43
第1768回	2023.2.20	月	友引	一白水星	A	06 21 30 32 39 40	34
第1769回	2023.2.23	木	大安	四緑木星	A	04 11 15 19 28 32	34
第1770回	2023.2.27	月	先負	八白土星	E	01 11 18 24 37 43	28
第1771回	2023.3.2	木	赤口	二黒土星	C	03 06 12 16 31 42	40
第1772回	2023.3.6	月	仏滅	六白金星	H	05 21 22 30 32 36	16
第1773回	2023.3.9	木	先勝	九紫火星	F	12 21 22 27 31 32	20
第1774回	2023.3.13	月	大安	四緑木星	J	17 18 26 30 36 40	03
第1775回	2023.3.16	木	友引	七赤金星	B	04 05 09 26 27 29	43
第1776回	2023.3.20	月	赤口	二黒土星	G	05 11 18 25 33 38	32
第1777回	2023.3.23	木	先負	五黄土星	D	05 16 19 21 30 35	11
第1778回	2023.3.27	月	先勝	九紫火星	I	09 19 24 25 26 39	34
第1779回	2023.3.30	木	仏滅	三碧木星	A	11 13 20 33 35 40	34
第1780回	2023.4.3	月	友引	七赤金星	E	01 05 19 26 35 37	32
第1781回	2023.4.6	木	大安	一白水星	C	10 18 32 39 41 42	12
第1782回	2023.4.10	月	先負	五黄土星	H	07 31 32 36 39 42	34
第1783回	2023.4.13	木	赤口	八白土星	F	05 14 19 23 30 42	35
第1784回	2023.4.17	月	仏滅	三碧木星	J	03 19 30 32 36 40	42
第1785回	2023.4.20	木	先負	六白水星	A	04 11 24 35 37 42	07
第1786回	2023.4.24	月	先勝	一白水星	G	02 05 06 26 33 35	13
第1787回	2023.4.27	木	仏滅	四緑木星	B	02 13 17 19 41 43	01
第1788回	2023.5.1	月	友引	八白土星	D	03 14 16 19 26 39	09
第1789回	2023.5.4	木	大安	二黒土星	I	06 09 16 26 29 34	36
第1790回	2023.5.8	月	先負	六白水星	E	06 14 18 22 29 30	36
第1791回	2023.5.11	木	赤口	九紫火星	J	08 09 18 19 30 36	17
第1792回	2023.5.15	月	仏滅	四緑木星	C	01 04 16 31 32 41	30

回号	抽せん日	曜日	六曜	九星	セット球	本数字	B
第1793回	2023.5.18	木	先勝	七赤金星	E	01 06 14 15 23 24	42
第1794回	2023.5.22	月	赤口	二黒土星	B	24 29 32 35 36 40	39
第1795回	2023.5.25	木	先負	五黄土星	H	26 30 31 35 41 43	05
第1796回	2023.5.29	月	先勝	九紫火星	F	02 05 15 16 23 26	32
第1797回	2023.6.1	木	仏滅	三碧木星	A	15 23 26 34 41 43	32
第1798回	2023.6.5	月	友引	七赤金星	G	04 05 19 32 34 37	41
第1799回	2023.6.8	木	大安	一白水星	D	11 18 34 40 41 42	14
第1800回	2023.6.12	月	先負	五黄土星	I	06 12 13 15 17 41	27
第1801回	2023.6.15	木	赤口	八白土星	J	18 25 26 37 39 43	21
第1802回	2023.6.19	月	赤口	三碧木星	B	01 09 34 35 39 42	33
第1803回	2023.6.22	木	先負	六白水星	E	09 16 18 19 39 41	03
第1804回	2023.6.26	月	先勝	一白水星	E	12 14 18 25 36 42	26
第1805回	2023.6.29	木	仏滅	四緑木星	C	04 22 27 31 32 40	35
第1806回	2023.7.3	月	友引	八白土星	H	11 30 35 38 40 43	12
第1807回	2023.7.6	木	大安	八白土星	F	01 02 08 09 10 20	25
第1808回	2023.7.10	月	先負	四緑木星	A	02 10 27 38 40 41	11
第1809回	2023.7.13	木	赤口	一白水星	B	02 05 10 22 24 42	07
第1810回	2023.7.17	月	仏滅	六白水星	D	04 17 26 30 31 43	25
第1811回	2023.7.20	木	友引	三碧木星	J	02 04 06 13 20 38	33
第1812回	2023.7.24	月	赤口	八白土星	G	10 13 18 28 36 39	07
第1813回	2023.7.27	木	先負	五黄土星	I	05 22 26 34 39 42	12
第1814回	2023.7.31	月	先勝	一白水星	E	01 02 13 21 23 31	05
第1815回	2023.8.3	木	仏滅	七赤金星	C	03 08 10 25 26 29	32
第1816回	2023.8.7	月	友引	三碧木星	H	02 21 25 34 35 40	06
第1817回	2023.8.10	木	大安	九紫火星	C	06 24 30 33 37 38	07
第1818回	2023.8.14	月	先負	五黄土星	F	02 11 23 25 34 36	01
第1819回	2023.8.17	木	友引	二黒土星	J	05 08 18 20 24 34	29
第1820回	2023.8.21	月	赤口	七赤金星	A	05 10 30 35 36 41	23
第1821回	2023.8.24	木	先負	四緑木星	D	09 11 12 14 27 38	34
第1822回	2023.8.28	月	先勝	九紫火星	E	05 18 21 22 26 42	08
第1823回	2023.8.31	木	仏滅	六白水星	B	04 10 18 25 34 38	40
第1824回	2023.9.4	月	友引	二黒土星	I	06 07 13 18 25 43	33
第1825回	2023.9.7	木	大安	八白土星	F	01 10 13 17 20 41	04
第1826回	2023.9.11	月	先負	四緑木星	G	07 14 18 19 22 25	38
第1827回	2023.9.14	木	赤口	一白水星	H	01 13 18 23 38 41	36
第1828回	2023.9.18	月	大安	六白水星	I	01 06 09 16 18 22	08
第1829回	2023.9.21	木	友引	三碧木星	J	12 15 16 17 28 42	32
第1830回	2023.9.25	月	赤口	八白土星	C	04 10 23 29 31 36	06
第1831回	2023.9.28	木	先負	五黄土星	A	01 14 17 27 32 43	42
第1832回	2023.10.2	月	先勝	一白水星	D	02 07 20 25 35 40	06
第1833回	2023.10.5	木	仏滅	七赤金星	E	07 13 34 37 42 43	38
第1834回	2023.10.9	月	友引	三碧木星	C	14 21 30 38 40 42	20

回号	抽せん日	曜日	六曜	九星	セット球	本数字	B
第1835回	2023.10.12	木	大安	九紫火星	F	11 20 23 24 31 33	01
第1836回	2023.10.16	月	仏滅	五黄土星	B	13 17 18 22 23 41	26
第1837回	2023.10.19	木	先勝	二黒土星	H	16 17 27 34 38 42	20
第1838回	2023.10.23	月	大安	七赤金星	G	03 13 23 28 30 43	05
第1839回	2023.10.26	木	友引	四緑木星	I	02 05 26 32 34 40	21
第1840回	2023.10.30	月	赤口	九紫火星	J	04 09 15 21 26 33	13
第1841回	2023.11.2	木	先負	六白水星	A	08 11 15 31 33 38	30
第1842回	2023.11.6	月	先勝	二黒土星	D	04 06 09 24 26 29	35
第1843回	2023.11.9	木	仏滅	八白土星	B	04 05 10 19 26 37	03
第1844回	2023.11.13	月	仏滅	四緑木星	D	12 15 28 31 34 43	09
第1845回	2023.11.16	木	先勝	一白水星	E	10 22 25 30 31 39	28
第1846回	2023.11.20	月	大安	六白水星	I	06 08 15 16 33 37	34
第1847回	2023.11.23	木	友引	三碧木星	J	18 22 25 35 36 39	43
第1848回	2023.11.27	月	赤口	八白土星	H	03 23 26 27 31 35	10
第1849回	2023.11.30	木	先負	五黄土星	I	11 15 17 33 36 41	06
第1850回	2023.12.4	月	先勝	一白水星	F	01 08 23 30 36 41	39
第1851回	2023.12.7	木	仏滅	七赤金星	C	08 09 10 16 17 39	04
第1852回	2023.12.11	月	友引	三碧木星	A	15 16 24 26 35 43	38
第1853回	2023.12.14	木	赤口	九紫火星	E	11 13 24 26 28 34	17
第1854回	2023.12.18	月	仏滅	五黄土星	G	07 08 12 25 30 32	40
第1855回	2023.12.21	木	先勝	二黒土星	B	21 24 26 30 31 38	03
第1856回	2023.12.25	月	大安	七赤金星	D	04 10 19 31 34 35	43
第1857回	2023.12.28	木	友引	四緑木星	J	11 16 20 23 38 41	33
第1858回	2024.1.4	木	先負	四緑木星	H	12 13 17 22 35 40	05
第1859回	2024.1.8	月	先勝	八白土星	D	01 04 11 28 37 39	15
第1860回	2024.1.11	木	赤口	二黒土星	B	08 15 20 21 31 34	28
第1861回	2024.1.15	月	仏滅	六白水星	F	02 12 13 27 39 40	30
第1862回	2024.1.18	木	先勝	九紫火星	I	25 27 33 37 38 43	16
第1863回	2024.1.22	月	大安	四緑木星	C	15 20 24 37 38 39	27
第1864回	2024.1.25	木	友引	七赤金星	A	14 22 28 34 41 42	11
第1865回	2024.1.29	月	赤口	二黒土星	E	03 05 18 21 26 36	34
第1866回	2024.2.1	木	先負	五黄土星			
第1867回	2024.2.5	月	先勝	九紫火星			
第1868回	2024.2.8	木	仏滅	三碧木星			
第1869回	2024.2.12	月	先負	七赤金星			
第1870回	2024.2.15	木	赤口	一白水星			
第1871回	2024.2.19	月	仏滅	五黄土星			
第1872回	2024.2.22	木	先勝	八白土星			
第1873回	2024.2.26	月	大安	三碧木星			
第1874回	2024.2.29	木	友引	六白水星			
第1875回	2024.3.4	月	赤口	一白水星			
第1876回	2024.3.7	木	先負	四緑木星			

回号	抽せん日	曜日	六曜	九星	セット球	本数字	B
第1877回	2024.3.11	月	先負	八白土星			
第1878回	2024.3.14	木	赤口	二黒土星			
第1879回	2024.3.18	月	仏滅	六白水星			
第1880回	2024.3.21	木	先勝	九紫火星			
第1881回	2024.3.25	月	大安	四緑木星			
第1882回	2024.3.28	木	友引	七赤金星			
第1883回	2024.4.1	月	赤口	二黒土星			
第1884回	2024.4.4	木	先負	五黄土星			
第1885回	2024.4.8	月	先勝	九紫火星			
第1886回	2024.4.11	木	大安	三碧木星			
第1887回	2024.4.15	月	先負	七赤金星			
第1888回	2024.4.18	木	赤口	一白水星			
第1889回	2024.4.22	月	仏滅	五黄土星			
第1890回	2024.4.25	木	先勝	八白土星			
第1891回	2024.4.29	月	大安	三碧木星			
第1892回	2024.5.2	木	友引	六白金星			
第1893回	2024.5.6	月	赤口	一白水星			
第1894回	2024.5.9	木	大安	四緑木星			
第1895回	2024.5.13	月	先負	八白土星			
第1896回	2024.5.16	木	赤口	二黒土星			
第1897回	2024.5.20	月	仏滅	六白金星			
第1898回	2024.5.23	木	先勝	九紫火星			
第1899回	2024.5.27	月	大安	四緑木星			
第1900回	2024.5.30	木	友引	七赤金星			
第1901回	2024.6.3	月	赤口	二黒土星			
第1902回	2024.6.6	木	大安	五黄土星			
第1903回	2024.6.10	月	先負	九紫火星			
第1904回	2024.6.13	木	赤口	三碧木星			
第1905回	2024.6.17	月	仏滅	七赤金星			
第1906回	2024.6.20	木	先勝	一白水星			
第1907回	2024.6.24	月	大安	五黄土星			
第1908回	2024.6.27	木	友引	八白土星			
第1909回	2024.7.1	月	赤口	七赤金星			
第1910回	2024.7.4	木	先負	四緑木星			
第1911回	2024.7.8	月	友引	九紫火星			
第1912回	2024.7.11	木	大安	六白金星			
第1913回	2024.7.15	月	先負	二黒土星			
第1914回	2024.7.18	木	赤口	八白土星			
第1915回	2024.7.22	月	仏滅	四緑木星			
第1916回	2024.7.25	木	先勝	一白水星			
第1917回	2024.7.29	月	大安	六白金星			
第1918回	2024.8.1	木	友引	三碧木星			

回号	抽せん日	曜日	六曜	九星	セット球	本数字	B
第1919回	2024.8.5	月	友引	八白土星			
第1920回	2024.8.8	木	大安	五黄土星			
第1921回	2024.8.12	月	先負	一白水星			
第1922回	2024.8.15	木	赤口	七赤金星			
第1923回	2024.8.19	月	仏滅	三碧木星			
第1924回	2024.8.22	木	先勝	九紫火星			
第1925回	2024.8.26	月	大安	五黄土星			
第1926回	2024.8.29	木	友引	二黒土星			
第1927回	2024.9.2	月	赤口	七赤金星			
第1928回	2024.9.5	木	仏滅	四緑木星			
第1929回	2024.9.9	月	友引	九紫火星			
第1930回	2024.9.12	木	大安	六白金星			
第1931回	2024.9.16	月	先負	二黒土星			
第1932回	2024.9.19	木	赤口	八白土星			
第1933回	2024.9.23	月	仏滅	四緑木星			
第1934回	2024.9.26	木	先勝	一白水星			
第1935回	2024.9.30	月	大安	六白金星			
第1936回	2024.10.3	木	先負	三碧木星			
第1937回	2024.10.7	月	先勝	八白土星			
第1938回	2024.10.10	木	仏滅	五黄土星			
第1939回	2024.10.14	月	友引	一白水星			
第1940回	2024.10.17	木	大安	七赤金星			
第1941回	2024.10.21	月	先負	三碧木星			
第1942回	2024.10.24	木	赤口	九紫火星			
第1943回	2024.10.28	月	仏滅	五黄土星			
第1944回	2024.10.31	木	先勝	二黒土星			
第1945回	2024.11.4	月	先勝	七赤金星			
第1946回	2024.11.7	木	仏滅	四緑木星			
第1947回	2024.11.11	月	友引	九紫火星			
第1948回	2024.11.14	木	大安	六白金星			
第1949回	2024.11.18	月	先負	二黒土星			
第1950回	2024.11.21	木	赤口	八白土星			
第1951回	2024.11.25	月	仏滅	四緑木星			
第1952回	2024.11.28	木	先勝	一白水星			
第1953回	2024.12.2	月	赤口	六白金星			
第1954回	2024.12.5	木	先負	三碧木星			
第1955回	2024.12.9	月	先勝	八白土星			
第1956回	2024.12.12	木	仏滅	五黄土星			
第1957回	2024.12.16	月	友引	一白水星			
第1958回	2024.12.19	木	大安	七赤金星			
第1959回	2024.12.23	月	先負	三碧木星			
第1960回	2024.12.26	木	赤口	一白水星			

回号	抽せん日	曜日	六曜	九星	セット球	本数字	B
第1961回	2024.12.30	月	仏滅	五黄土星			
第1962回	2025.1.6	月	赤口	三碧木星			
第1963回	2025.1.9	木	先負	六白金星			
第1964回	2025.1.13	月	先勝	一白水星			
第1965回	2025.1.16	木	仏滅	四緑木星			
第1966回	2025.1.20	月	友引	八白土星			
第1967回	2025.1.23	木	大安	二黒土星			
第1968回	2025.1.27	月	先負	六白金星			
第1969回	2025.1.30	木	友引	九紫火星			
第1970回	2025.2.3	月	赤口	四緑木星			
第1971回	2025.2.6	木	先負	七赤金星			
第1972回	2025.2.10	月	先勝	二黒土星			
第1973回	2025.2.13	木	仏滅	五黄土星			
第1974回	2025.2.17	月	友引	九紫火星			
第1975回	2025.2.20	木	大安	三碧木星			
第1976回	2025.2.24	月	先負	七赤金星			
第1977回	2025.2.27	木	赤口	一白水星			
第1978回	2025.3.3	月	大安	五黄土星			
第1979回	2025.3.6	木	友引	八白土星			
第1980回	2025.3.10	月	赤口	三碧木星			
第1981回	2025.3.13	木	先負	六白金星			
第1982回	2025.3.17	月	先勝	一白水星			
第1983回	2025.3.20	木	仏滅	四緑木星			
第1984回	2025.3.24	月	友引	八白土星			
第1985回	2025.3.27	木	大安	二黒土星			
第1986回	2025.3.31	月	大安	六白金星			

MINI LOTO ミニロト 全当せん数字一覧

ここでは第1回から第1266回までのミニロトの全当せん数字を紹介している。なお、書き込みスペースも設けてあるので、当せん数字をチェックしながら、書き込んでいこう！

Bはボーナス数字

回号	抽せん日	六曜	九星	本数字					B
第1回	H11.4.13	仏滅	二黒土星	01	03	17	20	25	26
第2回	H11.4.27	友引	七赤金星	02	11	12	21	30	28
第3回	H11.5.11	仏滅	三碧木星	01	08	10	24	30	28
第4回	H11.5.25	友引	八白土星	11	12	14	20	31	29
第5回	H11.6.8	仏滅	四緑木星	08	09	15	21	25	23
第6回	H11.6.22	先勝	九紫火星	02	11	16	24	29	04
第7回	H11.7.6	先負	五黄土星	03	24	25	26	31	02
第8回	H11.7.20	先勝	九紫火星	22	24	25	28	30	21
第9回	H11.8.3	先負	四緑木星	02	11	12	13	28	15
第10回	H11.8.17	先勝	八白土星	08	19	21	23	30	05
第11回	H11.8.31	先負	三碧木星	17	18	19	20	30	31
第12回	H11.9.14	赤口	七赤金星	05	09	13	16	19	21
第13回	H11.9.28	友引	二黒土星	06	11	18	25	28	20
第14回	H11.10.5	先負	四緑木星	02	21	24	26	29	28
第15回	H11.10.12	赤口	六白金星	06	08	17	23	24	22
第16回	H11.10.19	先勝	八白土星	02	20	24	26	27	23
第17回	H11.10.26	友引	一白水星	10	18	20	25	27	01
第18回	H11.11.2	先負	三碧木星	01	14	16	23	25	27
第19回	H11.11.9	大安	五黄土星	02	09	10	22	27	01
第20回	H11.11.16	赤口	七赤金星	14	20	22	25	30	15
第21回	H11.11.23	先勝	九紫火星	03	15	22	25	31	06
第22回	H11.11.30	友引	二黒土星	04	06	26	28	30	14
第23回	H11.12.7	先負	四緑木星	02	13	18	22	26	15
第24回	H11.12.14	大安	六白金星	12	14	19	26	28	15
第25回	H11.12.21	赤口	八白土星	02	03	07	18	29	15
第26回	H11.12.28	先勝	一白水星	07	08	09	14	15	04
第27回	H12.1.4	友引	三碧木星	10	16	20	21	31	14
第28回	H12.1.11	仏滅	五黄土星	02	09	15	22	29	11
第29回	H12.1.18	大安	三碧木星	09	12	17	26	31	15
第30回	H12.1.25	赤口	一白水星	10	15	17	18	30	16
第31回	H12.2.1	先勝	八白土星	14	20	21	24	28	17
第32回	H12.2.8	仏滅	六白金星	02	11	13	16	24	20
第33回	H12.2.15	大安	四緑木星	02	03	08	09	30	23
第34回	H12.2.22	赤口	二黒土星	04	09	18	28	29	12

回号	抽せん日	六曜	九星	本数字					B
第35回	H12.2.29	先勝	九紫火星	10	11	18	24	26	29
第36回	H12.3.7	先負	七赤金星	04	08	15	16	21	25
第37回	H12.3.14	仏滅	五黄土星	06	07	10	16	31	20
第38回	H12.3.21	大安	三碧木星	11	16	17	19	31	04
第39回	H12.3.28	赤口	一白水星	01	09	15	26	30	11
第40回	H12.4.4	先勝	八白土星	04	16	24	25	27	05
第41回	H12.4.11	先負	六白金星	10	16	19	22	26	29
第42回	H12.4.18	仏滅	四緑木星	02	05	19	24	31	28
第43回	H12.4.25	大安	二黒土星	03	06	11	16	30	05
第44回	H12.5.2	赤口	九紫火星	05	18	20	25	27	11
第45回	H12.5.9	先負	七赤金星	07	13	19	24	26	11
第46回	H12.5.16	仏滅	五黄土星	02	10	22	23	26	06
第47回	H12.5.23	大安	三碧木星	02	06	08	17	29	10
第48回	H12.5.30	赤口	一白水星	02	09	11	13	31	18
第49回	H12.6.6	先負	八白土星	10	13	14	23	25	12
第50回	H12.6.13	仏滅	六白金星	04	05	06	08	10	26
第51回	H12.6.20	大安	四緑木星	05	07	15	16	31	02
第52回	H12.6.27	赤口	二黒土星	04	10	12	26	31	20
第53回	H12.7.4	友引	九紫火星	04	13	14	15	17	30
第54回	H12.7.11	先負	三碧木星	04	05	15	18	21	16
第55回	H12.7.18	仏滅	五黄土星	04	10	11	18	31	03
第56回	H12.7.25	大安	七赤金星	01	03	07	10	27	16
第57回	H12.8.1	友引	九紫火星	03	21	23	27	29	13
第58回	H12.8.8	先負	二黒土星	01	02	04	10	24	20
第59回	H12.8.15	仏滅	四緑木星	09	15	20	21	22	10
第60回	H12.8.22	大安	六白金星	16	17	22	23	26	30
第61回	H12.8.29	友引	八白土星	09	23	24	29	30	05
第62回	H12.9.5	先負	一白水星	05	10	13	17	29	06
第63回	H12.9.12	仏滅	三碧木星	03	05	06	22	28	01
第64回	H12.9.19	大安	五黄土星	05	10	11	12	23	15
第65回	H12.9.26	赤口	七赤金星	08	09	10	17	23	15
第66回	H12.10.3	友引	九紫火星	05	06	12	17	20	01
第67回	H12.10.10	先負	二黒土星	04	05	08	14	27	06
第68回	H12.10.17	仏滅	四緑木星	05	06	21	22	24	11

回号	抽せん日	六曜	九星	本数字					B
第69回	H12.10.24	大安	六白金星	05	06	09	23	30	02
第70回	H12.10.31	友引	八白土星	01	05	07	17	21	15
第71回	H12.11.7	先負	一白水星	11	17	18	22	30	02
第72回	H12.11.14	仏滅	三碧木星	08	10	24	28	30	12
第73回	H12.11.21	大安	五黄土星	04	06	08	26	30	07
第74回	H12.11.28	先勝	七赤金星	04	06	16	22	28	09
第75回	H12.12.5	友引	九紫火星	07	14	16	17	29	01
第76回	H12.12.12	先負	二黒土星	06	11	13	16	23	03
第77回	H12.12.19	仏滅	四緑木星	02	03	10	22	26	23
第78回	H12.12.26	赤口	六白金星	04	11	19	20	22	28
第79回	H13.1.9	友引	九紫火星	02	13	16	26	30	11
第80回	H13.1.16	先負	七赤金星	07	10	13	18	22	04
第81回	H13.1.23	仏滅	五黄土星	01	07	10	16	25	18
第82回	H13.1.30	先勝	三碧木星	01	03	11	27	30	08
第83回	H13.2.6	友引	一白水星	01	06	11	23	26	03
第84回	H13.2.13	先負	八白土星	01	15	29	30	31	16
第85回	H13.2.20	仏滅	六白金星	09	11	14	20	29	02
第86回	H13.2.27	赤口	四緑木星	02	08	13	20	24	09
第87回	H13.3.6	先勝	二黒土星	01	05	12	23	27	14
第88回	H13.3.13	友引	九紫火星	04	19	26	27	30	03
第89回	H13.3.20	先負	七赤金星	05	07	24	27	29	14
第90回	H13.3.27	大安	五黄土星	06	12	14	21	27	15
第91回	H13.4.3	赤口	三碧木星	08	09	15	18	22	03
第92回	H13.4.10	先勝	一白水星	02	03	11	22	30	31
第93回	H13.4.17	友引	八白土星	11	15	22	26	27	08
第94回	H13.4.24	仏滅	六白金星	16	19	20	26	29	27
第95回	H13.5.1	大安	四緑木星	04	05	07	08	31	26
第96回	H13.5.8	赤口	二黒土星	01	05	06	14	27	17
第97回	H13.5.15	先勝	九紫火星	06	12	15	19	22	03
第98回	H13.5.22	友引	七赤金星	01	02	09	11	20	04
第99回	H13.5.29	仏滅	五黄土星	03	07	10	13	15	26
第100回	H13.6.5	大安	三碧木星	11	12	19	20	31	03
第101回	H13.6.12	赤口	一白水星	02	10	11	13	26	22
第102回	H13.6.19	先勝	八白土星	05	10	11	25	28	23
第103回	H13.6.26	仏滅	六白金星	10	13	19	21	30	14
第104回	H13.7.3	大安	六白金星	03	04	07	21	30	31
第105回	H13.7.10	赤口	八白土星	06	11	14	21	27	20
第106回	H13.7.17	先勝	一白水星	03	05	11	12	18	02
第107回	H13.7.24	先負	三碧木星	04	08	12	26	27	18
第108回	H13.7.31	仏滅	五黄土星	06	10	20	27	29	19
第109回	H13.8.7	大安	七赤金星	03	05	15	19	22	25
第110回	H13.8.14	赤口	九紫火星	03	07	13	22	27	02
第111回	H13.8.21	先負	二黒土星	10	19	24	27	31	06
第112回	H13.8.28	仏滅	四緑木星	05	07	15	26	27	01
第113回	H13.9.4	大安	六白金星	01	02	06	16	28	04
第114回	H13.9.11	赤口	八白土星	03	05	06	07	11	08
第115回	H13.9.18	先負	一白水星	10	15	29	30	31	16
第116回	H13.9.25	仏滅	三碧木星	02	07	13	18	23	11
第117回	H13.10.2	大安	五黄土星	05	11	12	23	24	03
第118回	H13.10.9	赤口	七赤金星	02	04	12	20	23	14
第119回	H13.10.16	先勝	九紫火星	12	14	25	29	30	05
第120回	H13.10.23	先負	二黒土星	08	12	14	18	27	24
第121回	H13.10.30	仏滅	四緑木星	05	17	18	24	30	20
第122回	H13.11.6	大安	六白金星	01	08	23	27	28	09
第123回	H13.11.13	赤口	八白土星	01	05	06	13	15	21
第124回	H13.11.20	先負	一白水星	05	07	17	19	27	09
第125回	H13.11.27	仏滅	三碧木星	02	21	22	27	29	24
第126回	H13.12.4	大安	五黄土星	07	16	18	22	25	21
第127回	H13.12.11	赤口	七赤金星	08	09	18	29	31	24
第128回	H13.12.18	友引	九紫火星	03	06	22	24	27	26
第129回	H13.12.25	先負	二黒土星	02	13	20	25	30	12
第130回	H14.1.8	大安	四緑木星	03	04	11	17	26	05
第131回	H14.1.15	友引	二黒土星	01	09	12	18	21	15
第132回	H14.1.22	先負	九紫火星	07	13	17	19	24	18
第133回	H14.1.29	仏滅	七赤金星	04	07	11	18	31	27
第134回	H14.2.5	大安	五黄土星	04	05	13	16	18	20
第135回	H14.2.12	先勝	三碧木星	04	07	08	09	24	20
第136回	H14.2.19	友引	一白水星	05	11	14	18	28	08
第137回	H14.2.26	先負	八白土星	03	15	20	25	28	30
第138回	H14.3.5	仏滅	六白金星	01	04	21	30	31	16
第139回	H14.3.12	大安	四緑木星	14	17	20	26	28	23
第140回	H14.3.19	先勝	二黒土星	08	09	17	20	29	06
第141回	H14.3.26	友引	九紫火星	04	06	09	20	24	16
第142回	H14.4.2	先負	七赤金星	10	11	24	25	30	08
第143回	H14.4.9	仏滅	五黄土星	17	18	20	23	26	06
第144回	H14.4.16	赤口	三碧木星	04	13	14	19	28	05
第145回	H14.4.23	先勝	一白水星	13	14	19	24	28	03
第146回	H14.4.30	友引	八白土星	01	06	11	12	18	08
第147回	H14.5.7	先負	六白金星	05	10	21	27	28	02
第148回	H14.5.14	赤口	四緑木星	02	07	19	26	31	24
第149回	H14.5.21	先勝	二黒土星	05	06	17	27	28	20
第150回	H14.5.28	友引	九紫火星	02	11	16	24	26	04
第151回	H14.6.4	先負	七赤金星	04	10	13	14	19	12
第152回	H14.6.11	大安	五黄土星	01	02	11	22	30	27

回号	抽せん日	六曜	九星	本数字					B
第153回	H14.6.18	赤口	三碧木星	02	03	08	23	29	06
第154回	H14.6.25	先勝	九紫火星	02	10	16	19	22	17
第155回	H14.7.2	友引	二黒土星	09	10	16	21	23	04
第156回	H14.7.9	先負	四緑木星	02	03	13	19	31	15
第157回	H14.7.16	赤口	六白金星	01	05	14	18	20	06
第158回	H14.7.23	先勝	八白土星	03	14	16	20	31	25
第159回	H14.7.30	友引	一白水星	07	11	16	23	24	13
第160回	H14.8.6	先負	三碧木星	04	23	24	30	31	27
第161回	H14.8.13	大安	五黄土星	02	03	04	17	19	08
第162回	H14.8.20	赤口	七赤金星	06	14	17	23	31	20
第163回	H14.8.27	先勝	九紫火星	01	12	13	16	28	31
第164回	H14.9.3	友引	二黒土星	07	09	16	26	30	28
第165回	H14.9.10	大安	四緑木星	09	16	24	25	26	20
第166回	H14.9.17	赤口	六白金星	08	13	21	24	28	16
第167回	H14.9.24	先勝	八白土星	11	19	20	25	26	23
第168回	H14.10.1	友引	一白水星	02	08	11	16	30	17
第169回	H14.10.8	大安	三碧木星	08	15	18	25	31	13
第170回	H14.10.15	赤口	五黄土星	02	07	14	20	22	05
第171回	H14.10.22	先勝	七赤金星	02	06	09	12	31	17
第172回	H14.10.29	友引	九紫火星	01	04	14	21	28	03
第173回	H14.11.5	仏滅	二黒土星	11	18	20	22	29	10
第174回	H14.11.12	大安	四緑木星	01	03	08	21	22	02
第175回	H14.11.19	赤口	六白金星	08	12	17	19	24	05
第176回	H14.11.26	先勝	八白土星	12	14	24	26	30	18
第177回	H14.12.3	友引	一白水星	07	13	17	21	30	20
第178回	H14.12.10	大安	三碧木星	03	24	26	28	31	20
第179回	H14.12.17	赤口	五黄土星	01	07	26	30	31	12
第180回	H14.12.24	先勝	三碧木星	17	18	19	21	28	22
第181回	H15.1.7	仏滅	八白土星	01	03	14	16	26	12
第182回	H15.1.14	大安	六白金星	02	10	14	23	24	06
第183回	H15.1.21	赤口	四緑木星	03	09	13	25	26	07
第184回	H15.1.28	先勝	二黒土星	02	10	23	30	31	16
第185回	H15.2.4	仏滅	九紫火星	07	19	20	25	28	02
第186回	H15.2.11	大安	七赤金星	08	12	20	21	25	22
第187回	H15.2.18	赤口	五黄土星	04	06	17	24	25	01
第188回	H15.2.25	先勝	三碧木星	07	16	24	25	28	30
第189回	H15.3.4	先負	一白水星	09	16	22	25	26	03
第190回	H15.3.11	仏滅	八白土星	04	05	21	27	29	02
第191回	H15.3.18	大安	六白金星	01	06	08	12	13	02
第192回	H15.3.25	赤口	四緑木星	06	07	10	11	17	03
第193回	H15.4.1	先勝	二黒土星	06	08	18	20	22	11
第194回	H15.4.8	先負	九紫火星	03	06	15	17	23	01

回号	抽せん日	六曜	九星	本数字					B
第195回	H15.4.15	仏滅	七赤金星	01	02	06	15	23	21
第196回	H15.4.22	大安	五黄土星	02	04	14	21	22	16
第197回	H15.4.29	赤口	三碧木星	08	18	20	21	31	01
第198回	H15.5.6	先負	一白水星	13	20	21	25	28	14
第199回	H15.5.13	仏滅	八白土星	01	09	21	26	29	25
第200回	H15.5.20	大安	六白金星	01	04	12	13	18	25
第201回	H15.5.27	赤口	四緑木星	03	05	23	25	26	17
第202回	H15.6.3	友引	二黒土星	06	10	11	18	31	25
第203回	H15.6.10	先負	九紫火星	04	10	18	22	25	20
第204回	H15.6.17	仏滅	七赤金星	07	18	22	24	29	09
第205回	H15.6.24	大安	五黄土星	03	04	13	14	23	12
第206回	H15.7.1	先勝	七赤金星	06	08	12	27	31	24
第207回	H15.7.8	友引	九紫火星	03	04	10	16	25	07
第208回	H15.7.15	先負	二黒土星	06	10	13	16	17	29
第209回	H15.7.22	仏滅	四緑木星	07	17	23	27	29	12
第210回	H15.7.29	先勝	六白金星	09	10	18	19	29	21
第211回	H15.8.5	友引	八白土星	09	10	13	18	22	15
第212回	H15.8.12	先負	一白水星	01	05	10	14	30	26
第213回	H15.8.19	仏滅	三碧木星	01	02	03	09	29	27
第214回	H15.8.26	大安	五黄土星	02	08	16	18	28	12
第215回	H15.9.2	先勝	七赤金星	04	15	20	21	28	16
第216回	H15.9.9	友引	九紫火星	03	07	13	16	17	02
第217回	H15.9.16	先負	二黒土星	02	08	17	19	23	21
第218回	H15.9.23	仏滅	四緑木星	09	16	24	25	29	23
第219回	H15.9.30	先勝	六白金星	01	15	17	21	28	06
第220回	H15.10.7	友引	八白土星	09	10	11	21	29	05
第221回	H15.10.14	先負	一白水星	04	08	14	22	26	09
第222回	H15.10.21	仏滅	三碧木星	10	18	21	26	28	09
第223回	H15.10.28	先勝	五黄土星	04	10	16	19	22	21
第224回	H15.11.4	友引	七赤金星	12	16	27	30	31	14
第225回	H15.11.11	先負	九紫火星	13	14	18	24	26	16
第226回	H15.11.18	仏滅	二黒土星	04	12	14	26	30	28
第227回	H15.11.25	赤口	四緑木星	02	04	07	21	30	20
第228回	H15.12.2	先勝	六白金星	10	17	21	24	27	02
第229回	H15.12.9	友引	八白土星	12	19	23	24	30	06
第230回	H15.12.16	先負	一白水星	04	16	17	25	26	19
第231回	H15.12.23	赤口	七赤金星	03	04	10	11	24	28
第232回	H15.12.30	先勝	五黄土星	03	12	20	24	26	31
第233回	H16.1.6	友引	三碧木星	08	14	19	21	29	25
第234回	H16.1.13	先負	一白水星	16	18	22	23	26	02
第235回	H16.1.20	仏滅	八白土星	05	06	16	17	31	08
第236回	H16.1.27	赤口	六白金星	14	17	23	24	29	03

回号	抽せん日	六曜	九星	本数字					B
第237回	H16.2.3	先勝	四緑木星	06	08	17	18	28	20
第238回	H16.2.10	友引	二黒土星	13	15	17	22	25	26
第239回	H16.2.17	先負	九紫火星	16	18	21	23	27	31
第240回	H16.2.24	赤口	七赤金星	02	06	14	28	29	11
第241回	H16.3.2	先勝	五黄土星	01	02	04	13	26	07
第242回	H16.3.9	友引	三碧木星	05	12	23	27	31	14
第243回	H16.3.16	先負	一白水星	04	11	15	27	28	01
第244回	H16.3.23	仏滅	八白土星	06	11	21	22	25	15
第245回	H16.3.30	大安	六白金星	01	10	14	21	28	23
第246回	H16.4.6	赤口	四緑木星	01	12	15	20	23	04
第247回	H16.4.13	先勝	二黒土星	07	11	19	27	31	02
第248回	H16.4.20	仏滅	九紫火星	04	13	16	24	29	12
第249回	H16.4.27	大安	七赤金星	09	11	12	18	20	07
第250回	H16.5.4	赤口	五黄土星	01	03	11	12	31	22
第251回	H16.5.11	先勝	三碧木星	01	03	19	20	23	28
第252回	H16.5.18	友引	一白水星	12	18	24	27	31	22
第253回	H16.5.25	仏滅	八白土星	01	03	10	21	25	29
第254回	H16.6.1	大安	六白金星	03	07	22	25	29	27
第255回	H16.6.8	赤口	四緑木星	12	17	20	27	29	18
第256回	H16.6.15	先勝	八白土星	05	09	15	16	27	28
第257回	H16.6.22	先負	一白水星	02	09	12	20	31	10
第258回	H16.6.29	仏滅	三碧木星	04	06	09	19	22	05
第259回	H16.7.6	大安	五黄土星	05	07	11	12	23	17
第260回	H16.7.13	赤口	七赤金星	06	07	17	19	23	28
第261回	H16.7.20	先負	九紫火星	02	03	05	14	29	18
第262回	H16.7.27	仏滅	二黒土星	05	19	23	27	28	02
第263回	H16.8.3	大安	四緑木星	15	25	28	30	31	02
第264回	H16.8.10	赤口	六白金星	02	04	07	25	30	15
第265回	H16.8.17	友引	八白土星	01	03	24	26	28	21
第266回	H16.8.24	先負	一白水星	03	08	25	28	31	06
第267回	H16.8.31	仏滅	三碧木星	08	14	15	19	25	31
第268回	H16.9.7	大安	五黄土星	17	18	20	27	31	13
第269回	H16.9.14	友引	七赤金星	03	07	20	23	29	16
第270回	H16.9.21	先負	九紫火星	09	10	11	14	19	21
第271回	H16.9.28	仏滅	二黒土星	06	13	15	24	31	20
第272回	H16.10.5	大安	四緑木星	04	16	21	28	29	09
第273回	H16.10.12	赤口	六白金星	03	05	07	11	17	23
第274回	H16.10.19	友引	八白土星	07	08	09	16	25	12
第275回	H16.10.26	先負	一白水星	11	16	17	21	22	19
第276回	H16.11.2	仏滅	三碧木星	12	16	19	20	23	11
第277回	H16.11.9	大安	五黄土星	04	14	16	19	22	10
第278回	H16.11.16	友引	七赤金星	08	12	13	14	24	16
第279回	H16.11.23	先負	九紫火星	02	07	19	23	25	11
第280回	H16.11.30	仏滅	二黒土星	04	09	13	15	19	12
第281回	H16.12.7	大安	四緑木星	05	07	11	13	21	27
第282回	H16.12.14	先勝	四緑木星	01	02	18	27	29	13
第283回	H16.12.21	友引	二黒土星	11	15	19	20	29	01
第284回	H16.12.28	先負	九紫火星	01	05	08	11	18	30
第285回	H17.1.4	仏滅	七赤金星	08	17	19	24	26	16
第286回	H17.1.11	先勝	五黄土星	14	15	20	22	30	02
第287回	H17.1.18	友引	三碧木星	02	07	14	19	21	01
第288回	H17.1.25	先負	一白水星	06	16	21	29	31	18
第289回	H17.2.1	仏滅	八白土星	05	06	11	24	28	18
第290回	H17.2.8	大安	六白金星	03	08	11	23	30	05
第291回	H17.2.15	先勝	四緑木星	04	08	21	23	26	22
第292回	H17.2.22	友引	二黒土星	02	07	13	25	31	17
第293回	H17.3.1	先負	九紫火星	14	15	16	24	25	12
第294回	H17.3.8	仏滅	七赤金星	14	23	26	29	31	28
第295回	H17.3.15	先勝	五黄土星	08	14	16	17	26	05
第296回	H17.3.22	友引	三碧木星	08	14	18	24	29	19
第297回	H17.3.29	先負	一白水星	05	09	18	25	30	31
第298回	H17.4.5	仏滅	八白土星	08	10	12	15	22	16
第299回	H17.4.12	赤口	六白金星	02	09	15	26	31	11
第300回	H17.4.19	先勝	四緑木星	10	13	16	22	28	07
第301回	H17.4.26	友引	二黒土星	05	11	16	26	31	12
第302回	H17.5.3	先負	九紫火星	06	07	09	14	20	22
第303回	H17.5.10	赤口	七赤金星	13	14	16	19	25	01
第304回	H17.5.17	先勝	五黄土星	03	10	11	14	20	17
第305回	H17.5.24	友引	三碧木星	10	11	13	16	24	22
第306回	H17.5.31	先負	一白水星	17	20	23	24	31	11
第307回	H17.6.7	大安	八白土星	02	10	15	21	28	12
第308回	H17.6.14	赤口	四緑木星	01	13	17	22	27	16
第309回	H17.6.21	先勝	六白金星	08	14	17	22	23	01
第310回	H17.6.28	友引	八白土星	06	14	17	24	25	11
第311回	H17.7.5	先負	一白水星	02	17	19	28	29	10
第312回	H17.7.12	赤口	三碧木星	07	12	17	18	21	11
第313回	H17.7.19	先勝	五黄土星	01	07	26	27	31	30
第314回	H17.7.26	友引	七赤金星	02	07	16	18	20	28
第315回	H17.8.2	先負	九紫火星	07	11	15	28	31	14
第316回	H17.8.9	大安	二黒土星	24	25	28	29	30	27
第317回	H17.8.16	赤口	四緑木星	08	10	11	22	23	12
第318回	H17.8.23	先勝	六白金星	09	18	19	30	31	16
第319回	H17.8.30	友引	八白土星	03	20	21	22	27	09
第320回	H17.9.6	仏滅	一白水星	06	07	13	28	30	12

回号	抽せん日	六曜	九星	本数字					B
第321回	H17.9.13	大安	三碧木星	02	11	18	21	27	15
第322回	H17.9.20	赤口	五黄土星	05	08	10	28	31	02
第323回	H17.9.27	先勝	七赤金星	05	15	19	22	27	29
第324回	H17.10.4	仏滅	九紫火星	05	06	13	29	30	17
第325回	H17.10.11	大安	二黒土星	08	11	13	15	28	22
第326回	H17.10.18	赤口	四緑木星	01	03	06	11	25	12
第327回	H17.10.25	先勝	六白金星	08	14	19	25	28	16
第328回	H17.11.1	友引	八白土星	01	02	11	12	18	08
第329回	H17.11.8	仏滅	一白水星	05	14	15	17	29	10
第330回	H17.11.15	大安	三碧木星	03	13	15	19	24	08
第331回	H17.11.22	赤口	五黄土星	06	19	21	29	30	24
第332回	H17.11.29	先勝	七赤金星	04	09	24	28	29	25
第333回	H17.12.6	先負	一白水星	19	21	22	26	28	24
第334回	H17.12.13	仏滅	八白土星	07	12	22	23	25	13
第335回	H17.12.20	大安	六白金星	14	16	23	25	31	22
第336回	H17.12.27	赤口	四緑木星	10	14	20	27	28	08
第337回	H18.1.10	仏滅	九紫火星	04	07	21	22	23	15
第338回	H18.1.17	大安	七赤金星	01	03	19	21	27	09
第339回	H18.1.24	赤口	五黄土星	04	09	11	15	23	26
第340回	H18.1.31	先負	三碧木星	10	14	18	23	25	31
第341回	H18.2.7	仏滅	一白水星	02	05	17	18	26	03
第342回	H18.2.14	大安	八白土星	02	15	24	25	27	09
第343回	H18.2.21	赤口	六白金星	06	10	15	27	30	08
第344回	H18.2.28	友引	四緑木星	04	09	13	21	23	31
第345回	H18.3.7	先負	二黒土星	07	14	16	17	29	18
第346回	H18.3.14	仏滅	九紫火星	04	14	18	26	31	03
第347回	H18.3.21	大安	七赤金星	10	11	20	23	27	13
第348回	H18.3.28	赤口	五黄土星	08	09	11	12	18	23
第349回	H18.4.4	先負	三碧木星	03	05	06	07	12	18
第350回	H18.4.11	仏滅	一白水星	03	09	22	24	28	27
第351回	H18.4.18	大安	八白土星	03	06	11	12	27	26
第352回	H18.4.25	赤口	六白金星	05	07	14	17	30	29
第353回	H18.5.2	友引	四緑木星	03	13	14	17	25	18
第354回	H18.5.9	先負	二黒土星	03	06	17	19	30	01
第355回	H18.5.16	仏滅	九紫火星	08	09	24	27	29	31
第356回	H18.5.23	大安	七赤金星	06	11	17	19	22	21
第357回	H18.5.30	友引	五黄土星	15	24	26	28	29	16
第358回	H18.6.6	先負	七赤金星	04	13	18	27	31	23
第359回	H18.6.13	仏滅	九紫火星	03	11	15	18	19	22
第360回	H18.6.20	大安	二黒土星	06	11	20	27	28	05
第361回	H18.6.27	先勝	四緑木星	02	04	06	12	30	05
第362回	H18.7.4	友引	六白金星	04	17	19	20	31	07
第363回	H18.7.11	先負	八白土星	04	10	12	17	22	16
第364回	H18.7.18	仏滅	一白水星	05	09	13	20	23	18
第365回	H18.7.25	先勝	三碧木星	06	10	18	27	28	14
第366回	H18.8.1	友引	五黄土星	02	11	14	19	30	03
第367回	H18.8.8	先負	七赤金星	04	06	14	19	31	09
第368回	H18.8.15	仏滅	九紫火星	01	08	17	28	29	06
第369回	H18.8.22	大安	二黒土星	04	10	23	29	30	31
第370回	H18.8.29	赤口	四緑木星	10	12	16	26	28	21
第371回	H18.9.5	先勝	六白金星	10	12	19	23	31	27
第372回	H18.9.12	友引	八白土星	01	05	22	25	30	12
第373回	H18.9.19	先負	一白水星	03	05	11	12	29	22
第374回	H18.9.26	赤口	三碧木星	09	17	27	28	29	08
第375回	H18.10.3	先勝	五黄土星	01	10	20	23	24	16
第376回	H18.10.10	友引	七赤金星	07	13	21	25	28	02
第377回	H18.10.17	先負	九紫火星	01	12	20	21	30	06
第378回	H18.10.24	大安	二黒土星	06	08	15	21	24	05
第379回	H18.10.31	赤口	四緑木星	02	08	15	19	28	26
第380回	H18.11.7	先勝	六白金星	02	11	12	17	31	15
第381回	H18.11.14	友引	八白土星	03	09	19	22	23	21
第382回	H18.11.21	仏滅	一白水星	07	09	11	14	23	19
第383回	H18.11.28	大安	三碧木星	04	07	09	17	31	12
第384回	H18.12.5	赤口	五黄土星	04	09	15	25	29	05
第385回	H18.12.12	先勝	三碧木星	06	14	20	24	27	03
第386回	H18.12.19	友引	一白水星	01	03	05	07	23	14
第387回	H18.12.26	大安	八白土星	16	26	28	29	30	11
第388回	H19.1.9	先勝	四緑木星	04	08	19	27	31	11
第389回	H19.1.16	友引	二黒土星	08	11	13	27	30	06
第390回	H19.1.23	仏滅	九紫火星	11	14	23	29	30	20
第391回	H19.1.30	大安	七赤金星	01	10	15	30	31	21
第392回	H19.2.6	赤口	五黄土星	03	13	15	25	30	26
第393回	H19.2.13	先勝	三碧木星	15	17	18	22	30	11
第394回	H19.2.20	先負	一白水星	02	05	21	27	31	25
第395回	H19.2.27	仏滅	八白土星	06	21	22	23	31	03
第396回	H19.3.6	大安	六白金星	01	06	21	25	28	22
第397回	H19.3.13	赤口	四緑木星	01	14	17	24	25	29
第398回	H19.3.20	先負	二黒土星	10	17	25	27	31	26
第399回	H19.3.27	仏滅	九紫火星	07	13	23	27	31	08
第400回	H19.4.3	大安	七赤金星	12	20	22	24	25	26
第401回	H19.4.10	赤口	五黄土星	11	13	18	26	30	06
第402回	H19.4.17	先負	三碧木星	10	20	22	24	27	08
第403回	H19.4.24	仏滅	一白水星	02	05	16	30	31	18
第404回	H19.5.1	大安	八白土星	01	08	11	26	28	24

回号	抽せん日	六曜	九星	本数字					B
第405回	H19.5.8	赤口	六白金星	08	09	13	27	31	17
第406回	H19.5.15	先勝	四緑木星	05	13	19	28	29	01
第407回	H19.5.22	先負	二黒土星	05	15	21	22	31	10
第408回	H19.5.29	仏滅	九紫火星	07	12	22	26	30	04
第409回	H19.6.5	大安	三碧木星	02	11	19	27	28	05
第410回	H19.6.12	赤口	五黄土星	03	10	19	20	31	15
第411回	H19.6.19	先負	七赤金星	05	08	12	19	22	11
第412回	H19.6.26	仏滅	九紫火星	01	05	06	09	23	16
第413回	H19.7.3	大安	二黒土星	08	14	21	23	29	17
第414回	H19.7.10	赤口	四緑木星	05	07	10	20	27	21
第415回	H19.7.17	先負	六白金星	11	16	24	28	30	22
第416回	H19.7.24	仏滅	八白土星	04	06	13	15	22	07
第417回	H19.7.31	大安	一白水星	03	09	12	23	24	22
第418回	H19.8.7	赤口	三碧木星	13	16	22	27	30	04
第419回	H19.8.14	友引	五黄土星	05	12	19	20	27	28
第420回	H19.8.21	先負	七赤金星	02	10	13	23	27	18
第421回	H19.8.28	仏滅	九紫火星	11	14	24	28	29	16
第422回	H19.9.4	大安	二黒土星	10	12	15	21	27	24
第423回	H19.9.11	友引	四緑木星	08	14	16	24	31	07
第424回	H19.9.18	先負	六白金星	03	04	08	11	31	24
第425回	H19.9.25	仏滅	八白土星	04	10	20	25	28	06
第426回	H19.10.2	大安	一白水星	03	15	17	21	26	29
第427回	H19.10.9	赤口	三碧木星	09	14	19	20	26	16
第428回	H19.10.16	友引	五黄土星	11	20	24	27	29	21
第429回	H19.10.23	先負	七赤金星	11	18	22	26	30	20
第430回	H19.10.30	仏滅	九紫火星	03	07	16	18	21	27
第431回	H19.11.6	大安	二黒土星	03	12	14	24	25	02
第432回	H19.11.13	先勝	四緑木星	03	09	14	22	25	12
第433回	H19.11.20	友引	六白金星	01	12	17	20	27	14
第434回	H19.11.27	先負	二黒土星	01	06	10	11	22	18
第435回	H19.12.4	仏滅	九紫火星	08	19	22	25	27	06
第436回	H19.12.11	赤口	七赤金星	07	08	18	21	24	17
第437回	H19.12.18	先勝	五黄土星	09	13	15	28	31	12
第438回	H19.12.25	友引	三碧木星	01	02	10	13	21	16
第439回	H20.1.8	赤口	八白土星	10	17	19	21	23	16
第440回	H20.1.15	先勝	六白金星	05	12	13	21	30	28
第441回	H20.1.22	友引	四緑木星	06	08	19	28	30	17
第442回	H20.1.29	先負	二黒土星	05	08	19	24	30	17
第443回	H20.2.5	仏滅	九紫火星	05	17	22	23	30	20
第444回	H20.2.12	赤口	七赤金星	01	11	17	30	31	13
第445回	H20.2.19	先勝	五黄土星	07	16	18	26	31	25
第446回	H20.2.26	友引	三碧木星	10	11	15	16	17	04

回号	抽せん日	六曜	九星	本数字					B
第447回	H20.3.4	先負	一白水星	14	17	20	25	26	08
第448回	H20.3.11	大安	八白土星	01	07	12	17	18	25
第449回	H20.3.18	赤口	六白金星	07	08	10	11	20	12
第450回	H20.3.25	先勝	四緑木星	02	05	08	13	27	26
第451回	H20.4.1	友引	二黒土星	03	07	12	14	16	31
第452回	H20.4.8	大安	九紫火星	02	12	16	18	30	20
第453回	H20.4.15	赤口	七赤金星	04	07	12	17	27	24
第454回	H20.4.22	先勝	五黄土星	02	05	13	20	24	12
第455回	H20.4.29	友引	三碧木星	01	10	16	24	26	09
第456回	H20.5.6	大安	一白水星	06	08	10	16	20	02
第457回	H20.5.13	赤口	八白土星	02	16	17	22	28	11
第458回	H20.5.20	先勝	六白金星	06	08	15	24	31	01
第459回	H20.5.27	友引	六白金星	12	13	26	27	29	02
第460回	H20.6.3	先負	八白土星	10	11	25	27	30	04
第461回	H20.6.10	大安	一白水星	06	12	17	20	26	11
第462回	H20.6.17	赤口	三碧木星	04	19	22	25	29	27
第463回	H20.6.24	先勝	五黄土星	12	13	16	21	23	18
第464回	H20.7.1	友引	七赤金星	01	12	16	22	28	15
第465回	H20.7.8	大安	九紫火星	13	18	21	25	28	07
第466回	H20.7.15	赤口	二黒土星	15	16	19	20	29	17
第467回	H20.7.22	先勝	四緑木星	01	02	13	15	23	26
第468回	H20.7.29	友引	六白金星	07	08	13	24	27	10
第469回	H20.8.5	大安	八白土星	05	09	12	16	19	03
第470回	H20.8.12	赤口	一白水星	11	15	22	30	31	14
第471回	H20.8.19	先勝	三碧木星	13	17	20	23	30	28
第472回	H20.8.26	友引	五黄土星	04	15	17	20	21	03
第473回	H20.9.2	仏滅	七赤金星	04	05	18	20	26	03
第474回	H20.9.9	大安	九紫火星	05	12	14	18	23	11
第475回	H20.9.16	赤口	二黒土星	08	09	12	14	24	30
第476回	H20.9.23	先勝	四緑木星	03	10	12	20	24	13
第477回	H20.9.30	仏滅	六白金星	01	04	13	20	28	31
第478回	H20.10.7	大安	八白土星	03	17	18	22	25	05
第479回	H20.10.14	赤口	一白水星	14	22	26	27	29	21
第480回	H20.10.21	先勝	三碧木星	05	07	18	25	31	23
第481回	H20.10.28	友引	五黄土星	03	07	13	16	25	31
第482回	H20.11.4	仏滅	七赤金星	02	16	20	24	29	05
第483回	H20.11.11	大安	九紫火星	07	20	23	27	29	25
第484回	H20.11.18	赤口	二黒土星	01	03	04	19	29	27
第485回	H20.11.25	先勝	四緑木星	03	08	10	15	31	18
第486回	H20.12.2	先負	六白金星	05	08	20	22	26	19
第487回	H20.12.9	仏滅	八白土星	15	17	20	22	29	16
第488回	H20.12.16	大安	一白水星	10	15	17	23	29	24

回号	抽せん日	六曜	九星	本数字					B
第489回	H20.12.23	赤口	一白水星	02	04	09	22	31	17
第490回	H20.12.30	先負	八白土星	07	09	13	21	24	11
第491回	H21.1.6	仏滅	六白金星	08	10	16	20	23	06
第492回	H21.1.13	大安	四緑木星	03	08	09	11	20	18
第493回	H21.1.20	赤口	二黒土星	01	11	12	13	17	26
第494回	H21.1.27	友引	九紫火星	02	10	14	26	28	18
第495回	H21.2.3	先負	七赤金星	07	10	22	26	27	05
第496回	H21.2.10	仏滅	五黄土星	04	10	11	22	30	09
第497回	H21.2.17	大安	三碧木星	04	21	23	27	28	26
第498回	H21.2.24	赤口	一白水星	02	15	20	23	30	03
第499回	H21.3.3	友引	八白土星	02	08	14	15	26	31
第500回	H21.3.10	先負	六白金星	19	20	23	25	28	05
第501回	H21.3.17	仏滅	四緑木星	12	13	16	17	21	22
第502回	H21.3.24	大安	二黒土星	02	03	05	13	14	01
第503回	H21.3.31	先勝	九紫火星	11	18	21	23	27	03
第504回	H21.4.7	友引	七赤金星	08	10	24	28	31	09
第505回	H21.4.14	先負	五黄土星	05	16	19	20	22	28
第506回	H21.4.21	仏滅	三碧木星	04	14	15	23	24	11
第507回	H21.4.28	先勝	一白水星	10	19	26	27	28	02
第508回	H21.5.5	友引	八白土星	03	06	09	14	25	01
第509回	H21.5.12	先負	六白金星	02	13	22	29	30	08
第510回	H21.5.19	仏滅	四緑木星	18	19	21	23	30	25
第511回	H21.5.26	先勝	二黒土星	13	16	26	28	31	11
第512回	H21.6.2	友引	九紫火星	08	14	25	29	30	07
第513回	H21.6.9	先負	七赤金星	03	11	18	19	25	08
第514回	H21.6.16	仏滅	五黄土星	15	16	21	25	30	14
第515回	H21.6.23	大安	三碧木星	05	21	24	25	26	31
第516回	H21.6.30	赤口	一白水星	03	12	14	15	26	05
第517回	H21.7.7	先勝	八白土星	12	26	28	29	30	05
第518回	H21.7.14	友引	六白金星	11	16	18	20	27	23
第519回	H21.7.21	先負	六白金星	02	09	25	29	31	04
第520回	H21.7.28	赤口	八白土星	02	03	11	14	30	08
第521回	H21.8.4	先勝	一白水星	04	09	14	25	26	15
第522回	H21.8.11	友引	三碧木星	04	19	22	23	27	31
第523回	H21.8.18	先負	五黄土星	08	17	18	19	24	10
第524回	H21.8.25	赤口	七赤金星	07	10	17	22	24	12
第525回	H21.9.1	先勝	九紫火星	01	14	21	25	27	06
第526回	H21.9.8	友引	二黒土星	04	05	16	21	31	26
第527回	H21.9.15	先負	四緑木星	11	13	15	23	25	04
第528回	H21.9.22	大安	六白金星	02	11	14	15	21	08
第529回	H21.9.29	赤口	八白土星	05	07	14	16	20	15
第530回	H21.10.6	先勝	一白水星	02	03	05	16	19	10

回号	抽せん日	六曜	九星	本数字					B
第531回	H21.10.13	友引	三碧木星	13	21	22	26	27	19
第532回	H21.10.20	大安	五黄土星	05	10	21	27	28	18
第533回	H21.10.27	赤口	七赤金星	06	13	19	23	31	20
第534回	H21.11.3	先勝	九紫火星	07	22	25	26	30	04
第535回	H21.11.10	友引	二黒土星	18	20	23	24	31	07
第536回	H21.11.17	仏滅	四緑木星	14	18	20	22	24	19
第537回	H21.11.24	大安	六白金星	09	10	27	29	30	05
第538回	H21.12.1	赤口	八白土星	08	10	13	20	21	31
第539回	H21.12.8	先勝	一白水星	09	18	23	26	29	05
第540回	H21.12.15	友引	三碧木星	02	19	22	27	29	06
第541回	H21.12.22	大安	五黄土星	01	09	10	16	23	30
第542回	H21.12.29	赤口	七赤金星	03	09	11	20	27	21
第543回	H22.1.5	先勝	九紫火星	04	07	17	22	25	30
第544回	H22.1.12	友引	二黒土星	03	09	18	29	30	28
第545回	H22.1.19	仏滅	六白金星	01	15	23	28	29	02
第546回	H22.1.26	大安	四緑木星	03	08	19	22	29	20
第547回	H22.2.2	赤口	二黒土星	05	23	25	29	31	28
第548回	H22.2.9	先勝	九紫火星	05	06	16	23	29	31
第549回	H22.2.16	先負	七赤金星	10	12	19	24	25	14
第550回	H22.2.23	仏滅	五黄土星	08	16	22	28	31	03
第551回	H22.3.2	大安	三碧木星	01	02	10	24	31	28
第552回	H22.3.9	赤口	一白水星	07	11	14	17	28	29
第553回	H22.3.16	友引	八白土星	02	13	23	24	30	15
第554回	H22.3.23	先負	六白金星	02	06	23	24	28	09
第555回	H22.3.30	仏滅	四緑木星	01	15	18	24	29	23
第556回	H22.4.6	大安	二黒土星	04	06	16	17	24	26
第557回	H22.4.13	赤口	九紫火星	08	18	21	22	28	31
第558回	H22.4.20	先負	七赤金星	04	10	16	22	30	27
第559回	H22.4.27	仏滅	五黄土星	02	04	07	11	16	25
第560回	H22.5.4	大安	三碧木星	11	13	17	29	30	05
第561回	H22.5.11	赤口	一白水星	01	05	06	16	25	18
第562回	H22.5.18	友引	八白土星	02	07	12	15	17	23
第563回	H22.5.25	先負	六白金星	04	05	18	19	30	01
第564回	H22.6.1	仏滅	四緑木星	09	17	19	22	29	06
第565回	H22.6.8	大安	二黒土星	18	19	20	28	29	13
第566回	H22.6.15	友引	九紫火星	03	08	23	28	30	31
第567回	H22.6.22	先負	七赤金星	10	12	20	24	25	17
第568回	H22.6.29	仏滅	五黄土星	08	12	16	24	30	23
第569回	H22.7.6	大安	三碧木星	10	17	23	26	28	05
第570回	H22.7.13	先勝	九紫火星	01	02	05	06	10	08
第571回	H22.7.20	友引	二黒土星	09	22	27	28	29	26
第572回	H22.7.27	先負	四緑木星	01	06	18	23	29	21

回号	抽せん日	六曜	九星	本数字					B
第573回	H22.8.3	仏滅	六白金星	15	21	22	23	29	05
第574回	H22.8.10	先勝	八白土星	03	07	08	13	15	25
第575回	H22.8.17	友引	一白水星	10	16	20	21	27	24
第576回	H22.8.24	先負	三碧木星	06	08	10	21	23	18
第577回	H22.8.31	仏滅	五黄土星	05	10	21	24	25	13
第578回	H22.9.7	大安	七赤金星	05	11	16	19	30	18
第579回	H22.9.14	友引	九紫火星	01	04	15	17	23	08
第580回	H22.9.21	先負	二黒土星	01	04	14	15	26	18
第581回	H22.9.28	仏滅	四緑木星	02	06	12	14	30	03
第582回	H22.10.5	大安	六白金星	03	14	22	24	30	10
第583回	H22.10.12	先勝	八白土星	01	03	10	11	16	24
第584回	H22.10.19	友引	一白水星	06	09	11	14	22	29
第585回	H22.10.26	先負	三碧木星	14	19	23	24	31	29
第586回	H22.11.2	仏滅	五黄土星	01	05	06	10	15	02
第587回	H22.11.9	先勝	七赤金星	11	17	19	29	30	01
第588回	H22.11.16	友引	九紫火星	04	11	18	26	31	13
第589回	H22.11.23	先負	二黒土星	03	10	13	22	26	12
第590回	H22.11.30	仏滅	四緑木星	04	07	11	17	19	14
第591回	H22.12.7	赤口	六白金星	04	08	09	13	19	12
第592回	H22.12.14	先勝	八白土星	05	06	23	25	26	14
第593回	H22.12.21	友引	一白水星	11	14	22	28	29	25
第594回	H22.12.28	先負	三碧木星	02	05	10	22	30	12
第595回	H23.1.4	赤口	五黄土星	07	11	15	20	23	03
第596回	H23.1.11	先勝	三碧木星	06	09	10	14	27	31
第597回	H23.1.18	友引	一白水星	02	13	16	17	19	29
第598回	H23.1.25	先負	八白土星	04	15	21	26	30	01
第599回	H23.2.1	仏滅	六白金星	03	07	10	11	29	25
第600回	H23.2.8	赤口	四緑木星	01	02	03	04	22	13
第601回	H23.2.15	先勝	二黒土星	10	14	15	16	24	28
第602回	H23.2.22	友引	九紫火星	03	14	18	22	25	27
第603回	H23.3.1	先負	七赤金星	04	05	26	28	30	15
第604回	H23.3.8	大安	五黄土星	02	11	13	22	25	05
第605回	H23.3.15	赤口	三碧木星	05	06	13	19	28	17
第606回	H23.3.22	先勝	一白水星	09	20	23	30	31	01
第607回	H23.3.29	友引	八白土星	07	08	12	18	30	17
第608回	H23.4.5	大安	六白金星	13	19	21	25	29	15
第609回	H23.4.12	赤口	四緑木星	03	14	21	26	30	25
第610回	H23.4.19	先勝	二黒土星	03	08	14	17	30	19
第611回	H23.4.26	友引	九紫火星	12	18	21	25	30	17
第612回	H23.5.3	仏滅	七赤金星	11	18	24	27	30	04
第613回	H23.5.10	大安	五黄土星	02	16	17	20	28	14
第614回	H23.5.17	赤口	三碧木星	07	16	23	25	30	11

回号	抽せん日	六曜	九星	本数字					B
第615回	H23.5.24	先勝	一白水星	04	12	13	19	20	10
第616回	H23.5.31	友引	八白土星	07	18	21	27	28	10
第617回	H23.6.7	仏滅	六白金星	03	09	16	19	28	25
第618回	H23.6.14	大安	四緑木星	10	12	14	22	31	23
第619回	H23.6.21	赤口	二黒土星	04	07	14	20	30	28
第620回	H23.6.28	先勝	九紫火星	02	14	21	25	31	05
第621回	H23.7.5	仏滅	七赤金星	06	12	18	24	30	09
第622回	H23.7.12	大安	五黄土星	13	14	20	25	27	19
第623回	H23.7.19	赤口	七赤金星	04	09	14	15	26	29
第624回	H23.7.26	先勝	九紫火星	05	07	11	12	24	04
第625回	H23.8.2	先負	二黒土星	19	20	23	26	31	06
第626回	H23.8.9	仏滅	四緑木星	11	12	14	17	26	23
第627回	H23.8.16	大安	六白金星	06	10	14	15	20	19
第628回	H23.8.23	赤口	八白土星	01	02	10	17	20	18
第629回	H23.8.30	先負	一白水星	01	03	16	26	29	31
第630回	H23.9.6	仏滅	三碧木星	03	04	16	19	31	14
第631回	H23.9.13	大安	五黄土星	03	15	18	20	25	29
第632回	H23.9.20	赤口	七赤金星	06	14	15	25	26	13
第633回	H23.9.27	先負	九紫火星	02	12	19	20	30	13
第634回	H23.10.4	仏滅	二黒土星	06	14	24	27	31	22
第635回	H23.10.11	大安	四緑木星	12	13	16	20	29	11
第636回	H23.10.18	赤口	六白金星	08	13	21	26	30	03
第637回	H23.10.25	先勝	八白土星	01	05	10	15	21	11
第638回	H23.11.1	先負	一白水星	01	16	18	27	30	15
第639回	H23.11.8	仏滅	三碧木星	06	14	20	29	31	22
第640回	H23.11.15	大安	五黄土星	06	15	18	28	31	08
第641回	H23.11.22	赤口	七赤金星	05	11	14	17	22	15
第642回	H23.11.29	先負	九紫火星	09	22	26	27	31	28
第643回	H23.12.6	仏滅	二黒土星	09	11	17	19	22	06
第644回	H23.12.13	大安	四緑木星	05	13	15	20	27	30
第645回	H23.12.20	赤口	六白金星	08	13	18	19	24	11
第646回	H23.12.27	友引	八白土星	03	06	16	30	31	17
第647回	H24.1.10	仏滅	七赤金星	03	06	07	10	21	18
第648回	H24.1.17	大安	五黄土星	06	13	18	19	21	26
第649回	H24.1.24	友引	三碧木星	03	11	18	19	21	12
第650回	H24.1.31	先負	一白水星	04	11	18	24	26	13
第651回	H24.2.7	仏滅	八白土星	08	11	15	20	31	18
第652回	H24.2.14	大安	六白金星	02	05	19	28	29	23
第653回	H24.2.21	赤口	四緑木星	11	16	20	22	30	21
第654回	H24.2.28	友引	二黒土星	06	11	22	25	27	02
第655回	H24.3.6	先負	九紫火星	07	09	12	14	18	24
第656回	H24.3.13	仏滅	七赤金星	04	10	15	22	23	07

回号	抽せん日	六曜	九星	本数字					B
第657回	H24.3.20	大安	五黄土星	09	14	18	23	30	10
第658回	H24.3.27	友引	三碧木星	07	08	11	15	26	01
第659回	H24.4.3	先負	一白水星	05	09	22	30	31	03
第660回	H24.4.10	仏滅	八白土星	07	12	15	30	31	18
第661回	H24.4.17	大安	六白金星	02	06	09	19	20	27
第662回	H24.4.24	赤口	四緑木星	07	09	15	28	31	26
第663回	H24.5.1	先勝	二黒土星	01	09	10	21	31	23
第664回	H24.5.8	友引	九紫火星	06	09	11	16	29	04
第665回	H24.5.15	先負	七赤金星	07	12	17	20	28	09
第666回	H24.5.22	大安	五黄土星	10	11	17	24	29	26
第667回	H24.5.29	赤口	三碧木星	08	09	19	26	31	28
第668回	H24.6.5	先勝	一白水星	07	09	16	27	29	30
第669回	H24.6.12	友引	八白土星	04	07	08	25	31	14
第670回	H24.6.19	先負	六白金星	04	06	26	27	29	30
第671回	H24.6.26	大安	四緑木星	07	14	19	22	27	28
第672回	H24.7.3	赤口	八白土星	03	08	20	22	28	05
第673回	H24.7.10	先勝	一白水星	06	12	21	24	25	22
第674回	H24.7.17	友引	三碧木星	01	02	03	24	25	15
第675回	H24.7.24	大安	五黄土星	06	21	27	28	31	20
第676回	H24.7.31	赤口	七赤金星	04	06	18	22	28	01
第677回	H24.8.7	先勝	九紫火星	10	16	23	24	30	18
第678回	H24.8.14	友引	二黒土星	15	17	21	24	25	20
第679回	H24.8.21	仏滅	四緑木星	05	11	23	29	31	28
第680回	H24.8.28	大安	六白金星	02	03	11	15	24	23
第681回	H24.9.4	赤口	八白土星	06	12	17	19	30	09
第682回	H24.9.11	先勝	一白水星	04	08	20	25	27	30
第683回	H24.9.18	仏滅	三碧木星	01	07	15	23	26	11
第684回	H24.9.25	大安	五黄土星	10	12	13	19	25	07
第685回	H24.10.2	赤口	七赤金星	08	11	19	21	30	01
第686回	H24.10.9	先勝	九紫火星	03	05	07	10	18	06
第687回	H24.10.16	仏滅	二黒土星	02	09	17	24	29	22
第688回	H24.10.23	大安	四緑木星	04	05	09	15	26	11
第689回	H24.10.30	赤口	六白金星	12	13	19	23	25	28
第690回	H24.11.6	先勝	八白土星	11	16	22	23	25	09
第691回	H24.11.13	友引	一白水星	03	09	10	20	25	31
第692回	H24.11.20	仏滅	三碧木星	09	13	14	23	31	20
第693回	H24.11.27	大安	五黄土星	05	17	21	24	25	03
第694回	H24.12.4	赤口	七赤金星	05	12	15	16	20	06
第695回	H24.12.11	先勝	九紫火星	04	19	20	27	28	14
第696回	H24.12.18	仏滅	二黒土星	05	09	15	19	30	06
第697回	H24.12.25	大安	四緑木星	05	07	17	25	27	18
第698回	H25.1.8	先勝	二黒土星	02	03	05	14	24	09

回号	抽せん日	六曜	九星	本数字					B
第699回	H25.1.15	先負	九紫火星	06	12	21	24	28	15
第700回	H25.1.22	仏滅	七赤金星	06	08	09	21	26	04
第701回	H25.1.29	大安	五黄土星	04	08	13	15	26	03
第702回	H25.2.5	赤口	三碧木星	10	12	13	20	23	04
第703回	H25.2.12	先負	一白水星	03	10	16	28	31	15
第704回	H25.2.19	仏滅	八白土星	02	11	21	24	25	23
第705回	H25.2.26	大安	六白金星	08	16	18	21	22	27
第706回	H25.3.5	赤口	四緑木星	04	06	15	16	29	27
第707回	H25.3.12	友引	二黒土星	02	11	23	27	29	03
第708回	H25.3.19	先負	九紫火星	10	11	20	28	29	01
第709回	H25.3.26	仏滅	七赤金星	02	05	16	17	18	30
第710回	H25.4.2	大安	五黄土星	02	15	18	25	26	20
第711回	H25.4.9	赤口	三碧木星	03	05	10	17	25	22
第712回	H25.4.16	先負	一白水星	03	07	18	27	31	01
第713回	H25.4.23	仏滅	八白土星	04	13	22	28	31	16
第714回	H25.4.30	大安	六白金星	06	10	20	22	31	01
第715回	H25.5.7	赤口	四緑木星	02	03	05	09	22	18
第716回	H25.5.14	友引	二黒土星	13	18	19	20	24	17
第717回	H25.5.21	先負	九紫火星	03	05	14	23	26	01
第718回	H25.5.28	仏滅	七赤金星	02	11	16	19	24	23
第719回	H25.6.4	大安	五黄土星	02	09	18	22	27	16
第720回	H25.6.11	先勝	三碧木星	05	11	17	19	20	15
第721回	H25.6.18	友引	一白水星	03	05	12	15	22	02
第722回	H25.6.25	先負	八白土星	04	06	17	21	30	09
第723回	H25.7.2	仏滅	四緑木星	04	07	09	25	31	18
第724回	H25.7.9	先勝	六白金星	07	14	17	22	29	01
第725回	H25.7.16	友引	八白土星	06	11	26	28	30	19
第726回	H25.7.23	先負	一白水星	01	02	16	18	25	07
第727回	H25.7.30	仏滅	三碧木星	04	07	14	16	24	27
第728回	H25.8.6	大安	五黄土星	01	09	11	13	28	16
第729回	H25.8.13	先勝	七赤金星	13	16	17	20	29	11
第730回	H25.8.20	友引	九紫火星	03	05	07	14	22	04
第731回	H25.8.27	先負	二黒土星	07	09	18	28	30	11
第732回	H25.9.3	仏滅	四緑木星	04	06	16	29	31	09
第733回	H25.9.10	先勝	六白金星	05	09	11	18	20	31
第734回	H25.9.17	友引	八白土星	06	08	10	12	13	31
第735回	H25.9.24	先負	一白水星	03	14	16	23	30	07
第736回	H25.10.1	仏滅	三碧木星	02	14	17	20	27	09
第737回	H25.10.8	赤口	五黄土星	05	12	18	19	23	16
第738回	H25.10.15	先勝	七赤金星	07	11	14	23	29	19
第739回	H25.10.22	友引	九紫火星	01	04	19	24	31	18
第740回	H25.10.29	先負	二黒土星	02	04	19	25	28	11

回号	抽せん日	六曜	九星	本数字					B
第741回	H25.11.5	赤口	四緑木星	06	11	12	15	25	10
第742回	H25.11.12	先勝	六白金星	03	05	16	26	31	01
第743回	H25.11.19	友引	八白土星	04	15	18	20	30	05
第744回	H25.11.26	先負	一白水星	02	04	05	14	24	19
第745回	H25.12.3	大安	三碧木星	03	10	13	14	22	15
第746回	H25.12.10	赤口	五黄土星	02	10	15	18	20	13
第747回	H25.12.17	先勝	七赤金星	01	12	23	29	30	09
第748回	H25.12.24	友引	一白水星	02	06	07	11	15	04
第749回	H26.1.7	赤口	六白金星	01	11	14	16	30	25
第750回	H26.1.14	先勝	四緑木星	02	05	09	13	19	24
第751回	H26.1.21	友引	二黒土星	07	15	18	19	30	08
第752回	H26.1.28	先負	九紫火星	11	23	26	27	31	24
第753回	H26.2.4	大安	七赤金星	02	10	20	23	24	26
第754回	H26.2.11	赤口	五黄土星	11	12	24	25	30	31
第755回	H26.2.18	先勝	三碧木星	20	21	22	25	27	14
第756回	H26.2.25	友引	一白水星	05	08	09	27	30	11
第757回	H26.3.4	大安	八白土星	12	15	21	25	27	22
第758回	H26.3.11	赤口	六白金星	08	14	19	22	24	26
第759回	H26.3.18	先勝	四緑木星	08	18	23	24	30	04
第760回	H26.3.25	友引	二黒土星	01	07	14	25	30	08
第761回	H26.4.1	仏滅	九紫火星	07	14	16	21	31	17
第762回	H26.4.8	大安	七赤金星	02	03	08	10	29	31
第763回	H26.4.15	赤口	五黄土星	03	05	12	14	18	08
第764回	H26.4.22	先勝	三碧木星	01	02	07	10	11	16
第765回	H26.4.29	仏滅	一白水星	16	19	20	22	31	26
第766回	H26.5.6	大安	八白土星	05	08	12	16	28	13
第767回	H26.5.13	赤口	六白金星	06	08	10	25	31	27
第768回	H26.5.20	先勝	四緑木星	02	03	23	24	27	10
第769回	H26.5.27	友引	二黒土星	03	11	15	22	24	29
第770回	H26.6.3	仏滅	九紫火星	12	18	19	22	30	20
第771回	H26.6.10	大安	七赤金星	07	11	22	26	30	27
第772回	H26.6.17	赤口	五黄土星	11	14	15	21	27	24
第773回	H26.6.24	先勝	七赤金星	01	02	06	11	26	17
第774回	H26.7.1	仏滅	九紫火星	05	06	09	20	30	31
第775回	H26.7.8	大安	二黒土星	05	06	14	24	31	15
第776回	H26.7.15	赤口	四緑木星	06	14	15	18	31	25
第777回	H26.7.22	先勝	六白金星	04	10	20	22	24	21
第778回	H26.7.29	先負	八白土星	10	13	14	26	30	18
第779回	H26.8.5	仏滅	一白水星	01	08	09	10	13	18
第780回	H26.8.12	大安	三碧木星	13	15	16	18	20	07
第781回	H26.8.19	赤口	五黄土星	02	07	10	21	24	04
第782回	H26.8.26	先負	七赤金星	04	07	09	14	21	26

回号	抽せん日	六曜	九星	本数字					B
第783回	H26.9.2	仏滅	九紫火星	04	05	10	15	20	08
第784回	H26.9.9	大安	二黒土星	14	19	21	25	29	08
第785回	H26.9.16	赤口	四緑木星	07	21	22	26	28	05
第786回	H26.9.23	先勝	六白金星	05	06	21	28	29	07
第787回	H26.9.30	先負	八白土星	11	15	22	26	31	07
第788回	H26.10.7	仏滅	一白水星	01	21	28	29	30	15
第789回	H26.10.14	大安	三碧木星	04	05	11	16	31	19
第790回	H26.10.21	赤口	五黄土星	11	13	15	19	21	07
第791回	H26.10.28	先勝	七赤金星	06	16	18	30	31	10
第792回	H26.11.4	友引	九紫火星	12	13	15	18	22	28
第793回	H26.11.11	先負	二黒土星	06	10	18	20	31	24
第794回	H26.11.18	仏滅	四緑木星	03	04	08	10	31	07
第795回	H26.11.25	先勝	六白金星	02	06	11	14	18	01
第796回	H26.12.2	友引	八白土星	03	10	19	21	30	07
第797回	H26.12.9	先負	一白水星	08	09	29	30	31	18
第798回	H26.12.16	仏滅	三碧木星	03	08	10	23	27	12
第799回	H26.12.23	赤口	五黄土星	01	02	17	19	26	24
第800回	H26.12.30	先勝	三碧木星	01	19	20	22	25	02
第801回	H27.1.6	友引	一白水星	05	07	20	22	25	17
第802回	H27.1.13	先負	八白土星	05	09	21	29	31	06
第803回	H27.1.20	赤口	六白金星	02	04	18	19	27	23
第804回	H27.1.27	先勝	四緑木星	07	08	09	12	29	26
第805回	H27.2.3	友引	二黒土星	08	09	11	17	30	03
第806回	H27.2.10	先負	九紫火星	03	11	21	23	28	24
第807回	H27.2.17	仏滅	七赤金星	05	07	13	17	19	03
第808回	H27.2.24	赤口	五黄土星	08	09	26	27	30	03
第809回	H27.3.3	先勝	三碧木星	02	08	11	13	25	01
第810回	H27.3.10	友引	一白水星	06	12	15	16	31	17
第811回	H27.3.17	先負	八白土星	08	09	10	13	21	18
第812回	H27.3.24	赤口	六白金星	02	16	17	22	25	13
第813回	H27.3.31	先勝	四緑木星	03	06	09	14	15	17
第814回	H27.4.7	友引	二黒土星	02	03	12	25	31	28
第815回	H27.4.14	先負	九紫火星	20	21	26	27	28	03
第816回	H27.4.21	大安	七赤金星	01	05	07	14	18	12
第817回	H27.4.28	赤口	五黄土星	01	10	23	27	29	18
第818回	H27.5.5	先勝	三碧木星	05	09	14	16	18	03
第819回	H27.5.12	友引	一白水星	02	09	14	15	24	13
第820回	H27.5.19	大安	八白土星	08	12	20	21	31	19
第821回	H27.5.26	赤口	六白金星	06	08	18	21	23	30
第822回	H27.6.2	先勝	四緑木星	07	08	10	17	28	04
第823回	H27.6.9	友引	二黒土星	06	10	14	18	23	09
第824回	H27.6.16	大安	九紫火星	04	16	22	28	29	10

回号	抽せん日	六曜	九星	本数字					B
第825回	H27.6.23	赤口	三碧木星	03	08	12	21	26	19
第826回	H27.6.30	先勝	五黄土星	01	08	21	23	27	22
第827回	H27.7.7	友引	七赤金星	03	04	06	23	31	10
第828回	H27.7.14	先負	九紫火星	02	08	11	15	26	03
第829回	H27.7.21	大安	二黒土星	08	12	19	23	31	06
第830回	H27.7.28	赤口	四緑木星	05	06	20	23	29	15
第831回	H27.8.4	先勝	六白金星	07	09	17	19	21	03
第832回	H27.8.11	友引	八白土星	09	10	15	19	31	24
第833回	H27.8.18	大安	一白水星	06	09	15	24	28	12
第834回	H27.8.25	赤口	三碧木星	05	13	21	25	26	02
第835回	H27.9.1	先勝	五黄土星	01	09	11	23	29	17
第836回	H27.9.8	友引	七赤金星	05	15	20	28	29	10
第837回	H27.9.15	仏滅	九紫火星	04	05	09	24	25	31
第838回	H27.9.22	大安	二黒土星	04	06	11	12	15	22
第839回	H27.9.29	赤口	四緑木星	02	06	14	27	30	12
第840回	H27.10.6	先勝	六白金星	01	05	11	15	31	08
第841回	H27.10.13	先負	八白土星	05	06	07	13	18	08
第842回	H27.10.20	仏滅	一白水星	09	18	20	24	25	04
第843回	H27.10.27	大安	三碧木星	02	14	23	28	30	26
第844回	H27.11.3	赤口	五黄土星	03	11	14	22	26	01
第845回	H27.11.10	先勝	七赤金星	03	10	22	24	30	28
第846回	H27.11.17	先負	九紫火星	01	17	27	30	31	08
第847回	H27.11.24	仏滅	二黒土星	07	18	19	21	31	15
第848回	H27.12.1	大安	四緑木星	02	03	22	29	31	01
第849回	H27.12.8	赤口	六白金星	04	14	17	19	20	26
第850回	H27.12.15	先負	二黒土星	01	02	13	15	18	28
第851回	H27.12.22	仏滅	九紫火星	10	19	20	24	31	23
第852回	H27.12.29	大安	七赤金星	02	09	15	18	22	12
第853回	H28.1.5	赤口	五黄土星	06	11	17	18	30	28
第854回	H28.1.12	友引	三碧木星	03	16	22	23	31	10
第855回	H28.1.19	先負	一白水星	02	07	17	22	24	25
第856回	H28.1.26	仏滅	八白土星	01	10	15	24	29	09
第857回	H28.2.2	大安	六白金星	02	04	21	24	28	29
第858回	H28.2.9	友引	四緑木星	06	14	15	25	26	22
第859回	H28.2.16	先負	二黒土星	13	17	19	28	31	25
第860回	H28.2.23	仏滅	九紫火星	08	09	21	30	31	07
第861回	H28.3.1	大安	七赤金星	04	08	12	17	27	03
第862回	H28.3.8	赤口	五黄土星	03	07	09	13	23	06
第863回	H28.3.15	友引	三碧木星	01	02	11	27	28	21
第864回	H28.3.22	先負	一白水星	14	18	26	28	30	08
第865回	H28.3.29	仏滅	八白土星	03	08	16	17	31	09
第866回	H28.4.5	大安	六白金星	04	16	18	26	28	09

回号	抽せん日	六曜	九星	本数字					B
第867回	H28.4.12	友引	四緑木星	13	23	24	28	30	31
第868回	H28.4.19	先負	二黒土星	01	09	14	25	30	31
第869回	H28.4.26	仏滅	九紫火星	02	14	16	19	30	05
第870回	H28.5.3	大安	七赤金星	03	12	22	23	31	24
第871回	H28.5.10	先勝	五黄土星	04	17	24	27	31	19
第872回	H28.5.17	友引	三碧木星	15	16	24	28	30	26
第873回	H28.5.24	先負	一白水星	04	06	10	23	29	03
第874回	H28.5.31	仏滅	八白土星	06	07	08	22	24	18
第875回	H28.6.7	先勝	六白金星	02	03	08	11	28	10
第876回	H28.6.14	友引	六白金星	18	19	20	21	27	15
第877回	H28.6.21	先負	八白土星	05	14	20	22	23	16
第878回	H28.6.28	仏滅	一白水星	02	03	08	28	29	26
第879回	H28.7.5	先勝	三碧木星	02	13	24	27	31	12
第880回	H28.7.12	友引	五黄土星	05	07	11	12	21	18
第881回	H28.7.19	先負	七赤金星	10	11	17	29	30	15
第882回	H28.7.26	仏滅	九紫火星	02	07	08	18	30	21
第883回	H28.8.2	大安	二黒土星	01	17	18	21	25	23
第884回	H28.8.9	先勝	四緑木星	07	10	22	27	31	02
第885回	H28.8.16	友引	六白金星	09	17	21	24	27	11
第886回	H28.8.23	先負	八白土星	01	11	20	23	29	13
第887回	H28.8.30	仏滅	一白水星	03	04	19	28	29	23
第888回	H28.9.6	先勝	三碧木星	06	17	24	29	31	03
第889回	H28.9.13	友引	五黄土星	05	06	12	17	22	23
第890回	H28.9.20	先負	七赤金星	01	07	12	24	31	06
第891回	H28.9.27	仏滅	九紫火星	10	17	29	30	31	25
第892回	H28.10.4	赤口	二黒土星	02	03	12	19	21	05
第893回	H28.10.11	先勝	四緑木星	11	14	20	22	25	05
第894回	H28.10.18	友引	六白金星	11	16	21	23	30	25
第895回	H28.10.25	先負	八白土星	07	08	09	11	14	22
第896回	H28.11.1	大安	一白水星	11	13	16	17	26	30
第897回	H28.11.8	赤口	三碧木星	16	17	18	23	31	29
第898回	H28.11.15	先勝	五黄土星	05	07	20	24	25	17
第899回	H28.11.22	友引	七赤金星	01	07	19	20	31	29
第900回	H28.11.29	大安	九紫火星	01	15	18	22	25	29
第901回	H28.12.6	赤口	二黒土星	02	10	13	23	24	27
第902回	H28.12.13	先勝	六白金星	06	08	16	22	28	27
第903回	H28.12.20	友引	四緑木星	02	05	21	24	29	04
第904回	H28.12.27	先負	二黒土星	03	05	08	17	21	14
第905回	H29.1.10	赤口	七赤金星	04	17	18	22	27	10
第906回	H29.1.17	先勝	五黄土星	02	04	06	07	23	26
第907回	H29.1.24	友引	三碧木星	03	04	10	22	31	06
第908回	H29.1.31	仏滅	一白水星	18	19	21	23	31	17

回号	抽せん日	六曜	九星	本数字					B
第909回	H29.2.7	大安	八白土星	03	12	14	20	27	22
第910回	H29.2.14	赤口	六白金星	10	14	20	26	30	03
第911回	H29.2.21	先勝	四緑木星	02	03	04	13	16	17
第912回	H29.2.28	仏滅	二黒土星	09	12	19	21	22	18
第913回	H29.3.7	大安	九紫火星	02	09	17	21	23	28
第914回	H29.3.14	赤口	七赤金星	02	07	15	19	24	22
第915回	H29.3.21	先勝	五黄土星	14	22	24	26	27	07
第916回	H29.3.28	先負	三碧木星	17	18	23	28	30	05
第917回	H29.4.4	仏滅	一白水星	01	09	10	24	27	13
第918回	H29.4.11	大安	八白土星	16	20	22	27	29	30
第919回	H29.4.18	赤口	六白金星	04	07	09	15	23	11
第920回	H29.4.25	先勝	四緑木星	05	15	22	24	25	30
第921回	H29.5.2	仏滅	二黒土星	06	08	10	14	30	13
第922回	H29.5.9	大安	九紫火星	02	13	14	21	22	07
第923回	H29.5.16	赤口	七赤金星	08	20	21	22	27	19
第924回	H29.5.23	先勝	五黄土星	02	07	08	14	23	15
第925回	H29.5.30	先負	三碧木星	09	14	19	27	30	16
第926回	H29.6.6	仏滅	九紫火星	03	09	18	27	29	26
第927回	H29.6.13	大安	二黒土星	01	06	07	17	18	16
第928回	H29.6.20	赤口	四緑木星	04	09	11	19	23	22
第929回	H29.6.27	友引	六白金星	02	04	05	11	20	22
第930回	H29.7.4	先負	八白土星	09	14	24	25	27	16
第931回	H29.7.11	仏滅	一白水星	02	03	18	24	25	09
第932回	H29.7.18	大安	三碧木星	01	03	14	17	19	23
第933回	H29.7.25	友引	五黄土星	03	04	22	26	29	05
第934回	H29.8.1	先負	七赤金星	03	07	08	11	13	04
第935回	H29.8.8	仏滅	九紫火星	03	11	13	20	31	16
第936回	H29.8.15	大安	二黒土星	07	21	23	25	31	10
第937回	H29.8.22	先勝	四緑木星	05	12	13	15	24	25
第938回	H29.8.29	友引	六白金星	04	09	16	21	22	01
第939回	H29.9.5	先負	八白土星	08	12	20	23	28	16
第940回	H29.9.12	仏滅	一白水星	04	09	25	27	28	12
第941回	H29.9.19	大安	三碧木星	03	11	12	15	28	17
第942回	H29.9.26	友引	五黄土星	02	07	10	22	29	17
第943回	H29.10.3	先負	七赤金星	04	11	18	28	30	10
第944回	H29.10.10	仏滅	九紫火星	05	11	13	16	27	23
第945回	H29.10.17	大安	二黒土星	14	17	21	25	31	15
第946回	H29.10.24	先勝	四緑木星	05	14	24	28	29	20
第947回	H29.10.31	友引	六白金星	03	07	19	24	27	16
第948回	H29.11.7	先負	八白土星	03	06	12	13	22	04
第949回	H29.11.14	仏滅	一白水星	01	02	05	06	21	25
第950回	H29.11.21	先勝	三碧木星	05	08	12	14	28	01

回号	抽せん日	六曜	九星	本数字					B
第951回	H29.11.28	友引	五黄土星	03	09	12	26	27	25
第952回	H29.12.5	先負	三碧木星	04	10	15	16	18	08
第953回	H29.12.12	仏滅	一白水星	04	05	09	22	29	02
第954回	H29.12.19	赤口	八白土星	11	16	21	23	25	18
第955回	H29.12.26	先勝	六白金星	09	12	17	21	30	28
第956回	H30.1.9	先負	二黒土星	06	15	18	22	29	31
第957回	H30.1.16	仏滅	九紫火星	02	15	26	29	31	03
第958回	H30.1.23	赤口	七赤金星	03	10	15	17	19	20
第959回	H30.1.30	先勝	五黄土星	02	03	09	14	19	15
第960回	H30.2.6	友引	三碧木星	02	03	05	16	20	09
第961回	H30.2.13	先負	一白水星	02	11	18	20	29	03
第962回	H30.2.20	大安	八白土星	03	10	15	18	25	27
第963回	H30.2.27	赤口	六白金星	04	07	17	21	28	10
第964回	H30.3.6	先勝	四緑木星	16	19	27	28	30	12
第965回	H30.3.13	友引	二黒土星	07	13	15	19	28	23
第966回	H30.3.20	大安	九紫火星	01	11	25	26	27	30
第967回	H30.3.27	赤口	七赤金星	04	07	11	14	31	02
第968回	H30.4.3	先勝	五黄土星	01	05	10	20	24	03
第969回	H30.4.10	友引	三碧木星	01	04	18	24	27	06
第970回	H30.4.17	仏滅	一白水星	02	04	19	27	28	07
第971回	H30.4.24	大安	八白土星	07	17	18	20	24	13
第972回	H30.5.1	赤口	六白金星	13	19	21	22	27	14
第973回	H30.5.8	先勝	四緑木星	01	07	12	13	31	30
第974回	H30.5.15	仏滅	二黒土星	10	18	21	24	27	30
第975回	H30.5.22	大安	九紫火星	10	18	19	28	29	16
第976回	H30.5.29	赤口	七赤金星	02	04	15	16	19	08
第977回	H30.6.5	先勝	五黄土星	09	17	21	22	23	05
第978回	H30.6.12	友引	七赤金星	01	08	20	26	28	07
第979回	H30.6.19	仏滅	九紫火星	01	10	23	25	28	12
第980回	H30.6.26	大安	二黒土星	08	24	27	30	31	16
第981回	H30.7.3	赤口	四緑木星	10	11	19	28	30	22
第982回	H30.7.10	先勝	六白金星	05	08	20	22	27	24
第983回	H30.7.17	仏滅	八白土星	06	10	12	15	23	25
第984回	H30.7.24	大安	一白水星	02	04	05	16	27	14
第985回	H30.7.31	赤口	三碧木星	05	11	16	17	26	03
第986回	H30.8.7	先勝	五黄土星	01	21	22	25	27	28
第987回	H30.8.14	仏滅	七赤金星	06	13	15	17	21	22
第988回	H30.8.21	大安	九紫火星	01	09	11	14	21	28
第989回	H30.8.28	赤口	二黒土星	02	07	10	16	30	24
第990回	H30.9.4	先勝	四緑木星	03	09	17	23	25	13
第991回	H30.9.11	先負	六白金星	01	03	09	15	30	06
第992回	H30.9.18	仏滅	八白土星	01	14	17	20	31	24

回号	抽せん日	六曜	九星	本数字					B
第993回	H30.9.25	大安	一白水星	01	04	24	29	30	10
第994回	H30.10.2	赤口	三碧木星	07	08	19	27	31	26
第995回	H30.10.9	先負	五黄土星	01	05	14	21	30	12
第996回	H30.10.16	仏滅	七赤金星	09	19	20	22	26	07
第997回	H30.10.23	大安	九紫火星	01	03	08	11	14	16
第998回	H30.10.30	赤口	二黒土星	01	07	19	20	25	27
第999回	H30.11.6	先勝	四緑木星	06	17	18	20	29	26
第1000回	H30.11.13	先負	六白金星	03	08	14	18	26	07
第1001回	H30.11.20	仏滅	八白土星	05	12	16	22	27	18
第1002回	H30.11.27	大安	一白水星	02	09	11	20	27	05
第1003回	H30.12.4	赤口	七赤金星	11	14	15	22	29	10
第1004回	H30.12.11	先負	五黄土星	01	18	22	27	30	20
第1005回	H30.12.18	仏滅	三碧木星	05	13	18	26	31	11
第1006回	H30.12.25	大安	一白水星	10	15	19	23	26	06
第1007回	H31.1.8	友引	六白金星	02	10	11	25	31	17
第1008回	H31.1.15	先負	四緑木星	03	04	22	26	27	11
第1009回	H31.1.22	仏滅	二黒土星	02	08	17	23	27	04
第1010回	H31.1.29	大安	九紫火星	10	17	20	21	30	15
第1011回	H31.2.5	先勝	七赤金星	09	16	21	30	31	27
第1012回	H31.2.12	友引	五黄土星	01	13	18	26	29	08
第1013回	H31.2.19	先負	三碧木星	01	06	11	19	28	08
第1014回	H31.2.26	仏滅	一白水星	04	17	19	20	25	05
第1015回	H31.3.5	大安	八白土星	03	05	06	20	25	27
第1016回	H31.3.12	先勝	六白金星	05	21	23	25	27	22
第1017回	H31.3.19	友引	四緑木星	09	16	21	23	24	08
第1018回	H31.3.26	先負	二黒土星	13	16	23	27	29	15
第1019回	H31.4.2	仏滅	九紫火星	05	06	16	23	24	03
第1020回	H31.4.9	先勝	七赤金星	03	12	17	24	30	31
第1021回	H31.4.16	友引	五黄土星	13	19	23	25	29	08
第1022回	H31.4.23	先負	三碧木星	05	13	24	27	29	22
第1023回	H31.4.30	仏滅	一白水星	02	12	22	23	26	25
第1024回	2019.5.7	赤口	八白土星	04	11	12	23	28	03
第1025回	2019.5.14	先勝	六白金星	03	04	13	19	23	18
第1026回	2019.5.21	友引	四緑木星	03	14	15	22	26	01
第1027回	2019.5.28	先負	八白土星	05	06	17	21	27	19
第1028回	2019.6.4	赤口	一白水星	02	03	08	16	27	17
第1029回	2019.6.11	先勝	三碧木星	03	04	09	11	29	05
第1030回	2019.6.18	友引	五黄土星	21	24	26	27	28	22
第1031回	2019.6.25	先負	七赤金星	05	08	17	21	23	15
第1032回	2019.7.2	仏滅	九紫火星	01	09	14	21	26	29
第1033回	2019.7.9	赤口	二黒土星	02	12	14	24	31	22
第1034回	2019.7.16	先勝	四緑木星	12	22	27	28	29	10

回号	抽せん日	六曜	九星	本数字					B
第1035回	2019.7.23	友引	六白金星	03	08	11	16	31	26
第1036回	2019.7.30	先負	八白土星	07	14	16	23	28	09
第1037回	2019.8.6	赤口	一白水星	07	19	23	24	27	17
第1038回	2019.8.13	先勝	三碧木星	02	05	21	23	30	08
第1039回	2019.8.20	友引	五黄土星	04	19	22	24	30	12
第1040回	2019.8.27	先負	七赤金星	07	10	13	25	27	30
第1041回	2019.9.3	赤口	九紫火星	03	09	14	15	27	31
第1042回	2019.9.10	先勝	二黒土星	11	12	19	23	28	07
第1043回	2019.9.17	友引	四緑木星	07	09	23	24	25	30
第1044回	2019.9.24	先負	六白金星	12	19	27	28	30	01
第1045回	2019.10.1	大安	八白土星	03	05	07	10	18	16
第1046回	2019.10.8	赤口	一白水星	16	23	24	28	29	12
第1047回	2019.10.15	先勝	三碧木星	08	12	19	25	26	09
第1048回	2019.10.22	友引	五黄土星	01	08	11	19	23	12
第1049回	2019.10.29	大安	七赤金星	02	16	21	26	31	27
第1050回	2019.11.5	赤口	九紫火星	02	15	19	23	28	10
第1051回	2019.11.12	先勝	二黒土星	07	11	12	21	22	05
第1052回	2019.11.19	友引	四緑木星	04	08	09	14	26	05
第1053回	2019.11.26	先負	四緑木星	02	03	13	16	23	14
第1054回	2019.12.3	大安	二黒土星	02	19	25	26	31	22
第1055回	2019.12.10	赤口	九紫火星	01	05	18	19	21	09
第1056回	2019.12.17	先勝	七赤金星	03	12	14	21	25	10
第1057回	2019.12.24	友引	五黄土星	09	13	21	23	26	01
第1058回	2020.1.7	赤口	一白水星	02	16	19	24	27	20
第1059回	2020.1.14	先勝	八白土星	02	11	13	16	18	03
第1060回	2020.1.21	友引	六白金星	19	23	24	28	31	11
第1061回	2020.1.28	仏滅	四緑木星	05	10	19	23	28	09
第1062回	2020.2.4	大安	二黒土星	14	18	23	29	31	17
第1063回	2020.2.11	赤口	九紫火星	10	18	20	26	27	25
第1064回	2020.2.18	先勝	七赤金星	01	05	08	28	29	07
第1065回	2020.2.25	先負	五黄土星	08	11	14	16	31	10
第1066回	2020.3.3	仏滅	三碧木星	15	17	20	22	23	21
第1067回	2020.3.10	大安	一白水星	02	10	13	15	28	26
第1068回	2020.3.17	赤口	八白土星	02	03	20	24	31	09
第1069回	2020.3.24	先負	六白金星	01	03	09	14	25	20
第1070回	2020.3.31	仏滅	四緑木星	07	09	11	27	31	21
第1071回	2020.4.7	大安	二黒土星	02	03	04	27	31	07
第1072回	2020.4.14	赤口	九紫火星	03	04	10	12	13	31
第1073回	2020.4.21	先勝	七赤金星	02	13	21	24	30	14
第1074回	2020.4.28	先負	五黄土星	15	18	20	22	27	21
第1075回	2020.5.5	仏滅	三碧木星	04	11	13	16	31	06
第1076回	2020.5.12	大安	一白水星	05	07	11	22	26	15

回号	抽せん日	六曜	九星	本数字					B
第1077回	2020.5.19	赤口	八白土星	03	17	19	25	31	04
第1078回	2020.5.26	先勝	六白金星	03	10	16	17	25	24
第1079回	2020.6.2	友引	四緑木星	02	06	14	16	26	04
第1080回	2020.6.9	先負	二黒土星	04	05	13	19	21	14
第1081回	2020.6.16	仏滅	九紫火星	02	03	04	24	25	08
第1082回	2020.6.23	先勝	九紫火星	01	02	14	19	29	05
第1083回	2020.6.30	友引	二黒土星	01	03	19	26	29	05
第1084回	2020.7.7	先負	四緑木星	11	19	28	29	31	02
第1085回	2020.7.14	仏滅	六白金星	09	10	16	17	28	13
第1086回	2020.7.21	赤口	八白土星	02	18	19	28	30	16
第1087回	2020.7.28	先勝	一白水星	01	03	04	09	16	28
第1088回	2020.8.4	友引	三碧木星	02	08	14	17	26	04
第1089回	2020.8.11	先負	五黄土星	03	13	18	19	22	29
第1090回	2020.8.18	仏滅	七赤金星	04	12	15	22	25	10
第1091回	2020.8.25	先勝	九紫火星	01	14	25	29	31	30
第1092回	2020.9.1	友引	二黒土星	09	13	14	19	22	25
第1093回	2020.9.8	先負	四緑木星	02	12	17	23	30	08
第1094回	2020.9.15	仏滅	六白金星	03	05	08	14	22	21
第1095回	2020.9.22	先勝	八白土星	04	10	16	21	24	06
第1096回	2020.9.29	友引	一白水星	01	02	12	20	22	08
第1097回	2020.10.6	先負	三碧木星	05	12	18	19	24	16
第1098回	2020.10.13	仏滅	五黄土星	03	13	17	28	31	19
第1099回	2020.10.20	赤口	七赤金星	01	03	05	14	23	15
第1100回	2020.10.27	先勝	九紫火星	13	18	19	25	27	16
第1101回	2020.11.3	友引	二黒土星	01	08	10	12	29	13
第1102回	2020.11.10	先負	四緑木星	08	13	20	26	29	06
第1103回	2020.11.17	赤口	六白金星	01	06	07	21	31	18
第1104回	2020.11.24	先勝	八白土星	07	16	20	23	28	06
第1105回	2020.12.1	友引	一白水星	04	11	16	21	26	09
第1106回	2020.12.8	先負	三碧木星	02	18	21	25	30	19
第1107回	2020.12.15	大安	五黄土星	07	10	16	18	29	05
第1108回	2020.12.22	赤口	七赤金星	06	10	14	17	19	27
第1109回	2020.12.29	先勝	九紫火星	07	15	17	26	27	08
第1110回	2021.1.5	友引	二黒土星	02	07	19	23	28	03
第1111回	2021.1.12	先負	四緑木星	02	03	04	13	31	29
第1112回	2021.1.19	赤口	四緑木星	05	06	08	13	25	29
第1113回	2021.1.26	先勝	二黒土星	19	20	21	26	27	12
第1114回	2021.2.2	友引	九紫火星	07	18	21	25	26	12
第1115回	2021.2.9	先負	七赤金星	02	04	06	11	29	20
第1116回	2021.2.16	大安	五黄土星	07	24	25	27	29	10
第1117回	2021.2.23	赤口	三碧木星	04	13	22	27	30	19
第1118回	2021.3.2	先勝	一白水星	08	13	16	27	29	11

回号	抽せん日	六曜	九星	本数字					B
第1119回	2021.3.9	友引	八白土星	09	10	12	17	18	14
第1120回	2021.3.16	大安	六白金星	02	10	11	17	31	26
第1121回	2021.3.23	赤口	四緑木星	13	19	21	24	25	16
第1122回	2021.3.30	先勝	二黒土星	08	09	14	25	28	11
第1123回	2021.4.6	友引	九紫火星	07	17	26	28	29	24
第1124回	2021.4.13	仏滅	七赤金星	03	04	06	08	27	12
第1125回	2021.4.20	大安	五黄土星	02	06	10	14	21	18
第1126回	2021.4.27	赤口	三碧木星	06	08	20	30	31	25
第1127回	2021.5.4	先勝	一白水星	08	22	24	27	28	16
第1128回	2021.5.11	友引	八白土星	04	07	13	24	30	02
第1129回	2021.5.18	仏滅	六白金星	05	09	16	29	30	12
第1130回	2021.5.25	大安	四緑木星	05	06	08	25	26	11
第1131回	2021.6.1	赤口	二黒土星	06	08	11	24	29	23
第1132回	2021.6.8	先勝	九紫火星	03	04	14	15	18	05
第1133回	2021.6.15	仏滅	七赤金星	14	17	23	28	30	07
第1134回	2021.6.22	大安	五黄土星	06	13	20	23	28	21
第1135回	2021.6.29	赤口	三碧木星	07	19	21	23	28	24
第1136回	2021.7.6	先勝	一白水星	11	15	20	22	23	04
第1137回	2021.7.13	先負	八白土星	07	08	21	25	31	14
第1138回	2021.7.20	仏滅	四緑木星	14	20	23	28	29	27
第1139回	2021.7.27	大安	六白金星	12	16	17	24	31	22
第1140回	2021.8.3	赤口	八白土星	07	11	17	19	28	25
第1141回	2021.8.10	先負	一白水星	09	12	17	18	27	22
第1142回	2021.8.17	仏滅	三碧木星	11	23	25	29	30	18
第1143回	2021.8.24	大安	五黄土星	03	04	16	19	27	23
第1144回	2021.8.31	赤口	七赤金星	04	11	14	21	30	27
第1145回	2021.9.7	友引	九紫火星	11	14	20	28	31	12
第1146回	2021.9.14	先負	二黒土星	04	05	11	29	30	24
第1147回	2021.9.21	仏滅	四緑木星	06	08	23	27	29	21
第1148回	2021.9.28	大安	六白金星	01	03	06	15	19	10
第1149回	2021.10.5	赤口	八白土星	05	12	14	15	20	07
第1150回	2021.10.12	先負	一白水星	01	10	13	27	29	14
第1151回	2021.10.19	仏滅	三碧木星	14	18	21	30	31	09
第1152回	2021.10.26	大安	五黄土星	02	12	14	23	27	21
第1153回	2021.11.2	赤口	七赤金星	17	25	27	29	30	15
第1154回	2021.11.9	友引	九紫火星	09	10	12	21	24	27
第1155回	2021.11.16	先負	二黒土星	01	09	13	16	19	18
第1156回	2021.11.23	仏滅	四緑木星	01	03	14	27	30	07
第1157回	2021.11.30	大安	六白金星	02	06	07	13	30	17
第1158回	2021.12.7	友引	八白土星	01	14	23	25	26	29
第1159回	2021.12.14	先負	一白水星	11	12	14	18	31	06
第1160回	2021.12.21	仏滅	三碧木星	07	19	22	24	31	21

第1161回	2021.12.28	大安	五黄土星	03	09	13	17	24	29
第1162回	2022.1.4	先勝	七赤金星	02	21	23	24	29	11
第1163回	2022.1.11	友引	一白水星	02	09	11	22	29	03
第1164回	2022.1.18	先負	八白土星	04	09	19	26	31	25
第1165回	2022.1.25	仏滅	六白金星	05	13	16	27	31	24
第1166回	2022.2.1	先勝	四緑木星	06	11	14	17	25	24
第1167回	2022.2.8	友引	二黒土星	02	14	21	27	30	23
第1168回	2022.2.15	先負	九紫火星	05	13	14	24	31	02
第1169回	2022.2.22	仏滅	七赤金星	01	07	09	21	27	13
第1170回	2022.3.1	大安	五黄土星	02	16	18	20	28	29
第1171回	2022.3.8	先勝	三碧木星	01	03	06	16	23	31
第1172回	2022.3.15	友引	一白水星	11	24	26	28	29	22
第1173回	2022.3.22	先負	八白土星	03	04	13	16	27	09
第1174回	2022.3.29	仏滅	六白金星	05	06	21	29	30	27
第1175回	2022.4.5	先勝	四緑木星	01	07	15	16	29	02
第1176回	2022.4.12	友引	二黒土星	01	12	20	27	29	17
第1177回	2022.4.19	先負	九紫火星	03	10	16	21	30	07
第1178回	2022.4.26	仏滅	七赤金星	01	05	09	13	22	31
第1179回	2022.5.3	赤口	五黄土星	18	19	20	25	30	27
第1180回	2022.5.10	先勝	三碧木星	13	15	16	26	29	27
第1181回	2022.5.17	友引	一白水星	02	09	13	16	22	15
第1182回	2022.5.24	先負	八白土星	07	10	20	22	28	21
第1183回	2022.5.31	赤口	六白金星	03	07	09	14	15	23
第1184回	2022.6.7	先勝	四緑木星	05	08	12	19	27	15
第1185回	2022.6.14	友引	二黒土星	01	14	16	17	22	04
第1186回	2022.6.21	先負	九紫火星	09	13	15	24	28	17
第1187回	2022.6.28	仏滅	七赤金星	03	05	06	11	23	16
第1188回	2022.7.5	赤口	五黄土星	02	25	26	29	31	06
第1189回	2022.7.12	先勝	七赤金星	06	07	16	17	22	09
第1190回	2022.7.19	友引	九紫火星	03	20	23	24	28	29
第1191回	2022.7.26	先負	二黒土星	11	16	20	25	26	07
第1192回	2022.8.2	大安	四緑木星	04	10	11	22	31	28
第1193回	2022.8.9	赤口	六白金星	01	04	08	11	20	15
第1194回	2022.8.16	先勝	八白土星	03	05	07	18	20	30
第1195回	2022.8.23	友引	一白水星	03	10	11	13	14	04
第1196回	2022.8.30	大安	三碧木星	01	05	17	19	23	26
第1197回	2022.9.6	赤口	五黄土星	07	09	17	26	27	24
第1198回	2022.9.13	先勝	七赤金星	10	11	17	30	31	01
第1199回	2022.9.20	友引	九紫火星	06	13	19	23	28	10
第1200回	2022.9.27	仏滅	二黒土星	02	16	18	22	24	04
第1201回	2022.10.4	大安	四緑木星	01	02	16	23	30	08
第1202回	2022.10.11	赤口	六白金星	04	05	15	27	30	12

第1203回	2022.10.18	先勝	八白土星	04	07	08	12	19	23
第1204回	2022.10.25	仏滅	一白水星	05	10	12	18	20	04
第1205回	2022.11.1	大安	三碧木星	11	12	16	24	28	20
第1206回	2022.11.8	赤口	五黄土星	07	09	12	14	30	19
第1207回	2022.11.15	先勝	七赤金星	02	08	14	25	28	07
第1208回	2022.11.22	友引	九紫火星	05	10	15	16	27	26
第1209回	2022.11.29	仏滅	二黒土星	12	14	17	27	28	29
第1210回	2022.12.6	大安	四緑木星	14	26	27	30	31	10
第1211回	2022.12.13	赤口	六白金星	04	08	16	25	26	12
第1212回	2022.12.20	先勝	八白土星	14	19	23	30	31	26
第1213回	2022.12.27	仏滅	一白水星	17	21	23	25	26	06
第1214回	2023.1.10	赤口	五黄土星	05	09	10	19	26	02
第1215回	2023.1.17	先勝	三碧木星	01	02	03	05	20	06
第1216回	2023.1.24	先負	一白水星	10	12	18	25	28	13
第1217回	2023.1.31	仏滅	八白土星	08	10	14	20	25	30
第1218回	2023.2.7	大安	六白金星	01	03	04	07	11	16
第1219回	2023.2.14	赤口	四緑木星	09	10	13	21	29	11
第1220回	2023.2.21	先負	二黒土星	02	05	11	12	30	16
第1221回	2023.2.28	仏滅	九紫火星	04	11	13	21	26	19
第1222回	2023.3.7	大安	七赤金星	04	18	23	26	28	07
第1223回	2023.3.14	赤口	五黄土星	01	11	21	26	31	25
第1224回	2023.3.21	先勝	三碧木星	01	05	08	11	22	14
第1225回	2023.3.28	友引	一白水星	01	07	15	29	31	19
第1226回	2023.4.4	先負	八白土星	02	05	13	18	21	04
第1227回	2023.4.11	仏滅	六白金星	01	05	11	20	26	14
第1228回	2023.4.18	大安	四緑木星	01	04	18	19	26	22
第1229回	2023.4.25	友引	二黒土星	01	05	07	12	27	26
第1230回	2023.5.2	先負	九紫火星	04	18	21	22	23	28
第1231回	2023.5.9	仏滅	七赤金星	01	14	20	21	31	05
第1232回	2023.5.16	大安	五黄土星	04	05	17	27	29	06
第1233回	2023.5.23	先勝	三碧木星	03	08	17	19	23	22
第1234回	2023.5.30	友引	一白水星	04	14	15	27	28	22
第1235回	2023.6.6	先負	八白土星	08	12	17	22	28	05
第1236回	2023.6.13	仏滅	六白金星	01	18	19	30	31	29
第1237回	2023.6.20	先勝	四緑木星	02	09	10	25	31	18
第1238回	2023.6.27	友引	二黒土星	13	16	19	21	25	29
第1239回	2023.7.4	先負	九紫火星	07	09	11	18	30	01
第1240回	2023.7.11	仏滅	三碧木星	13	15	20	27	30	06
第1241回	2023.7.18	赤口	五黄土星	01	02	03	07	27	11
第1242回	2023.7.25	先勝	七赤金星	05	07	18	19	27	29
第1243回	2023.8.1	友引	九紫火星	02	04	13	15	20	24
第1244回	2023.8.8	先負	二黒土星	02	06	09	11	19	22

第1245回	2023.8.15	仏滅	四緑木星	10	11	16	29	30	19
第1246回	2023.8.22	先勝	六白金星	16	17	20	21	28	18
第1247回	2023.8.29	友引	八白土星	09	15	23	26	30	19
第1248回	2023.9.5	先負	一白水星	02	04	05	14	25	24
第1249回	2023.9.12	仏滅	三碧木星	07	09	11	14	21	27
第1250回	2023.9.19	赤口	五黄土星	02	12	13	19	23	27
第1251回	2023.9.26	先勝	七赤金星	03	04	05	30	31	17
第1252回	2023.10.3	友引	九紫火星	01	04	11	25	30	10
第1253回	2023.10.10	先負	二黒土星	01	11	17	19	25	28
第1254回	2023.10.17	大安	四緑木星	01	05	12	17	28	14
第1255回	2023.10.24	赤口	六白金星	02	03	04	17	23	12
第1256回	2023.10.31	先勝	八白土星	07	08	14	19	21	23
第1257回	2023.11.7	友引	一白水星	08	13	19	22	24	21
第1258回	2023.11.14	大安	三碧木星	03	06	12	19	30	13
第1259回	2023.11.21	赤口	五黄土星	01	13	17	18	22	25
第1260回	2023.11.28	先勝	七赤金星	02	04	14	21	29	12
第1261回	2023.12.5	友引	九紫火星	19	21	25	29	31	07
第1262回	2023.12.12	先負	二黒土星	11	16	18	19	29	31
第1263回	2023.12.19	大安	四緑木星	01	02	15	25	28	05
第1264回	2023.12.26	赤口	六白金星	02	07	10	22	27	24
第1265回	2024.1.9	友引	九紫火星	08	09	11	15	31	17
第1266回	2024.1.16	大安	七赤金星	01	16	22	23	31	18
第1267回	2024.1.23	赤口	五黄土星						
第1268回	2024.1.30	先勝	三碧木星						
第1269回	2024.2.6	友引	一白水星						
第1270回	2024.2.13	仏滅	八白土星						
第1271回	2024.2.20	大安	六白金星						
第1272回	2024.2.27	赤口	四緑木星						
第1273回	2024.3.5	先勝	二黒土星						
第1274回	2024.3.12	仏滅	九紫火星						
第1275回	2024.3.19	大安	七赤金星						
第1276回	2024.3.26	赤口	五黄土星						
第1277回	2024.4.2	先勝	三碧木星						
第1278回	2024.4.9	先負	一白水星						
第1279回	2024.4.16	仏滅	八白土星						
第1280回	2024.4.23	大安	六白金星						
第1281回	2024.4.30	赤口	四緑木星						
第1282回	2024.5.7	先勝	二黒土星						
第1283回	2024.5.14	仏滅	九紫火星						
第1284回	2024.5.21	大安	七赤金星						
第1285回	2024.5.28	赤口	五黄土星						
第1286回	2024.6.4	先勝	三碧木星						

第1287回	2024.6.11	仏滅	一白水星		
第1288回	2024.6.18	大安	八白土星		
第1289回	2024.6.25	赤口	六白金星		
第1290回	2024.7.2	先勝	六白金星		
第1291回	2024.7.9	先負	八白土星		
第1292回	2024.7.16	仏滅	一白水星		
第1293回	2024.7.23	大安	三碧木星		
第1294回	2024.7.30	赤口	五黄土星		
第1295回	2024.8.6	先負	七赤金星		
第1296回	2024.8.13	仏滅	九紫火星		
第1297回	2024.8.20	大安	二黒土星		
第1298回	2024.8.27	赤口	四緑木星		
第1299回	2024.9.3	友引	六白金星		
第1300回	2024.9.10	先負	八白土星		
第1301回	2024.9.17	仏滅	一白水星		
第1302回	2024.9.24	大安	三碧木星		
第1303回	2024.10.1	赤口	五黄土星		
第1304回	2024.10.8	友引	七赤金星		
第1305回	2024.10.15	先負	九紫火星		
第1306回	2024.10.22	仏滅	二黒土星		
第1307回	2024.10.29	大安	四緑木星		
第1308回	2024.11.5	友引	六白金星		
第1309回	2024.11.12	先負	八白土星		
第1310回	2024.11.19	仏滅	一白水星		
第1311回	2024.11.26	大安	三碧木星		
第1312回	2024.12.3	先勝	五黄土星		
第1313回	2024.12.10	友引	七赤金星		
第1314回	2024.12.17	先負	九紫火星		
第1315回	2024.12.24	仏滅	二黒土星		
第1316回	2025.1.7	先勝	四緑木星		
第1317回	2025.1.14	友引	二黒土星		
第1318回	2025.1.21	先負	九紫火星		
第1319回	2025.1.28	仏滅	七赤金星		
第1320回	2025.2.4	先勝	五黄土星		
第1321回	2025.2.11	友引	三碧木星		
第1322回	2025.2.18	先負	一白水星		
第1323回	2025.2.25	仏滅	八白土星		
第1324回	2025.3.4	赤口	六白金星		
第1325回	2025.3.11	先勝	四緑木星		
第1326回	2025.3.18	友引	二黒土星		
第1327回	2025.3.25	先負	九紫火星		

装丁／柴田和孝
本文レイアウト&校正／マイセンス
データ制作／マーケティング工学研究所（松田忠）
編集担当／石川修（イマジカインフォス）

ロト7（セブンアンド）&ロト6（シックスアンド）&ミニロト　ビッグデータ2024（ニイゼロニイヨン）

2024年4月30日　第1刷発行

編　者　イマジカインフォス
発行者　廣島順二
発行所　株式会社　イマジカインフォス
〒101-0052　東京都千代田区神田小川町3-3
電話 03-3294-0236（編集）
発売元　株式会社　主婦の友社
〒141-0021　東京都品川区上大崎3-1-1目黒セントラルスクエア
電話 049-259-1236（販売）
印刷所　大日本印刷株式会社

ISBN978-4-07-456817-8